노인 자살 연구

- 춘천 노인 생활실태조사를 중심으로 -

한림대학교 고령사회연구소 편

한림대학교출판부
Hallym University Press

이 저서는 2012년 정부(교육과학기술부)의 재원으로 한국연구재단의 지원을 받아 수행된 연구임 (NRF-2012S1A6A3A01033504)

서 문

우리는 병든 배우자를 살해하고 함께 자살 하거나 또는 빈곤이나 신체적 질병 등을 이유로 노인이 자살했다는 뉴스를 흔히 접하는 시대에 살고 있다. 노인 자살이 증가함에 따라 노인 자살에 대한 사회적 관심이 급속하게 증가하고 있다. 국제적 수준에서도 우리나라의 노인 자살를은 매우 높은 편인데, 인구 10만 명 당 80명이 넘는 자살률은 선진 국가들 가운데에서는 가장 높은 수준이다. 자살은 개인적으로나 사회적으로 매우 심각한 영향을 미친다. 이 점에서 노인의 자살 원인이 무엇인지 파악하여 필요한 대책을 제시하는 것은 학문적뿐만 아니라 정책적으로도 매우 시급한 과제가 아닐 수 없다.

노인 자살이 왜 증가하였는가에 대해서는 전통적 가족 구조의 붕괴, 효를 중심으로 했던 가치관의 변화, 그리고 노년기의 빈곤 등이 주요한 원인으로 거론되고 있다. 학자나 관련 분야 종사자의 다양한 관심에도 불구하고 아직까지 노인 자살의 주요한 원인이 무엇인지 심층적으로 분석하고 자살 예방을 위한 다양한 대책을 마련하는 것은 미흡한 실정이다. 특히 노인들이 많이 거주하는 농촌, 중소도시의 경우 노인들의 자살 가능성을 파악하고, 그 원인을 분석하여 대처 방안을 마련하는데 필수적인 기초 조사도 매우 부족한 실정이다.

본 연구는 농촌 및 중소도시 노인의 자살에 대한 기초 조사가 부족한 현실에 주목하여 춘천 지역을 대상으로 노인 자살행동 가능성을 측정하고, 노인 자살행동 가능성과 관련된 다양한 인구·사회 및 심리적 요인을 파악함으로써 노인 자살의 원인과 그 대체 방안을 마련하기 위해 기획되었다. 본 연구의 모집단은 춘천 지역 거주 65세 이상 노인으로 이들 중 2000명을 대상으로 인구·사회적 요인, 심리적 요인, 그리고 자살행동 가능성(suicidality) 등을 조사하였다. 표본은 계층표집과 계통표집을 통해 추출하였는데, 우선 춘천시의 읍·면·동에서 인구비례에 따라 조사해야 할 조사 지점(통과 리)을 추출한 후 개별 조사지점에서

계통표집을 통해 대상자를 선정하였다.

본 저작은 조사 자료를 분석하여 춘천 지역 노인의 자살 관련 요인을 기술하고, 조사의 기초 자료를 제시함으로써 향후 춘천 지역 노인의 자살 예방을 위한 정책 수립에 기여하고자 한다.

본 저작은 크게 두 부분으로 구분되었다. 먼저 앞 부분은 조사 자료를 분석하여 춘천 지역 노인의 자살행동 가능성에 영향을 주는 요인은 무엇인지 살펴보고자 한다. 우선 윤현숙의 글은 우리나라와 강원도의 노인 자살률을 살펴보고 현재까지 진행된 관련 정책을 전반적으로 개괄한 후 그 한계를 지적한다. 임연옥의 글은 조사 자료를 중심으로 노인의 인구 사회적 특징과 자살행동 가능성과의 관련성을 검토한다. 노년기에 사회관계가 중요하다는 점은 잘 알려진 사실이다. 이 점에 주목하여 김영범의 글과 염소림·남일성·윤현숙의 글은 사회활동과 가족관계를 중심으로 자살행동 가능성과의 관련성을 검토한다. 사회활동과 가족관계는 그 자체로도 자살행동 가능성을 낮추는데 기여할 뿐만 아니라 우울의 영향을 완화시킴으로써 자살행동 가능성을 낮추는데 기여한다. 소용래·노상선의 연구는 정신건강과 우울과의 관련성을 검토함으로써 단순히 정신적인 질병의 부재가 아닌 정신건강 수준을 파악하는 것이 노인 자살을 예방하는데 기여할 수 있다는 점을 강조한다.

본 저작의 뒷부분은 조사 자료에 대한 기술적 분석 자료를 제시하였는데, 성, 연령, 건강상태, 소득 등 다양한 기준으로 조사 집단을 구분한 후 주요 변수의 평균값과 분포를 기술하였다. 춘천 지역만을 대상으로 상당한 표본을 조사한 자료가 부재한 현실에서 향후 춘천 지역 노인 자살관련 정책의 기초자료로 활용될 수 있을 것으로 기대된다.

목 차

▸ 우리나라와 강원도의 노인 자살 현황 및 원인과 대응전략 ……… 9
윤현숙 (한림대 사회복지학부 교수)

▸ 춘천지역 노인의 연령대별 자살생각과 관련요인 연구 ……… 33
임연옥 (한림대 고령사회연구소 HK 연구교수)

▸ 춘천 노인의 사회활동 참여와 자살행동 가능성 ……… 61
박준식 (한림대 사회학과 교수)
김영범 (한림대 고령사회연구소 부교수)

▸ 한국인의 정신건강과 노인 자살의 이해를 위한 새로운 시도
: 완전정신건강 모형의 적용 가능성 모색 ……… 95
조용래 (한림대 심리학과 교수)
노상선 (한림대 심리학과 강사)

▸ 노인 우울이 자살생각에 미치는 영향: 가족 연대감 효과검증 ……… 125
염소림 (한림대 사회복지학 박사과정)
남일성 (한림대 고령사회연구소 HK 교수)
윤현숙 (한림대 사회복지학부 교수)

▸ 춘천 노인 생활실태조사 ……… 141

우리나라와 강원도의 노인 자살 현황 및 원인과 대응전략

윤현숙

(한림대 사회복지학부 교수)

우리나라와 강원도의 노인 자살 현황 및 원인과 대응전략

윤현숙 (한림대 사회복지학부 교수)

Ⅰ. 들어가는 말

우리나라 노인의 자살률은 OECD 국가 중 가장 높으며, 절대적 수치도 OECD 평균 자살률에 비해 압도적으로 높다. 지난 60여 년간 한국 사회는 급속한 사회경제적 발전과 압축적인 고령화를 경험하였으며, 이러한 변화는 현 노인세대에게 다른 세대의 노인들이 경험하지 못한, 또한 다른 국가의 노인들이 경험하지 못한 변화와 그에 대한 대응을 요구하게 되었다. 구체적으로는 급격한 경제성장과 도시화로 인한 지역사회의 약화, 가족의 핵가족화와 기능의 약화, 개인주의적 가치관으로 인한 전통적인 노인부양의식의 약화, 과학기술의 발달과 정보화로 인한 사회적 소외 등이 노인의 자살을 증가시키는 원인으로 작용하고 있다(이소정 외, 2008). 특히, 강원도는 높은 고령화율과 함께 전국에서 노인 자살률이 가장 높게 나타나 강원도의 지역적 위험 요인에 대한 관심도 매우 높은 실정이다.

본 글은 우리나라와 강원도의 노인 자살 현황과 원인을 살펴보고, 이에 대응하는 중앙정부와 강원도의 자살 예방 및 대응전략을 검토하여 향후 과제를 정리하고자 한다.

자살을 의미하는 'suicide'는 '자기'를 의미하는 'sui'와 '죽이다'라는 caedo(kill)가 그 어원이다. 즉, 스스로 자기의 생명을 끊는 것을 의미한다. 세계보건기구(WHO, 2001)는 자살을 "자살 행위로 인하여 죽음을 초래하는 경우로 죽음의 의도와 동기를 인식하면서 자신에게 손상을 입히는 행위"라고 정의하고 있으며, Judith, Keller 와 Shapiro(1982)는 "자기 자신을 해롭게 하거나 위험에 빠뜨리게 하여 죽음의 결과를 초래하는 것"으로 정의하였다. 자살에 대한 개념은 학자들마다 다르게 정의하고 있지만 일반적으로 자살은 자발적으로 그리고 의도적으로 자신의 생명을 끊는 행위'를 의미하며 또한 '자신의 생명을 끊으려고 시도하는 혹은 그러한 경향을 갖고 있는 사람들'에게 적용되고 있다(남민, 1997, 정덕영(2009)에서 재인용).

자살은 자살생각(suicidal ideation), 자살시도(attempted suicide), 그리고 자살행위(suicide behavior)에 이르는 연속적인 개념(spectrum)으로 정의된다(Harwood & Jacoby, 2001). 이러한 연속적인 과정으로서의 자살의 개념에 대한 이해는 자살은 복잡하고 역동적인 과정으로 이해되어야 한다는 것을 의미한다.

자살생각은 "자살을 행하는 것에 대한 생각이나 사고"(O'carroll, Berman, Maris, Moscicki, 1996: White, 1989)로 누구나 한번쯤 일시적으로 갖게 되는 '죽고 싶다'고 생각하는 보편적인 현상에서부터 정말 죽으려고 구체인 계획을 세우는 것까지 포함된다. 자살생각은 자살에 대한 계획과 자살시도보다 먼저 나타난다(Kessler, Borges, Walter, 1999). Carson과 Canntwell(1982)에 의하면 자살생각이 심각했던 사람의 42%와 자살생각이 경미했던 사람의 34%가 후에 자살을 시도하였으나, 자살생각을 전혀 가지고 있지 않았던 집단에서는 단 한명도 자살시도를 하지 않은 것으로 나타났다. 따라서 자살생각이 반드시 자살시도나 자살행위로 이어진다고 할 수는 없지만 자살생각은 자살시도의 중요한 예측지표가 되므로 자살생각을 감소시킴으로써 자살시도를 예방할 수 있다(Beck, 1979: Simon & Murphy, 1995, 정덕영(2009)에서 재인용).

자살생각이 자살에 대한 생각, 계획 등 사고(思考)적인 측면에 초점을 두는 반면, 자살시도는 구체적인 행동으로 표현되어진 경우이다. 자살시도는 자신을 파괴하고자 하는 의도를 갖고 고의로 자신에게 상처를 입히는 행동을 의미하는데 다만 죽음이 실제로 발생하지 않은 경우로 정의할 수 있다. 자살행동은 결과가 명백한 죽음으로 드러나는데 비해, 자살시도는 자살행위와는 달리 정식으로 보고되지 않기 때문에 정확한 수치를 알기 어렵지만, 자살행위보다 훨씬 높은 비율인 8배(Cohen, Spirito, Brown, 1986), 심지어 50배에서 200배에 이를 것으로 추정되기도 한다(Hawton,1986: Pfeffer, 1986: Weissman, 1974). 자살시도는 자살행위보다 더 일반적인 현상이고, 이전의 자살시도는 자살사망으로 이끄는 가장 위험한 요인이다(Moscicki, 2001, 정덕영(2009)에서 재인용).

자살행동은 자기 스스로 만든 죽음을 의미하는 것으로 생이 끝남을 뜻하며, 다른 말로는 죽음에 이른, 완결된 자살(completed suicide)을 의미한다. 자살을 연구한다는 것은 이미 죽은 사람을 대상으로 하기 때문에 연구자체가 쉽지 않고, 자살에 실패한 자살 시도자에 대한 연구는 그 결과가 자살자를 대변하지 못 할 수도 있다. 자살에 대한 연구는 이와 같은 제한이 있다는 것을 전제로 한다.

Ⅱ. 우리나라 노인 자살률 현황

국제적 비교의 관점에서 보았을 때 우리나라의 노인자살률은 <그림 1> 에서 보여주는 바와 같이 세계에서 가장 높으며, 그 수치 또한 압도적이다. 통계청의 『사망원인통계』에 따르면 한국의 노인자살률은 2000년대 이후 급격히 증가하는 추세를 보여 한국 사회의 압축적 고령화와 무관하지 않음을 보여준다. 연령대별로 보았을 때 80세 이상의 고령 노인의 자살률이 압도적으로 높게 나타나 50대에 비해 세 배에 이르며 <표 1>, 남성 노인의 자살률이 여성에 비해 2배 이상 높게 나타난다. 2011년에도 노인의 평균 자살률은 인구 10만 명당 81.9명으로 이는 미국(14.5명) 의 5.6배, 일본(17.9)명의 4.7배에 달하는 수치이다.

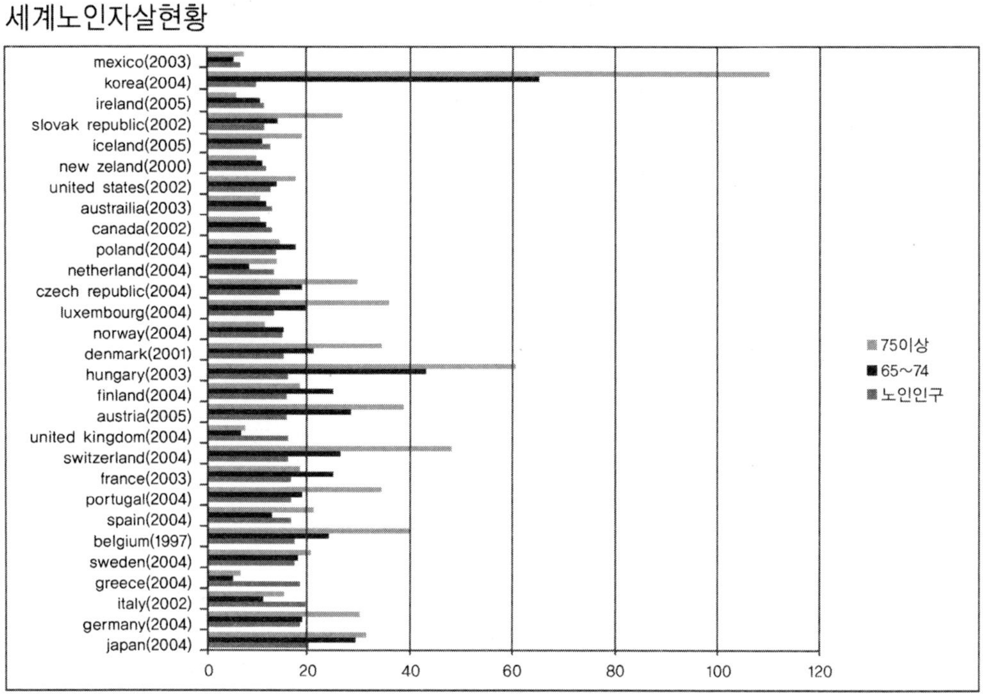

<그림 1> OECD 국가의 노인자살률

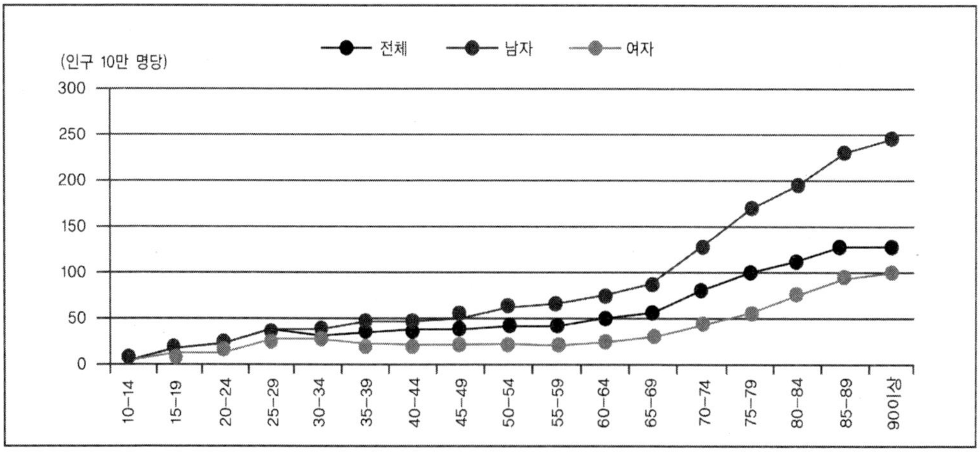

<그림 2> 연령별 성별 자살률(2011)

<표 1> 자살로 인한 노인 사망률 추이(성별, 연령별)

성별	연령	1997	1998	1999	2000	2001	2002	2003	2004	2005	2006	2007	2008
계	65-69세	22.6	33.3	29.9	25.9	32.4	36	56.7	58.2	62.5	53.5	54.5	54.5
	70-74세	30.1	36.1	36.7	34.4	39.2	52.5	58.8	74.7	74.5	68	70.9	66.8
	75-79세	40.1	47.4	41.9	45.5	51.3	71.9	92.7	92.6	88.8	83.4	90.9	80.3
	80세 이상	38.6	50.8	47.3	51	62.2	96.2	114.2	125.3	126.7	112.7	117.3	112.9
남자	65-69세	38	58.3	50.8	41.1	52.7	58.2	91.7	75.7	102.5	84.9	86	87.4
	70-74세	52.9	57.1	63.5	52.3	62.8	80.2	92.1	117.6	125.2	112.1	115.2	109.3
	75-79세	69	76	71.1	76.9	78.6	112.4	142.4	147.1	154	130.1	148	125.8
	80세 이상	63.4	91	81.9	88.3	109.6	155.1	207.9	205.8	205.3	186.8	206	194.4
여자	65-69세	12.5	16.3	15.3	14.9	17.3	19.1	29.4	24.4	30.2	27.8	28.3	26.9
	70-74세	16.2	23.3	20.6	23.8	25.1	35.8	38.2	47.3	41.1	38	39.7	36.2
	75-79세	24.3	31.8	25.9	28.4	36.6	50.3	66.3	63.9	54.7	58.8	60.5	55.4
	80세 이상	29.5	35.8	34.1	36.4	43.4	72.6	76.2	92.2	94.3	82.2	80.9	79.7

출처 : 통계청, 사망원인 통계(연도별)

Ⅲ. 노인자살의 원인

노인 자살의 원인에 관해서는 여러 연구에서 외국의 이론과 국내에서의 실증연구결과를 바탕으로 연구결과들이 있다. 저자는 이러한 연구결과들을 검토하였으며, 본 글에서는 주로 이소정 외(2008)의 "노인자살의 사회경제적 배경 및 정책적 대응방안 모색"과 정덕영(2009)의 "강원도 자살발생 실태분석과 예방전략에 관한 연구"를 중심으로 내용을 정리하였음을 밝힌다.

1. 사회·경제적 원인

1) 노후생활 안전망의 구축 정도

노인자살을 이해하는데 있어 무엇보다 먼저 고려되어야 할 점은 사회가 노후에 경험하게 되는 자원의 감소에 대한 사회적 안전망을 적절히 구축하고 있는가이다. 노년기에 경험하는 소득의 감소는 노인의 사회통합수준과 밀접히 연계될 수 있으며, 이러한 측면에서 볼 때 개별노인의 소득수준이라는 개인단위에서의 편차와 더불어 노후소득보장체계구축의 정도가 노인자살 현상과 관련될 수 있는 것이다. 실제 높은 노인 자살율을 보이는 한국의 경우 노후소득보장체계가 충분하게 구축되어 있지 않아 노인 빈곤율이 OECD국가중 가장 높고 노인의 소득은 전체인구의 70% 미만으로 이 또한 OECD 국가 중 2번째로 낮은 수준이다(OECD, 2009). 따라서 현세대 노인들은 시대적으로 노후소득보장제도가 충분히 구축되지 않은 시기에 노년기를 보내게 됨으로써 미래의 노인에 비하여 자원의 부족을 경험할 가능성이 높을 것이며, 노후소득보장제도를 구축한 타국가에 비하여 노인자살이 높을 가능성이 있다.

한국보건사회연구원(이소정 외, 2009)의 OECD 24개국의 노인자살률과 경제발전정도, 노인빈곤율, 전체 사회복지지출 중 노인복지지출 비중, 삶의 만족도를 비교분석한 결과에 의하며, 노인자살의 사회경제적 원인은 국가별 고유의 맥락에서 해석되어야 할 필요가 있지만 한국의 다른 나라에 비해 높은 노인 빈곤율과 낮은 수준의 복지지출이 낮은 삶의 만족도와 결합되어 노인자살률이 높게 나타나는 것으로 분석되었다. 반면 노인자살을 유발하지 않는 사회경제적 원인조건의 조합에 대한 분석 결과 노인 빈곤이나 노인복지지출 수준 등이 높은 삶의 만족도와 결합되어도 노인자살을 유발하지 않는 원인조건이 될 수 있음이 밝혀져, 궁극적으로 삶의 만족도 변인이 거시 사회적 변인에서 노인자살과 연관성이 높은 변수임을 알 수 있다.

2) 노년기의 사회적 연계망 축소

노년기에 접어들면 친구 또는 배우자의 사망 등으로 인하여 자연스럽게 사회적 연계망이 축소되는 경향이 있다. 물론 사회적 연계망의 축소는 노인의 자원의 축소에 따른 것일 가능성도 높다. 이소정 외(2008)의 연구에 의하면 노인 중에서도 소득수준이 높을수록 교육

수준이 높을수록 연계망의 크기가 크며 친족의 비율이 낮고 연계망이 다양한 관계를 포함하고, 소득이 높을수록 고립된 생활을 할 가능성이 낮은 것으로 나타난 바 있다. 따라서 사회적 연계망의 축소는 다른 연령층에 비하여 노년층이 공통적으로 갖는 특징이라 할 수 있고, 이러한 사회적 연계망 축소로 인한 자살의 가능성은 타 연령층에 비하여 노년층에게서 높을 것이다. 따라서 사회 정책적으로 이렇게 예견되는 노년기의 사회적 연계망 축소를 어떻게 보완하고 있는가 또한 노인의 사회통합을 논의하는데 있어 간과해서는 안 될 측면이다.

이와 더불어 현 노인세대는 산업화 과정 속에서 가정생활이 기존의 노부모 중심에서 부부관계와 자녀양육이 중심이 되는 과정 속에서 가족 내에서도 소외되고 고립될 가능성이 높아졌다는 점도 고려되어야 할 것이다. 이는 현상적으로 사회통합의 약화를, 노인 개개인의 생애사적 측면에서 보면 사회화과정에서 내면화된 가치관과 다른 가치관이 사회의 중심 가치관이 되는 변화 속에서 무규범 상태에 빠질 가능성을 높일 것이다. 따라서 이러한 사회적 연계의 약화로 인한 자살은 이전 시대의 노인에 비하여 현세대 노인에게 높을 가능성이 있다.

3) 가족의 변화

한국 사회의 급속도로 가족의 변화가 진행되고 있다. 가족이 수행해오던 경제적 정치적 사회적 문화적 기능들의 대부분이 급격히 탈가족화 혹은 사회화 되어가고 있고, 이러한 과정에서 노인들이 평생 동안 가져왔던 가부장적 가치관과 그에 기초하여 충족되어왔던 다양한 욕구들이 충족되기 어렵게 되었다. 더불어 현재 한국노인들이 경험하고 있는 가족변화는 그 불균질성을 특징으로 하고 있다. 즉, 현 노인세대는 구조적인 핵가족화를 감정적인 핵가족화가 따라가지 못하는 불균질적인 핵가족화를 경험한 세대인 것이다.

한국사회의 핵가족화의 뚜렷한 현상은 노인층에게서 발생하였다. 특히 농촌지역에 청장년 자녀들이 도시로 떠나고 홀로 남은 노인들이 부부가구나 독신가구를 이루고 살게 되어 형태적인 핵가족화가 발생하게 된 것이다. 그러나 이러한 노인가구의 핵가족화는 노인들 자신의 의지에 의하여 발생하였다기 보다는 젊은 세대의 도시 이주 등 젊은 세대의 선택에 의한 파

생적인 상황을 수동적으로 받아들인 것이라는 점에서 '수동적 핵가족화'라고 할 수 있다(장경섭, 2009). 이러한 수동적 핵가족화가 의미하는 바는 노인의 상당수가 독립적인 생활을 영위할 수 있는 경제적 및 심리적 준비가 되어 있지 못한 상태에서 핵가족화라는 구조적인 변화를 경험할 가능성이 높다는 것이다. 즉 현 노인세대들은 내용적인 측면에서의 핵가족화, 즉 심리적 핵가족화가 부족한 상황에서 할 수 없이 구조적인 핵가족화를 받아들여야 했던 세대인 것이다. 이러한 불균형은 노인들에게 아노미적 상태에 빠지게 할 가능성이 높다.

2. 개인적 원인: 우울증

일반적으로 생애후기인 노년기에는 신체적, 심리적, 사회적 변화를 경험하게 되고, 우울증과 같은 정신건강에 있어서도 다양한 변화를 경험하게 된다. 하지만 이러한 노년기의 다양한 변화는 노인들 사이에서 동일하게 나타내는 것이 아니라 노인들의 개인적 사회적 특징에 따라서 다양하게 나타난다. 우울증은 생애후기에 나타나는 가장 심각한 정신질환 중의 하나로써 고령화 사회로의 급격한 변화와 더불어 갈수록 노인 분야의 연구에서 중요한 주제로 부각되고 있다. 노년 우울증에 대한 관심이 증대되는 이유는 기존의 연구들이 노년기 우울증이 신체적 장애나 정신적 질환과 유의미한 상관관계를 보이고 있다는 것을 보여주기 때문이다.

오병훈(2006)의 연구는 자살한 노인의 50-87% 가량이 자살 당시에 우울증상이 있는 상태라고 보고하고 있다. 노년기 우울증의 이러한 심각성에도 불구하고 당사자나 주변사람들의 인식부족으로 노년기 우울증상을 노화의 자연적 과정으로 이해하는 경향이 있어서 우울증이 과소탐지 되거나 과소치료 되는 경향이 있기 때문에 노년기 우울증의 약 70-90%가 진단되지 않는다고 한다. 하지만 우울증이 신체적 사회적 요인과 복합적으로 연관되어 있기 때문에 아직도 노년기 우울의 주된 영향요인이 무엇인지는 명확하게 밝혀지지 않고 있다. 노인의 경우 우울증의 진단준거로 사용되는 섭식과 관련된 증상이 신체적 질병의 결과로 보여질 수 있기 때문에 우울증을 판별하는 것이 어려울 수 있으며 우울증의 증상이 신체적 고통으로 나타나는 가면 우울증(Masked Depression)인 경우가 많다는 것을 인지해야 한다. 또한, 노년기 우울증은 치매와 병행되거나 동반된다는 특징이 있다. 이처럼 영향요인이나 인과관계를 명확하게 밝히는 것은 현재로서는 한계가 있지만 노년기 우울증이 자살과 밀접한 연관성이 있다.

Ⅳ. 강원도의 노인 자살 현황 및 지역적 위험 요인

1. 강원도의 노인 자살 현황

2012년 기준 강원도의 노인 자살률은 인구 10만 명당 38.3명으로 전국 평균 28.1명보다 월등히 높으며, 전국에서 가장 높게 나타났다. 강원도를 이어 충남 37.2명, 충북 36.3명의 순으로 나타났는데 이러한 현상은 노인인구비율과 밀접하게 연관되어 노인인구비율이 강원(15.7%), 충남(15.3%), 충북(13.7%))의 순으로 높게 나타난 것을 알 수 있다.

(단위 : 인구 10만 명당 자살자 수, %)

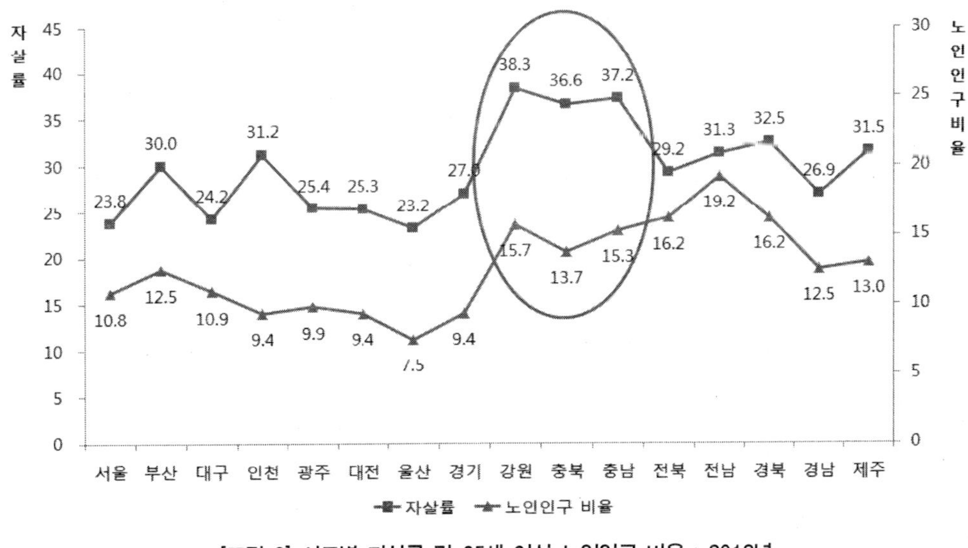

[그림 3] 시도별 자살률 및 65세 이상 노인인구 비율 : 2012년

자료 : 각 연도별사망원인통계를 토대로 국회예산정책처 재구성(2013)

특히, 강원도 내에서도 고령화비율이 높은 횡성, 양양, 영월 등의 지역에서 노인 자살률이 높게 나타났다. 이와 같은 심각한 문제를 해결하기 위해 강원도는 2010년부터 보건복지부와 연계하여 강원도 광역정신건강증진센터를 중심으로 자살방지대책을 추진해 오고 있으나 강원도의 관할구역이 워낙 넓고 자살방지관리여건이 열악하여 추진 노력에 비해 성과라고 할 수 있는 자살률 전국 1위의 불명예는 사라지지 않고 있는 실정이다.

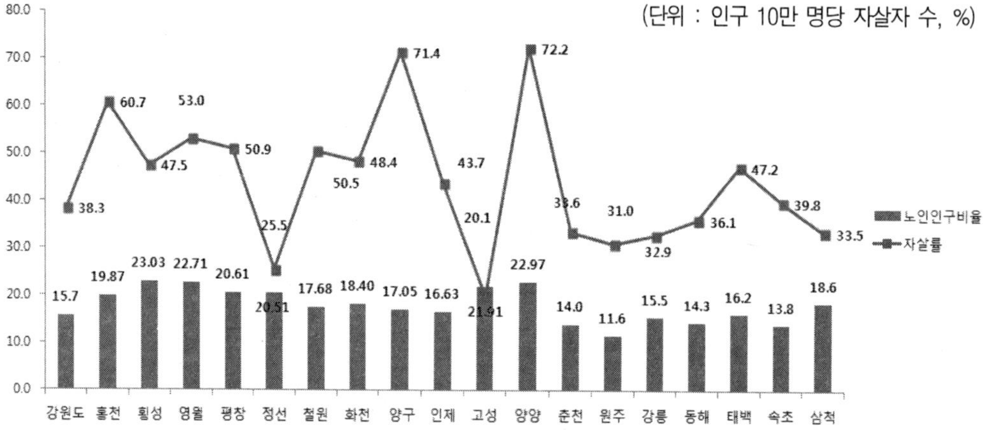

[그림 4] 강원도 시군별 자살률 및 65세 이상 노인인구 비율: 2012년

2. 강원도의 노인 자살 관련 지역적 위험 요인

김주원(2014)은 노인자살에 영향을 주는 지역 수준의 위험요인을 조사하고, 2006~2010년 노인 자살자 수 및 2008년 연앙인구를 이용하여 표준화 사망률이 높은 지역과 낮은 지역 간 위험요인의 특성을 분석하였다. 2006~2010년 사망 원인 자료에서 질병사인분류코드가 고의적 자해인 만 65세 이상의 노인 18,748명을 분석대상자로 선정하였으며, 연구결과, 2008년 연앙인구를 기준으로 연령별 십만명 당 자살률을 살펴본 결과 연령이 증가할수록 십만명 당 자살률이 증가하였고, 전 연령의 십만명 당 자살률은 144.7명인데 비해 65~74세에서는 306.3명, 75~84세에서 490.8명, 85세 이상에서는 649.4명으로 특히 65세 이상의 노인인구에서 십만명 당 자살률이 더 크게 나타났다. 자살자의 특성을 살펴

본 결과, 65세 이상에서 농립·어업 숙련 종사자가 많은 것으로 나타났고, 사별이 40.2%, 무학 또는 초등학교 졸업이 71.6%로 나타났다. 사망원인의 경우, 전체 연령에서 살충제가 20.8%인 반면 65세 이상에서 37.9%를 차지하였고, 목맴, 압박 및 질식이 39.3%로 상대적으로 적게 나타났다.

또한, 2007년을 기준으로 정리한 248개 시군구에 대해서 시군구별 자살자수와 연앙인구를 바탕으로 표준화 사망률을 산출한 결과 표준화 사망률은 0.15~2.4의 분포를 보였다. 산출된 표준화 사망률을 바탕으로 상·하위 25개 지역에 대해 그 특징을 살펴보았다. 노인자살자의 특성을 살펴본 결과, 상·하위 지역에서 직업, 혼인상태 및 교육정도에서 유의한 차이를 보였고 사망장소 및 사망원인도 유의한 차이를 보였다. 특히, 사망 장소의 경우 상위 25개 지역에서 의료기관이 46%로 가장 많았고, 사망원인의 경우 하위 25개 지역에서는 목맴, 압박 및 질식이 39.4%로 가장 많은 반면, 상위 25개 지역에서는 살충제가 56.2%로 가장 많았다. 다음으로 위험요인의 지역적 특성을 살펴본 결과, 상 · 하위 지역에서 유의한 차이를 보인 위험요인은 정신 · 심리학적 요인으로 수면시간이, 생 · 의학적 요인으로는 만성질환과 신체활동이, 사회 · 환경적 요인으로 고용 및 직업과 보건서비스 이용정도가, 인구학적 특성으로는 교육정도, 흡연, 독거, 종교, 도시화율, 복지예산비중, 수급자현황, 인구밀도, 의료기관 수, 인구이동 등으로 나타났다.

공간 상관관계를 고려하여 베이지안 공간모형 중의 하나인 조건부 자기회귀모형(AutoRegressive(CAR) model)을 이용하여 노인자살에 유의한 지역적 특성을 파악해보았다. 위험요인들 간 상관관계가 큰 경우를 제외한 위험요인들을 이용하여 CAR 모형을 적합한 결과, 노인자살에 영향을 미친다고 생각할 수 있는 위험요인으로는 신체활동, 흡연율, 자살을 시도한 사람의 비율, 평균 교육정도, 삶의 질, 독거노인비율인 것으로 나타났다. 그 중에서도, 신체활동과 교육정도, 독거노인의 비율의 경우 표준화 사망률과 음의관계로 나타났으며, 흡연율, 자살을 시도한 사람의 비율, 삶의 질은 양의 관계로 나타났다. 연구결과, 향후 시군구 지역단위의 노인자살예방정책 수립 시 이러한 연구 결과를 바탕으로 노인자살예방정책을 수립할 필요가 있음을 제안하였다.

김기원 등(2010)은 16개 광역시도별 노인자살률의 지역적 차이를 파악하고, 이 차이에 영향을 미치는 요인을 규명하는 연구를 수행하였다. 복지예산비율, 노인여가시설 수, 노인주거 및 의료복지시설 수, 체육시설 수, 이혼율, 1인당 GRDP를 노인자살에 영향을 미치는 요인으로 선정하고 이에 대해서 통계청 '사망원인 통계'와 통계청 'e-지방지표'를 이용하여 상관분석과 다중회귀분석을 하였다. 이 연구에서 전체 노인자살률은 2000년 35.5명에서 2005년 최고수준인 80.3명을 기록하고 그 후, 조금씩 감소하기 시작하여 2008년 71.7명으로 나타났다. 전라남도 지역이 가장 낮은 노인자살률을 보였으며, 강원도 지역의 노인자살률이 가장 높은 것으로 나타났다. 또한 도시지역에 비해 농촌지역의 노인자살률이 다소 높은 것으로 확인되었다. 상관 분석 결과, 복지예산비율과 노인여가시설이 많을수록 노인자살률이 감소하는 경향을, 조이혼율이 높을수록 노인자살률이 증가하는 경향을 보였다. 다중회귀분석 결과는 체육시설, 복지예산비율, 여가시설 순으로 노인자살률에 부적관계를 나타내 노인자살을 감소시키는 변인으로 확인되었고, 노인주거 및 의료복지 시설, 조이혼율은 정적관계를 나타냈다. 이를 통해 보았을 때, 조이혼율은 두 가지 분석 모두에서 노인자살에 영향을 미치는 요인임이 증명되었다. 16개 시도 중 조이혼율이 낮은 지역에서 노인의 자살률이 낮은 것으로 나타났다. 노인여가시설과 체육시설 수 또한 노인자살률에 다소 영향을 미치는 것으로 나타났으나, 1인당 GRDP, 노인주거 및 의료복지시설 변인과의 연관성은 크게 검증되지 않았다.

국내의 또 다른 연구로 김동현(2007)은 지역별 사회학적 특성을 나타낼 수 있는 독립변인을 2005년 인구주택총조사 시군구별 자료 (2%) 및 기타 자료원을 이용하여 직업, 학력, 경제활동여부, 구직여부, 산업, 생계수단, 성별, 연령, 가구유형, 주택소유형태, 가구원수, 세대구성, 복지시설 수, 독거노인 수로 정리하고 그 지역의 십만명 당 노인자살자 수를 종속변인으로 하여 그 관계를 확인하였다. 위험요인을 보정하지 않은 시군구별 2005년 십만명 당 자살자 수 분포 현황은 지역별로 자살률의 차이가 극명하게 나타남을 확인할 수 있었으며, 전체적으로 도시지역보다는 비도시지역에서 자살률이 높게 나타나는 것을 알 수 있었다. 특이사항으로 전라도 지역의 자살률이 극히 낮게 나타나는 것을 확인할 수 있었는데, 이 연구에서 사용한 자료로는 설명이 어려워 전라도 지역을 제외하고 분석을 진행하였다. 연구결과, 노인자살을 설명하는 가장 주요한 변인으로는 직업, 경제활동여부, 구직여부, 산업, 성별, 가구형태, 독거노인 비율, 주택소유형태, 지역별 복지시설 수로 나타났다. 농업, 임업 등의 산업과 관련 직업을 가진 비도시 지역의 자살률이 그렇지 않는 도시지역의 자살률보다 높게 나타나며, 가족으로부터 소외된 노인의 자살률이 높게 나타나지만 집을 소유하는 경우 노인의 자살률이 낮게 나타나는 것으로 보아 경제적 상황에 따라 자살률에 차이가 있음을 알 수 있다. 또한 남성일수록, 독거노인일수록, 지역의 복지시설이 부족할수록 노인 자살률은 높아짐을 제시하였다.

V. 자살에 대한 중앙정부와 강원도의 대응 전략

현재 한국은 자살사고를 효과적으로 예방하기 위한 자살예방사업 및 인프라가 극히 미비한 상태이다. 물론 자살의 심각성을 인식하여 정부 차원에서 2004년 국가자살예방5개년 기본계획을 수립(2005년 세부추진 계획인 자살예방5개년계획 수립)하고 2008년 제2차 자살예방종합대책을 수립하였으나 아직까지 자살예방 대책이 통합적이지 못할 뿐만 아니라 생애 주기에 따른 특화된 자살예방대책을 제시하지 못하고 있다.

1. 제1차 자살예방종합대책(2006-2010)

2004년 수립된 정부의 자살예방5개년계획(2006~2010)은 생명존중문화조성 등 환경적 접근과 자살위험자 조기발견 및 치료 등 대상자적 접근을 포괄하는 추진체계 구축(전략1), 생애주기와 사업단계별 추진체계 구축(전략2), 공공부문과 민간부문의 역할분담과 협력체계 구축을 통한 사업추진(전략3)이란 전략 하에 생애주기별(아동청소년기, 성인기, 노인기), 사업단계별(정신건강증진-일반인구대상, 자살위험요인예방-정신건강위험인구대상, 자살위험자 조기발견 및 조기개입-자살위험자대상, 자살시도자 치료 및 사후관리-자살시도

자대상)로 자살예방대책을 제시하고 있으며 예방대책을 기획, 조정, 평가하는 보건복지부를 중심으로 지역사회 정신보건센터와 민간단체인 한국자살예방협회 및 생명의 전화가 주축이 되어 시행하고 있다. 자살예방사업은 1차 예방사업인 '사회환경적 접근사업', '정신건강증진(일반인구 대상)사업', '자살위험요인 예방사업'과 2차 예방사업인 '자살위험자 조기발견 및 조기개입사업', '3차 예방사업인'자살시도자 치료 및 사후관리 사업'으로 구분할 수 있는데 대부분의 사업은 1차 예방사업에 초점을 두고 있다.

1차 자살예방 5개년 종합대책은 그간 정부와 민간이 공동으로 다양한 사업을 추진하여 사회적 여론을 일정 부분 환기시켰다는 점에서 성과가 있다고는 하지만, 정책범위를 개인중심의 정신보건사업으로 한정하여 사회·경제적, 범정부적 지원책 마련이 미흡하고, 정책의 중요성에 비해 국민적 합의 및 사회적 공론화에 한계가 있으며, 제안된 예산으로 인해 단계적인 정책접근이 미흡하다는 문제점과 기반연구 부족으로 인해 근거를 기반을 둔 정책수행이 어렵다는 점이 지속적으로 제기되고 있다. 이에 정부는 보다 현실적인 자살예방정책을 모색하였고 그 결과 사전 예방적, 능동적 접근과 지속가능한 정책을 통해 자살률을 감소하고자 2008년 제2차 자살예방종합대책을 발표하였다.

2. 제2차 자살예방종합대책(2009-2013)

제2차 자살예방종합대책(2009년~2013년)은 1차 자살예방종합대책과는 달리 주요 10대 과제를 선정하여 구체적인 추진목표와 세부과제를 제시하고 있다<표 2 참고>. 제2차 자살예방종합대책에서는 2008년 3개소에 불과했던 자살위기대응팀을 광역시를 중심으로 2013년 12개소까지 연차적으로 확충하고 지역정신보건센터 설치율을 시·군·구의 85%이상, 알코올상담센터 설치율을 시군구의 20%이상으로 확충하여 자살예방 인프라를 강화하고 있으며 지역사회 기반의 다양한 자살예방 인력(정신보건건문요원, 보건·복지·교육·경찰 및 소방대)에 대한 교육체계를 강화하고 있다. 또한 자살예방법 추진계획을 통해 법적 토대를 마련하고 있으며 생애주기별로 자살위험에 대한 개인·사회적 대응 역량을 강화하는 세부과제를 제시하고 있다<표 2 참고>.

<표 2> 제2차 자살예방종합대책

10대 과제	중점 추진목표	세부과제
1. 자살에 대한 국민의 인식을 개선한다.	우울증이 치료 가능한 질환임을 인식하는 국민의 비율을 2007년도 대비 30%이상 향상시킨다. 자살이 사회적 노력을 통해 예방 가능한 문제임을 인식하는 국민의 비율을 2007년도 대비 30%이상 향상시킨다.	1) 국민정신건강 네트(net) 개발 및 활용 2) 생명존중 사회마케팅 전략 체계 강화 3) 생명사랑 문화 프로그램 확산
2. 자살위험에 대한 개인 · 사회적 대응 역량을 강화한다.	국민 스트레스 지수 중 스트레스를 대단히 많이 느끼는 비율을 2007년도 대비10%이상 감소시킨다.	1) 이혼 가정 상담 서비스 지원 강화 2) 위기청소년 사회안전망 구축 3) 아동청소년 정신건강 관리체계 강화 4) 대학교 자살예방 및 정신건강 사업체계 구축 5) 직장인 정신건강 증진 지원체계 구축 6) 노인 학대 예방 및 독거노인 지원 강화
3. 자살에 치명적인 방법과 수단에 대한 접근성을 감소시킨다.	농약으로 인한 자살사망자 수를 2007년도 대비 20%이상 감소시킨다.	1) 유독성 물질 불법 유통 관리 감독 강화 2) 농약 관리체계 강화 3) 인터넷 자살유해사이트 관리체계 강화 4) 지하철, 교량 등에 대한 안전시설 강화
4. 자살에 대한 대중매체의 책임을 강화한다.	자살에 대한 언론보도기준 준수 비율을 60%이상으로 향상시킨다.	1) 미디어 관리 체계 구축
5. 자살 고위험 군에 대한 정신 보건서비스를 강화한다.	중증정신질환자 및 알코올 중독자의 지역사회 등록관리율을 20%이상으로 향상시킨다. 우울증의 수진율을 40%로 향상시킨다. 자살시도자 및 유가족 관리 프로그램을 확산시킨다.	1) 지역사회 고위험군 자살예방 프로그램 개발 보급 2) 특수영역(군, 교정기관) 자살예방 활동 강화 3) 정신질환자 사례관리 시스템 강화 4) 알코올 중독자 관리 체계 구축 및 강화 5) 우울증 조기검진 및 치료관리체계 구축 6) 자살시도자, 유가족 지원방안 마련
6. 지역사회기반의 다양한 자살예방 인력에 대한 교육체계를 강화한다.	정신보건전문요원의 자살예방 교육이수율을 100%로 한다. 경찰과 소방대원의 자살예방교육 수료율을 높인다.	1) 정신보건전문요원 자살예방 교육체계 구축 2) 경찰 및 긴급구조요원 자살예방 교육 강화
7. 자살예방을 위한 법과 제도적 기반을 조성한다.	'자살예방법'을 제정한다.	1) 자살예방법 제정
8. 자살예방 서비스 제공을 위한 인프라 구축을 적정화한다.	24시간 자살예방 및 위기개입 체계가 12개 이상의 시도에서 구축되도록 한다. 지역정신보건센터 설치율이 85%로 향상된다. 알코올상담센터 설치율이 20%로 향상된다.	1) 지역사회 상담지원 및 정신건강서비스 체계 확대 2) 제3자 통화 및 응급출동체계 구축 3) 자살예방 민간단체 지원 및 육성
9. 자살예방을 위한 연구 · 감시 체계를 구축한다.	국가정신건강연구원에 자살예방정보센터를 설치한다. 국가통합 자살 DB 구축을 완료한다.	1) 자살예방사업 모니터링체계 구축 2) 자살관련 통계 · 연구체계 개선
10. 근거에 기반을 둔 자살예방정책을 개발한다.	통합적 자살예방 시범사업을 시행하고 평가한다.	1) 지역사회 기반의 통합적 자살예방 시범사업

3. 강원도 자살예방사업 현황 및 대응방향

1) 자살예방사업 주요내용

강원도 자살예방사업은 다음의 표와 같이 도민 전체, 학생, 청소년, 어르신, 근로자 등에게 제공되는 상담서비스 관련 중심이다.

<표 3> 강원도 자살예방사업 세부사업

구분		세부추진사업
자살예방을 위한 인프라 구축	자살예방전담조직 설치·운영	자살예방센터 설치(도 1, 시군 4)
		자살전문인력 양성사업(직무연수)
	범사회적 자살예방 체계구축 및 생명존중문화 조성	자살예방 생명존중위원회 활성화
		유관기관(자살예방위기대응기관) 네트워크 구축 및 협력
		자살예방사업 민간단체 지원(공모전)
		생명존중문화 조성 (자살예방의 날 행사, 대중매체 홍보 등)
	생명사랑지킴이 양성	생명사랑지킴이 양성
		생명사랑지킴이단 운영
		일반인 자살예방교육
소계		
자살고위험군 관리강화	취약계층고위험군 선별 관리 및 생애주기별 상담지원	청소년기(학교폭력 가·피해자, 한부모 등)
		성인기(다문화, 군인, 직장인, 수급자 등)
		노년기(홀몸어르신 정신건강평가)
		도민 우울증 선별검사
	자살시도자 사후 관리강화 (모니터링 구축)	응급의료기관 자살시도자 관리 및 유가족지원
		치료비 지원
		Hot line 운영(1577-0199)
	자살수단 접근성 제한	자살 위기개입 매뉴얼 제작
		농약보관함 관리사업
		자살예방구조물 설치
소계		

구분		세부추진사업
근거 기반의 자살예방정책 추진	자살실태조사 및 감시체계 구축	강원도 통합 자살DB 구축
		자살인식도 조사
	자살예방사업 통합 지원 (강원도정신보건사업지원단)	자살예방사업평가지표 개발
		시군 자살예방실행계획 수립
		자살예방 추진실적 평가
	자살예방지원시스템 구축	자살예방지원 시스템 구축
소계		
총계		

출처 : 강원 광역정신건강증진센터(2014.1), '13년 사업결과 보고서

2) 자살예방사업 개선과제

가) 자살률 하락을 위한 명시적 목표 및 실행방안 수립

기존에 추진해 오던 취약계층 지원 사업 및 사회안전망 구축 사업들을 종합하는 수준이 아니라 강원도 자살률 1위라는 불명예를 극복하기 위해 자살률 하락을 위한 구체적 실행방안을 수립해야 한다.

나) 자살예방지원시스템 구축 노력 강화

강원도 자살예방 인프라 구축(전담조직 설치·운영, 자살예방체계 활성화 등)이 더 적극적으로 이루어져야 하며 국가가 제공하는 각종 사회복지 급여 및 서비스 관련 정보를 총괄·관리하는 사회복지 통합 관리망에 대한 자살예방 및 상담서비스제공 사업 담당자의 접근을 보장해야 한다.

자살 고위험 대상자 및 그 가족에게 국가의 지원이 가능한 의료 및 사회복지서비스 등에 대한 정보를 파악하여 관리하여야 한다. 이를 토대로 각 민간위탁 센터 실무자들과의 정기적인 사례관리회의를 통해 대상자에게 필요한 급여 및 서비스를 연계해 주는 협조체계를 구축할 수 있다.

인구가 낮은 농어촌의 경우에는 인근 도시지역의 정신건강증진센터의 전문인력을 보강하여, 이들이 정기적으로 해당 농어촌 지역을 순회하며 지역주민을 대상으로 자살예방사업을 수행할 수 있는 방안을 검토해야 한다.

다) 심리적 부검제도 도입 대비 선제적 대응

제도의 효율성을 높이기 위해서는 센터와 시군, 도 관계기관(병원, 경찰서 등) 협력 관계 강화, 기관 간 명확한 역할과 기능 명시가 필요하다. 심리적 부검제도의 실질적 효율성을 높이기 위해서는 고위험군에 대한 등표적 관리, 이를 위한 기관 간 협력과 역할배분이 체계화되어야 하며, 자살 혹은 우울증 환자 등 표적관리를 위한 실태조사 등 DB구축관리 필요하다. 따라서 경찰서의 자살시도 관련 기록, 병원 우울증 치료자에 대한 기록관리 등이 체계적으로 이루어져야 하지만 아직 이와 관련한 세부관리계획이 없어 현재 정부가 준비하고 있는 시범사업을 통해 잘 보완되어야 한다. 강원도와 같이 면적이 넓고 지역이 산재되어 있는 여건에서는 심리적 부검제 도입을 통한 표적관리 방안이 더 효율적이기 때문에 도가 선제적으로 대응할 필요가 있다.

라) 자살예방을 위한 마을공동체적 관심 유도, 행복한 강원도 만들기 추진

강원도나 정부가 추진하는 마을공동체사업 공모 시 자살예방과 관련한 프로그램이 필수적으로 들어가야 한다. 마을공동체는 이웃과의 관계와 소통, 생명존중, 지속가능, 순환의 가치를 중심으로 특히, 자살예방을 위한 건전한 생명존중문화를 전파하고, 함께 희망과 나눔을 공유하는 데 앞장서는 사업이 만들어질 수 있도록 지침을 만들어 대응해야 하며 '생명사랑, 행복마을'로 농촌형, 도시형 자살예방사업을 마을공동체 사업과 연계하여 생명존중시범사업을 통해 마을 주민들이 자발적인 상호교류로 공동체가 더욱 활기 있고, 웃음이 넘치는 행복한 강원도가 될 수 있도록 전략적 지원방안 추진할 필요가 있다.

Ⅵ. 노인 자살 예방 및 대응을 위한 정책 과제

첫째, 한국은 급속한 고령화 추세 속에서 상대적으로 노인복지와 관련된 인프라가 매우 취약한 상황으로 향후 노후에 대해 미리부터 준비하고 대비할 수 있는 사회적 인프라를 조성하는 것이 노인자살 예방을 위한 일차적 정책의 가장 핵심적인 축이 되어야 한다. 기본적인 소득보장정책으로 기초생활보장, 국민연금, 기초노령연금의 사회보장제도들이 안정적인 노후생활을 보장할 수 있어야 하며, 노화에 따른 신체적 약화와 만성질환 예방 및 치료를 위한 생애주기별 맞춤형 건강검진사업과 장기요양보험제도의 정착도 중요한 과제이다. 또한, 노인일자리사업의 활성화를 통해 노후에도 사회에 기여하는 중심역할을 하고 사회와 연계, 통합될 수 있는 기회를 제공해야 할 것이다.

둘째, 지역사회에 기반을 둔 자살예방서비스가 체계적으로 제공되어야 한다. 지역사회에서 대표적으로 노인전용 자살예방관련 업무를 수행하는 기관은 전국적으로 3곳에 불과하며, 비록 노인보호전문기관이 전국적으로 분포되어 있다고 하나 이는 노인 학대와 관련된 업무를 주로 취급하고 있다는 점에서 노인자살 예방에 실질적으로 기여하지 못하고 있다. 또한 지역사회 정신보건센터가 전국적으로 가장 광범하게 분포하고 있는 기관이지만 이 자체도 전문 인력의 부족 등으로 인해 노인자살에 특화된 전문성은 보유하고 있지 못한 상황이다. 노인보호전문기관, 지역사회 정신보건센터, 119응급구호센터, 병원 응급실, 경찰 등 자살과 관련된 지역사회 기관들이 정보를 공유하고 연계할 수 있는 체계가 마련되어야 한다.

셋째, 노인의 경우 자살 위험자들이 먼저 기관을 찾는 경우는 타 연령층에 비해 낮게 나타나며 따라서 노인자살 예방을 위한 인프라를 확충할 때 자살 위험자를 사전에 미리 발견하는'발굴(out-reach)'에 초점을 둔 프로그램을 개발할 필요가 있다. 지역의 통반장, 경로당 관리인력들을 gatekeeper로 교육하여 활용할 수 있도록 하며, 보건소를 포함한 1차 의료기관에서 노인을 대상으로 우울이나 자살생각 등에 대한 1차적인 스크리닝이 가능하도록 건강보험급여 등 제도적인 지원체계가 마련되어야 할 것이다.

넷째, 자살시도자, 우울증환자, 사별을 경험한 노인 등의 자살고위험 노인에 대한 특별관리가 필요하다. 지역사회에 위기관리팀을 구성하여 위험군에 대한 사전명단을 확보하고(개인정보보호 적용 예외 규정 마련 등), 사고 발생시 위기관리팀에 바로 연계할 수 있는 체계를 구축해야 할 것이다.

다섯째, 연구분석 결과, 운동과 같은 건강행위와 노인11자살의 직접적 원인이 되는 우울이 부적인 인과관계를 갖는 것으로 밝혀졌는데, 이는 정신건강과 관련된 인프라의 확충뿐만 아니라 노인건강인프라, 여가문화 인프라와 같이 전반적인 삶의 질을 향상시킬 수 있는 인프라의 확충을 통한 노인자살 예방 역시 중요한 과업이다.

여섯째, 심리적 부검사업 실시한다. 심리적 부검은 자살자의 주변인 증언, 유서 등 모든 자료를 이용해 자살의 구체적 원인을 과학적으로 규명하는 조사방법으로 정부가 자살대책을 마련하기 위해 시범 실시 중*이다. 자살자 가족 면담 및 관련 기록에 대한 심층적 분석을 통해 자살 시도 원인, 일반인과 구분되는 특징을 규명하려면 향후 경찰이 자체적으로 조사할 수 있는 심리적 부검 수행 모형을 개발해야 한다.

---

* 2013.3.29-2014.12.29 간 전국의 자살자 유가족 72명을 대상으로 계획 중임

참 고 문 헌

김주원 (2014), 자살예방, 보다 행복한 강원도를 위해, 강원발전연구원 정책메모.

보건복지부, 2013년 자살실태조보건복지부 (2008). 노인자살 예방을 위한 실천적 정책 수립방안에 관한 연구.

오병훈 (2006). 노인자살문제의 예방. 대한임상노인의학회 추계학술대회 자료집.

이상용, 노용환, 이기주 (2011). 우리나라의 자살급증원인과 자살예방을 위한 정책과제, 한국보건사회연구원.

이소정, 정경희, 강은정, 강상경, 이수형, 김영아 (2008). 노인자살의 사회경제적 배경 및 정책적 대응방안 모색, 한국보건사회연구원 저출산고령사회연구센터.

정덕영 (2009), 강원도 자살발생 실태분석과 예방전략에 관한 연구, 강원발전연구원 공모과제.

한국보건의료연구원(2012), 노인 자살에 미치는 지역적 위험요인 연구.

한국자살예방협회 (2008). 노인자살 예방을 위한 실천적 정책 수립 방안을 위한 연구. 사 요약보고서.

노인 자살 연구 - 춘천 노인 생활실태조사를 중심으로 -

춘천지역 노인의 연령대별 자살생각과 관련요인 연구

임연옥

(한림대 고령사회연구소 HK 연구교수)

춘천지역 노인의 연령대별 자살생각과 관련요인 연구

임연옥 (한림대 고령사회연구소 HK 연구교수)

I. 연구의 필요성과 목적

강원도는 2009년에 65세 이상의 인구 비율이 14.8%로 고령사회에 들어섰으며, 2014년에는 16.8%로 증가하여 노인의 수가 25만 3천명에 이르렀다. 이 수치는 전국 16개 시·도 중 인구고령화 비율이 21.8%인 전남, 18.1%의 전북, 18.0%의 경북에 이어 네 번째로 높은 것이다. 이러한 노인 인구의 증가 추세가 지속되면, 강원도는 2021년에 20.8%로 인구 5명 중 1명이 노인인 초고령사회로 접어들 것으로 전망된다(동북지방통계청, 2014).

이와 같은 노인 인구의 증가는 노후 소득보장과 고용, 노인의 건강과 간병, 노후 여가와 사회생활 등과 연결되어 다양한 사회 문제로 드러난다. 고령화로 인해 발생된 다양한 어려움을 겪는 노인의 정신건강상태는 매우 취약하여, 우울감, 절망감, 무력감, 좌절감 등에 빠지게 되고, 노인들 중 일부는 자살을 선택하기에 이른다.

우리나라의 경우 2013년 65세 이상 노인의 자살에 의한 사망률은 인구 10만 명당 64.2명이었으며, 연령별로 보면, 65~69세(42.2명), 70~74세(59.5명), 75~79세(77.7명), 80세 이상(94.7명)순으로 연령이 높아질수록 증가하였다(통계청, 2014 a). 이러한 노인의 자살 사망률은 다른 연령대, 즉, 10~19세 4.9명, 20~29세 18명, 30~39세 28.4명, 40~49세

32.7명, 40~59세 38.1명에 비해 훨씬 높은 것이다(통계청, 2014 b). 한편, 강원도는 자살사망률이 32.0명으로 전국에서 가장 높은 지역인데, 강원도의 노인 자살사망률은 85.3명으로 전국 노인의 자살에 의한 사망률 64.2명보다 1.3배 높은 수치로(동북지방통계청, 2014; 통계청, 2013) 노인 자살이 다른 어느 시도에 비해 심각한 문제로 부각되고 있다.

노인은 자살을 충동적으로 시도하거나 혹은 도움을 요청하는 신호로 자살을 시도하기보다는 오래도록 심사숙고하여 계획적으로 자살을 시도할 뿐만 아니라 정신보건센터 등과 같은 사회복지 서비스에 도움을 구하지 않기 때문에(Szanto et al. 2002) 자살로 인한 사망률이 다른 연령층에 비해 훨씬 높다(한창수 · 장보영 · 이지연 · 안지혜 · 임재형 · 양재원, 2013).

노인의 자살사망률이 다른 연령층에 비해 더 높음에도 불구하고 자살과 관련된 다수의 연구들은 청소년의 자살을 다루고 있는데, 이는 우리나라 청소년의 사망원인 1위가 자살임에 따라 자살예방의 필요성에 대한 인식이 높아졌기 때문이다. 그러나 우리 사회를 이끌어 오고, 경제 발전을 위해 평생 헌신해온 노인들이 극단적인 수단인 자살로 삶을 마무리하는 비극이 늘어난다면, 이는 우리 사회의 책임이며, 미래 한국 사회의 건전한 발전을 기대하기 어렵다. 따라서 노인자살에 대해 관심을 갖고, 이를 적극적으로 예방하기 위한 사회적 노력이 요구되며, 이를 위한 기초자료를 구축하는 것이 우선 되어야 한다.

일반적으로 노인은 하나의 동일한 집단으로 여겨지지만, 노년기가 길어짐에 따라 65세 이상의 노인일지라도 신체적, 사회적, 심리적 특성에 따른 차이가 존재할 뿐만 아니라 노인이 살고 있는 지역에 따라 사회, 문화적 환경에 따른 차이를 보인다. 따라서 노인에 대한 연구는 연령대와 거주 지역에 따른 특성을 반영해서 이루어져야 한다.

이미 앞에서 언급하였듯이 강원도는 인구고령화가 급속히 진행되고 있으며, 노인 자살률은 전국 평균에 비해 더 높다. 이는 자살에 대한 지역적 특성 또는 지역적 패턴이 있음을 보여주는 것이다. 따라서 본 연구는 강원도 중에서도 도시와 농촌, 산촌이 혼합된 지역인 춘천의 노인을 대상으로 자살에 관한 양적 자료를 체계적으로 수집하여, 춘천 지역 노인의 연령대별 특성을 반영한 노인자살예방정책 수립의 기초 자료를 제공하고자 한다.

자살은 자살행위, 자살시도, 자살생각 등의 개념을 포함하는데, 본 연구에서는 자살생각을 중심으로 다루고자 한다. 자살생각은 '자살을 행하는 것에 대한 생각이나 사고'로(문영희, 임미영, 2013) 실제 자살시도나 자살로 인한 죽음과는 구별되지만, 자살생각, 자살시도, 자살실행으로 연속으로 이어짐에 따라 자살생각은 자살과정의 첫 단계에 해당한다(이승희, 2013). 따라서 자살 생각은 자살로 인한 죽음을 예측하는 중요한 요인이라고 할 수 있다. 그리고 자살을 생각하는 것은 정신건강수준을 간접적으로 보여주는 것이며, 자살예방을 위한 정책 개입 시 중요한 지표가 될 수 있다(김형수, 2002).

노인의 자살생각과 관련된 다수의 선행연구들은 연령이 높을수록, 남성에 비해 여성이, 독거 노인이 일반 노인에 비해, 도시보다는 농촌 지역의 노인이 자살생각을 더 많이 하는 것으로 보고하고 있다. 그리고 경제적으로 열악하고 빈곤한 노인 또는 경제활동을 하지 않는 노인의 자살 충동이 더 컸으며, 자신의 건강상태를 부정적으로 평가하는 경우에 자살생각을 더 많이 하였다. 또한 자살은 흔히 전염된다고 하는데, 가족 중에 자살을 한 사람이 있거나 주변인 중 자살을 한 사람이 있는 경우 자살을 시도할 가능성이 높다(서동우, 2003; 배지연, 2005; 오인근 2007; 한삼성 · 강성욱 · 유왕근 · 피영규. 2009; 고민석, 2011; 김기태 · 최송식 · 박미진 · 박선희 · 고수희 · 박현숙. 2011; 이화영, 2011; 이승희, 2013).

따라서 본 연구는 지역적 특성을 반영한 노인의 자살 생각에 관한 연구를 시도함에 있어서 춘천시 거주 노인을 대상으로 대표성 있는 자료를 수집하여, 연령대별로 기본적인 인구학적 특성을 비롯하여 신체건강과 경제적 특성 그리고 가족과 지인의 자살사망 경험에 따른 노인의 자살생각을 살펴보고자 한다. 그리고 이러한 본 연구를 통해 제시된 결과들은 춘천시 노인을 대상으로 한 자살예방개입 방안을 모색하는데 기초자료로 활용될 것으로 기대된다.

II. 연구방법

1. 연구대상자 선정

한림대학교 고령사회연구소는 2013년 4월~5월까지 춘천시에 거주하는 65세 이상의 노인 2034명을 대상으로 '춘천노인생활실태' 설문조사를 실시하였다. '춘천노인생활실태' 조사의 모집단은 2013년 1월을 기준으로 춘천시에 거주하는 65세 이상 노인이며, 조사대상자는 춘천시 읍·면·동 지역에 대해 성과 연령에 따라 조사대상자 수를 할당하는 비례할당표집을 통해 선정되었다. 그리고 설문조사는 전문조사원에 의한 일대일 면접조사 방식으로 실시되었다.

2. 조사내용

자살생각은 Osman, Bagge, Gutierrez, Konick, Kopper and Barrious(2001)이 고안한 The Suicidal Behaviors Questionnaire-Revised(SRQ-R)를 사용하였다. SRQ-R 척도는 '자살을 하려고 생각해보거나 시도해본 적이 있는가?', '지난 일 년 동안 얼마나 자주 자살을 하려고 생각해 보았는가?' '자살을 하려고 했거나 할지도 모른다는 말을 다른 사람에게 한 적이 있는가?', '미래에 자살을 시도할 가능성이 얼마나 있다고 생각하는가?' 4개 문항으로 구성되어 있다. 4개 문항 중 첫 번째 문항의 1점은 1점, 2점은 2점, 3점과 4점은 3점, 5점과 6점은 4점으로, 그리고 세 번째 문항의 1점은 1점, 2점과 3점은 2점, 4점과 5점은 3점으로 리코딩한 후 4개 문항의 점수를 합하여 자살생각 정도로 사용하였다. 자살생각 정도의 범위는 3점부터 18점이다.

노인의 자살생각과 관련된 변인으로 본 연구에서 다루어진 인구학적 특성, 신체건강 특성, 경제적 특성, 그리고 가족과 지인의 자살사망 경험에 대한 자세한 사항은 다음 <표 1>과 같다.

<표 1> 조사 항목

영역	조사 문항	측정방법
인구학적 특성	성	남성과 여성으로 측정함.
	연령	출생연도를 조사한 후 연령을 계산함. 계산된 연령을 66-70세, 71-75세, 76-80세, 81-85세, 86세 이상으로 재 구분함.
	학력	교육연수를 연속변수로 측정한 후 무학, 초등학교 졸업이하, 중학교 졸업이하, 고등학교 졸업이하, 대학교 재학이상으로 재 구분함.
	종교	불교, 기독교, 천주교, 천도교, 유교, 천도교, 기타, 없음으로 측정한 후 종교 있음과 없음으로 재 구분함.
	거주지역	농촌과 도시로 측정함.
	혼인상태	배우자와 동거, 별거, 사별, 이혼, 미혼으로 구분하여 측정한 후 배우자와 동거와 별거는 배우자 있음으로 그 외의 경우에는 없음으로 하는 배우자 유무로 재 구분함.
	동거여부	혼자 지냄 외에 배우자, 장남, 장남외의 아들, 딸, 사위, 며느리, 손자녀, 부모, 형제, 기타 친척, 친구 중 함께 거주하고 있는 사람의 수를 조사함.
경제적 특성	월 평균 가구소득	50만원 단위로 50만원 미만부터 500만 원 이상까지 11개 항목으로 측정한 후 50만원 미만, 50~100만원 미만, 100~150만원 미만, 150~200만원 미만, 200만 원 이상으로 재 구분함.
	현재 취업상태	취업, 질병으로 휴가 중, 은퇴, 실업상태, 일한적 없음으로 구분하여 측정 후 취업 여부로 재 구분함.
	사회경제적 수준	상, 중상, 중, 중하, 하로 측정함.
신체건강 특성	현재 질병상태	17개 질병에 대해 진단받은 적이 없음, 지금은 완치됨, 진단받아 치료 중, 진단받았지만 치료받지 않음, 진단받아 치료받던 중 중단함, 진단받았는지 모름으로 측정한 후 질병 있음과 없음으로 구분하여 측정함.
	주관적 건강상태	매우 건강하다를 1점, 매우 건강하지 못하다를 5점으로 하는 5점 리커트 척도로 측정함.
자살사망자 경험	가족/친지	가족이나 친지 중 자살로 사망한 사람이 있는지 여부를 측정함.
	가까운 지인	친구나 애인 등 가까운 지인 중 자살로 사망한 사람이 있는지 여부를 측정함.

3. 분석방법

수집된 자료는 PAWS 18.0을 이용하여 분석되었다. 조사대상자의 자살생각과 인구학적 특성을 비롯한 신체건강과 경제적 특성 및 가족과 지인의 자살사망 경험을 알아보기 위해 빈도분석을 실시하였고, 조사대상자 간의 자살생각과 인구학적 특성을 비롯한 신체건강과 경제 특성 및 자살 경험 간의 관계를 검증하기 위해 교차분석, t-test, ANOVA, 상관관계 분석을 실시하였다.

III. 연구결과

1. 조사대상자 특성

1) 인구학적 특성

본 조사에 참여한 조사대상자는 66세부터 99세까지로 평균 75.4세(표준편차, 6.32세)이었다. 5세 간격으로 연령집단을 구분하여 살펴보면, 70세 이하가 588명(28.9%)로 가장 많았으며, 71-75세가 22.6%, 76-80세 27.9%, 81-85세 14.0%이었으며, 86세 이상은 6.5%이었다.

본 조사대상자 중 여성의 비율이 58.6%로 남성 41.4%에 비해 더 높았으며, 전 연령대에서 여성의 비율이 남성에 비해 더 높았다(χ^2 = 25.080, $p < .001$). 조사대상자 중 23.1%가 무학이었고, 초등학교 졸업이 38.7%이었으며, 대학재학 이상의 학력을 가진 사람은 7.3%이었다. 그리고 연령대가 높을수록 무학의 비율이 더 높은 반면, 연령대가 젊어질수록 고등학교 졸업이하와 대학재학 이상의 비율이 높아졌다(χ^2 = 385.088, $p < .001$).

조사대상자 중 41.2%가 종교가 없었으며, 22.6%가 개신교, 22.1%가 불교를 믿고 있으며, 그 다음으로 천주교 11.7% 순이었다. 본 조사에 참여한 조사대상자 중 동에 해당하는 도시에 거주하는 사람은 74.9%이었으며, 25.1%가 농촌에 거주하고 있었다. 그리고 연령집단 간 종교와 지역 특성에 따른 분포의 차이는 통계적으로 유의미하지 않았다.

<표 2> 연령집단 간 인구학적 특성 분포

변인	항목	70세이하	71-75세	76-80세	81-85세	86세이상	계	χ^2
성별	남성	273 46.4%	211 45.8%	223 39.3%	93 32.6%	42 31.6%	842 41.4%	25.080***
	여성	315 53.6%	250 54.2%	344 60.7%	192 67.4%	91 68.4%	1192 58.6%	
학력	무학	27 4.6%	85 18.6%	161 28.3%	117 41.2%	79 59.8%	469 23.1%	385.088***
	초졸이하	217 37.1%	177 38.6%	250 44.0%	103 36.3%	38 28.8%	785 38.7%	
	중졸이하	114 19.5%	96 21.0%	57 10.0%	32 11.3%	7 5.3%	306 15.1%	
	고졸이하	170 29.1%	52 11.4%	69 12.1%	22 7.7%	6 4.5%	319 15.7%	
	대학재학이상	57 9.7%	48 10.5%	31 5.5%	10 3.5%	2 1.5%	148 7.3%	
종교	불교	145 24.7%	105 22.8%	128 22.6%	51 18.0%	20 15.0%	449 22.1%	27.146
	기독교	124 21.1%	110 23.9%	118 20.8%	73 25.8%	35 26.3%	460 22.6%	
	천주교	68 11.6%	49 10.7%	64 11.3%	33 11.7%	23 17.3%	237 11.7%	
	유교	4 .7%	3 .7%	6 1.1%	1 .4%	2 1.5%	16 .8%	
	선도교	2 .3%	1 .2%	0 .0%	1 .4%	0 .0%	4 .2%	
	기타	10 1.7%	3 .7%	12 2.1%	1 .4%	2 1.5%	28 1.4%	
	종교 없음	235 40.0%	189 41.1%	239 42.2%	123 43.5%	51 38.3%	837 41.2%	
지역 특성	농촌	138 23.5%	111 24.1%	148 26.1%	78 27.4%	35 26.3%	510 25.1%	2.223
	도시	450 76.5%	349 75.9%	420 73.9%	207 72.6%	98 73.7%	1524 74.9%	
결혼 상태	동거	414 70.4%	281 61.1%	275 48.5%	99 34.7%	38 28.6%	1107 54.5%	245.250***
	별거	13 2.2%	10 2.2%	3 .5%	1 .4%	3 2.3%	30 1.5%	
	이혼	34 5.8%	14 3.0%	8 1.4%	2 .7%	2 1.5%	60 3.0%	
	사별	124 21.1%	155 33.7%	279 49.2%	183 64.2%	90 67.7%	831 40.9%	
	미혼	3 .5%	0 .0%	2 .4%	0 .0%	0 .0%	5 .2%	
독거 여부	독거	129 21.9%	133 28.9%	186 32.7%	104 36.5%	51 38.3%	603 29.6%	30.712***
	동거	459 78.1%	327 71.1%	382 67.3%	181 63.5%	82 61.7%	1431 70.4%	
계		588 100.0%	460 100.0%	567 100.0%	283 100.0%	133 100.0%	2031 100.0%	

*, p 〈 .05 ** p 〈 .01 *** p 〈 .001

조사대상자 중 54.5%가 배우자와 동거하고 있으며, 40.9%가 배우자와 사별한 상태이다. 연령이 젊어질수록 배우자와 동거하는 비율이 높아 70세 이하에서는 70.4%가 배우자와 동거하는 반면 86세 이상에서는 67.7%가 배우자와 사별한 상태로 연령집단 간 결혼상태 분포의 차이는 통계적으로 유의미하였다(χ^2 = 245.250, p <. 001).

조사대상자 중 혼자 사는 노인은 29.6%로 약 1/3에 이르며, 함께 사는 사람 수가 가장 많은 경우는 6명으로 나타났다. 연령이 높아질수록 독거 비율이 높아져, 86세 이상 중에서 38.3%가 독거 상태였으며, 70세 이하에서는 78.1%가 가족과 동거하고 있는 것으로 나타나 연령집단 간 가구형태 분포에 통계적인 차이가 있음을 확인하였다(χ^2 = 30.712, p < .001).

2) 경제적 특성

조사대상자 중 현재 취업하여 일하고 있는 사람은 27.0%인 반면 73%는 은퇴하였거나 실직상태 또는 평생 취업해 본 경험이 없는 사람이었다. 그리고 연령대가 낮을수록 일하는 사람의 비율이 높아져 70세 이하에서는 40.0%인 반면 86세 이상에서는 9.8%이 일하고 있었으며, 이러한 연령집단 간 취업상태 분포의 차이는 통계적으로 유의미하였다(χ^2 = 117.822, p < .001).

월 평균 가구소득이 50만원 미만인 사람이 조사대상자의 1/4에 이르는 24.5%이었으며, 50만원 이상 100만원 미만인 사람이 21.7%, 100만원 이상 200만원 미만 27.9%, 200만원 이상이 25.9%이었다. 연령집단별로 살펴보면 86세 이상의 집단에서 50만원 미만인 사람의 비율이 39.8%인 반면, 70세 이하 집단에서 200만원 이상인 사람의 비율이 32.7%로 연령이 높아질수록 월 평균 가구소득이 낮아지는 분포를 보였다. 그리고 이러한 분포는 통계적으로도 유의미하였다(χ^2 = 128.418, p < .001).

조사대상자가 스스로 평가하는 사회경제적 수준을 '하'라고 인식하는 사람의 비율이 36.5%, '중하' 31.6%로 68.1%가 경제적으로 어렵다고 인식하고 있었으며, '상' 또는 '중상'이라고 인식하는 사람의 비율은 6.2% 밖에 되지 않았다. 연령대가 높을수록 자신의 사회경제적 수준을 '하'로 평가하는 비율이 높아 86세 이상의 45.1%로 거의 절반 수준이었으며, 70세 이하의 집단에서는 27.9%로, 1/3에 조금 못 미치는 수준이었다. 이러한 연령집단 간 사회경제적 수준 분포의 차이는 통계적으로 유의미하였다(χ^2 = 42.867, p < .01).

<표 3> 연령집단 간 경제적 특성 분포

변인	항목	70세 이하	71-75세	76-80세	81-85세	86세 이상	계	χ^2
취업 여부	취업안함	353 60.0%	315 68.3%	445 78.3%	252 88.4%	120 90.2%	1485 73.0%	117.822***
	취업중	235 40.0%	146 31.7%	123 21.7%	33 11.6%	13 9.8%	550 27.0%	
월 평균 가구 소득	50만원 미만	71 12.1%	114 24.8%	167 29.5%	93 32.6%	53 39.8%	498 24.5%	128.418***
	100만원 미만	113 19.2%	100 21.7%	140 24.7%	67 23.5%	21 15.8%	441 21.7%	
	150만원 미만	103 17.5%	78 17.0%	85 15.0%	27 9.5%	9 6.8%	302 14.9%	
	200만원 미만	109 18.5%	63 13.7%	45 7.9%	36 12.6%	12 9.0%	265 13.0%	
	200만원 이상	192 32.7%	105 22.8%	130 22.9%	62 21.8%	38 28.6%	527 25.9%	
사회 경제 수준	상층	5 .9%	4 .9%	3 .5%	4 1.4%	1 .8%	17 .8%	42.867**
	중상층	43 7.3%	22 4.8%	29 5.1%	7 2.5%	8 6.0%	109 5.4%	
	중층	170 28.9%	123 26.7%	130 22.9%	66 23.2%	27 20.3%	516 25.4%	
	중하층	204 34.7%	132 28.7%	175 30.8%	94 33.1%	37 27.8%	642 31.6%	
	하층	164 27.9%	179 38.9%	229 40.3%	111 39.1%	60 45.1%	743 36.5%	
	모르겠음	2 .3%	0 .0%	2 .4%	2 .7%	0 .0%	6 .3%	
계		588 100.0%	461 100.0%	568 100.0%	285 100.0%	133 100.0%	2035 100.0%	

* p < .05 ** p < .01 *** p < 001

3) 신체건강 특성

조사 당시 조사대상자가 의사로부터 진단 받은 질병의 수를 살펴본 결과 평균 2.87개 질환을 의사로부터 진단받은 것으로 나타났으며, 질환이 없는 사람은 단 12명으로 0.6% 밖에 되지 않았고, 99.4%가 하나 이상의 질환을 앓고 있었다. 2가지 질환을 진단받은 사람의 비율이 29.5%로 가장 많았으며, 그 다음이 3가지 24.5%, 그리고 1가지 16.5%, 4가지 16.0%의 순이었다. 5가지 이상의 질환을 진단받은 사람은 13.0%나 되었다. 연령집단 간 의사로부터 진단받은 질환 수의 차이를 분석한 결과 76-80세와 81-85세 집단에서 각각 평균 3.19개, 3.16개 질환을 진단받아 가장 많았으며, 70세 이하 집단이 2.50개로 가장 적었다. 이러한 연령집단 간 평균 질환 수의 차이는 통계적으로도 유의미하였다(F = 19.159, p < .001).

<표 4> 연령집단 간 신체건강 특성 분포

변인	항목	70세 이하	71-75세	76-80세	81-85세	86세 이상	계	χ^2 /F
현재 건강 상태	매우 건강하다	84 14.3%	36 7.8%	26 4.6%	6 2.1%	5 3.8%	157 7.7%	134.543***
	건강하다	166 28.2%	116 25.2%	107 18.8%	45 15.8%	22 16.5%	456 22.4%	
	보통이다	164 27.8%	108 23.5%	138 24.3%	70 24.6%	26 19.5%	506 24.9%	
	건강하지 못하다	132 22.4%	145 31.5%	224 39.4%	120 42.3%	57 42.9%	678 33.3%	
	매우 건강하지 못하다	43 7.3%	55 12.0%	73 12.9%	43 15.1%	23 17.3%	237 11.7%	
질병수(평균/표준편차)		2.50 (1.38)	2.76 (1.44)	3.19 (1.66)	3.16 (1.46)	2.87 (1.24)	2.87 (1.51)	19.159***
계		589 100.0%	460 100.0%	568 100.0%	284 100.0%	133 100.0%	2034 100.0%	

* p < .05 ** p < .01 *** p < .001

조사대상자가 주관적으로 느끼는 건강상태를 살펴보면 건강하지 못하다라고 인식하는 사람이 1/3에 이르는 33.3%, 매우 건강하지 못하다가 11.7%로 45.0%가 자신의 건강이 불량하다고 평가하였다. 자신의 건강상태를 건강하다라고 평가한 사람이 22.4%, 매우 건강하다라고 평가한 사람이 7.7%로 30.1%가 건강상태가 양호한 것으로 인식하고 있었다. 연령대가 젊을수록 자신의 건강상태를 건강하게 인식하는 사람의 비율이 높고, 연령대가 높아질수록 자신의 건강상태가 양호하지 않은 것으로 인식하는 사람의 비율이 높게 나타나 연령집단 간 건강상태에 대한 인식에 차이가 있음을 확인하였다(χ^2 = 134.543, $p < .001$).

4) 가족과 지인의 자살사망 경험

조사대상자 중 가족/친지 또는 친구 등의 가까운 지인이 자살로 사망한 경험이 있는지를 조사한 결과, 가족이나 친지 중 자살사망자가 있는 사람은 54명으로 2.7%에 해당하였고, 가까운 지인 중에 자살사망자가 있는 사람은 72명 3.5%이었다. 가족/친지의 자살사망 경험은 70세 이하에서 4.6%로 다른 연령대에 비해 높았으며, 통계적으로도 유의미하였다(χ^2 = 13.648, $p < .01$). 그러나 친구를 비롯한 가까운 지인의 자살사망 경험은 연령집단 간에 통계적으로 유의미한 차이를 보이지 않았다.

<표 5> 연령집단 간 가족과 지인의 자살 사망 분포

변인	항목	70세이하	71-75세	76-80세	81-85세	86세이상	계	χ^2
가족/친지	예	27 4.6%	6 1.3%	10 1.8%	8 2.8%	3 2.3%	54 2.7%	13.648**
	아니오	561 95.4%	454 98.7%	558 98.2%	277 97.2%	130 97.7%	1980 97.3%	
가까운 지인	예	27 4.6%	19 4.1%	15 2.6%	7 2.5%	4 3.0%	72 3.5%	4.781
	아니오	561 95.4%	442 95.9%	552 97.4%	278 97.5%	129 97.0%	1962 96.5%	
계		588 100.0%	460 100.0%	568 100.0%	285 100.0%	133 100.0%	2034 100.0%	

* $p < .05$ ** $p < .01$ *** $p < .001$

2. 자살생각

본 연구에 참여한 조사대상자의 자살생각 정도는 최저 3점에서 최고 18점까지 분포하였으며, 평균 3.82점(표준편차 1.96점)이었다. Osman, Bagge, Gutierrez, Konick, Kopper와 Barrious(2001)는 일반 성인의 경우 cut off 기준을 7점으로 제시하고 자살생각이 큰 위험집단으로 구분하고 있다. 본 조사대상자 중 7점 이상인 사람은 2034명 중 166명으로 8.2%이었다.

1) 인구학적 특성에 따른 자살생각 정도

인구학적 특성인 연령집단 간 자살생각 정도를 비교하여 살펴보면, 76~80세가 3.93점으로 가장 높았고, 그 다음이 70세 이하 3.88점, 81~85세 3.75점, 71~75세 3.71점 순이었으며, 86세 이상의 자살생각 정도는 3.64점으로 가장 낮았다. 그러나 이러한 연령집단 간 자살생각 정도의 차이는 통계적으로 유의미하지는 않았다.

성별로 살펴본 자살생각 정도는 남성이 3.88점, 여성이 3.78점으로 거의 비슷한 수준이었다. 그리고 농촌에 거주하는 노인들의 자살생각은 3.80점, 도시 노인들은 3.83점으로 두 집단 간 차이는 발견되지 않았으며 종교를 가지고 있는 사람(3.80점)과 없는 사람(3.85점)간의 자살생각에도 차이가 없었다.

학력수준에 따른 자살생각 정도는 중졸이하가 2.12점, 무학이 2.02점, 대학재학 이상이 1.97점, 초등학교 졸업이하가 1.94점으로 비슷한 수준이었으며, 고등학교 졸업이 1.53점으로 가장 낮았다. 이러한 학력 간 차이는 $p < .10$ 수준에서 유의미하였다.

배우자 유무에 다른 자살생각 정도의 차이를 비교한 결과 배우자가 없는 사람의 자살생각 정도가 3.92점으로 배우자가 있는 사람의 3.75점보다 높았는데, 이는 $p < .10$ 수준에서 통계적으로 유의미하였다. 그리고 혼자 사는 노인의 자살생각 수준이 4.14점으로 가족과 동거하는 노인의 3.69점에 비해 훨씬 높았으며, 이는 통계적으로도 유의미하였다($F = 4.778$, $p < .001$).

2) 경제적 특성에 따른 자살생각 정도

경제적 특성 중 월 가구 평균소득에 따른 자살생각 정도에 차이가 발견되었는데, 월 평균 가구소득이 적을수록 자살생각을 더 많이 하였다. 50만원 미만인 경우 자살생각 정도가 4.41점으로 가장 높았으며, 200만원 이상인 경우에는 3.46점으로 가장 낮았다($F = 18.512$, $p < .001$). 그리고 조사대상자가 주관적으로 인식하는 사회경제적 수준에 따라서도 자살생각 정도의 차이가 드러났는데, 자신의 사회경제적 수준을 '하'라고 평가한 사람은 4.36점, '상'은 3.04점으로 사회경제적 수준을 높게 인식할수록 자살에 대한 생각을 덜하였다($F = 347.677$, $p < .001$). 그러나 취업여부에 따른 자살생각 정도의 차이는 없었다.

3) 신체건강 특성에 따른 자살생각 정도

신체건강 특성 중 의사가 진단한 질환 수와 자살생각 정도 간에 0.192정도의($p < .01$) 약한 상관관계가 발견되었다. 그리고 주관적으로 인식하는 건강상태에 따라 자살생각 정도에 차이가 있었다($F = 34.257$, $p < .001$). 자신의 건강상태가 매우 양호하지 않은 것으로 인식하는 사람의 자살생각의 정도가 5.07점이며, 건강하지 못하다 3.91점이었으며, 건강상태가 양호한 것으로 생각할수록 자실생각에 대한 정도가 낮아졌다.

4) 자살사망 경험여부에 따른 자살생각 정도

자살사망자를 경험한 적이 있는가에 따른 자살생각 정도를 분석한 결과 가족이나 친지 중에서 자살사망자가 있는 사람들의 자살생각 정도가 4.92점으로 없는 사람의 3.79점에 비해 상당히 높았고, 이러한 차이는 통계적으로도 유의미하였다($t = 4.224$, $p < .001$). 그리고 가까운 지인 중에서 자살사망자가 있는 경우에 4.91점으로 없는 경우 3.78점보다 자살생각을 더 많이 하는 것으로 나타났으며, 이 또한 통계적으로도 유의미하였다($t = 4.822$, $p < .001$).

<표 6> 자살생각 정도

변인		항목	N	평균	표준편차	F/t
인구학적 특성	연령	70세 이하	588	3.88	2.15	1.28
		71-75세	460	3.71	1.70	
		76-80세	568	3.93	2.09	
		81-85세	285	3.75	1.74	
		86세 이상	133	3.64	1.68	
	성	남성	842	3.88	2.00	1.136
		여성	1192	3.78	1.92	
	학력	무학	470	3.97	2.02	2.107
		초졸이하	784	3.82	1.94	
		중졸이하	307	3.83	2.12	
		고졸이하	320	3.57	1.54	
		대학재학이상	148	3.77	1.97	
	지역	농촌	510	3.80	1.86	-.297
		도시	1524	3.83	1.99	
	종교	없음	838	3.85	1.89	.548
		있음	1196	3.80	2.00	
	배우자 유무	없음	896	3.92	2.12	1.922
		있음	1138	3.74	1.81	
	독거 여부	독거	603	4.14	2.42	4.778***
		가족 동거	1431	3.69	1.71	
경제적 특성	월가구 평균소득	50만원 미만	497	4.4	2.56	18.512***
		100만원 미만	441	3.87	2.05	
		150만원 미만	303	3.69	1.78	
		200만원 미만	265	3.52	1.38	
		200만원 이상	527	3.46	1.33	
	취업여부	취업안함	1484	3.80	1.96	-.786
		취업 중	550	3.88	1.95	
	사회경제 수준	상	18	3.04	.210	347.677***
		중상	109	3.46	1.39	
		중	515	3.55	1.47	
		중하	643	3.50	1.29	
		하	743	4.36	2.60	

변인		항목	N	평균	표준편차	F/t
신체건강 특성	주관적 건강상태	매우 건강	157	3.53	1.28	34.257^{***}
		건강	456	3.43	1.38	
		보통	507	3.56	1.59	
		건강하지 못함	678	3.91	1.96	
		매우 건강하지 못함	237	5.07	3.11	
자살사망자 경험	가족/친지	있음	54	4.92	3.18	4.224^{***}
		없음	1980	3.79	1.90	
	가까운 지인	있음	72	4.91	2.78	4.822^{***}
		없음	1962	3.78	1.91	
전 체			2034	3.82	1.96	

* $p < .05$ ** $p < .01$ *** $p < .001$

3. 연령집단별 자살생각 정도

연령집단별로 인구학적 특성, 신체건강 특성과 경제적 특성 및 가족과 지인의 자살사망 경험에 따른 자살생각 정도를 비교하여 살펴보면 다음과 같다.

1) 인구학적 특성에 따른 자살생각 정도 비교

연령집단별로 성, 학력, 종교유무, 지역 특성, 배우자 유무와 독거여부에 따른 자살생각 정도를 비교하여 살펴보았다. 전체 조사대상자를 대상으로 분석할 경우 성별에 따른 자살생각 정도의 차이는 없었으나, 연령집단별로 성에 따른 자살생각 정도의 차이를 확인한 결과, 81~85세 집단에서 성별에 따른 차이가 유의미하였는데 남성이 4.06점으로 여성 3.60점에 비해 자살생각이 더 컸다($t = 2.089$, $p < .05$).

전체 조사대상자의 학력에 따른 자살생각 정도는 통계적으로 $p < .10$에서 유의미하여, 엄밀하게 통계적으로는 유의미하지 않은 것으로 나타났다. 그런데 연령집단별로 나누어 학력에 따른 자살생각 정도의 차이를 살펴본 결과 86세 이상의 집단을 제외한 4개의 연

령집단에서 통계적으로 유의미한 차이가 발견되었다. 70세 이하 집단과 71~75세 집단의 경우 학력이 낮을수록 자살생각 정도가 더 커지는 것으로 나타났다. 이와 달리 76~80세와 81~85세의 두 집단에서는 76~80세 집단은 초등학교 졸업(3.43점), 무학(3.37점), 중졸(2.87점), 대학재학 이상(2.84점), 고졸(2.32점)의 순으로, 81~85세 집단은 초등학교 졸업(3.36점), 무학(3.24점), 중졸(2.95점), 고졸(2.66점), 대학재학 이상(2.00점)의 순으로 나타났다. 학력간 자살생각 정도의 차이에 대해 사후검증을 해본 결과 무학과 초등학교 졸업의 자살생각 정도가 비슷한 수준이며, 중학교 졸업, 고등학교 졸업, 대학재학 이상의 세 집단의 자살생각 정도가 비슷한 수준임을 확인하였다. 한편, 연령집단별 종교와 거주지역에 따른 자살생각의 정도의 차이는 전혀 발견되지 않았다.

전체 조사대상자를 대상으로 분석하였을 때, 독거 노인이 가족과 동거하는 노인에 비해 자살생각을 더 많이 하는 것으로 드러났는데, 이를 연령집단 별로 나누어 살펴보면 81~85세 집단을 제외한 나머지 4개 연령집단에서 동일하게 독거 노인이 가족과 동거하는 노인에 비해 자살생각을 더 많이 하는 것으로 확인되었다.

<표 7> 연령집단 별 인구학적 특성에 따른 자살생각 정도

변인	연령집단	성별	N	평균	표준편차	F 값
성	70세 이하	남성	273	3.91	2.10	.332
		여성	315	3.85	2.20	
	71-75세	남성	211	3.70	1.63	-.171
		여성	250	3.72	1.75	
	76-80세	남성	223	3.96	2.18	.270
		여성	344	3.91	2.03	
	81-85세	남성	93	4.06	2.14	2.089*
		여성	192	3.60	1.50	
	86세 이상	남성	42	3.79	1.70	.688
		여성	91	3.58	1.68	

변인	연령집단	성별	N	평균	표준편차	F 값
학력	70세 이하	무학	27	3.13	1.61	5.797***
		초졸이하	217	2.74	1.46	
		중졸이하	114	2.51	1.59	
		고졸이하	170	2.20	1.12	
		대학재학이상	57	2.21	1.01	
	71-75세	무학	85	3.27	1.45	10.457***
		초졸이하	177	3.02	1.43	
		중졸이하	96	2.47	1.34	
		고졸이하	52	2.14	1.03	
		대학재학이상	48	2.16	1.48	
	76-80세	무학	161	3.37	1.67	7.792***
		초졸이하	250	3.43	1.80	
		중졸이하	57	2.87	1.38	
		고졸이하	69	2.32	1.05	
		대학재학이상	31	2.84	1.26	
	81-85세	무학	117	3.24	1.35	2.996*
		초졸이하	103	3.36	1.61	
		중졸이하	32	2.95	1.45	
		고졸이하	22	2.66	1.24	
		대학재학이상	10	2.00	.75	
	86세 이상	무학	79	2.94	1.18	2.147
		초졸이하	38	3.00	1.46	
		중졸이하	7	2.77	.45	
		고졸이하	6	1.56	.55	
		대학재학이상	2	2.00	.00	
독거여부	70세 이하	독거	129	4.36	2.79	2.858**
		가족 동거	459	3.75	1.92	
	71-75세	독거	133	4.05	2.17	2.775**
		가족 동거	327	3.57	1.44	
	76-80세	독거	186	4.31	2.58	3.075**
		가족 동거	382	3.74	1.78	
	81-85세	독거	104	3.69	1.90	-.438
		가족 동거	181	3.78	1.65	
	86세 이상	독거	51	4.10	2.30	2.532*
		가족 동거	82	3.36	1.05	

* $p < .05$ ** $p < .01$ *** $p < .001$

2) 경제적 특성에 따른 자살생각 정도

앞에서 경제적 특성 중 월 평균 가구소득이 낮을수록 자살생각을 더 많이 하는 것으로 나타났는데, 연령집단별로 분석한 결과 70세 이하, 71~75세, 76~80세의 세 집단에서만 월 평균 가구소득이 적을수록 자살생각 정도가 더 큰 것으로 드러났다.

그리고 조사대상자가 주관적으로 인식하는 사회경제적 수준에 따른 자살생각의 정도도 사회경제적 수준이 낮다고 인식할수록 자살생각을 더 많이 하였는데, 이를 연령집단별로 분석해 본 결과 81~85세 집단을 제외한 4개의 집단에서는 동일한 결과가 제시되었다. 한편, 연령집단별 취업여부에 따른 자살생각 정도의 차이는 전혀 발견되지 않았다.

<표 8> 경제적 특성에 따른 자살생각 정도

변인	연령집단	항목	N	평균	표준편차	F 값
월 평균 가구소득	70세 이하	50만원 미만	71	5.00	3.28	9.121***
		100만원 미만	113	4.10	2.47	
		150만원 미만	103	4.17	2.53	
		200만원 미만	109	3.44	1.30	
		200만원 이상	192	3.44	1.24	
	71-75세	50만원 미만	114	4.39	2.31	6.545***
		100만원 미만	100	3.58	1.61	
		150만원 미만	78	3.36	.88	
		200만원 미만	63	3.42	1.27	
		200만원 이상	105	3.54	1.50	
	76-80세	50만원 미만	167	4.66	2.84	8.500***
		100만원 미만	140	3.85	1.91	
		150만원 미만	85	3.43	1.14	
		200만원 미만	45	3.75	1.63	
		200만원 이상	130	3.46	1.42	
	81-85세	50만원 미만	93	3.78	1.63	1.372
		100만원 미만	67	4.09	2.24	
		150만원 미만	27	3.72	1.86	
		200만원 미만	36	3.70	1.67	
		200만원 이상	62	3.38	1.15	
	86세 이상	50만원 미만	53	3.98	2.17	.985
		100만원 미만	21	3.53	1.47	
		150만원 미만	9	3.30	.96	
		200만원 미만	12	3.23	.44	
		200만원 이상	38	3.45	1.32	

변인	연령집단	항목	N	평균	표준편차	F 값
사회경제적 수준	70세 이하	상	5	3.00	.00	10.331***
		중상	43	3.55	1.50	
		중	170	3.64	1.59	
		중하	204	3.47	1.20	
		하	164	4.76	3.25	
	71-75세	상	4	3.17	.42	3.047*
		중상	22	3.76	1.98	
		중	123	3.42	1.09	
		중하	132	3.55	1.52	
		하	179	4.04	2.06	
	76-80세	상	3	3.00	.00	9.359***
		중상	29	3.30	.93	
		중	130	3.50	1.36	
		중하	175	3.54	1.27	
		하	229	4.56	2.79	
	81-85세	상	4	3.00	.00	1.318
		중상	7	3.00	.00	
		중	66	3.69	1.93	
		중하	94	3.60	1.39	
		하	111	4.01	1.95	
	86세 이상	상	1	3.00	.00	2.858*
		중상	8	3.11	.34	
		중	27	3.41	1.38	
		중하	37	3.10	.31	
		하	60	4.15	2.20	

* $p < .05$ ** $p < .01$ *** $p < .001$

3) 신체건강 특성에 따른 자살생각 정도

신체건강 특성 중 의사가 진단한 질환 수와 자살생각 정도를 연령집단별로 살펴보았다. 그 결과 70세 이하의 집단에서 0.274, 71~75세 집단 0.280, 76~80세 집단에서는 0.122의 약한 상관관계가 드러났으나, 81세~85세와 86세 이상의 두 집단에서는 질환 수와 자살생각 정도 간에는 통계적으로 유의미한 상관관계가 확인되지 않았다. 전체 조사대상자를 대상으로 할 경우 주관적으로 건강상태가 불량하다고 생각할수록 자살에 대한 생각의 정도가 심한 것으로 나타났는데, 이를 연령집단별로 살펴보면 70세 이하, 71-75세, 76-80세의 세 집단에서만 이러한 관계가 확인되었다.

<표 9> 연령집단별 질환 수와 자살생각 정도간의 관계

연령집단	상관관계
70세 이하	.274**
71-75세	.280**
76-80세	.122**
81-85세	.116
86세 이상	.094

* p < .05 ** p < .01 *** p < .001

<표 10> 신체건강 특성에 따른 자살생각 정도

변인	연령집단		N	평균	표준편차	F값
주관적 건강상태	70세 이하	매우 건강하다	84	3.38	1.01	18.103***
		건강하다	166	3.41	1.25	
		보통이다	164	3.73	1.71	
		건강하지 못하다	132	4.25	2.59	
		매우 건강하지 못하다	43	6.16	4.18	
	71-75세	매우 건강하다	36	3.68	1.39	11.898***
		건강하다	116	3.39	1.21	
		보통이다	108	3.28	1.12	
		건강하지 못하다	145	3.82	1.79	
		매우 건강하지 못하다	55	4.99	2.61	
	76-80세	매우 건강하다	26	3.67	1.46	12.726***
		건강하다	107	3.34	1.34	
		보통이다	138	3.65	1.93	
		건강하지 못하다	224	3.94	1.82	
		매우 건강하지 못하다	73	5.39	3.30	
	81-85세	매우 건강하다	6	4.54	2.89	1.096
		건강하다	45	3.83	2.22	
		보통이다	70	3.44	1.169	
		건강하지 못하다	120	3.77	1.78	
		매우 건강하지 못하다	43	4.00	1.67	
	86세 이상	매우 건강하다	5	3.00	.00	.996
		건강하다	22	3.48	1.04	
		보통이다	26	3.52	1.45	
		건강하지 못하다	57	3.59	1.43	
		매우 건강하지 못하다	23	4.23	2.80	

* p < .05 ** p < .01 *** p < .001

4) 자살사망자 경험에 따른 자살생각 정도

가족이나 가까운 지인 중 자살사망자가 있는 사람들이 그렇지 않은 사람들에 비해 자살생각 정도가 더 큰 것으로 밝혀졌는데, 이러한 경향이 각 연령집단에서도 나타나는지 확인하여 보았다. 그 결과 81~85세와 86세 이상의 집단에서 가족/친지 중 자살사망자가 있는 사람이 그렇지 않은 사람에 비해 자살에 대한 생각을 훨씬 더 많이 하는 것으로 나타났다. 그리고 70세 이하, 71~75세, 86세 이상의 세 집단에서 가까운 친구나 지인 중 자살사망자가 있는 사람이 그런 경험이 없는 사람에 비해 더 자살을 많이 생각하였다.

<표 11> 가족과 친지의 자살 사망 경험

변인	연령집단	경험유무	N	평균	표준편차	F값
가족/친지	70세 이하	예	27	4.21	2.63	.819
		아니오	561	3.86	2.13	
	71-75세	예	6	4.61	2.46	1.314
		아니오	454	3.70	1.69	
	76-80세	예	10	5.11	2.89	1.816
		아니오	558	3.91	2.07	
	81-85세	예	8	6.19	3.96	4.218***
		아니오	277	3.68	1.59	
	86세 이상	예	3	7.70	6.51	4.575***
		아니오	130	3.55	1.35	
가까운 지인	70세 이하	예	27	4.87	2.95	2.463*
		아니오	561	3.84	2.10	
	71-75세	예	19	5.22	3.26	3.959***
		아니오	442	3.65	1.57	
	76-80세	예	15	4.87	2.22	1.779
		아니오	552	3.91	2.08	
	81-85세	예	7	3.70	1.57	-.079
		아니오	278	3.75	1.75	
	86세 이상	예	4	5.92	3.29	2.846**
		아니오	129	3.57	1.577	

* $p < .05$ ** $p < .01$ *** $p < .001$

IV. 결론 및 제언

의학의 발달과 생활환경의 개선으로 인해 평균수명이 증가하면서 노년기가 한층 길어지고 있다. 노년기에 들어서서 예상치 못한 여러 어려움에 부딪힌 노인들 중 이를 적절하게 대처하지 못하는 경우, 극단적인 선택으로 자살을 시도하고, 자살로 삶을 마감하기도 한다. 최근 들어 노인의 자살로 인한 사망률이 증가하면서, 노인자살 예방을 위한 사회적 노력이 필요함이 강조되고 있다. 이러한 사회적 분위기와 함께 본 연구는 초 고령사회 진입을 앞둔 강원도의 노인자살사망률이 타 지역에 비해 높음을 직시하고 지역 특성에 맞는 노인자살 예방대책 마련에 필요한 기초자료를 제공하고자 시도되었다. 이를 위하여 한림대학교 고령사회연구소는 2013년에 춘천노인생활실태조사를 실시하였고, 65세 이상 춘천에 거주하는 노인 2034명으로부터 수집된 자료를 활용하여 연령집단별로 인구학적 특성, 경제적 특성, 신체건강 특성 및 자살사망자 경험 등에 따른 자살생각 정도를 분석하였다.

연구결과 춘천 노인들의 자살생각 정도는 평균 3.82점으로 높지는 않은 것으로 나타났지만, 2034명 중 8.2%에 해당하는 166명은 위험집단으로 개입이 필요함을 확인하였다.

춘천 거주 노인을 대상으로 한 본 연구에서는 연령과 자살생각 정도 간의 상관관계와 연령집단 간 자살생각 정도의 차이가 통계적으로 모두 유의미하게 나타나지 않았다. 경기지역의 경우 젊은 노인일수록 자살생각의 정도가 더 큼을 보고한 이화영와 조성화(2012)와는 달리 본 연구에서는 연령과 자살생각 간의 관련성이 입증되지 않은 것이다. 그러나 연령집단 별로 인구학적 특성, 경제적 특성, 신체건강특성 및 자살사망자 경험 등에 따른 자살생각 정도의 차이가 드러나 연령대가 조절효과를 지님을 확인하였다. 따라서 춘천 노인을 하나의 연령집단으로 간주하여 자살예방 대책을 세우기 보다 연령대별 자살예방을 위한 개입 방안을 마련하는 것이 필요함을 확인하였다.

연령집단별 분석결과를 종합하여 보면, 자살예방을 위한 개입에 있어서 80세를 기준으로 차별화된 적근을 하여야 함을 알 수 있었다. 80세 이하의 집단에서는 학력, 독거여부, 월 평균 가구소득, 사회경제수준, 진단받은 질환의 수, 주관적인 건강상태, 그리고 가까운 지인의 자살사망 경험이 주요 변수로 나타났다. 즉 학력이 낮을수록, 독거하는 노인이, 월평균가구소득이 낮을수록, 사회경제수준이 낮다고 인식할수록, 진단받은 질환의 수가 많을수록, 주관적인 건강상태가 좋지 않을수록, 그리고 가까운 지인 중 자살로 사망한 사람이 있는 경우에 자살에 대한 생각 정도가 높았다.

학력, 월 평균 가구소득, 주관적인 경제상태는 상호 밀접하게 관련된 변인들로 결국 80세 이하의 집단에서는 경제상태가 열악함과 자살생각 간에 관련성이 큼을 의미하는 것이다. 그리고 의사로부터 진단받은 질환 수와 주관적인 건강상태 간에 상관관계가 0.55($p < .01$)로 높은 수준임에 따라 80세 이하의 집단에서는 질병 관리와 그로 인한 통증이나 스트레스가 자살생각을 들게 하는데 상당히 영향을 미침을 알 수 있다.

따라서 80세 이하의 노인들 중 경제적 어려움의 장기화나 급격한 경제상태의 변화, 또는 노년기에 여러 질환이 중복됨에 따른 신체적 심리적 고통을 겪는 노인들을 자살 위험집단으로 구분하고, 작게는 이러한 경제적, 신체적 고통을 호소하는 노인들에 대한 심리사회직 지원을 강화하여야 하며, 보다 큰 차원에서는 노년기의 경제적 안정과 건강관리 지원 서비스 강화가 노인 자살 예방의 근본적인 대책으로 보여진다.

81세~85세와 86세 이상의 두 집단은 공통적으로 가족 중 자살사망자가 있는 경우 자살생각 정도가 더 심한 것으로 나타났다. 그리고 두 집단 간에 구별되는 점은 81 85세 집단은 다른 연령집단에서는 드러나지 않은 성에 따른 자살생각 정도의 차이가 발견되었고, 학력이 낮을수록 자살생각의 정도가 심해지는 것으로 나타났다. 한편 86세 이상의 연령에서는 80세 이하의 집단에서 유의미하게 나타난 학력과 건강상태에 따른 자살생각 정도에 차이가 발견되지 않았으며, 혼자 사는 경우, 주관적인 경제상태, 가족과 가까운 지인의 자살사망 경험에 따른 차이가 드러났다.

81세 이상의 연령집단들은 다른 연령대와 달리 가족 중 자살로 인한 사망한 사람이 있는지 여부가 자살생각 정도와 관련이 깊은 것으로 밝혀졌다. 이는 가족의 자살은 전염된다는 말로 대변되는 결과로, 고령 노인을 대상으로 하는 자살예방 개입에서 위험집단을 가족 자살사망 경험에 초점을 맞춰 파악하는 것도 하나의 방안이라고 생각된다.

김현순·김병석(2007), 이봉재·오윤진(2008), 이화영·조성화(2012)의 연구에서 제시된 바와 같이 본 연구에서도 독거하는 노인이 가족과 동거하는 노인에 비해 자살생각 정도가 더 큰은 81-85세 집단을 제외한 연령 집단에서 실증되었다. 노인이 노후에 혼자 살게 될 가능성은 점점 더 커지고 있고, 평균 수명의 연장으로 혼자 사는 기간도 장기화 되고 있음에 따라 이들이 경제적 어려움 또는 건강상의 변화를 겪을 경우 독거노인의 자살사고 가능성도 높아지고 있다. 따라서 독거노인의 삶에 밀착된 지역사회 서비스를 제공함으로써 잠재적인 자살의 가능성을 낮추기 위한 노력이 필요하다.

다수의 연구에서 우울이 자살에 대한 위험인자임을 보고하고 있는데, 본 연구결과에서 다루어진 경제적 어려움, 노년기 질환으로 인한 신체적 고통, 독거 노인, 가족 또는 지인의 자살사망 경험 등은 노인을 우울하게 하는 요인으로 작용한다. 본 연구에서는 자살 생각과 관련된 인구·사회·경제학적인 변인들을 중심으로 단순 관계만을 살펴보았다. 따라서 추후 연구에는 자살생각과 관련된 변인들 간의 관계를 경로분석을 통해 밝히는 심층연구가 필요하다. 또한 본 연구에서 166명이 자살 위험집단으로 구분되었는데, 이들의 자살위험을 최소화시키기 위한 직접적인 개입과 그 효과성에 대한 실천 연구가 필요하다.

참 고 문 헌

김기태 · 최송식 · 박미진 · 박선희 · 고수희 · 박현숙(2011). "가족구조와 심리사회적 요인이 노인의 자살생각에 미치는 영향". 『노인복지연구』, 52: 205-228

김현순 · 김병석(2007). "노인의 자살생각에 대한 경로분석". 『상담 및 심리치료』, 19(3): 801-818.

김형수(2002). 한국노인의 자살생각과 관련요인 연구. 『한국노년학』, 22(1): pp.159~172

동북지방통계청(2014), 2014 강원도 고령자 통계

문영희 · 임미영(2013), 거주지역별 노인의 자살생각과 관련요인-도시와 농촌의 비교, 『한국보건간호학회지』, 27(3): 561-563

배지연(2005) "노인의 자살생각에 관한 인과모형". 『사회과학논문집』, 23(2): 343-375.

오인근. 2007. "노인자살생각에 대한 경로분석 - 저소득지역의 가구유형별 차이를 중심으로". 연세대학교 사회복지대학원 박사학위논문.

이봉재 · 오윤진(2008), "가구형태에 따른 노인의 자살생각과 관련요인에 관한 연구". 『대한가정학회지』, 46(10): 49-57.

이승희(2013), 노인의 성별에 따른 자살생각 영향요인 비교 연구, 『한국보건간호학회지』, 27(3), 500-512

이화영(2011). 경기도 노인자살의 현황 및 과제. 경기복지재단.

이화영 · 조성화(2012), 경기지역 노인의 자살생각에 영향을 미치는 요인에 관한 연구, 『한국지역사회복지학』, 12(1), 191-216

통계청(2014 a), 2014 고령자 통계

통계청(2014 b), 2013년 사망원인 통계

한창수 · 장보영 · 이지연 · 안지혜 · 임재형 · 양재원(2013), 노인 자살에 미치는 지역적 위험요인 연구, 『한국보건의료원 neca-기본연구』

한삼성 · 강성욱 · 유왕근 · 피영규. 2009. "노인의 자살생각 결정요인에 관한 연구". 『보건사회연구』, 29(1): 192-212.

OECD (2015), Suicide rates (indicator). doi: 10.1787/a82f3459-en (Accessed on 02 April 2015)

Szanto, K., Gildengers, A., Mulsant, B. H., Brown, G., Alexopoulos, G. S., & Reynolds, C. F. I. (2002). Identification of suicidal ideation and prevention of suicidal behavior in the elderly. *Drugs and Aging,* 19(1), 11-24.

춘천 노인의 사회활동 참여와 자살행동 가능성

박준식 (한림대 사회학과 교수)
김영범 (한림대 고령사회연구소 부교수)

춘천 노인의 사회활동 참여와 자살행동 가능성

박준식 (한림대 사회학과 교수)
김영범 (한림대 고령사회연구소 부교수)

Ⅰ. 들어가며

한국의 노인 자살률은 다른 국가에 비해 매우 높은 수준이다(OECD, 2013). 일반적으로 나이가 증가함에 따라 자살률이 증가하는 것으로 알려져 있지만 한국의 노인의 자살률은 선진 국가들에 비해 매우 높을 뿐만 아니라 다른 연령층에 비해서도 매우 높다는 특징을 보인다. 노년기에 접어들게 되면 신체 및 정신 건강의 악화, 사회 환경의 변화에 따른 역할의 소멸을 경험하게 되는데, 이로 인해 우울이 증가하고 소속감에 약화되어 자살을 생각하거나 시도할 가능성이 높아진다(Mechanic & McAlpine, 2012).

사회활동이 노년기 삶에 중요한 이유는 그것이 역할을 부여함으로써 자기 정체성을 제공할 뿐만 아니라 하루하루 일상생활을 규정하는 토대를 제공하기 때문이다. 생애주기적 접근에 의하면 노년기에 직면하는 가장 큰 변화는 역할의 상실(role loss)이다. 노년기에 접어들게 되면 사람들은 그동안 가졌던 다양한 역할을 상실하게 되는데, 은퇴, 자녀의 성장, 그리고 배우자의 죽음 등은 노년기에 역할을 잃게 되는 대표적인 변화들이다. 구체적으로 자녀의 성장은 부모로서의 역할을 약화시키게 되며, 은퇴는 노동시장에서의 역할을 약화시킨다. 마지막으로 배우자의 사망은 남편 혹은 아내로서의 역할을 약화시키는 결과를 낳는다. 다른 연령층의 경우 한 가지 역할의 소멸은 다른 역할을 부여받음으로써 상쇄되는데, 노년기의 경우 상쇄될 수 있는 새로운 역할이 명확하지 않다는 특징을 갖는다. 역할의 상실은 자기가 누구인지 규정하는 자기 정체성의 약화를 초래할 뿐만 아니라 다양한 역할을 수행하는 과정에서 갖게 되는 자기 효능감의 상실을 경험한다.

사회활동이 정신 건강에 기여할 수 있다는 점은 많은 연구들을 통해서 확인되고 있다(Lee and Kim, 2014; Lemon, Bengtson and Peterson, 1972; Longino and Kart, 1982; Litwin, and Shiovitz-Ezra, 2006; House, Landis and Umberson, 1988). 사회활동을 통해 얻게 되는 다양한 관계들은 개인의 규범과 가치에 영향을 줄 뿐만 아니라 일상활동을 감시(monitoring)하고 규율하는 효과를 갖는데, 이로 인해 다양한 사회활동에 참여하는 사람들은 그렇지 않은 사람들에 비해 반사회적 행동을 할 가능성은 낮고 바람직한 행동을 할 가능성은 높다. 이와 함께 사회활동의 가운데 맺게 되는 다양한 관계들은 다양한 정보의 원천이 된다는 점에서 필요한 정보를 얻고 이를 활용함으로써 효율적으로 개인의 정신적, 사회적 문제를 해결하는데 기여할 수 있다. 다른 한편으로 사회활동 참여를 통해 얻게 되는 사회관계는 생애주기에서 경험하는 다양한 위기를 극복하는데 필요한 자원을 제공해 준다는 점에서 위기에 대한 대응능력을 강화시켜 위기 시 정신적 불안이나 공포를 완화시켜주는 효과를 얻을 수 있다.

사회활동 참여와 그로 인해 얻게 되는 사회관계의 장점을 바탕으로 이 글에서는 춘천지역 노인들을 대상으로 자살생각 혹은 자살행동 가능성에 영향을 주는 요인은 무엇인지 살펴보고자 한다. 이 글에서는 특히 사회활동의 종류와 빈도에 따라 자살행동 가능성에 유의미한 차이가 있는지 살펴보고자 한다. 이와 함께 이 글에서는 사회활동의 영향이 다양한 노인 집단에서 유사하게 나타나는지도 분석한다. 구체적으로 이 글에서는 노인집단을 성, 나이, 소득에 따라 구분한 후 각 집단별로 자살행동 가능성에 영향을 주는 요인은 차이가 있는지, 특히 사회활동의 종류와 빈도가 갖는 영향을 노인 집단별로 차이가 있는지 살펴볼 것이다.

Ⅱ. 한국의 자살실태와 자살관련 선행 연구 검토

1. 한국 노인의 자살률

우리나라의 자살률이 다른 국가에 비해 높다는 점은 이미 잘 알려진 사실이다. <그림 1>은 몇몇 주요 국가를 대상으로 인구 10만 명 당 자살률을 살펴본 것이다. 그림에서 확인할 수 있는 점은 다음과 같다.

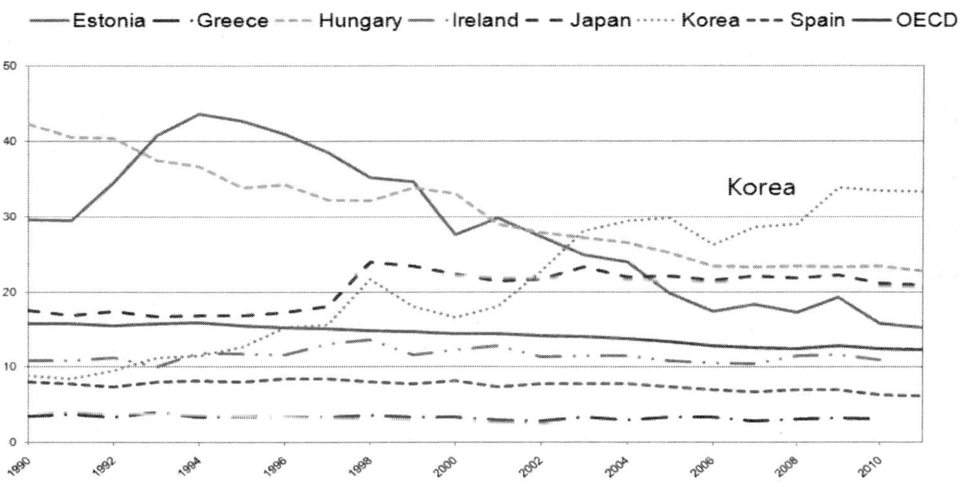

<그림 1> 인구 10만 명 당 자살률: OECD 주요 국가를 중심으로

자료: OECD. 2013.

첫째, 다른 국가들의 경우 자살률에 큰 변화가 없거나 약간씩 감소하는 모습을 보이는 반면 한국의 자살률은 시기별로 증가와 감소가 있기는 하지만 전체적으로 매우 빠르게 증가하는 모습을 보이고 있다. 1990년대 초 인구 10만 명당 자살률은 10명 미만이었지만 2010년의 경우는 30명이 넘어선 모습을 보이고 있다. 한국을 제외한 대부분의 국가들은 감소하거나 또는 유사한 수준을 유지하고 있다. 이웃 일본의 경우는 1990년대 중반 큰 폭으로 증가한 후 자살률은 큰 변화를 보이지 않는다.

둘째, 1990년대 이래 급속하게 자살률이 증가한 결과 한국의 자살률은 1990년대 중반까지는 경제협력개발기구(OECD) 평균보다 낮은 수준이었지만 1990년대 중반 평균 수준을 넘어선 후, 2000년대 들어와서는 가장 높은 수준을 기록하고 있다.

셋째, 한국 자살률의 변화는 경제 변동과 큰 관련성이 있는 것으로 보이는데, 1997년 외환위기 이후 자살률이 크게 증가하였으며, 2008년 세계금융위기 이후 다시 한 번 크게 증가하는 모습을 보이고 있다.

한국의 자살률은 노인 집단에서 높다는 특징을 보이는데, <그림 2>는 연령별 인구 10만 명당 사망률을 살펴본 것이다. 그림에서 명확하게 확인할 수 있는 점은 연령이 높아질수록 자살률이 증가한다는 점인데, 특히 70세 이상 집단의 경우 자살률이 매우 높은 것을 확인할 수 있다. 구체적으로 2003년 자살률의 경우 70-79세 집단은 71.8명, 80세 이상 집단은 114.2명으로 전체 평균 22.6명의 3.2배와 5.4배를 기록하고 있으며, 2013년 자살률의 경우 70-79세 집단은 전체 평균의 2.3배, 80세 이상 집단은 3.3배로 나타나고 있다. 참고로 미국의 경우 2001년 인구 10만 명 당 자살률은 10.8명인 반면 65세 이상은 15.3명으로 약 1.5배 수준에 불과하다(suicide.org, 2015).

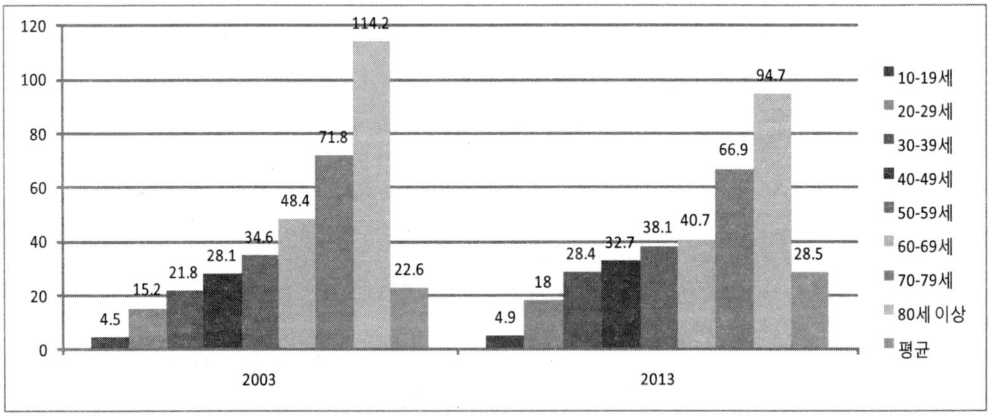

<그림 2> 연령별 자살률: 2003년과 2013년

자료: 통계청, 2014. 사망원인통계-2013.

2. 자살의 원인에 대한 이해

1) 자살에 대한 이론

고전 사회학자인 뒤르케임은 자살을 "희생자 자신의 적극적 또는 소극적인 행위의 직접적 또는 간접적 결과로 인한 모든 죽음 "으로 정의(Durkheim, 2009)한 바 있는데, 자살은 단 한 번의 행동으로 이해되기보다는 자살에 이르는 긴 과정의 결과로 이해될 수 있다. 학자들은 자살의 과정에 대해 다음과 같이 구분한다. 먼저 자살의 첫 단계는 자살생각(suicide ideation)으로 이는 막연하게 죽고 싶다는 생각에서 구체적인 자살방법을 세우는 것까지를 포함한다. 자살생각의 다음 단계는 자살시도로 구체적으로 자살을 지향하는 행동을 적극적, 소극적으로 시도하는 단계를 의미한다. 마지막으로 자살행동은 행동의 결과 죽음에 이르게 된 것을 의미한다(Harwood & Jacoby, 2000).

자살 혹은 자살생각이 왜 나타나는지에 대해서는 많은 연구들이 진행되어 왔다. 크게 보아 사살의 원인에 대한 논의는 크게 세 가지로 구분해 볼 수 있는데, 사회제도나 규범을 강조하는 입장과 개인의 경험을 강조하는 입장, 그리고 자살을 모방으로 설명하는 입장으로 구분할 수 있다. 잘 알려진 바지만 프랑스 사회학자인 뒤르케임(Durkheim)은 자살은 사회적 유대(social tie)에 의해 영향을 받는다는 점을 강조하였다. 그에 의하면 자살은 사회의 통합적 측면(integration)과 규제적 측면(regulation)에 따라 차이를 보이는데, 그는 두 축을 중심으로 네 개로 자살의 유형을 구분하였다. 여기서 통합적 측면은 역할을 통해 얻게 되는 규범이나 가치가 비사회적 행동을 하지 않도록 유도하는 정도로 해석할 수 있다. 즉 가족이나 친구와의 관계를 통해 연대감을 갖게 되면 자발적으로 관계에 부정적 영향을 주는 사고나 행동을 하지 않게 된다. 다른 한편으로 규제는 감시와 처벌로 인해 행동을 억제하는 정도로 해석할 수 있다. 즉 사회관계는 개인의 행동을 모니터링하고 규범에 어긋한 행동을 했을 경우 다양한 방식으로 제제를 가하게 되는데, 이러한 제제의 효과로 사람들은 자살을 생각하거나 또는 시도하는 것은 매우 어려운 결정이 된다. 뒤르케임은 통합과 규제가 개인이 포함되어(embedded) 있는 사회관계에 따라 다르다고 주장하는데, 자살의 네 가지 유형은 사회관계의 특징에 따라 통합과 규제가 너무 강하거나 약하기 때문에 나타나는 것이다.

사회관계의 측면이 아니라 자신의 상황을 어떻게 인식하느냐를 중심으로 자살생각에서 행동까지의 과정을 설명하는 이론도 제시되고 있는데, 대인관계 자살이론(Interpersonal Theory of Suicide)은 좌절된 소속감(thwarted belongingness), 짐이 된다는 인식(perceived burdensomeness), 그리고 자살능력(capacity for suicide) 세 단계로 자살생각에서 행동까지의 과정을 설명한다(Van Orden, 2010). 우선 첫 단계인 좌절된 소속감은 말 그대로 소속감을 느끼지 못하는 것을 의미한데, 여기서 소속감이란 타인과 접촉하고 그들과 자원을 교환한 결과 타인에게 받아들여진다고 느끼는 감정이다. 가족이 없거나 가족과 접촉이 없는 경우, 또는 친구나 이웃 등과 교류가 없는 경우 소속감을 느낄 수 없으며, 이 경우 자살을 생각하게 된다. 짐이 된다는 인식은 가족이나 사회에 부담이 된다는 생각으로 이로 인해 자신은 쓸모없는 사람이라는 생각과 더불어 죽는 것이 바람직하다는 생각을 갖게 된다. 질병으로 타인에게 의존한다든지, 실업 상태로 소득이 없어 타인에게 의지하여 생계를 유지하는 경우에 이러한 인식이 강화된다. 자살이나 자살행동은 심리적으로 매우 두려운 행동이다. 자살능력은 자살이 갖고 있는 심리적 두려움을 극복하는 것을 말한다. 자살의 두려움을 극복하는 것은 자살보다 더한 경험을 한 경우 가능한데, 질병에 따른 고통, 어린 시절의 학대 경험, 가까운 지인의 자살 등은 자살의 두려움을 극복하게 하는 경험이다.

이외에 자살이 모방의 결과라는 입장도 제시되고 있는데, 이 입장은 역할모델(role model) 이론을 통해 자살이 주변 사람들의 자살에 영향을 준다고 주장한다. 이 입장에 의하면 사람은 자신의 행동이나 생각에 대해 많은 영향을 주는 준거집단(reference group)을 갖고 있는데, 준거 집단의 행동이나 사고는 그 사람의 행동을 규정하고 영향을 주는 파이프가 된다는 것이다. 따라서 준거집단에 속한 사람이 자살을 하게 되면 그 영향권에 있는 사람들의 자살도 증가한다. 유명인의 자살이 증가한 후 자살이 증가하거나 친구나 부모의 자살 후 청소년의 자살이 증가하는 것은 이러한 결과로 이해될 수 있다(Abrutyn and Mueller, 2014).

2) 사회활동과 자살

사회활동이란 '일상적인 육체적, 개인적 생존을 위한 활동을 넘어선, 유형화되고 반복적인 활동'(Lemon, Bengtson and Peterson, 1972)을 의미한다. 사회활동은 크게 관계의 친밀성(intimacy)과 활동 빈도(frequency)에 따라 비공식적 활동(informal activity), 공식적 활동(formal activity), 그리고 고립 활동(solitary activity)으로 구분되는데, 비공식적 활동이란 친척, 친구, 이웃 등과의 일상적인 사회적 상호작용을 의미하며 공식적 활동에는 자발적 조직(voluntary association)에 참여하는 것을, 그리고 고립 활동이란 독서나 TV 시청과 같이 고립되어 하는 활동을 의미한다 (Lemon (et al.), 1972).

사회활동이 정신 건강에 영향을 준다는 주장은 대표적인 노년학 이론 중 하나인 활동이론(activity theory)를 통해 주장되었다. 이 입장에 의하면 사회활동은 다양한 역할을 부여하는 바 노년기에 경험하는 역할의 소멸을 대체함으로써 정신건강에 긍정적인 기여를 할 수 있다. 노년기의 삶은 경제적 은퇴, 자녀와의 별거, 배우자와의 사별 등으로 인해 다양한 역할의 소멸을 경험하게 된다. 사회활동을 동해 역할을 소멸을 보충한 수 있는 새로운 역할을 부여받음으로써 삶의 만족을 유지할 수 있다. 따라서 노년기 역시 중 · 장년기처럼 다양한 사회활동에 참여하는 것이 중요하다(Lemon (et al.), 1972). 상징적 상호작용이론(symbolic interactionism)을 바탕으로 활동이론은 인간은 다른 사람과 상호작용을 통해 역할을 부여받게 되는데, 역할을 수행하는 과정에서 사회적 자아가 형성되고 유지될 뿐만 아니라 역할 수행에 대한 긍정적 반응을 통해 행복감을 느끼게 된다고 주장한다. 활동이론에 의하면 노년기 역시 다양한 역할을 경험할 수 있는 사회활동에 참여함으로써 삶의 행복을 증진시킬 수 있다고 주장한다. 활동이론이 사회노년학 분야에 최초로 등장한 이후 이 이론에 근거하여 다양한 경험연구들이 이루어져 왔다. 사회활동이 삶의 만족에 어떠한 영향을 주는가를 분석한 바 있는 Lemon 등 (Lemon(et al.), 1972)에 따르면 사회활동 참여, 특히 접촉빈도와 친밀성이 높은 비공식적 사회활동은 역할에 대한 지지(role support)를 통해 삶의 만족을 증진시키는 것으로 이해되고 있다.

사회활동은 노년기 삶의 행복뿐만 아니라 정신건강이나 신체건강에도 기여할 수 있다는 연구 결과들도 제시되고 있는데, 노년기의 사회적 지원망(social support network)나 사회연결망(social network)에 대한 연구는 사회활동이 갖는 긍정적 기능을 다음과 같이 요약한다(Umberson and Montez, 2010). 첫째, 사회활동은 활동 자체로 신체의 움직임을 더 활성화 시키는 효과를 갖는다. 사회활동은 필연적으로 신체의 움직임을 동반하는데 이로 인해 심장이나 근육의 움직임을 자극할 수 있다. 둘째, 사회활동은 사람들 사이의 관계를 강화하는데, 이로 인해 개인에 대한 주변 사람들의 관심과 규제가 증가하게 될 뿐만 아니라 사회적으로 바람직한 규범을 내면화하게 된다. 주변의 감시와 가치의 내면화로 인해 사회활동을 더 많이 하는 사람들은 사회적으로 바람직한 행동을 하게 되는데 이는 정신건강이나 신체건강을 유지하는데 기여하게 된다. 셋째, 사회활동을 통해 다양한 사회관계를 맺게 되는데 사회관계를 통해 얻게 되는 다양한 정보는 신체 및 정신 건강을 지속하고 개선하는데 도움을 줄 수 있다. 예를 들면 주변으로부터의 의료정보나 영양정보 등을 활용하면 신체건강이나 정신건강을 유지하고 개선하는데 큰 도움을 받을 수 있다.

3. 노인 집단의 다양성

이 글에서는 사회활동과 자살행동 가능성 사이의 관계가 노인의 인구·사회적 특징에 따라 상이할 수 있다는 점을 강조하고자 한다. 생애주기적 관점에서 노년기는 신체 및 정신 건강의 악화, 사회관계 변화에 따른 역할의 상실을 경험하는 시기이다(Mechanic, and McAlpine, 2012). 이와 함께 과거 삶의 궤적 역시 개인으로서 노인의 삶에 반영되어 나타난다. 즉 노년기의 삶 속에는 노년기라는 공통의 특징과 더불어 삶의 궤적이 갖는 다양성이 반영되어 있다. 이 글에서는 노년기 삶의 다양성을 고려하여 성, 연령, 소득을 기준으로 나누어 사회활동과 자살행동가능성 사이의 관계를 분석하고자 한다.

1) 나이에 따른 차이

영양 공급의 향상, 공중보건의 개선 등으로 인해 평균수명이 증가하고 나이가 들어서도 신체 기능이나 정신적 기능이 크게 하락하지 않는 시기가 연장되었다. 과거와는 달리 중년 이후 신체 및 정신 기능이 크게 하락하지 않은 상태에서 노년기의 사회적 변화를 경험하는 기간을 새롭게 제3연령기로 정의한다(Baltes and Smith, 2003). 과거 생애주기는 청년기, 장년기에서 노년기로 구성되었다. 과거의 생애주기에 따르면 청년기는 신체적 성장과 더불어 다양한 지식을 학습하고 성인으로서 준비를 하는 시기라면 장년기는 노동시장에 진입하여 취업을 하고 혼인 및 출산을 통해 가족을 만드는 시기이다. 노년기는 노동시장에서의 은퇴와 더불어 사회관계의 변화로 인해 역할을 상실하는 시기이며, 특히 신체적, 정신적 건강이 급속도로 악화되는 시기이다. 그러나 새롭게 등장한 제3연령기는 50대에서 70대 초반에 이르는 기간으로 노년기의 사회적 특징을 공유하기는 하지만 신체 및 정신 건강 수준이 장년기와 크게 다르지 않다는 차이점을 보인다. 이 시기는 자신의 원했던 삶의 목표를 점검하고 자신의 목표를 성취하기 위해 노력하는 시기로 정의된다. 제3연령기 이후 제4연령기는 본격적으로 신체 기능의 악화를 경험하는 시기로 성공적 노화와 바람직한 죽음을 고민하는 시기이다.

제3연령기와 제4연령기의 차이를 고려하면 사회활동의 영향도 연령집단에 따라 차이를 보일 가능성이 있다. 사회정서선택이론(socioemotional selectivity theory)(Carstensen(et al.), 1999)이 주장하듯 제4연령기의 경우 죽음이 다가오는 시기이며 신체 능력이 악화가 급속히 나타나는 시점이라는 점에서 사회활동의 중요성이 감소하는 시기이기도 하다. 신체 능력의 악화로 인해 다양한 사회활동에 참여하는 것이 한계에 부딪히게 되는데, 이로 인해 특히 공식적 사회활동에 대한 욕구가 감소하게 된다. 역으로 제3연령기의 경우 자신이 기대했던 삶의 목표를 추구하는 시기라는 점에서 공식적 사회활동에 대한 욕구가 큰 시기이며 이로 인해 사회활동 참여가 자살을 억제할 수 있는 가능성이 큰 시기이다.

2) 성에 따른 차이

사회 속에서 여성과 남성은 다른 역할을 배분받는다. 기능주의 사회학이나 경제학 이론인 인적자본이론에서는 성별로 상이한 역할을 배분받는 것을 당연한 것으로 이해한다. 그러나 성에 따른 역할 분화는 생물학적인 성의 요구에 따라 이루어지거나 사회의 필요성에 따라 발생한 것이 아니라는 점은 최근 통해 밝혀지고 있다(Eagly, Wood & Diekmen, 2000). 여성학 이론에 의하면 성에 따른 역할의 차이는 사회의 권력관계 즉 남성의 여성에 대한 지배에 기인한다는 것이다. 성 차이에 대한 사회적 역할이론(social role theory of sex difference)은 남성과 여성은 가부장제 아래서 상이한 역할을 부여받게 되는데, 일차적으로 여성을 가정에서의 역할에 배분하고 남성을 노동시장에서의 역할에 배분함으로써 남성과 여성으로 하여금 상이한 행동 패턴을 갖도록 만든다고 주장한다. 즉 여성은 가족 내에서 돌봄의 역할에 배분됨으로서 돌봄에 필요한 사회적 스킬과 지식을 학습하게 되는데, 이는 주로 의사소통을 원활하게 하는데 필요한 지식과 기술로 구성된다. 남성의 경우는 노동시장에서의 역할에 집중적으로 배분됨으로써 노동시장에서 역할을 수행하는데 필요한 지식과 기술을 습득하게 되는데 이들 지식은 의사소통보다는 성취, 지위, 독립성 등을 달성하는데 필요한 기술을 의미한다.

성에 따라 정체성이 상이하게 구성된다는 주장은 지속이론을 통해 노년기 삶의 행복감과 연결될 수 있다. 지속이론에 의하면 사람들은 자신들이 스스로 생각하는 자아를 나이가 들어서도 유지하려는 경향(내적 지속성-internal continuity)과 더불어 친숙한 환경, 관계, 기술 속에서 살아가고자 하는 경향(외적 지속성-external continuity)를 가지고 있다고 주장한다 (Atchley, 1989). 따라서 노년기의 행복은 이러한 내적 혹은 외적 지속성을 얼마나 유지하고 있는가에 따라 영향을 받는다고 볼 수 있다. 성별 역할과 규범의 차이는 두 가지 측면에서 자살에 영향을 주는데, 첫째, 성취지향가치관에 있어서 남성이 여성보다 더 높은 성취욕구를 지내게 되는데, 이로 인해 성취욕구의 좌절은 남성으로 하여금 자살 가능성을 증가시키는 요인이 된다. 둘째, 사회관계에 있어서 남성은 여성에 비해 도구적 측면을 강조하게 되는데, 이 때문에 사회관계의 긍정적 영향이 여성에 비해 제한된다는 한계를 갖는다.

3) 가구소득별 차이

우리 사회에서 노인 자살의 주요 원인이 빈곤이라는 점은 언론을 통해 잘 알려져 있다. 빈곤 문제는 단순히 경제적 문제만은 아니다 빈곤한 집단일수록 사회적으로도 고립되어 있고 이로 인해 자살행동의 첫 단계인 소속감의 부재를 경험할 가능성도 높다. 빈곤한 집단은 시장에서 필요한 자원을 구매할 능력이 없다는 점에서 타인의 지원이 필수적이다. 사회활동을 통해 형성되는 사회관계로 부터 다양한 지원을 받을 수 있다는 점에서 사회활동의 중요성은 빈곤하지 않은 노인에 비해 빈곤 노인층에서 더 크다고 볼 수 있다. 빈곤 노인의 경우 사회활동에 참여하여 다양한 지원을 받게 되면 생활의 어려움이 감소하기 때문에 자살행동 가능성이 완화될 수 있다. 이와는 달리 빈곤하지 않은 노인의 경우 사회활동 참여에 따라 얻게 되는 지원의 중요성이 크지 않기 때문에 사회활동 참여와 자살행동 가능성과 유의미한 관련성을 보이지 않을 가능성도 있다.

Ⅲ. 춘천 지역 노인의 자살행동 가능성 분석

1. 분석에 포함된 변수

1) 종속변수: 자살행동 가능성

춘천 노인 생활실태 조사에서는 자살행동 가능성을 측정하기 위해 자살행동 평가 지표를 측정하였다. 본 지표는 모두 4개의 설문으로 구성되어 있는데, 과거 자살 생각 또는 시도 여부, 지난 1년간 자살생각 정도, 자살의사를 주변에 말한 경험, 미래 자살 행동 가능성 등으로 구성되어 있다(Osman(et al.), 2001). 이 척도는 과거 자살행동을 한 사람이 미래에도 자살 행동을 할 가능성이 높다는 점에 착안하여 개발된 것으로 최저 3점에서 최고 18점으로 구성되며 점수가 높을수록 자살행동 가능성이 높은 것을 의미한다. 구체적인 설문은 아래 박스와 같다.

> Q1. 자살을 하려고 생각해보거나 시도해본 적이 있습니까?
> Q2. 지난 일 년 동안 얼마나 자주 자살을 하려고 생각해 보았습니까?
> Q3. 자살을 하려고 했거나 할지도 모른다는 말을 다른 사람에게 한 적이 있습니까?
> Q4. 미래에 자살을 시도할 가능성이 얼마나 있다고 생각합니까?

2) 표본의 인구·사회적 특징

종속변수를 포함하여 이 글에서 분석에 포함된 변수는 <표 1>과 같다.

<표 1> 분석에 포함된 변수

구분	변수 이름	내용
종속변수	자살행동 가능성	• 연속변수, 3-18점 출처: Osman(et al.), 2001
	성	• 응답자 성별
	지역	• 응답자 거주지역(면/동)
	소득수준	• 가구 월 소득(200만원 미만/이상)
	배우자 유무	• 더미변수 (없다/있다)
	주관적 건강	• 5점 척도(1: 매우 좋음 5: 매우 나쁨)
	통증수준	• 10점 척도(1: 전혀 없음)
	교육수준	• 연속변수
인구·사회 변수	나이	• 연속변수
	연고활동	• 향우회, 종친회, 동창회 참여 여부
	도구활동	• 이익집단, 자원봉사, 정당활동 참여여부
	표현활동	• 복지관, 문화센터, 취미활동 참여여부
	종교활동	• 종교활동 참여 여부
사회활동 변수	자녀 접촉	• 전화, 대면 접촉수준(2 ~ 12점)
	친구·이웃 접촉	• 전화, 대면 접촉수준(2 ~ 12점)
	자녀지원교환수준	• 자녀 지원 교환수준(2점 ~ 최대 12점)
	친구이웃지원교환	• 친구 지원 교환수준(2점 ~ 최대 12점)

사회활동은 다양한 기준을 통해 구분될 수 있다. 이 글에서는 선행 연구(김영범 · 이승훈, 2007)의 논의를 바탕으로 사회활동을 구분하고자 한다. 사회활동은 사람들 사이의 상호작용이 얼마나 발생하고 있는가, 그리고 활동의 목적이 무엇인가에 따라 구분할 수 있다. 이를 기준으로 사회활동은 공식적 사회활동, 비공식적 사회활동으로 구분되는데, 공식적 사회활동은 그 활동 목적에 따라 표현적 사회활동(expressive social activity), 도구적 사회활동(instrumental social activity), 연고활동, 종교활동 등으로 구분된다. 표현적 사회활동이란 취미 활동, 스포츠, 여가활동 등과 같이 구성원들이 자신의 관심을 표현하고 만족시키기 위한 활동을 의미하며 도구적 사회활동은 자원봉사나 이익단체 참여와 같이 자신들의 활동을 통해 사회를 특정한 방향으로 변화시키고자 하는 활동을 의미한다. 연고집단 활동은 표현적 사회활동과 목표는 갖지만 자발적 참여에 기반 하기보다는 지연, 학연 등에 기반 해 참여가 가능한 활동을 말한다. 비공식적 사회활동은 대상, 접촉 빈도, 내용에 따라 구분할 수 있는데, 대상은 자녀와 친구로 구분된다. 접촉 빈도는 얼마나 자주 자녀 혹은 친구와 만나는가를 의미하는 것으로 일반적으로 전화를 통한 접촉과 대면 접촉으로 구분해 측정한다. 이 글에서는 전화 접촉과 대면 접촉을 합해 접촉 빈도를 측정하였다. 접촉의 내용은 주로 다양한 지원을 얼마나 교환하느냐를 통해 측정되는데, 이 글에서는 도구적, 정서적, 경제적 교환 수준을 중심으로 측정한 후 개별 값을 합해 분석에 활용하였다.

<표 2> 표본의 일반적 특징

구분		빈도, 평균	%, S.D
성	여성	1,167	58.79
	남성	818	41.21
지역	면지역	648	32.64
	동지역	1,337	67.36
소득수준	200만 원 미만	1,488	76.15
	200만 원 이상	466	23.85
배우자 유무	무배우자	900	45.34
	유배우자	1,085	54.66

구분			빈도, 평균	%, S.D
성		여성	1,167	58.79
		남성	818	41.21
지역		면지역	648	32.64
		동지역	1,337	67.36
소득수준		200만 원 미만	1,488	76.15
		200만 원 이상	466	23.85
배우자 유무		무배우자	900	45.34
		유배우자	1,085	54.66
교육수준		평균	6.17	4.82
주관적 건강		평균	3.20	1.12
통증 정도		평균	4.34	2.91
나이		평균	74.48	6.35
공식적 사회활동	연고활동	비참여	1,428	71.94
		참여	557	28.06
	도구활동	비참여	1.842	92.80
		참여	143	7.20
	표현활동	비참여	666	33.55
		참여	1,319	66.45
	종교활동	비참여	981	49.42
		참여	1,004	50.58
자녀 접촉		평균	6.01	1.83
친구·이웃 접촉		평균	7.66	2.15
자녀지원교환수준		평균	21.97	4.41
친구·이웃지원교환수준		평균	17.88	4.15

이 글에서 분석한 표본의 인구·사회적 특징을 살펴보면 <표 2>와 같다. 성별로는 남성에 비해 여성이 많은데 이는 여성이 장수한다는 점에서 당연한 것으로 보인다. 평균 나이는 75세 수준으로 나타났으며 지역별로는 면지역 거주자보다 동지역 거주자가 두 배 정도 많은 것으로 나타났다. 소득수준은 200만 원 미만이 76%로 대다수가 경제적으로 여유롭지 못하다는 점을 확인할 수 있다. 응답자 중 45%가 무배우자로 나타났는데, 무배우자

의 대부분은 사별한 경우이다. 사회활동 참여율을 살펴보면 공식적 사회활동의 경우 참여율이 가장 높은 것은 표현활동으로 66.4%가 참여하는 것으로 나타났으며 그 다음으로 종교활동은 참여율이 50.8%로 나타났다. 참여율이 가장 낮은 것은 도구활동으로 참여율이 7.2%에 불과하다. 비공식적 사회활동의 경우 접촉수준은 자녀보다 친구가 더 높게 나타나고 있는 반면, 지원교환수준은 친구보다 자녀가 더 높게 나타나고 있다.

2. 자살행동 가능성 영향요인 분석 1: 전체 표본

1) 인구·사회적 특징과 자살행동 가능성: 전체 표본

우선 전체 노인을 대상으로 인구·사회적 특징에 따라 자살행동 가능성 점수를 살펴보면 <표 3>과 같다. 성, 나이, 혼인상태, 지역, 가구소득 등 기본적인 인구·사회적 특징에 따라 살펴보면 혼인상태의 경우 무배우자가 유배우자에 비해 자살행동 가능성이 더 높은 것으로 나타났으며, 가구소득이 200만 원 미만이 200만 원 이상 집단에 비해 자살행동 가능성이 더 높은 것으로 나타났다.

<표 3> 인구·사회적 변수와 자살행동 가능성 1: 전체표본

변수	구분	사례 수	평균	
성	여성	1,167	3.78(1.93)	
	남성	818	3.88(1.97)	
나이	75세 미만	1008	3.78(1.92)	
	75세 이상	977	3.87(1.97)	
혼인 상태	무배우자	900	3.93(2.16)	*
	유배우자	1,085	3.73(1.74)	
지역	면지역	648	3.81(1.86)	
	동지역	1,337	3.83(1.98)	
가구 소득	200만원 미만	1,488	3.93(2.09)	***
	200만원 이상	466	3.46(1.34)	

* $p < .05$ ** $p < .01$ *** $p < .001$

<표 4> 인구·사회적 특징과 자살행동 가능성 2: 전체표본

구 분	(A)	(B)	(C)	(D)	(E)
자살행동 가능성(A)	1.00				
교육연수(B)	−0.6*	1.00			
주관적 건강(C)	.21***	−.32***	1.00		
통증수준(D)	.23***	−.32***	.68***	1.00	
질병 수(E)	.10***	−.04	.16***	.11***	1.00

* p < .05 ** p < .01 *** p < .001

건강 및 교육관련 요인의 연관성을 살펴보면(<표 4> 참조) 교육수준이 높을수록 자살행동 가능성은 낮고, 주관적 건강이 나쁠수록, 통증수준이 높을수록 그리고 질병 수가 많을수록 자살행동 가능성이 높은 것을 확인할 수 있다.

2) 사회활동과 자살행동 가능성: 전체 표본

공식적 사회활동의 유형에 따라 자살행동 가능성을 살펴보면 <표 5>과 같다. 사회활동 중 자살행동 가능성에 유의미한 차이를 보이는 활동은 연고활동과 표현활동으로 나타났다. 두 활동 모두 참여하는 사람이 참여하지 않는 사람에 비해 자살행동 가능성이 낮다.

<표 5> 공식적 사회활동과 자살행동 가능성: 전체 표본

변수	구분	사례 수	평균	
연고활동	비참여	1,428	3.88(2.03)	*
	참여	557	3.67(1.71)	
도구활동	비참여	1,842	3.84(1.97)	
	참여	143	3.56(1.66)	
표현활동	비참여	666	4.03(2.23)	***
	참여	1,319	3.72(1.79)	
종교활동	비참여	981	3.84(1.83)	
	참여	1,104	3.81(2.05)	

* p < .05 ** p < .01 *** p < .001

사회활동은 역할을 부여하고 자원을 교환함으로써 소속감을 강화시키게 되는데, 소속감의 강화는 자살생각을 감소시키는데 기여한다. 본 자료의 분석 결과는 사회활동 중 특히 연고활동과 표현활동이 자살행동 가능성을 완화시키는 것으로 나타났는데, 이들 활동이 다른 활동에 비해 친교와 사람들 사이의 교류를 활성화시키기 때문으로 보인다. 종교활동의 경우 자살행동 가능성과 관련성이 없는 이유를 두 가지 측면에서 해석할 수 있는데, 첫째, 신과 인간의 관계를 중심으로 이루어지는 활동이라는 점에서 타인과의 교류나 친교적 성격이 약하기 때문에(김영범 · 이승훈, 2007) 자살행동 가능성과 관련성이 없는 것으로 나타난 것으로 해석할 수 있다. 둘째, 서구의 경우 종교활동은 자살행동과 비선형적 관계를 보인다는 연구 결과도 제시된 바 있다(Pescosolido & Georgianna, 1989). 즉 종교 집단 사이의 네트워크가 개인을 자율성을 너무 억누르는 경우 또는 개인의 자율성을 과도하게 인정하는 경우 자살률이 증가하는 반면, 강하지도, 약하지도 않은 제약을 가하는 경우는 자살률이 감소한다는 것이다. 종교활동의 영향에 대해서는 추가적인 조사와 분석이 필요한 것으로 보인다. 도구활동의 경우 자원봉사 활동은 우울을 완화시키는 효과가 있다는 점에서 자살행동 가능성을 낮추는데 기여할 수 있다. 본 연구 결과에서 영향이 없는 것으로 나타난 이유는 참여율이 매우 낮다는 점 때문으로 보인다.

전체 노인을 대상으로 비공식적 사회활동 참여 수준과 자살행동 가능성 시이의 관계를 살펴보면 다음과 같다(<표 6> 참조). 자살행동 가능성은 자녀접촉과 자녀지원교환 수준과 부적 관계를 보이고는 것으로 나타났다. 즉 자녀를 자주 만날수록, 자녀와 더 많이 지원을 교환할수록 자살행동 가능성은 낮다. 이러한 결과는 자녀와 만나고 도움을 주고, 받는 과정에서 가족의 일원으로서 소속감을 느끼고, 가족규범을 내면화 하하기 때문으로 이해된다. 소속감을 느끼고 가족규범을 강하게 내면화하면 할수록 가족에게 해가 되는 행동을 할 가능성이 낮아지는데, 이로 인해 자살생각이나 자살행동 가능성 역시 낮아지게 되는 것으로 해석할 수 있다. 특기할 점은 친구와의 지원교환은 자살행동 가능성을 낮추는 반면 친구와의 접촉은 자살행동 가능성과 유의미한 관계를 보이지 않는다는 점이다. 우울에 대한 연구(Lee · Kim, 2004)에 의하면 친구와의 접촉이 우울을 낮추는데 유의미한 영향을 주는 것으로 나타나고 있는데, 이 점에서 본 조사 결과는 특기할 만 한 것이다. 자살은 우울보다는 심각한 상황에서 가능한 것이라는 점에서 자발성에 기초한 친구관계보다는 행동이나 규범에 대한 제약이 큰 자녀와의 관계만 영향을 주는 것으로 보인다.

<표 6> 비공식 사회활동과 자살행동 가능성: 전체 표본

구 분	(A)	(B)	(C)	(D)	(E)
자살행동 가능성(A)	1.00				
자녀접촉(B)	$-.14^{***}$	1.00			
자녀지원교환(C)	$-.17^{***}$	$.29^{***}$	1.00		
친구접촉(D)	$-.03$	$.10^{***}$	$.21^{***}$	1.00	
친구지원교환(E)	$-.05^{*}$	$.08^{***}$	$.41^{***}$	$.39^{***}$	1.00

$*\ p < .05$ $**\ p < .01$ $***\ p < .001$

3. 자살행동 가능성 영향 요인 분석 2: 연령 집단에 따른 분석

1) 인구·사회적 요인과 자살행동 가능성: 연령 집단에 따른 분석

전체 노인을 대상으로 나타난 인구·사회적 요인의 영향은 연령이나 성별로 나누어 살펴보면 그 영향이 차이를 보이고 있음을 확인할 수 있다. 우선 나이에 따라 전기 노인과 후기 노인으로 나누어 살펴보면 전기 노인의 경우 혼인상태와 가구소득의 영향이 유의미한 반면, 후기 노인의 경우 가구소득만 유의미한 것으로 나타났다. 지인의 사망에 따른 정신적 충격은 시간이 지남에 따라 완화되는 것으로 알려져 있는데(Abrutyn and Mueller 2014), 전기 노인의 경우 배우자 사망 후 시간이 충분히 지나지 않았기 때문으로 해석할 수 있다*.

* 슬픔 자체도 감소하지만 배우자 사망에 따른 일상생활의 어려움 역시 적응되기 때문이다.

<표 7> 인구·사회적 요인과 자살행동 가능성 1: 연집 집단에 따른 분석

변수	구분	전기노인(65-74세)			후기노인(75세 이상)		
		사례 수	평균		사례수	평균	
성	여성	548	3.77(1.99)		619	3.79(1.87)	
	남성	460	3.79(1.83)		358	399(2.13)	
혼인 상태	무배우자	338	4.01(2.28)	**	562	3.88(2.10)	
	유배우자	670	3.67(1.70)		415	3.84(1.80)	
지역	면지역	307	3.68(1.65)		341	3.94(2.03)	
	동지역	701	3.83(2.02)		636	3.83(1.94)	
가구 소득	200만원 미만	734	3.89(2.08)	**	754	3.98(2.10)	***
	200만원 이상	266	3.5(1.38)		200	3.42(1.27)	

* p ＜ .05 ** p ＜ .01 *** p ＜ .001

<표 8> 인구·사회적 요인과 자살행동 가능성 2: 연집 집난에 따른 분석

전기 노인	(A)	(B)	(C)	(D)	(E)
자살행동 가능성 (A)	1.00				
교육연수(B)	−.08**	1.00			
주관적 건강(C)	.23***	−.28***	1.00		
통증수준(D)	.27***	−.30***	.71***	1.00	
질병 수(E)	.17***	,05	.18***	.15***	1.00
후기 노인	**(A)**	**(B)**	**(C)**	**(D)**	**(E)**
자살행동 가능성 (A)	1.00				
교육연수(B)	−.03	1.00			
주관적 건강(C)	.18***	−.26***	1.00		
통증수준(D)	.19***	−24***	.62***	1.00	
질병 수(E)	.05	.01	.12***	.06	1.00

* p ＜ .05 ** p ＜ .01 *** p ＜ .001

전기 노인의 경우 교육을 많이 받을수록 자살행동 가능성은 낮았고, 주관적 건강이 나쁠수록, 통증수준이 클수록, 그리고 질병수가 많을수록 자살생각 가능성은 높았다. 이와는 약간 다르게 후기 노인의 경우 질병 수와 교육수준은 자살행동 가능성과 유의미한 관계를 보이지 않고 있으며, 주관적 건강이 나쁠수록, 통증 수준이 높을수록 자살행동 가능성은 높게 나타났다.

2) 사회활동과 자살행동 가능성: 연령 집단에 따른 분석

다음으로 연령집단 별로 나누어 공식적 사회활동과 자살행동 가능성 사이의 관계를 살펴보자. 연령 집단으로 나누어 살펴본 바에 의하면 전기 노인과 후기 노인 집단 모두 표현활동이 자살행동 가능성과 유의미한 관계를 보이고 있다. 특기할 점은 전기 노인의 경우 도구활동에 참여하는 경우가 참여하지 않는 경우에 비해 자살행동 가능성이 통계적으로 유의미하게 낮다는 점이다. 이는 전기 노인의 경우 참여율이 상대적으로 높기 때문으로 보인다. 다른 한편으로 도구활동의 주요 구성 요소인 자원봉사의 경우 우울을 완화시킨다는 연구 결과(김수현, 2013)도 제시된 바 있는데 우울을 매개로 자살행동 가능성을 낮추기 때문으로도 해석할 수 있다.

<표 9> 공식적 사회활동과 자살행동 가능성: 연령집단별 분석

변수	구분	전기 노인(65-74세)			후기 노인(75세 이상)		
		사례 수	평균		사례수	평균	
연고활동	비참여	634	3.84(2.04)		794	3.91(2.02)	
	참여	374	3.68(1.70)		183	3.67(1.74)	
도구활동	비참여	913	3.83(1.99)	*	929	3.86(1.94)	
	참여	95	3.16(.80)		48	4.04(2.59)	
표현활동	비참여	447	3.94(2.20)	*	219	4.21(2.28)	**
	참여	561	3.65(1.65)		758	3.77(1.86)	
종교활동	비참여	473	3.79(1.79)		508	3.89(1.87)	
	참여	535	3.78(2.03)		469	3.84(2.08)	

* p 〈 .05 ** p 〈 .01 *** p 〈 .001

노인 집단별로 나누어 비공식 사회활동과 자살행동 가능성의 관계를 살펴보면 다음과 같다. 우선 연령집단으로 나누어 살펴보면 75세 기준으로 나눈 두 집단 모두에서 자녀와의 접촉과 지원교환은 자살행동 가능성과 유의미한 관계를 보이는 반면, 친구와의 접촉과 지원교환은 유의미한 관계를 보이지 않고 있다. 이러한 결과는 노년기에 있어서 자녀와의 관계가 갖는 중요성을 다시 한 번 확인시켜 주는 것으로 보인다.

<표 10> 비공식 사회활동과 자살행동 가능성: 연령집단별 분석

전기 노인	(A)	(B)	(C)	(D)	(E)
자살행동 가능성(A)	1.00				
자녀접촉(B)	−.15***	1.00			
자녀지원교환(C)	−.19***	.33***	1.00		
친구접촉(D)	−.01	.11***	.19***	1.00	
친구지원교환(E)	−.05	.13***	.36***	.43***	1.00
후기 노인	**(A)**	**(B)**	**(C)**	**(D)**	**(E)**
자살행동 가능성(A)	1.00				
자녀접촉(B)	−.14***	1.00			
자녀지원교환(C)	−.15***	.25***	1.00		
친구접촉(D)	−.06	.10***	.23***	1.00	
친구지원교환(E)	.06	.04	.45***	.36***	1.00

* p 〈 .05 ** p 〈 .01 *** p 〈 .001

4. 자살행동 가능성 영향 요인 분석 3: 성별 구분

1) 인구·사회 요인과 자살행동 가능성: 성별 분석

성별로 나누어 인구·사회적 요인의 영향을 살펴보면(<표 11> 참조) 여성의 경우는 가구소득이 유의미한 차이를 낳는 반면, 남성의 경우는 가구소득 외에 혼인상태가 유의미한 차이를 낳는 것으로 나타나고 있다. 즉 여성과 남성 모두 가구소득이 200만 원 미만 집단에서 자살행동 가능성이 더 높게 나타나고 있으며, 남성의 경우는 유배우자가 무배우자에 비해 자살행동 가능성이 낮게 나타나고 있다.

<표 11> 인구·사회 요인과 자살행동 가능성 1: 성별 분석

변수	구분	여성			남성		
		사례 수	평균		사례수	평균	
혼인상태	무배우자	762	3.81(1.97)		138	4.58(2.97)	***
	유배우자	405	3.73(1.86)		680	3.74(1.67)	
지역	면지역	366	3.76(1.80)		282	3.88(1.94)	
	동지역	801	3.79(1.98)		536	3.88(1.99)	
나이	75세 미만	548	3.77(1.99)		460	3.79(1.83)	
	75세 이상	619	3.79(1.87)		358	3.99(2.13)	
가구소득	200만원 미만	923	3.86(2.04)	**	565	4.06(2.18)	***
	200만원 이상	220	3.46(1.41)		246	3.47(1.28)	

* p 〈 .05 ** p 〈 .01 *** p 〈 .001

성에 따라 혼인상태의 영향이 차이를 보이는 것은 남성의 경우 배우자 사망 이후 일상생활의 어려움이 더 커지기 때문으로 이해할 수 있다. 즉 남성에게 배우자의 사망은 가장 친밀한 관계의 소멸과 함께 청소, 식사준비, 빨래와 같은 일상활동을 지원하는 조력자를 상실하게 되는 것을 의미하는데, 이로 인해 일상생활의 어려움이 크게 증가할 가능성이 크다. 남성에게 무배우자 집단에서 자살행동 가능성이 더 높은 것은 이러한 측면에서 이해 될 수 있다. 이외에 교육수준, 주관적 건강, 통증수준, 질병 수와 같은 요인은 남성과 여성 모두에서 자살행동 가능성과 유의미한 관계를 보이는 것으로 나타났다(<표 12> 참조).

<표 12> 인구·사회 요인과 자살행동 가능성 2: 성별 분석

여성	(A)	(B)	(C)	(D)	(E)
자살행동 가능성 (A)	1.00				
교육연수(B)	−.08*	1.00			
주관적 건강(C)	.22***	−.24***	1.00		
통증수준(D)	.25***	−.25***	.66***	1.00	
질병 수(E)	.11***	.04	.15***	.06*	1.00

남성	(A)	(B)	(C)	(D)	(E)
자살행동 가능성 (A)	1.00				
교육연수(B)	−.08*	1.00			
주관적 건강(C)	.22***	−.25***	1.00		
통증수준(D)	.24***	−.24***	.67***	1.00	
질병 수(E)	.10**	.06	.14***	.15***	1.00

* p 〈 .05 ** p 〈 .01 *** p 〈 .001

2) 사회활동과 자살행동 가능성: 성별 분석

성별로 나누어 공식적 사회활동과 자살행동 가능성의 관계를 살펴보면 여성의 경우 표현활동 참여가 자살행동 가능성을 낮추어 주는 것으로 나타난 반면, 남성의 경우 연고활동이 자살생각 가능성을 낮추어 주는 것으로 나타났다. 남성과 여성 모두에서 도구활동과 종교활동은 자살행동 가능성과 유의미한 관계를 보이지 않는다.

<표 13> 공식적 사회활동과 자살행동 가능성: 성별 분석

변수	구분	여성			남성		
		사례 수	평균		사례수	평균	
연고활동	비참여	1,037	3.81(1.99)		391	4.06(2.12)	*
	참여	130	3.54(1.34)		427	3.71(1.80)	
도구활동	비참여	1,106	3.80(1.94)		736	3.19(2.01)	
	참여	61	3.52(1.74)		82	3.59(1.57)	
표현활동	비참여	362	4.01(2.26)	**	304	4.05(2.18)	
	참여	805	3.68(1.74)		514	3.78(1.83)	
종교활동	비참여	510	3.84(1.74)		471	3.84(1.92)	
	참여	657	3.74(2.06)		347	3.93(2.04)	

* p 〈 .05 ** p 〈 .01 *** p 〈 .001

성별로 나누어 비공식적 사회활동과 자살행동 가능성 사이의 관계를 분석한 결과에 의하면 성별로 특기할 만한 차이점을 발견할 수 있다. 남성의 경우 앞서 다른 분석과 마찬가지로 자녀와의 접촉, 지원교환이 유의미한 관계가 있는 것으로 나타났다. 이와는 달리 여성의 경우 자녀와의 관계뿐만 아니라 친구와의 관계 역시 자살행동 가능성과 유의미한 관계를 보이고 있다. 여성의 경우 정서적 관계에 익숙하다는 점에서 가족 외의 관계로부터도 친밀감이나 소속감을 느낄 수 있는 반면 남성의 경우 도구적 관계에 익숙한 결과 자녀 외에는 다른 관계로부터 소속감이나 친밀감을 느끼지 못하기 때문으로 해석될 수 있다.

<표 14> 비공식 사회활동과 자살행동 가능성: 성별 구분

여성	(A)	(B)	(C)	(D)	(E)
자살행동 가능성(A)	1.00				
자녀접촉(B)	−.16***	1.00			
자녀지원교환(C)	−.16***	.29***	1.00		
친구접촉(D)	−.06*	.08**	.26***	1.00	
친구지원교환(E)	−.06*	.06*	.43***	.39***	1.00
남성	**(A)**	**(B)**	**(C)**	**(D)**	**(E)**
자살행동 가능성(A)	1.00				
자녀접촉(B)	−.11***	1.00			
자녀지원교환(C)	−.18***	.29***	1.00		
친구접촉(D)	.01	.13***	.14***	1.00	
친구지원교환(E)	−.04	.12***	.34***	.39***	1.00

* p 〈 .05 ** p 〈 .01 *** p 〈 .001

5. 자살행동 가능성 영향 요인 분석 4: 가구소득에 따른 구분

1) 인구·사회 요인과 자살행동 가능성: 가구소득에 따른 분석

인구·사회적 요인을 가구소득 200만 원 미만과 이상 집단으로 나누어 그 영향을 살펴본 결과(<표 15> 참조)에 의하면 혼인상태, 나이, 성, 지역 등은 자살행동 가능성과 유의미한 관련성이 없는 것으로 나타났다. 이러한 결과는 소득집단을 통제함으로써 다른 인구

·사회적 요인의 관련성이 사라졌음을 보여주는 것이다. 반대로 연령이나 성을 통제한 경우에도 소득집단의 구분이 유의미한 관계를 보였던 점에서 가구소득은 노인의 자살행동 가능성에 영향을 주는 요인이라고 판단된다(<표 16> 참조).

<표 15> 인구·사회 요인과 자살행동 가능성 1: 가구소득에 따른 분석

변수	구분	200만 원 미만			200만원 이상		
		사례 수	평균		사례수	평균	
혼인 상태	무배우자	735	4.04(2.30)		143	3.44(1.34)	
	유배우자	753	3.83(1.86)		323	3.48(1.34)	
나이	75세 미만	734	3.98(2.08)		266	3.5(1.38)	
	75세 이상	754	3.98(2.11)		200	3.42(1.28)	
성	여성	923	3.86(2.04)		220	3.46(1.41)	
	남성	565	4.06(2.18)		246	3.47(1.28)	
지역	면지역	531	3.90(1.97)		112	3.43(1.18)	
	동지역	957	3.96(2.16)		354	3.48(1.39)	

* $p < .05$ ** $p < .01$ *** $p < .001$

<표 16> 인구·사회 요인과 자살행동 가능성 3: 가구소득에 따른 분석

200만 원 미만	(A)	(B)	(C)	(D)	(E)
자살행동 가능성 (A)	1.00				
교육연수(B)	−.04	1.00			
주관적 건강(C)	.21***	−.28***	1.00		
통증수준(D)	.24***	−.29***	.68***	1.00	
질병 수(E)	.09***	−.01	.14***	.08**	1.00
200만 원 이상	**(A)**	**(B)**	**(C)**	**(D)**	**(E)**
자살행동 가능성 (A)	1.00				
교육연수(B)	−.05	1.00			
주관적 건강(C)	.14***	−.33***	1.00		
통증수준(D)	.15**	−.31***	.68***	1.00	
질병 수(E)	.10*	.05	.19***	.16***	1.00

* $p < .05$ ** $p < .01$ *** $p < .001$

인구·사회적 요인 중 소득을 통제한 후에도 여전히 자살행동 가능성과 유의미한 관계를 보이는 요인이 존재하는데, 건강관련 요인의 경우는 소득집단과 무관하게 자살행동 가능성과 유의미한 관계를 보이고 있다. 이러한 결과들은 건강관련 요인이 자살행동 가능성과 관련성이 있음을 다시 한 번 확인시켜 주는 것이다.

2) 사회활동과 자살행동 가능성: 가구소득에 따른 구분

가구소득에 따라 나누어 살펴보면 두 소득 집단 모두에서 표현활동이 유일하게 자살행동 가능성과 유의미한 관련성을 보이고 있다, 두 집단 모두 참여하는 집단이 비참여 집단에 비해 자살행동 가능성이 낮게 나타나고 있다.

<표 17> 공식적 사회활동과 자살행동 가능성: 가구소득별 분석

변수	구분	200만 원 미만			200만원 이상		
		사례 수	평균		사례수	평균	
연고활동	비참여	1,145	3.98(2.14)		256	3.47(1.41)	
	참여	343	3.79(1.91)		210	3.46(1.25)	
도구활동	비참여	1.399	3.95(2.10)		412	3.49(1.37)	
	참여	89	3.73(1.93)		54	3.28(1.05)	
표현활동	비참여	521	4.13(2.35)	**	139	3.66(1.69)	*
	참여	967	3.83(1.93)		327	3.38(1.15)	
종교활동	비참여	750	3.95(1.96)		215	3.44(1.14)	
	참여	738	3.93(2.22)		251	3.49(1.49)	

* $p < .05$ ** $p < .01$ *** $p < .001$

<표 18> 비공식 사회활동과 자살행동 가능성: 소득 집단별 구분

200만 원 미만	(A)	(B)	(C)	(D)	(E)
자살행동 가능성(A)	1.00				
자녀접촉(B)	−.18***	1.00			
자녀지원교환(C)	−.19***	.32***	1.00		
친구접촉(D)	−.03	.10***	.24***	1.00	
친구지원교환(E)	−.04	.10***	.41***	.41***	1.00

200만 원 이상	(A)	(B)	(C)	(D)	(E)
자살행동 가능성(A)	1.00				
자녀접촉(B)	.02	1.00			
자녀지원교환(C)	.02	.14**	1.00		
친구접촉(D)	−.04	.10*	.12**	1.00	
친구지원교환(E)	−.06	.01	.39***	.34***	1.00

* $p < .05$ ** $p < .01$ *** $p < .001$

소득집단별로 나누어 비공식적 사회활동의 영향을 살펴보면 가구소득 200만 원 미만 집단의 경우 자녀와의 접촉, 지원교환 모두 자살행동 가능성과 유의미한 관계를 보이는 반면, 가구소득 200만 원 이상 집단의 경우 자녀와의 관계가 자살행동 가능성과 유의미한 관계를 보이지 않는다. 이는 소득이 낮은 집단은 자녀로부터의 지원이나 접촉이 낮은 소득을 보충하는 자원이 되기 때문으로 보인다. 이와는 달리 소득이 높은 집단의 경우는 시장에서 필요한 자원을 구매할 수 있다는 점에서 자녀와의 지원교환이나 접촉이 갖는 중요성이 상대적으로 낮게 평가되는 것으로 해석할 수 있다.

Ⅳ. 분석 결과 요약 및 함의

사회활동은 다양한 방식으로 신체건강과 정신건강에 기여하는 것으로 알려져 있다. 사회활동은 활동을 통해 신체 활동을 자극할 뿐만 아니라 사회활동을 통해 얻게 되는 다양한 관계를 통해 우울 수준을 낮추는데도 기여한다. 이 글은 사회활동이 갖는 긍정적 기능에 주목하여 사회활동 참여가 자살행동 가능성을 낮추는데도 기여하는지 분석하고자 하였다. 이 글에서는 노인 집단의 다양성에 주목하여 집단별로 사회활동과 자살행동 가능성 사이의 관계에 차이가 있는지 분석하였다. 주요 결과는 다음과 같다.

먼저 전체 노인을 대상으로 한 분석 결과를 요약하면 다음과 같다.

첫째, 사회·경제적 요인을 살펴보면 배우자 유무와 가구소득 수준에 따라 자살행동 가능성에 유의미한 차이가 있는 것으로 나타났으며, 교육과 건강 요인 역시 자살행동 가능성과 유의미한 관련성을 보여주고 있다.

둘째, 사회활동의 영향을 살펴보면 공식적 사회활동 중 연고활동과 표현활동 참여가 자살행동 가능성을 낮추는 것으로 나타났으며, 비공식적 활동의 경우 자녀와의 접촉과 지원교환이 자살행동 가능성을 낮추는 것으로 확인되었다.

그러나 노인 집단별로 나누어 분석한 경우는 전체 노인을 분석한 경우와 다른 결과를 보여주고 있다. 연령집단에 따라 나누어 분석한 결과를 요약하면 다음과 같다.

첫째, 인구·사회적 요인의 경우 전기 노인 집단에서는 혼인상태와 가구소득이, 후기 노인 집단의 경우는 가구소득만이 자살행동 가능성과 유의미한 관계를 보이고 있다. 후기 노인 집단의 경우 배우자 사망 후 기간이 오래되었다는 점 때문에 배우자 유무의 영향이 약화된 것으로 해석된다. 교육의 경우 전기 노인에서는 유의미한 관련성을 보이는 반면, 후기 노인에서는 유의미한 관련성을 보이지 않았다. 이는 아마도 후기 노인의 경우 교육수준이 전반적으로 낮기 때문으로 보인다*.

둘째, 건강변수 중 통증과 주관적 건강은 나이에 상관없이 자살행동 가능성과 유의미한 연관성을 보이는 반면 질병 수는 전기 노인에서만 유의미한 관련성을 나타내고 있다.

셋째, 사회활동의 영향을 살펴보면 공식적 사회활동 중 표현활동은 나이와 무관하게 자살행동가능성을 낮추는 것으로 나타났으며, 도구활동은 전기노인에서만 유의미한 관계를 보이고 있다. 도구활동의 영향이 연령 집단에 따라 차이를 보이는 것 역시 후기 노인의 경우 참여율이 매우 낮다는 점 때문으로 해석할 수 있다. 비공식적 사회활동의 경우 자녀와의 접촉과 지원교환은 나이와 무관하게 유의미한 관련성을 보이는 반면, 친구와의 접촉과 지원교환은 전기 노인에서만 유의미한 것으로 나타났다. 이는 나이가 들수록 가족의 중요성이 커진다는 점을 보여주는 것이다.

* 전기 노인의 경우 평균 수학연수가 7.74년인 반면, 후기 노인의 경우는 4.51년에 불과하다.

성별로 나누어 분석한 결과를 살펴보면 다음과 같다. 첫째, 인구·사회적 요인의 영향을 살펴보면 가구소득의 경우 남성과 여성 모두 자살행동 가능성과 유의미한 관련성을 보여주고 있으며, 혼인상태의 경우 남성에서만 유의미한 관련성이 있는 것으로 나타나고 있다. 이는 배우자 사별의 부정적 영향이 여성에 비해 남성에게 더 크기 때문으로 보인다. 건강 요인은 남성과 여성 모두에서 자살행동 가능성과 관련성이 있는 것으로 나타났다.

둘째, 사회활동의 관련성을 살펴보면 여성의 경우는 표현활동 참여가, 남성의 경우는 연고활동 참여가 자살행동 가능성을 낮추는 것으로 나타나 성별 차이를 확인할 수 있다. 비공식적 사회활동의 경우 남성은 자녀와의 접촉과 지원 교환만 유의미한 관련성을 보이는 반면, 여성의 경우는 자녀뿐만 아니라 친구와의 접촉이나 지원 역시 자살행동 가능성을 낮추는데 기여하는 것으로 나타났다.

마지막으로 소득에 따라 나누어 분석한 결과를 요약하면 다음과 같다. 첫째, 혼인상태, 나이, 성, 지역 등은 소득을 통제하면 자살행동 가능성과의 관련성이 사라지는 것을 확인하였다. 반면에 소득은 성이나 나이를 통제한 상태에서도 자살행동 가능성과 유의미한 관련성을 보였다. 이러한 결과로 볼 때 다른 인구·사회적 요인들의 관련성은 허위적일 가능성이 높지만 소득의 관련성은 비허위적일 가능성이 높다. 이와 더불어 건강 관련 요인의 중요성은 소득을 통제한 상태에서도 확인되었다.

둘째, 사회활동의 관련성을 살펴보면 소득을 통제한 후에도 표현활동의 참여는 자살행동 가능성을 낮추는 것으로 나타났다. 특기할 점은 200만 원 미만 집단의 경우 자녀 접촉과 지원교환은 자살행동 가능성을 낮추는 반면, 200만 원 이상 집단에서는 자녀와의 접촉이나 지원교환이 유의미한 관련성을 보이지 않는다는 점이다. 이는 가구소득이 높은 집단의 경우 시장에서 구매를 통해 자녀의 지원을 대체할 수 있기 때문으로 보인다.

이 글의 분석 결과를 종합하면 다음과 같이 요약할 수 있다. 첫째, 위의 분석에서 확인하였듯 모든 집단에서 건강관련 요인들은 자살행동 가능성과 유의미한 관계를 보이는 것으로 나타났다. 이 점에서 노인 집단의 자살행동 가능성을 낮추기 위해서는 건강관련 요인의 관리가 필요하다. 둘째, 공식적 사회활동과 자살행동 가능성과 관계는 성이나 연령에 따라 상이한 모습을 보이고 있다. 다양한 사회활동에 대한 참여를 지원함으로써 노인의 자살행동 가능성을 낮추기 위해서는 노인의 다양성을 고려한 전략이 필요한 것으로 보인다. 예를 들면 여성에게는 표현활동을, 그리고 남성에게는 연고활동을 지원하는 등 노인 집단별로 맞춤형 전략을 활용함으로써 개별 정책의 효율성을 제고할 수 있다. 셋째, 비공식적 사회관계 중 자녀와의 접촉과 지원교환이 노인들에게 갖는 중요성을 다시 한 번 확인할 수 있었다. 특기할 점은 친구와의 관계가 자살행동 가능성에는 유의미한 관련성이 없다는 점이다. 넷째, 성, 연령, 소득 등 다양한 기준으로 나누어 분석한 결과에 의하면 집단별로 자살행동 가능성과 관련이 있는 요인이 노인 집단별로 상이하다는 점을 확인하였다. 향후 노인에 관한 연구에서도 하나의 집단으로서 노인을 분석하는 것보다는 그 내부의 다양성을 고려하여 분석을 시도하는 것이 바람직하다고 판단된다.

참 고 문 헌

김수현 (2013). 노인의 자원봉사 참여가 신체적 건강, 우울, 사회적 지지 및 삶의 의미에 미치는 영향. 한국노년학, 33(1): 53-66.

김영범.이승훈 (2008), 한국 노인의 사회활동과 주관적 안녕감: 서울 및 춘천 노인을 대상으로. 한국노년학, 28(1): 1-18.

Abrutyn, S. and Mueller, A. S. (2014). Are suicidal behaviors contagious in adolescence? using longitudinal data to examine suicide suggestion. *American Sociological Review,* 79(2): 211-277.

Atchley, R. C. (1898). A continuity theory of normal aging. *The Gerontologist,* 29(2): 183-190.

Baltes, P. B. and Smith, J. (2003). New frontiers in the future of aging: from successful aging of the young old to the dilemmas of the fourth age. *Gerontology,* 49(2):123-35.

Carstensen, L. T. Isaacowitz, D. M. and Charles, S. T. (1999). Taking time seriously: A theory of socioemotional selectivity. *American Psychologist,* 54(3): 165-181.

Durkheim, E. (2000). Suicide, 황보종우옮김, 자살론, 청아출판사.

Eagly, A. H. , Wood, W. & Diekman, A. B. (2000). Social role theory of sex differences and similarities: A current appraisal. In T. Eckes & H. M. Trautner (Eds.), *The developmental social psychology of gender,* Lawrence Erlbaum.

Harwood, D., Jacohy, R. (2000). Suicidal behavior among the elderly. Hawton, K.(ed.), *The international handbook of suicide and attempted suicide,* John Wiley & Son.

House, J. S., Landis, K. R. and Umberson, D. (1988). Social relationships and health, Science, 29(july): 540-545.

Lee Seung Hee & Kim Young Bum. (2014). Which type of social activities decrease depression in the Elderly? an analysis of a population-based study in South Korea. *Iranian Journal of Public Health,* 43(7), 903-912.

Lemon, W. B., Bengtson, V. L. & Peterson, J. A (1972). An exploration of the Activity Theory of Aging: Activity Types and Life Satisfaction among In-Movers to a Retirement Community. *Journal of Gerontology,* Vol. 27, No. 4.

Litwin, H. & Shiovitz-Ezra, S., 2006. The Association between Activity and Wellbeing in Later Life: What really matters?. *Aging & Society,* Vol. 26.

Longino, C. F. & Kart, C. S., 1982. Explicating Activity Theory: A Formal Replication. *Journal of Gerontology,* Vol 37.

Mechanic, D., and McAlpine, D. D. (2012). Mental health and aging: a life-course perspective. Settersten R. A. jr. and Angel, J. L., *Handbook of Sociology of Aging,* Springer: 477-493.

OECD.(2013). OECD health statistics 2013. http://dx.doi.org/10.1787/health- data.

Osman, A.(et al.)(2001). The suicidal behaviors questionnaire-revised: validation with clinical and nonclinical samples. *Assessment,* 8(4),. 443-454.

Pescosolido, B. A., and Georgianna, S. (1989). Durkheim, suicide, and religion: toward a network theory of suicide. *American Sociological Review,* 53(1), 33-48.

Suicide.org. (2015). Suicide statistics. http://www.suicide.org/suicide-statist ics.html.

Umberson, D., and Montex, J. K. (2010). Social relationships and health: a flash point for health policy. *Journal of Health and Social Behavior,* 51(Suppl), S54-S66.

Van Orden, Kimberly A. Witte, Tracy K., Cukrowicz, Kelly C., Braithwaite, Scott R., Selby, Edward A., and Joiner Jr. Thomas E.(2010). The interpersonal theory of suicide. *Psychological Review,* 117(2), 575-600.

한국인의 정신건강과 노인 자살의 이해를 위한 새로운 시도: 완전정신건강 모형의 적용 가능성 모색

조용래 (한림대 심리학과 교수)
노상선 (한림대 심리학과 강사)

한국인의 정신건강과 노인 자살의 이해를 위한 새로운 시도: 완전정신건강 모형의 적용 가능성 모색*

조용래 (한림대학교 심리학과 교수)
노상선 (한림대학교 심리학과 강사)

Ⅰ. 대한민국의 현 주소

우리나라는 경제 발전 및 다양한 기술의 눈부신 발달에 힘입어 세계에서 주목받는 국가로 발돋움하고 있다. 하지만 이러한 국가적 발전에 못지않게 우리 사회에는 어두운 면이 짙게 드리워져 있다. 그 대표적인 예가 자살률, 이혼율, 범죄율 등이다. 우리나라는 2003년 이래 지금까지 경제협력기구(OECD) 가입국가 중 가장 높은 자살률을 기록하고 있다. 자살과 가장 밀접하게 연관되어 있는 정신장애로 알려져 있는 우울장애의 유병률은 10년 전 4%에서 2011년 6.7%로 증가하였다(보건복지부, 2011). 이혼율의 경우, 50대 이상의 이혼율이 증가하고 있는 가운데 OECD 국가 중 최상위권을 차지하고 있고(통계청, 2014a), 범죄 발생률 역시 크게 줄지 않고 있다(통계청, 2012). 학교 폭력의 경우, 조사대상인 전국의 중학교 또는 그 이상의 청소년들 중에서 학교 폭력에 의해 피해를 경험했

---

* 이 원고는 한국심리학회 주최 2010년 연차학술대회의 특별 심포지엄 「한국인의 행복과 정신건강지수 개발」에서 발표된 원고와 보건복지부(국립서울병원) 주최 2012년 10월 정신건강 정책포럼 「행복과 건강」에서 발표된 원고에 기초하여 작성되었음. 한국인의 정신건강지수 개발 연구에 공동연구원으로 참여한 임영진(대구대), 고영건(고려대), 신희천(아주대) 교수와, 하정민 연구보조원에게 감사드림.

다고 보고한 청소년들이 11.4%였으며, 최초 폭력 피해 연령은 12세로 중학교 1학년 무렵이었다(여성가족부, 2012). 더 심각한 것은, 전국 5개 지역 21개 초등학교 4~6학년 7,001명을 대상으로 수행한 학교폭력 실태조사 결과, 학교폭력 가해 경험이 있다고 답한 학생이 30.9%에 달했고, 최근 1년간 피해 경험이 있는 학생이 전체 응답자의 38.8%였다는 점이다(초록우산어린이 재단, 2012).

이와 비슷하게, 우리나라 국민들의 행복수준을 나타내는 여러 종류의 지표들 역시 다른 나라 국민들에 비해 상당히 낮은 편이다. 최근 OECD에서 국내 총생산과 같은 경제지표로는 나타낼 수 없는 생활의 만족도나 삶의 풍요로움을 지표화한 행복지수(Better Life Initiative)는 전체 34개국 중에서 우리나라가 32위로 최하위권에 머물렀다(이내찬, 2012). 나아가, 2012년 언론에 보도된 조사 결과 한 가지가 흥미를 끈다. 그것은 OECD가 3년 주기로 조사하는 청소년의 핵심역량지수에 관한 학업성취도 국제 비교(PISA) 결과로서 2012년 당시 전체 36개국 중 우리나라 청소년의 지적 역량은 2위였는데 비해, 사회적 상호작용 역량은 35위로 바닥권이었다(중앙일보, 2012.10.19.).

이러한 결과들은 무엇을 의미하는가? 이는 우리나라 국민들의 주관적인 삶의 질이 형편없이 낮을 뿐 아니라, 스트레스나 삶의 문제들을 적응적인 방식으로 해결할 수 있는 역량이 낮을 가능성이 있다는 점을 시사한다. 따라서 본고에서는 정신건강에 대한 새로운 관점으로서 국민의 행복과 정신건강 증진을 강조하는 완전정신건강모형을 제시하고, 이 모형이 한국인의 정신건강을 이해하는 데 뿐 아니라 최근 들어 아주 심각한 사회문제로 대두되고 있는 노인의 자살을 설명하는 데에도 적용 가능한지를 검토해 보고자 하였다. 그리하여 우리나라 국민들의 행복과 정신건강을 증진시키기 위한 제언과 노인의 자살을 예방하기 위한 방안을 제시하였다.

Ⅱ. 정신건강에 대한 새로운 관점: 완전정신건강모형

1. 정신건강의 의미

정신건강(mental health)에 대한 고전적 정의는 '정신장애가 없는 상태'를 의미한다. 즉, 정신장애를 경험하면 정신적으로 건강하지 않은 사람인 반면, 정신장애로 이환(罹患)되지 않는 사람은 정신적으로 건강한 사람이라는 것이 정신건강에 대한 전통적 견해이다. 이처럼 정신건강을 정신장애의 부재 상태로만 보던 소극적 관점을 넘어서서, 최근 들어 긍정적이고 적극적인 관점에서 정신장애를 조망하려는 새로운 견해가 세계적으로 각광을 받고 있다.

세계보건기구(World Health Organization, 2005)는 정신건강을 단지 정신장애의 부재만이 아니라 "개인이 자신의 잠재능력을 발휘하고, 일상적인 생활 스트레스에 대처할 수 있으며, 생산적으로 일을 할 수 있고, 그가 속한 공동체에 기여할 수 있는 웰빙 상태"라고 정의하고 있다. 또한 Keyes(2002, 2005b)는 진정으로 건강한 정신을 지닌 사람은 '정신장애로부터 자유로운 동시에 정신적 웰빙(mental well-being)을 경험하고 있는 사람'이라고 주장한다. 그에 따르면, 정신적 웰빙을 경험하는 사람은 자신의 삶에 만족하고, 긍정 정서를 많이 경험하며, 부정 정서를 적게 느끼는 사람이다. 하지만 정신적 웰빙은 이러한 정서적 웰빙(emotional well-being)에 국한되지 않고 개인의 기능 및 개인이 속한 사회의 기능에 대한 주관적 평가까지 포괄한다. 개인의 기능에 대한 주관적 평가는 심리적 웰빙(psychological well-being), 그리고 사회의 기능에 대한 주관적 평가는 사회적 웰빙(social well-being)으로 불리고 있다. <표 1>에서 보듯이, 심리적 웰빙에는 자기 수용, 환경적 숙달감, 긍정적 대인관계, 개인적 성장, 자율성, 그리고 삶의 목적이 포함된다. 사회적 웰빙은 사회적 공헌, 사회적 통합, 사회적 실현, 사회적 수용 및 사회적 일치로 구성된다.

<표 1> 정신적 웰빙의 구성요소들과 이를 측정하는 문항들의 내용(Keyes, 2007)

구성 요소	하위 차원	측정 문항 내용
정서적 웰빙	긍정적 정서	행복감을 느낌
	긍정적 정서	삶에 흥미를 느낌
	삶에 대한 태도	만족감을 느낌
심리적 웰빙	자기 수용	자기 성격의 대부분을 좋아하고 있다고 느낌
	환경적 숙달감	매일의 생활에서 자신이 해야 할 책임들을 잘 해내고 있다고 느낌
	긍정적 대인관계	다른 사람들과 따뜻하고 신뢰로운 관계를 맺고 있다고 느낌
	개인적 성장	자신을 성장시키고 더 나은 사람이 되도록 자극을 주는 경험들을 했다고 느낌
	자율성	자신만의 아이디어와 의견을 생각해 내거나 표현하는 데 자신이 있다고 느낌
	삶의 목적의식	자신의 삶이 방향감이나 의미를 갖고 있다고 느낌
사회적 웰빙	사회적 공헌	자신이 사회에 공헌할 만한 능력을 지니고 있다고 느낌
	사회적 통합	공동체(사회 집단이나 이웃 같은)에 소속되어 있다고 느낌
	사회적 실현	사회가 자기와 같은 사람들에게 더 살기 좋은 곳이 되어가고 있다고 느낌
	사회적 수용	사람들은 기본적으로 선하다고 느낌
	사회적 일치	자신이 속한 사회가 돌아가는 방식이 이해할 만한다고 느낌

2. 정신적 웰빙과 정신건강의 진단

Keyes(2002, 2005b)는 정신적 웰빙과 정신건강을 진단하는 방식을 제안하였다. 그는 증상의 발현 빈도로써 주요우울장애를 진단하는 정신장애에 대한 진단과 통계 편람(Diagnostic and Statistical Manual of Mental Disorders: DSM)과 유사한 방식을 사용하여 정신적 웰빙과 정신건강을 진단하고자 하였다. 이는 거의 반세기 동안 이루어진 많은 연구들(예: Keyes, 2006b; Keyes, Shmotkin, & Ryff, 2002; Keyes & Waterman, 2003; McGregor & Little, 1998; Ryan & Deci, 2001; Waterman, 1993)에 기초하고 있다. Keyes는 <표 2>에서와 같이 정신적 웰빙을 번영(flourishing), 보통 정신건강(moderately mentally healthy), 쇠약(languishing) 등 세 범주로 구분하였다.

<표 2> 정신적 웰빙의 3가지 범주적 진단과 진단기준(임영진 등, 2012)

범주	진단기준
번영 (flourishing)	정서적 웰빙의 3가지 '기분' 증상 중에서 하나 이상을 각각 높게(4점 또는 5점) 평가하는 동시에 11가지 '심리사회적 웰빙' 증상 중에서 6가지 이상을 각각 높게(4점 또는 5점) 평가하는 상태
보통 정신건강 (moderately mentally healthy)	번영 혹은 쇠약 상태에 있지 않은 상태
쇠약 (languishing)	정서적 웰빙의 3가지 '기분' 증상 중에서 하나 이상을 각각 낮게(0점 또는 1점) 평가하는 동시에 11가지 '심리사회적 웰빙' 증상 중에서 6가지 이상을 각각 낮게(0점 또는 1점) 평가하는 상태

그는 1995년과 2005년 두 차례에 걸쳐 정신적 웰빙에 대한 3가지 진단범주와 정신장애 유병률의 관계를 조사하였다. 조사 결과, 1995년에 정신장애에 이환된 사람이 1995년과 2005년 두 해 모두에 걸쳐 높은 정신적 웰빙을 보유한 '번영' 상태의 사람에 비해 2005년에 정신장애를 겪을 가능성이 4.6배나 높다는 사실을 보여주었다. 또한 두 해 모두 '쇠약' 상태인 사람은 두 해 모두에 '번영' 상태인 사람에 비해 2005년에 정신장애를 겪을 가능성이 6.5배나 높았다. 그뿐 아니라, 1995년에 '번영' 혹은 '보통' 상태이었으나 2005년에 '쇠약' 상태로 전환된 사람 역시 두 해 모두에 걸쳐 '번영' 상태인 사람에 비해 2005년에 정신장애를 겪을 가능성이 8.6배나 높았다.

뿐만 아니라, Keyes(2005b)는 정신적 웰빙에 기초한 진단범주에 따라 주요우울장애, 일반화된 불안장애, 공황장애, 알코올 의존 등 개별 정신장애로 이환될 가능성이 어떻게 다른지를 살펴보았다. 연구 결과, '번영' 상태에 있는 사람들은 '쇠약' 상태에 있는 사람들에 비해 개별적인 정신장애 또는 공존장애로 이환된 비율이 뚜렷이 낮았던 것으로 밝혀졌다. 이러한 결과는 높은 정신적 웰빙 상태인 '번영' 상태가 정신장애로 인해 고통 받을 가능성을 현저히 낮추어 준다는 사실을 시사한다.

또한 정신적 웰빙의 부족이 심혈관질환의 독립적인 위험요인이라는 가설을 확정하는 연구(Keyes, 2004)가 보고되었다. 어떤 종류의 심혈관질환이든 그 유병률은 완전정신건강 성인 8%, 보통 정신건강 성인 12%, 단순 쇠약 성인 12%, 단순 우울증 성인 13%, 그리고 쇠약과 주요 우울증복합 성인 19%였다. 중다변량분석 결과, 완전정신건강 성인들은 심혈관질환에 대한 위험도가 가장 낮은 집단으로 밝혀졌다. 이 결과들은 완전정신건강상태에 도달하지 못하면 심혈관질환에 걸릴 위험도가 높아짐을 나타낸다.

나아가, 정신적 웰빙과 정신장애가 전통적 견해에서처럼 단일한 차원상의 양 극단에 위치하는 개념인지, 아니면 두 가지 별개의 차원으로 서로 구분되는지를 검토해 보았다. 정신적 웰빙과 정신장애의 관계를 고려하여, 둘 다 하나의 요인에 속하면서 양극단에 위치한다고 가정하는 단일 요인모형, 둘 다 별개의 요인을 구성하면서 상호 상관이 없다고 가정하는 독립된 2요인모형, 그리고 둘 다 별개의 요인을 구성하지만 상호 상관이 있다고 가정하는 상관된 2요인모형을 각각 상정하였다. 그런 후에, 확인적 요인분석을 사용하여 어느 모형이 가장 적합한 모형인지를 검증해 보았다. 그 결과, 다른 두 모형들은 지지되지 않았으며, 상관된 2요인모형만이 지지되어, 가장 적합한 모형으로 밝혀졌다. 이 결과는 정신적 웰빙과 정신장애가 각각 별개의 요인을 구성하며 이 두 요인이 상관되어 있다는 점(r = -.53, $p < .001$)을 시사한다.

이를 토대로, Keyes(2002, 2005b)는 정신적 웰빙의 범주적 진단에다 정신장애의 진단정보를 함께 통합하여 <표 3> 및 <그림 1>과 같이 정신건강에 대한 5가지 범주적 진단을 구성하였다.

<표 3> 정신건강의 5가지 범주적 진단과 주요 특징

범주적 진단	주요 특징
완전(complete mental health)	정신장애가 없으면서 번영 상태인 사람
보통(moderate mental health)	정신장애가 없으면서 보통 상태인 사람
단순 쇠약(pure languishing)	정신장애가 없으면서 쇠약 상태인 사람
단순 장애(pure mental illness)	정신장애가 있으면서 번영 혹은 보통 상태인 사람
쇠약 · 장애 복합 (languishing and mental disorder)	정신장애가 있으면서 쇠약 상태인 사람

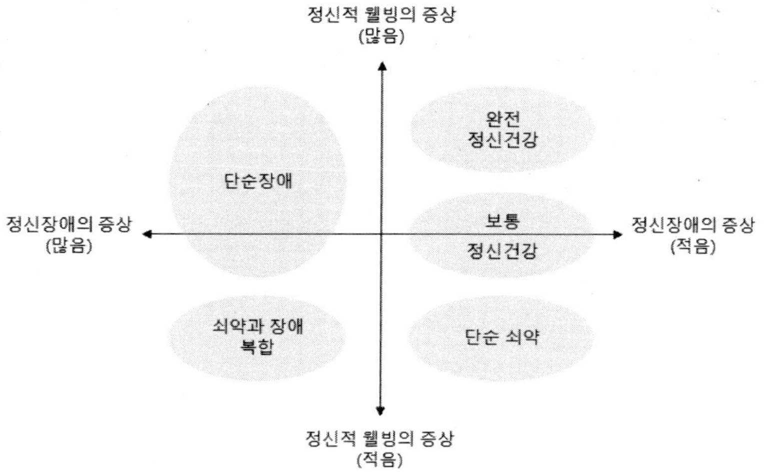

<그림 1> 정신건강의 5가지 범주적 진단

<그림 1>에서 가로축은 정신장애의 유무 또는 정신장애 증상들의 많고 적음을 의미하며, 세로축은 정신적 웰빙의 상태(번영, 보통, 쇠약)를 나타낸다. 이러한 구분 방식에 따르면 모든 사람은 다음의 5가지 하위 범주 중 하나에 속하게 된다. (1) 정신적 웰빙 수준이 높으면서 정신장애로 이환되지 않은 '완전 정신건강', (2) 정신적 웰빙 수준이 중간 정도이면서 정신장애에 이환되지 않은 '보통 정신건강', (3) 정신적 웰빙 수준이 낮으면서 정신장애로 이환되지 않은 '단순 쇠약', (4) 정신적 웰빙 수준이 높으면서 정신장애로 이환된 '단순 장애', (5) 정신적 웰빙 수준이 낮으면서 정신장애로 이환된 '쇠약.장애 복합'이다.

그렇다면 미국의 일반인이 이러한 5가지의 각 범주에 속하는 사람들의 비율은 어느 정도 일까? 1995년과 2005년 두 차례에 걸쳐 각각 3,032명과 1,760명의 일반 미국 성인을 대상으로 조사한 결과, 각 연도별로 해당 범주에 속하는 빈도는 대체로 다음과 같은 것으로 밝혀졌다(Keyes, 2005b). (1) '완전 정신건강': 16.8% (1995), 21.2% (2005), (2) '보통 정신건강': 50.8% (1995), 50.1% (2005), (3) '단순 쇠약': 9.5% (1995), 11.2% (2005), (4) '단순 장애': 16% (1995), 11.4% (2005), (5) '쇠약.장애 복합' 7.0% (1995), 6.1% (2005). 이 결과에 따르면, 전체 인구 중에서 가장 높은 빈도를 차지하는 유형은

'보통 정신건강'이며, 이는 전체 조사 대상의 절반을 상회하는 것으로 나타났다.

이후 정신건강 분류체계의 위치에 따라 만성신체질환의 유병률이 어떻게 달라지는지를 조사하였다(Keyes, 2005a). 연구 결과, 각 범주별로 신체질환의 개수는 (1) '완전 정신건강': 1.5(*SD*= 1.7), (2) '보통 정신건강': 2.1(*SD*= 2.2), (3) '단순 쇠약': 3.1(*SD*= 3.0), (4) '단순 장애': 3.1(*SD*= 3.2), (5) '쇠약.장애 복합': 4.5(*SD*= 3.4)개였다. 이 결과에 따르면 '쇠약.장애 복합' 범주에 속한 사람들이 '완전 정신건강' 범주에 해당되는 사람들에 비해 만성신체질환으로 고통 받을 가능성은 3배 가까이 높게 나타났다.

청소년을 대상으로 한 연구 결과에 따르면, 정신건강의 어느 범주에 속하느냐에 따라 학업 성적, 학교 적응, 자기 관리, 행동 통제 등에서 상이한 양상을 보이는 것으로 보고되었다. 예를 들어, '완전 정신건강'의 범주에 속하는 청소년들은 여타 범주에 속한 청소년들에 비해서 학업성적이 더 우수하고, 학교의 규율에 더 잘 순응하며, 다양한 종류의 비행을 저지르는 비율이 더 낮은 것으로 밝혀졌다(Keyes, 2006a).

3. 새로운 정신건강 모형의 의의

지금까지 살펴본 여러 연구 결과들은 단순히 정신장애의 유무에 기초해 정신건강의 수준을 평가하는 것에 비해 정신적 웰빙과 정신장애라는 두 차원을 통합하여 더 포괄적으로 정신건강을 이해하는 새로운 정신건강 모형, 즉 완전정신건강모형의 타당성을 잘 보여준다. 정신건강의 측면에서 완전정신건강모형이 갖고 있는 몇 가지 의의를 요약하면 다음과 같다.

첫째, 한 사회에서 정신장애를 겪고 있는 사람들이 많다는 점이 사회에 미치는 부담보다 '번영' 상태에 도달하지 못한 사람의 비율이 높다는 것이 그 사회에 더 큰 부담이 될 수 있다. 번영 상태에 있지 않은 사람의 정신장애 유병률이 번영 상태에 있는 사람들에 비해 더 높고 신체건강을 위협 받을 가능성이 더 크다는 선행 연구 결과는 위의 주장을 뒷받침 한다.

둘째, 정신장애가 있다는 것은 개인 당사자가 심각한 부적응과 어려움을 겪고 있다는 것을 나타내지만, 번영 상태에 있지 않다는 사실은 개인적 성장과 발전이 방해를 받고 있다고 할 수 있다. 이 두 가지 의의를 함께 고려할 때, '쇠약' 상태는 스트레스요인에 의해 촉발되어 정신장애가 발병하는 데 기여하는 일종의 취약성요인으로 작용할 가능성이 있다고 하겠다(Keyes, 2005b). 이와 대조적으로, '번영' 상태는 정신장애의 발병과 재발을 막는 일종의 보호요인으로 기능할 것으로 기대된다.

셋째, 완전정신건강모형은 정신장애가 있는 일부 환자들에게만 적용하는 것이 아니라 '번영' 상태에 이르지 못한 대부분의 사람들에게도 적용할 수 있으며, 정신장애를 예방하는 데 비교적 광범위하게 도움을 줄 수 있다.

Ⅲ. 한국인의 정신건강에 대한 완전정신건강모형의 적용 가능성

앞서 소개한 완전정신건강모형이 우리나라 국민들의 정신건강을 이해하는 데에 적용 가능한지를 검토한 연구를 요약하여 소개한다. 임영진, 고영건, 신희천, 조용래(2012)는 한국심리학회의 후원 하에 제주도를 제외한 전국에 거주하는 우리나라 성인 1,000명(19세-80세)을 인구 비례에 따라 표본 추출하여 2010년 상반기에 한국인의 정신건강 실태를 조사하였다. 이 연구에서는 우리나라 성인들의 정신장애 및 정신적 웰빙에 대한 자기보고형 검사를 실시하여 관련 정보를 수집하였다. 참가자들의 정신적 웰빙을 측정하기 위하여 Keyes(2005b)에 의해 개발되고 타당화된 정신적 웰빙척도(Mental Health Continuum Short Form: MHC-SF)를 번역하고 역번역하는 절차를 거쳐 한국형 MHC-SF를 제작하였으며, 신뢰도와 타당도를 입증하였다.

1. 정신장애와 정신적 웰빙의 실태

이 연구에서 새로 개발된 한국형 정신장애 척도(Korean Mental Disorder Inventory: K-MDI)를 통해서 정신장애의 유무를 평가한 결과, 총 1,000명의 연구 참여자 중 9.2%(92

명)가 정신장애를 현재 경험하고 있는 것으로 추정되었다. 이는 조사 시점의 유병률로 볼 수 있는데, 그렇다고 하더라도, 최근의 국내 역학 조사(보건복지부, 2011)에서 보고된 정신장애의 평생 유병률(27.6%) 및 12개월 유병률(16.0%)에 비해 상대적으로 낮은 수치로 생각된다.

아울러, 한국판 MHC-SF를 참가자 전원에게 실시한 결과, 번영 범주에 속하는 참가자들의 비율이 8.1%로 가장 낮게 나왔다. 쇠약 범주에 해당되는 참가자들은 19.1%에 달하였으며, 대부분의 참가자들(72.8%)은 보통수준의 정신적 웰빙에 속하는 것으로 밝혀졌다(<표 4>).

<표 4> 정신적 웰빙에 대한 세 범주별 분포

범주	인원수	비율
번영	81명	8.1%
보통	728명	72.8%
쇠약	191명	19.1%

2. 정신적 웰빙과 정신장애의 관계

정신적 웰빙과 정신장애가 단일차원에 속하는지 또는 두 가지 다른 차원인지를 검증하기 위하여, 확인적 요인분석을 수행하였다. 그 결과, 단일요인모형과 독립된 2요인모형 둘 다 적합도가 나쁘거나 부족하였는데 비해, 상관된 2요인모형은 수집된 자료에 잘 부합되는 것으로 밝혀졌다, $\chi^2(df = 8,\ N = 1{,}000) = 53.59$, TLI = .95, CFI = .97, RMSEA= .07. 이 모형에서 정신적 웰빙과 정신장애 간의 상관계수는 $r = -.43(p < .001)$이었다. 이 결과는 외국의 선행 연구들과 일치하며, 정신적 웰빙과 정신장애가 서로 구분되면서도 상관되어 있는 2요인모형이 가장 적합한 모형임을 시사한다.

3. 정신건강의 5가지 진단범주별 분포와 각 범주별 심리사회적 적응수준 비교

정신장애 진단의 자료와 정신적 웰빙의 자료를 통합하여 정신건강 5가지 범주의 진단

기준이 마련되었다. <표 5>는 연구 참가자들이 각 진단에 속하는 비율을 보여준다. 정신장애로 이환되지 않은 동시에 번영 상태에 속하는 '완전' 정신건강 범주에 해당하는 참가자의 비율은 8.1%에 그쳤다. 반면 정신장애는 없으나 쇠약 상태에 해당하는 '단순 쇠약' 범주에 속하는 참가자는 17.1%로 상대적으로 높게 나타났다. 정신장애를 갖고는 있으나 쇠약 상태가 아닌 사람들의 비율은 정신장애를 갖고 있으면서 쇠약 상태인 사람들의 비율을 상회하는 것으로 나타났다. 아울러 절반 이상의 참가자들이 정신장애를 지니고 있지 않으면서 '보통' 상태인 것으로 나타났다.

<표 5> 정신건강의 5가지 범주별 분포

진단	인원수(비율)
완전(complete mental health)	81명(8.1%)
보통(moderate mental health)	656명(65.6%)
단순 쇠약(pure languishing)	171명(17.1%)
단순 장애(pure mental illness)	72명(7.2%)
쇠약 · 장애 복합(languishing and mental disorder)	20명(2.0%)

다음으로, 앞의 오프라인 조사 직전에 온라인 조사(N = 467; Lim, Go, Shin, & Cho, 2013)를 통해 5가지 정신건강 진단에 따라 심리사회적 자원수준이 어떻게 차이를 보이는지를 살펴보았다. 3가지 주요한 변인(탄력성, 목표설정, 친밀감)이 심리사회적 자원 수준을 측정하기 위해서 사용되었다. 분석 결과, 완전 정신건강 집단이 여타 집단들에 비해 탄력성, 목표설정, 친밀감 등의 심리사회적 자원 변인에 있어 높은 점수를 보여주었다. 아울러, 단순 장애 집단이 단순 쇠약 집단에 비해 역경을 더 잘 극복하고, 중요한 삶의 목표를 더 분명하게 인식하며, 가족과 동료들 사이에서 친밀감을 더 충분히 경험하고 있는 것으로 나타났다.

이와 더불어, 5가지 정신건강 진단에 따라 주관적으로 지각한 정신적 및 신체적 건강이 어떻게 달라지는지를 살펴보았다. 그 결과, 완전 정신건강 집단이 여타 집단에 비해 정신적 및 신체적 건강을 가장 높게 평가하였다. 또한, 단순 장애 집단이 단순 쇠약 집단에 비해 정신적으로 혹은 신체적으로 더 건강하다고 주관적으로 지각하고 있는 것으로 나타났다. 이 결과들은 완전 정신건강 집단이 다른 집단들에 비해 심리적 자원수준이 더 높고 건강에 대한 지각수준도 역시 가장 높다는 점과, 단순 쇠약 집단이 단순 장애 집단에 비해 심리사회적 기능이 더 낮을 가능성을 시사한다.

4. 정신적 웰빙 수준의 국제간 비교

<표 6>은 임영진 등(2012)의 연구에서 실시한 MHC-SF 결과를 다른 나라들의 결과와 비교한 것이다. 정신적 웰빙 수준을 세 부류로 나누었을 때, 번영 범주에 속하는 사람들의 비율이 네덜란드, 남아프리카 공화국, 미국, 그리고 한국 순이었으며, 특히 한국인은 8.1%에 머물렀다. 이에 반해, 쇠약 범주에 속하는 비율은 다른 나라 사람들에 비해 한국인에게서 더 많은 것으로 밝혀졌다.

<표 6> MHC-SF에 기초하여 분류한 정신적 웰빙의 세 범주별 백분율의 국가 간 비교

국가	번영	보통	쇠약
한국(임영진 등, 2012)	8.1 %	72.8%	19.1 %
네덜란드(Westerhof & Keyes, 2010)	34.9 %	65.1 %	
남아공(Keyes et al., 2008)	20.0 %	67.8 %	12.2 %
미국(Keyes, 2005b)	18.0 %	65.1 %	16.9 %

이러한 여러 결과들을 종합적으로 고려할 때, 미국에서 개발되고 여러 다른 나라에서 그 적용가능성이 인정된 정신건강과 정신장애에 대한 2요인모형, 즉 완전정신건강모형은 우리나라 국민들의 행복과 정신건강을 이해하는 데 뿐 아니라, 정신장애를 예방하고 정신건강을 증진시키기 위한 방안들을 다각적으로 수립하는 데 유용하게 적용될 수 있을 것으로 사료된다.

Ⅳ. 노인 자살의 이해를 위한 완전정신건강 모형의 적용 가능성

세계보건기구(World Health Organization, 2014)는 2014년도의 공중보건과 공공정책의 우선적인 의제를 자살 예방으로 정하고 이와 관련된 인식과 활동을 확산시키기 위하여 보고서를 내놓았다. 이 보고서에 의하면 2012년 한 해에 전 세계적으로 약 80만명이 넘는 사람들이 자살로 사망하였으며, 대부분의 지역에서 70세 이상 노인의 자살률이 가장 높은 것으로 나타났다. 수년간 OECD 가입국 중 가장 높은 자살률을 보이고 있는 우리나라에서도 65세 이상 노인의 자살률이 인구 10만 명당 64.2명으로 다른 연령대에 비해 가장 높다(통계청, 2014b). 특히 남자 노인의 자살률이 102.3명으로 여자 노인의 37.3명보다 2.7배 높다.

우리나라에서 노인이 전체 인구에서 차지하는 비중은 12.7%로서, 2024년에는 19.0%, 2034년에는 27.6%로 계속 증가할 것으로 추정된다(통계청, 2014b). 이처럼 노인 인구의 비율이 급속도로 증가하고 있는 가운데 심각한 사회문제로 부각되고 있는 노인 자살의 현상을 이해하고 이를 막기 위한 적절한 대책을 수립하기 위해서는 노인의 자살과 밀접한 연관성이 있는 요인들을 규명하고 이 요인들에 초점을 맞춘 체계적인 개입을 적용할 필요가 있다.

이러한 필요성에 부응하여, 노인의 정신건강과 자살행동의 관계를 완전정신건강 모형을 바탕으로 하여 검토해 본 연구(노상선, 조용래, 심사 중)의 일부를 소개하면서 완전정신건강모형의 적용 가능성에 대해 살펴보겠다. 이 연구는 강원도 춘천시에 거주하는 65세 이상 노인 2,034명(남자 842명, 여자 1,192명)을 대상으로 하였다. 노인들의 자살행동을 예측하는 데 있어 정신적 웰빙의 고유한 기여효과를 검증하기 위해 자살행동을 종속변인으로, 그리고 자살행동과 관련 있는 변인들 중 학력, 가구형태, 빈곤, 신체질환을 예측변인의 첫 번째 단계에, 우울증상을 두 번째 단계에, 그리고 정신적 웰빙을 세 번째 단계에 투입한 다음 위계적 중다회귀분석을 참가자 전체, 남자, 여자 노인표본을 대상으로 3회 실시하였다. 다음으로, 정신건강 범주 간에 자살행동에 차이가 나는지를 살펴보기 위해 정신적 웰빙의 수준에 기초하여 분류된 정신건강의 3가지 범주(쇠약, 보통, 번영)와, 정신적 웰빙의 수준과 우울증의 유무를 두 축으로 하여 분류된 정신건강 5가지 범주(쇠약과 우울, 단순 우울, 단순 쇠약, 보통, 완전)의 자살행동수준에 대한 일원 변량분석과, 자살행동의 고위험군의 비율에 대한 x^2 검증을 수행하였다.

1. 자살행동에 대한 정신적 웰빙의 고유 효과 검증

<표 7> 자살행동에 대한 우울증상과 정신적 웰빙의 고유효과를 검증하기 위한 위계적 중다회귀분석 결과 요약 (N= 2034; 노상선, 조용래, 심사 중)

변인	표준화 계수 β	t	R^2(조정된 R^2)	ΔR^2	F
1단계			.073(.071)	.073	39.956***
학력	.04	1.85			
가구형태	.05	2.09*			
빈곤	.12	5.25***			
신체질환	.22	9.63***			
2단계			.188(.186)	.115	286.527***
학력	.06	2.97**			
가구형태	.01	.27			
빈곤	.06	2.69**			
신체질환	.09	4.02***			
우울증상	.38	16.93***			
3단계			.190(.188)	.003	6.347*
학력	.08	3.47**			
가구형태	.01	.34			
빈곤	.06	2.71**			
신체질환	.09	4.15***			
우울증상	.35	13.95***			
정신적 웰빙	−.06	−2.52*			

* $p < .05$, ** $p < .01$, *** $p < .001$

위계적 중다회귀분석 결과를 <표 7>에 제시하였다. 분석 결과, 모든 예측변인들은 자살행동의 전체 변량 중 19%를 설명하였다. 자살행동과의 상관이 유의미한 것으로 밝혀진 다른 변인들, 즉 학력, 가구형태, 빈곤, 신체질환, 그리고 우울증상의 영향을 통제했을 때에도 정신적 웰빙은 자살행동에 유의미하게 기여하였다. 비록 큰 비중은 아니지만 정신적 웰빙은 자살행동에 부적인 영향을 미치는 것으로 나타났는데, 이는 정신적 웰빙이 자살행동을 줄이는 데 영향을 주는 일종의 보호요인일 가능성을 시사한다. 아울러, 학력, 빈곤, 신체질환, 우울증상 각각은 정신적 웰빙을 포함하여 다른 모든 예측변인들의 효과를 통제하였을 때에도 자살행동에 유의미하게 기여하였으며, 그 중에서도 우울증상이 가장 크게 기여하는 것으로 밝혀졌다.

성별을 구분했을 때는 자살행동을 유의미하게 예측하는 변인들이 전체를 대상으로 분석했을 때와 그 결과가 상이하였다. 남자 노인표본의 경우 다른 모든 예측변인들이 자살행동에 미치는 효과를 통제하자 정신적 웰빙은 유의미한 예측변인이 아니었으며, 빈곤과 우울증상만이 자살행동을 의미 있게 예측하였다. 반면, 여자 노인표본의 경우 다른 모든 예측변인들이 자살행동에 미치는 효과를 통제한 후에도 정신적 웰빙이 자살행동에 유의미하게 기여하였으며, 신체적 질환과 우울증상이 자살행동을 의미 있게 예측하는 것으로 나타났다. 이는 공통적인 위험요인인 우울증상을 제외하면 남자 노인의 자살행동에 대해서는 빈곤이 위험요인이 될 수 있으며, 여자 노인의 자살행동에 대해서는 신체질환이 위험요인, 정신적 웰빙이 보호요인이 될 수 있음을 의미한다. 이러한 결과들은 노인들을 대상으로 자살예방 개입을 적용할 경우 그들의 성별을 고려하여 차별적으로 적용하는 것이 더 효과적일 수 있음을 시사한다.

또 한 가지 의미 있는 결과는 노인 자살의 위험요인으로 주목을 받아 온 가구형태가 우울증상과 정신적 웰빙의 영향이 추가로 통제될 경우 자살행동을 의미 있게 설명하지 못하는 것이었다. 독거노인의 증가로 이어질 수 있는 1인 가구의 증가는 이제 피할 수 없는 현실이다. 후속 연구들이 더 진행되어야 할 필요가 있지만, 본 연구의 결과는 독거노인이 모두 자살행동의 고위험군이 아니며 그런 노인들 중에서도 우울증을 보이거나 정신적 웰빙의 수준이 낮을 경우 자살행동의 위험성이 높아질 수 있음을 나타낸다. 또한 가구형태가 노인의 자살행동에 직접 영향을 주기 보다는 가족 연대감 같은 다른 요인들과 상호작용하여 노인의 자살행동에 영향을 미친다는 결과(Purcell et al., 2012)를 고려할 때, 혼자 사는 노인의 자살을 예방하기 위해서는 그들의 정신건강을 증진시키기 위한 구체적인 개입이나 가족 간의 유대감을 높일 수 있는 방안을 적용하는 것이 효과적이라고 하겠다.

2. 정신건강 범주 간 자살행동 비교

먼저, 노인들의 정신건강상태를 3가지 범주로 나누어 분류할 경우, 전체 노인의 10%(224명)는 번영 상태, 18%(380명)는 쇠약 상태에 속했으며, 72%(1573명)는 보통 정신건강상태에 속했다. 이들의 자살행동수준에 대한 일원 변량분석 결과, 정신건강 3가지 범주 간 자살행동에 유의미한 차이를 보였다, $F_{(2,\ 2174)}$ = 62.26, p < .001, R^2 = .054. 두 집단 간 차이가 유의미한지를 검토하기 위해 사후검증을 실시한 결과, 예상대로, 쇠약집단은 보통집단 및 번영집단 양자 모두에 비해, 그리고 보통집단은 번영집단에 비해 자살행동수준이 유의미하게 더 높았다. 다음으로, χ^2 검증을 수행한 결과, 정신건강 범주와 자살행동 간의 관련성이 유의미한 것으로 밝혀졌다, $\chi^2(2)$= 83.58, p < .001. 이에 자살행동 고위험군을 대상으로 사후검증을 실시한 결과, 쇠약집단이 보통집단(Z = 5.97, p < .05) 및 번영집단(Z = 8.46, p < .05) 양자 모두에 비해, 그리고 보통집단이 번영집단(Z = 6.10, p < .05)에 비해 각각 자살행동 고위험군의 비율이 유의미하게 더 높았다. 이러한 결과는 노인들을 정신적 웰빙의 수준에 기초하여 3가지 범주로 분류할 경우 번영상태에 이르지 못한 노인들은 자살행동의 위험성이 높아질 가능성을 시사한다.

다음으로, 노인들을 정신건강 5가지 범주로 분류할 경우, <그림 2>에서 보듯이, 전체 노인들 중 10%만이 임상적으로 유의미한 수준의 우울증이 없으며 정신적 웰빙이 번영 상태에 있는 완전정신건강에 해당하였다. 7%는 우울증이 있지만 쇠약 상태에 있지 않는 것으로 나타났다.

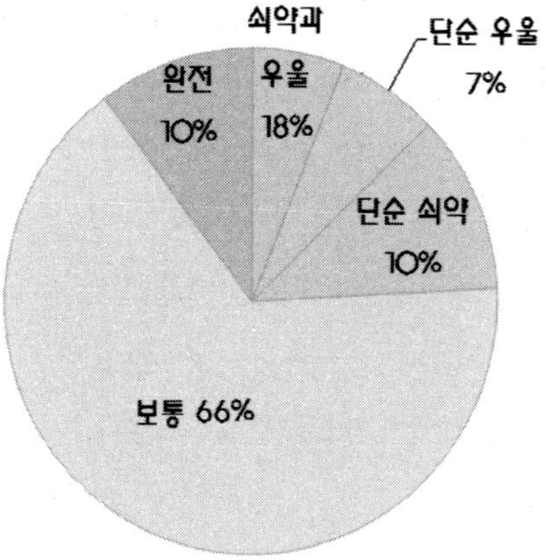

<그림 2> 정신건강 5가지 범주별 노인들의 분포(노상선, 조용래, 심사 중)

정신건강 5가지 범주 간 자살행동의 평균에 차이가 있는지를 살펴 본 일원 변량분석 결과, 유의미한 차이를 보였다, $F_{(4,\ 2172)}$ = 94.04, p < .001, R^2 = 0.148. 이에 사후검증을 통해 두 범주씩 평균을 비교한 결과, 보통과 완전정신건강 간의 차이를 제외한 나머지 범주들 간 평균이 예상된 방향대로 유의미한 차이를 보였다(<그림 3>).

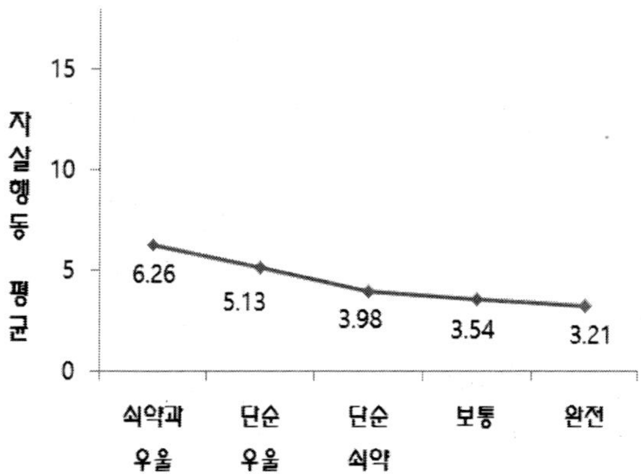

사후검증	
쇠약과 우울	단순 우울*
	단순 쇠약*
	보통*
	완전*
단순 우울	단순 쇠약*
	보통*
	완전*
단순 쇠약	보통*
	완전*
보통	완전

<그림 3> 정신건강 5가지 범주 간 자살행동 평균(좌)과 두 범주 간 사후검증 결과(우)
(노상선, 조용래, 심사 중을 수정 보완함)

정신건강 5가지 각 범주별 자살행동 고위험군의 비율은 <그림 4>(좌)에 제시되어 있다. χ^2 검증 결과, 정신건강 범주와 자살행동 고위험군의 비율 간 관련성이 유의미한 것으로 밝혀졌다, $\chi^2(4) = 238.91$, $p < .001$. 이에 자살행동 고위험군의 비율에 대한 두 범주 간 비교 검증을 수행한 결과, <그림 4>(우)와 같이, 쇠약과 우울증 복합집단은 단순 쇠약집단, 보통집단 및 완전집단 각각에 비해, 단순 우울증집단은 단순 쇠약집단, 보통집단 및 완전집단 각각에 비해, 단순 쇠약집단은 완전집단에 비해, 그리고 보통집단은 완전집단에 비해 자살행동 고위험군의 비율이 유의미하게 더 높았다. 하지만, 쇠약과 우울증 복합집단과 단순 우울증집단 간에, 단순 쇠약집단과 보통집단 간에 자살행동 고위험군의 비율은 유의미한 차이를 보이지 않았다. 자살의 위험요인으로 일관되게 주목받아온 우울증이 없는 단순 쇠약집단의 자살행동 고위험군의 비율이 완전 정신건강집단에 비해 유의미하게 높았다는 결과는 정신장애가 없어도 정신적 웰빙의 수준이 낮다면 자살행동의 위험성이 증가할 가능성이 있음을 나타낸다. 아울러, 보통 정신건강집단의 자살 고위험군의 비율이 완전 정신건강집단에 비해 유의미하게 높았다는 결과는 정신질환이 없으면서 정신적 웰빙이 번영 상태인 완전정신건강을 목표로 개입하게 되면 자살 위험성이 높은 개인들의 자살을 예방하는 데 도움이 될 수 있음을 시사한다.

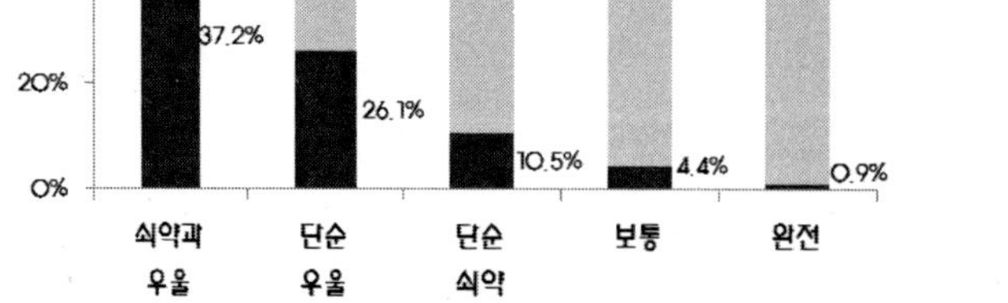

사후검증	
쇠약과 우울	단순 우울
	단순 쇠약*
	보통*
	완전*
단순 우울	단순 쇠약*
	보통*
	완전*
단순 쇠약	보통
	완전*
보통	완전*

<그림 4> 정신건강 5가지 범주별 자살행동 고위험군의 비율(좌)과 두 범주 간 비교검증 결과(우)
(노상선, 조용래, 심사 중을 수정 보완함)

이 연구는 정신건강을 정신장애의 유무에 국한하지 않고 긍정적인 정신건강의 측면인 정신적 웰빙을 포함하여 포괄적으로 정의한 완전정신건강 모형을 처음으로 노인 자살 연구에 적용한 것이다. 연구 결과를 통해 노인의 자살을 예방하기 위해 우울증과 같은 정신장애의 예방 및 치료와 함께 정신적 웰빙을 증진하기 위한 개입과 정책들이 필요함을 알 수 있다.

V. 제언 및 결어

지금까지 우리나라에서 최근 사회적 이슈로 부상한 여러 병리적 문제들의 실태와 우리 국민들의 행복 및 관련 역량수준을 간략히 살펴보고, 정신건강의 고전적 정의를 넘어서서 정신적 웰빙을 중요한 요소로 통합한 완전정신건강모형을 소개하였다. 그런 다음, 이 모형이 한국인의 정신건강을 이해하는 데, 그리고 노인의 자살행동을 설명하는 데 적용 가능한지를 살펴보았다. 이 내용들에 기초하여 우리나라 국민들의 행복과 정신건강을 증진시키기 위한 제언과 노인의 자살을 예방하기 위한 방안들을 다음과 같이 정리해 보았다.

첫째, 한국인의 정신건강 실태조사 결과, 외국에 비해 한국의 정신장애 유병률은 높지 않은데 비해서 한국인의 쇠약 비율은 높다. 앞서 보았듯이, 정신건강의 3가지 범주 중 쇠약에 속하는 사람들은 다른 두 집단에 속하는 사람들에 비해 주요우울증삽화의 위험도, 주요 정신장애들의 유병률 및 노인의 자살행동의 위험성이 뚜렷하게 더 높았다. 이에 더해, 정신적 웰빙과 정신장애에 대한 연구 결과, 현재 정신적 웰빙의 수준은 미래 정신장애를 예측하는 것으로 나타났다. 따라서 행복이나 정신적 웰빙 수준을 높이는 것은 미래 정신장애를 줄이는 역할을 할 수 있을 것으로 기대된다.

이러한 점을 모두 고려할 때, 우리나라 국민의 행복과 정신건강을 증진시키기 위해서는 정신장애의 부재를 정신건강으로 간주하던 전통적 견해를 넘어서서, 정신건강에 대한 새로운 패러다임으로의 전환이 시급히 요구된다. 특히, 국가의 정신보건 정책이 정신장애의 증상 제거와 정신장애의 발생 억제에 초점을 맞추던 소극적 관점을 넘어서서 행복과 정신건강(정신적 웰빙)을 향상시키는 적극적 관점에 입각하여 연구되고, 수립되며, 추진되는 것이 무엇보다도 중요하다고 하겠다. 다시 말해, 정신건강 증진은 특정 정신장애를 겪고 있거나 그럴 위험이 있는 사람들만 대상으로 하는 것이 아니라 일상생활의 맥락(가정, 학교, 지역사회 및 직장)에서 전체 인구를 포괄하는 방향으로 진행되는 것이 바람직하다(Barry, 2007). 우리나라 경제 수준에 걸맞게, 국가 정신보건정책도 역시 정신장애의 치료, 재활 및 예방과 같이 위험 감소(risk reduction) 패러다임에 초점을 맞추는 데서 나아가 개인과 공동체의 심리사회적 강점, 역량 및 자원을 증진하는 데 목표를 두는 역량증진(competence enhancement) 패러다임에 관심을 기울일 시점이라고 생각한다.

둘째, 우리나라 국민들의 정신장애를 예방하고 정신적 웰빙을 증진시키기 위한 다각적인 개입방안들을 새로 개발하거나 우리 실정에 맞게 보완한 후 적용할 필요가 있다. 이러한 목적에 일치되게 고려해 볼 수 있는 프로그램으로는 마음챙김(mindfulness)에 기반을 둔 개입, 긍정심리학에 기반을 둔 다양한 개입, 인지행동치료, 수용전념치료 등이 있다. 여기서는 앞의 두 가지만 간략하게 소개한다. 마음챙김에 기반을 둔 개입은 Kabat-Zinn(1982, 1990)이 불교의 위빠사나 명상 수행법을 체계화하여 현대 의료시스템에 처음 도입한 마음챙김에 기반을 둔 스트레스 감소(mindfulness-based stress reduction, MBSR) 프로그램과, 만성 우울증의 재발을 방지하기 위해 개발된 마음챙김에 기반을 둔 인지치료(mindfulness-based cognitive therapy, MBCT; Segal, Williams, & Teasdale, 2002)가 대표적이다. 이 프로그램은 전 세계적으로 우울장애나 불안장애 같은 정신장애환자, 암이나 만성통증 같은 신체질환환자, 일반 대학생, 성인, 중고생, 군대 부적응병사, 기업 임직원 등 다양한 대상에 적용되어 그 효과가 입증되었다(조용래, 노상선, 조기현, 홍세희, 2014; Hofmann, Sawyer, Witt, & Oh, 2010 등). 아울러, 마음챙김에 기반을 둔 개입은 참가자들의 우울증상 등 정신병리적 증상들을 개선하는 데 뿐만 아니라 그들의 심리적 웰빙이나 삶의 만족감과 같은 긍정적인 정신건강을 증진시키는 데에도 효과적인 것으로 밝혀졌다(조용래, 2012 등).

긍정심리개입 또는 긍정심리치료는 참가자들이 자신의 성격강점을 찾고 이를 스스로 실제 생활에 활용함으로써 정적 정서 증진을 위한 기술을 습득하는 것을 돕는다. 이 프로그램은 경미한 우울증을 가진 대학생들을 대상으로 개발되어 그 효과가 입증되었으며(Seligman, Steen, Park, & Peterson, 2005), 이후 국내외에서 활발하게 연구되고 있다. 긍정심리개입의 효과를 검증하기 위해 서양에서 이뤄진 51개의 선행 연구들에 대해 메타분석을 적용한 결과, 긍정심리 개입은 우울증상을 완화하는 데 뿐 아니라 심리적 웰빙을 증진시키는 데에도 효과적인 것으로 밝혀졌다(Sin & Lyubomirsky, 2009). 국내에서도 성격강점에 초점을 둔 긍정심리개입은 아동.청소년, 대학생 및 정신장애환자들의 우울증상, 불안증상을 완화하고, 정서적 웰빙, 심리적 웰빙 및 정신적 웰빙을 증진시키는 데 효과적인 것으로 보고되었다(예: 임영진, 2012; 한상미, 조용래, 심사 중). 이러한 결과들은 성격강점에 기반을 둔 긍정심리개입이 정신장애를 치료하는 데 뿐 아니라 긍정적 정신건강, 즉 정신적 웰빙을 증진하는 데 널리 활용될 수 있는 방안임을 시사한다.

셋째, 정신적 웰빙을 증진시키기 위한 장기적 방안과 관련하여, 구성원을 행복하게끔 조력하는 긍정 기관(positive institution)을 구성하는 것이 필요하다. 이는 현재 모든 구성원이 속해있는 기관들이 긍정 기관으로 변모하도록 노력하는 것이 필요하다는 의미이다. 학교, 군대, 직장(공공기관, 기업제 등)이 긍정 기관으로 탈바꿈해야 할 필요성이 있는 대표적인 기관의 예라고 할 수 있다. 특히, 학교가 긍정 기관의 모습으로 탈바꿈하기 위한 다각적인 노력이 필요하다. 이를 위해서는 국가 및 정부의 유관부처, 학교, 교사, 학부모 및 학생 모두의 각성과 실효성있는 노력이 절실히 요구된다. 이를 테면, 영국 등지에서 긍정심리학의 철학에 의거하여 운영함으로써 그 효과가 국내 언론에도 보도된 바 있는 '행복 학교'를 우리나라에서도 교육부 등 관계 부처와 협력하여, 적극 검토하고 시행할 필요가 있다. 계획 및 시행 과정에서 학생들의 학교 만족도와 학교생활 만족도를 중요한 지표로 삼는 것도 고려할 필요가 있다.

최근 들어, 학교 폭력 등의 문제가 심각해지면서, 모두들 경각심을 느끼고 있지만, 우리나라의 중고교는 여전히 대학 입학이라는 한 가지 목표에만 올인하고 있다는 인상을 주고 있다. 사회 분위기의 일신이 선행되어야 하겠지만, 학교 내에서는 교육과정을 과감하게 개편하거나 최소한 보완하는 것이 절실히 필요하다고 하겠다. 이를 테면, 교육 현장에서 행복과 정신건강에 관한 과목의 개설(예: 초등 4, 중 1, 고 1, 대1 등 발달단계별 교육), 아동청소년들의 취약성 개선과 보호요인 함양을 목표로 하는 예방적 개입, 예컨대 마음챙김에 기반을 둔 개입의 확대 시행이 포함될 수 있다. 이는 학교폭력에 관한 조사 자료에서 폭력을 하는 이유 중에 "아무런 이유 없이"가 큰 부분을 차지하고 있다는 점과도 관련되며, 이러한 학교 폭력은 스트레스에 대한 자동화된 습관반응으로 보인다는 점과, 충동성 등의 문제와 관계가 깊다는 점에 기초하고 있다. 이와 병행하여, 교육 관계자들이 정신건강에 관해 더 잘 알고 실천할 수 있도록 도움으로써, 정신장애에 대한 예방과 조기개입 및 정신건강 증진에 기여할 수 있도록 해 주는 방안, 예컨대 임용시험에 정신건강과 관련한 과목을 포함시키거나, 또는 교원 연수과정에 정신건강 증진방안을 필수적으로 포함시키는 것도 고려해 볼 수 있겠다.

각 지역마다 포진되어 있는 Wee 센터를 적절히 활용하는 것도 필요하다. 대부분 정신장애에 이환되었거나 문제행동을 일으킨 학생들을 돕는 데 Wee 센터의 인력이 투입되고 있는 것으로 알고 있다. 그 뿐 아니라, 학생의 정신적 웰빙을 증진시키고 정신장애를 예방하는 데 Wee 센터의 상담원들이 적극적인 역할을 할 수도 있을 것이다. 이러한 방안이 효과적이기 위해서는 상담원들의 전문성을 높이고 그 수를 대폭 확대하는 방안이 선행되어야 할 것이다.

아울러, 요즘 크고 작은 사고가 끊이지 않고 있는 군대가 긍정 기관의 모습을 갖추기 위해서도 군인들이 군대 생활에 대한 만족도를 제고할 수 있도록 하는 것이 필요하다. 군대에서는 이른바 정신장애에 이환된 사병이나 군복무 부적응사병을 돌보는 '비전캠프'라는 제도가 시행되고 있다. 그렇지만 이러한 방식은 낙인(stigma)을 제공하는 부작용이 생길 수도 있으므로, 이를 개선할 수 있는 방법으로의 전환이 필요하다. 소수의 특정 군인에 국한하기 보다는 오히려 더 폭넓은 인원을 대상으로 하여 정신적 웰빙을 증진시킬 수 있는 프로그램을 운용하는 방안이 더 유익할 것으로 생각한다.

넷째, 정신건강 증진 및 정신장애 예방을 위한 효과적인 개입 프로그램의 인증 시스템 또는 이 문제를 집중 연구/관리할 정부차원의 특별위원회의 구성과 활동이 필요하다. 미국심리학회의 임상심리학 분과에서는 20여년전부터 특별 연구위원회를 구성하여, 경험적 연구 결과들을 토대로, 각 종류의 정신장애에 대한 경험적으로 지지된 치료 또는 근거기반치료 리스트를 선정 발표하고 있다.

독일의 경우 아우토겐과 같은 이완프로그램을 의료보험으로 포함시켜 다양한 신체질환을 줄이고 이에 따른 의료보험부담을 감소시킨 사례가 있다. 우리나라에서도 많은 연구를 통해서 그 효과가 일관되게 입증되고 있는 마음챙김 명상과 같은 장애 예방 및 건강증진 프로그램을 의료보험으로 포함시킨다면 의료비용을 많이 줄일 수 있을 것으로 예상된다.

다섯째, 노년기(4:1)는 자살시도에 대한 자살의 비율이 일반 모집단(8:1-33:1), 청소년(200:1)에 비해 높다(Langley & Bayatti, 1984; Moscicki, 1997; Parkin & Stengel 1965; Paykel, Myers, Lindenthal, & Tanner, 1974: Conwell, Duberstein, & Caine, 2002에서 재인용). 그만큼 노인의 경우 자살 위기가 온 후의 개입은 성공 가능성이 다른 연령대에 비해 낮다는 것이다. 그렇기 때문에 노인의 자살예방은 자살 위기 자체를 예방하기 위해 한 걸음 앞서 이루어질 필요가 있다. 이를 위해 은퇴나 배우자의 상실과 같이 노년기에 흔한 스트레스 상황에 처했을 경우 이러한 어려움을 잘 이겨낼 수 있도록 노인복지의 개선과 함께 그들의 정신건강을 증진하기 위한 개입이 지역사회를 기반으로 일상에서 밀접하게 이루어지는 것이 도움 될 것이다. 아울러, 노년을 준비하는 중년기 혹은 젊은 성인기에 있는 각 개인의 정신건강의 증진은 또한 확장된 범위의 노년기 자살예방으로 연결될 수 있을 것이다. 실제로 10년 추적연구에서 알려진 사망이유를 조정한 다음에도 정신적 웰빙의 부재가 모든 원인으로 인한 사망 가능성을 높이는 것으로 최근 밝혀졌다(Keyes & Simoes, 2012).

이에 더해, 앞서 우울증상은 노인의 자살행동에 대한 남녀 모두에게 공통된 위험요인이었으며 그 외 위험 및 보호요인은 남녀 간에 상이하였다는 최근 국내 연구결과를 살펴보았다. 이 결과는 노인들의 자살을 예방하기 위해서는 남자 노인의 경우 우울증상과 빈곤에, 그리고 여자 노인의 경우 우울증상, 신체질환 및 정신적 웰빙에 특히 초점을 맞춘 차별적인 개입을 적용하는 것이 더 효과적일 가능성을 시사한다.

결론적으로, 우리나라 국민들의 행복과 건강을 증진시키고 노인들의 자살을 예방하기 위한 효과적인 방안을 마련하고 시행하기 위해서는, 정신건강 및 노인의 자살에 대한 패러다임의 전환과 함께, 전문가 집단 간의 상호 이해와 협력은 물론이고, 국회, 정부, 지역사회 및 일반 국민들 모두가, 지금까지의 문제의 본질과 해결방안을 정확하게 인식해야 할 뿐 아니라, 합심하여 적극적으로 노력할 필요가 있다.

참 고 문 헌

노상선, 조용래 (심사 중). 노인의 정신건강과 자살행동의 관계: 완전정신건강모형의 적용가능성 검토.

보건복지부 (2011). 2011년 정신질환 실태 역학조사 결과 요약문.

여성가족부 (2012). 2012년 청소년유해환경 접촉 종합실태조사.

이내찬 (2012). OECD 국가의 삶의 질 구조 연구. 보건사회연구, 32, 5-40.

임영진 (2012). 주요우울장애 대학생을 대상으로 한 긍정심리치료의 효과. 한국심리학회지: 임상, 31(3), 679-692.

임영진, 고영건, 신희천, 조용래 (2012). 정신적 웰빙 척도(MHC-SF)의 한국어판 타당화 연구. 한국심리학회지: 일반, 31(2), 369-386.

조용래 (2012). 마음챙김에 기반을 둔 정서조절개입이 심리적 건강의 개선에 미치는 효과와 그 변화기제: 정서조절곤란과 마음챙김의 매개역할. 한국심리학회지 임상, 31(3), 773-799.

조용래, 노상선, 조기현, 홍세희 (2014). 우울과 불안증상에 대한 마음챙김에 기반을 둔 개입의 효과: 메타분석. 한국심리학회지: 일반, 33, 903-928.

중앙일보 (2012. 10. 19). 인류 최고의 천재들은 문화적 창조력 발휘한 르네상스형 인간이라는데. http://www.joongang.co.kr.

초록우산어린이 재단 (2012). 초등학교 고학년 대상 학교폭력 실태조사 보고서. 국민일보 2012년 10월 12자. 학교폭력 가해 초등생 6명 중 1명 "아무 느낌 없다" http://news.kukinews.com/article/view.asp?page=1&gCode=soc&arcid=0006526455&code=11131100.

통계청 (2012). 2011년도 인구동태 통계연보.

통계청 (2014a). 2013년 혼인·이혼 통계.

통계청 (2014b). 2014 고령자통계.

한상미, 조용래 (심사 중). 긍정심리 개입이 심리적 건강에 미치는 단기효과와 변화기제: 강점 활용의 매개역할.

Barry, M. M. (2007). Generic principles of effective mental health promotion. *International Journal of Mental Health Promotion, 9*(2), 4-16.

Conwell, Y., Duberstein, P. R., & Caine, E. D. (2002). Risk factors for suicide in later life. *Biological Psychiatry, 52*(3), 193-204.

Hofmann, S. G., Sawyer, A. T., Witt, A. A., & Oh, D. (2010). The effect of mindfulness-based therapy on anxiety and depression: A meta-analytic review. *Journal of Consulting and Clinical Psychology, 78*, 169-183.

Kabat-Zinn, J. (1982). An outpatient program in behavioral medicine for chronic pain patients based on the practice of mindfulness medication: Theoretical considerations and preliminary results. *General Hospital Psychiatry, 4*, 33-47.

Kabat-Zinn, J. (1990). *Full catastrophe living: Using the wisdom of your mind to face stress, pain, and illness.* New York: Dell Publishing.

Keyes, C. L. M. (2002). The mental health continuum: From languishing to flourishing in life. *Journal of Health and Social Behavior, 43*, 207-222.

Keyes, C. L. M. (2004). The nexus of cardiovascular disease and depression revisited: The complete mental health perspective and the moderating role of age and gender. *Aging and Mental Health, 8*, 266-274.

Keyes, C. L. M. (2005a). Chronic physical conditions and aging: Is mental health a potential protective factor? *Ageing International, 30*, 88-104.

Keyes, C. L. M. (2005b). Mental illness and/or mental health? Investigating axioms of the complete state model of health. *Journal of Consulting and Clinical Psychology, 73*, 539-548.

Keyes, C. L. M. (2006a). Mental health in adolescence: Is America's youth flourishing? *American Journal of Orthopsychiatry, 76*, 395-402.

Keyes, C. L. M. (2006b). Subjective well-being in mental health and human development research worldwide: An introduction. *Social Indicators Research, 77*, 1-10.

Keyes, C. L. M. (2007). Promoting and protecting mental health as flourishing: A complementary strategy for improving national mental health. *American Psychologist, 62*, 95-108.

Keyes, C. L., Wissing, M., Potgieter, J. P., Temane, M., Kruger, A., & van Rooy, S. (2008). Evaluation of the Mental Health Continuum-Short Form (MHC-SF) in Setswana-speaking South Africans. *Clinical Psychology & Psychotherapy, 15*(3), 181-192.

Keyes, C. L. M., Shmotkin, D., & Ryff, C. D. (2002). Optimizing well-being: The empirical encounter of two traditions. *Journal of Personality and Social Psychology, 82*, 1007-1022.

Keyes, C. L. M., & Simoes, E. J. (2012). To flourish or not: Positive mental health and all-cause mortality. *American Journal of Public Health, 102*(11), 2164-2172.

Keyes, C. L. M., & Waterman, M. B. (2003). Dimensions of well-being and mental health in adulthood. In M. Bornstein, L. Davidson, C. L. M. Keyes, & K. Moore (Eds.), *Well-being: Positive development throughout the life course* (pp. 477-497). Mahwah, NJ: Erlbaum.

Lim, Y., Go, Y., Shin, H., & Cho, Y. (2013). Prevalence and correlates of complete mental health in the South Korean adult population. In C. Keyes (Eds.), *Mental well-being: International contributions to the study of positive mental health.* New York: Springer.

McGregor, I., & Little, B. R. (1998). Personal projects, happiness, and meaning: On doing well and being yourself. *Journal of Personality and Social Psychology, 74*, 494-512.

Purcell, B., Heisel, M. J., Speice, J., Franus, N., Conwell, Y., & Duberstein, P. R. (2012). Family connectedness moderates the association between living alone and suicide ideation in a clinical sample of adults 50 years and older. *The American Journal of Geriatric Psychiatry, 20*(8), 717-723.

Ryan, R. M., & Deci, E. L. (2001). On happiness and human potentials: A review of research on hedonic and eudaimonic well-being. *Annual Review of Psychology, 52*, 141-166.

Segal, Z. V., Williams, J. M., & Teasdale, J. D. (2002). *Mindfulness-based cognitive therapy for depression: A new approach to preventing relapse.* New York: Guilford Press.

Seligman, M. E. P., Steen, T. A., Park, N., & Peterson, C. (2005). Positive psychology progress: Empirical Validation of Interventions. *American Psychologist, 60*(5), 410-421.

Sin, N. L., & Lyubomirsky, S. (2009). Enhancing well-being and alleviating depressive symptoms with positive psychology intervention: A practice- friendly meta-analysis. *Journal of Clinical Psychology: In Session, 65*(5), 467-487.

Waterman, A. S. (1993). Two conceptions of happiness: Contrasts of personal expressiveness(eudaimonia) and hedonic enjoyment. *Journal of Personality and Social Psychology, 64*, 678-691.

Westerhof, G. J., & Keyes, C. L. M. (2010). Mental illness and mental health: The two continua model across the lifespan. *Journal of Adult Development, 17,* 110-119.

World Health Organization (2005). *Promoting mental health: Concepts, emerging evidence, and practice.* Geneva, Switzerland: Author.

World Health Organization (2014). *Preventing suicide: A global imperative.* Geneva, Switzerland: Author.

노인 우울이 자살생각에 미치는 영향 : 가족 연대감 효과검증

염소림 (한림대 사회복지학 박사과정)
남일성 (한림대 고령사회연구소 HK 교수)
윤현숙 (한림대 사회복지학부 교수)

노인 우울이 자살생각에 미치는 영향 : 가족 연대감 효과검증

염소림 (한림대 사회복지학 박사과정)
남일성 (한림대 고령사회연구소 HK 교수)
윤현숙 (한림대 사회복지학부 교수)

Ⅰ. 서론

우리나라는 OECD국가 중 자살률이 가장 높은 국가로 인구 10만 명당 33.3명으로, 1990년부터 2010년 사이 한국의 자살률은 3배 이상 증가하였으며, 특히 노인 자살률이 높게 나타난 가운데 65세 이상 자살률이 1990년 대비 5배 가까이 증가하였으며, 인구 10만 명당 약 70명으로 나타나 심각한 노인 사회문제로 부상하고 있다(OECD한국정책센터, 2014).

이러한 심각한 사회문제의 해결을 위해 노인 자살에 영향을 미치는 요인에 관한 많은 연구가 수행되었는데, 많은 요인들 중 우울이 자살의 위험성을 높이게 하는 중요한 요인으로 손꼽히고 있다(허준수, 유수현, 2002).

국내 연구에서는 우울과 자살생각에 영향을 미치는 연구가 주를 이루는데, 우울증상을 많이 갖고 있는 노인들이 자살 생각을 더 많이 하며, 우울증상이 어떻게 자살의도에 영향을 미치는지 설명하는데 있어 사회적 요인, 생태 체계적 요인, 지역사회체계 요인, 심리학적 요인, 건강관련 요인 등의 다양한 변인들로 연구되고 있다(전진숙, 이상신, 노종래, 오병훈, 2005, 김동배, 박서영, 2010, 추경진, 이승연, 2012, 신학진, 2011, 2012, 오창석,

2012, 이현경, 장창곡, 2012, 이영경, 정명희, 2013, 김지훈 김경호, 2013, 김윤정, 강현정, 2014). 이처럼 다양한 변수들을 이용하여 노인의 우울과 자살생각 간의 관계를 규명했지만, 노인 생활의 주요한 영역 중 하나인 가족 간의 연대감을 이용해 노인의 자살 생각을 설명하는 연구는 없었다. 노인 케어의 많은 부분을 가족들이 담당하고 있는 우리나라의 현실에서 가족 간의 유대감 및 연대감은 노인들의 정신건강에 큰 영향을 미칠 수 있다고 볼 수 있다. 따라서 본 연구는 우울증상이 자살생각에 미치는 영향을 탐색하고, 이 관계를 가족연대감이라는 변수를 이용해 설명하고자 한다.

Ⅱ. 선행연구 고찰

1. 노인의 우울과 자살생각

노인들은 청소년·장년층에 비해 우울증상에 더 취약한 것으로 보고되고 있다(김동배, 손의성, 2005). 우리나라 노인의 우울증 환자 수는 2009년 추산 147,721명이며, 이로 인한 진료비는 약 659억원으로 보고되고 있어 심각한 수준임을 알려주고 있다(국민건강보험공단, 2011). 노년기 우울증상은, 신체적 질병, 배우자의 죽음, 경제적 사정의 악화, 사회와 가족들로 부터의 소외와 고립, 일상생활에 대한 자기통제의 불가능, 지나온 세월에 대한 회한 등이 원인인 것으로 알려져 있다. 이러한 우울증상은 많은 경우 불면증, 체중감소, 감정적 무감각, 강박관념, 증오심 같은 구체적인 증상을 유발하기도 한다(최성재, 장인협, 2010).

노인 자살은 이론적 접근으로 사회적, 심리적 측면으로 나눠 볼 수 있는데(김형수, 2002), 사회적 측면에서는 뒤르켐의 사회통합이론을 들 수 있으며, 심리적 측면에서는 우울증상으로 인한 심각한 스트레스가 자살을 유발할 수 있다고 보았다(김형수, 2000, 김형수, 권이경, 2013).

뒤르켐의 사회통합이론에 따르면 사회규제력이 낮아지거나 가족통합정도가 약화되면 자살 예방력이 약화된다고 보았다(김형수, 권이경, 2013). 심리학적 설명에 따르면, 한 개인이 봉착한 심리적 특성 중 하나인 우울증상 자체가 자살을 유발한다고 보았다(김형수, 2000).

대다수 노인자살의 케이스를 살펴보면 우울증을 경험 했던 노인들이 많았고, 정신병적 우울증을 가진 노인이 자살이나 자해를 시도하는 경우가 높다고 하였다. 자살시도자의 사후조사결과 거의 모든 노인 자살 시도자가 정신 건강상의 문제를 갖고 있었으며, 우울증이 가장 많은 것으로 나타났다(김형수, 2002).

2. 우울과 가족 연대감

우리나라 노인의 가족관계가 우울 증상에 영향을 미치는 지에 관한 연구는 많이 수행되지 않았지만 수행된 연구 결과는 우울증상이 많을수록 가족 연대감이 낮은 것으로 보고하고 있다(김미호, 문재우, 2013). 또한 노인 우울증상을 설명하는 요인으로 가족관계 만족도 등의 가족 관련 변수가 손꼽혔다(김동배, 손의성, 2005, 강은나, 최재성, 2014). 이와 같은 경험 연구의 결과는 우리나라 노인의 우울에 영향을 끼치는 요인 중 가족 관련 변인이 중요하다는 것을 알 수 있다. 가족은 일차적인 사회적 지원체계이라고 할 수 있으며, 가족주의를 중시하는 우리나라 사회문화 속에서 가족 간의 유대관계는 노인의 우울에 영향을 미치기 때문에 노인의 가족관계에 대한 관심은 중요하다고 볼 수 있다.

가족 관계에 관련된 변수로는 가족 탄력성, 가족 결속력, 가족 결속도, 가족 관계, 가족 응집력, 가족 통합 등 다양한 변수의 이름으로 혼용되어 사용되고 있었다. 가족 관계 관련된 변수와 우울에 영향을 미치는 연구에서는, 가족 응집력이 우울에 영향을 미치는 연구(정호영, 노승현, 2007; 최영, 2008; 유정헌, 성혜영, 2009; 권태연, 2011, 권중돈, 김동기, 김기수, 박수진, 2012)가 나타났다. 더불어 가족 탄력성의 하위요인인 가족자원이 높을수록 우울이 감소하는 연구(이영경, 정명희, 2013)와, 사회통합요인(가족통합, 지역사회통합)이 직접적으로 자살에 영향을 주기보다는 사회통합이 약화되면서 우울증을 유발시켜 자살을 유도한다는 연구도 있다(김형수, 2002).

이처럼 가족 관계에 관련된 요인들이 다양한 변수로 사용되고 있었고, 또한 우울에 영향을 미치는 것을 알 수 있었다. 하지만 가족 관계에 관련된 변수들을 향후 연구를 통해 체계적으로 정리할 필요가 있을 것이다.

따라서 본 연구에서의 가족 관계의 변수는 가족 연대감으로써, 문항의 내용은 '자살은 가족에게 너무 큰 상처를 줄 것이다, 나는 그들을 고통스럽게 하고 싶지 않다', '나는 가족을 매우 사랑하고 그들과 즐거운 시간을 누린다. 그들을 떠날 수 없을 것이다', '내겐 힘든 시기에 나를 지지해 주는 사랑스러운 가족이 있다', '가족이 내게 의지하고 나를 필요로 한다'로 구성되어 있으며, 가족에 대한 믿음, 신뢰를 통해 가족연대감을 나타낼 것이다.

이와 더불어 기존연구에서는 가족 관계 관련된 요인이 우울에 미치는 영향을 경로로 연구되고 있지만, 반대로 우울이 가족 관계 관련된 요인으로 설명하는 연구는 부족하다. 따라서 본 연구에서는 우울이 가족 연대감에 영향을 미치는지 검증하고자 한다.

3. 가족연대감과 자살생각

가족은 노인의 정서적, 사회적, 심리적 상태에 가장 큰 영향을 주는 요인으로 나타나고 있다(류현수 외, 2007). 예를 들면, 가족의 결속력이 낮으면 노인들은 외로움과 우울감에 빠질 가능성이 있으며(배지연, 2004), 자살시도 생존자를 대상으로 한 연구에서는 가족으로부터의 일방적 버림이나, 고립, 구성원 간의 지지체계 부족 등의 요인들로 인하여 자살 상황에 부딪히게 된다고 밝혔다(박지영, 2007). 가족 간의 관계에서 나타나는 노인 학대나, 가족 갈등, 걱정 등의 부적인 관계가 노인의 자살위험을 높이는 결과가 확인되었다(김효창, 손영미, 2006; 최신애, 2010; 고민석, 서인균, 임미영, 김윤정, 2011). 이는 가족 간의 관계가 부정적인 경우, 노인의 자살위험이나, 자살상황, 우울감 등의 위험 상황에 노출될 가능성이 증가함을 알 수 있다.

이와 반대로, 가족 간의 관계가 정적인 경우를 보면, 가족 통합이 높을수록 자살사고가 낮았고(김형수, 2002), 가족 응집력이나 가족 관계가 긍정적 일수록 자살충동이나 자살생각을 낮추는 것으로 보고되었다(Conwell, 2002). 또한 가족 탄력성 하위요인인 가족자원이 높을수록 자살생각은 감소하는 것으로 나타났다(이영경, 정명희, 2013). 이처럼 가족 간의 관계가 정적인 경우 자살사고나 자살충동, 자살생각 등이 감소한 것을 알 수 있었다.

한편 가족 간의 관계를 나타내는 변수들이 다양하게 연구되고 있는 가운데, 가족 관계, 가족 응집력, 가족 통합, 가족 결속력, 가족의 소외, 가족 탄력성 등의 가족 간의 관계에 관련된 요인들이 있었으며, 이 변수들은 자살생각에 영향을 미치는 것으로 나타났다.

가족 간의 관계가 정적인 경우나, 부정적인 경우, 이 두 가지 경우 모두 노인에게 중요한 영향을 미친다는 것을 볼 수 있었고, 특히 부정적인 경우에는 자살생각으로 이어지는 결과를 알 수 있었다.

따라서 노인에 대한 가족 간의 관계의 중요성은, 사회복지 실천현장에서 다양한 방식으로 노인 정신건강의 예방 및 치료의 방법으로 가족 간의 관계의 중요성을 부각시킬 필요성이 있으며, 앞으로의 연구 범위에서 가족 간의 관계에 대한 연구도 좀 더 구체적으로 연구될 필요가 있다. 따라서 본 연구에서는 가족 간의 관계를 나타낸, 가족 연대감이 자살생각에 영향을 미치는지 검증하고자 한다.

Ⅲ. 방법

1. 연구모형

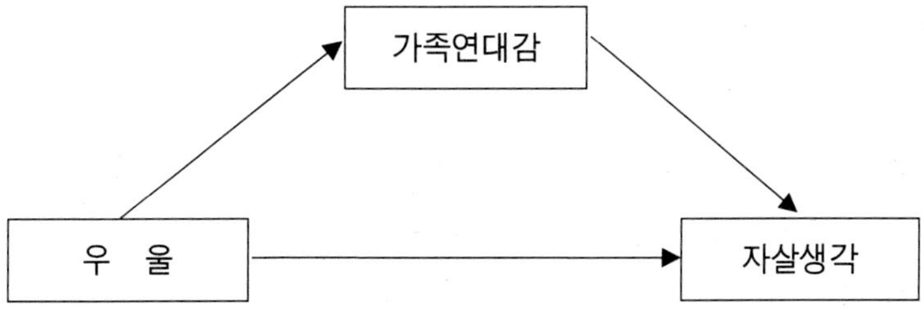

2. 분석자료

이 연구는 한림대학교 고령사회연구소에서 조사한 '춘천노인생활 실태조사' 자료를 이용하였다. '춘천노인생활 실태조사'는 2013년 춘천시에 거주하는 65세 이상의 노인을 대상으로 조사하였으며, 설문에 모두 응답한 2,034명을 분석에 사용하였다.

3. 변수설명

1) 독립변수 : 우울

이 연구의 독립변수인 우울은 Center for Epidemiologcal Studies-Depreession 10item(CES-D 단축형 10문항)척도를 한국어 버전을 이용해 측정하였으며, 7번 문항은 역코딩 하였다. 10문항 모두 1점은 0점, 2점은 1점, 3점은 2점, 4점은 3점, 으로 리코딩 한 후 합산 점수를 사용하였다.

2) 종속변수 : 자살생각

본 연구의 종속변수인 자살생각은 Augustine Osman, Courtney L. Bagge, Peter M. Gutierrez. Lisa C. Konick. Beverly A. Kopper and Francisco X. Barrious(2001)이 고안한 The suicidal Behaviors Questionnaire-Revised(SRQ-R):Validation with clinical and Nonclinical samples. Assessment. 8.4를 사용하였다. 총 4문항으로 구성되어 있으며, 1번 문항은(설문지 30번) 1점은 1점, 2점은 2점, 3점은 3점, 4점은 3점, 5점은 4점, 6점은 4점으로 리코딩 후 계산하였으며, 2번 문항과(설문지 31번), 4번 문항(설문지 33번)은 점수그대로 사용하였다. 3번 문항은(설문지 32번) 1점은 1점, 2점은 2점, 3점은 2점, 4점은 3점, 5점은 3점으로 리코딩한 후 사용하였다. 1번 문항(설문지 30번)과 3번 문항(설문지 32번)을 리코딩한 후 총 4문항을 합산하여 사용하였다.

3) 매개변수 : 가족연대감

이 연구의 매개변수인 가족연대감은 Edelstein B. A., Heisel M. J. Mckee D. R. et. al(2009)가 개발한 Reasons for Living Scale-older Adult version (RFL-OA)척도를 한국어 번역하여 사용하였다. 이 척도는 1-6점 척도로 총 4문항으로 구성되어 있으며, 이 연구에서는 4문항 합산 점수를 사용하였다.

4) 분석방법

연구모형에서 설정한 각 경로의 인과관계를 규명하기 위해 SPSS 18.0과 Mplus 7.2 버전을 사용하여 분석하였다. 모형이 실제자료와 얼마나 잘 부합하는지를 평가하는 절대적 적합지수로는 RMSEA, 모형간의 상대적 적합도를 평가할 수 있는 CFI 와 TLI를 제시하였다. 또한 모형에 포함된 직접효과와 간접효과를 추정하였다. 자료의 매개검증을 분석방법이 지닌 한계점을 인식하여, Shrout와 Bolger(2002)가 제시한 표준오차를 수정하여 편향(왜곡)을 수정한 신뢰구간(bias-corrected confidence interval)을 구하여 간접효과의 유의성을 검증할 수 있는 부트스트래핑(bootstraping)을 하였다.

Ⅳ. 결과

<표 1> 연구 참여자의 특성(n=2,034)

구분		조사대상자	
변수		빈도*	백분율(%)
성별	남	842	41.4
	여	1192	58.6
거주지역	동	1524	74.9
	읍,면	510	25.1

구분		조사대상자	
변수		빈도*	백분율(%)
배우자여부	배우자 동거	1107	54.4
	배우자 비동거	927	45.6
현재건강상태	건강	613	30.1
	보통	507	24.9
	건강하지 않음	915	45
현재취업여부	일하고 있음	550	27
	일하지 않음	1484	73
월평균가구소득	0-99만원	938	47.7
	100-199만원	568	28.9
	200-299만원	286	14.5
	300-399만원	148	7.5
	400만원 이상	27	1.4
연령	65세 이상	352	17.3
	70세 이상	497	24.4
	75세 이상	1185	58.3
학력	무학	470	23.1
	초등학교(중퇴~졸업)	784	38.6
	중학교(중퇴~졸업)	307	15.1
	고등학교(중퇴~졸업)	320	15.7
	대학교(중퇴~졸업)	129	6.3
	대학원 이상	24	1.2

* 결측치로 인해 빈도 합계는 분석사례수와 일치하지 않음

본 연구의 연구 참여자의 특성은 표1에 나타나 있다. 연구 참여자는 남성이 842명, 여성이 1192명으로 총 2,034명으로 구성되어 있다. 거주지역은 동에 거주하는 사람이 74.9%이며, 배우자 동거상태가 54.4%로 나타났다. 현재 건강한 상태는 30.1%이며, 현재 일하지 않은 상태가 73%로 분석되었다. 월평균 가구소득은 0-99만원 사이가 47.7%로 나타났으며, 75세 이상의 연령층이 58.3%로 가장 높은 수준을 보였다.

<표 2> 연구모형에 대한 적합도 지수

구분	X^2	*df*	*p*	CFI	TLI	SRMR	RMSEA
연구모형	944.433	19	0.000	1	1	0.000	0.000

본 연구에서는 모형과 자료간의 일치 정도를 나타내는 X^2 = 944.433, 유의확률은 0.000으로 나타났고, CFI = 1, TLI = 1, RMSEA = 0으로 좋은 적합도를 보였다. 즉, 우울이 자살생각을 직접 매개함을 동시에 우울이 가족연대감을 매개로 하여 자살생각을 설명하는 연구모형이 지지되었다.

<표 3> 자살생각 관련 변인들의 직접효과

독립변인	종속변인	직접효과
우울	자살생각	0.132***
가족 연대감	자살생각	−0.133***
우울	가족 연대감	−0.286***

* $p < .05$ ** $p < .01$ *** $p < .001$

독립변인인 우울이 종속변수인 자살생각에 미치는 직접효과는 0.132***로 유의하게 나타났고, 독립변인인 가족 연대감이 종속변인인 자살생각에 미치는 직접효과는 −0.132***로 유의하게 나타났다. 또한 독립변인인 우울이 종속변인인 가족 연대감에 미치는 직접효과는 −0.286***으로 나타났다. 이는 우울이 높을수록 자살생각이 높아지며, 가족 연대감이 높을수록 자살생각이 낮아진다. 또한 우울이 높을수록 가족 연대감이 낮아진다는 것으로 나타났다.

<표 4> 간접효과

독립변인	매개변인	종속변인	표준화계수	95% 신뢰구간	
				하한	상한
우울	가족 연대감	자살생각	0.092***	0.066	0.117

* $p < .05$ ** $p < .01$ *** $p < .001$

부트스트레핑(bootstraping)을 적용한 이유는 빠르고 사용이 편리함과 동시에 매개변인 간접효과를 검증하는 경우 이에 대한 표준오차를 추정할 필요없이 신뢰구간을 구하여 쉽게 검증이 가능하기 때문이다(fan, 2003). 부트스트레핑의 방법은 95% 신뢰구간에 0이 포함되지 않을 때 유의도 .05 수준에서 통계적으로 유의한 것으로 판단한다(Shrout & Bolger, 2002). Table 4에 제시하였듯이 본 연구에서 설정한 독립변인인 우울이 매개변인인 가족 연대감을 매개로 하여 종속변인인 자살생각에 미치는 간접경로는 신뢰구간이 하한 0.066과 상한 0.117로 신뢰구간에 0이 포함되지 않아 간접경로 효과가 통계적으로 유의미한 것으로 확인되었다. 즉 우울이 가족 연대감을 매개로 자살생각의 경로가 유의미하게 나타났다.

V. 논의

노인 자살률이 시급한 사회문제로 부상하면서 우리 사회는 노인 자살에 큰 영향을 미치는 요인인 우울증상에 대한 대처 방안에 대해 논의해왔다. 대처방안을 좀 더 구체화시키는 과정에서 왜 우울증상을 가지게 되면 자살을 생각하게 되는지에 관한 이론적 메커니즘을 밝혀 개입 방안을 좀 더 구체화 하려는 노력이 이어져왔다. 본 연구는 2013년 '춘천 노인생활 실태조사' 자료를 이용하여, 노인의 우울이 자살생각에 미치는 영향을 분석하고, 이러한 영향관계에서 가족 연대감이 지니는 메커니즘을 분석하였다.

본 연구의 분석결과를 정리해보면, 우울증상이 높을수록 자살생각도 높은 것으로 나타났고, 우울증상은 가족 연대감 수준을 낮추고, 낮아진 가족 연대감은 자살생각을 높이는 간접효과가 있는 것으로 나타났다. 이는 우울증상이 많을수록 가족 연대감이 낮거나, 가족 간 긍정적 관계가 많을수록 자살생각이 낮다는 연구 결과와 유사한 것으로 나타났다(김미호, 문재우, 김형수, 권이경, 이영경, 정명희, 2013). 이러한 분석 결과를 토대로 다음의 세 가지 실천적 함의를 제공하고자 한다.

첫째, 노인 우울증상을 낮춰 가족연대감을 향상시키는 방안들이 요구된다. 예를 들면,

가족 간에 관심을 가지고, 가족 간의 충분한 대화를 통해 서로의 생각을 공유하고, 서로 간의 입장을 이해한다면 가족 간의 유대를 통한 노인의 자살생각에 대한 위험에서 벗어날 가능성이 높아질 수 있다. 이는 자살생각 감소를 위한 프로그램 마련에 자료를 제공한다고 볼 수 있다.

둘째, 가족 연대감이 자살생각에 영향을 미치는 것으로 고려해 볼 때, 가족 연대감을 향상시키는 프로그램의 개발을 고려해 볼 수 있다. 현재 자살을 예방하기 위한 목적의 프로그램이 보건소와 지역사회복지관을 중심으로 시행되고 있다. 하지만 가족 기능 향상을 이론적 기반으로 하여 노년기 자살생각을 낮추는 것을 목적으로 하는 프로그램은 아직 부족한 실정인데, 이러한 프로그램의 개발을 통해 자살생각을 낮추는 효과를 기대해 볼 수 있다.

셋째, 독거노인이나 가족이 없는 경우의 노인에 대해서는 긍정적인 가족 연대감의 효과를 얻기가 어렵다. 이러한 노인들을 대상으로 지역사회가 도와 줄 수 있는 정책적인 틀과 지속적인 지원 방안이 마련되어야 한다.

현재 우리나라의 노인 자살문제는 다양하게 나타나고 있다. 가족 연대감이라는 개념을 중심으로 자살생각 감소를 위한 프로그램을 마련하여 노인 자살을 예방하고, 이를 바탕으로 적극적인 연구와 실천 개입이 활발히 연구되어지기를 바란다.

참 고 문 헌

고민석, 서인균, 2011, 노인의 건강상태가 스트레스와 우울에 미치는 영향과 사회적 지지의 조절효과, 대한보건연구, 제 37권, 제1호, pp. 1-14.

국민건강보험공단(2011), “최근 5년간 노인우울증 질환자 1.7배 증가”, 『국민건강보험공단 보도자료』, 서울 : 국민건강보험공단.

김동배, 박서영, 2010, 노인의 사회관계망 특성과 자살생각 관계: 우울의 매개효과 검증, 한국사회복지조사연구, 24: 109-129.

김미령, 2010, 노인의 자살생각에 미치는 사회적·심리적 영향, 노인복지연구, Vol. 47 No. 3, pp. 113-136.

김미호, 문재우, 2013, 노인의 가족관계와 사회적 관계가 우울과 자살생각에 미치는 영향, 한국케어매니지먼트연구, 제10호, vol.10, pp. 1-26.

김윤정, 강현정, 2014, 우울감과 자살위험간의 관계에서 가족결속도의 완충효과, 한국콘텐츠학회, Vol. 14, No. 3. pp. 241-249.

김지훈, 김경호, 2013, 자살생각과 자살계획에 관련된 유발변인의 영향력 분석: 심리상태와 가족관련 변인 중심으로, 가족과 문화, 제25집, 4호, pp. 246-272.

김형수, 2000, 노인과 자살, 노인복지연구, 통권 제 10호, 25-45.

김형수, 2002, 한국노인의 자살생각과 관련요인 연구, 한국노년학, Vol. 22, No. 1. pp. 159-172.

김형수, 2000. "노인자살의 이해와 일차적 예방", 한국 인구학, 제23권, 제2호, pp. 167-187.

김형수, 권이경, 2013, 한국 노인자살률과 사회·경제적 요인의 관련성-1990년~2010년 변화 추이를 중심으로, 한국콘텐츠학회, Vol.13, No. 6. pp. 236-245.

김효창, 손영미, 2006, 노인자살의 특성과 자살유형에 관한 연구, 한국심리학회지 사회문제, 제12권, 제 2호, pp. 1-19.

권중돈, 김동기, 김기수, 박수진, 2012, 노인의 가족응집력, 스트레스, 우울 및 문제음주의 구조적 관계에 대한 연구, 충남대학교 사회과학연구 제23권 3호, pp. 3-25.

권태연, 2011, 심리사회적행동요인을 고려한 우울수준과 음주행위 간의 종단적 상호관계에 관한 연구, 한국사회복지학, 63(1), 187-215.

류현수, 이정숙, 김주아, 2007, 가족관계와 복지, 동문사.

박원명, 민경준 외, 2012, 우울증, 시그마프레스.

박지영, 2007, 노인 자살 생존자의 자살경험에 관현 연구, 정신보건과 사회사업, 제27권, pp. 295-330.

송영달, 손지아, 박순미, 2010, 독거노인의 자살생각에 영향을 미치는 생태체계적 요인분석,Vol.30, No.2, pp. 643-660.

신학진, 2011, 노인의 사중고가 우울을 매개로 자살생각에 미치는 영향: 경로당 이용자 중심으로, 한국노년학, Vol. 31, No. 3, pp. 653-672.

신학진, 2012, 노년의 4대 고통이 심리적 요인을 매개로 자살생각에 이르는 모형, 노인복지연구, Vol. 57, pp. 357-380.

오창석, 2012, 노인의 주관적 건강인식과 삶의 질이 우울과 자살생각에 미치는 영향, 보건의료산업학회지, Vol.6 No.2. pp. 179-191.

유정헌, 성혜영, 2009, 노년기 우울에 대한 가족관계 만족도의 중재효과, 한국노년학, 29(2), pp. 717-728.

이미숙, 2010, 도시거주 노인의 만성질환과 우울증세의 상관성 및 사회관계망의 효과에 대한 연구, 보건과 사회과학, vol.27, pp. 5-30.

이영경, 정명희, 2013, 노인의 우울과 자살생각에 영향을 미치는 연구: 가족탄력성을 중심으로, 노인복지연구, Vol. 61, pp. 111-134.

이현경, 장창곡, 2012, 한국노인의 건강관련 삶의 질 및 정신건강과 자살생각과의 연관성, 대한보건연구, Vol. 38, No. 1, pp. 69-79.

임미영, 김윤정, 2011, 노인자살생각시도자의 자살시도전 경험, 대한 간호학화지 제41권, 제1호, pp. 61-71.

전진숙, 이상신, 노종래, 오병훈, 2005, 한국노인의 자살사고에 연관된 사회심리학적 요인, 노인정신의학, Vol. 9, No. 2, pp. 132-139.

정호영, 노승현, 2007, 노인 자살생각에 영향을 미치는 요인에 관한 연구: 우울과 스트레스의 매개효과를 중심으로, 한국노년학, 27(4), pp. 789-805.

추경진, 이승연, 2012, 인식된 짐스러움, 절망, 우울 및 자살생각의 관계: 청소년과 노인의 비교, vol. 25, No. 3, pp. 31-53.

최성재, 장인협, 2010, 고령화 사회의 노인 복지학, 서울대학교 출판 문화원.

최신애, 2010, 노인의 자살생각에 영향을 미치는 생태체계요인: 중증만성질환자 돌봄 노인을 중심으로, 한국 콘텐츠학회논문지, 제 12권, 제6호, pp. 265-279.

최 영, 2008, 독거노인의 경제수준, 건강상태, 사회적 지지가 우울에 미치는 영향, 사회과학연구, 24(2), pp. 103-123.

통계청, 2013, 한국의 사회동향, 통계청 사회통계국.

통계청, 2013, 2013년 사망원인통계, 통계청.

통계청, 2013, 2013 고령자 통계, 통계청.

허준수, 유수현, 2002, 노인의 우울에 영향을 미치는 요인에 관한 연구, 정신보건과 사회사업, 13, pp. 7-35.

Bandura, 1993, Perceived self-efficacy in cognitive development and function, Educational Psychologist, 28(2), pp. 117-148.

Beck, A., Kovacs, M., and Weissman, A, 1979, Assessment of suicidal intention, Journal of consulting and Clinic Psychology, 47(2), pp. 343-352.

Conwell Y, Duberstein PR, Connor K, Eberly S, Cox C, Caine ED, 2002, Access to firearms and risk for suicide in middle-aged and older adults. Am J Geriatr Psychiatry. 10:407Y416.

Conwell, Y. Duberstein, P. R. and E. D. Caine, 2002, "Risk Factors for Suicide in Later Life" Biological Psychiatry 52: 193-204.

Fan, X. 2003, Using commonly available software for bootstrapping in both substantive and measurement analyses, Educational and Psychological Measurement, 63, 24-50.

Shrout & Bolger, N, 2002, Mediation in experimental and non-experimental studies: New procedures and recommendations. Psychological Methods, 7(4), 422-445.

OECD한국정책센터, 2014, 한눈에 보는 사회 2014, OECD대한민국 정책센터.

춘천 노인 생활실태조사

목 차

〈응답자 특성〉 ······ 148

문1. 어르신께서는 누구와 함께 살고 계십니까? 함께 살고 계시는 가족 등의 인원수를 모두 응답란에 숫자로 적어주시기 바랍니다. ······ 149
〈1〉 배우자 ······ 149
〈2〉 장남 ······ 150
〈3〉 장남이외 아들 ······ 151
〈4〉 딸 ······ 152
〈5〉 사위 ······ 153
〈6〉 며느리 ······ 154
〈7〉 손자/손녀 ······ 155
〈8〉 부모 ······ 156
〈9〉 형제 ······ 157
〈10〉 기타 친척 ······ 158
〈11〉 친구 ······ 159
〈12〉 기타 ······ 160
〈13〉 동거 가족 수 총합 (본인포함) ······ 161
문2. 어르신께서는 결혼하셨습니까? ······ 162
문2-1. 어르신께서는 배우자와 사별한 경험이 있으십니까? ······ 163
문3. [문2의 1)에 응답한 분만] 아래의 질문(1 ~ 3)에 대해 어르신의 생각을 말씀해 주십시오. ······ 164
〈3-1〉 결혼생활에 얼마나 만족하십니까? ······ 164
〈3-2〉 배우자로서 남편/아내에게 얼마나 만족하십니까? ······ 165
〈3-3〉 배우자와의 관계에 얼마나 만족하십니까? ······ 166
문4. 어르신께서는 생존해 있는 자녀가 있으십니까? 있으시다면 몇 명이십니까? ······ 167
〈1-1〉 아들 ······ 168
〈1-2〉 딸 ······ 169
〈1-3〉 총합 ······ 170
문5. [문4의 1)에 응답한 분만] 아래 질문(1 ~ 3)에 대해 어르신의 생각을 말씀해 주십시오. ······ 171
〈5-1〉 부모로서 자신에 대해 얼마나 만족하십니까? ······ 171
〈5-2〉 아들/딸에게 얼마나 만족하십니까? ······ 172
〈5-3〉 자녀들과의 관계가 얼마나 만족스러우십니까? ······ 173
문5-4. [문4의 1)에 응답한 분만] 이 집에서 한 시간 이내 거리에 사는 자녀는 몇 명입니까? ······ 174
문6. 어르신께서 믿고 있는 종교는 무엇입니까? ······ 175
문7. (보기카드 제시) 어르신께서 가장 오랫동안 종사하시던 직업은 무엇이었습니까? ······ 176
문8. 어르신이 현재 하시는 일에 대해 알고 싶습니다. 어르신의 현재 상황을 말씀해 주십시오. ······ 177
문8-1. [문8의 1)에 응답한 분만] 어르신이 현재 하시는 일에 대해 알고 싶습니다. 어르신의 현재 상황을 말씀해 주십시오. ······ 178

문8-2. (보기카드 제시) [문8의 1)에 응답한 분만] 어르신께서 현재 종사하고 계시는 직업은 무엇입니까? …179
문9. 어르신 가구 전체의 한 달 평균 소득이 얼마나 되나요? …180
문10. 전체적으로 보아 어르신의 가족은 한국 사회에서 어느 층에 속한다고 생각하십니까? …181
문11. 어르신께서는 국민기초생활보장 수급자이십니까? …182
문12. 현재 건강 상태가 어떻다고 생각하십니까? …183
문13. (보기카드 제시) 어르신께서는 병·의원에서 의사로부터 아래의 질병으로 진단 받은 적이 있습니까? …184
〈1〉 관절염 …184
〈2〉 고혈압 …185
〈3〉 뇌졸중 …186
〈4〉 당뇨병 …187
〈5〉 심장병 …188
〈6〉 간경변, 간염 …189
〈7〉 위궤양, 십이지장궤양 …190
〈8〉 천식, 만성기관지염 …191
〈9〉 골절 …192
〈10〉 백내장, 녹내장 …193
〈11〉 암 …194
〈12〉 우울증 …195
〈13〉 파킨슨병 …196
〈14〉 요통, 신경통 …197
〈15〉 골다공증 …198
〈16〉 전립선 비대증 …199
〈17〉 요실금 …200
〈18〉 기타 …201
문14. 어르신께서는 평소 신체적인 통증(아픔)을 어느 정도 느끼고 계십니까?(0-10) …202
문15. 어르신께서는 지난 1년간 거주 지역의 사회복지사의 도움을 받은 적이 있으십니까? …204
문16. (보기카드 제시) 다음은 자녀의 부모에 대한 책임과 관련된 사항들입니다. 어르신의 생각을 가장 적절히 나타내는 번호를 말씀해 주십시오. …205
〈1〉 결혼한 자녀는 부모 가까이 살아야 한다 …205
〈2〉 부모가 건강하지 못할 때, 자녀는 부모를 돌보아야만 한다 …206
〈3〉 자녀는 부모에게 경제적 도움을 주어야 한다 …207
〈4〉 자녀가 성장 후 부모 가까이 산다면, 자녀는 일주일에 한번은 부모를 방문해야 한다 …208
〈5〉 먼 곳에 사는 자녀는 일주일에 한번은 편지/전화해야 한다 …209
〈6〉 자녀는 부모님에 대한 책임감을 느껴야 한다 …210
문17. (보기카드 제시) 다음은 어르신께서 갖고 계신 종교나 영적인 것에 대한 생각들을 여쭙고자 합니다. 어르신의 생각을 가장 잘 말하고 있는 번호를 말씀해 주십시오. …211
〈1〉 나는 종교 관련 서적들을 즐겨 읽는 편이다 (종교 관련 테이프 청취 또는 방송 시청 포함) …211
〈2〉 사람이 착하면 됐지 종교를 믿느냐는 중요치 않다 …212
〈3〉 사색하고 기도하는 것이 내겐 매우 중요하다 …213
〈4〉 나는 자주 신의 존재를 느낀다 …214
〈5〉 나는 내 종교의 믿음에 따라 인생을 살고자 노력한다 …215

〈6〉 내 인생에서 종교적 삶이 그 중심이다 ······ 216
〈7〉 나는 일상생활에서 종교에 얽매이지 않는다 ······ 217
〈8〉 내 인생에서 종교가 전부는 아니다 ······ 218
문18. 어르신은 아래의 사람들과 일주일에 몇 번이나 전화를 하십니까? 아래 보기에서 말씀해 주십시오. ······ 219
〈1〉 동거하지 않는 자녀 ······ 219
〈2〉 형제/자매 ······ 220
〈3〉 친척 ······ 221
〈4〉 친구/이웃 ······ 222
문19. 어르신은 함께 외출하거나, 상대방의 집을 방문하는 것 등을 포함해 아래의 사람들을 한 달에 몇 번이나 만나십니까? 아래 보기에서 말씀해 주십시오. ······ 223
〈1〉 동거하지 않는 자녀 ······ 223
〈2〉 형제/자매 ······ 224
〈3〉 친척 ······ 225
〈4〉 친구/이웃 ······ 226
문20. 어르신이 현재 활동하시는 단체의 종류와 그 참여빈도를 알고 싶습니다. ······ 227
〈1〉 종교모임(예배, 미사, 예불 등 포함) ······ 227
〈1-1〉 종교모임 월 참여횟수 ······ 228
〈2〉 동창회 ······ 229
〈3〉 향우회 ······ 230
〈4〉 종친회 ······ 231
〈5〉 자원봉사 ······ 232
〈6〉 시민단체 ······ 233
〈7〉 노인정(경로당) ······ 234
〈8〉 노인회관(노인복지관, 노인복지센터) ······ 235
〈9〉 이익옹호단체 ······ 236
〈10〉 여가단체 ······ 237
〈11〉 문화단체 ······ 238
〈12〉 스포츠관련단체 ······ 239
문21. 지난 1년간 걱정이나 고민거리를 말할 때 배우자, 자녀, 친구, 이웃이 항상 들어주었습니까? ······ 240
〈1〉 배우자 ······ 240
〈2〉 자녀 ······ 241
〈3〉 친척 ······ 242
〈4〉 친구/이웃 ······ 243
문22. 지난 1년 간 어르신이 몸이 아플 때 배우자, 자녀, 친구나 이웃이 항상 도와주었습니까? ······ 244
〈1〉 배우자 ······ 244
〈2〉 자녀 ······ 245
〈3〉 친척 ······ 246
〈4〉 친구/이웃 ······ 247
문23. 지난 1년 간 어르신께서 금전적으로 도움이 필요할 때(경조사 포함) 배우자, 자녀, 친구 및 이웃은 항상 금전적인 도움을 주었습니까? ······ 248
〈1〉 배우자 ······ 248

〈2〉 자녀 ······ 249
〈3〉 친척 ······ 250
〈4〉 친구/이웃 ······ 251
문24. 지난 1년간 배우자, 자녀, 친척 및 이웃들이 고민이나 걱정을 말하고 싶어 할 때 어르신께서 항상 들어주셨는지 알고 싶습니다. 배우자, 자녀, 친구나 이웃 각각에 대해 말씀해 주십시오. ······ 252
〈1〉 배우자 ······ 252
〈2〉 자녀 ······ 253
〈3〉 친척 ······ 254
〈4〉 친구/이웃 ······ 255
문25. 지난 1년간 배우자, 자녀, 친척이나 이웃 등의 집안 일(아이보기 혹은 가사 일)을 어르신은 항상 도와주셨습니까? 배우자, 자녀, 친구나 이웃 각각에 대해 말씀해 주십시오. ······ 256
〈1〉 배우자 ······ 256
〈2〉 자녀 ······ 257
〈3〉 친척 ······ 258
〈4〉 친구/이웃 ······ 259
문26. 어르신께서는 지난 1년 간 배우자, 자녀, 혹은 이웃이나 친척 분들에 대해 항상 금전적 도움(경조사 포함)을 주셨습니까? 배우자, 자녀, 친구나 이웃 각각에 대해 말씀해 주십시오. ······ 260
〈1〉 배우자 ······ 260
〈2〉 자녀 ······ 261
〈3〉 친척 ······ 262
〈4〉 친구/이웃 ······ 263
문27. (보기카드 제시) 다음 질문들에 대해 어르신께서 얼마나 찬성하시는지를 말씀해 주십시오. ······ 264
〈1〉 나의 성공은 전적으로 나에게 달려있다 ······ 264
〈2〉 내 마음속으로 결정된 일은 어떤 일이든지 할 수 있다 ······ 265
〈3〉 내 불운은 내가 만든 실수로 인해 생긴 것이다 ······ 266
〈4〉 나의 실패는 전적으로 내 탓이다 ······ 267
〈5〉 내게 생긴 좋은 일은 대개 운 때문에 생긴 일이다 ······ 268
〈6〉 많은 계획을 세울 필요가 없다 - 어차피 좋은 일이라면 그렇게 되게 되어있다 ······ 269
〈7〉 내게 생긴 문제의 대부분은 다른 사람의 방해 탓이다 ······ 270
〈8〉 내게 생기는 나쁜 일들을 통제할 수가 없다 ······ 271
문28. (보기카드 제시) 평소 어르신의 모습을 가장 잘 나타내는 곳이나 어르신의 평소 생각과 일치하는 번호에 응답해 주십시오. 한 문항도 빠뜨리지 말고 응답 하시되, 최대한 솔직하게 응답해 주시기 바랍니다. ······ 272
〈1〉 나는 불쾌한 기억을 떠올리더라도 괜찮다. ······ 272
〈2〉 고통스러운 경험과 기억으로 인해 나는 내가 가치 있게 여기는 삶을 살기가 어렵다. ······ 273
〈3〉 나는 내 감정을 느끼는 것이 두렵다. ······ 274
〈4〉 나는 내 걱정과 느낌(기분)을 통제하지 못하는 것에 대해 염려한다. ······ 275
〈5〉 내 고통스러운 기억들은 내가 만족스러운 삶(인생)을 살지 못하게 한다. ······ 276
〈6〉 나는 내 삶(인생)을 잘 관리하고 있다. ······ 277
〈7〉 감정은 내 일상생활에서 문제를 일으킨다. ······ 278
〈8〉 대부분의 사람들은 나에 비해 자신의 삶(인생)을 더 잘 꾸려 나가고 있는 것 같다. ······ 279
〈9〉 걱정은 내가 성공하는 데 걸림돌이 된다. ······ 280

〈10〉 내 생각과 감정은 내가 살고 싶은 방식대로 살아가는데 방해되지 않는다. ······ 281

문29. (보기카드 제시) 다음은 어르신의 감정 변화에 대한 내용입니다. 지난 1주일 동안 어르신이 느끼고 행동한 것을 가장 잘 나타낸다고 생각 되는 곳에 표시해주십시오. ······ 282

〈1〉 무슨 일을 하던 정신을 집중하기가 어려웠다. ······ 282

〈2〉 우울했다. ······ 283

〈3〉 하는 일 마다 힘들게 느껴졌다. ······ 284

〈4〉 잠을 설쳤다; 잠을 잘 이루지 못했다 ······ 285

〈5〉 세상에 홀로 있는 듯한 외로움을 느꼈다. ······ 286

〈6〉 사람들이 나에게 차갑게 대하는 것 같았다. ······ 287

〈7〉 생활이 즐거웠다. ······ 288

〈8〉 슬픔을 느꼈다. ······ 289

〈9〉 사람들이 나를 싫어하는 것 같았다. ······ 290

〈10〉 도무지 무엇을 시작할 기운이 나지 않았다. ······ 291

문30. 자살을 하려고 생각해보거나 시도해본 적이 있습니까? ······ 292

문31. 지난 일 년 동안 얼마나 자주 자살을 하려고 생각해 보았습니까? ······ 293

문32. 자살을 하려고 했거나 할지도 모른다는 말을 다른 사람에게 한 적이 있습니까? ······ 294

문33. (보기카드 제시) 미래에 자살을 시도할 가능성이 얼마나 있다고 생각합니까? ······ 295

문34. [문30에서 5),6)에 응답한 분만] (평생) 자살 시도를 한 횟수는? ······ 296

문35. [문30에서 5),6)에 응답한 분만] 마지막으로 자살시도를 한 시기는 언제입니까? ······ 297

문36. 가족(부모, 형제, 배우자, 자녀)이나 친지 중 자살로 사망한 사람이 있습니까? ······ 298

문36-1. [문36에서 1)에 응답한 분만] 나음 중 해당하는 부기를 모두 골라 주십시오. ······ 299

문37. 가족(부모, 형제, 배우자, 자녀)이나 친지를 제외한 가까운 지인(친구, 애인 등) 중 자살로 사망한 사람이 있습니까? ······ 300

문38. (보기카드 제시) 어르신의 생각과 가장 비슷한 곳에 응답해주시기 바랍니다. ······ 301

〈1〉 자살은 가족에게 너무 큰 상처를 줄 것이다, 나는 그들을 고통스럽게 하고 싶지 않다. ······ 301

〈2〉 나는 가족을 매우 사랑하고 그들과 즐거운 시간을 누린다. 그들을 떠날 수 없을 것이다. ······ 302

〈3〉 내겐 힘든 시기에 나를 지지해 주는 사랑스러운 가족이 있다. ······ 303

〈4〉 가족이 내게 의지하고 나를 필요로 한다. ······ 304

문39. (보기카드 제시) 어르신에게 해당되는 내용이면 '예'를, 해당사항이 없는 내용이면 '아니오'를 선택하시오. ······ 305

〈1〉 나는 죽는다는 것이 두렵다. ······ 305

〈2〉 나는 죽음에 대한 생각을 거의 하지 않는다. ······ 306

〈3〉 사람들이 죽음에 대해 말해도 별로 신경 쓰이지 않는다. ······ 307

〈4〉 만일 수술을 받아야한다면 굉장히 무서울 것 같다. ······ 308

〈5〉 나는 죽는다는 것이 전혀 두렵지 않다. ······ 309

〈6〉 나는 암에 걸릴까봐 걱정하지 않는다. ······ 310

〈7〉 죽음에 대한 생각 때문에 심란하지는 않다. ······ 311

〈8〉 시간이 너무 빨리 흘러간다는 사실에 심란할 때가 있다. ······ 312

〈9〉 고통스럽게 죽을까봐 두렵다. ······ 313

〈10〉 죽음 이후에 무슨 일이 있을지 사후에 대한 이야기가 나오면 마음이 불편하다. ······ 314

〈11〉 심장마비가 일어날까봐 겁이 난다. ······ 315

〈12〉 인생이 정말 짧다는 생각이 자주 든다. ······316
〈13〉 세계 3차 대전이 일어날 것에 대해 말하는 것만 들어도 겁이 난다. ······317
〈14〉 죽은 사람의 몸을 보면 소름이 끼친다. ······318
〈15〉 지금 죽는다고 해도 별 미련이 없다. ······319
문40. (보기카드 제시) 지난 한 달간 어르신의 경우에 비추어 보아 아래의 질문들에 어느 정도 해당하는지 표시해주십시오. 만약, 최근에 특별한 일이 없었다면 평소 느껴왔던 어르신의 생각에 따라 답해 주십시오. ······320
〈1〉 변화가 일어날 때 적응할 수 있다. ······320
〈2〉 스트레스를 받았을 때 날 도와줄 가깝고도 돈독한 사람이 적어도 하나 있다. ······321
〈3〉 내가 가지고 있는 문제에 분명한 해결책이 없을 때에는 가끔 신이나 운명이 도와줄 수 있다. ······322
〈4〉 나는 무슨 일이 일어나도 처리할 수 있다. ······323
〈5〉 과거의 성공들은 내가 새로운 도전과 역경을 다루는데 자신감을 준다. ······324
〈6〉 어려운 일이 생겼을 때, 나는 그 일의 재미있는 면을 찾아보려고 노력한다. ······325
〈7〉 스트레스 극복을 통해서 내가 더 강해질 수 있다. ······326
〈8〉 나는 병이나, 부상, 또는 다른 역경을 겪은 후에도 곧 회복하는 편이다. ······327
〈9〉 좋은 일이건, 나쁜 일이건 대부분의 일들은 그럴만한 이유가 있어 일어나는 것이라 믿는다. ······328
〈10〉 나는 결과에 상관없이 최선의 노력을 기울인다. ······329
〈11〉 비록 장애물이 있더라도 나는 내 목표를 성취할 수 있다고 믿는다. ······330
〈12〉 희망이 없어 보이는 경우에도, 나는 포기하지 않는다. ······331
〈13〉 스트레스/위기 상황에서, 누구에게 도움을 청해야 할 지 안다. ······332
〈14〉 스트레스를 받을 때에도, 나는 집중력과 사고력을 잘 유지한다. ······333
〈15〉 타인이 모든 결정을 하게 하기보다는 내가 문제 해결을 주도하는 것을 더 좋아한다. ······334
〈16〉 나는 실패 때문에 쉽게 용기를 잃지는 않는다. ······335
〈17〉 나는 삶의 도전이나 역경에 잘 대처하는 강한 사람이라고 생각한다. ······336
〈18〉 나는 남들이 탐탁치 않게 생각하는 어려운 결정도 필요하다면 할 수 있다. ······337
〈19〉 슬픔, 공포 그리고 분노와 같은 불쾌하거나 고통스러운 감정들을 잘 처리할 수 있다. ······338
〈20〉 인생의 문제를 처리할 때, 간혹 이유 없이 직감에 따라 행동해야만 할 때가 있다. ······339
〈21〉 삶에 대한 강한 목표의식이 있다. ······340
〈22〉 나는 내 인생을 스스로 잘 조절하고 있다. ······341
〈23〉 나는 도전을 좋아한다. ······342
〈24〉 어떤 장애를 만나게 되더라도 내 목표를 달성하기 위해 나아간다. ······343
〈25〉 나는 내가 이룬 성취에 자부심을 느낀다. ······344
문41. (보기카드 제시) 다음 질문은 지난 한 달 동안 어르신께서 얼마나 그렇게 느꼈는지에 관한 것입니다. 각 문항을 주의 깊게 읽고, 문항에 대해서 어르신께서 얼마나 자주 경험하거나 느꼈는지 자유롭게 솔직하게 응답해주시기 바랍니다. ······345
〈1〉 행복감을 느꼈다. ······345
〈2〉 삶에 흥미를 느꼈다. ······346
〈3〉 만족감을 느꼈다. ······347
〈4〉 나는 사회에 공헌할 만한 능력을 지니고 있다고 느꼈다. ······348
〈5〉 공동체(사회 집단이나 이웃 같은)에 소속되어 있다고 느꼈다. ······349
〈6〉 우리 사회가 나와 같은 사람들에게 더 살기 좋은 곳이 되어가고 있다고 느꼈다. ······350
〈7〉 사람들은 기본적으로 선하다고 느꼈다. ······351

〈8〉 우리 사회가 돌아가는 방식이 이해할 만하다고 느꼈다. ······352
〈9〉 나는 내 성격의 대부분을 좋아하고 있다고 느꼈다. ······353
〈10〉 매일의 생활에서 내가 해야 할 책임들을 잘 해내고 있다고 느꼈다. ······354
〈11〉 다른 사람들과 따뜻하고 신뢰로운 관계를 맺고 있다고 느꼈다. ······355
〈12〉 나를 성장시키고 더 나은 사람이 되도록 자극을 주는 경험들을 했다고 느꼈다. ······356
〈13〉 나만의 아이디어와 의견을 생각하거나 표현하는 데 자신이 있다고 느꼈다. ······357
〈14〉 내 삶이 방향감이나 의미를 갖고 있다고 느꼈다. ······358
문42. (보기카드 제시) 다음 질문은 현재 어르신께서 얼마나 그렇게 느꼈는지에 관한 것입니다.
각 문항을 주의 깊게 읽고 해당하는 번호에 응답해 주십시오. ······359
〈1〉 (고인)이 너무 많이 생각나서 내가 평소 하던 일을 하는 것이 힘들다. ······359
〈2〉 (고인)에 관한 기억은 나를 속상하게 한다. ······360
〈3〉 (고인)의 죽음을 받아들일 수 없다고 느낀다. ······361
〈4〉 (고인)이 몹시 그립다고 느낀다. ······362
〈5〉 (고인)과 관련된 물건이나 장소에 마음이 쓰인다. ······363
〈6〉 (고인)의 죽음에 대해 화가 나는 것을 참을 수 없다. ······364
〈7〉 (고인)의 죽음을 믿지 못하겠다고 느낀다. ······365
〈8〉 (고인)의 죽음 때문에 멍하고 망연자실한 느낌이 든다. ······366
〈9〉 (고인)의 죽음 이후에 사람들을 믿기 힘들다. ······367
〈10〉 (고인)의 죽음 이후에 나는 다른 사람들을 신경 쓸 수가 없거나, 내가 신경쓰는 사람들에 대해
거리감을 느낀다 ······368
〈11〉 (고인)께서 아프셨던 부위에 가지고 계셨던 통증을 나도 가지고 있다. ······369
〈12〉 (고인)이 생각나는 것을 피하기 위해 노력한다. ······370
〈13〉 (고인)이 없는 내 삶이 공허하게 느껴진다. ······371
〈14〉 (고인)의 목소리가 들린다. ······372
〈15〉 (고인)이 내 앞에 서있는 것을 본다. ······373
〈16〉 (고인)께서 돌아가셨는데 내가 살아있다는 사실이 불공평하다고 느낀다 ······374
〈17〉 (고인)의 죽음이 너무나 고통스럽다고 느낀다. ······375
〈18〉 가까운 사람을 잃지 않은 사람들이 부럽다고 느낀다. ······376
〈19〉 (고인)의 죽음 이후 많은 시간 외로움을 느낀다. ······377

< 응답자 특성 >

구분		사례수	%
전체		(2034)	100.0
성별	남성	(833)	41.0
	여성	(1201)	59.0
연령	만 65-69세	(573)	28.2
	70대	(1022)	50.2
	80대 이상	(439)	21.6
거주지역	농촌지역	(657)	32.3
	도시지역	(1377)	67.7
학력	무학	(524)	25.8
	1년~3년	(125)	6.1
	4년~6년	(657)	32.3
	7년~9년	(294)	14.5
	10년~12년	(297)	14.6
	13년 이상	(137)	6.7
건강상태	매우 건강	(141)	6.9
	건강	(460)	22.6
	보통	(495)	24.3
	건강하지 못함	(695)	34.2
	매우 건강하지 못함	(243)	11.9
월 평균 가구소득	50만원 미만	(509)	25.0
	50만원~150만원 미만	(762)	37.5
	150만원~250만원 미만	(439)	21.6
	250만원 이상	(293)	14.4
	잘 모른다	(31)	1.5

문1. 어르신께서는 누구와 함께 살고 계십니까? 함께 살고 계시는 가족 등의 인원수를 모두 응답란에 숫자로 적어주시기 바랍니다.

<1> 배우자

구분		사례수	없음		1명		계		평균(명)
			(n)	%	(n)	%	(n)	%	
전체		(2034)	(940)	46.2	(1094)	53.8	(2034)	100.0	1.00
성별	남성	(833)	(144)	17.3	(689)	82.7	(833)	100.0	1.00
	여성	(1201)	(796)	66.3	(405)	33.7	(1201)	100.0	1.00
연령	만 65-69세	(573)	(171)	29.8	(402)	70.2	(573)	100.0	1.00
	70대	(1022)	(470)	46.0	(552)	54.0	(1022)	100.0	1.00
	80대 이상	(439)	(299)	68.1	(140)	31.9	(439)	100.0	1.00
거주지역	농촌지역	(657)	(280)	42.6	(377)	57.4	(657)	100.0	1.00
	도시지역	(1377)	(660)	47.9	(717)	52.1	(1377)	100.0	1.00
학력	무학	(524)	(355)	67.7	(169)	32.3	(524)	100.0	1.00
	1년~3년	(125)	(79)	63.2	(46)	36.8	(125)	100.0	1.00
	4년~6년	(657)	(310)	47.2	(347)	52.8	(657)	100.0	1.00
	7년~9년	(294)	(105)	35.7	(189)	64.3	(294)	100.0	1.00
	10년~12년	(297)	(70)	23.6	(227)	76.4	(297)	100.0	1.00
	13년 이상	(137)	(21)	15.3	(116)	84.7	(137)	100.0	1.00
건강상태	매우 건강	(141)	(49)	34.8	(92)	65.2	(141)	100.0	1.00
	건강	(460)	(130)	28.3	(330)	71.7	(460)	100.0	1.00
	보통	(495)	(208)	42.0	(287)	58.0	(495)	100.0	1.00
	건강하지 못함	(695)	(387)	55.7	(308)	44.3	(695)	100.0	1.00
	매우 건강하지 못함	(243)	(166)	68.3	(77)	31.7	(243)	100.0	1.00
월 평균 가구 소득	50만원 미만	(509)	(374)	73.5	(135)	26.5	(509)	100.0	1.00
	50만원~150만원 미만	(762)	(317)	41.6	(445)	58.4	(762)	100.0	1.00
	150만원~250만원 미만	(439)	(129)	29.4	(310)	70.6	(439)	100.0	1.00
	250만원 이상	(293)	(98)	33.4	(195)	66.6	(293)	100.0	1.00
	잘 모른다	(31)	(22)	71.0	(9)	29.0	(31)	100.0	1.00

문1. 어르신께서는 누구와 함께 살고 계십니까? 함께 살고 계시는 가족 등의 인원수를 모두 응답란에 숫자로 적어주시기 바랍니다.

<2> 장남

구분		사례수	없음		1명		계		평균(명)
			(n)	%	(n)	%	(n)	%	
전체		(2034)	(1777)	87.4	(257)	12.6	(2034)	100.0	1.00
성별	남성	(833)	(747)	89.7	(86)	10.3	(833)	100.0	1.00
	여성	(1201)	(1030)	85.8	(171)	14.2	(1201)	100.0	1.00
연령	만 65-69세	(573)	(521)	90.9	(52)	9.1	(573)	100.0	1.00
	70대	(1022)	(896)	87.7	(126)	12.3	(1022)	100.0	1.00
	80대 이상	(439)	(360)	82.0	(79)	18.0	(439)	100.0	1.00
거주지역	농촌지역	(657)	(571)	86.9	(86)	13.1	(657)	100.0	1.00
	도시지역	(1377)	(1206)	87.6	(171)	12.4	(1377)	100.0	1.00
학력	무학	(524)	(444)	84.7	(80)	15.3	(524)	100.0	1.00
	1년~3년	(125)	(106)	84.8	(19)	15.2	(125)	100.0	1.00
	4년~6년	(657)	(563)	85.7	(94)	14.3	(657)	100.0	1.00
	7년~9년	(294)	(271)	92.2	(23)	7.8	(294)	100.0	1.00
	10년~12년	(297)	(270)	90.9	(27)	9.1	(297)	100.0	1.00
	13년 이상	(137)	(123)	89.8	(14)	10.2	(137)	100.0	1.00
건강상태	매우 건강	(141)	(126)	89.4	(15)	10.6	(141)	100.0	1.00
	건강	(460)	(412)	89.6	(48)	10.4	(460)	100.0	1.00
	보통	(495)	(437)	88.3	(58)	11.7	(495)	100.0	1.00
	건강하지 못함	(695)	(591)	85.0	(104)	15.0	(695)	100.0	1.00
	매우 건강하지 못함	(243)	(211)	86.8	(32)	13.2	(243)	100.0	1.00
월 평균 가구 소득	50만원 미만	(509)	(495)	97.2	(14)	2.8	(509)	100.0	1.00
	50만원~150만원 미만	(762)	(718)	94.2	(44)	5.8	(762)	100.0	1.00
	150만원~250만원 미만	(439)	(354)	80.6	(85)	19.4	(439)	100.0	1.00
	250만원 이상	(293)	(195)	66.6	(98)	33.4	(293)	100.0	1.00
	잘 모른다	(31)	(15)	48.4	(16)	51.6	(31)	100.0	1.00

문1. 어르신께서는 누구와 함께 살고 계십니까? 함께 살고 계시는 가족 등의 인원수를 모두 응답란에 숫자로 적어주시기 바랍니다.

<3> 장남 이외 아들

		사례수	없음		1명		2명		계		평균 (명)
			(n)	%	(n)	%	(n)	%	(n)	%	
전체		(2034)	(1868)	91.8	(161)	7.9	(5)	.2	(2034)	100.0	1.03
성별	남성	(833)	(779)	93.5	(54)	6.5	(0)	.0	(833)	100.0	1.00
	여성	(1201)	(1089)	90.7	(107)	8.9	(5)	.4	(1201)	100.0	1.04
연령	만 65-69세	(573)	(526)	91.8	(46)	8.0	(1)	.2	(573)	100.0	1.02
	70대	(1022)	(959)	93.8	(60)	5.9	(3)	.3	(1022)	100.0	1.05
	80대 이상	(439)	(383)	87.2	(55)	12.5	(1)	.2	(439)	100.0	1.02
거주 지역	농촌지역	(657)	(612)	93.2	(44)	6.7	(1)	.2	(657)	100.0	1.02
	도시지역	(1377)	(1256)	91.2	(117)	8.5	(4)	.3	(1377)	100.0	1.03
학력	무학	(524)	(472)	90.1	(49)	9.4	(3)	.6	(524)	100.0	1.06
	1년~3년	(125)	(115)	92.0	(10)	8.0	(0)	.0	(125)	100.0	1.00
	4년~6년	(657)	(605)	92.1	(50)	7.6	(2)	.3	(657)	100.0	1.04
	7년~9년	(294)	(273)	92.9	(21)	7.1	(0)	.0	(294)	100.0	1.00
	10년~12년	(297)	(274)	92.3	(23)	7.7	(0)	.0	(297)	100.0	1.00
	13년 이상	(137)	(129)	94.2	(8)	5.8	(0)	.0	(137)	100.0	1.00
건강 상태	매우 건강	(141)	(128)	90.8	(13)	9.2	(0)	.0	(141)	100.0	1.00
	건강	(460)	(427)	92.8	(30)	6.5	(3)	.7	(460)	100.0	1.09
	보통	(495)	(449)	90.7	(46)	9.3	(0)	.0	(495)	100.0	1.00
	건강하지 못함	(695)	(647)	93.1	(46)	6.6	(2)	.3	(695)	100.0	1.04
	매우 건강하지 못함	(243)	(217)	89.3	(26)	10.7	(0)	.0	(243)	100.0	1.00
월 평균 가구 소득	50만원 미만	(509)	(498)	97.8	(11)	2.2	(0)	.0	(509)	100.0	1.00
	50만원~150만원 미만	(762)	(737)	96.7	(24)	3.1	(1)	.1	(762)	100.0	1.04
	150만원~250만원 미만	(439)	(371)	84.5	(68)	15.5	(0)	.0	(439)	100.0	1.00
	250만원 이상	(293)	(241)	82.3	(49)	16.7	(3)	1.0	(293)	100.0	1.06
	잘 모른다	(31)	(21)	67.7	(9)	29.0	(1)	3.2	(31)	100.0	1.10

문1. 어르신께서는 누구와 함께 살고 계십니까? 함께 살고 계시는 가족 등의 인원수를 모두 응답란에 숫자로 적어주시기 바랍니다.

<4> 딸

		사례수	없음		1명		2명		3명		계		평균 (명)
			(n)	%	(n)	%	(n)	%	(n)	%	(n)	%	
전체		(2034)	(1941)	95.4	(89)	4.4	(3)	.1	(1)	.0	(2034)	100.0	1.03
성별	남성	(833)	(803)	96.4	(28)	3.4	(1)	.1	(1)	.1	(833)	100.0	1.00
	여성	(1201)	(1138)	94.8	(61)	5.1	(2)	.2	(0)	.0	(1201)	100.0	1.04
연령	만 65-69세	(573)	(546)	95.3	(25)	4.4	(1)	.2	(1)	.2	(573)	100.0	1.02
	70대	(1022)	(976)	95.5	(44)	4.3	(2)	.2	(0)	.0	(1022)	100.0	1.05
	80대 이상	(439)	(419)	95.4	(20)	4.6	(0)	.0	(0)	.0	(439)	100.0	1.02
거주지역	농촌지역	(657)	(635)	96.7	(20)	3.0	(1)	.2	(1)	.2	(657)	100.0	1.02
	도시지역	(1377)	(1306)	94.8	(69)	5.0	(2)	.1	(0)	.0	(1377)	100.0	1.03
학력	무학	(524)	(509)	97.1	(15)	2.9	(0)	.0	(0)	.0	(524)	100.0	1.06
	1년~3년	(125)	(120)	96.0	(4)	3.2	(1)	.8	(0)	.0	(125)	100.0	1.00
	4년~6년	(657)	(617)	93.9	(37)	5.6	(2)	.3	(1)	.2	(657)	100.0	1.04
	7년~9년	(294)	(277)	94.2	(17)	5.8	(0)	.0	(0)	.0	(294)	100.0	1.00
	10년~12년	(297)	(286)	96.3	(11)	3.7	(0)	.0	(0)	.0	(297)	100.0	1.00
	13년 이상	(137)	(132)	96.4	(5)	3.6	(0)	.0	(0)	.0	(137)	100.0	1.00
건강상태	매우 건강	(141)	(136)	96.5	(5)	3.5	(0)	.0	(0)	.0	(141)	100.0	1.00
	건강	(460)	(434)	94.3	(25)	5.4	(1)	.2	(0)	.0	(460)	100.0	1.09
	보통	(495)	(474)	95.8	(20)	4.0	(0)	.0	(1)	.2	(495)	100.0	1.00
	건강하지 못함	(695)	(663)	95.4	(30)	4.3	(2)	.3	(0)	.0	(695)	100.0	1.04
	매우 건강하지 못함	(243)	(234)	96.3	(9)	3.7	(0)	.0	(0)	.0	(243)	100.0	1.00
월 평균 가구 소득	50만원 미만	(509)	(506)	99.4	(3)	.6	(0)	.0	(0)	.0	(509)	100.0	1.00
	50만원~150만원 미만	(762)	(723)	94.9	(36)	4.7	(2)	.3	(1)	.1	(762)	100.0	1.04
	150만원~250만원 미만	(439)	(414)	94.3	(24)	5.5	(1)	.2	(0)	.0	(439)	100.0	1.00
	250만원 이상	(293)	(270)	92.2	(23)	7.8	(0)	.0	(0)	.0	(293)	100.0	1.06
	잘 모른다	(31)	(28)	90.3	(3)	9.7	(0)	.0	(0)	.0	(31)	100.0	1.10

문1. 어르신께서는 누구와 함께 살고 계십니까? 함께 살고 계시는 가족 등의 인원수를 모두 응답란에 숫자로 적어주시기 바랍니다.

<5> 사위

		시례수	없음		1명		계		평균 (명)
			(n)	%	(n)	%	(n)	%	
전체		(2034)	(2014)	99.0	(20)	1.0	(2034)	100.0	1.00
성별	남성	(833)	(829)	99.5	(4)	.5	(833)	100.0	1.00
	여성	(1201)	(1185)	98.7	(16)	1.3	(1201)	100.0	1.00
연령	만 65-69세	(573)	(570)	99.5	(3)	.5	(573)	100.0	1.00
	70대	(1022)	(1011)	98.9	(11)	1.1	(1022)	100.0	1.00
	80대 이상	(439)	(433)	98.6	(6)	1.4	(439)	100.0	1.00
거주지역	농촌지역	(657)	(654)	99.5	(3)	.5	(657)	100.0	1.00
	도시지역	(1377)	(1360)	98.8	(17)	1.2	(1377)	100.0	1.00
학력	무학	(524)	(521)	99.4	(3)	.6	(524)	100.0	1.00
	1년~3년	(125)	(124)	99.2	(1)	.8	(125)	100.0	1.00
	4년~6년	(657)	(647)	98.5	(10)	1.5	(657)	100.0	1.00
	7년~9년	(294)	(291)	99.0	(3)	1.0	(294)	100.0	1.00
	10년~12년	(297)	(294)	99.0	(3)	1.0	(297)	100.0	1.00
	13년 이상	(137)	(137)	100.0	(0)	.0	(137)	100.0	1.00
건강상태	매우 건강	(141)	(140)	99.3	(1)	.7	(141)	100.0	1.00
	건강	(460)	(454)	98.7	(6)	1.3	(460)	100.0	1.00
	보통	(495)	(491)	99.2	(4)	.8	(495)	100.0	1.00
	건강하지 못함	(695)	(686)	98.7	(9)	1.3	(695)	100.0	1.00
	매우 건강하지 못함	(243)	(243	100.0	(0)	.0	(243)	100.0	1.00
월 평균 가구 소득	50만원 미만	(509)	(509)	100.0	(0)	.0	(509)	100.0	1.00
	50만원~150만원 미만	(762)	(761)	99.9	(1)	.1	(762)	100.0	1.00
	150만원~250만원 미만	(439)	(435)	99.1	(4)	.9	(439)	100.0	1.00
	250만원 이상	(293)	(280)	95.6	(13)	4.4	(293)	100.0	1.00
	잘 모른다	(31)	(29)	93.5	(2)	6.5	(31)	100.0	1.00

문1. 어르신께서는 누구와 함께 살고 계십니까? 함께 살고 계시는 가족 등의 인원수를 모두 응답란에 숫자로 적어주시기 바랍니다.

<6> 며느리

		사례수	없음		1명		2명		계		평균(명)
			(n)	%	(n)	%	(n)	%	(n)	%	
전체		(2034)	(1778)	87.4	(255)	12.5	(1)	.0	(2034)	100.0	1.00
성별	남성	(833)	(763)	31.6	(70)	8.4	(0)	.0	(833)	100.0	1.00
	여성	(1201)	(1015)	84.5	(185)	15.4	(1)	.1	(1201)	100.0	1.01
연령	만 65-69세	(573)	(545)	95.1	(28)	4.9	(0)	.0	(573)	100.0	1.00
	70대	(1022)	(908)	88.8	(114)	11.2	(0)	.0	(1022)	100.0	1.00
	80대 이상	(439)	(325)	74.0	(113)	25.7	(1)	.2	(439)	100.0	1.01
거주지역	농촌지역	(657)	(575)	87.5	(81)	12.3	(1)	.2	(657)	100.0	1.01
	도시지역	(1377)	(1203)	87.4	(174)	12.6	(0)	.0	(1377)	100.0	1.00
학력	무학	(524)	(424)	80.9	(99)	18.9	(1)	.2	(524)	100.0	1.01
	1년~3년	(125)	(108)	86.4	(17)	13.6	(0)	.0	(125)	100.0	1.00
	4년~6년	(657)	(568)	86.5	(89)	13.5	(0)	.0	(657)	100.0	1.00
	7년~9년	(294)	(270)	91.8	(24)	8.2	(0)	.0	(294)	100.0	1.00
	10년~12년	(297)	(276)	92.9	(21)	7.1	(0)	.0	(297)	100.0	1.00
	13년 이상	(137)	(132)	96.4	(5)	3.6	(0)	.0	(137)	100.0	1.00
건강상태	매우 건강	(141)	(131)	92.9	(10)	7.1	(0)	.0	(141)	100.0	1.00
	건강	(460)	(414)	90.0	(46)	10.0	(0)	.0	(460)	100.0	1.00
	보통	(495)	(432)	87.3	(62)	12.5	(1)	.2	(495)	100.0	1.02
	건강하지 못함	(695)	(595)	85.6	(100)	14.4	(0)	.0	(695)	100.0	1.00
	매우 건강하지 못함	(243)	(206)	84.8	(37)	15.2	(0)	.0	(243)	100.0	1.00
월 평균 가구 소득	50만원 미만	(509)	(500)	96.2	(9)	1.8	(0)	.0	(509)	100.0	1.00
	50만원~150만원 미만	(762)	(732)	96.1	(30)	3.9	(0)	.0	(762)	100.0	1.00
	150만원~250만원 미만	(439)	(345)	78.6	(93)	21.2	(1)	.2	(439)	100.0	1.01
	250만원 이상	(293)	(191)	65.2	(102)	34.8	(0)	.0	(293)	100.0	1.00
	잘 모른다	(31)	(31)	32.3	(21)	67.7	(0)	.0	(31)	100.0	1.00

문1. 어르신께서는 누구와 함께 살고 계십니까? 함께 살고 계시는 가족 등의 인원수를 모두 응답란에 숫자로 적어주시기 바랍니다.

<7> 손자/손녀

		사례수	없음		1명		2명		3명		4명		계		평균 (명)
			(n)	%	(n)	%	(n)	%	(n)	%	(n)	%	(n)	%	
전체		(2034)	(1777)	87.4	(95)	4.7	(131)	6.4	(28)	1.4	(3)	.1	(2034)	100.0	1.00
성별	남성	(833)	(763)	91.6	(21)	2.5	(39)	4.7	(10)	1.2	(0)	.0	(833)	100.0	1.00
	여성	(1201)	(1014)	84.4	(74)	6.2	(92)	7.7	(18)	1.5	(3)	.2	(1201)	100.0	1.01
연령	만 65-69세	(573)	(529)	92.3	(15)	2.6	(23)	4.0	(5)	.9	(1)	.2	(573)	100.0	1.00
	70대	(1022)	(896)	87.7	(47)	4.6	(62)	6.1	(16)	1.6	(1)	.1	(1022)	100.0	1.00
	80대 이상	(439)	(352)	80.2	(3)	7.5	(46)	10.5	(7)	1.6	(1)	.2	(439)	100.0	1.01
거주지역	농촌지역	(657)	(593)	90.3	(22)	3.3	(34)	5.2	(8)	1.2	(0)	.0	(657)	100.0	1.01
	도시지역	(1377)	(1184)	86.0	(73)	5.3	(97)	7.0	(20)	1.5	(3)	.2	(1377)	100.0	1.00
학력	무학	(524)	(443)	84.5	(28)	5.3	(44)	8.4	(7)	1.3	(2)	.4	(524)	100.0	1.01
	1년~3년	(125)	(112)	89.6	(5)	4.0	(7)	5.6	(1)	.8	(0)	.0	(125)	100.0	1.00
	4년~6년	(657)	(552)	84.0	(40)	6.1	(53)	8.1	(11)	1.7	(1)	.2	(657)	100.0	1.00
	7년~9년	(294)	(266)	90.5	(12)	4.1	(15)	5.1	(1)	.3	(0)	.0	(294)	100.0	1.00
	10년~12년	(297)	(273)	91.9	(8)	2.7	(11)	3.7	(5)	1.7	(0)	.0	(297)	100.0	1.00
	13년 이상	(137)	(131)	95.6	(2)	1.5	(1)	.7	(3)	2.2	(0)	.0	(137)	100.0	1.00
건강상태	매우 건강	(141)	(129)	91.5	(4)	2.8	(5)	3.5	(2)	1.4	(1)	.7	(141)	100.0	1.00
	건강	(460)	(404)	87.8	(20)	4.3	(32)	7.0	(4)	.9	(0)	.0	(460)	100.0	1.00
	보통	(495)	(428)	86.5	(24)	4.8	(34)	6.9	(9)	1.8	(0)	.0	(495)	100.0	1.02
	건강하지 못함	(695)	(609)	87.6	(34)	4.9	(41)	5.9	(9)	1.3	(2)	.3	(695)	100.0	1.00
	매우 건강하지 못함	(243)	(207)	85.2	(13)	5.3	(19)	7.8	(4)	1.6	(0)	.0	(243)	100.0	1.00
월 평균 가구 소득	50만원 미만	(509)	(494)	97.1	(8)	1.6	(7)	1.6	(0)	.0	(0)	.0	(509)	100.0	1.00
	50만원~150만원 미만	(762)	(722)	94.8	(21)	2.8	(16)	2.1	(3)	.4	(0)	.0	(762)	100.0	1.00
	150만원~250만원 미만	(439)	(359)	81.8	(22)	5.0	(46)	10.5	(12)	2.7	(0)	.0	(439)	100.0	1.01
	250만원 이상	(293)	(192)	65.5	(36)	12.3	(53)	18.1	(10)	3.4	(2)	.7	(293)	100.0	1.00
	잘 모른다	(31)	(10)	32.3	(8)	25.8	(9)	29.0	(3)	9.7	(1)	3.2	(31)	100.0	1.00

문1. 어르신께서는 누구와 함께 살고 계십니까? 함께 살고 계시는 가족 등의 인원수를 모두 응답란에 숫자로 적어주시기 바랍니다.

<8> 부모

		사례수	없음		1명		계		평균 (명)
			(n)	%	(n)	%	(n)	%	
전체		(2034)	(2012)	98.9	(22)	1.1	(2034)	100.0	1.00
성별	남성	(833)	(818)	98.2	(15)	1.8	(833)	100.0	1.00
	여성	(1201)	(1194)	99.4	(7)	.6	(1201)	100.0	1.00
연령	만 65-69세	(573)	(559)	97.6	(14)	2.4	(573)	100.0	1.00
	70대	(1022)	(1016)	99.4	(6)	.6	(1022)	100.0	1.00
	80대 이상	(439)	(437)	99.5	(2)	.5	(439)	100.0	1.00
거주 지역	농촌지역	(657)	(647)	98.5	(10)	1.5	(657)	100.0	1.00
	도시지역	(1377)	(1365)	99.1	(12)	.9	(1377)	100.0	1.00
학력	무학	(524)	(522)	99.6	(2)	.4	(524)	100.0	1.00
	1년~3년	(125)	(125)	100.0	(0)	.0	(125)	100.0	1.00
	4년~6년	(657)	(650)	98.9	(7)	1.1	(657)	100.0	1.00
	7년~9년	(294)	(290)	98.6	(4)	1.4	(294)	100.0	1.00
	10년~12년	(297)	(293)	98.7	(4)	1.3	(297)	100.0	1.00
	13년 이상	(137)	(132)	96.4	(5)	3.6	(137)	100.0	1.00
건강 상태	매우 건강	(141)	(140)	99.3	(1)	.7	(141)	100.0	1.00
	건강	(460)	(454)	98.7	(6)	1.3	(460)	100.0	1.00
	보통	(495)	(487)	98.4	(8)	1.6	(495)	100.0	1.00
	건강하지 못함	(695)	(690)	99.3	(5)	.7	(695)	100.0	1.00
	매우 건강하지 못함	(243)	(241)	99.2	(2)	.8	(243)	100.0	1.00
월 평균 가구 소득	50만원 미만	(509)	(507)	99.6	(2)	.4	(509)	100.0	1.00
	50만원~150만원 미만	(762)	(758)	99.5	(4)	.5	(762)	100.0	1.00
	150만원~250만원 미만	(439)	(428)	97.5	(11)	2.5	(439)	100.0	1.00
	250만원 이상	(293)	(288)	98.3	(5)	1.7	(293)	100.0	1.00
	잘 모른다	(31)	(31)	100.0	(0)	.0	(31)	100.0	1.00

문1. 어르신께서는 누구와 함께 살고 계십니까? 함께 살고 계시는 가족 등의 인원수를 모두 응답란에 숫자로 적어주시기 바랍니다.

<9> 형제

		사례수	없음		1명		계		평균(명)
			(n)	%	(n)	%	(n)	%	
전체		(2034)	(2032)	99.9	(2)	.1	(2034)	100.0	1.00
성별	남성	(833)	(832)	99.9	(1)	.1	(833)	100.0	1.00
	여성	(1201)	(1200)	99.9	(1)	.1	(1201)	100.0	1.00
연령	만 65-69세	(573)	(573)	100.0	(0)	.0	(573)	100.0	.
	70대	(1022)	(1020)	99.8	(2)	.2	(1022)	100.0	1.00
	80대 이상	(439)	(439)	100.0	(0)	.0	(439)	100.0	.
거주지역	농촌지역	(657)	(657)	99.8	(1)	.2	(657)	100.0	1.00
	도시지역	(1377)	(1377)	99.9	(1)	.1	(1377)	100.0	1.00
학력	무학	(524)	(524)	100.0	(0)	.0	(524)	100.0	.
	1년~3년	(125)	(125)	100.0	(0)	.0	(125)	100.0	.
	4년~6년	(657)	(657)	99.7	(2)	.3	(657)	100.0	1.00
	7년~9년	(294)	(294)	100.0	(0)	.0	(294)	100.0	
	10년~12년	(297)	(297)	100.0	(0)	.0	(297)	100.0	
	13년 이상	(137)	(137)	100.0	(0)	.0	(137)	100.0	
건강상태	매우 건강	(141)	(141)	100.0	(0)	.0	(141)	100.0	
	건강	(460)	(459)	99.8	(1)	.2	(460)	100.0	1.00
	보통	(495)	(495)	100.0	(0)	.0	(495)	100.0	
	건강하지 못함	(695)	(695)	100.0	(0)	.0	(695)	100.0	
	매우 건강하지 못함	(243)	(242)	99.6	(1)	.4	(243)	100.0	1.00
월평균가구소득	50만원 미만	(509)	(509)	100.0	(0)	.0	(509)	100.0	
	50만원~150만원 미만	(762)	(761)	99.9	(1)	.1	(762)	100.0	1.00
	150만원~250만원 미만	(439)	(438)	99.8	(1)	.2	(439)	100.0	1.00
	250만원 이상	(293)	(293)	100.0	(0)	.0	(293)	100.0	
	잘 모른다	(31)	(31)	100.0	(0)	.0	(31)	100.0	

문1. 어르신께서는 누구와 함께 살고 계십니까? 함께 살고 계시는 가족 등의 인원수를 모두 응답란에 숫자로 적어주시기 바랍니다.

<10> 기타 친척

		사례수	없음		1명		2명		계		평균(명)
			(n)	%	(n)	%	(n)	%	(n)	%	
전체		(2034)	(2030)	99.8	(3)	.1	(1)	.0	(2034)	100.0	1.25
성별	남성	(833)	(832)	99.9	(1)	.1	(0)	.0	(833)	100.0	1.00
	여성	(1201)	(1198)	99.8	(2)	.2	(1)	.1	(1201)	100.0	1.33
연령	만 65-69세	(573)	(573)	100.0	(0)	.0	(0)	.0	(573)	100.0	.
	70대	(1022)	(1020)	99.8	(2)	.2	(0)	.0	(1022)	100.0	1.00
	80대 이상	(439)	(437)	99.5	(1)	.2	(1)	.2	(439)	100.0	1.50
거주지역	농촌지역	(657)	(657)	100.0	(0)	.0	(0)	.0	(657)	100.0	.
	도시지역	(1377)	(1373)	99.7	(3)	.2	(1)	.1	(1377)	100.0	1.25
학력	무학	(524)	(523)	99.8	(1)	.2	(0)	.0	(524)	100.0	1.00
	1년~3년	(125)	(125)	100.0	(0)	.0	(0)	.0	(125)	100.0	.
	4년~6년	(657)	(654)	99.5	(2)	.3	(1)	.2	(657)	100.0	1.33
	7년~9년	(294)	(294)	100.0	(0)	.0	(0)	.0	(294)	100.0	.
	10년~12년	(297)	(297)	100.0	(0)	.0	(0)	.0	(297)	100.0	.
	13년 이상	(137)	(197)	100.0	(0)	.0	(0)	.0	(137)	100.0	.
건강상태	매우 건강	(141)	(141)	100.0	(0)	.0	(0)	.0	(141)	100.0	.
	건강	(460)	(460)	100.0	(0)	.0	(0)	.0	(460)	100.0	.
	보통	(495)	(495)	100.0	(0)	.0	(0)	.0	(495)	100.0	.
	건강하지 못함	(695)	(692)	99.6	(3)	.4	(0)	.0	(695)	100.0	1.00
	매우 건강하지 못함	(243)	(242)	99.6	(0)	.0	(1)	.4	(243)	100.0	2.00
월 평균 가구 소득	50만원 미만	(509)	(507)	99.6	(2)	.4	(0)	.0	(509)	100.0	1.00
	50만원~150만원 미만	(762)	(761)	99.9	(1)	.1	(0))	.0	(762)	100.0	1.00
	150만원~250만원 미만	(439)	(439)	100.0	(0)	.0	(0)	.0	(439)	100.0	.
	250만원 이상	(293)	(292)	99.7	(0)	.0	(1)	.3	(293)	100.0	2.00
	잘 모른다	(31)	(31)	100.0	(0)	.0	(0)	.0	(31)	100.0	.

문1. 어르신께서는 누구와 함께 살고 계십니까? 함께 살고 계시는 가족 등의 인원수를 모두 응답란에 숫자로 적어주시기 바랍니다.

<11> 친구

		사례수	없음		1명		계		평균(명)
			(n)	%	(n)	%	(n)	%	
전체		(2034)	(2031)	99.9	(3)	.1	(2034)	100.0	1.00
성별	남성	(833)	(831)	99.8	(2)	.2	(833)	100.0	1.00
	여성	(1201)	(1200)	99.9	(1)	.1	(1201)	100.0	1.00
연령	만 65-69세	(573)	(571)	99.7	(2)	.3	(573)	100.0	1.00
	70대	(1022)	(1021)	99.9	(1)	.1	(1022)	100.0	1.00
	80대 이상	(439)	(439)	100.0	(0)	.0	(439)	100.0	.
거주지역	농촌지역	(657)	(654)	99.5	(3)	.5	(657)	100.0	1.00
	도시지역	(1377)	(1377)	100.0	(0)	.0	(1377)	100.0	.
학력	무학	(524)	(524)	100.0	(0)	.0	(524)	100.0	.
	1년~3년	(125)	(125)	100.0	(0)	.0	(125)	100.0	.
	4년~6년	(657)	(656)	99.8	(1)	.2	(657)	100.0	1.00
	7년~9년	(294)	(294)	100.0	(0)	.0	(294)	100.0	.
	10년~12년	(297)	(296)	99.7	(1)	.3	(297)	100.0	1.00
	13년 이상	(137)	(136)	99.3	(1)	.7	(137)	100.0	1.00
건강상태	매우 건강	(141)	(141)	100.0	(0)	.0	(141)	100.0	.
	건강	(460)	(457)	99.3	(3)	.7	(460)	100.0	1.00
	보통	(495)	(495)	100.0	(0)	.0	(495)	100.0	.
	건강하지 못함	(695)	(695)	100.0	(0)	.0	(695)	100.0	.
	매우 건강하지 못함	(243)	(243)	100.0	(0)	.0	(243)	100.0	.
월 평균 가구 소득	50만원 미만	(509)	(509)	100.0	(0)	.0	(509)	100.0	.
	50만원~150만원 미만	(762)	(759)	99.6	(3)	.4	(762)	100.0	1.00
	150만원~250만원 미만	(439)	(439)	100.0	(0)	.0	(439)	100.0	.
	250만원 이상	(293)	(293)	100.0	(0)	.0	(293)	100.0	.
	잘 모른다	(31)	(31)	100.0	(0)	.0	(31)	100.0	.

문1. 어르신께서는 누구와 함께 살고 계십니까? 함께 살고 계시는 가족 등의 인원수를 모두 응답란에 숫자로 적어주시기 바랍니다.

<12> 기타

		사례수	1명		2명		3명		계		평균 (명)
			(n)	%	(n)	%	(n)	%	(n)	%	
전체		(3)	(1)	33.3	(1)	33.3	(1)	33.3	(3)	100.0	2.00
성별	남성	(1)	(1)	100.0	(0)	.0	(0)	.0	(1)	100.0	1.00
	여성	(2)	(0)	.0	(1)	50.0	(1)	50.0	(2)	100.0	2.50
연령	만 65-69세	(1)	(1)	100.0	(0)	.0	(0)	.0	(1)	100.0	1.00
	80대 이상	(2)	(0)	.0	(1)	50.0	(1)	50.0	(2)	100.0	2.50
거주 지역	농촌지역	(1)	(0)	.0	(1)	100.0	(0)	.0	(1)	100.0	2.00
	도시지역	(2)	(1)	50.0	(0)	.0	(1)	50.0	(2)	100.0	2.00
학력	무학	(1)	(0)	.0	(1)	100.0	(0)	.0	(1)	100.0	2.00
	1년~3년	(1)	(0)	.0	(0)	.0	(1)	100.0	(1)	100.0	3.00
	7년~9년	(1)	(1)	100.0	(0)	.0	(0)	.0	(1)	100.0	1.00
건강 상태	건강	(2)	(1)	50.0	(0)	.0	(1)	50.0	(2)	100.0	2.00
	매우 건강하지 못함	(1)	(0)	.0	(1)	100.0	(0)	.0	(1)	100.0	2.00
월 평균 가구소득	150만원~250만원 미만	(2)	(1)	50.0	(1)	50.0	(0)	.0	(2)	100.0	1.50
	250만원 이상	(1)	(0)	.0	(0)	.0	(1)	100.0	(1)	100.0	3.00

문1. 어르신께서는 누구와 함께 살고 계십니까? 함께 살고 계시는 가족 등의 인원수를 모두 응답란에 숫자로 적어주시기 바랍니다.

<13> 동거 가족 수 총합 (본인포함)

		사례수	1명		2명		3명		4명		5명		6명		7명		계		평균(명)
			(n)	%	(n)	%	(n)	%	(n)	%	(n)	%	(n)	%	(n)	%	(n)	%	
전체		(2034)	(620)	30.5	(961)	47.2	(198)	9.7	(80)	3.9	(100)	4,9	(59)	2.9	(16)	.8	(2034)	100.0	2.17
성별	남성	(833)	(114)	13.7	(542)	65.1	(87)	10.4	(31)	3.7	(26)	3,1	(26)	3.1	(7)	.8	(833)	100.0	2.30
	여성	(1201)	(506)	42.1	(419)	34.9	(111)	9.2	(49)	4.1	(74)	6,2	(33)	2.7	(9)	.7	(1201)	100.0	2.08
연령	만 65–69세	(573)	(127)	22.2	(328)	57.2	(67)	11.7	(22)	3.8	(15)	2,6	(12)	2.1	(2)	.3	(573)	100.0	2.15
	70대	(1022)	(327)	32.0	(489)	47.8	(89)	8.7	(33)	3.2	(44)	4,3	(31)	3.0	(9)	.9	(1022)	100.0	2.13
	80대 이상	(439)	(166)	37.8	(144)	32.8	(42)	9.6	(25)	5.7	(41)	9,3	(16)	3.6	(5)	1.1	(439)	100.0	2.31
거주지역	농촌지역	(657)	(188)	28.6	(333)	50.7	(64)	9.7	(22)	3.3	(29)	4,4	(19)	2.9	(2)	.3	(657)	100.0	2.14
	도시지역	(1377)	(432)	31.4	(628)	45.6	(134)	9.7	(58)	4.2	(71)	5,2	(40)	2.9	(14)	1.0	(1377)	100.0	2.19
학력	무학	(524)	(236)	45.0	(168)	32.1	(37)	7.1	(27)	5.2	(36)	6,9	(14)	2.7	(6)	1.1	(524)	100.0	2.09
	1년~3년	(125)	(52)	41.6	(45)	36.0	(18)	14.4	(1)	.8	(6)	4,8	(2)	1.6	(1)	.8	(125)	100.0	1.99
	4년~6년	(657)	(187)	28.5	(309)	47.0	(65)	9.9	(23)	3.5	(42)	6,4	(27)	4.1	(4)	.6	(657)	100.0	2.27
	7년~9년	(294)	(74)	25.2	(164)	55.8	(29)	9.9	(10)	3.4	(10)	3,4	(7)	2.4	(0)	.0	(294)	100.0	2.11
	10년~12년	(297)	(54)	18.2	(184)	62.0	(30)	10.1	(13)	4.4	(5)	1,7	(7)	2.4	(4)	1.3	(297)	100.0	2.22
	13년 이상	(137)	(17)	12.4	(91)	66.4	(19)	13.9	(6)	4.4	(1)	,7	(2)	1.5	(1)	.7	(137)	100.0	2.22
건강상태	매우 건강	(141)	(37)	26.2	(77)	54.6	(12)	8.5	(6)	4.3	(5)	3,5	(2)	1.4	(2)	1.4	(141)	100.0	2.14
	건강	(460)	(80)	17.4	(272)	59.1	(54)	11.7	(15)	3.3	(19)	4,1	(18)	3.9	(2)	.4	(460)	100.0	2.31
	보통	(495)	(137)	27.7	(247)	49.9	(46)	9.3	(15)	3.0	(30)	6,1	(15)	3.0	(5)	1.0	(495)	100.0	2.23
	건강하지 못함	(695)	(254)	36.5	(287)	41.3	(66)	9.5	(32)	4.6	(36)	5,2	(15)	2.2	(5)	.7	(695)	100.0	2.10
	매우 건강하지 못함	(243)	(112)	46.1	(78)	32.1	(20)	8.2	(12)	4.9	(10)	4,1	(9)	3.7	(2)	.8	(243)	100.0	2.03
월 평균 가구 소득	50만원 미만	(509)	(340)	66.8	(150)	29.5	(13)	2.6	(2)	.4	(4)	,8	(0)	.0	(0)	.0	(509)	100.0	1.39
	50만원~150만원 미만	(762)	(233)	30.6	(449)	58.9	(52)	6.8	(13)	1.7	(8)	1,0	(6)	.8	(1)	.1	(762)	100.0	1.87
	150만원~250만원 미만	(439)	(39)	8.9	(233)	53.1	(78)	17.8	(27)	6.2	(33)	7,5	(23)	5.2	(6)	1.4	(439)	100.0	2.72
	250만원 이상	(293)	(8)	2.7	(125)	42.7	(48)	16.4	(31)	10.6	(49)	16,7	(26)	8.9	(6)	2.0	(293)	100.0	3.31
	잘 모른다	(31)	(0)	.0	(4)	12.9	(7)	22.6	(7)	22.6	(6)	19,4	(4)	12.9	(3)	9.7	(31)	100.0	4.26

문2. 어르신께서는 결혼하셨습니까?

		사례수	배우자와 동거		배우자와 별거		배우자와 이혼		배우자와 사별		미혼		계	
			(n)	%	(n)	%	(n)	%	(n)	%	(n)	%	(n)	%
전체		(2034)	(1094)	53.8	(29)	1.4	(53)	2.6	(856)	41.9	(5)	.2	(2034)	100.0
성별	남성	(833)	(689)	82.7	(14)	1.7	(28)	3.4	(101)	12.1	(1)	.1	(833)	100.0
	여성	(1201)	(405)	33.7	(15)	1.3	(25)	2.1	(752)	62.6	(4)	.3	(1201)	100.0
연령	만 65-69세	(573)	(402)	70.2	(12)	2.1	(31)	5.4	(125)	21.8	(3)	.5	(573)	100.0
	70대	(1022)	(552)	54.0	(13)	1.3	(19)	1.9	(436)	42.7	(2)	.2	(1022)	100.0
	80대 이상	(439)	(140)	31.9	(4)	.9	(3)	.7	(292)	66.5	(0)	.0	(439)	100.0
거주지역	농촌지역	(657)	(377)	57.4	(4)	.6	(7)	1.1	(269)	40.9	(0)	.0	(657)	100.0
	도시지역	(1377)	(717)	52.1	(25)	1.8	(46)	3.3	(584)	42.4	(5)	.4	(1377)	100.0
학력	무학	(524)	(169)	32.3	(4)	.8	(5)	1.0	(344)	65.6	(2)	.4	(524)	100.0
	1년~3년	(125)	(46)	36.8	(3)	2.4	(4)	3.2	(71)	56.8	(1)	.8	(125)	100.0
	4년~6년	(657)	(347)	52.8	(6)	.9	(19)	2.9	(285)	43.4	(0)	.0	(657)	100.0
	7년~9년	(294)	(189)	64.3	(6)	2.0	(8)	2.7	(91)	31.0	(0)	.0	(294)	100.0
	10년~12년	(297)	(227)	76.4	(5)	1.7	(10)	3.4	(53)	17.8	(2)	.7	(297)	100.0
	13년 이상	(137)	(116)	84.7	(5)	3.6	(7)	5.1	(9)	6.6	(0)	.0	(137)	100.0
건강상태	매우 건강	(141)	(92)	65.2	(2)	1.4	(4)	2.8	(42)	93.8	(1)	.7	(141)	100.0
	건강	(460)	(330)	71.7	(6)	1.3	(8)	1.7	(115)	25.0	(1)	.2	(460)	100.0
	보통	(495)	(287)	58.0	(10)	2.0	(15)	3.0	(182)	36.8	(1)	.2	(495)	100.0
	건강하지 못함	(695)	(308)	44.3	(8)	1.2	(19)	2.7	(358)	51.5	(2)	.3	(695)	100.0
	매우 건강하지 못함	(243)	(77)	31.7	(3)	1.2	(7)	2.9	(156)	64.2	(0)	.0	(243)	100.0
월 평균 가구 소득	50만원 미만	(509)	(35)	26.5	(15)	2.9	(20)	3.9	(336)	66.0	(3)	.6	(509)	100.0
	50만원~150만원 미만	(762)	(445)	58.4	(9)	1.2	(22)	2.9	(286)	37.5	(0)	.0	(762)	100.0
	150만원~250만원 미만	(439)	(310)	70.6	(2)	.5	(7)	1.6	(118)	26.9	(2)	.5	(439)	100.0
	250만원 이상	(293)	(195)	66.6	(3)	1.0	(4)	1.4	(91)	31.1	(0)	.0	(293)	100.0
	잘 모른다	(31)	(9)	29.0	(0)	.0	(0)	.0	(22)	71.0	(0)	.0	(31)	100.0

문2-1. 어르신께서는 배우자와 사별한 경험이 있으십니까?

		사례수	예		아니오		계	
			(n)	%	(n)	%	(n)	%
전체		(2029)	(859)	42.3	(1170)	57.7	(2029)	100.0
성별	남성	(832)	(106)	12.7	(726)	87.3	(832)	100.0
	여성	(1197)	(753)	62.9	(444)	37.1	(1197)	100.0
연령	만 65-69세	(570)	(126)	22.1	(444)	77.9	(570)	100.0
	70대	(1020)	(44)	43.2	(579)	56.8	(1020)	100.0
	80대 이상	(439)	(292)	66.5	(147)	33.5	(439)	100.0
거주 지역	농촌지역	(657)	(273)	41.6	(384)	58.4	(657)	100.0
	도시지역	(1372)	(586)	42.7	(786)	57.3	(1372)	100.0
학력	무학	(522)	(344)	65.9	(178)	34.1	(522)	100.0
	1년~3년	(124)	(71)	57.3	(53)	42.7	(124)	100.0
	4년~6년	(657)	(288)	43.8	(369)	56.2	(657)	100.0
	7년~9년	(294)	(91)	31.0	(203)	69.0	(294)	100.0
	10년~12년	(295)	(56)	19.0	(239)	81.0	(295)	100.0
	13년 이상	(137)	(9)	6.6	(128)	93.4	(137)	100.0
건강 상태	매우 건강	(140)	(42)	30.0	(98)	70.0	(140)	100.0
	건강	(459)	(116)	25.3	(343)	74.7	(459)	100.0
	보통	(494)	(185)	37.4	(309)	62.6	(494)	100.0
	건강하지 못함	(693)	(360)	51.9	(333)	48.1	(693)	100.0
	매우 건강하지 못함	(243)	(156)	64.2	(87)	35.8	(243)	100.0
월 평균 가구 소득	50만원 미만	(506)	(336)	66.4	(170)	33.6	(506)	100.0
	50만원~150만원 미만	(762)	(290)	38.1	(472)	61.9	(762)	100.0
	150만원~250만원 미만	(437)	(119)	27.2	(318)	72.8	(437)	100.0
	250만원 이상	(293)	(92)	31.4	(201)	68.6	(293)	100.0
	잘 모른다	(31)	(22)	71.0	(9)	29.0	(31)	100.0

문3. [문2의 1)에 응답한 분만] 아래의 질문(1 ~ 3)에 대해 어르신의 생각을 말씀해 주십시오.

<3-1> 결혼생활에 얼마나 만족하십니까?

		사례수	매우 불만족 한다		대체로 불만족 한다		그저 그렇다		대체로 만족 한다		매우 만족 한다		계	
			(n)	%	(n)	%	(n)	%	(n)	%	(n)	%	(n)	%
전체		(1094)	(5)	.5	(33)	3.0	(257)	23.5	(620)	56.7	(179)	16.4	(1094)	100.0
성별	남성	(689)	(1)	.1	(15)	2.2	(136)	19.7	(406)	58.9	(131)	19.0	(689)	100.0
	여성	(405)	(4)	1.0	(18)	4.4	(121)	29.9	(214)	52.8	(48)	11.9	(405)	100.0
연령	만 65-69세	(402)	(3)	.7	(8)	2.0	(82)	20.4	(246)	61.2	(63)	15.7	(402)	100.0
	70대	(552)	(2)	.4	(19)	3.4	(142)	25.7	(289)	52.4	(100)	18.1	(552)	100.0
	80대 이상	(140)	(0)	.0	(6)	4.3	(33)	23.6	(85)	60.7	(16)	11.4	(140)	100.0
거주 지역	농촌지역	(377)	(0)	.0	(15)	4.0	(88)	23.3	(238)	63.1	(36)	9.5	(377)	100.0
	도시지역	(717)	(5)	.7	(18)	2.5	(169)	23.6	(382)	53.3	(143)	19.9	(717)	100.0
학력	무학	(169)	(0)	.0	(12)	7.1	(62)	36.7	(81)	47.9	(14)	8.3	(169)	100.0
	1년~3년	(46)	(2)	4.3	(3)	6.5	(14)	30.4	(24)	52.2	(3)	6.5	(46)	100.0
	4년~6년	(347)	(1)	.3	(5)	1.4	(86)	24.8	(207)	59.7	(48)	13.8	(347)	100.0
	7년~9년	(189)	(0)	.0	(5)	2.6	(38)	20.1	(113)	59.8	(33)	17.5	(189)	100.0
	10년~12년	(227)	(1)	.4	(5)	2.2	(36)	15.9	(141)	62.1	(44)	19.4	(227)	100.0
	13년 이상	(116)	(1)	.9	(3)	2.6	(21)	18.1	(54)	46.6	(37)	31.9	(116)	100.0
건강 상태	매우 건강	(92)	(0)	.0	(0)	.0	(119)	20.7	(53)	57.6	(20)	21.7	(92)	100.0
	건강	(330)	(2)	.6	(5)	1.5	(62)	18.8	(189)	57.3	(72)	21.8	(330)	100.0
	보통	(287)	(2)	.7	(9)	3.1	(66)	23.0	(170)	59.2	(40)	13.9	(287)	100.0
	건강하지 못함	(308)	(1)	.3	(14)	4.5	(83)	26.9	(170)	55.5	(40)	13.0	(308)	100.0
	매우 건강하지 못함	(77)	(0)	.0	(5)	6.5	(27)	35.1	(38)	49.4	(7)	9.1	(77)	100.0
월 평균 가구 소득	50만원 미만	(135)	(1)	.7	(9)	6.7	(43)	31.9	(72)	53.3	(10)	7.4	(135)	100.0
	50만원~150만원 미만	(445)	(2)	.4	(14)	3.1	(113)	25.4	(251)	56.4	(65)	14.6	(445)	100.0
	150만원~250만원 미만	(310)	(0)	.0	(6)	1.9	(62)	20.0	(189)	61.0	(53)	17.1	(310)	100.0
	250만원 이상	(195)	(2)	1.0	(4)	2.1	(36)	18.5	(103)	52.8	(50)	25.6	(195)	100.0
	잘 모른다	(9)	(0)	.0	(0)	.0	(3)	33.3	(5)	55.6	(1)	11.1	(9)	100.0

문3. [문2의 1)에 응답한 분만] 아래의 질문(1 ~ 3)에 대해 어르신의 생각을 말씀해 주십시오.

<3-2> 배우자로서 남편/아내에게 얼마나 만족하십니까?

		사례수	매우 불만족 한다		대체로 불만족 한다		그저 그렇다		대체로 만족 한다		매우 만족 한다		계	
			(n)	%	(n)	%	(n)	%	(n)	%	(n)	%	(n)	%
전체		(1094)	(4)	.4	(32)	2.9	(259)	23.7	(592)	54.1	(207)	18.9	(1094)	100.0
성별	남성	(689)	(1)	.1	(17)	2.5	(139)	20.2	(376)	54.6	(156)	22.6	(689)	100.0
성별	여성	(405)	(3)	.7	(15)	3.7	(120)	29.6	(216)	53.3	(51)	12.6	(405)	100.0
연령	만 65-69세	(402)	(3)	.7	(8)	2.0	(76)	18.9	(240)	59.7	(75)	18.7	(402)	100.0
연령	70대	(552)	(1)	.2	(17)	3.1	(150)	27.2	(272)	49.3	(112)	20.3	(552)	100.0
연령	80대 이상	(140)	(0)	.0	(7)	5.0	(33)	23.6	(80)	57.1	(20)	14.3	(140)	100.0
거주지역	농촌지역	(377)	(0)	.0	(14)	3.7	(93)	24.7	(217)	57.6	(53)	14.1	(377)	100.0
거주지역	도시지역	(717)	(4)	.6	(18)	2.5	(166)	23.2	(375)	52.3	(154)	21.5	(717)	100.0
학력	무학	(169)	(0)	.0	(12)	7.1	(57)	33.7	(80)	47.3	(20)	11.8	(169)	100.0
학력	1년~3년	(46)	(1)	2.2	(2)	4.3	(15)	32.6	(24)	52.2	(4)	8.7	(46)	100.0
학력	4년~6년	(347)	(1)	.3	(6)	1.7	(90)	26.0	(200)	57.6	(50)	14.4	(347)	100.0
학력	7년~9년	(189)	(0)	.0	(4)	2.1	(36)	19.0	(106)	56.1	(43)	22.8	(189)	100.0
학력	10년~12년	(227)	(1)	.4	(5)	2.2	(39)	17.2	(134)	59.0	(48)	21.1	(227)	100.0
학력	13년 이상	(116)	(1)	.9	(3)	2.6	(22)	19.0	(48)	41.4	(42)	36.2	(116)	100.0
건강상태	매우 건강	(92)	(0)	.0	(1)	1.1	(17)	18.5	(49)	53.3	(25)	27.2	(92)	100.0
건강상태	건강	(330)	(2)	.6	(4)	1.2	(59)	17.9	(185)	56.1	(80)	24.2	(330)	100.0
건강상태	보통	(287)	(1)	.3	(9)	3.1	(66)	23.0	(163)	56.8	(48)	16.7	(287)	100.0
건강상태	건강하지 못함	(308)	(1)	.3	(14)	4.5	(89)	28.9	(158)	51.3	(46)	14.9	(308)	100.0
건강상태	매우 건강하지 못함	(77)	(0)	.0	(4)	5.2	(28)	36.4	(37)	48.1	(8)	10.4	(77)	100.0
월 평균 가구 소득	50만원 미만	(135)	(1)	.7	(10)	7.4	(46)	34.1	(65)	48.1	(13)	9.6	(135)	100.0
월 평균 가구 소득	50만원~150만원 미만	(445)	(2)	.4	(13)	2.9	(123)	27.6	(230)	51.7	(77)	17.3	(445)	100.0
월 평균 가구 소득	150만원~250만원 미만	(310)	(0)	.0	(5)	1.6	(54)	17.4	(188)	60.6	(63)	20.3	(310)	100.0
월 평균 가구 소득	250만원 이상	(195)	(1)	.5	(4)	2.1	(34)	17.4	(103)	52.8	(53)	27.2	(195)	100.0
월 평균 가구 소득	잘 모른다	(9)	(0)	.0	(0)	.0	(2)	22.2	(6)	66.7	(1)	11.1	(9)	100.0

문3. [문2의 1)에 응답한 분만] 아래의 질문(1 ~ 3)에 대해 어르신의 생각을 말씀해 주십시오.

<3-3> 배우자와의 관계에 얼마나 만족하십니까?

		사례수	매우 불만족 한다		대체로 불만족 한다		그저 그렇다		대체로 만족 한다		매우 만족 한다		계	
			(n)	%	(n)	%	(n)	%	(n)	%	(n))	%	(n)	%
전체		(1094)	(4)	.4	(27)	2.5	(248)	22.7	(612)	55.9	(203)	18.6	(1094)	100.0
성별	남성	(689)	(2)	.3	(11)	1.6	(127)	18.4	(400)	58.1	(149)	21.6	(689)	100.0
	여성	(405)	(2)	.5	(16)	4.0	(121)	29.9	(212)	52.3	(54)	13.3	(405)	100.0
연령	만 65-69세	(402)	(3)	.7	(7)	1.7	(75)	18.7	(245)	60.9	(72)	17.9	(402)	100.0
	70대	(552)	(1)	.2	(15)	2.7	(140)	25.4	(287)	52.0	(109)	19.7	(552)	100.0
	80대 이상	(140)	(0)	.0	(5)	3.6	(33)	23.6	(80)	57.1	(22)	15.7	(140)	100.0
거주 지역	농촌지역	(377)	(0)	.0	(9)	2.4	(91)	24.1	(231)	61.3	(46)	12.2	(377)	100.0
	도시지역	(717)	(4)	.6	(18)	2.5	(157)	21.9	(381)	53.1	(157)	21.9	(717)	100.0
학력	무학	(169)	(0)	.0	(10)	5.9	(59)	34.9	(83)	49.1	(17)	10.1	(169)	100.0
	1년~3년	(46)	(1)	2.2	(3)	6.5	(15)	32.6	(24)	52.2	(3)	6.5	(46)	100.0
	4년~6년	(347)	(1)	.3	(4)	1.2	(80)	23.1	(207)	59.7	(55)	15.9	(347)	100.0
	7년~9년	(189)	(0)	.0	(2)	1.1	(41)	21.7	(110)	58.2	(36)	19.0	(189)	100.0
	10년~12년	(227)	(0)	.0	(5)	2.2	(35)	15.4	(134)	59.0	(53)	23.3	(227)	100.0
	13년 이상	(116)	(2)	1.7	(3)	2.6	(18)	15.5	(54)	56.6	(39)	33.6	(116)	100.0
건강 상태	매우 건강	(92)	(0)	.0	(0)	.0	(17)	1.8	(50)	54.3	(25)	27.2	(92)	100.0
	건강	(330)	(1)	.3	(4)	1.2	(62)	18.8	(184)	55.8	(79)	23.9	(330)	100.0
	보통	(287)	(2)	.7	(6)	2.1	(62)	21.6	(171)	59.6	(46)	16.0	(287)	100.0
	건강하지 못함	(308)	(1)	.3	(13)	4.2	(82)	26.6	(165)	53.6	(47)	15.3	(308)	100.0
	매우 건강하지 못함	(77)	(0)	.0	(4)	5.2	(25)	32.5	(42)	54.5	(6)	7.8	(77)	100.0
월 평균 가구 소득	50만원 미만	(135)	(1)	.7	(8)	5.9	(42)	31.1	(68)	50.4	(16)	11.9	(135)	100.0
	50만원~150만원 미만	(445)	(2)	.4	(10)	2.2	(116)	26.1	(241)	54.2	(76)	17.1	(445)	100.0
	150만원~250만원 미만	(310)	(0)	.0	(4)	1.3	(53)	17.1	(198)	53.9	(55)	17.7	(310)	100.0
	250만원 이상	(195)	(1)	.5	(5)	2.6	(34)	17.4	(100)	51.3	(55)	28.2	(195)	100.0
	잘 모른다	(9)	(0)	.0	(0)	.0	(3)	33.3	(5)	55.6	(1)	11.1	(9)	100.0

문4. 어르신께서는 생존해 있는 자녀가 있으십니까? 있으시다면 몇 명이십니까?

		사례수	예		아니오		계	
			(n)	%	(n)	%	(n)	%
전체		(2034)	(1985)	97.6	(49)	2.4	(2034)	100.0
성별	남성	(833)	(818)	98.2	(15)	1.8	(833)	100.0
	여성	(1201)	(1167)	97.2	(34)	2.8	(1201)	100.0
연령	만 65-69세	(573)	(559)	97.6	(14)	2.4	(573)	100.0
	70대	(1022)	(997)	97.6	(25)	2.4	(1022)	100.0
	80대 이상	(439)	(429)	97.7	(10)	2.3	(439)	100.0
거주지역	농촌지역	(657)	(648)	98.6	(9)	1.4	(657)	100.0
	도시지역	(1377)	(1337)	97.1	(40)	2.9	(1377)	100.0
학력	무학	(524)	(503)	96.0	(21)	4.0	(524)	100.0
	1년~3년	(125)	(120)	96.0	(5)	4.0	(125)	100.0
	4년~6년	(657)	(647)	98.5	(10)	1.5	(657)	100.0
	7년~9년	(294)	(288)	98.0	(6)	2.0	(294)	100.0
	10년~12년	(297)	(291)	98.0	(6)	2.0	(297)	100.0
	13년 이상	(137)	(136)	99.3	(1)	.7	(137)	100.0
건강상대	매우 건강	(141)	(138)	97.9	(3)	2.1	(141)	100.0
	건강	(460)	(456)	99.1	(4)	.9	(460)	100.0
	보통	(495)	(490)	99.0	(5)	1.0	(495)	100.0
	건강하지 못함	(695)	(671)	96.5	(24)	3.5	(695)	100.0
	매우 건강하지 못함	(243)	(230)	94.7	(13)	5.3	(243)	100.0
월평균가구소득	50만원 미만	(509)	(469)	92.1	(40)	7.9	(509)	100.0
	50만원~150만원 미만	(762)	(757)	99.3	(5)	.7	(762)	100.0
	150만원~250만원 미만	(439)	(436)	99.3	(3)	.7	(439)	100.0
	250만원 이상	(293)	(292)	99.7	(1)	.3	(293)	100.0
	잘 모른다	(31)	(31)	100.0	(0)	.0	(31)	100.0

문4. 어르신께서는 생존해 있는 자녀가 있으십니까? 있으시다면 몇 명이십니까?

<1-1> 아들

		사례수	0명		1명		2명		3명		4명 이상		계		평균(명)
			(n)	%	(n)	%	(n)	%	(n)	%	(n)	%	(n)	%	
전체		(1985)	(125)	6.3	(712)	35.9	(792)	39.9	(269)	13.6	(87)	4.4	(1985)	100.0	18.7
성별	남성	(818)	(54)	6.6	(305)	37.3	(332)	40.6	(96)	11.7	(31)	3.8	(818)	100.0	1.82
	여성	(1167)	(71)	6.1	(407)	34.9	(460)	39.4	(173)	14.8	(56)	4.8	(1167)	100.0	1.91
연령	만 65-69세	(559)	(40)	7.2	(247)	44.2	(228)	40.8	(36)	6.4	(8)	1.4	(559)	100.0	1.63
	70대	(997)	(53)	5.3	(348)	34.9	(408)	40.9	(150)	15.0	(38)	3.8	(997)	100.0	1.88
	80대 이상	(429)	(32)	7.5	(117)	27.3	(156)	36.4	(83)	19.3	(41)	9.6	(429)	100.0	2.17
거주지역	농촌지역	(648)	(31)	4.8	(197)	30.4	(279)	43.1	(101)	15.6	(40)	6.2	(648)	100.0	2.01
	도시지역	(1337)	(94)	7.0	(515)	38.5	(513)	38.4	(168)	12.6	(47)	3.5	(1337)	100.0	1.81
학력	무학	(503)	(31)	6.2	(159)	31.6	(178)	35.4	(94)	18.7	(41)	8.2	(503)	100.0	2.08
	1년~3년	(120)	(8)	6.7	(26)	21.7	(55)	45.8	(22)	18.3	(9)	7.5	(120)	100.0	2.14
	4년~6년	(647)	(34)	5.3	(233)	36.0	(274)	42.3	(82)	12.7	(24)	3.7	(647)	100.0	1.84
	7년~9년	(288)	(23)	8.0	(106)	36.8	(117)	40.6	(32)	11.1	(10)	3.5	(288)	100.0	1.80
	10년~12년	(291)	(19)	6.5	(120)	41.2	(125)	43.0	(24)	8.2	(3)	1.0	(291)	100.0	1.67
	13년 이상	(136)	(10)	7.4	(68)	50.0	(43)	31.6	(15)	11.0	(0)	.0	(136)	100.0	1.58
건강상태	매우 건강	(138)	(6)	4.3	(49)	35.5	(67)	48.6	(15)	10.9	(1)	.7	(138)	100.0	1.77
	건강	(456)	(25)	5.5	(171)	37.5	(190)	41.7	(54)	11.8	(16)	3.5	(456)	100.0	1.81
	보통	(490)	(22)	4.5	(166)	33.9	(221)	45.1	(64)	13.1	(17)	3.5	(490)	100.0	1.87
	건강하지 못함	(671)	(51)	7.6	(236)	35.2	(242)	36.1	(104)	15.5	(38)	5.7	(671)	100.0	1.94
	매우 건강하지 못함	(230)	(21)	3.1	(90)	39.1	(72)	31.3	(32)	13.9	(15)	4.6	(230)	100.0	1.89
월 평균 가구 소득	50만원 미만	(469)	(50)	10.7	(160)	34.1	(164)	35.0	(72)	15.4	(23)	4.9	(469)	100.0	1.92
	50만원~150만원 미만	(757)	(41)	5.4	(277)	36.3	(311)	41.1	(95)	12.5	(33)	4.4	(757)	100.0	1.86
	150만원~250만원 미만	(436)	(22)	5.0	(157)	36.0	(185)	42.4	(55)	12.6	(17)	3.9	(436)	100.0	1.84
	250만원 이상	(292)	(11)	3.8	(111)	38.0	(120)	41.1	(40)	13.7	(10)	3.4	(292)	100.0	1.83
	잘 모른다	(31)	(1)	3.2	(7)	22.6	(12)	38.7	(7)	22.6	(4)	12.9	(31)	100.0	2.40

문4. 어르신께서는 생존해 있는 자녀가 있으십니까? 있으시다면 몇 명이십니까?

<1-2> 딸

		사례수	0명		1명		2명		3명		4명 이상		계		평균(명)
			(n)	%	(n)	%	(n)	%	(n)	%	(n)	%	(n)	%	
전체		(1985)	(314)	15.8	(658)	33.1	(545)	27.5	(285)	14.4	(183)	9.2	(1985)	100.0	2.06
성별	남성	(818)	(148)	18.1	(278)	34.0	(222)	27.1	(105)	12.8	(65)	7.9	(818)	100.0	1.99
	여성	(1167)	(166)	14.2	(380)	32.6	(323)	27.7	(180)	15.4	(118)	10.1	(1167)	100.0	2.10
연령	만 65-69세	(559)	(129)	23.1	(220)	39.4	(145)	25.9	(46)	8.2	(19)	3.4	(559)	100.0	1.70
	70대	(997)	(141)	14.1	(322	32.3	(291)	29.2	(151)	15.1	(92)	9.2	(997)	100.0	2.09
	80대 이상	(429)	(44)	10.3	(116)	27.0	(109)	25.4	(88)	20.5	(72)	16.8	(429)	100.0	2.39
거주지역	농촌지역	(648)	(90)	13.9	(196)	30.2	(171)	26.4	(105)	16.2	(86)	13.3	(648)	100.0	2.23
	도시지역	(1337)	(224)	16.8	(462)	34.6	(374)	28.0	(180)	13.5	(97)	7.3	(1337)	100.0	1.97
학력	무학	(503)	(57)	11.3	(137)	27.2	(145)	28.8	(85)	16.9	(79)	15.7	(503)	100.0	2.32
	1년~3년	(120)	(20)	16.7	(30)	25.0	(38)	31.7	(21)	17.5	(11)	9.2	(120)	100.0	2.19
	4년~6년	(647)	(82)	12.7	(226)	34.9	(181)	28.0	(96)	14.8	(62)	9.6	(647)	100.0	2.05
	7년~9년	(288)	(55)	19.1	(100)	34.7	(82)	28.5	(33)	11.5	(18)	6.3	(288)	100.0	1.92
	10년~12년	(291)	(67)	23.0	(115)	39.5	(69)	23.7	(30)	10.3	(10)	3.4	(291)	100.0	1.75
	13년 이상	(136)	(33)	24.3	(50)	36.8	(30)	22.1	(20)	14.7	(3)	2.2	(136)	100.0	1.79
건강상태	매우 건강	(138)	(27)	19.6	(58)	42.0	(34)	24.6	(14)	10.1	(5)	3.6	(138)	100.0	1.70
	건강	(456)	(83)	18.2	(151)	33.1	(137)	30.0	(55)	12.1	(30)	6.6	(456)	100.0	1.96
	보통	(490)	(77)	15.7	(169)	34.5	(144)	29.4	(56)	11.4	(44)	9.0	(490)	100.0	1.99
	건강하지 못함	(671)	(99)	14.8	(208)	31.0	(166)	24.7	(119)	17.7	(79)	11.8	(671)	100.0	2.20
	매우 건강하지 못함	(230)	(28)	12.2	(72)	31.3	(64)	27.8	(41)	17.8	(25)	10.9	(230)	100.0	2.19
월 평균 가구 소득	50만원 미만	(469)	(65)	13.9	(150)	32.0	(127)	27.1	(74)	15.8	(53)	11.3	(469)	100.0	2.17
	50만원~150만원 미만	(757)	(121)	16.0	(245)	32.4	(216)	28.5	(95)	12.5	(80)	10.6	(757)	100.0	2.08
	150만원~250만원 미만	(436)	(68)	15.6	(149)	34.2	(115)	26.4	(72)	16.5	(32)	7.3	(436)	100.0	1.98
	250만원 이상	(292)	(52)	17.8	(105)	36.0	(81)	27.7	(38)	13.0	(16)	5.5	(292)	100.0	1.93
	잘 모른다	(31)	(8)	25.8	(9)	29.0	(6)	19.4	(6)	19.4	(2)	6.5	(31)	100.0	2.09

문4. 어르신께서는 생존해 있는 자녀가 있으십니까? 있으시다면 몇 명이십니까?

<1-3> 총합

		사례수	1명		2명		3명		4명		5명		6명 이상		계		평균(명)
			(n)	%	(n)	%	(n)	%	(n)	%	(n)	%	(n)	%	(n)	%	
전체		(1985)	(93)	4.7	(394)	19.8	(587)	29.6	(510)	25.7	(252)	12.7	(149)	7.5	(1985)	100.0	3.49
성별	남성	(818)	(35)	4.3	(191)	23.3	(274)	33.5	(193)	23.6	(69)	8.4	(56)	6.8	(818)	100.0	3.33
	여성	(1167)	(58)	5.0	(203)	17.4	(313)	26.8	(317)	27.2	(183)	15.7	(93)	8.0	(1167)	100.0	3.60
연령	만 65–69세	(559)	(33)	5.9	(197)	35.2	(213)	38.1	(80)	14.3	(27)	4.8	(9)	1.6	(559)	100.0	2.82
	70대	(997)	(40)	4.0	(155)	15.5	(306)	30.7	(295)	29.6	(138)	13.8	(63)	6.3	(997)	100.0	3.57
	80대 이상	(429)	(20)	4.7	(42)	9.8	(68)	15.9	(135)	31.5	(87)	20.3	(77)	17.9	(429)	100.0	4.16
거주지역	농촌지역	(648)	(16)	2.5	(95)	14.7	(176)	27.2	(178)	27.5	(108)	16.7	(75)	11.6	(648)	100.0	3.83
	도시지역	(1337)	(77)	5.8	(299)	22.4	(411)	30.7	(332)	24.8	(144)	10.8	(74)	5.5	(1337)	100.0	3.32
학력	무학	(503)	(19)	3.8	(60)	11.9	(98)	19.5	(155)	30.8	(99)	19.7	(72)	14.3	(503)	100.0	4.02
	1년~3년	(120)	(8)	6.7	(11)	9.2	(30)	25.0	(35)	29.2	(26)	21.7	(10)	8.3	(120)	100.0	3.83
	4년~6년	(647)	(24)	3.7	(113)	17.5	(207)	32.0	(167)	25.8	(94)	14.5	(42)	6.5	(647)	100.0	3.53
	7년~9년	(288)	(16)	5.6	(68)	23.6	(97)	33.7	(72)	25.0	(20)	6.9	(15)	5.2	(288)	100.0	3.22
	10년~12년	(291)	(20)	6.9	(90)	30.9	(104)	35.7	(62)	21.3	(8)	2.7	(7)	2.4	(291)	100.0	2.90
	13년 이상	(136)	(6)	4.4	(52)	38.2	(51)	37.5	(19)	14.0	(5)	3.7	(3)	2.2	(136)	100.0	2.82
건강상태	매우 건강	(138)	(4)	2.9	(39)	28.3	(58)	42.0	(23)	16.7	(11)	8.0	(3)	2.2	(138)	100.0	3.06
	건강	(456)	(21)	4.6	(96)	21.1	(164)	36.0	(102)	22.4	(50)	11.0	(23)	5.0	(456)	100.0	3.31
	보통	(490)	(21)	4.3	(99)	20.2	(147)	30.0	(138)	28.2	(53)	10.8	(32)	6.5	(490)	100.0	3.46
	건강하지 못함	(671)	(31)	4.6	(122)	18.2	(161)	24.0	(185)	27.6	(102)	15.2	(70)	10.4	(671)	100.0	3.66
	매우 건강하지 못함	(230)	(16)	7.0	(38)	16.5	(57)	24.8	(62)	27.0	(36)	15.7	(21)	3.7	(230)	100.0	3.63
월 평균 가구 소득	50만원 미만	(469)	(33)	7.0	(71)	15.1	(123)	26.2	(133)	28.4	(68)	14.5	(41)	8.7	(469)	100.0	3.59
	50만원~150만원 미만	(757)	(29)	3.8	(166)	21.9	(223)	29.5	(176)	23.2	(100)	13.2	(63)	8.3	(757)	100.0	3.50
	150만원~250만원 미만	(436)	(20)	4.6	(82)	18.8	(138)	31.7	(123)	28.2	(47)	10.8	(26)	6.0	(436)	100.0	3.42
	250만원 이상	(292)	(10)	3.4	(72)	24.7	(94)	32.2	(69)	23.6	(31)	10.6	(16)	5.5	(292)	100.0	3.35
	잘 모른다	(31)	(1)	3.2	(3)	9.7	(9)	29.0	(9)	29.0	(6)	19.4	(3)	9.7	(31)	100.0	3.87

문5. [문4의 1)에 응답한 분만] 아래 질문(1 ~ 3)에 대해 어르신의 생각을 말씀해 주십시오.

<5-1> 부모로서 자신에 대해 얼마나 만족하십니까?

		사례수	매우 불만족 한다		대체로 불만족 한다		그저 그렇다		대체로 만족 한다		매우 만족 한다		계	
			(n)	%	(n)	%	(n)	%	(n)	%	(n))	%	(n)	%
전체		(1985)	(12)	.6	(163)	8.2	(729)	36.7	(861)	43.4	(220)	11.1	(1985)	100.0
성별	남성	(818)	(4)	.5	(69)	8.2	(268)	32.8	(359)	43.9	(118)	14.4	(818)	100.0
	여성	(1167)	(8)	.7	(94)	8.1	(461)	39.5	(502)	43.0	(102)	8.7	(1167)	100.0
연령	만 65-69세	(559)	(4)	.7	(35)	6.3	(188)	33.6	(256)	45.8	(76)	13.6	(559)	100.0
	70대	(997)	(5)	.5	(92)	9.2	(355)	35.6	(437)	43.8	(108)	10.8	(997)	100.0
	80대 이상	(429)	(3)	.7	(36)	8.4	(186)	43.4	(168)	39.2	(36)	8.4	(429)	100.0
거주지역	농촌지역	(648)	(4)	.6	(69)	10.6	(251)	38.7	(274)	42.3	(50)	7.7	(648)	100.0
	도시지역	(1337)	(8)	.6	(94)	7.0	(478)	35.8	(587)	43.9	(170)	12.7	(1337)	100.0
학력	무학	(503)	(3)	.6	(64)	12.7	(256)	50.9	(161)	32.0	(19)	3.8	(503)	100.0
	1년~3년	(120)	(1)	.8	(11)	3.2	(48)	40.0	(52)	43.3	(8)	6.7	(120)	100.0
	4년~6년	(647)	(3)	.5	(50)	7.7	(232)	35.9	(290)	45.7	(66)	10.2	(647)	100.0
	7년~9년	(288)	(3)	1.0	(15)	5.2	(87)	30.2	(146)	50.7	(37)	12.8	(288)	100.0
	10년~12년	(291)	(2)	.7	(14)	4.8	(78)	26.8	(147)	50.5	(50)	17.2	(291)	100.0
	13년 이상	(136)	(0)	.0	(9)	6.6	(28)	20.6	(59)	43.4	(40)	29.4	(136)	100.0
건강상태	매우 건강	(138)	(0)	.0	(7)	5.1	(47)	34.1	(54)	39.1	(30)	21.7	(138)	100.0
	건강	(456)	(3)	.7	(29)	6.4	(127)	27.9	(221)	48.5	(76)	16.7	(456)	100.0
	보통	(490)	(0)	.0	(37)	7.6	(156)	31.8	(243)	49.6	(54)	11.0	(490)	100.0
	건강하지 못함	(671)	(5)	.7	(62)	9.2	(287)	42.8	(277)	41.3	(40	6.0	(671)	100.0
	매우 건강하지 못함	(230)	(4)	1.7	(28)	12.2	(112)	48.7	(66)	28.7	(20)	8.7	(230)	100.0
월 평균 가구 소득	50만원 미만	(469)	(9)	1.9	(65)	13.9	(225)	48.0	(143)	30.5	(27)	5.8	(469)	100.0
	50만원~150만원 미만	(757)	(3)	.4	(59)	7.8	(284)	37.5	(325)	42.9	(86)	11.4	(757)	100.0
	150만원~250만원 미만	(436)	(0)	.0	(17)	3.9	(132)	30.3	(237)	54.4	(50)	11.5	(436)	100.0
	250만원 이상	(292)	(0)	.0	(19)	6.5	(74)	25.3	(145)	49.7	(54)	18.5	(292)	100.0
	잘 모른다	(31)	(0)	.0	(3)	9.7	(14)	45.2	(11)	35.3	(3)	9.7	(31)	100.0

문5. [문4의 1)에 응답한 분만] 아래 질문(1 ~ 3)에 대해 어르신의 생각을 말씀해 주십시오.

<5-2> 아들/딸에게 얼마나 만족하십니까?

		사례수	매우 불만족 한다		대체로 불만족 한다		그저 그렇다		대체로 만족 한다		매우 만족 한다		계	
			(n)	%	(n)	%	(n)	%	(n)	%	(n))	%	(n)	%
전체		(1985)	(10)	.5	(34)	1.7	(420)	21.2	(1029)	51.8	(492)	24.8	(1985)	100.0
성별	남성	(818)	(3)	.4	(18)	2.2	(151)	18.5	(431)	52.7	(215)	26.3	(818)	100.0
	여성	(1167)	(7)	.6	(16)	1.4	(269)	23.1	(598)	51.2	(277)	23.7	(1167)	100.0
연령	만 65-69세	(559)	(4)	.7	(11)	2.0	(104)	18.6	(284)	50.8	(156)	27.9	(559)	100.0
	70대	(997)	(4)	.4	(15)	1.5	(217)	21.8	(514)	51.6	(247)	24.8	(997)	100.0
	80대 이상	(429)	(2)	.5	(8)	1.9	(99)	23.1	(231)	53.8	(89)	20.7	(429)	100.0
거주지역	농촌지역	(648)	(1)	.2	(10)	1.5	(113)	17.4	(368)	56.8	(156)	24.1	(648)	100.0
	도시지역	(1337)	(9)	.7	(24)	1.8	(307)	23.0	(661)	49.4	(336)	25.1	(1337)	100.0
학력	무학	(503)	(1)	.2	(4)	.8	(146)	29.0	(252)	50.1	(10)	19.9	(503)	100.0
	1년~3년	(120)	(1)	.8	(4)	3.3	(29)	24.2	(64)	51.7	(24)	20.0	(120)	100.0
	4년~6년	(647)	(5)	.8	(13)	2.0	(121)	18.7	(357)	55.2	(151)	23.3	(647)	100.0
	7년~9년	(288)	(2)	.7	(1)	.3	(57)	19.8	(147)	51.0	(81)	28.1	(288)	100.0
	10년~12년	(291)	(1)	.3	(7)	2.4	(45)	15.5	(152)	52.2	(86)	29.6	(291)	100.0
	13년 이상	(136)	(0)	.0	(5)	3.7	(22)	16.2	(59)	43.4	(50)	36.8	(136)	100.0
건강상태	매우 건강	(138)	(0)	.0	(1)	.7	(18)	13.0	(56)	40.6	(63)	45.7	(138)	100.0
	건강	(456)	(1)	.2	(6)	1.3	(66)	14.5	(225)	49.3	(158)	34.6	(456)	100.0
	보통	(490)	(1)	.2	(5)	1.0	(108)	22.0	(277)	56.5	(99)	20.2	(490)	100.0
	건강하지 못함	(671)	(5)	.7	(17)	2.5	(154)	23.0	(364)	54.2	(131)	19.5	(671)	100.0
	매우 건강하지 못함	(230)	(3)	1.3	(5)	2.2	(74)	32.2	(107)	46.5	(41)	17.8	(230)	100.0
월 평균 가구 소득	50만원 미만	(469)	(6)	1.3	(13)	2.8	(149)	31.8	(227)	48.4	(74)	15.8	(469)	100.0
	50만원~150만원 미만	(757)	(2)	.3	(12)	1.6	(149)	19.7	(401)	53.0	(193)	25.5	(757)	100.0
	150만원~250만원 미만	(436)	(1)	.2	(6)	1.4	(69)	15.8	(246)	56.4	(114)	26.1	(436)	100.0
	250만원 이상	(292)	(1)	.3	(3)	1.0	(42)	14.4	(140)	47.9	(106)	36.3	(292)	100.0
	잘 모른다	(31)	(0)	.0	(0)	.0	(11)	35.5	(15)	48.4	(5)	16.1	(31)	100.0

문5. [문4의 1)에 응답한 분만] 아래 질문(1 ~ 3)에 대해 어르신의 생각을 말씀해 주십시오.

<5-3> 자녀들과의 관계가 얼마나 만족스러우십니까?

		사례수	매우 불만족 한다		대체로 불만족 한다		그저 그렇다		대체로 만족 한다		매우 만족 한다		계	
			(n)	%	(n)	%	(n)	%	(n)	%	(n))	%	(n)	%
전체		(1985)	(11)	.6	(36)	1.8	(409)	20.6	(1061)	53.5	(468)	23.6	(1985)	100.0
성별	남성	(818)	(2)	.2	(23)	2.8	(150)	18.3	(424)	51.8	(219)	26.8	(818)	100.0
	여성	(1167)	(9)	.8	(13)	1.1	(259)	22.2	(637)	54.6	(249)	21.3	(1167)	100.0
연령	만 65-69세	(559)	(4)	.7	(9)	1.6	(101)	18.1	(301)	53.8	(144)	25.8	(559)	100.0
	70대	(997)	(5)	.5	(22)	2.2	(206)	20.7	(526)	52.8	(238)	23.9	(997)	100.0
	80대 이상	(429)	(2)	.5	(5)	1.2	(102)	23.8	(234)	54.5	(86)	20.0	(429)	100.0
거주지역	농촌지역	(648)	(2)	.3	(12)	1.9	(113)	17.4	(387)	59.7	(134)	20.7	(648)	100.0
	도시지역	(1337)	(9)	.7	(24)	1.8	(296)	22.1	(674)	50.4	(334)	25.0	(1337)	100.0
학력	무학	(503)	(2)	.4	(9)	1.8	(141)	28.0	(269)	53.5	(82)	16.3	(503)	100.0
	1년~3년	(120)	(3)	2.5	(2)	1.7	(32)	26.7	(58)	48.3	(25)	20.8	(120)	100.0
	4년~6년	(647)	(4)	.6	(13)	2.0	(119)	18.4	(369)	57.0	(142)	21.9	(647)	100.0
	7년~9년	(288)	(2)	.7	(2)	.7	(50)	17.4	(153)	53.1	(81)	28.1	(288)	100.0
	10년~12년	(291)	(0)	.0	(7)	2.4	(46)	15.8	(151)	51.9	(87)	29.9	(291)	100.0
	13년 이상	(136)	(0)	.0	(3)	2.2	(21)	15.4	(61)	44.9	(51)	37.5	(136)	100.0
건강상태	매우 건강	(138)	(0)	.0	(1)	.7	(18)	13.0	(65)	47.1	(54)	39.1	(138)	100.0
	건강	(456)	(2)	.4	(5)	1.1	(66)	14.5	(227)	49.8	(156)	34.2	(456)	100.0
	보통	(490)	(0)	.0	(5)	1.0	(106)	21.6	(276)	56.3	(103)	21.0	(490)	100.0
	건강하지 못함	(671)	(6)	.9	(16)	2.4	(147)	21.9	(385)	57.4	(117)	17.4	(671)	100.0
	매우 건강하지 못함	(230)	(3)	1.3	(9)	3.9	(72)	31.3	(108)	47.0	(38)	16.5	(230)	100.0
월 평균 가구 소득	50만원 미만	(469)	(6)	1.3	(20)	4.3	(147)	31.3	(222)	47.3	(74)	15.8	(469)	100.0
	50만원~150만원 미만	(757)	(4)	.5	(9)	1.2	(149)	19.7	(412)	54.4	(183)	24.2	(757)	100.0
	150만원~250만원 미만	(436)	(1)	.2	(5)	1.1	(65)	14.9	(263)	60.3	(102)	23.4	(436)	100.0
	250만원 이상	(292)	(0)	.0	(2)	.7	(37)	12.7	(150)	51.4	(103)	35.3	(292)	100.0
	잘 모른다	(31)	(0)	.0	(0)	.0	(11)	35.5	(14)	45.2	(6)	19.4	(31)	100.0

문5-4. [문4의 1)에 응답한 분만] 이 집에서 한 시간 이내 거리에 사는 자녀는 몇 명입니까?

		사례수	0명		1명		2명		3명		4명 이상		계		평균 (명)
			(n)	%	(n)	%	(n)	%	(n)	%	(n)	%	(n)	%	
전체		(1985)	(612)	30.8	(654)	32.9	(467)	23.5	(179)	9.0	(73)	3.7	(1985)	100.0	1.78
성별	남성	(818)	(296)	36.2	(248)	30.3	(172)	21.0	(71)	8.7	(31)	3.8	(818)	100.0	1.79
	여성	(1167)	(316)	27.1	(406)	34.8	(295)	25.3	(108)	9.3	(42)	3.6	(1167)	100.0	1.77
연령	만 65-69세	(559)	(221)	39.5	(185)	33.1	(117)	20.9	(33)	5.9	(3)	.5	(559)	100.0	1.57
	70대	(997)	(291)	29.2	(324)	32.5	(232)	23.3	(101)	10.1	(49)	4.9	(997)	100.0	1.85
	80대 이상	(429)	(100)	23.3	(145)	33.8	(118)	27.5	(45)	10.5	(21)	4.9	(429)	100.0	1.84
거주 지역	농촌지역	(648)	(177)	27.3	(206)	31.8	(185)	28.5	(53)	8.2	(27)	4.2	(648)	100.0	1.81
	도시지역	(1337)	(435)	32.5	(448)	33.5	(282)	21.1	(126)	9.4	(46)	3.4	(1337)	100.0	1.76
학력	무학	(503)	(116)	23.1	(181)	36.0	(129)	25.6	(45)	8.9	(32)	6.4	(503)	100.0	1.84
	1년~3년	(120)	(30)	25.0	(33)	37.5	(32)	26.7	(18)	15.0	(7)	5.8	(120)	100.0	2.01
	4년~6년	(647)	(194)	30.0	(208)	32.1	(162)	25.0	(66)	10.2	(17)	2.6	(647)	100.0	1.78
	7년~9년	(288)	(89)	30.9	(96)	33.3	(73)	25.3	(20)	6.9	(10)	3.5	(288)	100.0	1.73
	10년~12년	(291)	(124)	42.6	(87)	29.9	(56)	19.2	(20)	6.9	(4)	1.4	(291)	100.0	1.65
	13년 이상	(136)	(59)	43.4	(49)	36.0	(15)	11.0	(10)	7.4	(3)	2.2	(136)	100.0	1.57
건강 상태	매우 건강	(138)	(48)	34.8	(47)	34.1	(32)	23.2	(9)	6.5	(2)	1.4	(138)	100.0	1.62
	건강	(456)	(142)	31.1	(152)	33.3	(102)	22.4	(44)	9.6	(16)	3.5	(456)	100.0	1.78
	보통	(490)	(151)	30.8	(160)	32.7	(124)	25.3	(42)	8.6	(13)	2.7	(490)	100.0	1.74
	건강하지 못함	(671)	(194)	28.9	(223)	33.2	(161)	24.0	(61)	9.1	(32)	4.8	(671)	100.0	1.81
	매우 건강하지 못함	(230)	(77)	33.5	(72)	31.3	(48)	20.9	(23)	10.0	(10)	4.3	(230)	100.0	1.82
월 평균 가구 소득	50만원 미만	(469)	(151)	32.2	(142)	30.3	(110)	23.5	(42)	9.0	(24)	5.1	(469)	100.0	1.87
	50만원~150만원 미만	(757)	(212)	28.0	(256)	33.8	(187)	24.7	(74)	9.8	(28)	3.7	(757)	100.0	1.78
	150만원~250만원 미만	(436)	(133)	30.5	(154)	35.3	(103)	23.6	(36)	8.3	(10)	2.3	(436)	100.0	1.69
	250만원 이상	(292)	(112)	38.4	(90)	30.8	(59)	20.2	(20)	6.8	(11)	3.8	(292)	100.0	1.74
	잘 모른다	(31)	(4)	12.9	(12)	38.7	(8)	25.8	(7)	22.6	(0)	.0	(31)	100.0	1.81

문6. 어르신께서 믿고 있는 종교는 무엇입니까?

		사례수	불교		기독교		천주교		유교		천도교		기타		종교없음		계	
			(n)	%	(n)	%	(n)	%	(n)	%	(n)	%	(n)	%	(n)	%	(n)	%
전체		(2034)	(433)	21.3	(451)	22.2	(226)	11.1	(17)	.8	(4)	.2	(27)	1.3	(876)	43.1	(2034)	100.0
성별	남성	(833)	(149)	17.9	(146)	17.5	(90)	10.8	(16)	1.9	(2)	.2	(5)	.6	(426)	51.0	(833)	100.0
	여성	(1201)	(284)	23.6	(305)	25.4	(136)	11.3	(1)	.1	(2)	.2	(22)	1.8	(451)	37.6	(1201)	100.0
연령	만 65-69세	(573)	(138)	24.1	(121)	21.1	(66)	11.5	(4)	.7	(2)	.3	(9)	1.6	(233)	40.7	(573)	100.0
	70대	(1022)	(222)	21.7	(217)	21.2	(105)	10.3	(10)	1.0	(1)	.1	(14)	1.4	(453)	44.3	(1022)	100.0
	80대 이상	(439)	(73)	16.6	(113)	25.7	(55)	12.5	(3)	.7	(1)	.2	(4)	.9	(190)	43.3	(439)	100.0
거주지역	농촌지역	(657)	(107)	16.3	(124)	18.9	(48)	7.3	(8)	1.2	(2)	.3	(8)	1.2	(360)	54.8	(657)	100.0
	도시지역	(1377)	(326)	23.7	(327)	23.7	(178)	12.9	(9)	.7	(2)	.1	(19)	1.4	(516)	37.5	(1377)	100.0
학력	무학	(524)	(102)	19.5	(104)	19.8	(48)	9.2	(1)	.2	(0)	.0	(7)	1.3	(262)	50.0	(524)	100.0
	1년~3년	(125)	(31)	24.8	(20)	16.0	(14)	11.2	(0)	.0	(0)	.0	(2)	1.6	(58)	46.4	(125)	100.0
	4년~6년	(657)	(144)	21.9	(150)	22.8	(60)	9.1	(7)	1.1	(1)	.2	(8)	1.2	(287)	43.7	(657)	100.0
	7년~9년	(294)	(62)	21.1	(76)	25.9	(40)	12.6	(4)	1.4	(0)	.0	(4)	1.4	(100)	30.7	(294)	100.0
	10년~12년	(297)	(68)	22.9	(61)	20.5	(36)	12.1	(3)	1.0	(2)	.7	(6)	2.0	(121)	40.7	(297)	100.0
	13년 이상	(137)	(26)	19.0	(40)	29.2	(28)	20.4	(2)	1.5	(1)	.7	(0)	.0	(40)	29.2	(137)	100.0
건강상태	매우 건강	(141)	(26)	18.4	(34)	24.1	(20)	14.2	(1)	.7	(0)	.0	(2)	1.4	(58)	41.1	(141)	100.0
	건강	(460)	(114)	24.8	(92)	20.0	(54)	11.7	(7)	1.5	(1)	.2	(2)	.4	(190)	41.3	(460)	100.0
	보통	(495)	(99)	20.0	(103)	20.8	(56)	11.3	(2)	.4	(2)	.4	(11)	2.2	(222)	44.8	(495)	100.0
	건강하지 못함	(695)	(141)	20.3	(162)	23.3	(65)	9.4	(6)	.9	(1)	.1	(8)	1.2	(312)	44.9	(695)	100.0
	매우 건강하지 못함	(243)	(53)	21.8	(60)	24.7	(31)	12.8	(1)	.4	(0)	.0	(4)	1.6	(94)	38.7	(243)	100.0
월평균가구소득	50만원 미만	(509)	(96)	18.9	(117)	23.0	(48)	9.4	(2)	.4	(1)	.2	(3)	.6	(242)	47.5	(509)	100.0
	50만원~150만원 미만	(762)	(164)	21.5	(164)	21.5	(87)	11.4	(7)	.9	(3)	.4	(14)	1.8	(323)	42.4	(762)	100.0
	150만원~250만원 미만	(439)	(93)	21.2	(97)	22.1	(52)	11.8	(4)	.9	(0)	.0	(6)	1.4	(187)	42.6	(439)	100.0
	250만원 이상	(293)	(71)	24.2	(67)	22.9	(35)	11.9	(4)	1.4	(0)	.0	(3)	1.0	(113)	38.6	(293)	100.0
	잘 모른다	(31)	(9)	29.0	(6)	19.4	(4)	12.9	(0)	.0	(0)	.0	(1)	3.2	(11)	35.5	(31)	100.0

문7. (보기카드 제시) 어르신께서 가장 오랫동안 종사하시던 직업은 무엇이었습니까?

		사례수	전문직		관리직		사무직		판매/서비스직		생산직		농어민		기타		계	
			(n)	%	(n)	%	(n)	%	(n)	%	(n)	%	(n)	%	(n)	%	(n)	%
전체		(2034)	(60)	2.9	(36)	1.8	(218)	10.7	(504)	24.8	(174)	8.6	(514)	25.3	(528)	26.0	(2034)	100.0
성별	남성	(833)	(50)	6.0	(32)	3.8	(202)	24.2	(184)	22.1	(115)	13.8	(234)	28.1	(16)	1.9	(833)	100.0
	여성	(1201)	(10)	.8	(4)	.3	(16)	1.3	(320)	26.6	(59)	4.9	(280)	23.3	(512)	42.6	(1201)	100.0
연령	만 65-69세	(573)	(23)	4.0	(14)	2.4	(87)	15.2	(158)	27.6	(57)	9.9	(89)	15.5	(145)	25.3	(573)	100.0
	70대	(1022)	(30)	2.9	(19)	1.9	(106)	10.4	(245)	24.0	(91)	8.9	(278)	27.2	(253)	24.8	(1022)	100.0
	80대 이상	(439)	(7)	1.6	(3)	.7	(25)	5.7	(101)	23.0	(26)	5.9	(147)	33.5	(130)	29.6	(439)	100.0
거주지역	농촌지역	(657)	(11)	1.7	(5)	.8	(30)	4.6	(93)	14.2	(29)	4.4	(359)	54.6	(130)	19.8	(657)	100.0
	도시지역	(1377)	(49)	3.6	(31)	2.3	(188)	13.7	(411)	29.8	(145)	10.5	(155)	11.3	(398)	28.9	(1377)	100.0
학력	무학	(524)	(0)	.0	(0)	.0	(1)	.2	(113)	21.6	(43)	8.2	(232)	44.3	(135)	25.8	(524)	100.0
	1년~3년	(125)	(0)	.0	(0)	.0	(1)	.8	(33)	26.4	(11)	8.8	(45)	36.0	(35)	28.0	(125)	100.0
	4년~6년	(657)	(0)	.0	(2)	.3	(9)	1.4	(180)	27.4	(76)	11.6	(166)	25.3	(224)	34.1	(657)	100.0
	7년~9년	(294)	(0)	.0	(2)	.7	(41)	13.9	(85)	28.9	(29)	9.9	(52)	17.7	(85)	28.9	(294)	100.0
	10년~12년	(297)	(14)	4.7	(18)	6.1	(122)	41.1	(71)	23.9	(13)	4.4	(17)	5.7	(42)	14.1	(297)	100.0
	13년 이상	(137)	(46)	33.6	(14)	10.5	(44)	32.1	(22)	16.1	(2)	1.5	(2)	1.5	(7)	5.1	(137)	100.0
건강상태	매우 건강	(141)	(8)	5.7	(5)	3.5	(33)	23.4	(36)	25.5	(10)	7.1	(19)	13.5	(30)	21.3	(141)	100.0
	건강	(460)	(29)	6.3	(13)	2.8	(70)	15.2	(126)	27.4	(35)	7.6	(102)	22.2	(85)	18.5	(460)	100.0
	보통	(495)	(14)	2.8	(8)	1.6	(65)	13.1	(116)	23.4	(38)	7.7	(113)	22.8	(141)	28.5	(495)	100.0
	건강하지 못함	(695)	(6)	.9	(8)	1.2	(42)	6.0	(165)	23.7	(60)	8.6	(207)	29.8	(207)	29.8	(695)	100.0
	매우 건강하지 못함	(243)	(3)	1.2	(2)	.8	(8)	3.3	(61)	25.1	(31)	12.8	(73)	30.0	(65)	26.7	(243)	100.0
월 평균 가구 소득	50만원 미만	(509)	(2)	.4	(3)	.6	(17)	3.3	(145)	28.5	(66)	13.0	(153)	30.1	(123)	24.2	(509)	100.0
	50만원~150만원 미만	(762)	(11)	1.4	(16)	2.1	(65)	8.5	(203)	26.6	(66)	8.7	(211)	27.7	(190)	24.9	(762)	100.0
	150만원~250만원 미만	(439)	(14)	3.2	(8)	1.8	(68)	15.5	(94)	21.4	(31)	7.1	(102)	23.2	(122)	27.8	(439)	100.0
	250만원 이상	(293)	(33)	11.3	(8)	2.7	(67)	22.9	(56)	19.1	(10)	3.4	(35)	11.9	(84)	28.7	(293)	100.0
	잘 모른다	(31)	(0)	.0	(1)	3.2	(1)	3.2	(6)	19.4	(1)	3.2	(13)	41.9	(9)	29.0	(31)	100.0

문8. 어르신이 현재 하시는 일에 대해 알고 싶습니다. 어르신의 현재 상황을 말씀해 주십시오.

		사례수	취업하여 일을 하고 있음		질병/육아휴가 중		은퇴		실업자		일 한적 없음		계	
			(n)	%	(n)	%	(n)	%	(n)	%	(n)	%	(n)	%
전체		(2034)	(602)	29.6	(29)	1.4	(904)	44.4	(13)	.6	(486)	23.9	(2034)	100.0
성별	남성	(833)	(348)	41.8	(7)	.8	(466)	55.9	(10)	1.2	(2)	.2	(833)	100.0
	여성	(1201)	(254)	21.1	(22)	1.8	(438)	36.5	(3)	.2	(484)	40.3	(1201)	100.0
연령	만 65-69세	(573)	(234)	40.8	(8)	1.4	(203)	35.4	(4)	.7	(124)	21.6	(573)	100.0
	70대	(1022)	(311)	30.4	(13)	1.3	(453)	44.3	(8)	.8	(237)	23.2	(1022)	100.0
	80대 이상	(439)	(57)	13.0	(8)	1.8	(248)	56.5	(1)	.2	(125)	28.5	(439)	100.0
거주지역	농촌지역	(657)	(319)	48.6	(27)	4.1	(188)	28.6	(0)	.0	(123)	18.7	(657)	100.0
	도시지역	(1377)	(283)	20.6	(2)	.1	(716)	52.0	(13)	.9	(363)	26.4	(1377)	100.0
학력	무학	(524)	(138)	26.3	(22)	4.2	(230)	43.9	(3)	.6	(131)	25.0	(524)	100.0
	1년~3년	(125)	(26)	20.8	(1)	.8	(64)	51.2	(1)	.8	(33)	26.4	(125)	100.0
	4년~6년	(657)	(219)	33.3	(4)	.6	(220)	33.5	(4)	.6	(210)	32.0	(657)	100.0
	7년~9년	(294)	(95)	32.3	(2)	.7	(126)	42.9	(2)	.7	(69)	23.5	(294)	100.0
	10년~12년	(297)	(97)	32.7	(0)	.0	(160)	53.9	(3)	1.0	(37)	12.5	(297)	100.0
	13년 이상	(137)	(27)	19.7	(0)	.0	(104)	75.9	(0)	.0	(6)	4.4	(137)	100.0
건강상태	매우 건강	(141)	(57)	40.4	(0)	.0	(63)	44.7	(1)	.7	(20)	14.2	(141)	100.0
	건강	(460)	(181)	39.3	(0)	.0	(201)	43.7	(5)	1.1	(73)	15.9	(460)	100.0
	보통	(495)	(160)	32.3	(3)	.6	(197)	39.8	(3)	.6	(132)	26.7	(495)	100.0
	건강하지 못함	(695)	(166)	23.9	(22)	3.2	(305)	43.9	(2)	.3	(200)	28.8	(695)	100.0
	매우 건강하지 못함	(243)	(38)	15.6	(4)	1.6	(138)	56.8	(2)	.8	(61)	25.1	(243)	100.0
월 평균 가구 소득	50만원 미만	(509)	(96)	18.9	(11)	2.2	(290)	57.0	(1)	.2	(111)	21.8	(509)	100.0
	50만원~150만원 미만	(762)	(285)	37.4	(12)	1.6	(285)	37.4	(8)	1.0	(172)	22.6	(762)	100.0
	150만원~250만원 미만	(439)	(148)	33.7	(4)	.9	(171)	39.0	(2)	.5	(114)	26.0	(439)	100.0
	250만원 이상	(293)	(70)	23.9	(2)	.7	(141)	48.1	(0)	.0	(80)	27.3	(293)	100.0
	잘 모른다	(31)	(3)	9.7	(0)	.0	(17)	54.8	(2)	6.5	(9)	29.0	(31)	100.0

문8-1. [문8의 1)에 응답한 분만] 어르신이 현재 하시는 일에 대해 알고 싶습니다. 어르신의 현재 상황을 말씀해 주십시오.

		사례수	상용직		임시직		일용직		종업원이 있는 고용주		종업원이 없는 자영업자		무급가족종사자		계	
			(n)	%	(n)	%	(n)	%	(n)	%	(n)	%	(n)	%	(n)	%
전체		(602)	(55)	9.1	(60)	10.0	(96)	15.9	(4)	.7	(326)	54.2	(61)	10.1	(602)	100.0
성별	남성	(348)	(50)	14.4	(25)	7.2	(38)	10.9	(2)	.6	(219)	62.9	(14)	4.0	(348)	100.0
	여성	(254)	(5)	2.0	(35)	13.8	(58)	22.8	(2)	.8	(107)	42.1	(47)	18.5	(254)	100.0
연령	만 65-69세	(234)	(43)	18.4	(30)	12.8	(41)	17.5	(3)	1.3	(100)	42.7	(17)	7.3	(234)	100.0
	70대	(311)	(11)	3.5	(25)	8.0	(46)	14.8	(1)	.3	(190)	61.1	(38)	12.2	(311)	100.0
	80대 이상	(57)	(1)	1.8	(5)	8.8	(9)	15.8	(0)	.0	(36)	63.2	(6)	10.5	(57)	100.0
거주지역	농촌지역	(319)	(6)	1.9	(7)	2.2	(29)	9.1	(0)	.0	(225)	70.5	(52)	16.3	(319)	100.0
	도시지역	(283)	(49)	17.3	(53)	18.7	(67)	23.7	(4)	1.4	(101)	35.7	(9)	3.2	(283)	100.0
학력	무학	(138)	(1)	.7	(8)	5.8	(23)	16.7	(1)	.7	(79)	57.2	(26)	18.8	(138)	100.0
	1년~3년	(26)	(0)	.0	(0)	.0	(6)	23.1	(0)	.0	(19)	73.1	(1)	3.8	(26)	100.0
	4년~6년	(219)	(10)	4.6	(22)	10.0	(33)	15.1	(2)	.9	(127)	58.0	(25)	11.4	(219)	100.0
	7년~9년	(95)	(11)	11.6	(8)	8.4	(19)	20.0	(0)	.0	(53)	55.8	(4)	4.2	(95)	100.0
	10년~12년	(97)	(25)	25.8	(21)	21.6	(10)	10.3	(1)	1.0	(36)	37.1	(4)	4.1	(97)	100.0
	13년 이상	(27)	(8)	29.6	(1)	3.7	(5)	18.5	(0)	.0	(12)	44.4	(1)	3.7	(27)	100.0
건강상태	매우 건강	(57)	(15)	26.3	(9)	15.8	(10)	17.5	(0)	.0	(23)	40.4	(0)	.0	(57)	100.0
	건강	(181)	(21)	11.6	(18)	9.9	(21)	11.6	(3)	1.7	(101)	55.8	(17)	9.4	(181)	100.0
	보통	(160)	(11)	6.9	(20)	12.5	(30)	18.8	(1)	.6	(85)	53.1	(13)	8.1	(160)	100.0
	건강하지 못함	(166)	(7)	4.2	(11)	6.6	(24)	14.5	(0)	.0	(99)	59.6	(25)	15.1	(166)	100.0
	매우 건강하지 못함	(38)	(1)	2.6	(2)	5.3	(11)	28.9	(0)	.0	(18)	47.4	(6)	15.8	(38)	100.0
월 평균 가구 소득	50만원 미만	(96)	(2)	2.1	(15)	15.6	(32)	33.3	(0)	.0	(47)	49.0	(0)	.0	(96)	100.0
	50만원~150만원 미만	(285)	(18)	6.3	(32)	11.2	(43)	15.1	(0)	.0	(168)	58.9	(24)	8.4	(285)	100.0
	150만원~250만원 미만	(148)	(17)	11.5	(10)	6.8	(14)	9.5	(3)	2.0	(80)	54.1	(24)	16.2	(148)	100.0
	250만원 이상	(70)	(18)	25.7	(3)	4.3	(7)	10.0	(1)	1.4	(30)	42.9	(11)	15.7	(70)	100.0
	잘 모른다	(3)	(0)	.0	(0)	.0	(0)	.0	(0)	.0	(1)	33.3	(2)	66.7	(3)	100.0

문8-2. (보기카드 제시) [문8의 1)에 응답한 분만] 어르신께서 현재 종사하고 계시는 직업은 무엇입니까?

		사례수	전문직		관리직		사무직		판매/서비스직		생산직		농어민		기타		계	
			(n)	%	(n)	%	(n)	%	(n)	%	(n)	%	(n)	%	(n)	%	(n)	%
전체		(602)	(2)	.3	(2)	.3	(3)	.5	(211)	35.0	(40)	6.6	(288)	47.8	(56)	9.3	(602)	100.0
성별	남성	(348)	(2)	.6	(2)	.6	(2)	.6	(122)	35.1	(28)	8.0	(179)	51.4	(13)	3.7	(348)	100.0
	여성	(254)	(0)	.0	(0)	.0	(1)	.4	(89)	35.0	(12)	4.7	(109)	42.9	(43)	16.9	(254)	100.0
연령	만 65-69세	(234)	(0)	.0	(1)	.4	(1)	.4	(113)	48.3	(26)	11.1	(72)	30.8	(21)	9.0	(234)	100.0
	70대	(311)	(2)	.6	(1)	.3	(2)	.6	(87)	28.0	(14)	4.5	(177)	56.9	(28)	9.0	(311)	100.0
	80대 이상	(57)	(0)	.0	(0)	.0	(0)	.0	(11)	19.3	(0)	.0	(39)	68.4	(7)	12.3	(57)	100.0
거주지역	농촌지역	(319)	(1)	.3	(0)	.0	(0)	.0	(33)	10.3	(6)	1.9	(265)	83.1	(14)	4.4	(319)	100.0
	도시지역	(283)	(1)	.4	(2)	.7	(3)	1.1	(178)	62.9	(34)	12.0	(23)	8.1	(42)	14.8	(283)	100.0
학력	무학	(138)	(0)	.0	(0)	.0	(0)	.0	(19)	13.8	(4)	2.9	(100)	72.5	(15)	10.9	(138)	100.0
	1년~3년	(26)	(0)	.0	(0)	.0	(0)	.0	(7)	26.9	(1)	3.8	(16)	61.5	(2)	7.7	(26)	100.0
	4년~6년	(219)	(0)	.0	(0)	.0	(0)	.0	(63)	28.8	(15)	6.8	(118)	53.9	(23)	10.5	(219)	100.0
	7년~9년	(95)	(0)	.0	(0)	.0	(0)	.0	(40)	42.1	(10)	10.5	(36)	37.9	(9)	9.5	(95)	100.0
	10년~12년	(97)	(1)	1.0	(2)	2.1	(2)	2.1	(62)	63.9	(8)	8.2	(15)	15.5	(7)	7.2	(97)	100.0
	13년 이상	(27)	(1)	3.7	(0)	.0	(1)	3.7	(20)	74.1	(2)	7.4	(3)	11.1	(0)	.0	(27)	100.0
건강상태	매우 건강	(57)	(0)	.0	(0)	.0	(0)	.0	(30)	52.6	(4)	7.0	(12)	21.1	(11)	19.3	(57)	100.0
	건강	(181)	(1)	.6	(2)	1.1	(3)	1.7	(63)	24.8	(10)	5.5	(88)	48.6	(14)	7.7	(181)	100.0
	보통	(160)	(1)	.6	(0)	.0	(0)	.0	(56)	35.0	(13)	8.1	(74)	46.3	(16)	10.0	(160)	100.0
	건강하지 못함	(166)	(0)	.0	(0)	.0	(0)	.0	(51)	30.7	(9)	5.4	(92)	55.4	(14)	8.4	(166)	100.0
	매우 건강하지 못함	(38)	(0)	.0	(0)	.0	(0)	.0	(11)	28.9	(4)	10.5	(22)	57.9	(1)	2.6	(38)	100.0
월 평균 가구 소득	50만원 미만	(96)	(0)	.0	(0)	.0	(0)	.0	(14)	14.6	(7)	7.3	(47)	49.0	(28)	29.2	(96)	100.0
	50만원~150만원 미만	(285)	(1)	.4	(0)	.0	(0)	.0	(104)	36.5	(17)	6.0	(141)	49.5	(22)	7.7	(285)	100.0
	150만원~250만원 미만	(148)	(1)	.7	(1)	.7	(1)	.7	(54)	36.5	(14)	9.5	(72)	48.6	(5)	3.4	(148)	100.0
	250만원 이상	(70)	(0)	.0	(1)	1.4	(2)	2.9	(38)	54.3	(2)	2.9	(26)	37.1	(1)	1.4	(70)	100.0
	잘 모른다	(3)	(0)	.0	(0)	.0	(0)	.0	(1)	33.3	(0)	.0	(2)	66.7	(0)	.0	(3)	100.0

문9. 어르신 가구 전체의 한 달 평균 소득이 얼마나 되나요?

		사례수	50만원 미만		50만원~ 150만원 미만		150만원~ 250만원 미만		250만원 이상		잘모른		계	
			(n)	%	(n)	%	(n)	%	(n)	%	(n)	%	(n)	%
전체		(2034)	(509)	25.0	(762)	37.5	(439)	21.6	(293)	14.4	(31)	1.5	(2034)	100.0
성별	남성	(833)	(138)	16.6	(332)	39.9	(202)	24.2	(154)	18.5	(7)	.8	(833)	100.0
	여성	(1201)	(371)	30.9	(430)	35.0	(237)	19.7	(139)	11.6	(24)	2.0	(1201)	100.0
연령	만 65-69세	(573)	(69)	12.0	(218)	38.0	(169)	29.5	(114)	19.9	(3)	.5	(573)	100.0
	70대	(1022)	(286)	28.0	(411)	40.2	(191)	18.7	(124)	12.1	(10)	1.0	(1022)	100.0
	80대 이상	(439)	(154)	35.1	(133)	30.3	(79)	18.0	(55)	12.5	(18)	4.1	(439)	100.0
거주 지역	농촌지역	(657)	(158)	24.0	(294)	44.7	(147)	22.4	(53)	8.1	(5)	.8	(657)	100.0
	도시지역	(1377)	(351)	25.5	(468)	34.0	(292)	21.2	(240)	17.4	(26)	1.9	(1377)	100.0
학력	무학	(524)	(229)	43.7	(168)	32.1	(75)	14.3	(37)	7.1	(15)	2.9	(524)	100.0
	1년~3년	(125)	(48)	38.4	(48)	38.4	(16)	12.8	(11)	8.8	(2)	1.6	(125)	100.0
	4년~6년	(657)	(139)	21.2	(301)	45.8	(136)	20.7	(72)	11.0	(9)	1.4	(657)	100.0
	7년~9년	(294)	(55)	18.7	(114)	38.8	(85)	28.9	(38)	12.9	(2)	.7	(294)	100.0
	10년~12년	(297)	(33)	11.1	(95)	32.0	(96)	32.3	(71)	23.9	(2)	.7	(297)	100.0
	13년 이상	(137)	(5)	3.6	(35)	26.3	(31)	22.6	(64)	46.7	(1)	.7	(137)	100.0
건강 상태	매우 건강	(141)	(14)	9.9	(47)	33.3	(47)	33.3	(31)	22.0	(2)	1.4	(141)	100.0
	건강	(460)	(57)	12.4	(181)	39.3	(118)	25.7	(100)	21.7	(4)	.9	(460)	100.0
	보통	(495)	(87)	17.6	(208)	42.0	(127)	25.7	(63)	12.7	(10)	2.0	(495)	100.0
	건강하지 못함	(695)	(229)	32.9	(259)	37.3	(121)	17.4	(76)	10.9	(10)	1.4	(695)	100.0
	매우 건강하지 못함	(243)	(122)	50.2	(67)	27.6	(26)	10.7	(23)	9.5	(5)	2.1	(243)	100.0
월 평균 가구 소득	50만원 미만	(509)	(509)	100.0	(0)	.0	(0)	.0	(0)	.0	(0)	.0	(509)	100.0
	50만원~150만원 미만	(762)	(0)	.0	(762)	100.0	(0)	.0	(0)	.0	(0)	.0	(762)	100.0
	150만원~250만원 미만	(439)	(0)	.0	(0)	.0	(439)	100.0	(0)	.0	(0)	.0	(439)	100.0
	250만원 이상	(293)	(0)	.0	(0)	.0	(0)	.0	(293)	100.0	(0)	.0	(293)	100.0
	잘 모른다	(31)	(0)	.0	(0)	.0	(0)	.0	(0)	.0	(31)	100.0	(31)	100.0

문10. 전체적으로 보아 어르신의 가족은 한국 사회에서 어느 층에 속한다고 생각하십니까?

		사례수	상층		중상층		중층		중하틍		하층		모르겠음		계	
			(n)	%	(n)	%	(n)	%	(n)	%	(n)	%	(n)	%	(n)	%
전체		(2034)	(17)	.8	(104)	5.1	(506)	24.9	(662)	32.5	(738)	36.3	(7)	.3	(2034)	100.0
성별	남성	(833)	(11)	1.3	(53)	6.4	(258)	31.0	(268)	32.2	(241)	28.9	(2)	.2	(833)	100.0
	여성	(1201)	(6)	.5	(51)	4.2	(248)	20.6	(394)	32.8	(497)	41.4	(5)	.4	(1201)	100.0
연령	만 65-69세	(573)	(5)	.9	(40)	7.0	(165)	28.8	(203)	35.4	(158)	27.6	(2)	.3	(573)	100.0
	70대	(1022)	(7)	.7	(49)	4.8	(249)	24.4	(316)	30.9	(399)	39.0	(2)	.2	(1022)	100.0
	80대 이상	(439)	(5)	1.1	(15)	3.4	(92)	21.0	(143)	32.6	(181)	41.2	(3)	.7	(439)	100.0
거주 지역	농촌지역	(657)	(3)	.5	(15)	2.3	(146)	22.2	(270)	41.1	(220)	33.5	(3)	.5	(657)	100.0
	도시지역	(1377)	(14)	1.0	(89)	6.5	(360)	26.1	(392)	28.5	(518)	37.6	(4)	.3	(1377)	100.0
학력	무학	(524)	(1)	.2	(15)	2.9	(64)	12.2	(182)	34.7	(29)	49.4	(3)	.6	(524)	100.0
	1년~3년	(125)	(2)	1.6	(1)	.8	(24)	19.2	(35)	28.0	(62)	49.6	(1)	.8	(125)	100.0
	4년~6년	(657)	(2)	.3	(19)	2.9	(144)	21.9	(245)	37.3	(245)	37.3	(2)	.3	(657)	100.0
	7년~9년	(294)	(2)	.7	(18)	6.1	(94)	32.0	(88)	29.9	(91)	31.0	(1)	.3	(294)	100.0
	10년~12년	(297)	(6)	2.0	(28)	9.4	(113)	38.0	(88)	29.6	(62)	20.9	(0)	.0	(297)	100.0
	13년 이상	(137)	(4)	2.9	(23)	16.8	(67)	48.9	(24)	17.5	(19))	13.9	(0)	.0	(137)	100.0
건강 상태	매우 건강	(141)	(4)	2.8	(11)	7.8	(37)	26.2	(41)	29.1	(46)	23.6	(2)	1.4	(141)	100.0
	건강	(460)	(6)	1.3	(45)	9.8	(167)	36.3	(145)	31.5	(97)	21.1	(0)	.0	(460)	100.0
	보통	(495)	(4)	.8	(21)	4.2	(157)	31.7	(191)	38.6	(121)	24.4	(1)	.2	(495)	100.0
	건강하지 못함	(695)	(2)	.3	(23)	3.3	(119)	17.1	(236)	34.0	(312)	44.9	(3)	.4	(695)	100.0
	매우 건강하지 못함	(243)	(1)	.4	(4)	1.6	(26)	10.7	(49)	20.2	(162)	66.7	(1)	.4	(243)	100.0
월 평균 가구 소득	50만원 미만	(509)	(0)	.0	(3)	.6	(7)	1.4	(67)	13.2	(429)	84.3	(3)	.6	(509)	100.0
	50만원~150만원 미만	(762)	(1)	.1	(13)	1.7	(152)	19.9	(360)	47.2	(235)	30.8	(1)	.1	(762)	100.0
	150만원~250만원 미만	(439)	(1)	.2	(22)	5.0	(181)	41.2	(180)	41.0	(54)	12.3	(1)	.2	(439)	100.0
	250만원 이상	(293)	(15)	5.1	(66)	22.5	(163)	55.6	(42)	14.3	(6)	2.0	(1)	.3	(293)	100.0
	잘 모른다	(31)	(0)	.0	(0)	.0	(3)	9.7	(13)	419.	(14)	45.2	(1)	3.2	(31)	100.0

문11. 어르신께서는 국민기초생활보장 수급자이십니까?

		사례수	그렇다		아니다		계	
			(n)	%	(n)	%	(n)	%
전체		(2034)	(132)	6.5	(1902)	93.5	(2034)	100.0
성별	남성	(833)	(41)	4.9	(792)	95.1	(833)	100.0
	여성	(1201)	(91)	7.6	(1110)	92.4	(1201)	100.0
연령	만 65-69세	(573)	(30)	5.2	(543)	94.8	(573)	100.0
	70대	(1022)	(63)	6.2	(959)	93.8	(1022)	100.0
	80대 이상	(439)	(39)	8.9	(400)	91.1	(439)	100.0
거주 지역	농촌지역	(657)	(31)	4.7	(626)	95.3	(657)	100.0
	도시지역	(1377)	(101)	7.3	(1276)	92.7	(1377)	100.0
학력	무학	(524)	(49)	9.4	(475)	90.6	(524)	100.0
	1년~3년	(125)	(15)	12.0	(110)	88.0	(125)	100.0
	4년~6년	(657)	(38)	5.8	(619)	94.2	(657)	100.0
	7년~9년	(294)	(17)	5.8	(277)	94.2	(294)	100.0
	10년~12년	(297)	(9)	3.0	(288)	97.0	(297)	100.0
	13년 이상	(137)	(4)	2.9	(133)	97.1	(137)	100.0
건강상태	매우 건강	(141)	(3)	2.1	(138)	97.9	(141)	100.0
	건강	(460)	(10)	2.2	(450)	97.8	(460)	100.0
	보통	(495)	(13)	2.6	(482)	97.4	(495)	100.0
	건강하지 못함	(695)	(68)	9.8	(627)	90.2	(695)	100.0
	매우 건강하지 못함	(243)	(38)	15.6	(205)	84.4	(243)	100.0
월 평균 가구 소득	50만원 미만	(509)	(110)	21.6	(399)	78.4	(509)	100.0
	50만원~150만원 미만	(762)	(19)	2.5	(743)	97.5	(762)	100.0
	150만원~250만원 미만	(439)	(2)	.5	(437)	99.5	(439)	100.0
	250만원 이상	(293)	(1)	.3	(292)	99.7	(293)	100.0
	잘 모른다	(31)	(0)	.0	(31)	100.0	(31)	100.0

문12. 현재 건강 상태가 어떻다고 생각하십니까?

		사례수	매우 건강하다		건강하다		보통이다		건강하지 못하다		매우 건강하지 못하다		계	
			(n)	%	(n)	%	(n)	%	(n)	%	(n))	%	(n)	%
전체		(2034)	(141)	6.9	(460)	22.6	(495)	24.3	(695)	34.2	(243)	11.9	(2034)	100.0
성별	남성	(833)	(82)	9.8	(262)	31.5	(214)	25.7	(210)	25.2	(65)	7.8	(833)	100.0
	여성	(1201)	(59)	4.9	(198)	16.5	(281)	23.4	(485)	40.4	(178)	14.8	(1201)	100.0
연령	만 65-69세	(573)	(78)	13.6	(164)	28.6	(162)	28.3	(128)	22.3	(41)	7.2	(573)	100.0
	70대	(1022)	(53)	5.2	(226)	22.1	(237)	23.2	(377)	36.9	(129)	12.6	(1022)	100.0
	80대 이상	(439)	(10)	2.3	(70)	15.9	(96)	21.9	(190)	43.3	(73)	16.6	(439)	100.0
거주 지역	농촌지역	(657)	(34)	5.2	(139)	21.2	(138)	21.0	(275)	41.9	(71)	10.8	(657)	100.0
	도시지역	(1377)	(107)	7.8	(321)	23.3	(357)	25.9	(420)	30.5	(172)	12.5	(1377)	100.0
학력	무학	(524)	(12)	2.3	(76)	14.5	(101)	19.3	(231)	44.1	(104)	19.8	(524)	100.0
	1년~3년	(125)	(2)	1.6	(20)	16.0	(27)	21.6	(58)	46.4	(18)	14.4	(125)	100.0
	4년~6년	(657)	(42)	6.4	(126)	9.2	(172)	26.2	(241)	36.7	(76)	11.6	(657)	100.0
	7년~9년	(294)	(26)	8.8	(90)	30.6	(81)	27.6	(72)	24.5	(25)	8.5	(294)	100.0
	10년~12년	(297)	(40)	13.5	(87)	29.3	(84)	28.3	(71)	23.9	(15)	5.1	(297)	100.0
	13년 이상	(137)	(19)	13.9	(61)	44.5	(30)	21.9	(22)	16.1	(5)	3.6	(137)	100.0
건강 상태	매우 건강	(141)	(141)	100.0	(0)	.0	(0)	.0	(0)	.0	(0)	.0	(141)	100.0
	건강	(460)	(0)	.0	(460)	100.0	(0)	.0	(0	.0	(0)	.0	(460)	100.0
	보통	(495)	(0)	.0	(0)	.0	(495)	100.0	(0)	.0	(0)	.0	(495)	100.0
	건강하지 못함	(695)	(0)	.0	(0)	.0	(0)	.0	(265)	100.0	(0)	.0	(695)	100.0
	매우 건강하지 못함	(243)	(0)	.0	(0)	.0	(0)	.0	(0)	.0	(243)	100.0	(243)	100.0
월 평균 가구 소득	50만원 미만	(509)	(14)	2.8	(57)	11.2	(87)	17.	(229)	45.0	(122)	24.0	(509)	100.0
	50만원~150만원 미만	(762)	(47)	6.2	(181)	23.8	(208)	27.3	(259)	34.0	(67)	8.8	(762)	100.0
	150만원~250만원 미만	(439)	(47)	10.7	(118)	26.9	(127)	28.9	(121)	27.6	(26)	5.9	(439)	100.0
	250만원 이상	(293)	(31)	10.6	(100)	34.1	(63)	21.5	(76)	25.9	(23)	7.8	(293)	100.0
	잘 모른다	(31)	(2)	6.5	(4)	12.9	(10)	32.3	(10)	32.3	(5)	16.1	(31)	100.0

문13. (보기카드 제시) 어르신께서는 병·의원에서 의사로부터 아래의 질병으로 진단 받은 적이 있습니까?

<1> 관절염

		사례수	진단 받은적이 없음		진단 받았지만 완치됨		진단받아 치료중		진단 받았지만 치료받지 않음		진단받아 치료받던 중 중단함		진단 받았는지 모름		계	
			(n)	%	(n)	%	(n)	%	(n)	%	(n)	%	(n)	%	(n)	%
전체		(2034)	(1361)	66.9	(41)	2.0	(530)	26.1	(50)	2.5	(50)	2.5	(2)	.1	(2034)	100.0
성별	남성	(833)	(689)	82.7	(10)	1.2	(103)	12.4	(17)	2.0	(14)	1.7	(0)	.0	(833)	100.0
	여성	(1201)	(672)	56.0	(31)	2.6	(427)	35.6	(33)	2.7	(36)	3.0	(2)	.2	(1201)	100.0
연령	만 65-69세	(573)	(448)	78.2	(6)	1.0	(94)	16.4	(12)	2.1	(13)	2.3	(0)	.0	(573)	100.0
	70대	(1022)	(656)	64.2	(29)	2.8	(284)	27.8	(27)	2.6	(25)	2.4	(1)	.1	(1022)	100.0
	80대 이상	(439)	(257)	58.5	(6)	1.4	(152)	34.6	(11)	2.5	(12)	2.7	(1)	.2	(439)	100.0
거주 지역	농촌지역	(657)	(401)	61.0	(10)	1.5	(213)	32.4	(16)	2.4	(17)	2.6	(0)	.0	(657)	100.0
	도시지역	(1377)	(960)	69.7	(31)	2.3	(317)	23.0	(34)	2.5	(33)	2.4	(2)	.1	(1377)	100.0
학력	무학	(524)	(292)	55.7	(8)	1.5	(201)	38.4	(14)	2.7	(9)	1.7	(0)	.0	(524)	100.0
	1년~3년	(125)	(64)	51.2	(2)	1.6	(51)	40.8	(3)	2.4	(4)	3.2	(1)	.8	(125)	100.0
	4년~6년	(657)	(417)	63.5	(20)	3.0	(180)	27.4	(16)	2.4	(23)	3.5	(1)	.2	(657)	100.0
	7년~9년	(294)	(221)	75.2	(4)	1.4	(54)	18.4	(8)	2.7	(7)	2.4	(0)	.0	(294)	100.0
	10년~12년	(297)	(247)	83.2	(6)	2.0	(33)	11.1	(6)	2.0	(5)	1.7	(0)	.0	(297)	100.0
	13년 이상	(137)	(120)	87.6	(1)	.7	(11)	8.0	(3)	2.2	(2)	1.5	(0)	.0	(137)	100.0
건강 상태	매우 건강	(141)	(134)	95.0	(0)	.0	(6)	4.3	(1)	.7	(0)	.0	(0)	.0	(141)	100.0
	건강	(460)	(414)	90.0	(6)	1.3	(30)	6.5	(6)	1.3	(3)	.7	(1)	.2	(460)	100.0
	보통	(495)	(355)	71.7	(15)	3.0	(96)	19.4	(11)	2.2	(17)	3.4	(1)	.2	(495)	100.0
	건강하지 못함	(695)	(358)	51.5	(12)	1.7	(280)	40.3	(21)	3.0	(24)	3.5	(0)	.0	(695)	100.0
	매우 건강하지 못함	(243)	(100)	41.2	(8)	3.3	(118)	48.6	(11)	4.5	(6)	2.5	(0)	.0	(243)	100.0
월 평균 가구 소득	50만원 미만	(509)	(272)	53.4	(8)	1.6	(199)	39.1	(23)	4.5	(6)	1.2	(1)	.2	(509)	100.0
	50만원~150만원 미만	(762)	(512)	67.2	(14)	1.8	(190)	24.9	(18)	2.4	(28)	3.7	(0)	.0	(762)	100.0
	150만원~250만원 미만	(439)	(333)	75.9	(10)	2.3	(79)	18.0	(6)	1.4	(11)	2.5	(0)	.0	(439)	100.0
	250만원 이상	(293)	(228)	77.8	(6)	2.0	(53)	18.1	(2)	.7	(4)	1.4	(0)	.0	(293)	100.0
	잘 모른다	(31)	(16)	51.6	(3)	9.7	(9)	29.0	(1)	3.2	(1)	3.2	(1)	3.2	(31)	100.0

문13. (보기카드 제시) 어르신께서는 병·의원에서 의사로부터 아래의 질병으로 진단 받은 적이 있습니까?

<2> 고혈압

		사례수	진단 받은적이 없음		진단 받았지만 완치됨		진단받아 치료중		진단 받았지만 치료받지 않음		진단받아 치료받던 중 중단함		계	
			(n)	%	(n)	%	(n)	%	(n)	%	(n)	%	(n)	%
전체		(2034)	(861)	42.3	(16)	.8	(1145)	56.3	(9)	.4	(3)	.1	(2034)	100.0
성별	남성	(833)	(396)	47.5	(4)	.5	(426)	51.1	(6)	.7	(1)	.1	(833)	100.0
	여성	(1201)	(465)	38.7	(12)	1.0	(719)	59.9	(3)	.2	(2)	.2	(1201)	100.0
연령	만 65-69세	(573)	(270)	47.1	(3)	.5	(297)	51.8	(2)	.3	(1)	.2	(573)	100.0
	70대	(1022)	(434)	42.5	(9)	.9	(570)	55.8	(7)	.7	(2)	.2	(1022)	100.0
	80대 이상	(439)	(157)	35.8	(4)	.9	(278)	63.3	(0)	.0	(0)	.0	(439)	100.0
거주 지역	농촌지역	(657)	(282)	42.9	(4)	.6	(370)	56.3	(0)	.0	(1)	.2	(657)	100.0
	도시지역	(1377)	(579)	42.0	(12)	.9	(775)	56.3	(9)	.7	(2)	.1	(1377)	100.0
학력	무학	(524)	(193)	36.8	(6)	1.1	(324)	61.8	(1)	.2	(0)	.0	(524)	100.0
	1년~3년	(125)	(50)	40.0	(2)	1.6	(73)	58.4	(0)	.0	(0)	.0	(125)	100.0
	4년~6년	(657)	(279)	42.5	(6)	.9	(365)	55.6	(4)	.6	(3)	.5	(657)	100.0
	7년~9년	(294)	(125)	42.5	(2)	.7	(167)	56.8	(0)	.0	(0)	.0	(294)	100.0
	10년~12년	(297)	(153)	51.5	(0)	.0	(144)	48.5	(0)	.0	(0)	.0	(297)	100.0
	13년 이상	(137)	(61)	44.5	(0)	.0	(72)	52.6	(4)	2.9	(0)	.0	(137)	100.0
건강 상태	매우 건강	(141)	(98)	69.5	(1)	.7	(42)	29.8	(0)	.0	(0)	.0	(141)	100.0
	건강	(460)	(246)	53.5	(5)	1.1	(203)	44.1	(6)	1.3	(0)	.0	(460)	100.0
	보통	(495)	(214)	43.2	(4)	.8	(276)	55.8	(0)	.0	(1)	.2	(495)	100.0
	건강하지 못함	(695)	(221)	31.8	(2)	.3	(467)	67.2	(3)	.4	(2)	.3	(695)	100.0
	매우 건강하지 못함	(243)	(82)	33.7	(4)	1.6	(157)	64.6	(0)	.0	(0)	.0	(243)	100.0
월 평균 가구 소득	50만원 미만	(509)	(178)	35.0	(6)	1.2	(322)	63.3	(2)	.4	(1)	.2	(509)	100.0
	50만원~150만원 미만	(762)	(330)	43.3	(6)	.8	(417)	54.7	(7)	.9	(2)	.3	(762)	100.0
	150만원~250만원 미만	(439)	(216)	49.2	(1)	.2	(222)	50.6	(0)	.0	(0)	.0	(439)	100.0
	250만원 이상	(293)	(126)	43.0	(2)	.7	(165)	56.3	(0)	.0	(0)	.0	(293)	100.0
	잘 모른다	(31)	(11)	35.5	(1)	3.2	(19)	61.3	(0)	.0	(0)	.0	(31)	100.0

문13. (보기카드 제시) 어르신께서는 병·의원에서 의사로부터 아래의 질병으로 진단 받은 적이 있습니까?

<3> 뇌졸중

		사례수	진단 받은적이 없음		진단 받았지만 완치됨		진단받아 치료중		진단 받았지만 치료받지 않음		진단받아 치료받던 중 중단함		진단 받았는지 모름		계	
			(n)	%	(n)	%	(n)	%	(n)	%	(n)	%	(n)	%	(n)	%
전체		(2034)	(1906)	93.7	(15)	.7	(102)	5.0	(5)	.2	(5)	.2	(1)	.0	(2034)	100.0
성별	남성	(833)	(784)	94.1	(3)	.4	(42)	5.0	(1)	.1	(2)	.2	(1)	.1	(833)	100.0
	여성	(1201)	(1122)	93.4	(12)	1.0	(60)	5.0	(4)	.3	(3)	.2	(0)	.0	(1201)	100.0
연령	만 65-69세	(573)	(534)	93.2	(5)	.9	(33)	5.8	(1)	.2	(0)	.0	(0)	.0	(573)	100.0
	70대	(1022)	(965)	94.4	(6)	.6	(44)	4.3	(3)	.3	(3)	.3	(1)	.1	(1022)	100.0
	80대 이상	(439)	(407)	92.7	(4)	.9	(25)	5.7	(1)	.2	(2)	.5	(0)	.0	(439)	100.0
거주지역	농촌지역	(657)	(613)	93.3	(6)	.9	(35)	5.3	(2)	.3	(1)	.2	(0)	.0	(657)	100.0
	도시지역	(1377)	(1293)	93.9	(9)	.7	(67)	4.9	(3)	.2	(4)	.3	(1)	.1	(1377)	100.0
학력	무학	(524)	(487)	92.9	(3)	.6	(29)	5.5	(4)	.8	(1)	.2	(0)	.0	(524)	100.0
	1년~3년	(125)	(119)	95.2	(2)	1.6	(3)	2.4	(0)	.0	(1)	.8	(0)	.0	(125)	100.0
	4년~6년	(657)	(614)	93.5	(5)	.8	(36)	5.5	(0)	.0	(2)	.3	(0)	.0	(657)	100.0
	7년~9년	(294)	(278)	94.6	(4)	1.4	(11)	3.7	(1)	.3	(0)	.0	(0)	.0	(294)	100.0
	10년~12년	(297)	(281)	94.6	(1)	.3	(14)	4.7	(0)	.0	(1)	.3	(0)	.0	(297)	100.0
	13년 이상	(137)	(127)	92.7	(0)	.0	(9)	6.6	(0)	.0	(0)	.0	(1)	.7	(137)	100.0
건강상태	매우 건강	(141)	(139)	98.6	(0)	.0	(2)	1.4	(0)	.0	(0)	.0	(0)	.0	(141)	100.0
	건강	(460)	(454)	98.7	(1)	.2	(5)	1.1	(0)	.0	(0)	.0	(0)	.0	(460)	100.0
	보통	(495)	(482)	97.4	(2)	.4	(10)	2.0	(0)	.0	(1)	.2	(0)	.0	(495)	100.0
	건강하지 못함	(695)	(629)	90.5	(10)	1.4	(52)	7.5	(2)	.3	(2)	.3	(0)	.0	(695)	100.0
	매우 건강하지 못함	(243)	(202)	83.1	(2)	.8	(33)	13.6	(3)	1.2	(2)	.8	(1)	.4	(243)	100.0
월 평균 가구 소득	50만원 미만	(509)	(475)	93.3	(4)	.8	(26)	5.1	(2)	.4	(2)	.4	(0)	.0	(509)	100.0
	50만원~150만원 미만	(762)	(713)	93.6	(8)	1.0	(37)	4.9	(2)	.3	(1)	.1	(1)	.1	(762)	100.0
	150만원~250만원 미만	(439)	(418)	95.2	(2)	.5	(17)	3.9	(1)	.2	(1)	.2	(0)	.0	(439)	100.0
	250만원 이상	(293)	(272)	92.8	(0)	.0	(20)	6.8	(0)	.0	(1)	.3	(0)	.0	(293)	100.0
	잘 모른다	(31)	(28)	90.3	(1)	3.2	(2)	6.5	(0)	.0	(0)	.0	(0)	.0	(31)	100.0

문13. (보기카드 제시) 어르신께서는 병·의원에서 의사로부터 아래의 질병으로 진단 받은 적이 있습니까?

<4> 당뇨병

		사례수	진단 받은적이 없음		진단 받았지만 완치됨		진단받아 치료중		진단 받았지만 치료받지 않음		진단받아 치료받던 중 중단함		진단 받았는지 모름		계	
			(n)	%	(n)	%	(n)	%	(n)	%	(n)	%	(n)	%	(n)	%
전체		(2034)	(1516)	74.5	(8)	.4	(499)	24.5	(8)	.4	(2)	.1	(1)	.0	(2034)	100.0
성별	남성	(833)	(640)	76.8	(0)	.0	(189)	22.7	(3)	.4	(0)	.0	(1)	.1	(833)	100.0
	여성	(1201)	(876)	72.9	(8)	.7	(310)	25.8	(5)	.4	(2)	.2	(0	.0	(1201)	100.0
연령	만 65-69세	(573)	(440)	76.8	(0)	.0	(132)	23.0	(1)	.2	(0)	.0	(0)	.0	(573)	100.0
	70대	(1022)	(737)	72.1	(5)	.5	(273)	26.7	(5)	.5	(1)	.1	(1)	.1	(1022)	100.0
	80대 이상	(439)	(339)	77.2	(3)	.7	(94)	21.4	(2)	.5	(1)	.2	(0)	.0	(439)	100.0
거주 지역	농촌지역	(657)	(501)	76.3	(2)	.3	(154)	23.4	(0)	.0	(0)	.0	(0)	.0	(657)	100.0
	도시지역	(1377)	(1015)	73.7	(6)	.4	(345)	25.1	(8)	.6	(2)	.1	(1)	.1	(1377)	100.0
학력	무학	(524)	(380)	72.5	(5)	1.0	(137)	26.1	(2)	.4	(0)	.0	(0)	.0	(524)	100.0
	1년~3년	(125)	(96)	76.8	(2)	1.6	(27)	21.6	(0)	.0	(0)	.0	(0)	.0	(125)	100.0
	4년~6년	(657)	(486)	74.0	(1)	.2	(165)	25.1	(3)	.5	(2)	.3	(0)	.0	(657)	100.0
	7년~9년	(294)	(229)	77.9	(0)	.0	(63)	21.4	(2)	.7	(0)	.0	(0)	.0	(294)	100.0
	10년~12년	(297)	(219)	79.7	(0)	.0	(78)	26.3	(0)	.0	(0)	.0	(0)	.0	(297)	100.0
	13년 이상	(137)	(106)	77.4	(0)	.0	(29)	21.2	(1)	.7	(0)	.0	(1)	.7	(137)	100.0
건강 상태	매우 건강	(141)	(131)	92.9	(0)	.0	(10)	7.1	(0)	.0	(0)	.0	(0)	.0	(141)	100.0
	건강	(460)	(401)	87.2	(2)	.4	(56)	12.2	(1)	.2	(0)	.0	(0)	.0	(460)	100.0
	보통	(495)	(363)	79.9	(1)	.2	(129)	26.1	(1)	.2	(1)	.2	(0)	.0	(495)	100.0
	건강하지 못함	(695)	(478)	68.8	(1)	.1	(210)	30.2	(5)	.7	(1)	.1	(0)	.0	(695)	100.0
	매우 건강하지 못함	(243)	(143)	58.8	(4)	1.6	(94)	38.7	(1)	.4	(0)	.0	(1)	.4	(243)	100.0
월 평균 가구 소득	50만원 미만	(509)	(345)	67.8	(5)	1.0	(158)	31.0	(1)	.2	(0)	.0	(0)	.0	(509)	100.0
	50만원~150만원 미만	(762)	(585)	76.8	(1)	.1	(168)	22.0	(6)	.8	(1)	.1	(1)	.1	(762)	100.0
	150만원~250만원 미만	(439)	(342)	77.9	(0)	.0	(95)	21.6	(1)	.2	(1)	.2	(0)	.0	(439)	100.0
	250만원 이상	(293)	(221)	75.4	(2)	.7	(70)	23.9	(0)	.0	(0)	.0	(0)	.0	(293)	100.0
	잘 모른다	(31)	(23)	74.2	(0)	.0	(8)	25.8	(0)	.0	(0)	.0	(0)	.0	(31)	100.0

문13. (보기카드 제시) 어르신께서는 병·의원에서 의사로부터 아래의 질병으로 진단 받은 적이 있습니까?

<5> 심장병

		사례수	진단 받은적이 없음		진단 받았지만 완치됨		진단받아 치료중		진단 받았지만 치료받지 않음		진단받아 치료받던 중 중단함		계	
			(n)	%	(n)	%	(n)	%	(n)	%	(n)	%	(n)	%
전체		(2034)	(1746)	85.8	(16)	.8	(263)	12.9	(4)	.2	(5)	.2	(2034)	100.0
성별	남성	(833)	(744)	89.3	(5)	.6	(81)	9.7	(2)	.2	(1)	.1	(833)	100.0
	여성	(1201)	(1002)	83.4	(11)	.9	(182)	15.2	(2)	.2	(4)	.3	(1201)	100.0
연령	만 65-69세	(573)	(517)	90.2	(1)	.2	(53)	9.2	(1)	.2	(1)	.2	(573)	100.0
	70대	(1022)	(869)	85.0	(11)	1.1	(136)	13.3	(2)	.2	(4)	.4	(1022)	100.0
	80대 이상	(439)	(360)	82.0	(4)	.9	(74)	16.9	(1)	.2	(0)	.0	(439)	100.0
거주지역	농촌지역	(657)	(564)	85.8	(3)	.5	(86)	13.1	(2)	.3	(2)	.3	(657)	100.0
	도시지역	(1377)	(1182)	85.8	(13)	.9	(177)	12.9	(2)	.1	(3)	.2	(1377)	100.0
학력	무학	(524)	(430)	82.1	(4)	.8	(87)	16.6	(2)	.4	(1)	.2	(524)	100.0
	1년~3년	(125)	(106)	84.8	(1)	.8	(17)	13.6	(1)	.8	(0)	.0	(125)	100.0
	4년~6년	(657)	(556)	84.6	(5)	.8	(92)	14.0	(0)	.0	(4)	.6	(657)	100.0
	7년~9년	(294)	(255)	86.7	(2)	.7	(37)	12.6	(0)	.0	(0)	.0	(294)	100.0
	10년~12년	(297)	(274)	92.3	(3)	1.0	(19)	6.4	(1)	.3	(0)	.0	(297)	100.0
	13년 이상	(137)	(125)	91.2	(1)	.7	(11)	8.0	(0)	.0	(0)	.0	(137)	100.0
건강상태	매우 건강	(141)	(140)	99.3	(0)	.0	(1)	.7	(0)	.0	(0)	.0	(141)	100.0
	건강	(460)	(440)	95.7	(3)	.7	(16)	3.5	(1)	.2	(0)	.0	(460)	100.0
	보통	(495)	(428)	86.5	(2)	.4	(63)	12.7	(1)	.2	(1)	.2	(495)	100.0
	건강하지 못함	(695)	(563)	81.0	(7)	1.0	(122)	17.6	(1)	.1	(2)	.3	(695)	100.0
	매우 건강하지 못함	(243)	(175)	72.0	(4)	1.6	(61)	25.1	(1)	.4	(2)	.8	(243)	100.0
월 평균 가구 소득	50만원 미만	(509)	(410)	80.6	(5)	1.0	(91)	17.9	(2)	.4	(1)	.2	(509)	100.0
	50만원~150만원 미만	(762)	(664)	87.1	(8)	1.0	(86)	11.3	(1)	.1	(3)	.4	(762)	100.0
	150만원~250만원 미만	(439)	(393)	89.5	(0)	.0	(44)	10.0	(1)	.2	(1)	.2	(439)	100.0
	250만원 이상	(293)	(251)	85.7	(3)	1.0	(39)	13.3	(0)	.0	(0)	.0	(293)	100.0
	잘 모른다	(31)	(28)	90.3	(0)	.0	(3)	9.7	(0)	.0	(0)	.0	(31)	100.0

문13. (보기카드 제시) 어르신께서는 병·의원에서 의사로부터 아래의 질병으로 진단 받은 적이 있습니까?

<6> 간경변, 간염

		사례수	진단 받은적이 없음		진단 받았지만 완치 됨		진단받아 치료 중		진단 받았지만 치료받지 않음		진단 받았는지 모름		계	
			(n)	%	(n)	%	(n)	%	(n)	%	(n)	%	(n)	%
전체		(2034)	(1995)	98.1	(8)	.4	(25)	1.2	(2)	.1	(4)	.2	(2034)	100.0
성별	남성	(833)	(814)	97.7	(4)	.5	(12)	1.4	(1)	.1	(2)	.2	(833)	100.0
	여성	(1201)	(1181)	98.3	(4)	.3	(13)	1.1	(1)	.1	(2)	.2	(1201)	100.0
연령	만 65-69세	(573)	(557)	97.2	(1)	.2	(14)	2.4	(1)	.2	(0)	.0	(573)	100.0
	70대	(1022)	(1004)	98.2	(6)	.6	(9)	.9	(1)	.1	(2)	.2	(1022)	100.0
	80대 이상	(439)	(434)	98.9	(1)	.2	(2)	.5	(0)	.0	(2)	.5	(439)	100.0
거주지역	농촌지역	(657)	(650)	98.9	(1)	.2	(6)	.9	(0)	.0	(0)	.0	(657)	100.0
	도시지역	(1377)	(1345)	97.7	(7)	.5	(19)	1.4	(2)	.1	(4)	.3	(1377)	100.0
학력	무학	(524)	(515)	98.3	(2)	.4	(5)	1.0	(0)	.0	(2)	.4	(524)	100.0
	1년~3년	(125)	(125)	100.0	(0)	.0	(0)	.0	(0)	.0	(0)	.0	(125)	100.0
	4년~6년	(657)	(643)	97.9	(2)	.3	(10)	1.5	(1)	.2	(1)	.2	(657)	100.0
	7년~9년	(294)	(288)	98.0	(2)	.7	(2)	.7	(1)	.3	(1)	.3	(294)	100.0
	10년~12년	(297)	(292)	98.3	(1)	.3	(4)	1.3	(0)	.0	(0)	.0	(297)	100.0
	13년 이상	(137)	(132)	96.4	(1)	.7	(4)	2.9	(0)	.0	(0)	.0	(137)	100.0
건강상태	매우 건강	(141)	(141)	100.0	(0)	.0	(0)	.0	(0)	.0	(0)	.0	(141)	100.0
	건강	(460)	(453)	98.5	(3)	.7	(4)	.9	(0)	.0	(0)	.0	(460)	100.0
	보통	(495)	(487)	98.4	(1)	.2	(5)	1.0	(0)	.0	(2)	.4	(495)	100.0
	건강하지 못함	(695)	(682)	98.1	(3)	.4	(9)	1.3	(0)	.0	(1)	.1	(695)	100.0
	매우 건강하지 못함	(243)	(232)	95.5	(1)	.4	(7)	2.9	(2)	.8	(1)	.4	(243)	100.0
월 평균 가구 소득	50만원 미만	(509)	(499)	98.0	(2)	.4	(6)	1.2	(0)	.0	(2)	.4	(509)	100.0
	50만원~150만원 미만	(762)	(743)	97.5	(4)	.5	(11)	1.4	(2)	.3	(2)	.3	(762)	100.0
	150만원~250만원 미만	(439)	(434)	98.9	(2)	.5	(3)	.7	(0)	.0	(0)	.0	(439)	100.0
	250만원 이상	(293)	(288)	98.3	(0)	.0	(5)	1.7	(0)	.0	(0)	.0	(293)	100.0
	잘 모른다	(31)	(31)	100.0	(0)	.0	(0)	.0	(0)	.0	(0)	.0	(31)	100.0

문13. (보기카드 제시) 어르신께서는 병·의원에서 의사로부터 아래의 질병으로 진단 받은 적이 있습니까?

<7> 위궤양, 십이지장궤양

		사례수	진단 받은적이 없음		진단 받았지만 완치 됨		진단받아 치료 중		진단 받았지만 치료받지 않음		진단받아 치료받던 중 중단함		진단 받았는지 모름		계	
			(n)	%	(n)	%	(n)	%	(n)	%	(n)	%	(n)	%	(n)	%
전체		(2034)	(1801)	88.5	(45)	2.2	(165)	8.1	(11)	.5	(11)	.5	(1)	.0	(2034)	100.0
성별	남성	(833)	(745)	89.4	(23)	2.8	(55)	6.6	(6)	.7	(4)	.5	(0)	.0	(833)	100.0
	여성	(1201)	(1056)	87.9	(22)	1.8	(110)	9.2	(5)	.4	(7)	.6	(1)	.1	(1201)	100.0
연령	만 65-69세	(573)	(516)	90.1	(16)	2.8	(37)	6.5	(2)	.3	(2)	.3	(0)	.0	(573)	100.0
	70대	(1022)	(895)	87.6	(23)	2.3	(88)	8.6	(7)	.7	(9)	.9	(0)	.0	(1022)	100.0
	80대 이상	(439)	(390)	88.8	(6)	1.4	(40)	9.1	(2)	.5	(0)	.0	(1)	.2	(439)	100.0
거주지역	농촌지역	(657)	(551)	83.9	(25)	3.8	(68)	10.4	(7)	1.1	(5)	.8	(1)	.2	(657)	100.0
	도시지역	(1377)	(1250)	90.8	(20)	1.5	(97)	7.0	(4)	.3	(6)	.4	(0)	.0	(1377)	100.0
학력	무학	(524)	(456)	87.0	(13)	2.5	(48)	9.2	(5)	1.0	(1)	.2	(1)	.2	(524)	100.0
	1년~3년	(125)	(106)	84.8	(1)	.8	(17)	13.6	(0)	.0	(1)	.8	(0)	.0	(125)	100.0
	4년~6년	(657)	(564)	85.8	(17)	2.6	(65)	9.9	(4)	.6	(7)	1.1	(0)	.0	(657)	100.0
	7년~9년	(294)	(273)	92.9	(4)	1.4	(15)	5.1	(1)	.3	(1)	.3	(0)	.0	(294)	100.0
	10년~12년	(297)	(274)	92.3	(7)	2.4	(15)	5.1	(0)	.0	(1)	.3	(0)	.0	(297)	100.0
	13년 이상	(137)	(128)	93.4	(3)	2.2	(5)	3.6	(1)	.7	(0)	.0	(0)	.0	(137)	100.0
건강상태	매우 건강	(141)	(130)	92.2	(5)	3.5	(6)	4.3	(0)	.0	(0)	.0	(0)	.0	(141)	100.0
	건강	(460)	(420)	91.3	(18)	3.9	(18)	3.9	(4)	.9	(0)	.0	(0)	.0	(460)	100.0
	보통	(495)	(458)	92.5	(7)	1.4	(25)	5.1	(2)	.4	(2)	.4	(1)	.2	(495)	100.0
	건강하지 못함	(695)	(602)	86.6	(13)	1.9	(70)	10.1	(3)	.4	(7)	1.0	(0)	.0	(695)	100.0
	매우 건강하지 못함	(243)	(191)	78.6	(2)	.8	(46)	18.9	(2)	.8	(2)	.8	(0)	.0	(243)	100.0
월 평균 가구 소득	50만원 미만	(509)	(437)	85.9	(4)	.8	(60)	11.8	(5)	1.0	(3)	.6	(0)	.0	(509)	100.0
	50만원~150만원 미만	(762)	(677)	88.8	(22)	2.9	(51)	6.7	(6)	.8	(5)	.7	(1)	.1	(762)	100.0
	150만원~250만원 미만	(439)	(393)	89.5	(11)	2.5	(32)	7.3	(0)	.0	(3)	.7	(0)	.0	(439)	100.0
	250만원 이상	(293)	(266)	90.8	(6)	2.0	(21)	7.2	(0)	.0	(0)	.0	(0)	.0	(293)	100.0
	잘 모른다	(31)	(28)	90.3	(2)	6.5	(1)	3.2	(0)	.0	(0)	.0	(0)	.0	(31)	100.0

문13. (보기카드 제시) 어르신께서는 병·의원에서 의사로부터 아래의 질병으로 진단 받은 적이 있습니까?

<8> 천식, 만성기관지염

		사례수	진단 받은적이 없음		진단 받았지만 완치 됨		진단받아 치료 중		진단 받았지만 치료받지 않음		진단받아 치료받던 중 중단함		진단 받았는지 모름		계	
			(n)	%	(n)	%	(n)	%	(n)	%	(n)	%	(n)	%	(n)	%
전체		(2034)	(1932)	95.0	(14)	.7	(67)	3.3	(11)	.5	(8)	.4	(2)	.1	(2034)	100.0
성별	남성	(833)	(789)	94.7	(4)	.5	(28)	3.4	(8)	1.0	(4)	.5	(0)	.0	(833)	100.0
	여성	(1201)	(1143)	95.2	(10)	.8	(39)	3.2	(3)	.2	(4)	.3	(2)	.2	(1201)	100.0
연령	만 65-69세	(573)	(553)	96.5	(4)	.7	(15)	2.6	(1)	.2	(0)	.0	(0)	.0	(573)	100.0
	70대	(1022)	(970)	94.9	(7)	.7	(35)	3.4	(4)	.4	(4)	.4	(2)	.2	(1022)	100.0
	80대 이상	(439)	(409)	93.2	(3)	.7	(17)	3.9	(6)	1.4	(4)	.9	(0)	.0	(439)	100.0
거주 지역	농촌지역	(657)	(612)	93.2	(6)	.9	(27)	4.1	(4)	.6	(6)	.9	(2)	.3	(657)	100.0
	도시지역	(1377)	(1320)	95.9	(8)	.6	(40)	2.9	(7)	.5	(2)	.1	(0)	.0	(1377)	100.0
학력	무학	(524)	(488)	93.1	(3)	.6	(25)	4.8	(4)	.8	(2)	.4	(2)	.4	(524)	100.0
	1년~3년	(125)	(118)	94.4	(1)	.8	(4)	3.2	(0)	.0	(2)	1.6	(0)	.0	(125)	100.0
	4년~6년	(657)	(624)	95.0	(6)	.9	(18)	2.7	(5)	.8	(4)	.6	(0)	.0	(657)	100.0
	7년~9년	(294)	(282)	95.9	(3)	1.0	(8)	2.7	(1)	.3	(0)	.0	(0)	.0	(294)	100.0
	10년~12년	(297)	(287)	96.6	(1)	.3	(9)	3.0	(0)	.0	(0)	.0	(0)	.0	(297)	100.0
	13년 이상	(137)	(133)	97.1	(0)	.0	(3)	2.2	(1)	.7	(0)	.0	(0)	.0	(137)	100.0
건강 상태	매우 건강	(141)	(138)	97.9	(1)	.7	(2)	1.4	(0)	.0	(0)	.0	(0)	.0	(141)	100.0
	건강	(460)	(441)	95.9	(3)	.7	(13)	2.8	(2)	.4	(1)	.2	(0)	.0	(460)	100.0
	보통	(495)	(471)	95.2	(4)	.8	(13)	2.6	(6)	1.2	(1)	.2	(0)	.0	(495)	100.0
	건강하지 못함	(695)	(658)	94.7	(5)	.7	(25)	3.6	(1)	.1	(4)	.6	(2)	.3	(695)	100.0
	매우 건강하지 못함	(243)	(224)	92.2	(1)	.4	(14)	5.8	(2)	.8	(2)	.8	(0)	.0	(243)	100.0
월 평균 가구 소득	50만원 미만	(509)	(476)	93.5	(3)	.6	(22)	4.3	(4)	.8	(4)	.8	(0)	.0	(509)	100.0
	50만원~150만원 미만	(762)	(730)	95.8	(5)	.7	(18)	2.4	(6)	.8	(2)	.3	(1)	.1	(762)	100.0
	150만원~250만원 미만	(439)	(415)	94.5	(3)	.7	(19)	4.3	(1)	.2	(1)	.2	(0)	.0	(439)	100.0
	250만원 이상	(293)	(284)	96.9	(1)	.3	(6)	2.0	(0)	.0	(1)	.3	(1)	.3	(293)	100.0
	잘 모른다	(31)	(27)	87.1	(2)	6.5	(2)	6.5	(0)	.0	(0)	.0	(0)	.0	(31)	100.0

문13. (보기카드 제시) 어르신께서는 병·의원에서 의사로부터 아래의 질병으로 진단 받은 적이 있습니까?

<9> 골절

		사례수	진단 받은적이 없음		진단 받았지만 완치 됨		진단받아 치료 중		진단 받았지만 치료받지 않음		진단받아 치료받던 중 중단함		계	
			(n)	%	(n)	%	(n)	%	(n)	%	(n)	%	(n)	%
전체		(2034)	(1880)	92.4	(111)	5.5	(33)	1.6	(3)	.1	(7)	.3	(2034)	100.0
성별	남성	(833)	(801)	96.2	(25)	3.0	(5)	.6	(0)	.0	(2)	.2	(833)	100.0
	여성	(1201)	(1079)	89.8	(86)	7.2	(28)	2.3	(3)	.2	(5)	.4	(1201)	100.0
연령	만 65-69세	(573)	(539)	94.1	(26)	4.5	(7)	1.2	(0)	.0	(1)	.2	(573)	100.0
	70대	(1022)	(943)	92.3	(54)	5.3	(20)	2.0	(1)	.1	(4)	.4	(1022)	100.0
	80대 이상	(439)	(398)	90.7	(31)	7.1	(6)	1.4	(2)	.5	(2)	.5	(439)	100.0
거주 지역	농촌지역	(657)	(602)	91.6	(44)	6.7	(8)	1.2	(1)	.2	(2)	.3	(657)	100.0
	도시지역	(1377)	(1278)	92.8	(67)	4.9	(25)	1.8	(2)	.1	(5)	.4	(1377)	100.0
학력	무학	(524)	(489)	93.3	(19)	3.6	(12)	2.3	(1)	.2	(3)	.6	(524)	100.0
	1년~3년	(125)	(109)	87.2	(11)	8.8	(4)	3.2	(1)	.8	(0)	.0	(125)	100.0
	4년~6년	(657)	(590)	89.8	(53)	8.1	(10)	1.5	(1)	.2	(3)	.5	(657)	100.0
	7년~9년	(294)	(273)	92.9	(14)	4.8	(6)	2.0	(0)	.0	(1)	.3	(294)	100.0
	10년~12년	(297)	(283)	95.3	(13)	4.4	(1)	.3	(0)	.0	(0)	.0	(297)	100.0
	13년 이상	(137)	(136)	99.3	(1)	.7	(0)	.0	(0)	.0	(0)	.0	(137)	100.0
건강 상태	매우 건강	(141)	(140)	99.3	(1)	.7	(0)	.0	(0)	.0	(0)	.0	(141)	100.0
	건강	(460)	(450)	97.8	(8)	1.7	(2)	.4	(0)	.0	(0)	.0	(460)	100.0
	보통	(495)	(457)	92.3	(31)	6.3	(4)	.8	(2)	.4	(1)	.2	(495)	100.0
	건강하지 못함	(695)	(618)	88.9	(64)	9.2	(11)	1.6	(0)	.0	(2)	.3	(695)	100.0
	매우 건강하지 못함	(243)	(215)	88.5	(7)	2.9	(16)	6.6	(1)	.4	(4)	.6	(243)	100.0
월 평균 가구 소득	50만원 미만	(509)	(476)	93.5	(18)	3.5	(12)	2.4	(0)	.0	(3)	.6	(509)	100.0
	50만원~150만원 미만	(762)	(106)	92.7	(42)	5.5	(9)	1.2	(2)	.3	(3)	.4	(762)	100.0
	150만원~250만원 미만	(439)	(403)	91.8	(29)	6.6	(6)	1.4	(1)	.2	(0)	.0	(439)	100.0
	250만원 이상	(293)	(268)	91.5	(20)	6.8	(4)	1.4	(0)	.0	(1)	.3	(293)	100.0
	잘 모른다	(31)	(27)	87.1	(2)	6.5	(2)	6.5	(0)	.0	(0)	.0	(31)	100.0

문13. (보기카드 제시) 어르신께서는 병·의원에서 의사로부터 아래의 질병으로 진단 받은 적이 있습니까?

<10> 백내장, 녹내장

		사례수	진단 받은적이 없음		진단 받았지만 완치 됨		진단받아 치료 중		진단 받았지만 치료받지 않음		진단받아 치료받던 중 중단함		계	
			(n)	%	(n)	%	(n)	%	(n)	%	(n)	%	(n)	%
전체		(2034)	(1761)	86.6	(162)	8.0	(76)	3.7	(24)	1.2	(11)	.5	(2034)	100.0
성별	남성	(833)	(765)	91.8	(36)	4.3	(24)	2.9	(7)	.8	(1)	.1	(833)	100.0
	여성	(1201)	(996)	82.9	(126)	10.5	(52)	4.3	(17)	1.4	(10)	.8	(1201)	100.0
연령	만 65-69세	(573)	(530)	92.5	(22)	3.8	(17)	3.0	(3)	.5	(1)	.2	(573)	100.0
	70대	(1022)	(871)	85.2	(83)	8.1	(49)	4.8	(13)	1.3	(6)	.6	(1022)	100.0
	80대 이상	(439)	(360)	82.0	(57)	13.0	(10)	2.3	(8)	1.8	(4)	.9	(439)	100.0
거주지역	농촌지역	(657)	(561)	85.4	(53)	8.1	(26)	4.0	(11)	1.7	(6)	.9	(657)	100.0
	도시지역	(1377)	(1200)	87.1	(109)	7.9	(50)	3.6	(13)	.9	(5)	.4	(1377)	100.0
학력	무학	(524)	(442)	84.4	(51)	9.7	(22)	4.2	(5)	1.0	(4)	.8	(524)	100.0
	1년~3년	(125)	(100)	80.0	(13)	10.4	(4)	3.2	(7)	5.6	(1)	.8	(125)	100.0
	4년~6년	(657)	(561)	85.4	(62)	9.4	(25)	3.8	(5)	.8	(4)	.6	(657)	100.0
	7년~9년	(294)	(263)	89.5	(13)	4.4	(14)	4.8	(2)	.7	(2)	.7	(294)	100.0
	10년~12년	(297)	(274)	92.3	(12)	4.0	(7)	2.4	(4)	1.3	(0)	.0	(297)	100.0
	13년 이상	(137)	(121)	88.3	(11)	8.0	(4)	2.9	(1)	.7	(0)	.0	(137)	100.0
건강상태	매우 건강	(141)	(137)	97.2	(2)	1.4	(2)	1.4	(0)	.0	(0)	.0	(141)	100.0
	건강	(460)	(436)	94.8	(16)	3.5	(7)	1.5	(1)	.2	(0)	.0	(460)	100.0
	보통	(495)	(433)	87.5	(45)	9.1	(12)	2.4	(3)	.6	(2)	.4	(495)	100.0
	건강하지 못함	(695)	(575)	82.7	(70)	10.1	(28)	4.0	(17)	2.4	(5)	.7	(695)	100.0
	매우 건강하지 못함	(243)	(180)	74.1	(29)	11.9	(27)	11.1	(3)	1.2	(4)	1.6	(243)	100.0
월 평균 가구 소득	50만원 미만	(509)	(430)	84.5	(40)	7.9	(26)	5.1	(6)	1.2	(7)	1.4	(509)	100.0
	50만원~150만원 미만	(762)	(660)	86.6	(65)	8.5	(26)	3.4	(7)	.9	(4)	.5	(762)	100.0
	150만원~250만원 미만	(439)	(39)	89.1	(33)	7.5	(10)	2.3	(5)	1.1	(0)	.0	(439)	100.0
	250만원 이상	(293)	(255)	87.0	(18)	6.1	(14)	4.8	(6)	2.0	(0)	.0	(293)	100.0
	잘 모른다	(31)	(25)	80.6	(6)	19.4	(0)	.0	(0)	.0	(0)	.0	(31)	100.0

문13. (보기카드 제시) 어르신께서는 병·의원에서 의사로부터 아래의 질병으로 진단 받은 적이 있습니까?

<11> 암

		사례수	진단 받은적이 없음		진단 받았지만 완치 됨		진단받아 치료 중		진단 받았지만 치료받지 않음		진단받아 치료받던 중 중단함		계	
			(n)	%	(n)	%	(n)	%	(n)	%	(n)	%	(n)	%
전체		(2034)	(1946)	95.7	(45)	2.2	(41)	2.0	(1)	.0	(1)	.0	(2034)	100.0
성별	남성	(833)	(788)	94.6	(22)	2.6	(23)	2.8	(0)	.0	(0)	.0	(833)	100.0
	여성	(1201)	(1158)	96.4	(23)	1.9	(18)	1.5	(1)	.1	(1)	.1	(1201)	100.0
연령	만 65-69세	(573)	(553)	96.5	(13)	2.3	(7)	1.2	(0)	.0	(0)	.0	(573)	100.0
	70대	(1022)	(970)	94.9	(22)	2.2	(29)	2.8	(0)	.0	(1)	.1	(1022)	100.0
	80대 이상	(439)	(423)	96.4	(10)	2.3	(5)	1.1	(1)	.2	(0)	.0	(439)	100.0
거주지역	농촌지역	(657)	(615)	93.6	(17)	2.6	(25)	3.8	(0)	.0	(0)	.0	(657)	100.0
	도시지역	(1377)	(1331)	96.7	(28)	2.0	(16)	1.2	(1)	.1	(1)	.1	(1377)	100.0
학력	무학	(524)	(498)	95.0	(11)	2.1	(14)	2.7	(0)	.0	(1)	.2	(524)	100.0
	1년~3년	(125)	(119)	95.2	(4)	3.2	(1)	.8	(1)	.8	(0)	.0	(125)	100.0
	4년~6년	(657)	(631)	96.0	(12)	1.8	(14)	2.1	(0)	.0	(0)	.0	(657)	100.0
	7년~9년	(294)	(283)	96.3	(7)	2.4	(4)	1.4	(0)	.0	(0)	.0	(294)	100.0
	10년~12년	(297)	(285)	96.0	(7)	2.4	(5)	1.7	(0)	.0	(0)	.0	(297)	100.0
	13년 이상	(137)	(130)	94.9	(4)	2.9	(3)	2.2	(0)	.0	(0)	.0	(137)	100.0
건강상태	매우 건강	(141)	(136)	96.5	(3)	2.1	(2)	1.4	(0)	.0	(0)	.0	(141)	100.0
	건강	(460)	(453)	98.5	(5)	1.1	(2)	.4	(0)	.0	(0)	.0	(460)	100.0
	보통	(495)	(483)	97.6	(7)	1.4	(5)	1.0	(0)	.0	(0)	.0	(495)	100.0
	건강하지 못함	(695)	(652)	93.8	(22)	3.2	(20)	2.9	(1)	.1	(0)	.0	(695)	100.0
	매우 건강하지 못함	(243)	(222)	91.4	(8)	3.3	(12)	4.9	(0)	.0	(1)	.4	(243)	100.0
월 평균 가구 소득	50만원 미만	(509)	(488)	95.9	(12)	2.4	(9)	1.8	(0)	.0	(0)	.0	(509)	100.0
	50만원~150만원 미만	(762)	(727)	95.4	(13)	1.7	(20)	2.6	(1)	.1	(1)	.1	(762)	100.0
	150만원~250만원 미만	(439)	(425)	96.8	(8)	1.8	(6)	1.4	(0)	.0	(0)	.0	(439)	100.0
	250만원 이상	(293)	(276)	94.2	(12)	4.1	(5)	1.7	(0)	.0	(0)	.0	(293)	100.0
	잘 모른다	(31)	(30)	96.8	(0)	.0	(1)	3.2	(0)	.0	(0)	.0	(31)	100.0

문13. (보기카드 제시) 어르신께서는 병·의원에서 의사로부터 아래의 질병으로 진단 받은 적이 있습니까?

<12> 우울증

		사례수	진단 받은적이 없음		진단 받았지만 완치 됨		진단받아 치료 중		진단 받았지만 치료받지 않음		진단받아 치료받던 중 중단함		진단 받았는지 모름		계	
			(n)	%	(n)	%	(n)	%	(n)	%	(n)	%	(n)	%	(n)	%
전체		(2034)	(1967)	96.7	(11)	.5	(38)	1.9	(5)	.2	(5)	2.	(8)	.4	(2034)	100.0
성별	남성	(833)	(816)	98.0	(3)	.4	(7)	.8	(1)	.1	(1)	.1	(5)	.6	(833)	100.0
	여성	(1201)	(1151)	95.8	(8)	.7	(31)	2.6	(4)	.3	(4)	.3	(3)	.2	(1201)	100.0
연령	만 65-69세	(573)	(552)	96.3	(5)	.9	(11)	1.9	(2)	.3	(2)	.3	(1)	.2	(573)	100.0
	70대	(1022)	(988)	96.7	(5)	.5	(17)	1.7	(3)	.3	(2)	.2	(7)	.7	(1022)	100.0
	80대 이상	(439)	(427)	97.3	(1)	.2	(10)	2.3	(0)	.0	(1)	.2	(0)	.0	(439)	100.0
거주 지역	농촌지역	(657)	(636)	96.8	(2)	.3	(11)	1.7	(2)	.3	(2)	.3	(4)	.6	(657)	100.0
	도시지역	(1377)	(1331)	96.7	(9)	.7	(27)	2.0	(3)	.2	(3)	.2	(4)	.3	(1377)	100.0
학력	무학	(524)	(505)	96.4	(4)	.8	(12)	2.3	(0)	.0	(0)	.0	(3)	.6	(524)	100.0
	1년~3년	(125)	(118)	94.4	(0)	.0	(3)	2.4	(0)	.0	(2)	1.6	(2)	1.6	(125)	100.0
	4년~6년	(657)	(634)	96.5	(3)	.5	(13)	2.0	(3)	.5	(2)	.3	(2)	.3	(657)	100.0
	7년~9년	(294)	(280)	95.2	(3)	1.0	(8)	2.7	(2)	.7	(1)	.3	(0)	.0	(294)	100.0
	10년~12년	(297)	(1294)	99.0	(1)	.3	(1)	.3	(0)	.0	(0)	.0	(1)	.3	(297)	100.0
	13년 이상	(137)	(136)	99.3	(0)	.0	(1)	.7	(0)	.0	(0)	.0	(0)	.0	(137)	100.0
건강 상태	매우 건강	(141)	(140)	99.3	(0)	.0	(0)	.0	(1)	.7	(0)	.0	(0)	.0	(141)	100.0
	건강	(460)	(456)	99.1	(2)	.4	(2)	.4	(0)	.0	(0)	.0	(0)	.0	(460)	100.0
	보통	(495)	(488)	98.6	(3)	.6	(4)	.8	(0)	.0	(0)	.0	(0)	.0	(495)	100.0
	건강하지 못함	(695)	(666)	95.8	(4)	.6	(15)	2.2	(1)	.1	(4)	.6	(5)	.7	(695)	100.0
	매우 건강하지 못함	(243)	(217)	89.3	(2)	.8	(17)	7.0	(3)	1.2	(1)	.4	(3)	1.2	(243)	100.0
월 평균 가구 소득	50만원 미만	(509)	(474)	93.1	(4)	.8	(20)	3.9	(3)	.6	(3)	.6	(5)	1.0	(509)	100.0
	50만원~150만원 미만	(762)	(741)	97.2	(1)	.1	(13)	1.7	(2)	.3	(2)	.3	(3)	.4	(762)	100.0
	150만원~250만원 미만	(439)	(433)	98.6	(3)	.7	(3)	.7	(0)	.0	(0)	.0	(0)	.0	(439)	100.0
	250만원 이상	(293)	(288)	98.3	(3)	1.0	(2)	.7	(0)	.0	(0)	.0	(0)	.0	(293)	100.0
	잘 모른다	(31)	(31)	100.0	(0)	.0	(0)	.0	(0)	.0	(0)	.0	(0)	.0	(31)	100.0

문13. (보기카드 제시) 어르신께서는 병·의원에서 의사로부터 아래의 질병으로 진단 받은 적이 있습니까?

<13> 파킨슨병

		사례수	진단 받은적이 없음		진단 받았지만 완치 됨		진단받아 치료 중		진단받아 치료받던 중 중단함		진단 받았는지 모름		계	
			(n)	%	(n)	%	(n)	%	(n)	%	(n)	%	(n)	%
전체		(2034)	(2006)	98.6	(3)	.1	(22)	1.1	(1)	.0	(2)	.1	(2034)	100.0
성별	남성	(833)	(822)	98.7	(1)	.1	(10)	1.2	(0)	.0	(0)	.0	(833)	100.0
	여성	(1201)	(1184)	98.6	(2)	.2	(12)	1.0	(1)	.1	(2)	.2	(1201)	100.0
연령	만 65-69세	(573)	(569)	99.3	(1)	.2	(2)	.3	(0)	.0	(1)	.2	(573)	100.0
	70대	(1022)	(1005)	98.3	(1)	.1	(16)	1.6	(0)	.0	(0)	.0	(1022)	100.0
	80대 이상	(439)	(432)	98.4	(1)	.2	(4)	.9	(1)	.2	(1)	.2	(439)	100.0
거주지역	농촌지역	(657)	(645)	98.2	(1)	.2	(9)	1.4	(1)	.2	(1)	.2	(657)	100.0
	도시지역	(1377)	(1361)	98.8	(2)	.1	(13)	.9	(0)	.0	(1)	.1	(1377)	100.0
학력	무학	(524)	(513)	97.9	(2)	.4	(7)	1.3	(0)	.0	(2)	.4	(524)	100.0
	1년~3년	(125)	(121)	96.8	(0)	.0	(3)	2.4	(1)	.8	(0)	.0	(125)	100.0
	4년~6년	(657)	(651)	99.1	(1)	.2	(5)	.8	(0)	.0	(0)	.0	(657)	100.0
	7년~9년	(294)	(290)	98.6	(0)	.0	(4)	1.4	(0)	.0	(0)	.0	(294)	100.0
	10년~12년	(297)	(294)	99.0	(0)	.0	(3)	1.0	(0)	.0	(0)	.0	(297)	100.0
	13년 이상	(137)	(137)	100.0	(0)	.0	(0)	.0	(0)	.0	(0)	.0	(137)	100.0
건강상태	매우 건강	(141)	(141)	100.0	(0)	.0	(0)	.0	(0)	.0	(0)	.0	(141)	100.0
	건강	(460)	(455)	98.9	(1)	.2	(3)	.7	(0)	.0	(1)	.2	(460)	100.0
	보통	(495)	(489)	98.8	(1)	.2	(4)	.8	(0)	.0	(1)	.2	(495)	100.0
	건강하지 못함	(695)	(686)	98.7	(0)	.0	(8)	1.2	(1)	.1	(0)	.0	(695)	100.0
	매우 건강하지 못함	(243)	(235)	96.7	(1)	.4	(7)	2.9	(0)	.0	(0)	.0	(243)	100.0
월 평균 가구 소득	50만원 미만	(509)	(500)	98.2	(2)	.4	(7)	1.4	(0)	.0	(0)	.0	(509)	100.0
	50만원~150만원 미만	(762)	(753)	98.8	(0)	.0	(9)	1.2	(0)	.0	(0)	.0	(762)	100.0
	150만원~250만원 미만	(439)	(431)	98.2	(1)	.2	(5)	1.1	(1)	.2	(1)	.2	(439)	100.0
	250만원 이상	(293)	(291)	99.3	(0)	.0	(1)	.3	(0)	.0	(1)	.3	(293)	100.0
	잘 모른다	(31)	(31)	100.0	(0)	.0	(0)	.0	(0)	.0	(0)	.0	(31)	100.0

문13. (보기카드 제시) 어르신께서는 병·의원에서 의사로부터 아래의 질병으로 진단 받은 적이 있습니까?

<14> 요통, 신경통

		사례수	진단 받은적이 없음		진단 받았지만 완치 됨		진단받아 치료 중		진단 받았지만 치료받지 않음		진단받아 치료받던 중 중단함		진단 받았는지 모름		계	
			(n)	%	(n)	%	(n)	%	(n)	%	(n)	%	(n)	%	(n)	%
전체		(2034)	(1722)	84.7	(23)	1.1	(236)	11.6	(37)	1.8	(13)	.6	(3)	.1	(2034)	100.0
성별	남성	(833)	(754)	90.5	(9)	1.1	(62)	7.4	(4)	.5	(4)	.5	(0)	.0	(833)	100.0
	여성	(1201)	(968)	80.6	(14)	1.2	(174)	14.5	(33)	2.7	(9)	.7	(3)	.2	(1201)	100.0
연령	만 65-69세	(573)	(510)	89.0	(6)	1.0	(44)	7.7	(10)	1.7	(3)	.5	(0)	.0	(573)	100.0
	70대	(1022)	(838)	82.0	(9)	.9	(149)	14.6	(16)	1.6	(8)	.8	(2)	.2	(1022)	100.0
	80대 이상	(439)	(374)	85.2	(8)	1.8	(43)	9.8	(11)	2.5	(2)	.5	(1)	.2	(439)	100.0
거주지역	농촌지역	(657)	(560)	85.2	(9)	1.4	(74)	11.3	(11)	1.7	(2)	.3	(1)	.2	(657)	100.0
	도시지역	(1377)	(1162)	84.4	(14)	1.0	(162)	11.8	(26)	1.9	(11)	.8	(2)	.1	(1377)	100.0
학력	무학	(524)	(434)	82.8	(6)	1.1	(72)	13.7	(11)	2.1	(0)	.0	(1)	.2	(524)	100.0
	1년~3년	(125)	(96)	76.8	(1)	.8	(21)	16.8	(4)	3.2	(2)	1.6	(1)	.8	(125)	100.0
	4년~6년	(657)	(544)	82.8	(10)	1.5	(84)	12.8	(12)	1.8	(6)	.9	(1)	.2	(657)	100.0
	7년~9년	(294)	(251)	85.4	(2)	.7	(32)	10.9	(8)	2.7	(1)	.3	(0)	.0	(294)	100.0
	10년~12년	(297)	(272)	91.6	(3)	1.0	(17)	5.7	(2)	.7	(3)	1.0	(0)	.0	(297)	100.0
	13년 이상	(137)	(125)	91.2	(1)	.7	(10)	7.3	(0)	.0	(1)	.7	(0)	.0	(137)	100.0
건강상태	매우 건강	(141)	(134)	95.0	(1)	.7	(4)	2.8	(1)	.7	(1)	.7	(0)	.0	(141)	100.0
	건강	(460)	(427)	92.8	(10)	2.2	(18)	3.9	(3)	.7	(2)	.4	(0)	.0	(460)	100.0
	보통	(495)	(434)	87.7	(7)	1.4	(37)	7.5	(10)	2.0	(4)	.8	(3)	.6	(495)	100.0
	건강하지 못함	(695)	(565)	81.3	(4)	.6	(109)	15.7	(14)	2.0	(3)	.4	(0)	.0	(695)	100.0
	매우 건강하지 못함	(243)	(162)	66.7	(1)	.4	(68)	28.0	(9)	3.7	(3)	1.2	(0)	.0	(243)	100.0
월 평균 가구 소득	50만원 미만	(509)	(402)	79.0	(4)	.8	(87)	17.1	(14)	2.8	(2)	.4	(0)	.0	(509)	100.0
	50만원~150만원 미만	(762)	(644)	84.5	(10)	1.3	(90)	11.8	(12)	1.6	(5)	.7	(1)	.1	(762)	100.0
	150만원~250만원 미만	(439)	(387)	88.2	(7)	1.6	(31)	7.1	(9)	2.1	(4)	.9	(1)	.2	(439)	100.0
	250만원 이상	(293)	(265)	90.4	(2)	.7	(23)	7.8	(2)	.7	(0)	.0	(1)	.3	(293)	100.0
	잘 모른다	(31)	(24)	77.4	(0)	.0	(5)	16.1	(0)	.0	(2)	6.5	(0)	.0	(31)	100.0

문13. (보기카드 제시) 어르신께서는 병·의원에서 의사로부터 아래의 질병으로 진단 받은 적이 있습니까?

<15> 골다공증

		사례수	진단 받은적이 없음		진단 받았지만 완치 됨		진단받아 치료 중		진단 받았지만 치료받지 않음		진단받아 치료받던 중 중단함		진단 받았는지 모름		계	
			(n)	%	(n)	%	(n)	%	(n)	%	(n)	%	(n)	%	(n)	%
전체		(2034)	(1716)	84.4	(20)	1.0	(217)	10.7	(25)	1.2	(55)	2.7	(1)	.0	(2034)	100.0
성별	남성	(833)	(802)	96.3	(1)	.1	(18)	2.2	(4)	.5	(8)	1.0	(0)	.0	(833)	100.0
	여성	(1201)	(914)	76.1	(19)	1.6	(199)	16.6	(21)	1.7	(47)	3.9	(1)	.1	(1201)	100.0
연령	만 65-69세	(573)	(513)	89.5	(6)	1.0	(33)	5.8	(6)	1.0	(14)	2.4	(1)	.2	(573)	100.0
	70대	(1022)	(856)	83.8	(9)	.9	(114)	11.2	(14)	1.4	(29)	2.8	(0)	.0	(1022)	100.0
	80대 이상	(439)	(247)	79.0	(5)	1.1	(70)	15.9	(5)	1.1	(12)	2.7	(0)	.0	(439)	100.0
거주지역	농촌지역	(657)	(532)	81.0	(6)	.9	(83)	12.6	(8)	1.2	(28)	4.3	(0)	.0	(657)	100.0
	도시지역	(1377)	(1184)	86.0	(14)	1.0	(134)	9.7	(7)	1.2	(27)	2.0	(1)	.1	(1377)	100.0
학력	무학	(524)	(436)	83.2	(3)	.6	(73)	13.9	(8)	1.5	(4)	.8	(0)	.0	(524)	100.0
	1년~3년	(125)	(82)	65.6	(4)	3.2	(29)	23.2	(2)	1.6	(8)	6.4	(0)	.0	(125)	100.0
	4년~6년	(657)	(524)	79.8	(5)	.8	(86)	13.1	(11)	1.7	(31)	4.7	(0)	.0	(657)	100.0
	7년~9년	(294)	(258)	87.8	(4)	1.4	(24)	8.2	(1)	.3	(7)	2.4	(0)	.0	(294)	100.0
	10년~12년	(297)	(282)	94.9	(4)	1.3	(4)	1.3	(1)	.3	(5)	1.7	(1)	.3	(297)	100.0
	13년 이상	(137)	(134)	97.8	(0)	.0	(1)	.7	(2)	1.5	(0)	.0	(0)	.0	(137)	100.0
건강상태	매우 건강	(141)	(138)	97.9	(1)	.7	(1)	.7	(1)	.7	(0)	.0	(0)	.0	(141)	100.0
	건강	(460)	(431)	93.7	(7)	1.5	(17)	3.7	(2)	.4	(3)	.7	(0)	.0	(460)	100.0
	보통	(495)	(424)	85.7	(4)	.8	(42)	8.5	(9)	1.8	(15)	3.0	(1)	.2	(495)	100.0
	건강하지 못함	(695)	(537)	77.3	(8)	1.2	(106)	15.3	(9)	1.3	(35)	5.0	(0)	.0	(695)	100.0
	매우 건강하지 못함	(243)	(186)	76.5	(0)	.0	(51)	21.0	(4)	1.6	(2)	.8	(0)	.0	(243)	100.0
월 평균 가구 소득	50만원 미만	(509)	(419)	82.3	(3)	.6	(71)	13.9	(10)	2.0	(6)	1.2	(0)	.0	(509)	100.0
	50만원~150만원 미만	(762)	(643)	84.4	(4)	.5	(80)	10.5	(9)	1.2	(26)	3.4	(0)	.0	(762)	100.0
	150만원~250만원 미만	(439)	(365)	83.1	(10)	2.3	(39)	8.9	(5)	1.1	(19)	4.3	(1)	.2	(439)	100.0
	250만원 이상	(293)	(264)	90.1	(2)	.7	(22)	7.5	(1)	.3	(4)	1.4	(0)	.0	(293)	100.0
	잘 모른다	(31)	(25)	80.6	(1)	3.2	(5)	16.1	(0)	.0	(0)	.0	(0)	.0	(31)	100.0

문13. (보기카드 제시) 어르신께서는 병·의원에서 의사로부터 아래의 질병으로 진단 받은 적이 있습니까?

<16> 전립성 비대증

		사례수	진단 받은적이 없음		진단 받았지만 완치 됨		진단받아 치료 중		진단 받았지만 치료받지 않음		진단받아 치료받던 중 중단함		진단 받았는지 모름		계	
			(n)	%	(n)	%	(n)	%	(n)	%	(n)	%	(n)	%	(n)	%
전체		(833)	(727)	87.3	(10)	1.2	(89)	10.7	(2)	.2	(4)	.5	(1)	.1	(833)	100.0
성별	남성	(833)	(727)	87.3	(10)	1.2	(89)	10.7	(2)	.2	(4)	.5	(1)	.1	(833)	100.0
연령	만 65-69세	(265)	(239)	90.2	(2)	.8	(22)	8.3	(2)	.8	(0)	.0	(0)	.0	(265)	100.0
	70대	(433)	(376)	86.8	(5)	1.2	(49)	11.3	(0)	.0	(3)	.7	(0)	.0	(433)	100.0
	80대 이상	(135)	(112)	83.0	(3)	2.2	(18)	13.3	(0)	.0	(1)	.7	(1)	.7	(135)	100.0
거주지역	농촌지역	(284)	(256)	90.1	(5)	1.8	(20)	7.0	(0)	.0	(2)	.7	(1)	.4	(284)	100.0
	도시지역	(549)	(471)	85.8	(5)	.9	(69)	12.6	(2)	.4	(2)	.4	(0)	.0	(549)	100.0
학력	무학	(98)	(84)	85.7	(0)	.0	(14)	14.3	(0)	.0	(0)	.0	(0)	.0	(98)	100.0
	1년~3년	(25)	(24)	96.0	(0)	.0	(1)	4.0	(0)	.0	(0)	.0	(0)	.0	(25)	100.0
	4년~6년	(213)	(187)	87.8	(3)	1.4	(22)	10.3	(0)	.0	(1)	.5	(0)	.0	(213)	100.0
	7년~9년	(163)	(143)	87.7	(2)	1.2	(18)	11.0	(0)	.0	(0)	.0	(0)	.0	(163)	100.0
	10년~12년	(212)	(79)	84.4	(5)	2.4	(23)	10.8	(2)	.9	(2)	.9	(1)	.5	(212)	100.0
	13년 이상	(122)	(110)	90.2	(0)	.0	(11)	9.0	(0)	.0	(1)	.8	(0)	.0	(122)	100.0
건강상태	매우 건강	(82)	(77)	93.9	(0)	.0	(5)	6.1	(0)	.0	(0)	.0	(0)	.0	(82)	100.0
	건강	(262)	(237)	90.5	(3)	1.1	(21)	8.0	(0)	.0	(1)	.4	(0)	.0	(262)	100.0
	보통	(214)	(180)	84.1	(4)	1.9	(27)	12.6	(2)	.9	(1)	.5	(0)	.0	(214)	100.0
	건강하지 못함	(240)	(178)	84.8	(2)	1.0	(27)	12.9	(0)	.0	(2)	1.0	(1)	.5	(240)	100.0
	매우 건강하지 못함	(65)	(55)	84.6	(1)	1.5	(9)	13.8	(0)	.0	(0)	.0	(0)	.0	(65)	100.0
월 평균 가구 소득	50만원 미만	(138)	(122)	88.4	(1)	.7	(12)	8.7	(1)	.7	(2)	1.4	(0)	.0	(138)	100.0
	50만원~150만원 미만	(332)	(294)	88.6	(4)	1.2	(32)	9.6	(0)	.0	(2)	.6	(0)	.0	(332)	100.0
	150만원~250만원 미만	(202)	(176)	87.1	(4)	2.0	(20)	9.9	(1)	.5	(0)	.0	(1)	.5	(202)	100.0
	250만원 이상	(154)	(129)	83.8	(1)	.6	(24)	15.6	(0)	.0	(0)	.0	(0)	.0	(154)	100.0
	잘 모른다	(7)	(6)	85.7	(0)	.0	(1)	14.3	(0)	.0	(0)	.0	(0)	.0	(7)	100.0

문13. (보기카드 제시) 어르신께서는 병·의원에서 의사로부터 아래의 질병으로 진단 받은 적이 있습니까?

<17> 요실금

		사례수	진단 받은적이 없음		진단 받았지만 완치 됨		진단받아 치료 중		진단 받았지만 치료받지 않음		진단받아 치료받던 중 중단함		진단 받았는지 모름		계	
			(n)	%	(n)	%	(n)	%	(n)	%	(n)	%	(n)	%	(n)	%
전체		(2034)	(1967)	96.7	(10)	.5	(31)	1.5	(18)	.9	(1)	.0	(7)	.3	(2034)	100.0
성별	남성	(833)	(830)	99.6	(2)	.2	(1)	.1	(0)	.0	(0)	.0	(0)	.0	(833)	100.0
	여성	(1201)	(1137)	94.7	(8)	.7	(30)	2.5	(18)	1.5	(1)	.1	(7)	.6	(1201)	100.0
연령	만 65-69세	(573)	(564)	98.4	(1)	.2	(3)	.5	(3)	.5	(0)	.0	(2)	.3	(573)	100.0
	70대	(1022)	(982)	96.1	(6)	.6	(19)	1.9	(12)	1.2	(0)	.0	(3)	.3	(1022)	100.0
	80대 이상	(439)	(421)	95.9	(3)	.7	(9)	2.1	(3)	.7	(1)	.2	(2)	.5	(439)	100.0
거주지역	농촌지역	(657)	(634)	96.5	(4)	.6	(11)	1.7	(5)	.8	(1)	.2	(2)	.3	(657)	100.0
	도시지역	(1377)	(1333)	96.8	(6)	.4	(20)	1.5	(13)	.9	(0)	.0	(5)	.4	(1377)	100.0
학력	무학	(524)	(505)	96.4	(3)	.6	(6)	1.1	(6)	1.1	(0)	.0	(4)	.8	(524)	100.0
	1년~3년	(125)	(115)	92.0	(0)	.0	(7)	5.6	(3)	2.4	(0)	.0	(0)	.0	(125)	100.0
	4년~6년	(657)	(627)	95.4	(6)	.9	(14)	2.1	(7)	1.1	(1)	.2	(2)	.3	(657)	100.0
	7년~9년	(294)	(287)	97.6	(1)	.3	(3)	1.0	(2)	.7	(0)	.0	(1)	.3	(294)	100.0
	10년~12년	(297)	(297)	100.0	(0)	.0	(0)	.0	(0)	.0	(0)	.0	(0)	.0	(297)	100.0
	13년 이상	(137)	(136)	99.3	(0)	.0	(1)	.7	(0)	.0	(0)	.0	(0)	.0	(137)	100.0
건강상태	매우 건강	(141)	(138)	97.9	(0)	.0	(2)	1.4	(1)	.7	(0)	.0	(0)	.0	(141)	100.0
	건강	(460)	(456)	99.1	(1)	.2	(2)	.4	(0)	.0	(0)	.0	(1)	.2	(460)	100.0
	보통	(495)	(490)	99.0	(1)	.2	(1)	.2	(1)	.2	(0)	.0	(2)	.4	(495)	100.0
	건강하지 못함	(695)	(660)	95.0	(5)	.7	(17)	2.4	(10)	1.4	(1)	.1	(2)	.3	(695)	100.0
	매우 건강하지 못함	(243)	(223)	91.8	(3)	1.2	(9)	3.7	(6)	2.5	(0)	.0	(2)	.8	(243)	100.0
월 평균 가구 소득	50만원 미만	(509)	(479)	94.1	(3)	.6	(14)	2.8	(10)	2.0	(0)	.0	(3)	.6	(509)	100.0
	50만원~150만원 미만	(762)	(739)	97.0	(6)	.8	(11)	1.4	(4)	.5	(1)	.1	(1)	.1	(762)	100.0
	150만원~250만원 미만	(439)	(431)	98.2	(1)	.2	(3)	.7	(3)	.7	(0)	.0	(1)	.2	(439)	100.0
	250만원 이상	(293)	(287)	98.0	(0)	.0	(3)	1.0	(1)	.3	(0)	.0	(2)	.7	(293)	100.0
	잘 모른다	(31)	(31)	100.0	(0)	.0	(0)	.0	(0)	.0	(0)	.0	(0)	.0	(31)	100.0

문13. (보기카드 제시) 어르신께서는 병·의원에서 의사로부터 아래의 질병으로 진단 받은 적이 있습니까?

<18> 기타

		사례수	진단 받았지만 완치 됨		진단받아 치료 중		진단 받았지만 치료받지 않음		진단받아 치료받던 중 중단함		진단 받았는지 모름		계	
			(n)	%	(n)	%	(n)	%	(n)	%	(n)	%	(n)	%
전체		(229)	(49)	21.4	(167)	72.9	(9)	3.9	(3)	1.3	(1)	.4	(229)	100.0
성별	남성	(89)	(20)	22.5	(61)	68.5	(5)	5.6	(2)	2.2	(1)	1.1	(89)	100.0
	여성	(140)	(29)	20.7	(106)	75.7	(4)	2.9	(1)	.7	(0)	.0	(140)	100.0
연령	만 65-69세	(67)	(12)	17.9	(50)	74.6	(4)	6.0	(1)	1.5	(0)	.0	(67)	100.0
	70대	(119)	(32)	26.9	(81)	68.1	(3)	2.5	(2)	1.7	(1)	.8	(119)	100.0
	80대 이상	(43)	(5)	11.6	(36)	83.7	(2)	4.7	(0)	.0	(0)	.0	(43)	100.0
거주 지역	농촌지역	(75)	(21)	28.0	(50)	66.7	(3)	4.0	(0)	.0	(1)	1.3	(75)	100.0
	도시지역	(154)	(28)	18.2	(117)	76.0	(6)	3.9	(3)	1.9	(0)	.0	(154)	100.0
학력	무학	(50)	(6)	12.0	(41)	82.0	(3)	6.0	(0)	.0	(0)	.0	(50)	100.0
	1년~3년	(19)	(7)	36.8	(11)	57.9	(1)	5.3	(0)	.0	(0)	.0	(19)	100.0
	4년~6년	(83)	(17)	20.5	(62)	74.7	(1)	1.2	(2)	2.4	(1)	1.2	(83)	100.0
	7년~9년	(32)	(7)	21.9	(22)	68.8	(2)	6.3	(1)	3.1	(0)	.0	(32)	100.0
	10년~12년	(32)	(9)	28.1	(22)	68.8	(1)	3.1	(0)	.0	(0)	.0	(32)	100.0
	13년 이상	(13)	(3)	23.1	(9)	69.2	(1)	7.7	(0)	.0	(0)	.0	(13)	100.0
건강 상태	매우 건강	(5)	(0)	.0	(4)	80.0	(1)	20.0	(0)	.0	(0)	.0	(5)	100.0
	건강	(36)	(10)	27.8	(22)	61.1	(3)	8.3	(1)	2.8	(0)	.0	(36)	100.0
	보통	(47)	(13)	27.7	(33)	70.2	(1)	2.1	(0)	.0	(0)	.0	(47)	100.0
	건강하지 못함	(94)	(18)	19.1	(74)	78.7	(1)	1.1	(0)	.0	(1)	1.1	(94)	100.0
	매우 건강하지 못함	(47)	(8)	17.0	(34)	72.3	(3)	6.4	(2)	4.3	(0)	.0	(47)	100.0
월 평균 가구 소득	50만원 미만	(64)	(5)	7.8	(52)	81.3	(5)	7.8	(2)	3.1	(0)	.0	(64)	100.0
	50만원~150만원 미만	(93)	(25)	26.9	(64)	68.8	(3)	3.2	(0)	.0	(1)	1.1	(93)	100.0
	150만원~250만원 미만	(41)	(13)	31.7	(27)	65.9	(0)	.0	(1)	2.4	(0)	.0	(41)	100.0
	250만원 이상	(29)	(6)	20.7	(22)	75.9	(1)	3.4	(0)	.0	(0)	.0	(29)	100.0
	잘 모른다	(2)	(0)	.0	(2)	100.0	(0)	.0	(0)	.0	(0)	.0	(2)	100.0

문14. 어르신께서는 평소 신체적인 통증(아픔)을 어느 정도 느끼고 계십니까?(0-10)

		사례수	전혀 통증을 느끼지 않는다		1		2		3		4		보통	
			(n)	%	(n)	%	(n)	%	(n)	%	(n)	%	(n)	%
전체		(2034)	(198)	9.7	(227)	11.2	(275)	13.5	(189)	9.3	(91)	4.5	(295)	14.5
성별	남성	(833)	(131)	15.7	(121)	14.5	(149)	17.9	(70)	8.4	(31)	3.7	(108)	13.0
	여성	(1201)	(67)	5.6	(106)	8.8	(126)	10.5	(119)	9.9	(60)	5.0	(187)	15.6
연령	만 65-69세	(573)	(90)	15.7	(105)	18.3	(83)	14.5	(48)	8.4	(21)	3.7	(100)	17.5
	70대	(1022)	(86)	8.4	(87)	8.5	(137)	13.4	(99)	9.7	(51)	5.0	(135)	13.2
	80대 이상	(439)	(22)	5.0	(35)	8.0	(55)	12.5	(42)	9.6	(19)	4.3	(60)	13.7
거주 지역	농촌지역	(657)	(34)	5.2	(68)	10.4	(116)	17.7	(90)	13.7	(32)	4.9	(77)	11.7
	도시지역	(1377)	(164)	11.9	(159)	11.5	(159)	11.5	(99)	7.2	(59)	4.3	(218)	15.8
학력	무학	(524)	(17)	3.2	(26)	5.0	(57)	10.9	(49)	9.4	(20)	3.8	(59)	11.3
	1년~3년	(125)	(0)	.0	(7)	5.6	(19)	15.2	(16)	12.8	(7)	5.6	(16)	12.8
	4년~6년	(657)	(50)	7.6	(73)	11.1	(82)	12.5	(61)	9.3	(43)	6.5	(110)	16.7
	7년~9년	(294)	(44)	15.0	(41)	13.9	(45)	15.3	(33)	11.2	(13)	4.4	(36)	12.2
	10년~12년	(297)	(56)	18.9	(51)	17.2	(54)	18.2	(20)	6.7	(6)	2.0	(52)	17.5
	13년 이상	(137)	(31)	22.6	(29)	21.2	(18)	13.1	(10)	7.3	(2)	1.5	(22)	16.1
건강 상태	매우 건강	(141)	(91)	64.5	(29)	20.6	(7)	5.0	(6)	4.3	(0)	.0	(2)	1.4
	건강	(460)	(74)	16.1	(113)	24.6	(120)	26.1	(60)	13.0	(25)	5.4	(43)	9.3
	보통	(495)	(18)	3.6	(57)	11.5	(83)	16.8	(56)	11.3	(36)	7.3	(152)	30.7
	건강하지 못함	(695)	(13)	1.9	(25)	3.6	(63)	9.1	(62)	8.9	(28)	4.0	(86)	12.4
	매우 건강하지 못함	(243)	(2)	.8	(3)	1.2	(2)	.8	(5)	2.1	(2)	.8	(12)	4.9
월 평균 가구 소득	50만원 미만	(509)	(25)	4.9	(29)	5.7	(36)	7.1	(29)	5.7	(20)	3.9	(62)	12.2
	50만원~150만원 미만	(762)	(64)	8.4	(71)	9.3	(119)	15.6	(88)	11.5	(46)	6.0	(120)	15.7
	150만원~250만원 미만	(439)	(60)	13.7	(69)	15.7	(79)	18.0	(5)	11.6	(18)	4.1	(58)	13.2
	250만원 이상	(293)	(47)	16.0	(56)	19.1	(39)	13.3	(21)	7.2	(6)	2.0	(46)	15.7
	잘 모른다	(31)	(2)	6.5	(2)	6.5	(2)	6.5	(0)	.0	(1)	3.2	(9)	29.0

(continued)

문14. 어르신께서는 평소 신체적인 통증(아픔)을 어느 정도 느끼고 계십니까?(0-10)

		6		7		8		9		극심한통증을 느낀다		계	
		(n)	%	(n)	%	(n)	%	(n)	%	(n)	%	(n)	%
전체		(175)	8.6	(236)	11.6	(181)	8.9	(73)	3.6	(94)	4.6	(2034)	100.0
성별	남성	(65)	7.8	(66)	7.9	(51)	6.1	(25)	3.0	(16)	1.9	(833)	100.0
	여성	(110)	9.2	(170)	14.2	(130)	10.8	(48)	4.0	(78)	6.5	(1201)	100.0
연령	만 65-69세	(33)	5.8	(38)	6.6	(27)	4.7	(11)	1.9	(17)	3.0	(573)	100.0
	70대	(107)	10.5	(134)	13.1	(104)	10.2	(30)	2.9	(52)	5.1	(1022)	100.0
	80대 이상	(35)	8.0	(64)	14.6	(50)	11.4	(32)	7.3	(25)	5.7	(439)	100.0
거주 지역	농촌지역	(53)	8.1	(88)	13.4	(63)	9.6	(16)	2.4	(20)	3.0	(657)	100.0
	도시지역	(122)	8.9	(148)	10.7	(118)	8.6	(57)	4.1	(74)	5.4	(1377)	100.0
학력	무학	(63)	12.0	(94)	17.9	(80)	15.3	(24)	4.6	(35)	6.7	(524)	100.0
	1년~3년	(12)	9.6	(17)	13.6	(14)	11.8	(6)	4.8	(11)	8.8	(125)	100.0
	4년~6년	(49)	7.5	(80)	12.2	(52)	7.9	(28)	4.3	(29)	4.4	(657)	100.0
	7년~9년	(23)	7.8	(22)	7.5	(17)	5.8	(7)	2.4	(13)	4.4	(294)	100.0
	10년~12년	(20)	6.7	(18)	6.1	(11)	3.7	(6)	2.0	(3)	1.0	(297)	100.0
	13년 이상	(8)	5.8	(5)	3.6	(7)	5.1	(2)	1.5	(3)	2.2	(137)	100.0
건강 상태	매우 건강	(1)	.7	(2)	1.4	(2)	1.4	(1)	.7	(0)	.0	(141)	100.0
	건강	(16)	3.5	(6)	1.3	(2)	.4	(1)	.2	(0)	.0	(460)	100.0
	보통	(44)	8.9	(30)	6.1	(12)	2.4	(3)	.6	(4)	.8	(495)	100.0
	건강하지 못함	(95)	13.7	(165)	23.7	(108)	15.5	(19)	2.7	(31)	4.5	(695)	100.0
	매우 건강하지 못함	(19)	7.8	(33)	13.6	(57)	23.5	(49)	20.2	(59)	24.3	(243)	100.0
월 평균 가구 소득	50만원 미만	(60)	11.8	(94)	18.5	(70)	13.8	(38)	7.5	(46)	9.0	(509)	100.0
	50만원~150만원 미만	(68)	8.9	(77)	10.1	(66)	8.7	(20)	2.6	(23)	3.0	(762)	100.0
	150만원~250만원 미만	(30)	6.8	(30)	6.8	(22)	5.0	(10)	2.3	(12)	2.7	(439)	100.0
	250만원 이상	(12)	4.1	(29)	9.9	(20)	6.8	(5)	1.7	(12)	4.1	(293)	100.0
	잘 모른다	(5)	16.1	(6)	19.4	(3)	9.7	(0)	.0	(1)	3.2	(31)	100.0

문15. 어르신께서는 지난 1년간 거주 지역의 사회복지사의 도움을 받은 적이 있으십니까?

		사례수	있다		없다		계	
			(n)	%	(n)	%	(n)	%
전체		(2034)	(84)	4.1	(1950)	95.9	(2034)	100.0
성별	남성	(833)	(21)	2.5	(812)	97.5	(833)	100.0
	여성	(1201)	(63)	5.2	(1138)	94.8	(1201)	100.0
연령	만 65-69세	(573)	(11)	1.9	(562)	98.1	(573)	100.0
	70대	(1022)	(45)	4.4	(977)	95.6	(1022)	100.0
	80대 이상	(439)	(28)	6.4	(411)	93.6	(439)	100.0
거주 지역	농촌지역	(657)	(16)	2.4	(641)	97.6	(657)	100.0
	도시지역	(1377)	(68)	4.9	(1309)	95.1	(1377)	100.0
학력	무학	(524)	(33)	6.3	(491)	93.7	(524)	100.0
	1년~3년	(125)	(9)	7.2	(116)	92.8	(125)	100.0
	4년~6년	(657)	(21)	3.2	(636)	96.8	(657)	100.0
	7년~9년	(294)	(10)	3.4	(284)	96.6	(294)	100.0
	10년~12년	(297)	(6)	2.0	(291)	98.0	(297)	100.0
	13년 이상	(137)	(5)	3.6	(132)	96.4	(137)	100.0
건강 상태	매우 건강	(141)	(1)	.7	(140)	99.3	(141)	100.0
	건강	(460)	(5)	1.1	(445)	98.9	(460)	100.0
	보통	(495)	(6)	1.2	(489)	98.8	(495)	100.0
	건강하지 못함	(695)	(40)	5.8	(655)	94.2	(695)	100.0
	매우 건강하지 못함	(243)	(32)	13.2	(211)	86.8	(243)	100.0
월 평균 가구 소득	50만원 미만	(509)	(58)	11.4	(451)	88.6	(509)	100.0
	50만원~150만원 미만	(762)	(15)	2.0	(747)	98.0	(762)	100.0
	150만원~250만원 미만	(439)	(4)	.9	(435)	99.1	(439)	100.0
	250만원 이상	(293)	(7)	2.4	(286)	97.6	(293)	100.0
	잘 모른다	(31)	(0)	.0	(31)	100.0	(31)	100.0

문16. (보기카드 제시) 다음은 자녀의 부모에 대한 책임과 관련된 사항들입니다. 어르신의 생각을 가장 적절히 나타내는 번호를 말씀해 주십시오.

<1> 결혼한 자녀는 부모 가까이 살아야 한다.

		사례수	전혀 그렇지 않다		대체로 그렇지 않다		그저 그렇다		대체로 그렇다		매우 그렇다		계	
			(n)	%	(n)	%	(n)	%	(n)	%	(n))	%	(n)	%
전체		(2034)	(181)	8.9	(401)	19.7	(603)	29.6	(661)	32.5	(188)	9.2	(2034)	100.0
성별	남성	(833)	(99)	11.9	(193)	23.2	(245)	29.4	(230)	27.6	(66)	7.9	(833)	100.0
	여성	(1201)	(82)	6.8	(208)	17.3	(358)	29.8	(431)	35.9	(122)	10.2	(1201)	100.0
연령	만 65-69세	(573)	(77)	13.4	(140)	24.4	(161)	28.1	(147)	25.7	(48)	8.4	(573)	100.0
	70대	(1022)	(87)	8.5	(210)	20.5	(312)	30.5	(322)	31.5	(91)	8.9	(1022)	100.0
	80대 이상	(439)	(17)	9.3	(51)	11.6	(130)	2.6	(192)	43.7	(49)	11.2	(439)	100.0
거주지역	농촌지역	(657)	(43)	6.5	(146)	22.2	(222)	33.8	(184)	28.0	(62)	9.4	(657)	100.0
	도시지역	(1377)	(138)	10.0	(255)	18.5	(381)	27.7	(477)	34.6	(126)	9.2	(1377)	100.0
학력	무학	(524)	(23)	4.4	(77)	14.7	(158)	30.2	(212)	40.5	(54)	10.3	(524)	100.0
	1년~3년	(125)	(2)	1.6	(18)	14.4	(49)	39.2	(45)	36.0	(11)	8.8	(125)	100.0
	4년~6년	(657)	(68)	10.4	(133)	20.2	(184)	28.0	(210)	32.0	(62)	9.4	(657)	100.0
	7년~9년	(294)	(26)	8.8	(55)	18.7	(31)	31.0	(91)	31.0	(31)	10.5	(294)	100.0
	10년~12년	(297)	(39)	13.1	(78)	26.3	(86)	29.0	(73)	24.6	(21)	7.1	(297)	100.0
	13년 이상	(137)	(23)	16.8	(40)	29.2	(35)	255	(30)	21.9	(9)	6.6	(137)	100.0
건강상태	매우 건강	(141)	(29)	20.6	(20)	14.2	(35)	24.8	(28)	19.9	(29)	20.6	(141)	100.0
	건강	(460)	(50)	10.9	(108)	23.5	(128)	27.8	(138)	30.0	(36)	7.8	(460)	100.0
	보통	(495)	(33)	6.7	(112)	22.6	(151)	30.5	(163)	32.9	(36)	7.3	(495)	100.0
	건강하지 못함	(695)	(50)	7.2	(130)	18.7	(226)	32.5	(230)	33.1	(59)	8.5	(695)	100.0
	매우 건강하지 못함	(243)	(19)	7.8	(31)	12.8	(63)	25.9	(102)	42.0	(28)	11.5	(243)	100.0
월 평균 가구 소득	50만원 미만	(509)	(46)	9.0	(76)	14.9	(155)	30.5	(188)	36.9	(44)	8.6	(509)	100.0
	50만원~150만원 미만	(762)	(61)	8.0	(161)	21.1	(220)	28.9	(244)	32.0	(76)	10.0	(762)	100.0
	150만원~250만원 미만	(439)	(37)	8.4	(99)	22.6	(142)	32.3	(121)	27.6	(40)	9.1	(439)	100.0
	250만원 이상	(293)	(36)	12.3	(62)	21.2	(80)	27.3	(90)	30.7	(25)	8.5	(293)	100.0
	잘 모른다	(31)	(1)	3.2	(3)	9.7	(6)	19.	(18)	58.1	(3)	9.7	(31)	100.0

문16. (보기카드 제시) 다음은 자녀의 부모에 대한 책임과 관련된 사항들입니다. 어르신의 생각을 가장 적절히 나타내는 번호를 말씀해 주십시오.

<2> 부모가 건강하지 못할 때, 자녀는 부모를 돌보아야만 한다.

		사례수	전혀 그렇지 않다		대체로 그렇지 않다		그저 그렇다		대체로 그렇다		매우 그렇다		계	
			(n)	%	(n)	%	(n)	%	(n)	%	(n))	%	(n)	%
전체		(2034)	(37)	1.8	(166)	8,2	(407)	20.0	(1049)	51.6	(375)	18.4	(2034)	100.0
성별	남성	(833)	(26)	3.1	(87)	10,4	(194)	23.3	(394)	47.3	(132)	15.8	(833)	100.0
	여성	(1201)	(11)	.9	(79)	6,6	(213)	17.7	(655)	54.5	(243)	20.2	(1201)	100.0
연령	만 65-69세	(573)	(15)	2.6	(72)	12,6	(143)	25.0	(252)	44.0	(91)	15.9	(573)	100.0
	70대	(1022)	(19)	1.9	(82)	8,0	(192)	18.8	(545)	53.3	(184)	12.0	(1022)	100.0
	80대 이상	(439)	(3)	.7	(12)	2.7	(72)	16.4	(252)	57.4	(100)	22.8	(439)	100.0
거주 지역	농촌지역	(657)	(7)	1.1	(42)	6.4	(139)	21.2	(998)	51.4	(131)	19.9	(657)	100.0
	도시지역	(1377)	(30)	2.2	(124)	9.0	(268)	19.5	(711)	51.6	(244)	17.7	(1377)	100.0
학력	무학	(524)	(3)	.6	(21)	4.0	(106)	20.2	(281)	53.6	(113)	21.6	(524)	100.0
	1년~3년	(125)	(1)	.8	(5)	4.0	(24)	19.2	(73)	58.4	(22)	17.6	(125)	100.0
	4년~6년	(657)	(9)	1.4	(69)	10.5	(108)	16.4	(351)	53.4	(120)	18.3	(657)	100.0
	7년~9년	(294)	(8)	2.7	(20)	6.8	(58)	19.7	(151)	51.4	(57)	19.4	(294)	100.0
	10년~12년	(297)	(7)	2.4	(33)	11.1	(83)	27.9	(133)	44.8	(41)	13.8	(297)	100.0
	13년 이상	(137)	(9)	6.6	(18)	13.1	(28)	20.4	(60)	43.8	(22)	16.1	(137)	100.0
건강 상태	매우 건강	(141)	(6)	4.3	(13)	9.2	(26)	18.4	(56)	39.7	(40)	28.4	(141)	100.0
	건강	(460)	(14)	3.0	(44)	9.6	(94)	20.4	(225)	48.9	(83)	18.0	(460)	100.0
	보통	(495)	(5)	1.0	(42)	8.5	(94)	19.0	(276)	55.8	(78)	15.8	(495)	100.0
	건강하지 못함	(695)	(6)	.9	(47)	6.8	(146)	21.0	(371)	53.4	(125)	18.0	(695)	100.0
	매우 건강하지 못함	(243)	(6)	2.5	(20)	8.2	(47)	19.3	(121)	49.8	(49)	20.2	(243)	100.0
월 평균 가구 소득	50만원 미만	(509)	(11)	2.2	(44)	8.6	(116)	22.8	(259)	50.9	(79)	15.5	(509)	100.0
	50만원~150만원 미만	(762)	(10)	1.3	(58)	7.6	(145)	19.0	(389)	51.0	(160)	21.0	(762)	100.0
	150만원~250만원 미만	(439)	(5)	1.1	(33)	7.5	(85)	19.4	(246)	56.0	(70)	15.9	(439)	100.0
	250만원 이상	(293)	(10)	3.4	(31)	10.6	(57)	19.5	(136)	46.4	(59)	20.1	(293)	100.0
	잘 모른다	(31)	(1)	3.2	(0)	.0	(4)	12.9	(19)	61.3	(7)	22.6	(31)	100.0

문16. (보기카드 제시) 다음은 자녀의 부모에 대한 책임과 관련된 사항들입니다. 어르신의 생각을 가장 적절히 나타내는 번호를 말씀해 주십시오.

<3> 자녀는 부모에게 경제적 도움을 주어야 한다.

		사례수	전혀 그렇지 않다		대체로 그렇지 않다		그저 그렇다		대체로 그렇다		매우 그렇다		계	
			(n)	%	(n)	%	(n)	%	(n)	%	(n))	%	(n)	%
전체		(2034)	(59)	2.9	(222)	10.9	(592)	29.1	(853)	41.9	(308)	15.1	(2034)	100.0
성별	남성	(833)	(46)	5.2	(120)	14.4	(276)	33.1	(297)	35.7	(97)	11.6	(833)	100.0
	여성	(1201)	(16)	1.3	(102)	8.5	(316)	26.3	(556)	46.3	(211)	17.6	(1201)	100.0
연령	만 65-69세	(573)	(27)	4.7	(93)	16.2	(181)	31.6	(195)	34.0	(77)	13.4	(573)	100.0
	70대	(1022)	(26)	2.5	(104)	10.2	(311)	30.4	(431)	42.2	(150)	14.7	(1022)	100.0
	80대 이상	(439)	(6)	1.4	(25)	5.7	(100)	22.8	(227)	51.7	(81)	18.5	(439)	100.0
거주 지역	농촌지역	(657)	(12)	1.8	(64)	9.7	(216)	32.9	(266)	40.5	(99)	15.1	(657)	100.0
	도시지역	(1377)	(47)	3.4	(158)	11.5	(376)	27.3	(587)	42.6	(209)	15.2	(1377)	100.0
학력	무학	(524)	(4)	.8	(32)	6.1	(121)	23.1	(267)	51.0	(100)	19.1	(524)	100.0
	1년~3년	(125)	(2)	1.6	(10)	8.0	(40)	32.0	(56)	44.8	(17)	13.6	(125)	100.0
	4년~6년	(657)	(12)	1.8	(72)	11.0	(198)	30.1	(280)	42.6	(95)	14.5	(657)	100.0
	7년~9년	(294)	(11)	3.7	(34)	11.6	(87)	29.6	(117)	39.8	(45)	15.3	(294)	100.0
	10년~12년	(297)	(17)	5.7	(44)	14.8	(103)	34.7	(98)	33.0	(35)	11.8	(297)	100.0
	13년 이상	(137)	(13)	9.5	(30)	21.9	(43)	31.4	(35)	25.5	(16)	11.7	(137)	100.0
건강 상태	매우 건상	(141)	(14)	9.9	(19)	13.5	(42)	29.8	(34)	24.1	(32)	22.7	(141)	100.0
	건강	(460)	(15)	3.3	(73)	15.9	(140)	30.4	(166)	36.1	(66)	14.3	(460)	100.0
	보통	(495)	(11)	2.2	(53)	10.7	(152)	30.7	(219)	44.2	(60)	12.1	(495)	100.0
	건강하지 못함	(695)	(14)	2.0	(59)	8.5	(192)	27.6	(320)	46.0	(110)	15.8	(695)	100.0
	매우 건강하지 못함	(243)	(5)	2.1	(18)	7.4	(66)	27.2	(114)	46.9	(40)	16.5	(243)	100.0
월 평균 가구 소득	50만원 미만	(509)	(9)	1.8	(43)	8.4	(123)	24.2	(252)	49.5	(82)	16.1	(509)	100.0
	50만원~150만원 미만	(762)	(11)	1.4	(78)	10.2	(225)	29.5	(319)	41.9	(129)	16.9	(762)	100.0
	150만원~250만원 미만	(439)	(15)	3.4	(48)	10.9	(155)	32.3	(168)	38.3	(53)	12.1	(439)	100.0
	250만원 이상	(293)	(23)	7.8	(51)	17.4	(86)	29.4	(96)	32.8	(37)	12.6	(293)	100.0
	잘 모른다	(31)	(1)	3.2	(2)	6.5	(3)	9.7	(18)	58.1	(7)	22.6	(31)	100.0

문16. (보기카드 제시) 다음은 자녀의 부모에 대한 책임과 관련된 사항들입니다. 어르신의 생각을 가장 적절히 나타내는 번호를 말씀해 주십시오.

<4> 자녀가 성장 후 부모 가까이 산다면, 자녀는 일주일에 한번은 부모를 방문해야 한다.

		사례수	전혀 그렇지 않다		대체로 그렇지 않다		그저 그렇다		대체로 그렇다		매우 그렇다		계	
			(n)	%	(n)	%	(n)	%	(n)	%	(n))	%	(n)	%
전체		(2034)	(78)	3.8	(392)	19.3	(819)	40.3	(624)	30.7	(121)	5.9	(2034)	100.0
성별	남성	(833)	(38)	4.6	(175)	21.0	(333)	40.0	(238)	28.6	(49)	5.9	(833)	100.0
	여성	(1201)	(40)	3.3	(217)	18.1	(486)	40.5	(386)	32.1	(72)	6.0	(1201)	100.0
연령	만 65-69세	(573)	(28)	4.9	(132)	23.0	(230)	40.1	(160)	27.9	(23)	4.0	(573)	100.0
	70대	(1022)	(41)	4.0	(198)	19.4	(418)	40.9	(330)	29.4	(65)	6.4	(1022)	100.0
	80대 이상	(439)	(9)	2.1	(62)	14.1	(171)	39.0	(164)	37.4	(33)	7.5	(439)	100.0
거주 지역	농촌지역	(657)	(13)	2.0	(130)	19.8	(284)	43.2	(187)	28.5	(43)	6.5	(657)	100.0
	도시지역	(1377)	(65)	4.7	(262)	19.0	(535)	38.9	(437)	31.7	(78)	5.7	(1377)	100.0
학력	무학	(524)	(11)	2.1	(67)	12.8	(232)	44.3	(187)	35.7	(27)	5.2	(524)	100.0
	1년~3년	(125)	(2)	1.6	(24)	19.2	(51)	40.8	(35)	28.0	(13)	10.4	(125)	100.0
	4년~6년	(657)	(23)	3.5	(129)	19.6	(268)	40.8	(200)	30.4	(37)	5.6	(657)	100.0
	7년~9년	(294)	(18)	6.1	(65)	22.1	(111)	37.8	(19)	26.9	(21)	7.1	(294)	100.0
	10년~12년	(297)	(14)	4.7	(76)	25.6	(118)	39.7	(15)	25.3	(14)	4.7	(297)	100.0
	13년 이상	(137)	(10)	7.3	(31)	22.6	(39)	28.5	(48)	35.0	(9)	6.6	(137)	100.0
건강 상태	매우 건강	(141)	(11)	7.8	(30)	21.3	(51)	36.2	(38)	27.0	(11)	7.8	(141)	100.0
	건강	(460)	(22)	4.8	(97)	21.1	(180)	39.1	(134)	29.1	(27)	5.9	(460)	100.0
	보통	(495)	(15)	3.0	(86)	17.4	(203)	41.0	(160)	32.3	(31)	6.3	(495)	100.0
	건강하지 못함	(695)	(20)	2.9	(132)	19.0	(291)	41.9	(213)	30.6	(39)	5.6	(695)	100.0
	매우 건강하지 못함	(243)	(10)	4.1	(47)	19.3	(94)	38.7	(79)	32.5	(13)	5.3	(243)	100.0
월 평균 가구 소득	50만원 미만	(509)	(14)	2.8	(99)	19.4	(208)	40.9	(156)	30.6	(32)	6.3	(509)	100.0
	50만원~150만원 미만	(762)	(26)	3.4	(140)	18.4	(315)	41.3	(227)	29.8	(54)	7.1	(762)	100.0
	150만원~250만원 미만	(439)	(16)	3.6	(85)	19.4	(176)	40.1	(145)	33.0	(17)	3.9	(439)	100.0
	250만원 이상	(293)	(20)	6.8	(66)	22.5	(105)	35.8	(87)	29.7	(15)	5.1	(293)	100.0
	잘 모른다	(31)	(2)	6.5	(2)	6.5	(15)	48.4	(9)	29.0	(3)	9.7	(31)	100.0

문16. (보기카드 제시) 다음은 자녀의 부모에 대한 책임과 관련된 사항들입니다. 어르신의 생각을 가장 적절히 나타내는 번호를 말씀해 주십시오.

<5> 먼 곳에 사는 자녀는 일주일에 한번은 편지/전화해야 한다.

		사례수	전혀 그렇지 않다		대체로 그렇지 않다		그저 그렇다		대체로 그렇다		매우 그렇다		계	
			(n)	%	(n)	%	(n)	%	(n)	%	(n))	%	(n)	%
전체		(2034)	(94)	4.6	(278)	13.7	(630)	31.0	(822)	40.4	(210)	10.3	(2034)	100.0
성별	남성	(833)	(45)	5.4	(118)	14.2	(265)	31.8	(318)	38.2	(87)	10.4	(833)	100.0
	여성	(1201)	(49)	4.1	(160)	13.3	(365)	30.4	(504)	48.0	(123)	10.2	(1201)	100.0
연령	만 65-69세	(573)	(32)	5.6	(98)	17.1	(18)	31.8	(210)	36.6	(51)	8.9	(573)	100.0
	70대	(1022)	(46)	4.5	(136)	13.3	(313)	30.6	(409)	40.0	(118)	11.5	(1022)	100.0
	80대 이상	(439)	(16)	3.6	(44)	10.0	(135)	30.8	(203)	46.2	(41)	9.3	(439)	100.0
거주 지역	농촌지역	(657)	(18)	2.7	(56)	8.5	(174)	26.5	(318)	48.4	(91)	13.9	(657)	100.0
	도시지역	(1377)	(76)	5.5	(222)	16.1	(456)	33.1	(504)	36.6	(119)	8.6	(1377)	100.0
학력	무학	(524)	(16)	3.1	(54)	10.3	(199)	38.0	(205)	39.1	(50)	9.5	(524)	100.0
	1년~3년	(125)	(4)	3.2	(17)	13.6	(27)	21.6	(67)	53.6	(10)	8.0	(125)	100.0
	4년~6년	(657)	(26)	4.0	(87)	13.2	(182)	27.7	(290)	44.1	(72)	11.0	(657)	100.0
	7년~9년	(294)	(26)	8.8	(35)	11.9	(86)	29.3	(118)	40.1	(29)	9.9	(294)	100.0
	10년~12년	(297)	(12)	4.0	(53)	17.8	(99)	33.3	(97)	32.7	(36)	12.1	(297)	100.0
	13년 이상	(137)	(10)	7.3	(32)	23.4	(37)	27.0	(45)	32.8	(13)	9.5	(137)	100.0
건강 상태	매우 건강	(141)	(13)	9.2	(31)	22.0	(34)	24.1	(43)	30.5	(20)	14.2	(141)	100.0
	건강	(460)	(30)	6.5	(69)	15.0	(149)	32.4	(166)	36.1	(46)	10.0	(460)	100.0
	보통	(495)	(11)	2.2	(54)	10.9	(147)	29.7	(230)	46.5	(53)	10.7	(495)	100.0
	건강하지 못함	(695)	(29)	4.2	(89)	12.8	(212)	30.5	(292)	42.0	(73)	10.5	(695)	100.0
	매우 건강하지 못함	(243)	(11)	4.5	(35)	14.4	(88)	36.2	(91)	37.4	(18)	7.4	(243)	100.0
월 평균 가구 소득	50만원 미만	(509)	(25)	4.9	(71)	13.9	(178)	35.0	(187)	36.7	(48)	9.4	(509)	100.0
	50만원~150만원 미만	(762)	(30)	3.9	(100)	13.1	(238)	31.2	(307)	4.0	(87)	11.4	(762)	100.0
	150만원~250만원 미만	(439)	(20)	4.6	(53)	12.1	(125))	28.5	(198)	345.1	(43)	99.8	(439)	100.0
	250만원 이상	(293)	(15)	5.1	(52)	17.7	(75)	25.6	(120)	41.0	(31)	10.6	(293)	100.0
	잘 모른다	(31)	(4)	12.9	(2)	6.5	(14)	45.2	(10)	32.3	(1)	3.2	(31)	100.0

문16. (보기카드 제시) 다음은 자녀의 부모에 대한 책임과 관련된 사항들입니다. 어르신의 생각을 가장 적절히 나타내는 번호를 말씀해 주십시오.

<6> 자녀는 부모님에 대한 책임감을 느껴야 한다.

		사례수	전혀 그렇지 않다		대체로 그렇지 않다		그저 그렇다		대체로 그렇다		매우 그렇다		계	
			(n)	%	(n)	%	(n)	%	(n)	%	(n)	%	(n)	%
전체		(2034)	(55)	2.7	(164)	8.1	(425)	20.9	(991)	48.7	(399)	19.6	(2034)	100.0
성별	남성	(833)	(26)	3.1	(81)	9.7	(179)	21.5	(394)	47.3	(153)	18.4	(833)	100.0
	여성	(1201)	(29)	2.4	(83)	6.9	(246)	20.5	(597)	49.7	(246)	20.5	(1201)	100.0
연령	만 65-69세	(573)	(18)	3.1	(60)	10.5	(139)	24.1	(257)	44.9	(100)	17.5	(573)	100.0
	70대	(1022)	(29)	2.8	(80)	7.8	(203)	19.9	(519)	50.8	(191)	18.7	(1022)	100.0
	80대 이상	(439)	(8)	1.8	(24)	5.5	(84)	19.1	(215)	49.0	(108)	24.6	(439)	100.0
거주지역	농촌지역	(657)	(7)	1.1	(37)	5.6	(132)	20.1	(337)	51.3	(144)	21.9	(657)	100.0
	도시지역	(1377)	(48)	3.5	(127)	9.2	(293)	21.3	(654)	47.5	(255)	18.5	(1377)	100.0
학력	무학	(524)	(7)	1.3	(35)	6.7	(120)	22.9	(252)	48.1	(110)	21.0	(524)	100.0
	1년~3년	(125)	(1)	.8	(6)	4.8	(19)	15.2	(77)	61.6	(22)	17.6	(125)	100.0
	4년~6년	(657)	(13)	2.0	(52)	7.9	(128)	19.5	(332)	50.5	(132)	20.1	(657)	100.0
	7년~9년	(294)	(13)	4.4	(28)	9.5	(57)	19.4	(146)	49.7	(50)	17.0	(294)	100.0
	10년~12년	(297)	(11)	3.7	(30)	10.1	(69)	23.2	(128)	43.1	(59)	19.9	(297)	100.0
	13년 이상	(137)	(10)	7.3	(13)	9.5	(32)	23.4	(56)	40.9	(26)	19.0	(137)	100.0
건강상태	매우 건강	(141)	(8)	5.7	(12)	8.5	(39)	27.7	(57)	40.4	(25)	17.7	(141)	100.0
	건강	(460)	(16)	3.5	(42)	9.1	(104)	22.6	(208)	45.2	(90)	19.6	(460)	100.0
	보통	(495)	(5)	1.0	(29)	5.9	(81)	16.4	(272)	54.9	(108)	21.8	(495)	100.0
	건강하지 못함	(695)	(19)	2.7	(57)	8.2	(138)	19.9	(346)	49.8	(135)	19.4	(695)	100.0
	매우 건강하지 못함	(243)	(7)	2.9	(24)	9.9	(63)	25.9	(108)	44.4	(41)	16.9	(243)	100.0
월 평균 가구 소득	50만원 미만	(509)	(15)	2.9	(47)	9.2	(120)	23.6	(244)	47.9	(83)	16.3	(509)	100.0
	50만원~150만원 미만	(762)	(14)	1.8	(61)	8.0	(147)	19.3	(385)	50.5	(155)	20.3	(762)	100.0
	150만원~250만원 미만	(439)	(10)	2.3	(31)	7.1	(80)	18.2	(230)	52.4	(88)	20.0	(439)	100.0
	250만원 이상	(293)	(15)	5.1	(24)	8.2	(70)	23.9	(117)	39.9	(67)	22.9	(293)	100.0
	잘 모른다	(31)	(1)	3.2	(1)	3.2	(8)	25.8	(15)	48.4	(6)	19.4	(31)	100.0

문17. (보기카드 제시) 다음은 어르신께서 갖고 계신 종교나 영적인 것에 대한 생각들을 여쭙고자 합니다. 어르신의 생각을 가장 잘 말하고 있는 번호를 말씀해 주십시오.

<1> 나는 종교 관련 서적들을 즐겨 읽는 편이다(종교 관련 테이프 청취 또는 방송 시청 포함).

		사례수	전혀 그렇지 않다		대체로 그렇지 않다		그저 그렇다		대체로 그렇다		매우 그렇다		계	
			(n)	%	(n)	%	(n)	%	(n)	%	(n)	%	(n)	%
전체		(2034)	(872)	42.9	(300)	14.7	(245)	12.0	(440)	21.6	(177)	8.7	(2034)	100.0
성별	남성	(833)	(404)	48.5	(130)	15.6	(91)	10.9	(153)	18.4	(55)	6.6	(833)	100.0
	여성	(1201)	(468)	39.0	(170)	14.2	(154)	12.8	(287)	23.9	(122)	10.2	(1201)	100.0
연령	만 65–69세	(573)	(228)	39.8	(83)	14.5	(70)	12.2	(142)	24.8	(50)	8.7	(573)	100.0
	70대	(1022)	(446)	43.6	(159)	15.6	(119)	11.6	(203)	19.9	(95)	9.3	(1022)	100.0
	80대 이상	(439)	(198)	45.1	(58)	13.2	(56)	12.8	(95)	21.6	(32)	7.3	(439)	100.0
거주지역	농촌지역	(657)	(359)	54.6	(75)	11.4	(63)	9.6	(120)	18.3	(40)	6.1	(657)	100.0
	도시지역	(1377)	(513)	37.3	(225)	16.3	(182)	13.2	(320)	23.2	(137)	9.9	(1377)	100.0
학력	무학	(524)	(270)	51.5	(79)	15.1	(62)	11.8	(84)	16.0	(29)	5.5	(524)	100.0
	1년~3년	(125)	(60)	48.0	(16)	12.8	(15)	12.0	(25)	20.0	(9)	7.2	(125)	100.0
	4년~6년	(657)	(284)	43.2	(102)	15.5	(80)	12.2	(132)	20.1	(59)	9.0	(657)	100.0
	7년~9년	(294)	(104)	35.4	(40)	13.6	(31)	10.5	(91)	21.0	(28)	9.5	(294)	100.0
	10년~12년	(297)	(109)	36.7	(46)	15.5	(43)	14.5	(70)	23.6	(29)	9.8	(297)	100.0
	13년 이상	(137)	(45)	32.8	(17)	12.4	(14)	10.2	(38)	27.7	(23)	16.8	(137)	100.0
건강상태	매우 건강	(141)	(54)	38.3	(16)	11.3	(10)	7.1	(33)	23.4	(28)	19.9	(141)	100.0
	건강	(460)	(190)	41.3	(65)	14.1	(66)	14.3	(98)	21.3	(41)	8.9	(460)	100.0
	보통	(495)	(222)	44.8	(91)	14.3	(54)	10.9	(115)	23.2	(33)	6.7	(495)	100.0
	건강하지 못함	(695)	(305)	43.9	(118)	17.0	(79)	11.4	(142)	20.4	(51)	7.3	(695)	100.0
	매우 건강하지 못함	(243)	(101)	41.6	(30)	12.3	(36)	14.8	(52)	21.4	(24)	9.9	(243)	100.0
월 평균 가구 소득	50만원 미만	(509)	(223)	43.8	(86)	16.9	(65)	12.8	(90)	17.7	(45)	8.8	(509)	100.0
	50만원~150만원 미만	(762)	(335)	44.0	(110)	14.4	(85)	11.2	(173)	22.7	(59)	7.7	(762)	100.0
	150만원~250만원 미만	(439)	(184)	41.9	(59)	13.4	(57)	13.0	(103)	23.5	(36)	8.2	(439)	100.0
	250만원 이상	(293)	(116)	39.6	(39)	13.3	(33)	11.3	(70)	23.9	(35)	11.9	(293)	100.0
	잘 모른다	(31)	(14)	45.2	(6)	194	(5)	16.1	(4)	12.9	(2)	6.5	(31)	100.0

문17. (보기카드 제시) 다음은 어르신께서 갖고 계신 종교나 영적인 것에 대한 생각들을 여쭙고자 합니다. 어르신의 생각을 가장 잘 말하고 있는 번호를 말씀해 주십시오.

<2> 사람이 착하면 됐지 종교를 믿느냐는 중요치 않다.

		사례수	전혀 아니다		대체로 아니다		그저 그렇다		대체로 그렇다		매우 그렇다		계	
			(n)	%	(n)	%	(n)	%	(n)	%	(n)	%	(n)	%
전체		(2034)	(358)	17.6	(474)	23.3	(413)	20.3	(541)	26.6	(248)	12.2	(2034)	100.0
성별	남성	(833)	(128)	15.4	(162)	19.4	(170)	20.4	(245)	29.4	(128)	15.4	(833)	100.0
	여성	(1201)	(230)	19.2	(312)	26.0	(243)	20.2	(296)	24.6	(120)	10.0	(1201)	100.0
연령	만 65-69세	(573)	(96)	16.8	(136)	23.7	(132)	23.0	(145)	25.3	(64)	11.2	(573)	100.0
	70대	(1022)	(193)	18.9	(235)	23.0	(185)	18.1	(282)	27.6	(127)	12.4	(1022)	100.0
	80대 이상	(439)	(69)	15.7	(103)	23.5	(96)	21.9	(114)	26.0	(57)	13.0	(439)	100.0
거주지역	농촌지역	(657)	(115)	17.5	(130)	19.8	(134)	20.4	(182)	27.7	(96)	14.6	(657)	100.0
	도시지역	(1377)	(243)	17.6	(344)	25.0	(279)	20.3	(359)	26.1	(152)	11.0	(1377)	100.0
학력	무학	(524)	(83)	15.8	(106)	20.2	(104)	19.8	(147)	28.1	(84)	16.0	(524)	100.0
	1년~3년	(125)	(22)	17.6	(29)	23.2	(21)	16.8	(38)	30.4	(15)	12.0	(125)	100.0
	4년~6년	(657)	(106)	16.1	(158)	24.0	(141)	21.5	(184)	28.0	(68)	10.4	(657)	100.0
	7년~9년	(294)	(52)	17.7	(78)	26.5	(56)	19.0	(70)	23.8	(38)	12.9	(294)	100.0
	10년~12년	(297)	(58)	19.5	(69)	23.2	(69)	23.2	(72)	24.2	(29)	9.8	(297)	100.0
	13년 이상	(137)	(37)	27.0	(34)	24.8	(22)	16.1	(30)	21.9	(14)	10.2	(137)	100.0
건강상태	매우 건강	(141)	(32)	22.7	(24)	17.0	(21)	14.9	(44)	31.2	(20)	14.2	(141)	100.0
	건강	(460)	(83)	18.0	(105)	22.8	(83)	18.0	(122)	26.5	(67)	14.6	(460)	100.0
	보통	(495)	(76)	15.4	(121)	24.4	(119)	24.0	(131)	26.5	(48)	9.7	(495)	100.0
	건강하지 못함	(695)	(116)	16.7	(160)	23.0	(149)	21.4	(189)	27.2	(81)	11.7	(695)	100.0
	매우 건강하지 못함	(243)	(51)	21.0	(64)	26.3	(41)	16.9	(55)	22.6	(32)	13.2	(243)	100.0
월 평균 가구 소득	50만원 미만	(509)	(99)	19.4	(100)	19.6	(104)	20.4	(145)	28.5	(61)	12.0	(509)	100.0
	50만원~150만원 미만	(762)	(130)	17.1	(165)	21.7	(156)	20.5	(219)	28.7	(92)	12.1	(762)	100.0
	150만원~250만원 미만	(439)	(72)	16.4	(117)	26.7	(95)	21.6	(104)	23.7	(51)	11.6	(439)	100.0
	250만원 이상	(293)	(51)	17.4	(85)	29.0	(52)	17.7	(65)	22.2	(40)	13.7	(293)	100.0
	잘 모른다	(31)	(6)	19.4	(7)	22.6	(6)	19.4	(8)	25.8	(4)	12.9	(31)	100.0

문17. (보기카드 제시) 다음은 어르신께서 갖고 계신 종교나 영적인 것에 대한 생각들을 여쭙고자 합니다. 어르신의 생각을 가장 잘 말하고 있는 번호를 말씀해 주십시오.

<3> 사색하고 기도하는 것이 내겐 매우 중요하다.

		사례수	전혀 아니다		대체로 아니다		그저 그렇다		대체로 그렇다		매우 그렇다		계	
			(n)	%	(n)	%	(n)	%	(n)	%	(n)	%	(n)	%
전체		(2034)	(546)	26.8	(443)	21.8	(399)	19.6	(455)	22.4	(191)	9.4	(2034)	100.0
성별	남성	(833)	(271)	32.5	(212)	25.5	(144)	17.3	(143)	17.2	(63)	7.6	(833)	100.0
	여성	(1201)	(275)	22.9	(231)	19.2	(255)	21.2	(312)	26.0	(128)	10.7	(1201)	100.0
연령	만 65-69세	(573)	(143)	25.0	(133)	23.2	(121)	21.1	(128)	22.3	(48)	8.4	(573)	100.0
	70대	(1022)	(289)	28.3	(210)	20.5	(186)	18.2	(228)	22.3	(109)	10.7	(1022)	100.0
	80대 이상	(439)	(114)	26.0	(100)	22.8	(92)	21.0	(99)	22.6	(34)	7.7	(439)	100.0
거주지역	농촌지역	(657)	(247)	37.6	(138)	21.0	(114)	17.4	(122)	18.6	(36)	5.5	(657)	100.0
	도시지역	(1377)	(299)	21.7	(305)	22.1	(285)	20.7	(333)	24.2	(155)	11.3	(1377)	100.0
학력	무학	(524)	(193)	36.8	(97)	18.5	(96)	18.3	(105)	20.0	(33)	6.3	(524)	100.0
	1년~3년	(125)	(39)	31.2	(24)	19.2	(25)	20.0	(27)	21.6	(10)	8.0	(125)	100.0
	4년~6년	(657)	(152)	23.1	(161)	24.5	(135)	20.6	(150)	23.7	(53)	8.1	(657)	100.0
	7년~9년	(294)	(66)	22.4	(66)	22.4	(53)	18.0	(71)	24.1	(38)	12.9	(294)	100.0
	10년~12년	(297)	(76)	25.6	(65)	21.9	(64)	21.5	(59)	19.9	(33)	11.1	(297)	100.0
	13년 이상	(137)	(20)	14.6	(30)	21.9	(26)	19.0	(37)	27.0	(24)	17.5	(137)	100.0
건강상태	매우 건강	(141)	(42)	29.8	(20)	14.2	(25)	17.7	(39)	27.7	(15)	10.6	(141)	100.0
	건강	(460)	(124)	27.0	(105)	22.8	(83)	18.0	(92)	20.0	(56)	12.2	(460)	100.0
	보통	(495)	(113)	22.8	(122)	24.6	(106)	21.4	(109)	22.0	(45)	9.1	(495)	100.0
	건강하지 못함	(695)	(195)	28.1	(155)	22.3	(146)	21.0	(140)	20.1	(59)	8.5	(695)	100.0
	매우 건강하지 못함	(243)	(72)	29.6	(41)	16.9	(39)	16.0	(75)	30.9	(16)	6.6	(243)	100.0
월평균가구소득	50만원 미만	(509)	(164)	32.2	(101)	19.8	(91)	17.9	(112)	22.0	(41)	8.1	(509)	100.0
	50만원~150만원 미만	(762)	(212)	27.8	(157)	20.6	(155)	20.3	(154)	20.2	(84)	11.0	(762)	100.0
	150만원~250만원 미만	(439)	(92)	21.0	(114)	26.0	(88)	20.0	(106)	24.1	(39)	8.9	(439)	100.0
	250만원 이상	(293)	(71)	24.2	(66)	22.5	(56)	19.1	(75)	25.6	(25)	8.5	(293)	100.0
	잘 모른다	(31)	(7)	22.6	(5)	16.1	(9)	29.0	(8)	25.8	(2)	6.5	(31)	100.0

문17. (보기카드 제시) 다음은 어르신께서 갖고 계신 종교나 영적인 것에 대한 생각들을 여쭙고자 합니다. 어르신의 생각을 가장 잘 말하고 있는 번호를 말씀해 주십시오.

<4> 나는 자주 신의 존재를 느낀다.

		사례수	전혀 아니다		대체로 아니다		그저 그렇다		대체로 그렇다		매우 그렇다		계	
			(n)	%	(n)	%	(n)	%	(n)	%	(n)	%	(n)	%
전체		(2034)	(564))	27.7	(432)	21.2	(473)	23.2	(391)	19.2	(174)	8.6	(2034)	100.0
성별	남성	(833)	(291)	34.9	(194)	23.3	(165)	19.8	(134)	16.1	(49)	5.9	(833)	100.0
	여성	(1201)	(273)	22.7	(238)	19.8	(308)	25.6	(257)	21.4	(125)	10.4	(1201)	100.0
연령	만 65–69세	(573)	(155)	27.1	(132)	23.0	(139)	24.3	(113)	19.7	(34)	5.9	(573)	100.0
	70대	(1022)	(299)	29.3	(206)	20.2	(223)	21.8	(186)	18.2	(108)	10.6	(1022)	100.0
	80대 이상	(439)	(110)	25.1	(94)	21.4	(111)	25.3	(92)	21.0	(32)	7.3	(439)	100.0
거주지역	농촌지역	(657)	(183)	27.9	(169)	25.7	(154)	23.4	(110)	16.7	(41)	6.2	(657)	100.0
	도시지역	(1377)	(381)	27.7	(263)	19.1	(319)	23.2	(281)	20.4	(133)	9.7	(1377)	100.0
학력	무학	(524)	(164)	31.3	(101)	19.3	(120)	22.9	(88)	16.8	(51)	9.7	(524)	100.0
	1년~3년	(125)	(37)	29.6	(30)	24.0	(30)	24.0	(21)	16.8	(7)	5.6	(125)	100.0
	4년~6년	(657)	(157)	23.9	(159)	24.2	(158)	24.0	(134)	20.4	(49)	7.5	(657)	100.0
	7년~9년	(294)	(83)	28.2	(57)	19.4	(73)	24.8	(55)	18.7	(26)	8.8	(294)	100.0
	10년~12년	(297)	(89)	30.0	(60)	20.2	(64)	21.5	(62)	20.9	(22)	7.4	(297)	100.0
	13년 이상	(137)	(34)	24.8	(25)	18.2	(28)	20.4	(31)	22.6	(19)	13.9	(137)	100.0
건강상태	매우 건강	(141)	(51)	36.2	(18)	12.8	(26)	18.4	(30)	21.3	(16)	11.3	(141)	100.0
	건강	(460)	(136)	29.6	(97)	21.1	(102)	22.2	(78)	17.0	(47)	10.2	(460)	100.0
	보통	(495)	(106)	21.4	(123)	24.8	(139)	28.1	(89)	18.0	(38)	7.7	(495)	100.0
	건강하지 못함	(695)	(196)	28.2	(155)	22.3	(162)	23.3	(131)	18.8	(51)	7.3	(695)	100.0
	매우 건강하지 못함	(243)	(75)	30.9	(39)	16.0	(44)	18.1	(63)	25.9	(22)	9.1	(243)	100.0
월 평균 가구 소득	50만원 미만	(509)	(170)	33.4	(83)	16.3	(120)	23.6	(91)	17.9	(45)	8.8	(509)	100.0
	50만원~150만원 미만	(762)	(202)	26.5	(166)	21.8	(172)	22.6	(160)	21.0	(62)	8.1	(762)	100.0
	150만원~250만원 미만	(439)	(103)	23.5	(118)	26.9	(100)	22.8	(81)	18.5	(37)	8.4	(439)	100.0
	250만원 이상	(293)	(81)	27.6	(63)	21.5	(72)	24.6	(50)	17.1	(27)	9.2	(293)	100.0
	잘 모른다	(31)	(8)	25.8	(2)	6.5	(9)	29.0	(9)	29.0	(3)	9.7	(31)	100.0

문17. (보기카드 제시) 다음은 어르신께서 갖고 계신 종교나 영적인 것에 대한 생각들을 여쭙고자 합니다. 어르신의 생각을 가장 잘 말하고 있는 번호를 말씀해 주십시오.

<5> 나는 내 종교의 믿음에 따라 인생을 살고자 노력한다.

		사례수	전혀 아니다		대체로 아니다		그저 그렇다		대체로 그렇다		매우 그렇다		계	
			(n)	%	(n)	%	(n)	%	(n)	%	(n)	%	(n)	%
전체		(2034)	(517)	25.4	(419)	20.6	(351)	17.3	(526)	25.9	(221)	10.9	(2034)	100.0
성별	남성	(833)	(248)	29.8	(200)	24.0	(124)	14.9	(196)	23.5	(65)	7.8	(833)	100.0
	여성	(1201)	(269)	22.4	(219)	18.2	(227)	18.9	(330)	27.5	(156)	13.0	(1201)	100.0
연령	만 65-69세	(573)	(44)	25.1	(125)	21.8	(98)	17.1	(161)	28.1	(45)	7.9	(573)	100.0
	70대	(1022)	(257)	25.1	(208)	20.4	(171)	16.7	(261)	25.5	(125)	12.2	(1022)	100.0
	80대 이상	(439)	(116)	26.4	(86)	19.6	(82)	18.7	(104)	23.7	(51)	11.6	(439)	100.0
거주지역	농촌지역	(657)	(199)	30.3	(157)	3.9	(101)	15.4	(151)	23.0	(49)	7.5	(657)	100.0
	도시지역	(1377)	(318)	23.1	(262)	19.0	(250)	18.2	(375)	27.2	(172)	12.5	(1377)	100.0
학력	무학	(524)	(165)	31.5	(102)	19.5	(103)	19.7	(108)	20.6	(46)	8.8	(524)	100.0
	1년~3년	(125)	(36)	28.8	(18)	14.4	(25)	20.0	(33)	26.4	(13)	10.4	(125)	100.0
	4년~6년	(657)	(157)	23.9	(149)	22.7	(106)	16.1	(173)	26.3	(72)	11.0	(657)	100.0
	7년~9년	(294)	(61)	20.7	(61)	20.7	(43)	14.6	(93)	31.6	(36)	12.2	(294)	100.0
	10년~12년	(297)	(70)	23.6	(64)	21.5	(52)	17.5	(78)	26.3	(33)	11.1	(297)	100.0
	13년 이상	(137)	(28)	20.4	(25)	18.2	(22)	16.1	(41)	29.9	(21)	15.3	(137)	100.0
건강상태	매우 건강	(141)	(45)	31.9	(24)	17.0	(11)	7.8	(45)	31.9	(16)	11.3	(141)	100.0
	건강	(460)	(116)	25.2	(95)	20.7	(72)	15.7	(121)	26.3	(56)	12.2	(460)	100.0
	보통	(495)	(116)	23.4	(124)	25.1	(84)	17.0	(118)	23.8	(53)	10.7	(495)	100.0
	건강하지 못함	(695)	(180)	25.9	(146)	21.0	(127)	18.3	(172)	24.7	(70)	10.1	(695)	100.0
	매우 건강하지 못함	(243)	(60)	24.7	(30)	12.3	(57)	23.5	(70)	28.8	(26)	10.7	(243)	100.0
월 평균 가구 소득	50만원 미만	(509)	(140)	27.5	(96)	18.9	(103)	20.2	(114)	22.4	(56)	11.0	(509)	100.0
	50만원~150만원 미만	(762)	(192)	25..2	(163)	21.4	(128)	16.8	(200)	26.2	(79)	10.4	(762)	100.0
	150만원~250만원 미만	(439)	(97)	22.1	(104)	23.7	(65)	14.8	(123)	28.0	(50)	11.4	(439)	100.0
	250만원 이상	(293)	(79)	27.0	(53)	18.1	(48)	16.4	(82)	28.0	(31)	10.6	(293)	100.0
	잘 모른다	(31)	(9)	29.0	(3)	9.7	(7)	22.6	(7)	22.6	(5)	16.1	(31)	100.0

문17. (보기카드 제시) 다음은 어르신께서 갖고 계신 종교나 영적인 것에 대한 생각들을 여쭙고자 합니다. 어르신의 생각을 가장 잘 말하고 있는 번호를 말씀해 주십시오.

<6> 내 인생에서 종교적 삶이 그 중심이다.

		사례수	전혀 아니다		대체로 아니다		그저 그렇다		대체로 그렇다		매우 그렇다		계	
			(n)	%	(n)	%	(n)	%	(n)	%	(n)	%	(n)	%
전체		(2034)	(588)	28.9	(480)	23.6	(354)	17.4	(429)	21.1	(183)	9.0	(2034)	100.0
성별	남성	(833)	(292)	35.1	(216)	25.9	(139)	16.7	(127)	15.2	(59)	7.1	(833)	100.0
	여성	(1201)	(296)	24.6	(264)	22.0	(215)	17.9	(302)	25.1	(124)	10.3	(1201)	100.0
연령	만 65-69세	(573)	(159)	27.7	(149)	26.0	(106)	18.5	(120)	20.9	(39)	6.8	(573)	100.0
	70대	(1022)	(311)	30.4	(223)	21.8	(169)	16.5	(213)	20.8	(106)	10.4	(1022)	100.0
	80대 이상	(439)	(118)	26.9	(108)	24.6	(79)	18.0	(96)	21.9	(38)	8.7	(439)	100.0
거주지역	농촌지역	(657)	(239)	36.4	(172)	26.2	(86)	13.1	(120)	18.3	(40)	6.1	(657)	100.0
	도시지역	(1377)	(349)	25.3	(308)	22.4	(268)	19.5	(309)	22.4	(143)	10.4	(1377)	100.0
학력	무학	(524)	(188)	35.9	(115)	21.9	(88)	16.8	(97)	18.5	(36)	6.9	(524)	100.0
	1년~3년	(125)	(36)	28.8	(31)	24.8	(24)	19.2	(25)	20.0	(9)	7.2	(125)	100.0
	4년~6년	(657)	(176)	26.8	(164)	25.0	(109)	16.6	(151)	23.0	(57)	8.7	(657)	100.0
	7년~9년	(294)	(69)	23.5	(75)	25.5	(52)	17.7	(68)	23.1	(30)	10.2	(294)	100.0
	10년~12년	(297)	(81)	27.3	(71)	23.9	(58)	19.5	(60)	20.2	(27)	9.1	(297)	100.0
	13년 이상	(137)	(38)	27.7	(24)	17.5	(23)	16.8	(28)	20.4	(24)	17.5	(137)	100.0
건강상태	매우 건강	(141)	(46)	32.6	(26)	18.4	(22)	15.6	(33)	23.4	(14)	9.9	(141)	100.0
	건강	(460)	(148)	32.2	(98)	21.3	(81)	17.6	(85)	18.5	(48)	10.4	(460)	100.0
	보통	(495)	(126)	25.5	(129)	26.1	(77)	15.6	(117)	23.6	(46)	9.3	(495)	100.0
	건강하지 못함	(695)	(201)	28.9	(179)	25.8	(117)	16.8	(144)	20.7	(54)	7.8	(695)	100.0
	매우 건강하지 못함	(243)	(67)	27.6	(48)	19.8	(57)	23.5	(50)	20.6	(21)	8.6	(243)	100.0
월 평균 가구 소득	50만원 미만	(509)	(159)	31.2	(121)	23.8	(90)	17.7	(93)	18.3	(46)	9.0	(509)	100.0
	50만원~150만원 미만	(762)	(223)	29.3	(176)	23.1	(132)	17.3	(160)	21.0	(71)	9.3	(762)	100.0
	150만원~250만원 미만	(439)	(107)	24.4	(114)	26.0	(74)	16.9	(106)	24.1	(38)	8.7	(439)	100.0
	250만원 이상	(293)	(91)	31.1	(62)	21.2	(51)	17.4	(64)	21.8	(25)	8.5	(293)	100.0
	잘 모른다	(31)	(8)	25.8	(7)	22.6	(7)	22.6	(6)	19.4	(3)	9.7	(31)	100.0

문17. (보기카드 제시) 다음은 어르신께서 갖고 계신 종교나 영적인 것에 대한 생각들을 여쭙고자 합니다. 어르신의 생각을 가장 잘 말하고 있는 번호를 말씀해 주십시오.

<7> 나는 일상생활에서 종교에 얽매이지 않는다.

		사례수	전혀 아니다		대체로 아니다		그저 그렇다		대체로 그렇다		매우 그렇다		계	
			(n)	%	(n)	%	(n)	%	(n)	%	(n)	%	(n)	%
전체		(2034)	(233)	11.5	(360)	17.7	(298)	14.7	(752)	37.0	(391)	19.2	(2034)	100.0
성별	남성	(833)	(91)	10.9	(102)	12.2	(115)	13.8	(347)	41.7	(178)	21.4	(833)	100.0
	여성	(1201)	(142)	11.8	(258)	21.5	(183)	15.2	(405)	33.7	(213)	17.7	(1201)	100.0
연령	만 65-69세	(573)	(62)	10.8	(89)	15.5	(96)	16.8	(220)	38.4	(106)	18.5	(573)	100.0
	70대	(1022)	(118)	11.5	(178)	17.4	(144)	14.1	(378)	37.0	(204)	20.0	(1022)	100.0
	80대 이상	(439)	(53)	12.1	(93)	21.2	(58)	13.2	(154)	35.1	(81)	18.5	(439)	100.0
거주지역	농촌지역	(657)	(63)	9.6	(80)	12.2	(72)	11.0	(274)	41.7	(168)	25.6	(657)	100.0
	도시지역	(1377)	(170)	12.3	(280)	20.3	(226)	16.4	(478)	34.7	(223)	16.2	(1377)	100.0
학력	무학	(524)	(42)	8.0	(104)	19.8	(63)	12.0	(182)	34.7	(133)	25.4	(524)	100.0
	1년~3년	(125)	(15)	12.0	(17)	14.4	(19)	15.2	(45)	36.0	(28)	22.4	(125)	100.0
	4년~6년	(657)	(72)	11.0	(117)	17.8	(99)	15.1	(253)	38.5	(116)	17.7	(657)	100.0
	7년~9년	(294)	(39)	13.3	(46)	15.6	(54)	18.4	(112)	38.1	(43)	14.6	(294)	100.0
	10년~12년	(297)	(41)	13.8	(51)	17.2	(40)	13.5	(118)	39.7	(47)	15.8	(297)	100.0
	13년 이상	(137)	(24)	17.5	(24)	17.5	(23)	16.8	(42)	30.7	(24)	17.5	(137)	100.0
건강상태	매우 건강	(141)	(20)	14.2	(23)	16.3	(19)	13.5	(47)	33.3	(32)	22.7	(141)	100.0
	건강	(460)	(56)	12.2	(72)	15.7	(62)	13.5	(172)	37.4	(98)	21.3	(460)	100.0
	보통	(495)	(48)	9.7	(89)	18.0	(79)	16.0	(189)	38.2	(90)	18.2	(495)	100.0
	건강하지 못함	(695)	(76)	10.9	(112)	16.1	(106)	15.3	(270)	38.8	(131)	18.8	(695)	100.0
	매우 건강하지 못함	(243)	(33)	13.6	(64)	26.3	(32)	13.2	(74)	30.5	(40)	16.5	(243)	100.0
월 평균 가구 소득	50만원 미만	(509)	(60)	11.8	(107)	21.0	(64)	12.6	(183)	36.0	(95)	18.7	(509)	100.0
	50만원~150만원 미만	(762)	(87)	11.4	(130)	17.1	(109)	14.3	(282)	37.0	(154)	20.2	(762)	100.0
	150만원~250만원 미만	(439)	(48)	10.9	(69)	15.7	(66)	15.0	(175)	39.9	(81)	18.5	(439)	100.0
	250만원 이상	(293)	(35)	11.9	(47)	16.0	(55)	18.8	(100)	34.1	(56)	19.1	(293)	100.0
	잘 모른다	(31)	(3)	9.7	(7)	22.6	(4)	12.9	(12)	38.7	(5)	16.1	(31)	100.0

문17. (보기카드 제시) 다음은 어르신께서 갖고 계신 종교나 영적인 것에 대한 생각들을 여쭙고자 합니다. 어르신의 생각을 가장 잘 말하고 있는 번호를 말씀해 주십시오.

<8> 내 인생에서 종교가 전부는 아니다.

		사례수	전혀 아니다		대체로 아니다		그저 그렇다		대체로 그렇다		매우그렇다		계	
			(n)	%	(n)	%	(n)	%	(n)	%	(n)	%	(n)	%
전체		(2034)	(296)	14.6	(339)	16.7	(272)	13.4	(682)	33.5	(445)	21.9	(2034)	100.0
성별	남성	(833)	(111)	13.3	(111)	13.3	(90)	10.8	(306)	36.7	(215)	25.8	(833)	100.0
	여성	(1201)	(185)	15.4	(228)	19.0	(182)	15.2	(376)	31.3	(230)	19.2	(1201)	100.0
연령	만 65-69세	(573)	(83)	14.5	(91)	15.9	(77)	13.4	(181)	31.6	(141)	24.6	(573)	100.0
	70대	(1022)	(155)	15.2	(151)	14.8	(140)	13.7	(359)	35.1	(217)	21.2	(1022)	100.0
	80대 이상	(439)	(58)	13.2	(97)	22.1	(55)	12.5	(142)	32.3	(87)	19.8	(439)	100.0
거주지역	농촌지역	(657)	(79)	12.0	(81)	12.3	(73)	11.1	(238)	36.2	(186)	28.3	(657)	100.0
	도시지역	(1377)	(217)	15.8	(258)	18.7	(199)	14.5	(444)	32.2	(259)	18.8	(1377)	100.0
학력	무학	(524)	(52)	9.9	(96)	18.3	(64)	12.2	(178)	34.0	(134)	25.6	(524)	100.0
	1년~3년	(125)	(18)	14.4	(16)	12.8	(19)	15.2	(39)	31.2	(33)	26.4	(125)	100.0
	4년~6년	(657)	(101)	15.4	(92)	14.0	(95)	14.5	(236)	35.9	(133)	20.2	(657)	100.0
	7년~9년	(294)	(47)	16.0	(58)	19.7	(37)	12.6	(89)	30.3	(63)	21.4	(294)	100.0
	10년~12년	(297)	(49)	16.5	(52)	17.5	(36)	12.1	(100)	33.7	(60)	20.2	(297)	100.0
	13년 이상	(137)	(29)	21.2	(25)	18.2	(21)	15.3	(40)	29.2	(22)	16.1	(137)	100.0
건강상태	매우 건강	(141)	(23)	16.3	(20)	14.2	(15)	10.6	(40)	28.4	(43)	30.5	(141)	100.0
	건강	(460)	(71)	15.4	(74)	16.1	(47)	10.2	(153)	33.3	(115)	25.0	(460)	100.0
	보통	(495)	(72)	14.5	(79)	16.0	(72)	14.5	(164)	33.1	(108)	21.8	(495)	100.0
	건강하지 못함	(695)	(92)	13.2	(118)	17.0	(103)	14.8	(244)	35.1	(138)	19.9	(695)	100.0
	매우 건강하지 못함	(243)	(38)	15.6	(48)	19.8	(35)	14.4	(81)	33.3	(41)	16.9	(243)	100.0
월 평균 가구 소득	50만원 미만	(509)	(81)	15.9	(83)	16.3	(71)	13.9	(166)	32.6	(108)	21.2	(509)	100.0
	50만원~150만원 미만	(762)	(112)	14.7	(128)	16.8	(98)	12.9	(249)	32.7	(175)	23.0	(762)	100.0
	150만원~250만원 미만	(439)	(58)	13.2	(69)	15.7	(58)	13.2	(159)	36.2	(95)	21.6	(439)	100.0
	250만원 이상	(293)	(40)	13.7	(53)	18.1	(41)	14.0	(96)	32.8	(63)	21.5	(293)	100.0
	잘 모른다	(31)	(5)	16.1	(6)	19.4	(4)	12.9	(12)	98.7	(4)	12.9	(31)	100.0

문18. 어르신은 아래의 사람들과 일주일에 몇 번이나 전화를 하십니까? 아래 보기에서 말씀해 주십시오.

<1> 동거하지 않는 자녀

		사례수	전혀 없음		일주일에 한 번 미만		일주일에 한 번		일주일에 두세 번		하루에 한 번		하루에 두 번 이상		해당없음		계	
			(n)	%	(n)	%	(n)	%	(n)	%	(n)	%	(n)	%	(n)	%	(n)	%
전체		(2034)	(35)	1.7	(551)	27.1	(683)	33.6	(518)	25.5	(131)	6.4	(49)	2.4	(67)	3.3	(2034)	100.0
성별	남성	(833)	(18)	2.2	(226)	27.1	(286)	34.3	(205)	24.6	(59)	7.1	(17)	2.0	(22)	2.6	(833)	100.0
	여성	(1201)	(17)	1.4	(325)	27.1	(397)	33.1	(313)	26.1	(72)	6.0	(32)	2.7	(45)	3.7	(1201)	100.0
연령	만 65-69세	(573)	(14)	2.4	(121)	21.1	(195)	34.0	(168)	29.3	(44)	7.7	(9)	1.6	(22)	3.8	(573)	100.0
	70대	(1022)	(17)	1.7	(279)	27.3	(345)	33.8	(245)	24.0	(77)	7.5	(28)	2.7	(31)	3.0	(1022)	100.0
	80대 이상	(439)	(4)	.9	(151)	34.4	(143)	32.6	(105)	23.9	(10)	2.3	(12)	2.7	(14)	3.2	(439)	100.0
거주지역	농촌지역	(657)	(7)	1.1	(199)	30.3	(247)	37.6	(150)	22.8	(29)	4.4	(14)	2.1	(11)	1.7	(657)	100.0
	도시지역	(1377)	(28)	2.0	(352)	25.6	(436)	31.7	(368)	26.7	(102)	7.4	(35)	2.5	(56)	4.1	(1377)	100.0
학력	무학	(524)	(6)	1.1	(177)	33.8	(188)	35.9	(102)	19.5	(17)	3.2	(11)	2.1	(23)	4.4	(524)	100.0
	1년~3년	(125)	(1)	.8	(48)	38.4	(36)	28.8	(26)	20.8	(7)	5.6	(2)	1.6	(5)	4.0	(125)	100.0
	4년~6년	(657)	(12)	1.8	(158)	24.0	(233)	35.5	(177)	26.9	(40)	6.1	(19)	2.9	(18)	2.7	(657)	100.0
	7년~9년	(294)	(6)	2.0	(64)	221.8	(92)	31.3	(94)	32.0	(26)	8.8	(5)	1.7	(7)	2.4	(294)	100.0
	10년~12년	(297)	(8)	2.7	(66)	22.2	(98)	33.0	(83)	27.9	(24)	8.1	(8)	2.7	(10)	3.4	(297)	100.0
	13년 이상	(137)	(2)	1.5	(38)	27.7	(36)	26.3	(36)	26.3	(17)	12.4	(4)	2.9	(4)	2.9	(137)	100.0
건강상태	매우 건강	(141)	(0)	.0	(26)	18.4	(51)	36.2	(37)	26.2	(20)	14.2	(1)	.7	(6)	4.3	(141)	100.0
	건강	(460)	(9)	2.0	(119)	25.9	(160)	34.8	(121)	26.3	(30)	6.5	(12)	2.6	(9)	2.0	(460)	100.0
	보통	(495)	(4)	.8	(126)	25.5	(172)	34.7	(138)	27.9	(27)	5.5	(20)	4.0	(8)	1.6	(495)	100.0
	건강하지 못함	(695)	(18)	2.6	(207)	29.8	(220)	31.7	(170)	24.5	(39)	5.6	(12)	1.7	(29)	4.2	(695)	100.0
	매우 건강하지 못함	(243)	(4)	1.6	(73)	30.0	(80)	32.9	(52)	21.4	(15)	6.2	(4)	1.6	(15)	6.2	(243)	100.0
월 평균 가구 소득	50만원 미만	(509)	(17)	3.3	(166)	32.6	(153)	30.1	(98)	119.3	(25)	4.9	(10)	2.0	(40)	7.9	(509)	100.0
	50만원~150만원 미만	(762)	(12)	1.6	(206)	27.0	(260)	34.1	(208)	27.3	(50)	6.6	(20)	2.6	(6)	.8	(762)	100.0
	150만원~250만원 미만	(439)	(5)	1.1	(105)	23.9	(154)	35.1	(126)	28.7	(26)	5.9	(12)	2.7	(11)	2.5	(439)	100.0
	250만원 이상	(293)	(1)	.3	(64)	21.8	(101)	34.5	(82)	28.0	(29)	9.9	(7)	2.4	(9)	3.1	(293)	100.0
	잘 모른다	(31)	(0)	.0	(10)	32.3	(15)	48.4	(4)	12.9	(1)	3.2	(0)	.0	(1)	3.2	(31)	100.0

문18. 어르신은 아래의 사람들과 일주일에 몇 번이나 전화를 하십니까? 아래 보기에서 말씀해 주십시오.

<2> 형제/자매

		사례수	전혀 없음		일주일에 한 번 미만		일주일에 한 번		일주일에 두세 번		하루에 한 번		하루에 두 번 이상		해당없음		계	
			(n)	%	(n)	%	(n)	%	(n)	%	(n)	%	(n)	%	(n)	%	(n)	%
전체		(2034)	(166)	8.2	(1311)	64.5	(231)	11.4	(54)	2.7	(19)	.9	(3)	.1	(250)	12.3	(2034)	100.0
성별	남성	(833)	(64)	7.7	(547)	65.7	(86)	10.3	(16)	1.9	(7)	.8	(1)	.1	(112)	13.4	(833)	100.0
	여성	(1201)	(102)	8.5	(764)	63.6	(145)	12.1	(38)	3.2	(12)	1.0	(2)	.2	(138)	11.5	(1201)	100.0
연령	만 65-69세	(573)	(37)	6.5	(380)	66.3	(92)	16.1	(22)	3.8	(9)	1.6	(1)	.2	(32)	5.6	(573)	100.0
	70대	(1022)	(67)	6.6	(692)	57.7	(110)	10.8	(27)	2.6	(8)	.8	(2)	.2	(116)	11.4	(1022)	100.0
	80대 이상	(439)	(62)	14.1	(239)	54.4	(29)	6.6	(5)	1.1	(2)	.5	(0)	.0	(102)	23.2	(439)	100.0
거주지역	농촌지역	(657)	(44)	6.7	(458)	69.7	(54))	8.2	(6)	.9	(0)	.0	(0)	.0	(95)	14.5	(657)	100.0
	도시지역	(1377)	(122)	8.9	(853)	61.9	(177)	12.9	(48)	3.5	(19)	1.4	(3)	.2	(55)	11.3	(1377)	100.0
학력	무학	(524)	(54)	10.3	(314)	59.9	(39)	7.4	(6)	1.1	(3)	.6	(1)	.2	(107)	20.4	(524)	100.0
	1년~3년	(125)	(12)	9.6	(85)	68.0	(9)	7.2	(1)	.8	(1)	.8	(0)	.0	(17)	13.6	(125)	100.0
	4년~6년	(657)	(54)	8.2	(442)	67.3	(79)	12.0	(16)	2.4	(4)	.6	(2)	.3	(60)	9.1	(657)	100.0
	7년~9년	(294)	(17)	5.8	(185)	62.9	(48)	16.3	(9)	3.1	(3)	1.0	(0)	.0	(32)	10.9	(294)	100.0
	10년~12년	(297)	(18)	6.1	(190)	64.0	(41)	13.8	(14)	4.7	(4))	1.3	(0)	.0	(30)	10.1	(297)	100.0
	13년 이상	(137)	(11)	8.0	(95)	69.3	(15)	10.9	(8)	5.8	(4)	2.9	(0)	.0	(4)	2.9	(137)	100.0
건강상태	매우 건강	(141)	(5)	3.5	(94)	66.7	(21)	14.9	(3)	2.1	(3)	2.1	(1)	.7	(14)	9.9	(141)	100.0
	건강	(460)	(24)	5.2	(305)	66.3	(59)	12.8	(15)	3.3	(8)	1.7	(0)	.0	(49)	10.7	(460)	100.0
	보통	(495)	(28)	5.7	(328)	66.3	(75)	15.2	(19)	3.8	(4)	.8	(0)	.0	(41)	8.3	(495)	100.0
	건강하지 못함	(695)	(78)	11.2	(430)	61.9	(60)	8.6	(15)	2.2	(4)	.6	(0)	.0	(108	15.5	(695)	100.0
	매우 건강하지 못함	(243)	(31)	12.8	(154)	63.4	(16)	6.6	(2)	.8	(0)	.0	(2)	.8	(38)	15.6	(243)	100.0
월 평균 가구 소득	50만원 미만	(509)	(71)	13.9	(305)	59.9	(36)	7.1	(7)	1.4	(2)	.4	(1)	.2	(87)	17.1	(509)	100.0
	50만원~150만원 미만	(762)	(57)	7.5	(491)	64.4	(95)	12.5	(19)	2.5	(8)	1.0	(0)	.0	(92)	12.1	(762)	100.0
	150만원~250만원 미만	(439)	(17)	3.9	(305)	69.5	(55)	12.5	(10)	2.3	(3)	.7	(0)	.0	(49)	11.2	(439)	100.0
	250만원 이상	(293)	(15)	2.0	(194)	66.2	(40)	13.7	(17)	5.8	(6)	2.0	(1)	.3	(20)	6.8	(293)	100.0
	잘 모른다	(31)	(6)	19.4	(16)	51.6	(5)	16.1	(1)	3.2	(0)	.0	(1)	3.2	(2)	6.5	(31)	100.0

문18. 어르신은 아래의 사람들과 일주일에 몇 번이나 전화를 하십니까? 아래 보기에서 말씀해 주십시오.

<3> 친척

		사례수	전혀 없음		일주일에 한 번 미만		일주일에 한 번		일주일에 두세 번		하루에 한 번		하루에 두 번 이상		해당없음		계	
			(n)	%	(n)	%	(n)	%	(n)	%	(n)	%	(n)	%	(n)	%	(n)	%
전체		(2034)	(259)	12.7	(1488)	73.2	(141)	6.9	(18)	.9	(1)	.0	(1)	.0	(126)	6.2	(2034)	100.0
성별	남성	(833)	(97)	11.6	(627)	75.3	(57)	6.8	(4)	.5	(0)	.0	(0)	.0	(48)	5.8	(833)	100.0
	여성	(1201)	(162)	13.5	(861)	71.7	(84)	7.0	(14)	1.2	(1)	.1	(1)	.1	(78)	6.5	(1201)	100.0
연령	만 65-69세	(573)	(58)	10.1	(432)	75.4	(56)	9.8	(9)	1.6	(0)	.0	(0)	.0	(18)	3.1	(573)	100.0
	70대	(1022)	(110)	10.8	(776)	75.9	(65)	6.4	(7)	.7	(1)	.1	(1)	.1	(62)	6.1	(1022)	100.0
	80대 이상	(439)	(91)	20.7	(280)	63.8	(20)	4.6	(2)	.5	(0)	.0	(0)	.0	(46)	10.5	(439)	100.0
거주지역	농촌지역	(657)	(64)	9.7	(525)	79.9	(36)	5.5	(5)	.8	(0)	.0	(1)	.2	(26)	4.0	(657)	100.0
	도시지역	(1377)	(195)	14.2	(93)	69.9	(105)	7.6	(13)	.9	(1)	.1	(0)	.0	(100)	7.3	(1377)	100.0
학력	무학	(524)	(78)	14.9	(371)	70.8	(25)	4.8	(3)	.6	(0)	.0	(1)	.2	(46)	8.8	(524)	100.0
	1년~3년	(125)	(20)	16.0	(92)	73.6	(6)	4.8	(1)	.8	(0)	.0	(0)	.0	(6)	4.8	(125)	100.0
	4년~6년	(657)	(84)	12.8	(488)	74.3	(51)	7.8	(2)	.3	(1)	.2	(0)	.0	(31)	4.7	(657)	100.0
	7년~9년	(294)	(28)	9.5	(217)	73.8	(24)	8.2	(4)	1.4	(0)	.0	(0)	.0	(21)	7.1	(294)	100.0
	10년~12년	(297)	(31)	10.4	(215)	72.4	(28)	9.4	(6)	2.0	(0)	.0	(0)	.0	(17)	5.7	(297)	100.0
	13년 이상	(137)	(18)	13.1	(105)	76.6	(7)	.1	(2)	1.5	(0)	.0	(0)	.0	(5)	3.6	(137)	100.0
건강상태	매우 건강	(141)	(10)	7.1	(106)	75.2	(14)	9.9	(3)	2.1	(0)	.0	(0)	.0	(8)	5.7	(141)	100.0
	건강	(460)	(37)	8.0	(362)	78.7	(33)	7.2	(6)	1.6	(0)	.0	(0))	.0	(22)	4.8	(460)	100.0
	보통	(495)	(44)	8.9	(371)	74.9	(52)	10.5	(3)	.6	(0)	.0	(0)	.0	(25)	5.1	(495)	100.0
	건강하지 못함	(695)	(115)	16.5	(490)	70.5	(38)	5.5	(5)	.7	(1)	.1	(1)	.1	(46)	6.5	(695)	100.0
	매우 건강하지 못함	(243)	(53)	21.8	(159)	65.4	(4)	1.6	(1)	.4	(0)	.0	(0)	.0	(26)	10.7	(243)	100.0
월 평균 가구 소득	50만원 미만	(509)	(107)	21.0	(320)	62.9	(23)	4.5	(2)	.4	(0)	.0	(1)	.2	(56)	11.0	(509)	100.0
	50만원~150만원 미만	(762)	(85)	11.2	(569)	74.7	(60)	7.9	(4)	.5	(0)	.0	(0)	.0	(44)	5.8	(762)	100.0
	150만원~250만원 미만	(439)	(38)	8.7	(340)	77.4	(40)	9.1	(4)	.9	(1)	.2	(0)	.0	(16)	3.6	(439)	100.0
	250만원 이상	(293)	(25)	8.5	(238)	81.2	(16)	5.5	(7)	2.4	(0)	.0	(0)	.0	(7)	2.4	(293)	100.0
	잘 모른다	(31)	(4)	12.9	(21)	67.7	(2)	6.5	(1)	3.2	(0)	.0	(0)	.0	(3)	9.7	(31)	100.0

문18. 어르신은 아래의 사람들과 일주일에 몇 번이나 전화를 하십니까? 아래 보기에서 말씀해 주십시오.

<4> 친구/이웃

		사례수	전혀 없음		일주일에 한 번 미만		일주일에 한 번		일주일에 두세 번		하루에 한 번		하루에 두 번 이상		계	
			(n)	%	(n)	%	(n)	%	(n)	%	(n)	%	(n)	%	(n)	%
전체		(2034)	(77)	3.8	(626)	30.8	(622)	30.6	(487)	23.9	(58)	7.8	(64)	3.1	(2034)	100.0
성별	남성	(833)	(34)	4.1	(280)	33.6	(228)	27.4	(194)	23.3	(65)	7.8	(32)	3.8	(833)	100.0
	여성	(1201)	(43)	3.6	(346)	28.8	(394)	32.8	(293)	24.4	(93))	7.7	(32)	2.7	(1201)	100.0
연령	만 65-69세	(573)	(17)	3.0	(149)	26.0	(168)	29.3	(164)	28.6	(56)	9.8	(19)	3.3	(573)	100.0
	70대	(1022)	(35)	3.4	(196)	29.0	(321)	31.4	(254)	24.9	(80)	7.8	(36)	3.5	(1022)	100.0
	80대 이상	(439)	(25)	5.7	(181)	41.2	(133)	30.3	(69)	15.7	(22)	5.0	(9)	2.1	(439)	100.0
거주지역	농촌지역	(657)	(26)	4.0	(217)	33.0	(199)	30.3	(151)	23.0	(50)	7.6	(14)	2.1	(657)	100.0
	도시지역	(1377)	(51)	3.7	(409)	29.7	(423)	30.7	(336)	24.4	(108)	7.8	(50)	3.6	(1377)	100.0
학력	무학	(524)	(18)	3.4	(198)	37.8	(180)	34.4	(94)	17.9	(28)	5.3	(6)	1.1	(524)	100.0
	1년~3년	(125)	(9)	7.2	(52)	41.6	(36)	28.8	(18)	14.4	(6)	4.8	(4)	3.2	(125)	100.0
	4년~6년	(657)	(28)	4.3	(165)	25.1	(202)	30.7	(183)	27.9	(59)	9.0	(20)	3.0	(657)	100.0
	7년~9년	(294)	(12)	4.1	(85)	28.9	(78)	26.5	(80)	27.2	(29)	9.9	(10)	3.4	(294)	100.0
	10년~12년	(297)	(6)	2.0	(86)	29.0	(93)	31.3	(75)	25.3	(20)	6.7	(17)	5.7	(297)	100.0
	13년 이상	(137)	(4)	2.9	(40)	29.2	(33)	24.1	(37)	27.0	(16)	11.7	(7)	5.1	(137)	100.0
건강상태	매우 건강	(141)	(3)	2.1	(26)	18.4	(46)	32.6	(49)	34.8	(14)	9.9	(3)	2.1	(141)	100.0
	건강	(460)	(10)	2.2	(126)	27.4	(141)	30.7	(121)	26.3	(47)	10.2	(15)	3.3	(460)	100.0
	보통	(495)	(16)	3.2	(197)	27.7	(159)	32.1	(115)	23.2	(44)	8.9	(24)	4.8	(495)	100.0
	건강하지 못함	(695)	(31)	4.5	(233)	33.5	(221)	31.8	(159)	22.9	(37)	5.3	(14)	2.0	(695)	100.0
	매우 건강하지 못함	(243)	(17)	7.0	(104)	42.8	(55)	22.6	(43)	17.7	(16)	6.6	(8)	3.3	(243)	100.0
월 평균 가구 소득	50만원 미만	(509)	(35)	6.9	(178)	35.0	(152)	29.9	(101)	19.8	(36)	7.1	(7)	1.4	(509)	100.0
	50만원~150만원 미만	(762)	(20)	2.6	(236)	31.0	(248)	32.5	(171)	22.4	(61)	8.0	(26)	3.4	(762)	100.0
	150만원~250만원 미만	(439)	(10)	2.3	(114)	26.0	(133)	30.3	(136)	31.0	(32)	7.3	(14)	3.2	(439)	100.0
	250만원 이상	(293)	(10)	3.4	(91)	31.1	(72)	24.6	(75)	25.6	(29)	9.9	(16)	5.5	(293)	100.0
	잘 모른다	(31)	(2)	6.5	(7)	22.6	(17)	54.8	(4)	12.9	(0)	.0	(1)	3.2	(31)	100.0

문19. 어르신은 함께 외출하거나, 상대방의 집을 방문하는 것 등을 포함해 아래의 사람들을 한 달에 몇 번이나 만나십니까? 아래 보기에서 말씀해 주십시오.

<1> 동거하지 않는 자녀

		사례수	전혀 없음		한 달에 한 번 미만		한 달에 한 번		한 달에 두세 번		일주일에 한 번		일주일에 두 번 이상		해당없음		계	
			(n)	%	(n)	%	(n)	%	(n)	%	(n)	%	(n)	%	(n)	%	(n)	%
전체		(2034)	(59)	2.9	(898)	44.1	(538)	26.5	(272)	13.4	(131)	6.4	(69)	3.4	(67)	3.3	(2034)	100.0
성별	남성	(833)	(26)	3.1	(353)	42.4	(232)	27.9	(112)	13.4	(63)	7.6	(25)	3.0	(22)	2.6	(833)	100.0
	여성	(1201)	(33)	2.7	(545)	45.4	(306)	25.5	(160)	13.3	(68)	5.7	(44)	3.7	(45)	3.7	(1201)	100.0
연령	만 65-69세	(573)	(21)	3.7	(216)	37.7	(178)	31.1	(85)	14.8	(34)	5.9	(17)	3.0	(22)	3.8	(573)	100.0
	70대	(1022)	(29)	2.8	(465)	45.5	(257)	25.1	(127)	12.4	(72)	7.0	(41)	4.0	(31)	3.0	(1022)	100.0
	80대 이상	(439)	(9)	2.1	(217)	49.4	(103)	23.5	(60)	13.7	(25)	5.7	(11)	2.5	(14)	3.2	(439)	100.0
거주지역	농촌지역	(657)	(10)	1.5	(293)	44.6	(204)	31.1	(88)	13.4	(37)	5.6	(14)	2.1	(11)	1.7	(657)	100.0
	도시지역	(1377)	(49)	3.6	(605)	43.9	(334)	24.3	(184)	13.4	(94)	6.8	(55)	4.0	(56)	4.1	(1377)	100.0
학력	무학	(524)	(11)	2.1	(246)	46.9	(140)	26.7	(68)	13.0	(25)	4.8	(11)	2.1	(23)	4.4	(524)	100.0
	1년~3년	(125)	(5)	4.0	(61)	48.8	(28)	22.4	(16)	12.8	(8)	6.4	(2)	1.6	(5)	4.0	(125)	100.0
	4년~6년	(657)	(20)	3.0	(290)	44.1	(175)	26.6	(80)	12.2	(46)	7.0	(28)	4.3	(18)	2.7	(657)	100.0
	7년~9년	(294)	(8)	2.7	(126)	42.9	(74)	25.2	(47)	16.0	(18)	6.1	(14)	4.8	(7)	2.4	(294)	100.0
	10년~12년	(297)	(11)	3.7	(120)	40.4	(85)	28.6	(43)	14.5	(17)	5.7	(11)	3.7	(10)	3.4	(297)	100.0
	13년 이상	(137)	(4)	2.9	(55)	40.1	(36)	26.3	(18)	13.1	(17)	12.4	(3)	2.2	(4)	2.9	(137)	100.0
건강상태	매우 건강	(141)	(1)	.7	(42)	29.8	(47)	33.3	(24)	17.0	(12)	8.5	(9)	6.4	(6)	4.3	(141)	100.0
	건강	(460)	(14)	3.0	(183)	39.8	(130)	28.3	(75)	16.3	(38))	8.3	(11)	2.4	(9)	2.0	(460)	100.0
	보통	(495)	(7)	.4	(232)	46.9	(128)	25.9	(67)	13.5	(35)	7.1	(18)	3.6	(8)	1.6	(495)	100.0
	건강하지 못함	(695)	(27)	3.9	(324)	46.6	(178)	25.6	(84)	12.1	(29)	4.2	(24)	3.5	(83)	4.2	(695)	100.0
	매우 건강하지 못함	(243)	(10)	4.1	(117)	48.1	(55)	22.6	(22)	9.1	(17)	7.0	(7)	2.9	(15)	6.1	(243)	100.0
월 평균 가구 소득	50만원 미만	(509)	(25)	4.9	(229)	45.0	(112)	22.0	(65)	12.8	(23)	4.5	(15)	2.9	(40)	7.9	(509)	100.0
	50만원~150만원 미만	(762)	(22)	2.9	(338)	44.4	(204)	26.8	(100)	13.1	(58)	7.6	(34)	4.5	(6)	.8	(762)	100.0
	150만원~250만원 미만	(439)	(7)	1.6	(194)	44.2	(129)	29.4	(61)	13.9	(28)	6.4	(9)	2.1	(11)	2.5	(439)	100.0
	250만원 이상	(293)	(4)	1.4	(125)	42.7	(83)	28.3	(42)	14.3	(21)	7.2	(9)	3.1	(9)	3.1	(293)	100.0
	잘 모른다	(31)	(1)	3.2	(12)	38.7	(10)	32.3	(4)	12.9	(1)	3.2	(2)	6.5	(1)	3.2	(31)	100.0

문19. 어르신은 함께 외출하거나, 상대방의 집을 방문하는 것 등을 포함해 아래의 사람들을 한 달에 몇 번이나 만나십니까? 아래 보기에서 말씀해 주십시오.

<2> 형제/자매

		사례수	전혀 없음		한 달에 한 번 미만		한 달에 한 번		한 달에 두세 번		일주일에 한 번		일주일에 두 번 이상		해당없음		계	
		사례수	(n)	%	(n)	%	(n)	%	(n)	%	(n)	%	(n)	%	(n)	%	(n)	%
전체		(2034)	(221)	10.9	(1322)	65.5	(153)	7.5	(45)	2.2	(17)	.8	(16)	.8	(250)	12.3	(2034)	100.0
성별	남성	(833)	(76)	9.1	(550)	66.0	(62)	7.4	(18)	2.2	(6)	.7	(9)	1.1	(112)	13.4	(833)	100.0
	여성	(1201)	(145)	12.1	(782)	65.1	(91)	7.6	(27)	2.2	(11)	.9	(7)	.6	(138)	11.5	(1201)	100.0
연령	만 65-69세	(573)	(50)	8.7	(404)	70.5	(59)	10.3	(17)	3.0	(7)	1.2	(4)	.7	(32)	5.6	(573)	100.0
	70대	(1022)	(92)	9.0	(706)	69.1	(68)	6.7	(21)	2.1	(9)	.9	(10)	1.0	(116)	11.4	(1022)	100.0
	80대 이상	(439)	(79)	18.0	(222)	50.6	(26)	5.9	(7)	1.6	(1)	.2	(2)	.5	(102)	23.2	(439)	100.0
거주지역	농촌지역	(657)	(68)	10.4	(438)	66.7	(37)	5.6	(9)	1.4	(5)	.8	(5)	.8	(95)	14.5	(657)	100.0
	도시지역	(1377)	(153)	11.1	(894)	64.9	(116)	8.4	(36)	2.6	(12)	.9	(11)	.8	(155)	11.3	(1377)	100.0
학력	무학	(524)	(68)	13.0	(306)	58.4	(32)	6.1	(7)	1.3	(2)	.4	(2)	.4	(107)	20.4	(524)	100.0
	1년~3년	(125)	(19)	15.2	(75)	60.0	(8)	6.4	(3)	2.4	(2)	1.6	(1)	.8	(17)	13.6	(125)	100.0
	4년~6년	(657)	(6)	11.6	(451)	68.6	(44)	6.7	(15)	2.3	(5)	.8	(6)	.9	(60)	9.1	(657)	100.0
	7년~9년	(294)	(24)	8.2	(197)	67.0	(30)	10.2	(5)	1.7	(3)	1.0	(3)	1.0	(32)	10.9	(294)	100.0
	10년~12년	(297)	(24)	8.1	(202)	68.0	(28)	9.4	(8)	2.7	(3)	1.0	(2)	.7	(30)	10.1	(297)	100.0
	13년 이상	(137)	(10)	7.3	(101)	73.7	(11)	8.0	(7)	5.1	(2)	1.5	(2)	1.5	(4)	2.9	(137)	100.0
건강상태	매우 건강	(141)	(9)	6.4	(99)	70.2	(14)	9.9	(2)	1.4	(1)	.7	(2)	1.4	(14)	9.9	(141)	100.0
	건강	(460)	(29)	6.3	(312)	67.8	(48)	10.4	(14)	3.0	(5)	1.1	(3)	.7	(49)	10.7	(460)	100.0
	보통	(495)	(38)	7.7	(345)	69.7	(48)	9.7	(16)	3.2	(4)	.8	(3)	.6	(41)	8.3	(495)	100.0
	건강하지 못함	(695)	(103)	14.8	(432)	62.2	(31)	45	(9)	1.3	(6)	.9	(6)	.9	(108)	15.5	(695)	100.0
	매우 건강하지 못함	(243)	(42)	17.3	(144)	59.3	(12)	4.9	(4)	1.6	(1)	.4	(2)	.8	(38)	15.6	(243)	100.0
월 평균 가구 소득	50만원 미만	(509)	(48)	16.5	(303)	59.5	(24)	4.7	(8)	1.6	(1)	.2	(2)	.4	(87)	17.1	(509)	100.0
	50만원~150만원 미만	(762)	(78)	10.2	(490)	64.3	(64)	8.4	(17)	2.2	(11)	1.4	(10)	1.3	(52)	12.1	(762)	100.0
	150만원~250만원 미만	(439)	(35)	8.2	(304)	69.2	(37)	8.4	(9)	2.1	(2)	.5	(2)	.5	(49)	11.2	(439)	100.0
	250만원 이상	(293)	(17)	5.8	(218)	74.4	(23)	7.8	(11)	3.8	(3)	1.0	(1)	.3	(20)	6.8	(293)	100.0
	잘 모른다	(31)	(6)	19.4	(17)	54.8	(5)	16.1	(0)	.0	(0)	.0	(1)	3.2	(2)	6.5	(31)	100.0

문19. 어르신은 함께 외출하거나, 상대방의 집을 방문하는 것 등을 포함해 아래의 사람들을 한 달에 몇 번이나 만나십니까? 아래 보기에서 말씀해 주십시오.

<3> 친척

		사례수	전혀 없음		한 달에 한 번 미만		한 달에 한 번		한 달에 두세 번		일주일에 한 번		일주일에 두 번 이상		해당 없음		계	
			(n)	%	(n)	%	(n)	%	(n)	%	(n)	%	(n)	%	(n)	%	(n)	%
전체		(2034)	(288)	14.2	(1436)	70.6	(148)	7.3	(23)	1.1	(7)	.3	(6)	.3	(126)	6.2	(2034)	100.0
성별	남성	(833)	(100)	12.0	(604)	72.5	(63)	7.6	(11)	1.3	(4)	.5	(3)	.4	(48)	5.8	(833)	100.0
	여성	(1201)	(188)	15.7	(832)	69.3	(85)	7.1	(12)	1.0	(3)	.2	(3)	.2	(78)	6.5	(1201)	100.0
연령	만 65-69세	(573)	(60)	10.5	(432)	75.4	(53)	9.2	(6)	1.0	(2)	.3	(2)	.3	(18)	3.1	(573)	100.0
	70대	(1022)	(121)	11.8	(751)	73.5	(69)	6.8	(11)	1.1	(4)	.4	(4)	.4	(62)	6.1	(1022)	100.0
	80대 이상	(439)	(107)	24.4	(253)	57.6	(26)	5.9	(6)	1.4	(1)	.2	(0)	.0	(46)	10.5	(439)	100.0
거주지역	농촌지역	(657)	(81)	12.3	(482)	73.4	(51)	7.8	(11)	1.7	(4)	.6	(2)	.3	(26)	4.0	(657)	100.0
	도시지역	(1377)	(207)	15.0	(954)	69.3	(97)	7.0	(12)	.9	(3)	.2	(4)	.3	(100)	7.3	(1377)	100.0
학력	무학	(524)	(85)	16.2	(346)	66.0	(35)	6.7	(8)	1.5	(3)	.6	(1)	.2	(46)	8.8	(524)	100.0
	1년~3년	(125)	(27)	21.6	(79)	63.2	(11)	8.8	(1)	.8	(0)	.0	(1)	.8	(6)	4.8	(125)	100.0
	4년~6년	(657)	(99)	15.1	(469)	71.4	(50)	7.6	(5)	.8	(2)	.3	(1)	.2	(31)	4.7	(657)	100.0
	7년~9년	(294)	(32)	10.9	(217)	73.8	(20)	6.8	(3)	1.0	(1)	.3	(0)	.0	(21)	7.1	(294)	100.0
	10년~12년	(297)	(28)	9.4	(222)	74.7	(25)	8.4	(2)	.7	(1)	.3	(2)	.7	(17)	5.7	(297)	100.0
	13년 이상	(137)	(17)	12.4	(103)	75.2	(7)	5.1	(4)	2.9	(0)	.0	(1)	.7	(5)	3.6	(137)	100.0
건강상태	매우 건강	(141)	(14)	9.9	(98)	69.5	(19)	13.5	(1)	.7	(0)	.0	(1)	.7	(8)	5.7	(141)	100.0
	건강	(460)	(45)	9.8	(334)	72.6	(47)	10.2	(8)	1.7	(2)	.4	(2)	.4	(22)	4.8	(460)	100.0
	보통	(495)	(44)	8.9	(378)	76.4	(39)	7.9	(7)	1.4	(1)	.2	(1)	.2	(25)	5.1	(495)	100.0
	건강하지 못함	(695)	(125)	18.0	(476)	68.5	(38)	5.5	(7)	1.0	(3)	.4	(1)	.1	(46)	6.5	(695)	100.0
	매우 건강하지 못함	(243)	(60)	24.7	(150)	61.7	(5)	2.1	(0)	.0	(1)	.4	(1)	.4	(26)	10.7	(243)	100.0
월 평균 가구 소득	50만원 미만	(509)	(113)	22.2	(318)	62.5	(18)	3.5	(1)	.2	(3)	.6	(0)	.0	(56)	11.0	(509)	100.0
	50만원~150만원 미만	(762)	(102)	13.4	(529)	69.4	(71)	9.3	(0)	1.3	(3)	.4	(3)	.4	(44)	5.8	(762)	100.0
	150만원~250만원 미만	(439)	(38)	8.7	(339)	77.2	(35)	8.0	(8)	1.8	(1)	.2	(2)	.5	(16)	3.6	(439)	100.0
	250만원 이상	(293)	(29)	9.9	(233)	79.5	(19)	6.5	(4)	1.4	(0)	.0	(1)	.3	(7)	2.4	(293)	100.0
	잘 모른다	(31)	(6)	19.4	(17)	54.8	(5)	16.1	(0)	.0	(0)	.0	(0)	.0	(3)	9.7	(31)	100.0

문19. 어르신은 함께 외출하거나, 상대방의 집을 방문하는 것 등을 포함해 아래의 사람들을 한 달에 몇 번이나 만나십니까? 아래 보기에서 말씀해 주십시오.

<4> 친구/이웃

		사례수	전혀 없음		한 달에 한 번 미만		한 달에 한 번		한 달에 두세 번		일주일에 한 번		일주일에 두 번 이상		계	
			(n)	%	(n)	%	(n)	%	(n)	%	(n)	%	(n)	%	(n)	%
전체		(2034)	(37)	1.8	(239)	11.8	(330)	16.2	(305)	15.0	(221)	10.9	(902)	44.3	(2034)	100.0
성별	남성	(833)	(19)	2.3	(103)	12.4	(139)	16.7	(117)	14.0	(113)	13.6	(342)	41.1	(833)	100.0
	여성	(1201)	(18)	1.5	(136)	11.3	(191)	15.9	(188)	15.7	(108)	9.0	(560)	46.6	(1201)	100.0
연령	만 65-69세	(573)	(11)	1.9	(75)	13.1	(98)	17.1	(92)	16.1	(65)	11.3	(232)	40.5	(573)	100.0
	70대	(1022)	(17)	1.7	(116)	11.4	(155)	15.2	(149)	14.6	(118)	11.5	(467)	45.7	(1022)	100.0
	80대 이상	(439)	(9)	2.1	(48)	10.9	(77)	17.5	(64)	14.6	(38)	8.7	(203)	42.6	(439)	100.0
거주지역	농촌지역	(657)	(4)	.6	(44)	6.7	(62)	9.4	(104)	15.8	(127)	19.3	(316)	49.4	(657)	100.0
	도시지역	(1377)	(33)	2.4	(195)	14.2	(268)	19.5	(201)	14.6	(94)	6.8	(586)	48.8	(1377)	100.0
학력	무학	(524)	(6)	1.1	(57)	10.9	(77)	14.7	(61)	11.6	(64)	12.2	(259)	43.7	(524)	100.0
	1년~3년	(125)	(5)	4.0	(14)	11.2	(15)	12.0	(16)	12.8	(14)	11.2	(61)	45.6	(125)	100.0
	4년~6년	(657)	(12)	1.8	(64)	9.7	(117)	17.8	(110)	16.7	(67)	10.2	(287)	36.0	(657)	100.0
	7년~9년	(294)	(3)	1.0	(38)	12.9	(44)	15.0	(51)	17.3	(24)	8.2	(134)	39.4	(294)	100.0
	10년~12년	(297)	(7)	2.4	(43)	14.5	(58)	19.5	(48)	16.2	(34)	11.4	(107)	48.2	(297)	100.0
	13년 이상	(137)	(4)	2.9	(23)	16.8	(19)	13.9	(19)	13.9	(18)	13.1	(54)	49.8	(137)	100.0
건강상태	매우 건강	(141)	(5)	3.5	(16)	11.3	(24)	17.0	(16)	11.3	(12)	8.5	(68)	98.6	(141)	100.0
	건강	(460)	(4)	.9	(29)	8.5	(74)	16.1	(67)	14.6	(47)	10.2	(229)	42.6	(460)	100.0
	보통	(495)	(7)	1.4	(58)	11.7	(96)	19.4	(93)	18.8	(50)	10.1	(191)	48.6	(495)	100.0
	건강하지 못함	(695)	(15)	2.2	(88)	12.7	(109)	15.7	(105)	15.1	(82)	11.8	(296)	46.2	(695)	100.0
	매우 건강하지 못함	(243)	(6)	2.5	(38)	15.6	(27)	11.1	(24)	9.9	(30)	12.3	(118)	45.7	(243)	100.0
월 평균 가구 소득	50만원 미만	(509)	(14)	2.8	(71)	13.9	(68)	13.4	(69)	13.6	(52)	10.2	(235)	39.4	(509)	100.0
	50만원~150만원 미만	(762)	(12)	1.6	(81)	10.6	(115)	15.1	(115)	15.1	(37)	11.9	(348)	45.7	(762)	100.0
	150만원~250만원 미만	(439)	(3)	.7	(44)	10.0	(95)	21.6	(76)	17.3	(48)	10.9	(173)	39.4	(439)	100.0
	250만원 이상	(293)	(7)	2.4	(40)	13.7	(39)	13.3	(42)	14.3	(27)	9.8	(138)	47.1	(293)	100.0
	잘 모른다	(31)	(1)	3.2	(3)	9.7	(13)	41.9	(3)	9.7	(3)	9.7	(8)	25.8	(31)	100.0

문20. 어르신이 현재 활동하시는 단체의 종류와 그 참여빈도를 알고 싶습니다.

<1> 종교모임(예배, 미사, 예불 등 포함)

		사례수	예		아니오		계	
			(n)	%	(n)	%	(n)	%
전체		(2034)	(1025)	50.4	(1009)	49.6	(2034)	100.0
성별	남성	(833)	(352)	42.3	(481)	57.7	(833)	100.0
	여성	(1201)	(673)	56.0	(528)	44.0	(1201)	100.0
연령	만 65-69세	(573)	(310)	54.1	(263)	45.9	(573)	100.0
	70대	(1022)	(503)	49.2	(519)	50.8	(1022)	100.0
	80대 이상	(439)	(212)	48.3	(227)	51.7	(439)	100.0
거주지역	농촌지역	(657)	(269)	40.9	(388)	59.1	(657)	100.0
	도시지역	(1377)	(756)	54.9	(621	45.1	(1377)	100.0
학력	무학	(524)	(225)	42.9	(299)	57.1	(524)	100.0
	1년~3년	(125)	(56)	44.8	(69)	55.2	(125)	100.0
	4년~6년	(657)	(330)	50.2	(327)	49.8	(657)	100.0
	7년~9년	(294)	(165)	56.1	(12)	43.9	(294)	100.0
	10년~12년	(297)	(161)	54.2	(136)	45.8	(297)	100.0
	13년 이상	(137)	(88)	64.2	(49)	35.8	(137)	100.0
건강상태	매우 건강	(141)	(78)	55.3	(63)	44.7	(141)	100.0
	건강	(460)	(240)	52.2	(220)	47.8	(460)	100.0
	보통	(495)	(248)	50.1	(247)	49.9	(495)	100.0
	건강하지 못함	(695)	(332)	47.8	(363)	52.2	(695)	100.0
	매우 건강하지 못함	(243)	(127	52.3	(116)	47.7	(243)	100.0
월평균가구소득	50만원 미만	(509)	(230)	45.2	(279)	54.8	(509)	100.0
	50만원~150만원 미만	(762)	(388)	50.9	(374)	49.1	(762)	100.0
	150만원~250만원 미만	(439)	(229)	52.2	(210)	47.8	(439)	100.0
	250만원 이상	(293)	(163)	55.6	(130)	44.4	(293)	100.0
	잘 모른다	(31)	(15)	48.4	(16)	51.6	(31)	100.0

문20. 어르신이 현재 활동하시는 단체의 종류와 그 참여빈도를 알고 싶습니다.

<1-1> 종교모임 월 참여횟수

		사례수	월 1회 미만		월 1~2회		월 3~4회		월 5~8회		월 9회이상		계		평균(회)
			(n)	%	(n)	%	(n)	%	(n)	%	(n)	%	(n)	%	
전체		(1025)	(163)	15.9	(233)	22.7	(398)	38.8	(149)	14.5	(82)	8.0	(1025)	100.0	4.06
성별	남성	(352)	(45)	12.8	(95)	27.0	(150)	42.6	(45)	12.8	(17)	4.8	(352)	100.0	3.52
	여성	(673)	(118)	17.5	(138)	20.5	(248)	36.8	(104)	15.5	(65)	9.7	(673)	100.0	4.34
연령	만 65-69세	(310)	(49)	15.8	(88)	28.4	(111)	35.8	(39)	12.6	(23)	7.4	(310)	100.0	3.72
	70대	(503)	(84)	16.7	(111)	22.1	(188)	37.4	(76)	15.1	(44)	8.7	(503)	100.0	4.26
	80대 이상	(212)	(30)	14.2	(34)	16.0	(99)	46.7	(34)	16.0	(15)	7.1	(212)	100.0	4.06
거주지역	농촌지역	(269)	(52)	19.3	(50)	18.6	(111)	41.3	(42)	15.6	(14)	5.2	(269)	100.0	3.62
	도시지역	(756)	(111)	14.7	(183)	24.2	(287)	38.0	(107)	14.2	(68)	9.0	(756)	100.0	4.21
학력	무학	(225)	(40)	17.8	(45)	20.0	(92)	40.9	(30)	13.3	(18)	8.0	(225)	100.0	4.01
	1년~3년	(56)	(12)	21.4	(12)	21.4	(25)	44.6	(7)	12.5	(0)	.0	(56)	100.0	2.83
	4년~6년	(330)	(60)	18.2	(77)	23.3	(123)	37.3	(41)	12.4	(29)	8.8	(330)	100.0	4.04
	7년~9년	(165)	(19)	11.5	(37)	22.4	(64)	38.8	(27)	16.4	(18)	10.9	(165)	100.0	4.42
	10년~12년	(161)	(22)	13.7	(44)	27.3	(57)	35.4	(30)	18.6	(8)	5.0	(161)	100.0	3.77
	13년 이상	(88)	(10)	11.4	(18)	20.5	(37)	42.0	(14)	15.9	(9)	10.2	(88)	100.0	4.87
건강상태	매우 건강	(78)	(5)	6.4	(22)	28.2	(39)	50.0	(8)	10.3	(4)	5.1	(78)	100.0	3.82
	건강	(240)	(46)	19.2	(56)	23.3	(77)	32.1	(38)	15.8	(23)	9.6	(240)	100.0	4.13
	보통	(248)	(37)	14.9	(55)	2.2	(87)	35.1	(43)	17.3	(26)	10.5	(248)	100.0	4.50
	건강하지 못함	(332)	(58)	17.5	(68)	20.5	(134)	40.4	(48)	14.5	(24)	7.2	(332)	100.0	3.96
	매우 건강하지 못함	(127)	(17)	13.4	(32)	25.2	(61)	48.0	(12)	9.4	(5)	3.9	(127)	100.0	9.45
월 평균 가구 소득	50만원 미만	(230)	(38)	16.5	(50)	21.7	(101)	43.9	(23)	10.0	(18)	7.8	(230)	100.0	3.82
	50만원~150만원 미만	(388)	(56)	14.4	(96)	24.7	(130)	33.5	(71)	18.3	(35)	9.0	(388)	100.0	4.28
	150만원~250만원 미만	(229)	(36)	15.7	(48)	21.0	(99)	43.2	(31)	13.5	(15)	6.6	(229)	100.0	4.07
	250만원 이상	(163)	(30)	18.4	(36)	22.1	(63)	38.7	(20)	12.3	(14)	8.6	(163)	100.0	3.90
	잘 모른다	(15)	(3)	20.0	(3)	20.0	(5)	33.3	(4)	26.7	(0)	.0	(15)	100.0	3.43

문20. 어르신이 현재 활동하시는 단체의 종류와 그 참여빈도를 알고 싶습니다.

<2> 동창회

		사례수	예		아니오		계	
			(n)	%	(n)	%	(n)	%
전체		(2034)	(409)	20.1	(1625)	79.9	(2034)	100.0
성별	남성	(833)	(309)	37.1	(524)	62.9	(833)	100.0
	여성	(1201)	(100)	8.3	(1101)	91.7	(1201)	100.0
연령	만 65-69세	(573)	(203)	35.4	(370)	64.6	(573)	100.0
	70대	(1022)	(180)	17.6	(842)	82.4	(1022)	100.0
	80대 이상	(439)	(26)	5.9	(413)	94.1	(439)	100.0
거주지역	농촌지역	(657)	(118)	18.0	(539)	82.0	(657)	100.0
	도시지역	(1377)	(291)	21.1	(1086)	78.9	(1377)	100.0
학력	무학	(524)	(5)	1.0	(519)	99.0	(524)	100.0
	1년~3년	(125)	(3)	2.4	(122)	97.6	(125)	100.0
	4년~6년	(657)	(93)	14.2	(564)	85.8	(657)	100.0
	7년~9년	(294)	(82)	27.9	(212)	72.1	(294)	100.0
	10년~12년	(297)	(140)	47.1	(157)	52.9	(297)	100.0
	13년 이상	(137)	(86)	62.8	(51)	37.2	(137)	100.0
건강상태	매우 건강	(141)	(52)	36.9	(89)	63.1	(141)	100.0
	건강	(460)	(146)	31.7	(314)	68.3	(460)	100.0
	보통	(495)	(120)	24.2	(375)	75.8	(495)	100.0
	건강하지 못함	(695)	(74)	10.6	(621)	89.4	(695)	100.0
	매우 건강하지 못함	(243)	(17)	7.0	(226)	93.0	(243)	100.0
월평균가구소득	50만원 미만	(509)	(40)	7.9	(469)	92.1	(509)	100.0
	50만원~150만원 미만	(762)	(146)	19.2	(616)	80.8	(762)	100.0
	150만원~250만원 미만	(439)	(112)	35.5	(327)	74.5	(439)	100.0
	250만원 이상	(293)	(110)	37.5	(183)	62.5	(293)	100.0
	잘 모른다	(31)	(1)	3.2	(30)	96.8	(31)	100.0

문20. 어르신이 현재 활동하시는 단체의 종류와 그 참여빈도를 알고 싶습니다.

<3> 향우회

		사례수	예		아니오		계	
			(n)	%	(n)	%	(n)	%
전체		(2034)	(130)	6.4	(1904)	93.6	(2034)	100.0
성별	남성	(833)	(115)	13.8	(718)	86.2	(833)	100.0
	여성	(1201)	(15)	1.2	(1186)	98.8	(1201)	100.0
연령	만 65-69세	(573)	(52)	9.1	(521)	90.9	(573)	100.0
	70대	(1022)	(62)	6.1	(960)	93.9	(1022)	100.0
	80대 이상	(439)	(16)	3.6	(423)	96.4	(439)	100.0
거주지역	농촌지역	(657)	(41)	6.2	(616)	93.8	(657)	100.0
	도시지역	(1377)	(89)	6.5	(1288)	93.5	(1377)	100.0
학력	무학	(524)	(1)	.2	(523)	99.8	(524)	100.0
	1년~3년	(125)	(1)	.8	(124)	99.2	(125)	100.0
	4년~6년	(657)	(31)	4.7	(626)	95.3	(657)	100.0
	7년~9년	(294)	(26)	8.8	(268)	91.2	(294)	100.0
	10년~12년	(297)	(41)	13.8	(256)	86.2	(297)	100.0
	13년 이상	(137)	(30)	21.9	(107)	78.1	(137)	100.0
건강상태	매우 건강	(141)	(12)	8.5	(129)	91.5	(141)	100.0
	건강	(460)	(43)	9.3	(417)	90.7	(460)	100.0
	보통	(495)	(47)	9.5	(448)	90.5	(495)	100.0
	건강하지 못함	(695)	(24)	3.5	(671)	96.5	(695)	100.0
	매우 건강하지 못함	(243)	(4)	1.6	(239)	98.4	(243)	100.0
월 평균 가구 소득	50만원 미만	(509)	(15)	2.9	(494)	97.1	(509)	100.0
	50만원~150만원 미만	(762)	(46)	6.0	(746)	94.0	(762)	100.0
	150만원~250만원 미만	(439)	(32)	7.3	(407)	92.7	(439)	100.0
	250만원 이상	(293)	(36)	12.3	(257)	87.7	(293)	100.0
	잘 모른다	(31)	(1)	3.2	(30)	96.8	(31)	100.0

문20. 어르신이 현재 활동하시는 단체의 종류와 그 참여빈도를 알고 싶습니다.

<4> 종친회

		사례수	예		아니오		계	
			(n)	%	(n)	%	(n)	%
전체		(2034)	(311)	15.3	(1723)	84.7	(2034)	100.0
성별	남성	(833)	(267)	32.1	(566)	67.9	(833)	100.0
	여성	(1201)	(44)	3.7	(1157)	96.3	(1201)	100.0
연령	만 65-69세	(573)	(107)	18.7	(466)	81.3	(573)	100.0
	70대	(1022)	(168)	16.4	(854)	83.6	(1022)	100.0
	80대 이상	(439)	(36)	8.2	(403)	91.8	(439)	100.0
거주지역	농촌지역	(657)	(127)	19.3	(530)	80.7	(657)	100.0
	도시지역	(1377)	(184)	13.4	(1193)	86.6	(1377)	100.0
학력	무학	(524)	(25)	4.8	(499)	95.2	(524)	100.0
	1년~3년	(125)	(6)	4.8	(119)	95.2	(125)	100.0
	4년~6년	(657)	(94)	14.3	(563)	85.7	(657)	100.0
	7년~9년	(294)	(62)	21.1	(232)	78.9	(294)	100.0
	10년~12년	(297)	(80)	26.9	(217)	73.1	(297)	100.0
	13년 이상	(137)	(44)	32.1	(93)	67.9	(137)	100.0
건강상태	매우 건강	(141)	(29)	20.6	(112)	79.4	(141)	100.0
	건강	(460)	(117)	25.4	(343)	74.6	(460)	100.0
	보통	(495)	(80)	16.2	(415)	83.8	(495)	100.0
	건강하지 못함	(695)	(68)	9.8	(627)	90.2	(695)	100.0
	매우 건강하지 못함	(243)	(17)	7.0	(226)	93.0	(243)	100.0
월 평균 가구 소득	50만원 미만	(509)	(34)	6.7	(475)	93.3	(509)	100.0
	50만원~150만원 미만	(762)	(125)	16.4	(637)	83.6	(762)	100.0
	150만원~250만원 미만	(439)	(88)	20.0	(351)	80.0	(439)	100.0
	250만원 이상	(293)	(62)	21.2	(231)	78.8	(293)	100.0
	잘 모른다	(31)	(2)	6.5	(29)	93.5	(31)	100.0

문20. 어르신이 현재 활동하시는 단체의 종류와 그 참여빈도를 알고 싶습니다.

<5> 자원봉사

		사례수	예		아니오		계	
			(n)	%	(n)	%	(n)	%
전체		(2034)	(115)	5.7	(1919)	94.3	(2034)	100.0
성별	남성	(833)	(60)	7.2	(773)	92.8	(833)	100.0
	여성	(1201)	(55)	4.6	(1146)	95.4	(1201)	100.0
연령	만 65-69세	(573)	(45)	7.9	(528)	92.1	(573)	100.0
	70대	(1022)	(59)	5.8	(963)	94.2	(1022)	100.0
	80대 이상	(439)	(11)	2.5	(428)	97.5	(439)	100.0
거주지역	농촌지역	(657)	(23)	3.5	(634)	96.5	(657)	100.0
	도시지역	(1377)	(92)	6.7	(1285)	93.3	(1377)	100.0
학력	무학	(524)	(7)	1.3	(517)	98.7	(524)	100.0
	1년~3년	(125)	(1)	.8	(124)	99.2	(125)	100.0
	4년~6년	(657)	(26)	4.0	(631)	96.0	(657)	100.0
	7년~9년	(294)	(24)	8.2	(270)	91.8	(294)	100.0
	10년~12년	(297)	(30)	10.1	(267)	89.9	(297)	100.0
	13년 이상	(137)	(27)	19.7	(110)	80.3	(137)	100.0
건강상태	매우 건강	(141)	(15)	10.6	(126)	89.4	(141)	100.0
	건강	(460)	(43)	9.3	(417)	90.7	(460)	100.0
	보통	(495)	(33)	6.7	(462)	93.3	(495)	100.0
	건강하지 못함	(695)	(20)	2.9	(675)	97.1	(695)	100.0
	매우 건강하지 못함	(243)	(4)	1.6	(239)	98.4	(243)	100.0
월평균가구소득	50만원 미만	(509)	(16)	3.1	(493)	96.9	(509)	100.0
	50만원~150만원 미만	(762)	(44)	5.8	(718)	94.2	(762)	100.0
	150만원~250만원 미만	(439)	(21)	4.8	(418)	95.2	(439)	100.0
	250만원 이상	(293)	(34)	11.6	(259)	88.4	(293)	100.0
	잘 모른다	(31)	(0)	.0	(31)	100.0	(31)	100.0

문20. 어르신이 현재 활동하시는 단체의 종류와 그 참여빈도를 알고 싶습니다.

<6> 시민단체

		사례수	예		아니오		계	
			(n)	%	(n)	%	(n)	%
전체		(2034)	(45)	2.2	(1989)	97.8	(2034)	100.0
성별	남성	(833)	(33)	4.0	(800)	96.0	(833)	100.0
	여성	(1201)	(12)	1.0	(1189)	99.0	(1201)	100.0
연령	만 65-69세	(573)	(18)	3.1	(555)	96.9	(573)	100.0
	70대	(1022)	(25)	2.4	(997)	97.6	(1022)	100.0
	80대 이상	(439)	(2)	.5	(437)	99.5	(439)	100.0
거주지역	농촌지역	(657)	(8)	1.2	(649)	98.8	(657)	100.0
	도시지역	(1377)	(37)	2.7	(1340)	97.3	(1377)	100.0
학력	무학	(524)	(0)	.0	(524)	100.0	(524)	100.0
	1년~3년	(125)	(0)	.0	(125)	100.0	(125)	100.0
	4년~6년	(657)	(8)	1.2	(649)	98.8	(657)	100.0
	7년~9년	(294)	(9)	3.1	(285)	96.9	(294)	100.0
	10년~12년	(297)	(14)	4.7	(203)	95.3	(297)	100.0
	13년 이상	(137)	(14)	10.2	(123)	89.8	(137)	100.0
건강상태	매우 건강	(141)	(4)	2.8	(137)	97.2	(141)	100.0
	건강	(460)	(25)	5.4	(435)	94.6	(460)	100.0
	보통	(495)	(12)	2.4	(483)	97.6	(495)	100.0
	건강하지 못함	(695)	(4)	.6	(691)	99.4	(695)	100.0
	매우 건강하지 못함	(243)	(0)	.0	(243)	100.0	(243)	100.0
월 평균 가구 소득	50만원 미만	(509)	(3)	.6	(506)	99.4	(509)	100.0
	50만원~150만원 미만	(762)	(14)	1.8	(748)	98.2	(762)	100.0
	150만원~250만원 미만	(439)	(14)	3.2	(425)	96.8	(439)	100.0
	250만원 이상	(293)	(14)	4.8	(279)	95.2	(293)	100.0
	잘 모른다	(31)	(0)	.0	(31)	100.0	(31)	100.0

문20. 어르신이 현재 활동하시는 단체의 종류와 그 참여빈도를 알고 싶습니다.

<7> 노인정(경로당)

		사례수	예		아니오		계	
			(n)	%	(n)	%	(n)	%
전체		(2034)	(1084)	53.3	(950)	46.7	(2034)	100.0
성별	남성	(833)	(348)	41.8	(485)	58.2	(833)	100.0
	여성	(1201)	(736)	61.3	(465)	38.7	(1201)	100.0
연령	만 65-69세	(573)	(147)	25.7	(426)	74.3	(573)	100.0
	70대	(1022)	(610)	59.7	(412)	40.3	(1022)	100.0
	80대 이상	(439)	(327)	74.5	(112)	25.5	(439)	100.0
거주지역	농촌지역	(657)	(432)	65.8	(225)	34.2	(657)	100.0
	도시지역	(1377)	(652)	47.3	(725)	52.7	(1377)	100.0
학력	무학	(524)	(391)	74.6	(133)	25.4	(524)	100.0
	1년~3년	(125)	(84)	67.2	(41)	32.8	(125)	100.0
	4년~6년	(657)	(362)	55.1	(295)	44.9	(657)	100.0
	7년~9년	(294)	(122)	41.5	(172)	58.5	(294)	100.0
	10년~12년	(297)	(90)	30.3	(207)	69.7	(297)	100.0
	13년 이상	(137)	(35)	25.5	(102)	74.5	(137)	100.0
건강상태	매우 건강	(141)	(41)	29.1	(100)	70.9	(141)	100.0
	건강	(460)	(222)	48.3	(238)	51.7	(460)	100.0
	보통	(495)	(252)	50.9	(243)	49.1	(495)	100.0
	건강하지 못함	(695)	(440)	63.3	(255)	36.7	(695)	100.0
	매우 건강하지 못함	(243)	(129)	53.1	(114)	46.9	(243)	100.0
월평균가구소득	50만원 미만	(509)	(319)	62.7	(190)	37.3	(509)	100.0
	50만원~150만원 미만	(762)	(386)	50.7	(376)	49.3	(762)	100.0
	150만원~250만원 미만	(439)	(210)	47.8	(229)	52.2	(439)	100.0
	250만원 이상	(293)	(145)	49.5	(148)	50.5	(293)	100.0
	잘 모른다	(31)	(24)	77.4	(7)	22.6	(31)	100.0

문20. 어르신이 현재 활동하시는 단체의 종류와 그 참여빈도를 알고 싶습니다.

<8> 노인회관(노인복지관, 노인복지센터)

		사례수	예		아니오		계	
			(n)	%	(n)	%	(n)	%
전체		(2034)	(321)	15.8	(1713)	84.2	(2034)	100.0
성별	남성	(833)	(175)	21.0	(658)	79.0	(833)	100.0
	여성	(1201)	(146)	12.2	(1055)	87.8	(1201)	100.0
연령	만 65-69세	(573)	(93)	16.2	(480)	83.8	(573)	100.0
	70대	(1022)	(171)	16.7	(851)	83.3	(1022)	100.0
	80대 이상	(439)	(57)	13.0	(382)	87.0	(439)	100.0
거주 지역	농촌지역	(657)	(46)	7.0	(611)	93.0	(657)	100.0
	도시지역	(1377)	(275)	20.0	(1102)	80.0	(1377)	100.0
학력	무학	(524)	(51)	9.7	(473)	90.3	(524)	100.0
	1년~3년	(125)	(11)	8.8	(114)	91.2	(125)	100.0
	4년~6년	(657)	(86)	13.1	(571)	86.9	(657)	100.0
	7년~9년	(294)	(52)	17.7	(242)	82.3	(294)	100.0
	10년~12년	(297)	(69)	23.2	(228)	76.8	(297)	100.0
	13년 이상	(137)	(52)	38.0	(85)	62.0	(137)	100.0
건강 상태	매우 건강	(141)	(38)	27.0	(103)	73.0	(141)	100.0
	건강	(460)	(95)	20.7	(365)	79.3	(460)	100.0
	보통	(495)	(78)	15.8	(417)	84.2	(495)	100.0
	건강하지 못함	(695)	(74)	10.6	(621)	89.4	(695)	100.0
	매우 건강하지 못함	(243)	(36)	14.8	(207)	85.2	(243)	100.0
월 평균 가구 소득	50만원 미만	(509)	(70)	13.8	(439)	86.2	(509)	100.0
	50만원~150만원 미만	(762)	(110)	14.4	(652)	85.6	(762)	100.0
	150만원~250만원 미만	(439)	(72)	16.4	(367)	83.6	(439)	100.0
	250만원 이상	(293)	(65)	22.2	(228)	77.8	(293)	100.0
	잘 모른다	(31)	(4)	12.9	(27)	87.1	(31)	100.0

문20. 어르신이 현재 활동하시는 단체의 종류와 그 참여빈도를 알고 싶습니다.

<9> 이익옹호단체

		사례수	예		아니오		계	
			(n)	%	(n)	%	(n)	%
전체		(2034)	(18)	.9	(2016)	99.1	(2034)	100.0
성별	남성	(833)	(14)	1.7	(819)	98.3	(833)	100.0
	여성	(1201)	(4)	.3	(1197)	99.7	(1201)	100.0
연령	만 65-69세	(573)	(6)	1.0	(567)	99.0	(573)	100.0
	70대	(1022)	(11)	1.1	(1011)	98.9	(1022)	100.0
	80대 이상	(439)	(1)	.2	(438)	99.8	(439)	100.0
거주지역	농촌지역	(657)	(7)	1.1	(650)	98.9	(657)	100.0
	도시지역	(1377)	(11)	.8	(1366)	99.2	(1377)	100.0
학력	무학	(524)	(2)	.4	(522)	99.6	(524)	100.0
	1년~3년	(125)	(0)	.0	(125)	100.0	(125)	100.0
	4년~6년	(657)	(3)	.5	(654)	99.5	(657)	100.0
	7년~9년	(294)	(3)	1.0	(291)	99.0	(294)	100.0
	10년~12년	(297)	(6)	2.0	(291)	98.0	(297)	100.0
	13년 이상	(137)	(4)	2.9	(133)	97.1	(137)	100.0
건강상태	매우 건강	(141)	(2)	1.4	(139)	98.6	(141)	100.0
	건강	(460)	(8)	1.7	(454)	98.3	(460)	100.0
	보통	(495)	(2)	.4	(493)	99.6	(495)	100.0
	건강하지 못함	(695)	(6)	.9	(689)	99.1	(695)	100.0
	매우 건강하지 못함	(243)	(0)	.0	(243)	100.0	(243)	100.0
월 평균 가구 소득	50만원 미만	(509)	(2)	.4	(507)	99.6	(509)	100.0
	50만원~150만원 미만	(762)	(3)	.4	(759)	99.6	(762)	100.0
	150만원~250만원 미만	(439)	(8)	1.8	(431)	98.2	(439)	100.0
	250만원 이상	(293)	(5)	1.7	(288)	98.3	(293)	100.0
	잘 모른다	(31)	(0)	.0	(31)	100.0	(31)	100.0

문20. 어르신이 현재 활동하시는 단체의 종류와 그 참여빈도를 알고 싶습니다.

<10> 여가단체

		사례수	예		아니오		계	
			(n)	%	(n)	%	(n)	%
전체		(2034)	(81)	4.0	(1953)	96.0	(2034)	100.0
성별	남성	(833)	(43)	5.9	(784)	94.1	(833)	100.0
	여성	(1201)	(32)	2.7	(1169)	97.3	(1201)	100.0
연령	만 65-69세	(573)	(40)	7.0	(533)	93.0	(573)	100.0
	70대	(1022)	(38)	3.7	(984)	96.3	(1022)	100.0
	80대 이상	(439)	(3)	.7	(436)	99.3	(439)	100.0
거주 지역	농촌지역	(657)	(17)	2.6	(640)	97.4	(657)	100.0
	도시지역	(1377)	(64)	4.6	(1313)	95.4	(1377)	100.0
학력	무학	(524)	(6)	1.1	(518)	98.9	(524)	100.0
	1년~3년	(125)	(0)	.0	(125)	100.0	(125)	100.0
	4년~6년	(657)	(23)	3.5	(634)	96.5	(657)	100.0
	7년~9년	(294)	(9)	3.1	(285)	96.9	(294)	100.0
	10년~12년	(297)	(24)	8.1	(273)	91.9	(297)	100.0
	13년 이상	(137)	(19)	13.9	(118)	86.1	(137)	100.0
건강 상태	매우 건강	(141)	(13)	9.2	(128)	90.8	(141)	100.0
	건강	(460)	(29)	6.3	(431)	93.7	(460)	100.0
	보통	(495)	(22)	4.4	(473)	95.6	(495)	100.0
	건강하지 못함	(695)	(16)	2.3	(679)	97.7	(695)	100.0
	매우 건강하지 못함	(243)	(1)	.4	(242)	99.6	(243)	100.0
월 평균 가구 소득	50만원 미만	(509)	(13)	2.6	(496)	97.4	(509)	100.0
	50만원~150만원 미만	(762)	(17)	2.2	(745)	97.8	(762)	100.0
	150만원~250만원 미만	(439)	(21)	4.8	(418)	95.2	(439)	100.0
	250만원 이상	(293)	(30)	10.2	(263)	89.8	(293)	100.0
	잘 모른다	(31)	(0)	.0	(31)	100.0	(31)	100.0

문20. 어르신이 현재 활동하시는 단체의 종류와 그 참여빈도를 알고 싶습니다.

<11> 문화단체

		사례수	예		아니오		계	
			(n)	%	(n)	%	(n)	%
전체		(2034)	(46)	2.3	(1988)	97.7	(2034)	100.0
성별	남성	(833)	(29)	3.5	(804)	96.5	(833)	100.0
	여성	(1201)	(17)	1.4	(1184)	98.6	(1201)	100.0
연령	만 65-69세	(573)	(22)	3.8	(551)	96.2	(573)	100.0
	70대	(1022)	(23)	2.3	(999)	97.7	(1022)	100.0
	80대 이상	(439)	(1)	.2	(438)	99.8	(439)	100.0
거주지역	농촌지역	(657)	(12)	1.8	(645)	98.2	(657)	100.0
	도시지역	(1377)	(34)	2.5	(1343)	97.5	(1377)	100.0
학력	무학	(524)	(2)	.4	(522)	99.6	(524)	100.0
	1년~3년	(125)	(0)	.0	(125)	100.0	(125)	100.0
	4년~6년	(657)	(5)	.8	(652)	99.2	(657)	100.0
	7년~9년	(294)	(7)	2.4	(287)	97.6	(294)	100.0
	10년~12년	(297)	(20)	6.7	(277)	93.3	(297)	100.0
	13년 이상	(137)	(12)	8.8	(125)	91.2	(137)	100.0
건강상태	매우 건강	(141)	(5)	3.5	(136)	96.5	(141)	100.0
	건강	(460)	(21)	4.6	(439)	95.4	(460)	100.0
	보통	(495)	(10)	2.0	(485)	98.0	(495)	100.0
	건강하지 못함	(695)	(8)	1.2	(687)	98.8	(695)	100.0
	매우 건강하지 못함	(243)	(2)	.8	(241)	99.2	(243)	100.0
월평균가구소득	50만원 미만	(509)	(3)	.6	(506)	99.4	(509)	100.0
	50만원~150만원 미만	(762)	(7)	.9	(755)	99.1	(762)	100.0
	150만원~250만원 미만	(439)	(19)	4.3	(420)	95.7	(439)	100.0
	250만원 이상	(293)	(17)	5.8	(276)	94.2	(293)	100.0
	잘 모른다	(31)	(0)	.0	(31)	100.0	(31)	100.0

문20. 어르신이 현재 활동하시는 단체의 종류와 그 참여빈도를 알고 싶습니다.

<12> 스포츠관련단체

		사례수	예		아니오		계	
			(n)	%	(n)	%	(n)	%
전체		(2034)	(140)	6.9	(1894)	93.1	(2034)	100.0
성별	남성	(833)	(84)	10.1	(749)	89.9	(833)	100.0
	여성	(1201)	(56)	4.7	(1145)	95.3	(1201)	100.0
연령	만 65-69세	(573)	(49)	8.6	(524)	91.4	(573)	100.0
	70대	(1022)	(78)	7.6	(944)	92.4	(1022)	100.0
	80대 이상	(439)	(13)	3.0	(426)	97.0	(439)	100.0
거주지역	농촌지역	(657)	(40)	6.1	(617)	93.9	(657)	100.0
	도시지역	(1377)	(100)	7.3	(1277)	92.7	(1377)	100.0
학력	무학	(524)	(23)	4.4	(501)	95.6	(524)	100.0
	1년~3년	(125)	(3)	2.4	(122)	97.6	(125)	100.0
	4년~6년	(657)	(28)	4.3	(629)	95.7	(657)	100.0
	7년~9년	(294)	(29)	9.9	(265)	90.1	(294)	100.0
	10년~12년	(297)	(31)	10.4	(266)	89.6	(297)	100.0
	13년 이상	(137)	(26)	19.0	(11)	81.0	(137)	100.0
건강상태	매우 건강	(141)	(19)	13.5	(122)	86.5	(141)	100.0
	건강	(460)	(66)	14.3	(394)	85.7	(460)	100.0
	보통	(495)	(32)	6.5	(463)	93.5	(495)	100.0
	건강하지 못함	(695)	(19)	2.7	(676)	97.3	(695)	100.0
	매우 건강하지 못함	(243)	(4)	1.6	(236)	98.4	(243)	100.0
월 평균 가구 소득	50만원 미만	(509)	(10)	2.0	(499)	98.0	(509)	100.0
	50만원~150만원 미만	(762)	(56)	7.3	(706)	92.7	(762)	100.0
	150만원~250만원 미만	(439)	(34)	7.7	(405)	92.3	(439)	100.0
	250만원 이상	(293)	(40)	13.7	(253)	86.3	(293)	100.0
	잘 모른다	(31)	(0)	.0	(31)	100.0	(31)	100.0

문21. 지난 1년간 걱정이나 고민거리를 말할 때 배우자, 자녀, 친구, 이웃이 항상 들어주었습니까?

<1> 배우자

		사례수	전혀 들어주지 않음		들어주지 않음		가끔 들어줌		대부분 들어줌		항상 들어줌		해당없음		계	
			(n)	%	(n)	%	(n)	%	(n)	%	(n)	%	(n)	%	(n)	%
전체		(2034)	(27)	1.3	(41)	2.0	(143)	7.0	(399)	19.6	(513)	25.2	(911)	44.8	(2034)	100.0
성별	남성	(833)	(13)	1.6	(15)	1.8	(73)	8.8	(237)	28.5	(365)	43.8	(130)	15.6	(833)	100.0
	여성	(1201)	(14)	1.2	(26)	2.2	(70)	5.8	(162)	13.5	(148)	12.3	(781)	65.0	(1201)	100.0
연령	만 65-69세	(573)	(10)	1.7	(12)	2.1	(56)	9.8	(135)	23.6	(201)	35.1	(159)	27.7	(573)	100.0
	70대	(1022)	(10)	1.0	(24)	2.3	(65)	6.4	(208)	20.4	(258)	25.2	(457)	44.7	(1022)	100.0
	80대 이상	(439)	(7)	1.6	(5)	1.1	(22)	5.0	(56)	12.8	(54)	12.3	(295)	67.2	(439)	100.0
거주지역	농촌지역	(657)	(4)	.6	(10)	1.5	(41)	6.2	(152)	23.1	(174)	26.5	(276)	42.0	(657)	100.0
	도시지역	(1377)	(23)	1.7	(31)	2.3	(102)	7.4	(247)	17.9	(339	24.6	(635)	46.1	(1377)	100.0
학력	무학	(524)	(6)	1.1	(10)	1.9	(33)	6.3	(78)	14.9	(46)	8.8	(351)	67.0	(524)	100.0
	1년~3년	(125)	(4)	3.2	(2)	1.6	(9)	7.2	(17)	14.4	(14)	12.8	(76)	60.8	(125)	100.0
	4년~6년	(657)	(4)	.6	(13)	2.0	(36)	5.5	(138)	21.0	(162)	24.7	(304)	46.3	(657)	100.0
	7년~9년	(294)	(4)	7.4	(7)	2.4	(26)	8.8	(67)	22.8	(91)	31.0	(99)	33.7	(294)	100.0
	10년~12년	(297)	(5)	7.1	(5)	1.7	(23)	7.7	(72)	24.2	(127)	42.8	(65)	21.9	(297)	100.0
	13년 이상	(137)	(4)	2.9	(4)	2.9	(16)	11.7	(26)	13.0	(71)	51.8	(16)	11.7	(137)	100.0
건강상태	매우 건강	(141)	(3)	2.1	(3)	2.1	(7)	5.0	(27)	13.1	(54)	38.3	(47)	33.3	(141)	100.0
	건강	(460)	(5)	1.1	(7)	1.5	(34)	7.4	(115)	25.0	(175)	38.0	(124)	27.0	(460)	100.0
	보통	(495)	(9)	1.8	(8)	1.6	(36)	7.3	(110)	22.2	(134)	27.1	(198)	40.0	(495)	100.0
	건강하지 못함	(695)	(7)	1.0	(14)	2.0	(52)	7.5	(123)	17.7	(120)	17.3	(379)	54.5	(695)	100.0
	매우 건강하지 못함	(243)	(3)	1.2	(9)	3.7	(14)	5.8	(24)	9.9	(30)	12.3	(163)	47.1	(243)	100.0
월평균가구소득	50만원 미만	(509)	(12)	2.4	(10)	2.0	(16)	3.1	(48)	94.	(64)	12.6	(359)	70.5	(509)	100.0
	50만원~150만원 미만	(762)	(8)	1.0	(12)	1.6	(59)	7.7	(171)	22.4	(204)	26.8	(308)	40.4	(762)	100.0
	150만원~250만원 미만	(439)	(3)	.7	(8)	1.8	(39)	8.9	(114)	26.0	(148)	33.7	(127)	28.9	(439)	100.0
	250만원 이상	(293)	(4)	1.4	(10)	3.4	(28)	9.6	(62)	21.2	(94)	32.1	(95)	32.4	(293)	100.0
	잘 모른다	(31)	(0)	.0	(1)	3.2	(1)	3.2	(4)	12.9	(3)	9.7	(22)	71.0	(31)	100.0

문21. 지난 1년간 걱정이나 고민거리를 말할 때 배우자, 자녀, 친구, 이웃이 항상 들어주었습니까?

<2> 자녀

		사례수	전혀 들어주지 않음		들어주지 않음		가끔들어줌		대부분 들어줌		항상 들어줌		해당없음		계	
			(n)	%	(n)	%	(n)	%	(n)	%	(n)	%	(n)	%	(n)	%
전체		(2034)	(31)	1.5	(96)	4.7	(541)	26.6	(760)	37.4	(557)	27.4	(49)	2.4	(2034)	100.0
성별	남성	(833)	(19)	2.3	(56)	6.7	(259)	31.1	(324)	38.9	(160)	19.2	(15)	1.8	(833)	100.0
	여성	(1201)	(12)	1.0	(40)	3.3	(282)	23.5	(436)	36.3	(397)	33.1	(34)	2.8	(1201)	100.0
연령	만 65-69세	(573)	(12)	2.1	(29)	5.1	(163)	28.4	(213)	37.2	(142)	24.8	(14)	2.4	(573)	100.0
	70대	(1022)	(13)	1.3	(48)	4.7	(255)	25.0	(383)	37.5	(298)	29.2	(25)	2.4	(1022)	100.0
	80대 이상	(439)	(6)	1.4	(17)	4.3	(123)	28.0	(164)	37.4	(117)	26.7	(10)	2.3	(439)	100.0
거주지역	농촌지역	(657)	(4)	.6	(26)	4.0	(175)	26.6	(267)	40.6	(176)	26.8	(9)	1.4	(657)	100.0
	도시지역	(1377)	(27)	2.0	(70)	5.1	(366)	26.6	(493)	35.8	(381)	27.7	(40)	2.9	(1377)	100.0
학력	무학	(524)	(5)	1.0	(19)	3.6	(133)	25.4	(205)	39.1	(141)	26.9	(21)	4.0	(524)	100.0
	1년~3년	(125)	(3)	2.4	(6)	4.8	(32)	25.6	(41)	32.8	(38)	30.4	(5)	4.0	(125)	100.0
	4년~6년	(657)	(10)	1.5	(25)	3.8	(174)	26.5	(247)	37.6	(194)	29.1	(10)	1.5	(657)	100.0
	7년~9년	(294)	(5)	1.7	(14)	4.8	(79)	26.9	(105)	35.7	(85)	28.9	(6)	2.0	(294)	100.0
	10년~12년	(297)	(5)	1.7	(19)	6.4	(94)	31.6	(106)	35.7	(67)	22.6	(6)	2.0	(297)	100.0
	13년 이상	(137)	(3)	2.2	(13)	9.5	(29)	21.2	(56)	40.9	(35)	25.5	(1)	.7	(137)	100.0
건강상태	매우 건강	(141)	(1)	.7	(14)	9.9	(28)	19.9	(47)	33.3	(48)	34.0	(3)	2.1	(141)	100.0
	건강	(460)	(8)	1.7	(21)	4.6	(105)	22.8	(184)	40.0	(138)	30.0	(4)	.9	(460)	100.0
	보통	(495)	(4)	.8	(17)	3.4	(142)	28.7	(203)	41.0	(124)	25.1	(5)	1.0	(495)	100.0
	건강하지 못함	(695)	(13)	1.9	(33)	4.7	(194)	27.9	(241)	34.7	(190)	27.3	(24)	3.5	(695)	100.0
	매우 건강하지 못함	(243)	(5)	2.1	(11)	4.5	(72)	29.6	(85)	35.0	(57)	23.5	(13)	5.3	(243)	100.0
월 평균 가구 소득	50만원 미만	(509)	(17)	3.3	(33)	6.5	(140)	27.5	(162)	31.8	(117)	23.0	(40)	7.9	(509)	100.0
	50만원~150만원 미만	(762)	(10)	1.3	(34)	4.5	(180)	23.6	(308)	40.4	(225)	29.5	(5)	.7	(762)	100.0
	150만원~250만원 미만	(439)	(2)	.5	(15)	3.4	(152)	34.6	(161)	36.7	(106)	24.1	(3)	.7	(439)	100.0
	250만원 이상	(293)	(2)	.7	(12)	4.1	(64)	21.8	(112)	38.2	(102)	34.8	(1)	.3	(293)	100.0
	잘 모른다	(31)	(0)	.0	(2)	6.5	(5)	16.1	(17)	54.8	(7)	22.6	(0)	.0	(31)	100.0

문21. 지난 1년간 걱정이나 고민거리를 말할 때 배우자, 자녀, 친구, 이웃이 항상 들어주었습니까?

<3> 친척

		사례수	전혀 들어주지 않음		들어주지 않음		가끔들어줌		대부분 들어줌		항상 들어줌		해당없음		계	
			(n)	%	(n)	%	(n)	%	(n)	%	(n)	%	(n)	%	(n)	%
전체		(2034)	(285)	14.0	(663)	32.6	(759)	37.3	(134)	6.6	(67)	3.3	(126)	6.2	(2034)	100.0
성별	남성	(833)	(127)	15.2	(269)	32.3	(315)	37.8	(57)	6.8	(17)	2.0	(48)	5.8	(833)	100.0
	여성	(1201)	(158)	13.2	(394)	32.8	(444)	37.0	(77)	6.4	(50)	4.2	(78)	6.5	(1201)	100.0
연령	만 65-69세	(573)	(86)	15.0	(181)	31.6	(225)	39.3	(50)	8.7	(13)	2.3	(18)	3.1	(573)	100.0
	70대	(1022)	(122)	11.9	(261)	33.4	(396)	38.7	(66)	6.5	(35)	3.4	(62)	6.1	(1022)	100.0
	80대 이상	(439)	(77)	17.5	(141)	32.1	(138)	31.4	(18)	4.1	(19)	4.3	(46)	10.5	(439)	100.0
거주지역	농촌지역	(657)	(48)	7.3	(238)	36.2	(279)	42.5	(58)	8.8	(8)	1.2	(26)	4.0	(657)	100.0
	도시지역	(1377)	(237)	17.2	(425)	30.9	(480)	34.9	(76)	5.5	(59)	4.3	(100)	7.3	(1377)	100.0
학력	무학	(524)	(64)	12.2	(161)	30.7	(201)	38.4	(31)	5.9	(21)	4.0	(46)	8.8	(524)	100.0
	1년~3년	(125)	(14)	11.2	(49)	39.2	(43)	34.4	(9)	7.2	(4)	3.2	(6)	4.8	(125)	100.0
	4년~6년	(657)	(92)	14.0	(228)	34.7	(244)	37.1	(42)	6.4	(20)	3.0	(31)	4.7	(657)	100.0
	7년~9년	(294)	(43)	14.6	(90)	30.6	(115)	39.1	(13)	4.4	(12)	4.1	(21)	7.1	(294)	100.0
	10년~12년	(297)	(42)	14.1	(99)	33.3	(112)	37.7	(21)	7.1	(6)	2.0	(17)	5.7	(297)	100.0
	13년 이상	(137)	(30)	21.9	(36)	26.3	(44)	32.1	(18)	13.1	(4)	2.9	(5)	3.6	(137)	100.0
건강상태	매우 건강	(141)	(34)	24.1	(43)	30.5	(39)	27.7	(15)	10.6	(2)	1.4	(8)	5.7	(141)	100.0
	건강	(460)	(59)	12.8	(120)	26.1	(188)	40.9	(47)	10.2	(24)	5.2	(22)	4.8	(460)	100.0
	보통	(495)	(48)	9.7	(145)	29.3	(225)	45.5	(32)	6.5	(20)	4.0	(25)	5.1	(495)	100.0
	건강하지 못함	(695)	(103)	14.8	(263)	37.8	(236)	34.0	(31)	4.5	(17)	2.4	(45)	6.5	(695)	100.0
	매우 건강하지 못함	(243)	(41)	16.9	(92)	37.9	(71)	29.2	(9)	3.7	(4)	1.6	(26)	10.7	(243)	100.0
월 평균 가구 소득	50만원 미만	(509)	(77)	15.2	(200)	39.3	(147)	28.9	(21)	4.1	(8)	1.6	(56)	11.0	(509)	100.0
	50만원~150만원 미만	(762)	(110)	14.4	(243)	31.9	(254)	37.7	(52)	6.8	(26)	3.4	(44)	5.8	(762)	100.0
	150만원~250만원 미만	(439)	(47)	10.7	(145)	33.0	(195)	44.4	(27)	6.2	(9)	2.1	(16)	3.6	(439)	100.0
	250만원 이상	(293)	(45)	15.4	(68)	23.2	(119)	10.6	(30)	10.2	(4)	8.2	(7)	2.4	(293)	100.0
	잘 모른다	(31)	(6)	19.4	(7)	22.6	(11)	35.5	(4)	12.9	(0)	.0	(3)	9.7	(31)	100.0

문21. 지난 1년간 걱정이나 고민거리를 말할 때 배우자, 자녀, 친구, 이웃이 항상 들어주었습니까?

<4> 친구/이웃

		사례수	전혀 들어주지 않음		들어주지않음		가끔들어줌		대부분 들어줌		항상 들어줌		계	
			(n)	%	(n)	%	(n)	%	(n)	%	(n)	%	(n)	%
전체		(2034)	(61)	3.0	(262)	12.9	(885)	43.5	(613)	30.1	(213)	10.5	(2034)	100.0
성별	남성	(833)	(37)	4.4	(129)	15.5	(392)	47.1	(229)	27.5	(46)	5.5	(833)	100.0
	여성	(1201)	(24)	2.0	(133)	11.1	(493)	41.0	(384)	32.0	(167)	13.9	(1201)	100.0
연령	만 65-69세	(573)	(26)	4.5	(82)	14.3	(240)	41.9	(169)	29.5	(56)	9.8	(573)	100.0
	70대	(1022)	(23)	2.3	(121)	11.8	(436))	42.7	(336)	32.9	(106)	10.4	(1022)	100.0
	80대 이상	(439)	(12)	2.7	(59)	13.4	(209)	47.6	(108)	24.6	(51)	11.6	(439)	100.0
거주지역	농촌지역	(657)	(16)	2.4	(76)	11.6	(299)	45.5	(220)	33.5	(46)	7.0	(657)	100.0
	도시지역	(1377)	(45)	3.3	(186)	13.5	(586)	42.6	(393)	28.5	(167)	12.1	(1377)	100.0
학력	무학	(524)	(9))	1.7	(47)	9.0	(211)	40.3	(188)	35.9	(69)	13.2	(524)	100.0
	1년~3년	(125)	(2)	1.6	(19)	15.2	(58)	46.4	(34)	27.2	(12)	9.6	(125)	100.0
	4년~6년	(657)	(20)	3.0	(95)	14.5	(304)	46.3	(181)	27.5	(57)	8.7	(657)	100.0
	7년~9년	(294)	(13)	4.4	(35)	11.9	(124)	42.2	(86)	29.3	(36)	12.2	(294)	100.0
	10년~12년	(297)	(11)	3.7	(46)	15.5	(143)	48.1	(72)	24.2	(25)	8.4	(297)	100.0
	13년 이상	(137)	(6)	4.4	(20)	14.6	(45)	32.8	(52)	38.0	(14)	10.2	(137)	100.0
건강상태	매우 건강	(141)	(11)	7.8	(19)	13.5	(43)	30.5	(52)	36.9	(16)	11.3	(141)	100.0
	건강	(460)	(15)	3.3	(46)	10.0	(168)	36.5	(170)	37.0	(61)	13.3	(460)	100.0
	보통	(495)	(11)	2.2	(62)	12.5	(241)	48.7	(129)	26.1	(52)	10.5	(495)	100.0
	건강하지 못함	(695)	(18)	2.6	(97)	14.0	(318)	45.8	(198)	28.5	(64)	9.2	(695)	100.0
	매우 건강하지 못함	(243)	(6)	2.5	(38)	15.6	(115)	47.3	(64)	26.3	(20)	8.2	(243)	100.0
월 평균 가구 소득	50만원 미만	(509)	(15)	2.9	(67)	13.2	(221)	43.4	(151)	29.7	(55)	10.8	(509)	100.0
	50만원~150만원 미만	(762)	(22)	2.9	(103)	13.5	(318)	41.7	(241)	31.6	(78)	10.2	(762)	100.0
	150만원~250만원 미만	(439)	(11)	2.5	(62)	14.1	(223)	50.8	(116)	26.4	(27)	6.2	(439)	100.0
	250만원 이상	(293)	(12)	4.1	(25)	8.5	(111)	37.9	(95)	32.4	(50)	17.1	(293)	100.0
	잘 모른다	(31)	(1)	3.2	(5)	16.1	(12)	38.7	(10)	32.3	(3)	9.7	(31)	100.0

문22. 지난 1년 간 어르신이 몸이 아플 때 배우자, 자녀, 친구나 이웃이 항상 도와주었습니까?

<1> 배우자

		사례수	전혀 도와주지 않음		도와주지 않음		가끔 도와줌		대부분 도와줌		항상 도와줌		해당없음		계	
			(n)	%	(n)	%	(n)	%	(n)	%	(n)	%	(n)	%	(n)	%
전체		(2034)	(30)	1.5	(37)	1.8	(59)	2.9	(285)	14.0	(712)	35.0	(911)	44.8	(2034)	100.0
성별	남성	(833)	(18)	2.2	(12)	1.4	(28)	3.4	(145)	17.4	(500)	6.0	(130)	15.6	(833)	100.0
	여성	(1201)	(12)	1.0	(25)	2.1	(31)	2.6	(140)	11.7	(212)	17.7	(781)	65.0	(1201)	100.0
연령	만 65-69세	(573)	(9)	1.6	(10)	1.7	(23)	4.0	(106)	18.5	(266)	46.4	(159)	27.7	(573)	100.0
	70대	(1022)	(14)	1.4	(20)	2.0	(24)	2.3	(135)	13.2	(372)	36.4	(457)	44.7	(1022)	100.0
	80대 이상	(439)	(7)	1.6	(7)	1.6	(12)	2.7	(44)	10.0	(74)	16.9	(295)	67.2	(439)	100.0
거주지역	농촌지역	(657)	(7)	1.1	(10)	1.5	(11)	1.7	(100)	15.2	(253)	38.5	(276)	42.0	(657)	100.0
	도시지역	(1377)	(23)	1.7	(27)	2.0	(48)	3.5	(185)	13.4	(459)	33.3	(635)	46.1	(1377)	100.0
학력	무학	(524)	(7)	1.3	(10)	1.9	(9)	1.7	(63)	12.0	(84)	16.0	(351)	67.0	(524)	100.0
	1년~3년	(125)	(2)	1.6	(4)	3.2	(8)	6.4	(7)	5.6	(28)	22.4	(76)	60.8	(125)	100.0
	4년~6년	(657)	(5)	.8	(14)	2.1	(17)	2.6	(102)	15.5	(215)	32.7	(304)	64.3	(657)	100.0
	7년~9년	(294)	(6)	2.0	(3)	1.0	(11)	3.7	(49)	16.7	(126)	42.9	(99)	33.7	(294)	100.0
	10년~12년	(297)	(5)	1.7	(4)	1.3	(7)	2.4	(45)	15.2	(171)	57.6	(65)	21.9	(297)	100.0
	13년 이상	(137)	(5)	3.6	(2)	1.5	(7)	5.1	(19)	13.9	(88)	64.2	(16)	11.7	(137)	100.0
건강상태	매우 건강	(141)	(3)	2.1	(2)	1.4	(1)	.7	(15)	10.6	(73)	51.8	(47)	33.3	(141)	100.0
	건강	(460)	(9)	2.0	(5)	1.1	(11)	2.4	(74)	16.1	(237)	51.5	(124)	27.0	(460)	100.0
	보통	(495)	(8)	1.6	(8)	1.6	(14)	2.8	(80)	16.2	(187)	37.8	(198)	40.0	(495)	100.0
	건강하지 못함	(695)	(7)	1.0	(17)	2.4	(23)	3.3	(99)	14.2	(170)	24.5	(379)	54.5	(695)	100.0
	매우 건강하지 못함	(243)	(3)	1.2	(5)	2.1	(10)	4.1	(17)	7.0	(45)	18.5	(163)	67.1	(243)	100.0
월 평균 가구 소득	50만원 미만	(509)	(12)	2.4	(11)	2.2	(10)	2.0	(36)	7.1	(81)	15.9	(359)	70.5	(509)	100.0
	50만원~150만원 미만	(762)	(11)	1.4	(12)	1.6	(9)	2.5	(121)	15.9	(291)	38.2	(308)	40.4	(762)	100.0
	150만원~250만원 미만	(439)	(2)	.5	(10)	2.3	(16)	3.6	(76)	17.3	(208)	47.4	(127)	28.9	(439)	100.0
	250만원 이상	(293)	(5)	1.7	(4)	1.4	(13)	4.4	(47)	16.0	(129)	44.0	(95)	32.4	(293)	100.0
	잘 모른다	(31)	(0)	.0	(0)	.0	(1)	3.2	(5)	16.1	(3)	9.7	(22)	71.0	(31)	100.0

문22. 지난 1년 간 어르신이 몸이 아플 때 배우자, 자녀, 친구나 이웃이 항상 도와주었습니까?

<2> 자녀

		사례수	전혀 도와주지 않음		도와주지 않음		가끔 도와줌		대부분 도와줌		항상 도와줌		해당없음		계	
			(n)	%	(n)	%	(n)	%	(n)	%	(n)	%	(n)	%	(n)	%
전체		(2034)	(25)	1.2	(58)	2.9	(479)	23.5	(817)	40.2	(606)	29.8	(49)	2.4	(2034)	100.0
성별	남성	(833)	(14)	1.7	(27)	3.2	(239)	28.7	(344)	41.3	(194)	23.3	(15)	1.8	(833)	100.0
	여성	(1201)	(11)	.9	(31)	2.6	(240)	20.0	(473)	39.4	(412)	34.3	(34)	2.8	(1201)	100.0
연령	만 65-69세	(573)	(10)	1.7	(18)	3.1	(161)	28.1	(219)	38.2	(151)	26.4	(14)	2.4	(573)	100.0
	70대	(1022)	(11)	1.1	(31)	3.0	(228)	22.3	(418)	40.9	(309)	30.2	(25)	2.4	(1022)	100.0
	80대 이상	(439)	(4)	.9	(9)	2.1	(90)	20.5	(180)	41.0	(146)	33.3	(10)	2.3	(439)	100.0
거주지역	농촌지역	(657)	(5)	.8	(12)	1.8	(159)	24.2	(313)	47.6	(159)	24.2	(9)	1.4	(657)	100.0
	도시지역	(1377)	(20)	1.5	(46)	3.3	(320)	23.2	(504)	36.6	(447)	32.5	(40)	2.9	(1377)	100.0
학력	무학	(524)	(5)	1.0	(13)	2.5	(113)	21.6	(232)	44.3	(140)	26.7	(21)	4.0	(524)	100.0
	1년~3년	(125)	(3)	2.4	(2)	1.6	(28)	22.4	(43)	34.4	(44)	35.2	(5)	4.0	(125)	100.0
	4년~6년	(657)	(8)	1.2	(22)	3.3	(142)	21.6	(269)	40.9	(206)	31.4	(1)	1.5	(657)	100.0
	7년~9년	(294)	(3)	1.0	(5)	1.7	(73)	24.8	(116)	39.5	(91)	31.0	(6)	2.0	(294)	100.0
	10년~12년	(297)	(4)	1.3	(13)	4.4	(81)	27.3	(107)	36.0	(86)	29.0	(6)	2.0	(297)	100.0
	13년 이상	(137)	(2)	1.5	(3)	2.2	(42)	30.7	(50)	36.5	(39)	28.5	(1)	.7	(137)	100.0
건강상태	매우 건강	(141)	(0)	.0	(3)	2.1	(35)	24.8	(58)	41.1	(42)	29.8	(3)	2.1	(141)	100.0
	건강	(460)	(7)	1.5	(9)	2.0	(115)	25.0	(172)	37.4	(153)	33.3	(4)	.9	(460)	100.0
	보통	(495)	(2)	.4	(15)	3.0	(116)	23.4	(214)	43.2	(143)	28.9	(5)	1.0	(495)	100.0
	건강하지 못함	(695)	(12)	1.7	(24)	3.5	(154)	22.2	(288)	41.4	(193)	27.8	(24)	3.5	(695)	100.0
	매우 건강하지 못함	(243)	(4)	1.	(7)	2.9	(59)	24.3	(85)	35.0	(75)	30.9	(13)	5.3	(243)	100.0
월 평균 가구 소득	50만원 미만	(509)	(15)	2.9	(27)	5.3	(125)	24.6	(189)	37.1	(113)	22.2	(40)	7.9	(509)	100.0
	50만원~150만원 미만	(762)	(7)	.9	(21)	2.8	(154)	20.2	(338)	44.4	(237)	31.1	(5)	.7	(762)	100.0
	150만원~250만원 미만	(439)	(1)	.2	(7)	1.6	(135)	30.8	(168)	38.3	(125)	28.5	(3)	.7	(439)	100.0
	250만원 이상	(293)	(2)	.7	(3)	1.0	(58)	19.8	(104)	35.5	(125)	42.7	(1)	.3	(293)	100.0
	잘 모른다	(31)	(0)	.0	(0)	.0	(7)	22.6	(18)	58.1	(6)	19.4	(0)	.0	(31)	100.0

문22. 지난 1년 간 어르신이 몸이 아플 때 배우자, 자녀, 친구나 이웃이 항상 도와주었습니까?

<3> 친척

		사례수	전혀 도와주지 않음		도와주지 않음		가끔 도와줌		대부분 도와줌		항상 도와줌		해당없음		계	
			(n)	%	(n)	%	(n)	%	(n)	%	(n)	%	(n)	%	(n)	%
전체		(2034)	(326)	16.0	(719)	35.3	(724)	35.6	(91)	4.5	(48)	2.4	(126)	6.2	(2034)	100.0
성별	남성	(833)	(148)	15.7	(288)	34.6	(295)	35.4	(41)	4.9	(13)	1.6	(48)	5.8	(833)	100.0
	여성	(1201)	(178)	14.8	(431)	35.9	(429)	35.7	(50)	4.2	(35)	2.9	(78)	6.5	(1201)	100.0
연령	만 65-69세	(573)	(90)	15.7	(202)	35.3	(220)	38.4	(39)	6.8	(4)	.7	(18)	3.1	(573)	100.0
	70대	(1022)	(149)	14.6	(360)	35.2	(382)	37.4	(39)	3.8	(30)	2.9	(62)	6.1	(1022)	100.0
	80대 이상	(439)	(87)	19.8	(157)	35.8	(122)	27.8	(3)	3.0	(14)	3.2	(46)	10.5	(439)	100.0
거주지역	농촌지역	(657)	(53)	8.1	(270)	41.1	(270)	41.1	(35)	5.3	(3)	.5	(26)	4.0	(657)	100.0
	도시지역	(1377)	(273)	19.8	(449)	32.6	(454)	33.0	(56)	4.1	(45)	3.3	(100)	7.3	(1377)	100.0
학력	무학	(524)	(75)	14.3	(177)	33.8	(195)	37.2	(13)	2.5	(18)	3.4	(46)	8.8	(524)	100.0
	1년~3년	(125)	(20)	16.0	(51)	40.8	(40)	32.0	(5)	4.0	(3)	2.4	(6)	4.8	(125)	100.0
	4년~6년	(657)	(98)	14.9	(268)	40.8	(219)	33.3	(29)	4.4	(12)	1.8	(31)	4.7	(657)	100.0
	7년~9년	(294)	(52)	17.7	(85)	28.9	(111)	37.8	(18)	6.1	(7)	2.4	(21)	7.1	(294)	100.0
	10년~12년	(297)	(46)	15.5	(98)	33.0	(112)	37.7	(18)	6.1	(6)	2.0	(17)	5.7	(297)	100.0
	13년 이상	(137)	(35)	25.5	(40)	29.2	(47)	34.3	(8)	5.8	(2)	1.5	(5)	3.6	(137)	100.0
건강상태	매우 건강	(141)	(38)	27.0	(40)	28.4	(47)	33.3	(7)	5.0	(1)	.7	(8)	5.7	(141)	100.0
	건강	(460)	(69)	15.0	(141)	30.7	(180)	39.1	(30)	6.5	(18)	3.9	(22)	4.8	(460)	100.0
	보통	(495)	(52)	10.5	(169)	34.1	(205)	41.4	(25)	5.1	(19)	3.8	(25)	5.1	(495)	100.0
	건강하지 못함	(695)	(119)	17.1	(266)	38.3	(234)	33.7	(23)	3.3	(8)	1.2	(45)	6.5	(695)	100.0
	매우 건강하지 못함	(243)	(48)	19.8	(103)	42.4	(58)	23.9	(6)	2.5	(2)	.8	(26)	10.7	(243)	100.0
월 평균 가구 소득	50만원 미만	(509)	(90)	17.7	(215)	42.2	(131)	25.7	(8)	1.6	(9)	1.8	(56)	11.0	(509)	100.0
	50만원~150만원 미만	(762)	(124)	16.3	(259)	34.0	(282)	37.0	(36)	4.7	(71)	2.2	(44)	5.8	(762)	100.0
	150만원~250만원 미만	(439)	(54)	12.3	(157)	35.8	(189)	43.1	(16)	3.6	(7)	1.6	(16)	3.6	(439)	100.0
	250만원 이상	(293)	(53)	18.1	(77)	26.3	(115)	39.2	(27)	9.2	(14)	4.8	(7)	2.4	(293)	100.0
	잘 모른다	(31)	(5)	16.1	(11)	35.5	(7)	22.6	(4)	12.9	(1)	3.2	(3)	9.7	(31)	100.0

문22. 지난 1년 간 어르신이 몸이 아플 때 배우자, 자녀, 친구나 이웃이 항상 도와주었습니까?

<4> 친구/이웃

		사례수	전혀 도와주지 않음		도와주지 않음		가끔 도와줌		대부분 도와줌		항상 도와줌		계	
			(n)	%	(n)	%	(n)	%	(n)	%	(n)	%	(n)	%
전체		(2034)	(141)	6.9	(423)	20.8	(1052)	51.7	(330)	16.2	(88)	4.3	(2034)	100.0
성별	남성	(833)	(95)	11.4	(200)	24.0	(421)	50.5	(95)	11.4	(22)	2.6	(833)	100.0
	여성	(1201)	(46)	3.8	(223)	18.6	(631)	52.5	(235)	19.6	(66)	5.5	(1201)	100.0
연령	만 65-69세	(573)	(53)	9.2	(143)	25.0	(270)	47.1	(91)	15.9	(16)	2.8	(573)	100.0
	70대	(1022)	(66)	6.5	(192)	18.8	(528)	51.7	(183)	17.9	(53)	5.2	(1022)	100.0
	80대 이상	(439)	(22)	5.0	(88)	20.0	(254)	57.9	(56)	12.8	(19)	4.3	(439)	100.0
거주지역	농촌지역	(657)	(22)	3.3	(116)	17.7	(365)	55.6	(142)	21.6	(12)	1.8	(657)	100.0
	도시지역	(1377)	(119)	8.6	(307)	22.3	(687)	49.9	(188)	13.7	(76)	5.5	(1377)	100.0
학력	무학	(524)	(15)	2.9	(66)	12.6	(300)	57.3	(114)	21.8	(29)	5.5	(524)	100.0
	1년~3년	(125)	(5)	4.0	(30)	24.0	(61)	53.6	(16)	12.8	(7)	5.6	(125)	100.0
	4년~6년	(657)	(44)	6.7	(151)	23.0	(342)	52.1	(98)	14.9	(22)	3.3	(657)	100.0
	7년~9년	(294)	(27)	9.2	(75)	25.5	(133)	45.2	(45)	15.3	(14)	4.8	(294)	100.0
	10년~12년	(297)	(27)	9.1	(76)	25.6	(147)	49.5	(36)	12.1	(11)	3.7	(297)	100.0
	13년 이상	(137)	(23)	16.8	(25)	18.2	(63)	46.0	(21)	15.3	(5)	3.6	(137)	100.0
건강상태	매우 건강	(141)	(26)	18.4	(40)	28.4	(56)	39.7	(15)	10.6	(4)	2.8	(141)	100.0
	건강	(460)	(34)	7.4	(88)	19.1	(214)	46.5	(96)	20.9	(28)	6.1	(460)	100.0
	보통	(495)	(17)	3.4	(98)	19.8	(270)	54.5	(81)	16.4	(29)	5.9	(495)	100.0
	건강하지 못함	(695)	(43)	6.2	(143)	20.6	(372)	53.5	(117)	16.8	(20)	2.9	(695)	100.0
	매우 건강하지 못함	(243)	(21)	8.6	(54)	22.2	(140)	57.6	(21)	8.6	(7)	2.9	(243)	100.0
월 평균 가구 소득	50만원 미만	(509)	(25)	4.9	(100)	19.6	(277)	54.4	(79)	15.5	(28)	5.5	(509)	100.0
	50만원~150만원 미만	(762)	(51)	6.7	(156)	20.5	(384)	50.4	(114)	18.9	(27)	3.5	(762)	100.0
	150만원~250만원 미만	(439)	(29)	6.6	(110)	25.1	(232)	52.8	(57)	13.0	(11)	2.5	(439)	100.0
	250만원 이상	(293)	(33)	11.3	(51)	17.4	(146)	49.8	(43)	14.7	(20)	6.8	(293)	100.0
	잘 모른다	(31)	(3)	9.7	(6)	19.4	(13)	41.9	(7)	22.6	(2)	6.5	(31)	100.0

문23. 지난 1년 간 어르신께서 금전적으로 도움이 필요할 때(경조사 포함) 배우자, 자녀, 친구 및 이웃은 항상 금전적인 도움을 주었습니까?

<1> 배우자

		사례수	전혀 도와주지 않음		도와주지 않음		가끔 도와줌		대부분 도와줌		항상 도와줌		해당없음		계	
			(n)	%	(n)	%	(n)	%	(n)	%	(n)	%	(n)	%	(n)	%
전체		(2034)	(35)	1.7	(46)	2.3	(102)	5.0	(374)	18.4	(566)	27.8	(911)	44.8	(2034)	100.0
성별	남성	(833)	(17)	2.0	(28)	3.4	(51)	6.1	(230)	27.6	(377)	45.3	(130)	15.6	(833)	100.0
	여성	(1201)	(18)	1.5	(18)	1.5	(51)	4.2	(144)	12.0	(189)	15.7	(781)	65.0	(1201)	100.0
연령	만 65-69세	(573)	(12)	2.1	(11)	1.9	(42)	7.3	(144)	25.1	(205)	35.8	(159)	27.7	(573)	100.0
	70대	(1022)	(17)	1.7	(26)	2.5	(43)	4.2	(177)	17.3	(302)	29.5	(457)	44.7	(1022)	100.0
	80대 이상	(439)	(6)	1.4	(9)	2.1	(17)	3.9	(53)	12.1	(59)	13.4	(295)	67.2	(439)	100.0
거주지역	농촌지역	(657)	(8)	1.2	(13)	2.0	(28)	4.3	(148)	22.5	(184)	28.0	(276)	42.0	(657)	100.0
	도시지역	(1377)	(27)	2.0	(33)	2.4	(74)	5.4	(226)	16.4	(382)	27.7	(635)	46.1	(1377)	100.0
학력	무학	(524)	(8)	1.5	(9)	1.7	(19)	3.6	(76)	13.9	(64)	12.2	(351)	67.0	(524)	100.0
	1년~3년	(125)	(3)	2.4	(4)	3.2	(6)	4.8	(15)	12.0	(21)	16.8	(76)	60.8	(125)	100.0
	4년~6년	(657)	(8)	1.2	(15)	2.3	(35)	5.3	(127)	19.3	(168)	25.6	(304)	463	(657)	100.0
	7년~9년	(294)	(5)	1.7	(6)	2.0	(20)	6.8	(59)	20.1	(105)	35.7	(99)	33.7	(294)	100.0
	10년~12년	(297)	(7)	2.4	(7)	2.4	(16)	5.4	(71)	23.9	(131)	44.1	(65)	21.9	(297)	100.0
	13년 이상	(137)	(4)	2.9	(5)	3.6	(6)	4.4	(29)	21.2	(77)	56.2	(16)	11.7	(137)	100.0
건강상태	매우 건강	(141)	(3)	2.1	(2)	1.4	(6)	4.3	(25)	17.7	(58)	41.1	(47)	33.3	(141)	100.0
	건강	(460)	(8)	1.7	(10)	2.2	(20)	4.3	(102)	22.2	(196)	42.6	(124)	27.0	(460)	100.0
	보통	(495)	(9)	1.8	(9)	1.8	(31)	6.3	(98)	19.8	(150)	30.3	(198)	40.0	(495)	100.0
	건강하지 못함	(695)	(9)	1.3	(23)	3.3	(35)	5.0	(121)	17.4	(128)	18.4	(379)	54.5	(695)	100.0
	매우 건강하지 못함	(243)	(6)	2.5	(2)	.8	(10)	4.1	(28)	11.5	(34)	14.0	(163)	67.1	(243)	100.0
월 평균 가구 소득	50만원 미만	(509)	(15)	2.9	(10)	2.0	(14)	2.8	(45)	8.8	(66)	13.0	(359)	70.5	(509)	100.0
	50만원~150만원 미만	(762)	(12)	1.6	(18)	2.4	(38)	5.0	(158)	20.5	(230)	30.2	(308)	40.4	(762)	100.0
	150만원~250만원 미만	(439)	(3)	.7	(15)	3.4	(21)	4.8	(119)	27.1	(154)	35.1	(127)	28.9	(439)	100.0
	250만원 이상	(293)	(5)	1.7	(1)	.3	(26)	8.9	(53)	18.1	(113)	38.6	(95)	32.4	(293)	100.0
	잘 모른다	(31)	(0)	.0	(2)	6.5	(3)	9.7	(1)	3.2	(3)	9.7	(22)	71.0	(31)	100.0

문23. 지난 1년 간 어르신께서 금전적으로 도움이 필요할 때(경조사 포함) 배우자, 자녀, 친구 및 이웃은 항상 금전적인 도움을 주었습니까?

<2> 자녀

		사례수	전혀 도와주지 않음		도와주지 않음		가끔 도와줌		대부분 도와줌		항상 도와줌		해당없음		계	
			(n)	%	(n)	%	(n)	%	(n)	%	(n)	%	(n)	%	(n)	%
전체		(2034)	(42)	2.1	(75)	3.7	(594)	29.2	(733)	36.0	(541)	26.6	(49)	2.4	(2034)	100.0
성별	남성	(833)	(21)	2.5	(36)	4.3	(271)	32.5	(299)	35.9	(191)	22.9	(15)	1.8	(833)	100.0
	여성	(1201)	(21)	1.7	(39)	3.2	(323)	26.9	(434)	36.1	(350)	19.1	(34)	2.8	(1201)	100.0
연령	만 65-69세	(573)	(16)	2.8	(20)	3.5	(191)	33.3	(175)	30.5	(157)	17.4	(14)	2.4	(573)	100.0
	70대	(1022)	(19)	1.9	(37)	3.6	(290)	28.4	(394)	38.6	(257)	15.1	(25)	2.4	(1022)	100.0
	80대 이상	(439)	(7)	1.6	(18)	4.1	(113)	25.7	(164)	37.4	(127)	18.9	(10)	2.3	(439)	100.0
거주지역	농촌지역	(657)	(6)	.9	(20)	3.0	(239)	36.4	(263)	40.0	(120)	18.3	(9)	1.4	(657)	100.0
	도시지역	(1377)	(36)	2.6	(55)	4.0	(335)	25.8	(470)	34.1	(421)	30.6	(40)	2.9	(1377)	100.0
학력	무학	(524)	(10)	1.9	(23)	4.4	(143)	27.3	(217)	41.4	(110)	21.0	(21)	4.0	(524)	100.0
	1년~3년	(125)	(3)	2.4	(2)	1.6	(36)	28.8	(43)	34.4	(36)	28.8	(5)	4.0	(125)	100.0
	4년~6년	(657)	(14)	2.1	(25)	3.8	(202)	30.7	(238)	36.2	(168)	25.6	(10)	1.5	(657)	100.0
	7년~9년	(294)	(3)	1.0	(7)	2.4	(92)	31.3	(92)	31.3	(94)	32.0	(6)	2.0	(294)	100.0
	10년~12년	(207)	(9)	3.0	(13)	4.4	(89)	30.0	(102)	34.3	(78)	26.3	(6)	2.0	(297)	100.0
	13년 이상	(137)	(3)	2.2	(5)	3.6	(32)	23.4	(41)	29.9	(55)	40.1	(1)	.7	(137)	100.0
건강상태	매우 건강	(141)	(1)	.7	(4)	2.8	(36)	25.5	(50)	35.5	(47)	33.3	(3)	2.1	(141)	100.0
	건강	(460)	(10)	2.2	(14)	3.0	(129)	28.0	(159)	34.6	(144)	31.3	(4)	.9	(460)	100.0
	보통	(495)	(6)	1.2	(20)	4.0	(147)	29.7	(184)	37.2	(133)	26.9	(5)	1.0	(495)	100.0
	건강하지 못함	(695)	(17)	4.2	(31)	4.5	(214)	30.8	(253)	36.4	(156)	22.4	(24)	3.5	(695)	100.0
	매우 건강하지 못함	(243)	(8)	3.3	(6)	2.5	(68)	28.0	(87)	35.8	(61)	15.1	(13)	5.3	(243)	100.0
월 평균 가구 소득	50만원 미만	(509)	(21)	4.1	(33)	6.5	(139)	27.3	(181)	35.6	(95)	18.7	(40)	7.9	(509)	100.0
	50만원~150만원 미만	(762)	(13)	1.7	(25)	3.3	(215)	28.2	(281)	36.9	(223)	29.3	(5)	.7	(762)	100.0
	150만원~250만원 미만	(439)	(3)	.7	(14)	3.2	(160)	36.4	(153)	34.9	(106)	24.1	(3)	.7	(439)	100.0
	250만원 이상	(293)	(5)	1.7	(2)	.7	(69)	23.5	(106)	36.2	(110)	37.5	(1)	.3	(293)	100.0
	잘 모른다	(31)	(0)	.0	(1)	3.2	(11)	35.5	(12)	38.7	(7)	22.6	(0)	.0	(31)	100.0

문23. 지난 1년 간 어르신께서 금전적으로 도움이 필요할 때(경조사 포함) 배우자, 자녀, 친구 및 이웃은 항상 금전적인 도움을 주었습니까?

<3> 친척

		사례수	전혀 도와주지 않음		도와주지 않음		가끔 도와줌		대부분 도와줌		항상 도와줌		해당없음		계	
			(n)	%	(n)	%	(n)	%	(n)	%	(n)	%	(n)	%	(n)	%
전체		(2034)	(248)	12.2	(409)	20.1	(906)	44.5	(277)	3.6	(68)	3.3	(126)	6.2	(2034)	100.0
성별	남성	(833)	(101)	12.1	(152)	18.2	(394)	47.3	(117)	14.0	(21)	2.5	(48)	5.8	(833)	100.0
	여성	(1201)	(147)	12.2	(257)	21.4	(512)	42.6	(160)	13.3	(47)	3.9	(78)	6.5	(1201)	100.0
연령	만 65-69세	(573)	(59)	10.3	(98)	17.1	(284)	49.6	(99)	17.3	(15)	2.6	(18)	3.1	(573)	100.0
	70대	(1022)	(120)	11.7	(211)	20.6	(464)	45.4	(130)	12.7	(35)	3.4	(62)	6.1	(1022)	100.0
	80대 이상	(439)	(69)	15.7	(100)	22.8	(158)	36.0	(48)	10.9	(18)	4.1	(46)	10.5	(439)	100.0
거주지역	농촌지역	(657)	(40)	6.1	(128)	19.5	(355)	54.0	(99)	15.1	(9)	1.4	(26)	4.0	(657)	100.0
	도시지역	(1377)	(208)	15.1	(281)	20.4	(551)	40.0	(178)	12.9	(59)	4.3	(100)	7.3	(1377)	100.0
학력	무학	(524)	(59)	11.3	(116)	22.1	(218)	41.6	(66)	12.6	(19)	3.6	(46)	8.8	(524)	100.0
	1년~3년	(125)	(16)	12.8	(36)	28.8	(49)	39.2	(14)	11.2	(4)	3.2	(6)	4.8	(125)	100.0
	4년~6년	(657)	(77)	11.7	(143)	21.8	(310)	47.2	(76)	11.6	(20)	3.0	(31)	4.7	(657)	100.0
	7년~9년	(294)	(34)	11.6	(47)	16.0	(125)	42.5	(61)	20.7	(6)	2.0	(21)	7.1	(294)	100.0
	10년~12년	(297)	(34)	11.4	(39)	13.1	(156)	52.5	(38)	12.8	(13)	4.4	(17)	5.7	(297)	100.0
	13년 이상	(137)	(28)	20.4	(28)	20.4	(48)	35.0	(22)	16.1	(6)	4.4	(5)	3.6	(137)	100.0
건강상태	매우 건강	(141)	(9)	6.4	(19)	13.5	(71)	50.4	(32)	22.7	(2)	1.4	(8)	5.7	(141)	100.0
	건강	(460)	(57)	12.4	(76)	16.5	(194)	42.2	(86)	18.7	(25)	5.4	(22)	4.8	(460)	100.0
	보통	(495)	(51)	10.3	(87)	17.6	(231)	46.7	(75)	15.2	(26)	5.3	(25)	5.1	(495)	100.0
	건강하지 못함	(695)	(95)	13.7	(159)	22.9	(325)	46.8	(60)	8.6	(11)	1.6	(45)	6.5	(695)	100.0
	매우 건강하지 못함	(243)	(36)	14.8	(68	28.0	(85)	35.0	(24)	9.9	(4)	1.6	(26)	10.7	(243)	100.0
월 평균 가구 소득	50만원 미만	(509)	(79)	15.5	(162)	31.8	(163)	32.0	(38)	7.5	(11)	2.2	(56)	11.0	(509)	100.0
	50만원~150만원 미만	(762)	(92)	12.1	(134)	17.6	(359)	47.1	(109)	14.3	(24)	3.1	(44)	5.8	(762)	100.0
	150만원~250만원 미만	(439)	(36)	8.2	(61)	13.9	(251)	57.2	(65)	14.8	(10)	2.3	(16)	3.6	(439)	100.0
	250만원 이상	(293)	(35)	11.9	(46)	15.7	(120)	41.0	(63)	21.5	(22)	7.5	(7)	2.4	(293)	100.0
	잘 모른다	(31)	(6)	19.4	(6)	19.4	(13)	41.9	(2)	6.5	(1)	3.2	(3)	9.7	(31)	100.0

문23. 지난 1년 간 어르신께서 금전적으로 도움이 필요할 때(경조사 포함) 배우자, 자녀, 친구 및 이웃은 항상 금전적인 도움을 주었습니까?

<4> 친구/이웃

		사례수	전혀 도와주지 않음		도와주지 않음		가끔 도와줌		대부분 도와줌		항상 도와줌		계	
			(n)	%	(n)	%	(n)	%	(n)	%	(n)	%	(n)	%
전체		(2034)	(172)	8.5	(287)	14.1	(1103)	54.2	(400)	19.7	(72)	3.5	(2034)	100.0
성별	남성	(833)	(84)	10.1	(120)	14.4	(44)8	53.8	(161)	19.3	(20)	2.4	(833)	100.0
	여성	(1201)	(88)	7.3	(167)	13.9	(655)	54.5	(239)	19.9	(52)	4.3	(1201)	100.0
연령	만 65-69세	(573)	(50)	8.7	(66)	11.5	(379)	55.7	(119)	20.8	(19)	3.3	(573)	100.0
	70대	(1022)	(86)	8.4	(146)	14.3	(536)	52.4	(214)	20.9	(40)	3.9	(1022)	100.0
	80대 이상	(439)	(36)	8.2	(75)	17.1	(248)	56.5	(67)	15.3	(13)	3.0	(439)	100.0
거주지역	농촌지역	(657)	(27)	4.1	(73)	11.1	(406)	61.8	(137)	20.9	(14)	2.1	(657)	100.0
	도시지역	(1377)	(145)	10.5	(214)	15.5	(697)	50.6	(263)	19.1	(58)	4.2	(1377)	100.0
학력	무학	(524)	(25)	4.8	(71)	13.5	(304)	58.0	(106)	20.2	(18)	3.4	(524)	100.0
	1년~3년	(125)	(11)	8.8	(27)	21.6	(60)	40.0	(22)	17.6	(5)	4.0	(125)	100.0
	4년~6년	(657)	(59)	9.0	(92)	14.0	(372)	56.6	(113)	17.2	(21)	3.2	(657)	100.0
	7년~9년	(294)	(26)	8.8	(39)	13.3	(146)	49.7	(74)	25.2	(9)	3.1	(294)	100.0
	10년~12년	(297)	(30)	10.1	(38)	12.8	(159)	53.5	(58)	19.5	(12)	4.0	(297)	100.0
	13년 이상	(137)	(21)	15.3	(20)	14.6	(62)	45.3	(81)	19.7	(7)	5.1	(137)	100.0
건강상태	매우 건강	(141)	(4)	2.8	(14)	9.9	(76)	53.9	(46)	32.6	(1)	.7	(141)	100.0
	건강	(460)	(48)	10.4	(59)	12.8	(211)	45.9	(117)	25.4	(25)	5.4	(460)	100.0
	보통	(495)	(36)	7.3	(75)	15.2	(265)	53.5	(91)	18.4	(28)	5.7	(495)	100.0
	건강하지 못함	(695)	(57)	8.2	(99)	14.2	(412)	59.3	(113)	16.3	(14)	2.0	(695)	100.0
	매우 건강하지 못함	(243)	(27)	11.1	(40)	16.5	(139)	57.2	(33)	13.6	(4)	1.6	(243)	100.0
월평균 가구소득	50만원 미만	(509)	(44)	8.6	(98)	19.3	(272)	53.4	(176)	15.5	(16)	3.1	(509)	100.0
	50만원~150만원 미만	(762)	(69)	9.1	(101)	13.3	(405)	53.1	(161)	21.1	(26)	3.4	(762)	100.0
	150만원~250만원 미만	(439)	(27)	6.2	(48)	10.9	(274)	62.4	(81)	18.5	(9)	2.1	(439)	100.0
	250만원 이상	(293)	(27)	9.2	(33)	11.3	(139)	47.4	(74)	25.3	(20)	6.8	(293)	100.0
	잘 모른다	(31)	(5)	16.1	(7)	22.6	(13)	41.9	(5)	16.1	(1)	3.2	(31)	100.0

문24. 지난 1년간 배우자, 자녀, 친척 및 이웃들이 고민이나 걱정을 말하고 싶어 할 때 어르신께서 항상 들어주셨는지 알고 싶습니다. 배우자, 자녀, 친구나 이웃 각각에 대해 말씀해 주십시오.

<1> 배우자

		사례수	전혀 들어주지 않음		들어주지 않음		가끔 들어줌		대부분 들어줌		항상 들어줌		해당없음		계	
			(n)	%	(n)	%	(n)	%	(n)	%	(n)	%	(n)	%	(n)	%
전체		(2034)	(26)	1.3	(21)	1.0	(139)	6.8	(434)	21.3	(503)	24.7	(911)	44.8	(2034)	100.0
성별	남성	(833)	(12)	1.4	(9)	1.1	(76)	9.1	(268)	32.2	(338)	40.6	(130)	15.6	(833)	100.0
	여성	(1201)	(14)	1.2	(12)	1.0	(63)	5.2	(166)	13.8	(165)	13.7	(781)	65.0	(1201)	100.0
연령	만 65-69세	(573)	(8)	1.4	(5)	.9	(54)	9.4	(157)	27.4	(190)	33.2	(159)	27.7	(573)	100.0
	70대	(1022)	(12)	1.2	(13)	1.3	(63)	6.2	(219)	21.4	(258)	25.2	(457)	44.7	(1022)	100.0
	80대 이상	(439)	(6)	1.4	(3)	.7	(22)	5.0	(58)	13.2	(55)	12.5	(295)	67.2	(439)	100.0
거주지역	농촌지역	(657)	(5)	.8	(3)	.5	(45)	6.8	(160)	24.4	(168)	25.6	(276)	42.0	(657)	100.0
	도시지역	(1377)	(21)	1.5	(18)	1.3	(94)	6.8	(274)	19.9	(335)	24.3	(635)	46.1	(1377)	100.0
학력	무학	(524)	(6)	1.1	(8)	1.5	(27)	5.2	(73)	13.9	(59)	11.3	(351)	67.0	(524)	100.0
	1년~3년	(125)	(2)	1.6	(1)	.8	(7)	5.6	(20)	16.0	(19)	15.2	(76)	60.8	(125)	100.0
	4년~6년	(657)	(5)	.8	(4)	.6	(43)	6.5	(148)	22.5	(153)	23.3	(304)	46.3	(657)	100.0
	7년~9년	(294)	(4)	1.4	(3)	1.0	(30)	10.2	(69)	23.5	(89)	30.3	(99)	33.7	(294)	100.0
	10년~12년	(297)	(5)	1.7	(3)	1.0	(21)	7.1	(90)	30.3	(113)	38.0	(65)	21.9	(297)	100.0
	13년 이상	(137)	(4)	2.9	(2)	1.5	(11)	8.0	(34)	24.8	(70)	51.1	(16)	11.7	(137)	100.0
건강상태	매우 건강	(141)	(3)	2.1	(2)	1.4	(7)	5.0	(32)	22.7	(50)	35.5	(47)	33.3	(141)	100.0
	건강	(460)	(5)	1.1	(2)	.4	(35)	7.6	(129)	28.0	(165)	35.9	(124)	27.0	(460)	100.0
	보통	(495)	(8)	1.6	(4)	.8	(35)	7.1	(108)	21.8	(142)	28.7	(198)	40.0	(495)	100.0
	건강하지 못함	(695)	(7)	1.0	(8)	1.2	(51)	7.3	(132)	19.0	(118)	17.0	(379)	54.5	(695)	100.0
	매우 건강하지 못함	(243)	(3)	1.2	(5)	2.1	(11)	4.5	(33)	13.6	(28)	11.5	(163)	67.1	(243)	100.0
월 평균 가구 소득	50만원 미만	(509)	(13)	2.6	(9)	1.8	(17)	3.3	(56)	11.0	(55)	10.8	(359)	70.5	(509)	100.0
	50만원~150만원 미만	(762)	(7)	.9	(5)	.7	(61)	8.0	(173)	22.7	(208)	27.3	(38)	40.4	(762)	100.0
	150만원~250만원 미만	(439)	(2)	.5	(4)	.9	(36)	8.2	(133)	30.3	(137)	21.2	(127)	28.9	(439)	100.0
	250만원 이상	(293)	(4)	1.4	(2)	.7	(21)	7.2	(72)	24.6	(99)	33.8	(95)	32.4	(293)	100.0
	잘 모른다	(31)	(0)	.0	(1)	3.2	(4)	12.9	(0)	.0	(4)	12.9	(22)	71.0	(31)	100.0

문24. 지난 1년간 배우자, 자녀, 친척 및 이웃들이 고민이나 걱정을 말하고 싶어 할 때 어르신께서 항상 들어주셨는지 알고 싶습니다. 배우자, 자녀, 친구나 이웃 각각에 대해 말씀해 주십시오.

<2> 자녀

		사례수	전혀 들어주지 않음		들어주지 않음		가끔 들어줌		대부분 들어줌		항상 들어줌		해당없음		계	
			(n)	%	(n)	%	(n)	%	(n)	%	(n)	%	(n)	%	(n)	%
전체		(2034)	(26)	1.3	(76)	3.7	(565)	27.8	(735)	36.1	(583)	28.7	(49)	2.4	(2034)	100.0
성별	남성	(833)	(14)	1.7	(32)	3.8	(265)	31.8	(327)	39.3	(180)	21.6	(15)	1.8	(833)	100.0
	여성	(1201)	(12)	1.0	(44)	3.7	(300)	25.0	(408)	34.0	(403)	33.6	(34)	2.8	(1201)	100.0
연령	만 65-69세	(573)	(9)	1.6	(15)	2.6	(176)	30.7	(202)	35.3	(157)	27.4	(14)	2.4	(573)	100.0
	70대	(1022)	(12)	1.2	(40)	3.9	(262)	25.6	(380)	37.2	(303)	29.6	(25)	2.4	(1022)	100.0
	80대 이상	(439)	(5)	1.1	(21)	4.8	(127)	28.9	(153)	34.9	(123)	28.0	(10)	2.3	(439)	100.0
거주지역	농촌지역	(657)	(6)	.9	(20)	3.0	(178)	27.1	(255)	38.8	(189)	28.8	(9)	1.4	(657)	100.0
	도시지역	(1377)	(20)	1.5	(56)	4.1	(387)	28.1	(480)	34.9	(394)	28.6	(40)	2.9	(1377)	100.0
학력	무학	(524)	(6)	1.1	(21)	4.0	(123)	23.5	(198)	37.8	(155)	29.6	(21)	4.0	(524)	100.0
	1년~3년	(125)	(1)	.8	(3)	2.4	(32)	25.6	(47)	37.6	(37)	29.6	(5)	4.0	(125)	100.0
	4년~6년	(657)	(10)	1.5	(25)	3.8	(188)	28.6	(236)	35.9	(188)	28.6	(10)	1.5	(657)	100.0
	7년~9년	(294)	(2)	.7	(11)	3.7	(89)	30.3	(104)	35.4	(82)	27.9	(6)	2.0	(294)	100.0
	10년~12년	(297)	(5)	1.7	(12)	4.0	(104)	25.0	(98)	33.0	(72)	24.2	(6)	2.0	(297)	100.0
	13년 이상	(137)	(2)	1.5	(4)	2.9	(29)	21.2	(52)	38.0	(49)	35.8	(1)	.7	(137)	100.0
건강상태	매우 건강	(141)	(0)	.0	(6)	4.3	(31)	22.0	(46)	32.6	(55)	39.0	(3)	2.1	(141)	100.0
	건강	(460)	(6)	1.3	(11)	2.4	(104)	22.6	(180)	39.1	(155)	33.7	(4)	.9	(460)	100.0
	보통	(495)	(1)	.2	(17)	3.4	(167)	33.7	(163)	32.9	(42)	28.7	(5)	1.0	(495)	100.0
	건강하지 못함	(695)	(16)	2.3	(29)	4.2	(199)	28.6	(248)	35.7	(179)	25.8	(24)	3.5	(695)	100.0
	매우 건강하지 못함	(243)	(3)	1.2	(13)	5.3	(64)	26.3	(98)	40.3	(52)	21.4	(13)	5.3	(243)	100.0
월 평균 가구 소득	50만원 미만	(509)	(15)	2.9	(36)	7.1	(127)	25.0	(176)	34.6	(115)	22.6	(40)	7.9	(509)	100.0
	50만원~150만원 미만	(762)	(8)	1.0	(23)	3.0	(276)	28.3	(290)	38.1	(220)	28.9	(5)	.7	(762)	100.0
	150만원~250만원 미만	(439)	(2)	.5	(11)	2.5	(147)	33.5	(153)	34.9	(123)	28.0	(3)	.7	(439)	100.0
	250만원 이상	(293)	(1)	.3	(5)	1.7	(60)	20.5	(108)	36.9	(118)	40.3	(1)	.3	(293)	100.0
	잘 모른다	(31)	(0)	.0	(1)	3.2	(15)	48.4	(8)	25.8	(7)	22.6	(0)	.0	(31)	100.0

문24. 지난 1년간 배우자, 자녀, 친척 및 이웃들이 고민이나 걱정을 말하고 싶어 할 때 어르신께서 항상 들어주셨는지 알고 싶습니다. 배우자, 자녀, 친구나 이웃 각각에 대해 말씀해 주십시오.

<3> 친척

		사례수	전혀 들어주지 않음		들어주지 않음		가끔 들어줌		대부분 들어줌		항상 들어줌		해당없음		계	
			(n)	%	(n)	%	(n)	%	(n)	%	(n)	%	(n)	%	(n)	%
전체		(2034)	(246)	12.1	(600)	29.5	(773)	38.0	(197)	9.7	(92)	4.5	(126)	6.2	(2034)	100.0
성별	남성	(833)	(109)	13.1	(238)	28.6	(339)	40.7	(70)	8.4	(29)	3.5	(48)	5.8	(833)	100.0
	여성	(1201)	(137)	11.4	(362)	30.1	(434)	36.1	(127)	10.6	(63)	5.2	(78)	6.5	(1201)	100.0
연령	만 65-69세	(573)	(62)	10.8	(155)	27.1	(244)	42.6	(70)	12.2	(24)	4.2	(18)	3.1	(573)	100.0
	70대	(1022)	(113)	11.1	(308)	30.1	(397)	38.8	(100)	9.8	(42)	4.1	(62)	6.1	(1022)	100.0
	80대 이상	(439)	(71)	16.2	(137)	31.2	(132)	30.1	(27)	6.2	(26)	5.9	(46)	10.5	(439)	100.0
거주지역	농촌지역	(657)	(46)	7.0	(206)	31.4	(278)	42.3	(80)	12.2	(21)	3.2	(26)	4.0	(657)	100.0
	도시지역	(1377)	(200)	14.5	(394)	28.6	(495)	35.9	(117	8.5	(71)	5.2	(100)	7.3	(1377)	100.0
학력	무학	(524)	(63)	12.0	(146)	27.9	(189)	36.1	(52)	9.9	(28)	5.3	(46)	8.8	(524)	100.0
	1년~3년	(125)	(14)	11.2	(43)	34.4	(42)	33.6	(15)	12.0	(5)	4.0	(6)	4.8	(125)	100.0
	4년~6년	(657)	(84)	12.8	(209)	31.8	(248)	37.7	(58)	8.8	(27)	4.1	(31)	4.7	(657)	100.0
	7년~9년	(294)	(28)	9.5	(88)	29.9	(110)	37.4	(32)	10.9	(15)	5.1	(21)	7.1	(294)	100.0
	10년~12년	(297)	(33)	11.1	(81)	27.3	(133)	44.8	(24)	8.1	(9)	3.0	(17)	5.7	(297)	100.0
	13년 이상	(137)	(24)	17.5	(33)	24.1	(51)	37.2	(16)	11.7	(8)	5.8	(5)	3.6	(137)	100.0
건강상태	매우 건강	(141)	(20)	14.2	(32)	26.2	(47)	33.3	(24)	17.0	(5)	3.5	(8)	5.7	(141)	100.0
	건강	(460)	(50)	10.9	(103)	22.4	(192)	41.7	(60)	13.0	(33)	7.2	(22)	4.8	(460)	100.0
	보통	(495)	(43)	8.7	(143)	28.9	(213)	43.0	(43)	8.7	(28)	5.7	(25)	5.1	(495)	100.0
	건강하지 못함	(695)	(97)	14.0	(228)	32.8	(247)	35.5	(57)	8.2	(21)	3.0	(45)	6.5	(695)	100.0
	매우 건강하지 못함	(243)	(36)	14.8	(89)	36.6	(74)	30.5	(13)	5.3	(5)	2.1	(26)	10.7	(243)	100.0
월 평균 가구 소득	50만원 미만	(509)	(78)	15.3	(182)	35.8	(150)	29.5	(30)	5.9	(13)	2.6	(56)	11.0	(509)	100.0
	50만원~150만원 미만	(762)	(98)	12.9	(227)	29.8	(282)	37.0	(76)	10.0	(35)	4.6	(44)	5.8	(762)	100.0
	150만원~250만원 미만	(439)	(35)	8.0	(121)	27.6	(213)	48.5	(42)	9.6	(12)	2.7	(16)	3.6	(439)	100.0
	250만원 이상	(293)	(29)	9.9	(63)	21.5	(117)	39.3	(47)	16.0	(30)	10.2	(7)	2.4	(293)	100.0
	잘 모른다	(31)	(6)	19.4	(7)	22.6	(11)	35.3	(2)	6.5	(2)	6.5	(3)	9.7	(31)	100.0

문24. 지난 1년간 배우자, 자녀, 친척 및 이웃들이 고민이나 걱정을 말하고 싶어 할 때 어르신께서 항상 들어주셨는지 알고 싶습니다. 배우자, 자녀, 친구나 이웃 각각에 대해 말씀해 주십시오.

<4> 친구/이웃

		사례수	전혀 들어주지 않음		들어주지 않음		가끔 들어줌		대부분 들어줌		항상 들어줌		계	
			(n)	%	(n)	%	(n)	%	(n)	%	(n)	%	(n)	%
전체		(2034)	(60)	2.9	(267)	13.1	(968)	47.6	(544)	26.7	(195)	9.6	(2034)	100.0
성별	남성	(833)	(42)	5.0	(121)	14.5	(437)	52.5	(189)	22.7	(44)	5.3	(833)	100.0
	여성	(1201)	(18)	1.5	(146)	12.2	(531)	44.2	(355)	29.6	(151)	12.6	(1201)	100.0
연령	만 65-69세	(573)	(24)	4.2	(82)	14.3	(269)	46.9	(150)	26.2	(48)	8.4	(573)	100.0
	70대	(1022)	(27)	2.6	(122)	11.9	(479)	46.9	(330)	29.4	(94)	9.2	(1022)	100.0
	80대 이상	(439)	(9)	2.1	(63)	14.4	(220)	50.1	(94)	21.4	(53)	12.1	(439)	100.0
거주지역	농촌지역	(657)	(17)	2.6	(67)	10.2	(314)	47.8	(202)	30.7	(57)	8.7	(657)	100.0
	도시지역	(1377)	(43)	3.1	(200)	14.5	(654)	47.5	(342)	24.8	(138)	10.0	(1377)	100.0
학력	무학	(524)	(9)	1.7	(47)	9.0	(241)	46.0	(163)	31.1	(64)	12.2	(524)	100.0
	1년~3년	(125)	(2)	1.6	(18)	14.4	(60)	48.0	(29)	23.2	(16)	12.8	(125)	100.0
	4년~6년	(657)	(17)	2.6	(101)	15.4	(331)	50.4	(155)	23.6	(53)	8.1	(657)	100.0
	7년~9년	(294)	(10)	3.4	(47)	16.0	(126)	42.9	(80)	27.2	(31)	10.5	(294)	100.0
	10년~12년	(297)	(12)	4.0	(40)	13.5	(154)	51.9	(71)	23.9	(20)	6.7	(297)	100.0
	13년 이상	(137)	(10)	7.3	(14)	10.2	(56)	40.9	(46)	33.6	(11)	8.0	(137)	100.0
건강상태	매우 건강	(141)	(6)	4.3	(25)	17.7	(57)	40.4	(37)	26.1	(16)	11.3	(141)	100.0
	건강	(460)	(19)	4.1	(34)	7.4	(197)	42.8	(154)	33.5	(56)	12.2	(460)	100.0
	보통	(495)	(9)	1.8	(71)	14.3	(251)	50.7	(121)	24.4	(43)	8.7	(495)	100.0
	건강하지 못함	(695)	(20)	2.9	(95)	13.7	(337)	48.5	(178)	25.6	(65)	9.4	(695)	100.0
	매우 건강하지 못함	(243)	(6)	2.5	(42)	17.3	(126)	51.9	(54)	22.2	(15)	6.2	(243)	100.0
월 평균 가구 소득	50만원 미만	(509)	(15)	2.9	(74)	14.5	(242)	47.5	(129)	25.3	(49)	9.6	(509)	100.0
	50만원~150만원 미만	(762)	(26)	3.4	(104)	13.6	(353)	46.3	(211)	27.7	(68)	8.9	(762)	100.0
	150만원~250만원 미만	(439)	(9)	2.1	(55)	12.5	(241)	54.9	(103)	23.5	(31)	7.1	(439)	100.0
	250만원 이상	(293)	(9)	3.1	(29)	9.9	(117)	39.9	(95)	32.4	(43)	14.7	(293)	100.0
	잘 모른다	(31)	(1)	3.2	(5)	16.1	(15)	48.4	(6)	19.4	(4)	12.9	(31)	100.0

문25. 지난 1년간 배우자, 자녀, 친척이나 이웃 등의 집안 일(아이보기 혹은 가사 일)을 어르신은 항상 도와주셨습니까? 배우자, 자녀, 친구나 이웃 각각에 대해 말씀해 주십시오.

<1> 배우자

		사례수	전혀 도와주지 않음		도와주지 않음		가끔 도와줌		대부분 도와줌		항상 도와줌		해당없음		계	
			(n)	%	(n)	%	(n)	%	(n)	%	(n)	%	(n)	%	(n)	%
전체		(2034)	(31)	1.5	(84)	4.1	(286)	14.1	(294)	14.5	(428)	21.0	(911)	44.8	(2034)	100.0
성별	남성	(833)	(17)	2.0	(51)	6.1	(201)	24.1	(179)	21.5	(255)	30.6	(130)	15.6	(833)	100.0
	여성	(1201)	(14)	1.2	(33)	2.7	(85)	7.1	(115)	9.6	(173)	14.4	(781)	65.0	(1201)	100.0
연령	만 65-69세	(573)	(12)	2.1	(30)	5.2	(95)	16.6	(106)	18.5	(171)	29.8	(159)	27.7	(573)	100.0
	70대	(1022)	(13)	1.3	(37)	3.6	(147)	14.4	(153)	15.0	(215)	21.0	(457)	44.7	(1022)	100.0
	80대 이상	(439)	(6)	1.4	(17)	3.9	(44)	10.0	(35)	8.0	(42)	9.6	(295)	67.2	(439)	100.0
거주지역	농촌지역	(657)	(7)	1.1	(25)	3.8	(83)	12.6	(128)	19.5	(138)	21.0	(276)	42.0	(657)	100.0
	도시지역	(1377)	(24)	1.7	(59)	4.3	(203)	14.7	(166)	12.1	(290)	21.1	(635)	46.1	(1377)	100.0
학력	무학	(524)	(7)	1.3	(13)	2.5	(35)	6.7	(57)	10.9	(61)	11.6	(351)	64.0	(524)	100.0
	1년~3년	(125)	(3)	2.4	(6)	4.8	(10)	8.0	(13)	10.4	(17)	13.6	(76)	60.8	(125)	100.0
	4년~6년	(657)	(5)	.8	(22)	3.3	(92)	14.0	(101)	15.4	(133)	20.2	(304)	46.3	(657)	100.0
	7년~9년	(294)	(6)	2.0	(15)	5.1	(55)	18.7	(50)	17.0	(69)	23.5	(99)	33.7	(294)	100.0
	10년~12년	(297)	(6)	2.0	(18)	6.1	(61)	20.5	(50)	16.8	(97)	32.7	(65)	21.9	(297)	100.0
	13년 이상	(137)	(4)	2.9	(10)	7.3	(33)	24.1	(23)	16.8	(51)	37.2	(16)	11.7	(137)	100.0
건강상태	매우 건강	(141)	(2)	1.4	(8)	5.7	(25)	17.7	(21)	14.9	(38)	27.0	(47)	33.3	(141)	100.0
	건강	(460)	(6)	1.3	(19)	4.1	(72)	15.7	(97)	21.1	(142)	30.9	(124)	27.0	(460)	100.0
	보통	(495)	(9)	1.8	(23)	4.6	(83)	16.8	(67)	13.5	(115)	23.2	(198)	40.0	(495)	100.0
	건강하지 못함	(695)	(8)	1.2	(23)	3.3	(87)	12.5	(92)	13.2	(106)	15.3	(379)	54.5	(695)	100.0
	매우 건강하지 못함	(243)	(6)	2.5	(11)	4.5	(19)	7.8	(17)	7.0	(27)	11.1	(163)	67.1	(243)	100.0
월 평균 가구 소득	50만원 미만	(509)	(13)	2.6	(18)	3.5	(35)	6.9	(31)	6.1	(53)	10.4	(359)	70.5	(509)	100.0
	50만원~150만원 미만	(762)	(11)	1.4	(33)	4.3	(110)	14.4	(126)	16.5	(174)	22.8	(308)	40.4	(762)	100.0
	150만원~250만원 미만	(439)	(5)	1.1	(13)	3.0	(82)	18.7	(88)	20.0	(124)	28.2	(127)	28.9	(439)	100.0
	250만원 이상	(293)	(2)	.7	(20)	6.8	(55)	18.8	(47)	16.0	(74)	25.3	(95)	32.4	(293)	100.0
	잘 모른다	(31)	(0)	.0	(0)	.0	(4)	12.9	(2)	6.5	(3)	9.7	(22)	71.0	(31)	100.0

문25. 지난 1년간 배우자, 자녀, 친척이나 이웃 등의 집안 일(아이보기 혹은 가사 일)을 어르신은 항상 도와주셨습니까? 배우자, 자녀, 친구나 이웃 각각에 대해 말씀해 주십시오.

<2> 자녀

		사례수	전혀 도와주지 않음		도와주지 않음		가끔 도와줌		대부분 도와줌		항상 도와줌		해당없음		계	
			(n)	%	(n)	%	(n)	%	(n)	%	(n)	%	(n)	%	(n)	%
전체		(2034)	(124)	6.1	(518)	25.5	(706)	34.7	(389)	19.1	(248)	12.2	(49)	2.4	(2034)	100.0
성별	남성	(833)	(57)	6.8	(233)	28.0	(306)	36.7	(143)	17.2	(79)	9.5	(15)	1.8	(833)	100.0
	여성	(1201)	(67)	5.6	(285)	23.7	(400)	33.3	(246)	20.5	(169)	14.1	(34)	2.8	(1201)	100.0
연령	만 65-69세	(573)	(32)	5.6	(146)	25.5	(188)	32.8	(114)	19.9	(79)	13.8	(14)	2.4	(573)	100.0
	70대	(1022)	(54)	5.3	(240)	23.5	(365)	35.7	(209)	20.5	(129)	12.6	(25)	2.4	(1022)	100.0
	80대 이상	(439)	(38)	8.7	(132)	30.1	(153)	34.9	(66)	15.0	(40)	9.	(10)	2.3	(439)	100.0
거주지역	농촌지역	(657)	(9)	1.4	(195)	29.7	(272	41.4	(118)	18.0	(54)	8.2	(9)	1.4	(657)	100.0
	도시지역	(1377)	(115)	8.4	(323)	23.5	(434)	31.5	(271)	19.7	(194)	14.1	(40)	29	(1377)	100.0
학력	무학	(524)	(32)	6.1	(102)	19.5	(196)	37.4	(126)	24.0	(47)	9.0	(21)	4.0	(524)	100.0
	1년~3년	(125)	(10)	8.0	(32)	25.6	(44)	35.2	(23)	18.4	(11)	8.8	(5)	4.0	(125)	100.0
	4년~6년	(657)	(42)	6.4	(172)	26.2	(223)	33.9	(121)	18.4	(89)	13.5	(10)	1.5	(657)	100.0
	7년~9년	(294)	(17)	5.8	(9)	31.0	(93)	31.6	(48)	16.3	(39)	13.3	(6)	2.0	(294)	100.0
	10년~12년	(297)	(16)	5.4	(86)	29.0	(98)	33.0	(48)	16.2	(43)	14.5	(6)	2.0	(297)	100.0
	13년 이상	(137)	(7)	5.1	(35)	25.5	(52)	38.0	(23)	16.8	(19)	13.9	(1)	.7	(137)	100.0
건강상태	매우 건강	(141)	(11)	7.8	(27)	19.1	(62)	44.0	(27)	19.1	(11)	7.8	(3)	2.1	(141)	100.0
	건강	(460)	(20)	4.3	(86)	18.7	(185)	40.2	(95)	20.7	(70)	15.2	(4)	.9	(460)	100.0
	보통	(495)	(24)	4.8	(154)	31.1	(150)	30.3	(93)	18.8	(69)	13.9	(5)	1.0	(495)	100.0
	건강하지 못함	(695)	(45)	6.5	(193)	27.8	(223)	32.1	(131)	18.8	(7)	11.4	(24)	3.5	(695)	100.0
	매우 건강하지 못함	(243)	(24)	9.9	(58)	23.9	(86)	35.4	(43)	17.1	(19)	7.8	(13)	5.3	(243)	100.0
월 평균 가구 소득	50만원 미만	(509)	(48)	9.4	(121)	23.8	(162)	31.8	(100)	19.6	(38)	7.5	(40)	7.9	(509)	100.0
	50만원~150만원 미만	(762)	(44)	5.8	(208)	27.3	(270)	35.4	(145)	19.0	(90)	11.8	(5)	.7	(762)	100.0
	150만원~250만원 미만	(439)	(20)	4.6	(127)	28.9	(151	34.4	(81)	18.5	(57)	13.0	(3)	.7	(439)	100.0
	250만원 이상	(293)	(9)	3.1	(58)	19.8	(113)	38.6	(54)	18.4	(58)	19.8	(1)	.3	(293)	100.0
	잘 모른다	(31)	(3)	9.7	(4)	12.9	(10)	32.3	(9)	29.0	(5)	16.1	(0)	.0	(31)	100.0

문25. 지난 1년간 배우자, 자녀, 친척이나 이웃 등의 집안 일(아이보기 혹은 가사 일)을 어르신은 항상 도와주셨습니까? 배우자, 자녀, 친구나 이웃 각각에 대해 말씀해 주십시오.

<3> 친척

		사례수	전혀 도와주지 않음		도와주지 않음		가끔 도와줌		대부분 도와줌		항상 도와줌		해당없음		계	
			(n)	%	(n)	%	(n)	%	(n)	%	(n)	%	(n)	%	(n)	%
전체		(2034)	(425)	20.9	(900)	44.2	(485)	23.8	(56)	2.8	(12)	2.1	(126)	6.2	(2034)	100.0
성별	남성	(833)	(186)	22.3	(350)	42.0	(210)	25.2	(29)	3.5	(10)	1.2	(48)	5.8	(833)	100.0
	여성	(1201)	(239)	19.9	(550)	45.8	(275)	22.9	(27)	2.2	(32)	2.7	(78)	6.5	(1201)	100.0
연령	만 65-69세	(573)	(117)	20.4	(271)	47.3	(132)	23.0	(28)	4.9	(7)	1.2	(18)	3.1	(573)	100.0
	70대	(1022)	(189)	18.5	(464)	45.4	(259)	25.3	(24)	2.3	(24)	2.3	(62)	6.1	(1022)	100.0
	80대 이상	(439)	(119)	27.1	(165)	37.6	(94)	21.4	(4)	.9	(11)	2.5	(46)	10.5	(439)	100.0
거주지역	농촌지역	(657)	(66)	10.0	(362)	55.1	(187)	28.5	(14)	2.1	(2)	.3	(26)	4.0	(657)	100.0
	도시지역	(1377)	(359)	26.1	(538)	39.1	(298)	21.6	(42)	3.1	(40)	2.9	(100)	7.3	(1377)	100.0
학력	무학	(524)	(92)	17.6	(206)	39.3	(153)	29.2	(12)	2.3	(15)	2.9	(46)	8.8	(524)	100.0
	1년~3년	(125)	(27)	21.6	(56)	44.8	(27)	21.6	(6)	4.8	(3)	2.4	(6)	4.8	(125)	100.0
	4년~6년	(657)	(133)	20.2	(324)	49.3	(145)	22.1	(13)	2.0	(11)	1.7	(31)	4.7	(657)	100.0
	7년~9년	(294)	(64)	21.8	(137)	46.6	(53)	18.0	(11)	3.7	(8)	2.7	(21)	7.1	(294)	100.0
	10년~12년	(297)	(68)	22.9	(129)	43.4	(73)	24.6	(8)	2.7	(2)	.7	(17)	5.7	(297)	100.0
	13년 이상	(137)	(41)	29.9	(48)	35.0	(34)	24.8	(6)	4.4	(3)	2.2	(5)	3.6	(137)	100.0
건강상태	매우 건강	(141)	(50)	35.5	(54)	38.3	(23)	16.3	(5)	3.5	(1)	.7	(8)	5.7	(141)	100.0
	건강	(460)	(84)	18.3	(187)	40.7	(129)	28.0	(19)	4.1	(19)	4.1	(22)	4.8	(460)	100.0
	보통	(495)	(83)	16.8	(227)	45.9	(127)	25.7	(18)	3.6	(15)	3.0	(25)	5.1	(495)	100.0
	건강하지 못함	(695)	(149)	21.4	(321)	46.2	(161)	23.2	(13)	1.9	(6)	.9	(45)	6.5	(695)	100.0
	매우 건강하지 못함	(243)	(59)	24.3	(111)	45.7	(45)	18.5	(1)	.4	(1)	.4	(26)	10.7	(243)	100.0
월 평균 가구 소득	50만원 미만	(509)	(117)	23.0	(235)	46.2	(90)	17.7	(5)	1.0	(6)	1.2	(56)	11.0	(509)	100.0
	50만원~150만원 미만	(762)	(156)	20.5	(333)	43.7	(193)	25.3	(22)	2.9	(14)	1.8	(44)	5.8	(762)	100.0
	150만원~250만원 미만	(439)	(76)	17.3	(223)	50.8	(107)	24.4	(10)	2.3	(7)	1.6	(16)	3.6	(439)	100.0
	250만원 이상	(293)	(68)	23.2	(102)	34.8	(84)	28.7	(18)	6.1	(14)	4.8	(7)	2.4	(293)	100.0
	잘 모른다	(31)	(8)	25.8	(7)	22.6	(11)	35.5	(1)	3.2	(1)	3.2	(3)	9.7	(31)	100.0

문25. 지난 1년간 배우자, 자녀, 친척이나 이웃 등의 집안 일(아이보기 혹은 가사 일)을 어르신은 항상 도와주셨습니까? 배우자, 자녀, 친구나 이웃 각각에 대해 말씀해 주십시오.

<4> 친구/이웃

		사례수	전혀 도와주지 않음		도와주지 않음		가끔 도와줌		대부분 도와줌		항상 도와줌		계	
			(n)	%	(n)	%	(n)	%	(n)	%	(n)	%	(n)	%
전체		(2034)	(246)	12.1	(721)	35.4	(810)	39.8	(195)	9.6	(62)	3.0	(2034)	100.0
성별	남성	(833)	(125)	15.0	(313)	37.6	(307)	36.9	(73)	8.8	(5)	1.8	(833)	100.0
	여성	(1201)	(121)	10.1	(408)	34.0	(503)	41.9	(122)	10.2	(47)	3.9	(1201)	100.0
연령	만 65-69세	(573)	(84)	14.7	(219)	38.2	(196)	34.2	(61)	10.6	(13)	2.3	(573)	100.0
	70대	(1022)	(108)	10.6	(335)	32.8	(436)	42.7	(107)	10.5	(26)	3.5	(1022)	100.0
	80대 이상	(439)	(54)	12.3	(167)	38.0	(178)	40.5	(27)	6.2	(13)	3.0	(439)	100.0
거주지역	농촌지역	(657)	(27)	4.1	(229)	34.7	(324)	49.3	(71)	10.8	(7)	1.1	(657)	100.0
	도시지역	(1377)	(219)	15.9	(493)	35.8	(486)	35.3	(124)	9.0	(55)	4.0	(1377)	100.0
학력	무학	(524)	(40)	7.6	(129)	24.6	(278)	53.1	(59)	11.3	(18)	3.4	(524)	100.0
	1년~3년	(125)	(15)	12.0	(46)	36.8	(48)	38.4	(11)	8.8	(5)	4.0	(125)	100.0
	4년~6년	(657)	(77)	11.7	(267)	40.6	(250)	38.1	(46)	7.0	(17)	2.6	(657)	100.0
	7년~9년	(294)	(42)	14.3	(118)	40.1	(93)	31.6	(30)	10.2	(11)	3.7	(294)	100.0
	10년~12년	(297)	(43)	14.5	(118)	39.7	(97)	32.7	(32)	10.8	(7)	2.4	(297)	100.0
	13년 이상	(137)	(29)	21.2	(43)	31.4	(44)	32.1	(17)	12.4	(4)	2.9	(137)	100.0
건강상태	매우 건강	(141)	(31)	22.0	(53)	37.6	(40)	28.4	(12)	8.5	(5)	3.5	(141)	100.0
	건강	(460)	(53)	11.5	(132)	28.7	(198)	43.0	(55)	12.0	(22)	4.8	(460)	100.0
	보통	(495)	(45)	9.1	(191)	38.6	(185)	37.4	(55)	11.1	(19)	3.8	(495)	100.0
	건강하지 못함	(695)	(80)	11.5	(259)	37.3	(284)	40.9	(60)	8.6	(12)	1.7	(695)	100.0
	매우 건강하지 못함	(243)	(37)	15.2	(86)	35.4	(103)	42.4	(13)	5.3	(4)	1.6	(243)	100.0
월 평균 가구 소득	50만원 미만	(509)	(62)	12.2	(162)	31.8	(236)	46.4	(34)	6.7	(15)	2.9	(509)	100.0
	50만원~150만원 미만	(762)	(84)	11.0	(266)	34.9	(306)	40.2	(88)	11.5	(18)	2.4	(762)	100.0
	150만원~250만원 미만	(439)	(57)	13.0	(196)	44.6	(139)	31.7	(37)	8.4	(10)	2.3	(439)	100.0
	250만원 이상	(293)	(38)	13.0	(86)	29.4	(118)	40.3	(34)	11.6	(17)	5.8	(293)	100.0
	잘 모른다	(31)	(5)	16.1	(11)	35.5	(11)	35.5	(2)	6.5	(2)	6.5	(31)	100.0

문26. 어르신께서는 지난 1년 간 배우자, 자녀, 혹은 이웃이나 친척 분들에 대해 항상 금전적 도움(경조사 포함)을 주셨습니까? 배우자, 자녀, 친구나 이웃 각각에 대해 말씀해 주십시오.

<1> 배우자

		사례수	전혀 도와주지 않음		도와주지 않음		가끔 도와줌		대부분 도와줌		항상 도와줌		해당없음		계	
			(n)	%	(n)	%	(n)	%	(n)	%	(n)	%	(n)	%	(n)	%
전체		(2034)	(29)	1.4	(35)	1.7	(161)	7.9	(409)	20.1	(489)	24.0	(911)	44.8	(2034)	100.0
성별	남성	(833)	(14)	1.7	(15)	1.8	(77)	9.2	(242)	29.1	(355)	42.6	(130)	15.6	(833)	100.0
	여성	(1201)	(15)	1.2	(20)	1.7	(84)	7.0	(167)	13.9	(134)	11.2	(781)	65.0	(1201)	100.0
연령	만 65-69세	(573)	(9)	1.6	(11)	1.9	(63)	11.0	(148)	25.8	(183)	31.9	(159)	27.7	(573)	100.0
	70대	(1022)	(15)	1.5	(18)	1.8	(70)	6.8	(211)	20.6	(251)	24.6	(457)	44.7	(1022)	100.0
	80대 이상	(439)	(5)	1.1	(6)	1.4	(28)	6.4	(50)	11.4	(55)	12.5	(295)	67.2	(439)	100.0
거주지역	농촌지역	(657)	(5)	.8	(14)	2.1	(35)	5.3	(171)	26.0	(156)	23.7	(276)	42.0	(657)	100.0
	도시지역	(1377)	(24)	1.7	(21)	1.5	(126)	9.2	(238)	17.3	(333)	24.2	(635)	46.1	(1377)	100.0
학력	무학	(524)	(5)	1.0	(11)	2.1	(33)	6.3	(78)	14.9	(46)	8.8	(351)	67.0	(524)	100.0
	1년~3년	(125)	(4)	3.2	(3)	2.4	(11)	8.8	(15)	12.0	(16)	12.8	(76)	60.8	(125)	100.0
	4년~6년	(657)	(7)	1.1	(9)	1.4	(49)	7.5	(135)	20.5	(153)	23.3	(304)	46.3	(657)	100.0
	7년~9년	(294)	(5)	1.7	(6)	2.0	(27)	9.2	(73)	24.8	(84)	28.6	(99)	33.7	(294)	100.0
	10년~12년	(297)	(4)	1.3	(2)	.7	(27)	9.1	(75)	25.3	(124)	41.8	(65)	21.9	(297)	100.0
	13년 이상	(137)	(4)	2.9	(4)	2.9	(14)	10.2	(33)	24.1	(66)	48.2	(16)	11.7	(137)	100.0
건강상태	매우 건강	(141)	(3)	2.1	(1)	.7	(11)	7.8	(28)	19.9	(51)	36.2	(47)	33.3	(141)	100.0
	건강	(460)	(6)	1.3	(8)	1.7	(37)	8.0	(118)	25.7	(167)	36.3	(124)	27.0	(460)	100.0
	보통	(495)	(8)	1.6	(5)	1.0	(50)	10.1	(107)	21.6	(127)	25.7	(198)	40.0	(495)	100.0
	건강하지 못함	(695)	(6)	.9	(17)	2.4	(46)	6.6	(130)	18.7	(117)	16.8	(379)	54.5	(695)	100.0
	매우 건강하지 못함	(243)	(6)	2.5	(4)	1.6	(17)	7.0	(26)	10.7	(27)	11.1	(163)	67.1	(243)	100.0
월 평균 가구 소득	50만원 미만	(509)	(12)	2.4	(11)	2.2	(23)	4.5	(51)	10.0	(53)	10.4	(359)	70.5	(509)	100.0
	50만원~150만원 미만	(762)	(9)	1.2	(13)	1.7	(63)	8.3	(158)	22.0	(201)	26.4	(308)	40.4	(762)	100.0
	150만원~250만원 미만	(439)	(3)	.7	(6)	1.4	(43)	9.8	(124)	28.2	(136)	31.0	(127)	28.9	(439)	100.0
	250만원 이상	(293)	(5)	1.7	(4)	1.4	(28)	9.6	(65)	22.2	(96)	32.8	(95)	32.4	(293)	100.0
	잘 모른다	(31)	(0)	.0	(1)	3.2	(4)	12.9	(1)	3.2	(3)	9.7	(22)	71.0	(31)	100.0

문26. 어르신께서는 지난 1년 간 배우자, 자녀, 혹은 이웃이나 친척 분들에 대해 항상 금전적 도움(경조사 포함)을 주셨습니까? 배우자, 자녀, 친구나 이웃 각각에 대해 말씀해 주십시오.

<2> 자녀

		사례수	전혀 도와주지 않음		도와주지 않음		가끔 도와줌		대부분 도와줌		항상 도와줌		해당없음		계	
			(n)	%	(n)	%	(n)	%	(n)	%	(n)	%	(n)	%	(n)	%
전체		(2034)	(83)	4.1	(324)	15.9	(683)	33.6	(588)	28.9	(307)	15.1	(49)	2.4	(2034)	100.0
성별	남성	(833)	(23)	2.8	(112)	13.4	(282)	33.9	(264)	31.7	(137)	16.4	(15)	1.8	(833)	100.0
	여성	(1201)	(60)	5.0	(212)	17.7	(401)	33.4	(324)	27.0	(170)	14.2	(34)	2.8	(1201)	100.0
연령	만 65-69세	(573)	(15)	2.6	(68)	11.9	(208)	36.3	(177)	30.9	(91)	15.9	(4)	2.4	(573)	100.0
	70대	(1022)	(41)	4.0	(147)	14.4	(349)	34.1	(300)	29.4	(160)	15.7	(25)	2.4	(1022)	100.0
	80대 이상	(439)	(27)	6.2	(109)	24.8	(126)	28.7	(111)	25.3	(56)	12.8	(10)	2.3	(439)	100.0
거주지역	농촌지역	(657)	(17)	2.6	(131)	19.9	(284)	43.2	(166)	25.3	(50)	7.6	(9)	1.4	(657)	100.0
	도시지역	(1377)	(66)	4.8	(193)	14.0	(399)	29.0	(422)	30.6	(257)	18.7	(40)	2.9	(1377)	100.0
학력	무학	(524)	(24)	4.6	(125)	23.9	(164)	31.3	(148)	28.2	(42)	8.0	(21)	4.0	(524)	100.0
	1년~3년	(125)	(9)	7.2	(20)	16.0	(46)	36.8	(27)	21.6	(18)	14.4	(5)	4.0	(125)	100.0
	4년~6년	(657)	(31)	4.7	(87)	13.2	(244)	37.1	(185)	28.2	(100)	15.2	(10)	1.5	(657)	100.0
	7년~9년	(294)	(10)	3.4	(34)	11.6	(103)	35.0	(92)	31.3	(43)	16.7	(6)	2.0	(294)	100.0
	10년~12년	(297)	(7)	2.4	(30)	13.1	(96)	32.3	(89)	30.0	(60)	20.2	(6)	2.0	(297)	100.0
	13년 이상	(137)	(2)	1.5	(19)	13.9	(30)	21.9	(47)	34.3	(38)	27.7	(1)	.7	(137)	100.0
건강상태	매우 건강	(141)	(3)	2.1	(21)	14.9	(35)	24.8	(56)	39.7	(23)	16.3	(3)	2.1	(141)	100.0
	건강	(460)	(13)	2.8	(61)	13.3	(155)	33.7	(137)	29.8	(90)	19.6	(4)	.9	(460)	100.0
	보통	(495)	(13)	2.6	(76)	15.4	(176)	35.6	(129)	26.1	(96)	19.4	(5)	1.0	(495)	100.0
	건강하지 못함	(695)	(34)	4.9	(130)	18.7	(246)	35.4	(185)	26.6	(76)	10.9	(24)	3.5	(695)	100.0
	매우 건강하지 못함	(243)	(20)	8.2	(36)	14.8	(71)	29.2	(81)	33.3	(22)	9.1	(13)	5.3	(243)	100.0
월평균가구소득	50만원 미만	(509)	(43)	8.4	(108)	21.2	(148)	29.1	(133)	26.1	(37)	7.3	(40)	7.9	(509)	100.0
	50만원~150만원 미만	(762)	(27)	3.5	(129)	16.9	(274)	36.0	(206)	27.0	(121)	15.9	(5)	.7	(762)	100.0
	150만원~250만원 미만	(439)	(6)	1.4	(56)	12.8	(174)	39.6	(135)	30.8	(65)	14.8	(3)	.7	(439)	100.0
	250만원 이상	(293)	(5)	1.7	(21)	7.2	(81)	27.6	(104)	35.5	(81)	27.6	(1)	.3	(293)	100.0
	잘 모른다	(31)	(2)	6.5	(10)	32.3	(6)	19.4	(10)	32.3	(3)	9.7	(0)	.0	(31)	100.0

문26. 어르신께서는 지난 1년 간 배우자, 자녀, 혹은 이웃이나 친척 분들에 대해 항상 금전적 도움(경조사 포함)을 주셨습니까? 배우자, 자녀, 친구나 이웃 각각에 대해 말씀해 주십시오.

<3> 친척

		사례수	전혀 도와주지 않음		도와주지 않음		가끔 도와줌		대부분 도와줌		항상 도와줌		해당없음		계	
			(n)	%	(n)	%	(n)	%	(n)	%	(n)	%	(n)	%	(n)	%
전체		(2034)	(261)	12.8	(427)	21.0	(892)	43.9	(246)	12.1	(82)	4.0	(126)	6.2	(2034)	100.0
성별	남성	(833)	(105)	12.6	(141)	16.9	(396)	47.5	(117)	14.0	(26)	3.1	(48)	5.8	(833)	100.0
	여성	(1201)	(156)	13.0	(286)	23.8	(496)	41.3	(129)	10.7	(56)	4.7	(78)	6.5	(1201)	100.0
연령	만 65-69세	(573)	(57)	9.9	(93)	16.2	(297)	51.8	(88)	15.4	(20)	3.5	(18)	3.1	(573)	100.0
	70대	(1022)	(125)	12.2	(231)	22.6	(453)	44.3	(112)	11.0	(39)	3.8	(62)	6.1	(1022)	100.0
	80대 이상	(439)	(79)	18.0	(103)	23.5	(142)	32.3	(46)	10.5	(23)	5.2	(46)	10.5	(439)	100.0
거주지역	농촌지역	(657)	(44)	6.7	(142)	21.6	(353)	53.7	(80)	12.2	(12)	1.8	(26)	4.0	(657)	100.0
	도시지역	(1377)	(217)	15.8	(285)	20.7	(539)	39.1	(166)	12.1	(70)	5.1	(100)	7.3	(1377)	100.0
학력	무학	(524)	(58)	11.1	(138)	26.3	(206)	39.3	(57)	10.9	(19)	3.6	(46)	8.8	(524)	100.0
	1년~3년	(125)	(21)	16.8	(31)	24.8	(44)	35.2	(18)	14.4	(5)	4.0	(6)	4.8	(125)	100.0
	4년~6년	(657)	(84)	12.8	(139)	21.2	(323)	49.2	(56)	8.5	(24)	3.7	(31)	4.7	(657)	100.0
	7년~9년	(294)	(42)	14.3	(48)	16.3	(125)	42.5	(45)	15.3	(13)	4.4	(21)	7.1	(294)	100.0
	10년~12년	(297)	(32)	10.8	(45)	15.2	(143)	48.1	(44)	14.8	(16)	5.4	(17)	5.7	(297)	100.0
	13년 이상	(137)	(24)	17.5	(26)	19.0	(51)	37.2	(26)	19.0	(5)	3.6	(5)	3.6	(137)	100.0
건강상태	매우 건강	(141)	(13)	9.2	(19)	13.5	(69)	48.9	(31)	22.0	(1)	.7	(8)	5.7	(141)	100.0
	건강	(460)	(54)	11.7	(73)	15.9	(196)	42.6	(86)	18.7	(29)	6.3	(22)	4.8	(460)	100.0
	보통	(495)	(54)	10.9	(94)	19.0	(237)	47.9	(53)	10.7	(32)	6.5	(25)	5.1	(495)	100.0
	건강하지 못함	(695)	(102)	14.7	(170)	24.5	(306)	44.0	(54)	7.8	(18)	2.6	(45)	6.5	(695)	100.0
	매우 건강하지 못함	(243)	(38)	15.6	(71)	29.2	(84)	34.6	(22)	9.1	(2)	.8	(26)	10.7	(243)	100.0
월 평균 가구 소득	50만원 미만	(509)	(84)	16.5	(160)	31.4	(165)	32.4	(36)	7.1	(8)	1.6	(56)	11.0	(509)	100.0
	50만원~150만원 미만	(762)	(99)	13.0	(142)	18.6	(359)	47.1	(85)	11.2	(33)	4.3	(44)	5.8	(762)	100.0
	150만원~250만원 미만	(439)	(45)	10.3	(71)	16.2	(230)	52.4	(60)	13.7	(17)	3.9	(16)	3.6	(439)	100.0
	250만원 이상	(293)	(26)	8.9	(49)	16.7	(125)	42.7	(63)	21.5	(23)	7.8	(7)	2.4	(293)	100.0
	잘 모른다	(31)	(7)	22.6	(5)	16.1	(13)	41.9	(2)	6.5	(1)	3.2	(3)	9.7	(31)	100.0

문26. 어르신께서는 지난 1년 간 배우자, 자녀, 혹은 이웃이나 친척 분들에 대해 항상 금전적 도움(경조사 포함)을 주셨습니까? 배우자, 자녀, 친구나 이웃 각각에 대해 말씀해 주십시오.

<4> 친구/이웃

		사례수	전혀 도와주지 않음		도와주지 않음		가끔 도와줌		대부분 도와줌		항상 도와줌		계	
			(n)	%	(n)	%	(n)	%	(n)	%	(n)	%	(n)	%
전체		(2034)	(193)	9.5	(310)	15.2	(1120)	55.1	(338)	16.6	(73)	3.6	(2034)	100.0
성별	남성	(833)	(83)	10.0	(110)	13.2	(468)	56.2	(150)	18.0	(22)	2.6	(833)	100.0
	여성	(1201)	(110)	9.2	(200)	16.7	(652)	54.3	(188)	15.7	(51)	4.2	(1201)	100.0
연령	만 65-69세	(573)	(47)	8.2	(73)	12.7	(315)	55.0	(115)	20.1	(23)	4.0	(573)	100.0
	70대	(1022)	(99)	9.7	(152)	14.9	(572)	56.0	(165)	16.1	(34)	3.3	(1022)	100.0
	80대 이상	(439)	(47)	10.7	(85)	19.4	(233)	53.1	(58)	13.2	(16)	3.6	(439)	100.0
거주지역	농촌지역	(657)	(24)	3.7	(90)	13.7	(419)	63.8	(112)	17.0	(12)	1.8	(657)	100.0
	도시지역	(1377)	(169)	12.3	(220)	16.0	(701)	50.9	(226)	16.4	(61)	4.4	(1377)	100.0
학력	무학	(524)	(41)	7.8	(88)	16.8	(302)	57.6	(74)	14.1	(19)	3.6	(524)	100.0
	1년~3년	(125)	(13)	10.4	(24)	19.2	(64)	51.2	(21)	16.8	(3)	2.4	(125)	100.0
	4년~6년	(657)	(65)	9.9	(99)	15.1	(381)	58.0	(94)	14.3	(18)	2.7	(657)	100.0
	7년~9년	(294)	(30)	10.2	(40)	13.6	(151)	51.4	(62)	21.1	(11)	3.7	(294)	100.0
	10년~12년	(297)	(27)	9.1	(39)	12.8	(157)	52.9	(59)	19.9	(16)	5.4	(297)	100.0
	13년 이상	(137)	(17)	12.4	(21)	15.3	(65)	47.4	(28)	20.4	(6)	4.4	(137)	100.0
건강상태	매우 건강	(141)	(6)	4.3	(17)	12.1	(72)	51.1	(44)	31.2	(2)	1.4	(141)	100.0
	건강	(460)	(45)	9.8	(56)	12.2	(221)	48.0	(111)	24.1	(27)	5.9	(460)	100.0
	보통	(495)	(44)	8.9	(73)	14.7	(287)	58.0	(67)	13.5	(24)	4.8	(495)	100.0
	건강하지 못함	(695)	(66)	9.5	(119)	17.1	(412)	59.3	(81)	11.7	(17)	2.4	(695)	100.0
	매우 건강하지 못함	(243)	(32)	13.2	(45)	18.5	(128)	52.7	(35)	14.4	(3)	1.2	(243)	100.0
월 평균 가구 소득	50만원 미만	(509)	(62)	12.2	(106)	20.8	(274)	53.8	(56)	11.0	(11)	2.2	(509)	100.0
	50만원~150만원 미만	(762)	(76)	10.0	(104)	13.6	(427)	56.0	(127)	16.7	(28)	3.7	(762)	100.0
	150만원~250만원 미만	(439)	(31)	7.1	(61)	13.9	(259)	59.0	(75)	17.1	(13)	3.0	(439)	100.0
	250만원 이상	(293)	(18)	6.1	(30)	10.2	(147)	50.2	(77)	26.3	(21)	7.2	(293)	100.0
	잘 모른다	(31)	(6)	19.4	(9)	29.0	(13)	41.9	(3)	9.7	(0)	.0	(31)	100.0

문27. (보기카드 제시) 다음 질문들에 대해 어르신께서 얼마나 찬성하시는지를 말씀해 주십시오.

<1> 나의 성공은 전적으로 나에게 달려있다.

		사례수	전혀 아니다		대체로 아니다		보통이다		대체로 그렇다		매우 그렇다		계	
			(n)	%	(n)	%	(n)	%	(n)	%	(n)	%	(n)	%
전체		(2034)	(34)	1.7	(94)	4.6	(433)	21.3	(1019)	50.1	(454)	22.3	(2034)	100.0
성별	남성	(833)	(19)	2.3	(35)	4.2	(109)	13.1	(415)	49.8	(255)	30.6	(833)	100.0
	여성	(1201)	(15)	1.2	(59)	4.9	(324)	27.0	(604)	50.3	(199)	16.6	(1201)	100.0
연령	만 65-69세	(573)	(8)	1.4	(25)	4.4	(98)	17.1	(287)	50.1	(155)	27.1	(573)	100.0
	70대	(1022)	(21)	2.1	(55)	5.4	(210)	20.5	(512)	50.1	(224)	21.9	(1022)	100.0
	80대 이상	(439)	(5)	1.1	(14)	3.2	(125)	28.5	(220)	50.1	(75)	17.1	(439)	100.0
거주지역	농촌지역	(657)	(13)	2.0	(28)	4.3	(168)	25.6	(311)	47.3	(137)	20.9	(657)	100.0
	도시지역	(1377)	(21)	1.5	(66)	4.8	(265)	19.2	(708)	51.4	(317)	23.0	(1377)	100.0
학력	무학	(524)	(12)	2.3	(32)	6.1	(151)	28.8	(258)	49.2	(71)	13.5	(524)	100.0
	1년~3년	(125)	(3)	2.4	(9)	7.2	(39)	31.2	(51)	40.8	(23)	18.4	(125)	100.0
	4년~6년	(657)	(10)	1.5	(32)	4.9	(150)	22.8	(338)	51.4	(127)	19.3	(657)	100.0
	7년~9년	(294)	(3)	1.0	(11)	3.7	(50)	17.0	(147)	50.0	(83)	28.2	(294)	100.0
	10년~12년	(297)	(2)	.7	(7)	2.4	(36)	12.1	(158)	53.2	(94)	31.6	(297)	100.0
	13년 이상	(137)	(4)	2.9	(3)	2.2	(7)	5.1	(67)	48.9	(56)	40.9	(137)	100.0
건강상태	매우 건강	(141)	(0)	.0	(7)	5.0	(24)	17.0	(55)	39.0	(55)	39.0	(141)	100.0
	건강	(460)	(4)	.9	(10)	2.2	(53)	11.5	(244)	53.0	(149)	32.4	(460)	100.0
	보통	(495)	(7)	1.4	(16)	3.2	(95)	19.2	(273)	55.2	(104)	21.0	(495)	100.0
	건강하지 못함	(695)	(9)	1.3	(33)	4.7	(202)	29.1	(342)	49.2	(109)	15.7	(695)	100.0
	매우 건강하지 못함	(243)	(14)	5.8	(28)	11.5	(59)	24.3	(105)	43.2	(37)	15.2	(243)	100.0
월 평균 가구 소득	50만원 미만	(509)	(18)	3.5	(31)	6.1	(132)	25.9	(249)	48.9	(79)	15.5	(509)	100.0
	50만원~150만원 미만	(762)	(9)	1.2	(34)	4.5	(176)	23.1	(377)	49.5	(166)	21.8	(762)	100.0
	150만원~250만원 미만	(439)	(3)	.7	(21)	4.8	(75)	17.1	(242)	55.1	(98)	22.3	(439)	100.0
	250만원 이상	(293)	(3)	1.0	(8)	2.7	(40)	13.7	(136)	46.4	(106)	36.2	(293)	100.0
	잘 모른다	(31)	(1)	3.2	(0)	.0	(10)	32.3	(15)	48.4	(5)	16.1	(31)	100.0

문27. (보기카드 제시) 다음 질문들에 대해 어르신께서 얼마나 찬성하시는지를 말씀해 주십시오.

<2> 내 마음속으로 결정된 일은 어떤 일이든지 할 수 있다.

		사례수	전혀 아니다		대체로 아니다		보통이다		대체로 그렇다		매우 그렇다		계	
			(n)	%	(n)	%	(n)	%	(n)	%	(n)	%	(n)	%
전체		(2034)	(102)	5.0	(351)	17.3	(731)	35.9	(695)	34.2	(155)	7.6	(2034)	100.0
성별	남성	(833)	(37)	4.4	(112)	13.4	(235)	28.2	(339)	40.7	(110)	13.2	(833)	100.0
	여성	(1201)	(65)	5.4	(239)	19.9	(496)	41.3	(356)	29.6	(45)	3.7	(1201)	100.0
연령	만 65-69세	(573)	(23)	4.0	(76)	13.3	(190)	33.2	(225)	39.3	(59)	10.3	(573)	100.0
	70대	(1022)	(52)	5.1	(167)	16.3	(363)	35.5	(358)	35.0	(82)	8.0	(1022)	100.0
	80대 이상	(439)	(27)	6.2	(108)	24.6	(178)	40.5	(112)	25.5	(14)	3.2	(439)	100.0
거주지역	농촌지역	(657)	(36)	5.5	(130)	19.8	(242)	36.8	(221)	33.6	(28)	4.3	(657)	100.0
	도시지역	(1377)	(66)	4.8	(221)	16.0	(489)	35.5	(474)	34.4	(127)	9.2	(1377)	100.0
학력	무학	(524)	(38)	7.3	(117)	22.3	(219)	41.8	(135)	25.8	(15)	2.9	(524)	100.0
	1년~3년	(125)	(9)	7.2	(31)	24.8	(48)	38.4	(31)	24.8	(6)	4.8	(125)	100.0
	4년~6년	(657)	(29)	4.4	(107)	16.3	(262)	39.9	(220)	34.7	(31)	4.7	(657)	100.0
	7년~9년	(294)	(15)	5.1	(48)	16.3	(80)	27.2	(119)	40.5	(32)	10.9	(294)	100.0
	10년~12년	(297)	(7)	2.4	(39)	13.1	(94)	31.6	(122)	41.1	(35)	11.8	(297)	100.0
	13년 이상	(137)	(4)	2.9	(9)	6.6	(28)	20.4	(60)	43.8	(36)	26.3	(137)	100.0
건강상태	매우 건강	(141)	(8)	5.7	(24)	17.0	(32)	22.7	(55)	39.0	(22)	15.6	(141)	100.0
	건강	(460)	(8)	1.7	(44)	9.6	(126)	27.4	(214)	46.5	(68)	14.8	(460)	100.0
	보통	(495)	(13)	2.6	(53)	10.7	(217)	43.8	(179)	36.2	(33)	6.7	(495)	100.0
	건강하지 못함	(695)	(31)	4.5	(171)	24.6	(272)	39.1	(197)	28.3	(24)	3.5	(695)	100.0
	매우 건강하지 못함	(243)	(42)	17.3	(59)	24.3	(84)	34.6	(50)	20.6	(8)	3.3	(243)	100.0
월 평균 가구 소득	50만원 미만	(509)	(47)	9.2	(114)	22.4	(179)	35.2	(149)	29.3	(20)	3.9	(509)	100.0
	50만원~150만원 미만	(762)	(29)	3.8	(130)	17.1	(289)	37.9	(271)	35.6	(43)	5.6	(762)	100.0
	150만원~250만원 미만	(439)	(15)	3.4	(50)	11.4	(167)	38.0	(161)	36.7	(46)	10.5	(439)	100.0
	250만원 이상	(293)	(11)	3.8	(50)	17.1	(81)	27.6	(108)	36.9	(43)	14.7	(293)	100.0
	잘 모른다	(31)	(0)	.0	(7)	22.6	(15)	48.4	(6)	19.4	(3)	9.7	(31)	100.0

문27. (보기카드 제시) 다음 질문들에 대해 어르신께서 얼마나 찬성하시는지를 말씀해 주십시오.

<3> 내 불운은 내가 만든 실수로 인해 생긴 것이다.

		사례수	전혀 아니다		대체로 아니다		보통이다		대체로 그렇다		매우 그렇다		계	
			(n)	%	(n)	%	(n)	%	(n)	%	(n)	%	(n)	%
전체		(2034)	(62)	3.0	(284)	14.0	(731)	35.9	(795)	39.1	(162)	8.0	(2034)	100.0
성별	남성	(833)	(40)	4.8	(112)	13.4	(251)	30.1	(337)	40.5	(93)	11.2	(833)	100.0
	여성	(1201)	(22)	1.8	(172)	14.3	(480)	40.0	(458)	38.1	(69)	5.7	(1201)	100.0
연령	만 65-69세	(573)	(23)	4.0	(73)	12.7	(198)	34.6	(229)	40.0	(50)	8.7	(573)	100.0
	70대	(1022)	(32)	3.1	(148)	14.5	(351)	34.3	(402)	39.3	(89)	8.7	(1022)	100.0
	80대 이상	(439)	(7)	1.6	(63)	14.4	(182)	41.5	(164)	37.4	(23)	5.2	(439)	100.0
거주지역	농촌지역	(657)	(22)	3.3	(87)	13.2	(211)	32.1	(306)	46.6	(31)	4.7	(657)	100.0
	도시지역	(1377)	(40)	2.9	(197)	14.3	(520)	37.8	(489)	35.5	(131)	9.5	(1377)	100.0
학력	무학	(524)	(9)	1.7	(76)	14.5	(225)	42.9	(185)	35.3	(29)	5.5	(524)	100.0
	1년~3년	(125)	(5)	4.0	(22)	17.6	(43)	34.4	(48)	38.4	(7)	5.6	(125)	100.0
	4년~6년	(657)	(18)	2.7	(91)	13.9	(241)	36.7	(273)	41.6	(34)	5.2	(657)	100.0
	7년~9년	(294)	(17)	5.8	(38)	12.9	(98)	33.3	(115)	39.1	(26)	8.8	(294)	100.0
	10년~12년	(297)	(9)	3.0	(44)	14.8	(89)	30.0	(118)	39.7	(37)	12.5	(297)	100.0
	13년 이상	(137)	(4)	2.9	(13)	9.5	(35)	25.5	(56)	40.9	(29)	21.2	(137)	100.0
건강상태	매우 건강	(141)	(4)	2.8	(11)	7.3	(37)	26.2	(68)	48.2	(21)	14.9	(141)	100.0
	건강	(460)	(16)	3.5	(62)	13.5	(134)	29.1	(192)	41.7	(56)	12.2	(460)	100.0
	보통	(495)	(14)	2.8	(61)	12.3	(192)	38.8	(198)	40.0	(30)	6.1	(495)	100.0
	건강하지 못함	(695)	(8)	1.2	(109)	15.7	(275)	39.6	(259)	37.3	(44)	6.3	(695)	100.0
	매우 건강하지 못함	(243)	(20)	8.2	(41)	16.9	(93)	38.3	(78)	32.1	(11)	4.5	(243)	100.0
월 평균 가구 소득	50만원 미만	(509)	(18)	3.5	(78)	15.3	(191)	37.5	(195)	38.3	(27)	5.3	(509)	100.0
	50만원~150만원 미만	(762)	(28)	3.7	(112)	14.7	(277)	36.4	(295)	38.7	(50)	6.6	(762)	100.0
	150만원~250만원 미만	(439)	(11)	2.5	(64)	14.6	(147)	33.5	(173)	39.4	(44)	10.0	(439)	100.0
	250만원 이상	(293)	(5)	1.7	(28)	9.6	(97)	33.1	(128)	43.7	(35)	11.9	(293)	100.0
	잘 모른다	(31)	(0)	.0	(2)	6.5	(19)	61.3	(4)	12.9	(6)	19.4	(31)	100.0

문27. (보기카드 제시) 다음 질문들에 대해 어르신께서 얼마나 찬성하시는지를 말씀해 주십시오.

<4> 나의 실패는 전적으로 내 탓이다.

		사례수	전혀 아니다.		대체로 아니다.		보통이다.		대체로 그렇다.		매우 그렇다.		계	
			(n)	%	(n)	%	(n)	%	(n)	%	(n)	%	(n)	%
전체		(2034)	(105)	5.2	(181)	8.9	(528)	26.0	(899)	44.2	(321)	15.8	(2034)	100.0
성별	남성	(833)	(68)	8.2	(69)	8.3	(173)	20.8	(355)	42.6	(168)	20.2	(833)	100.0
	여성	(1201)	(37)	3.1	(112)	9.3	(355)	29.8	(544)	45.3	(153)	12.7	(1201)	100.0
연령	만 65-69세	(573)	(35)	6.1	(50)	8.7	(146)	25.5	(285)	41.0	(107)	18.7	(573)	100.0
	70대	(1022)	(52)	5.1	(90)	8.8	(266)	28.0	(449)	43.9	(165)	16.1	(1022)	100.0
	80대 이상	(439)	(18)	4.1	(41)	9.3	(116)	26.4	(215)	49.0	(49)	11.2	(439)	100.0
거주지역	농촌지역	(657)	(43)	6.5	(52)	7.9	(164)	25.0	(308)	46.9	(90)	13.7	(657)	100.0
	도시지역	(1377)	(26)	4.5	(129)	9.4	(364)	26.4	(591)	42.9	(231)	16.8	(1377)	100.0
학력	무학	(524)	(17)	3.2	(53)	10.1	(173)	33.0	(225)	42.9	(56)	10.7	(524)	100.0
	1년~3년	(125)	(9)	7.2	(10)	8.0	(38)	30.4	(55)	44.0	(13)	10.4	(125)	100.0
	4년~6년	(657)	(22)	3.3	(58)	8.8	(164)	25.0	(324)	49.3	(89)	13.5	(657)	100.0
	7년~9년	(294)	(28)	9.5	(24)	8.	(72)	24.5	(116)	39.5	(54)	18.4	(294)	100.0
	10년~12년	(297)	(21)	7.1	(28)	9.4	(55)	18.5	(131)	44.1	(62)	20.9	(297)	100.0
	13년 이상	(137)	(8)	5.6	(8)	5.8	(20)	10.0	(48)	35.0	(47)	34.3	(137)	100.0
건강상태	매우 건강	(141)	(5)	3.5	(7)	5.0	(36)	25.5	(61)	43.3	(32)	22.7	(141)	100.0
	건강	(460)	(26)	5.7	(41)	8.9	(94)	20.4	(185)	40.2	(114)	24.8	(460)	100.0
	보통	(495)	(25)	5.1	(35)	7.1	(135)	27.3	(225)	45.5	(75)	15.2	(495)	100.0
	건강하지 못함	(695)	(29)	4.2	(63)	9.1	(194)	27.9	(334)	48.1	(75)	10.8	(695)	100.0
	매우 건강하지 못함	(243)	(20))	8.2	(35)	14.4	(69)	28.4	(94)	38.7	(25)	10.3	(243)	100.0
월 평균 가구 소득	50만원 미만	(509)	(24)	4.7	(52)	10.2	(144)	29.3	(229)	45.0	(60)	11.8	(509)	100.0
	50만원~150만원 미만	(762)	(46)	6.0	(78)	10.2	(198)	25.7	(329)	43.0	(113)	14.6	(762)	100.0
	150만원~250만원 미만	(439)	(23)	5.2	(35)	8.0	(109)	24.6	(199)	45.3	(73)	16.6	(439)	100.0
	250만원 이상	(293)	(10)	3.4	(16)	5.5	(62)	21.2	(135)	46.1	(70)	23.9	(293)	100.0
	잘 모른다	(31)	(2)	6.5	(0)	0.0	(17)	54.8	(7)	22.6	(5)	16.1	(31)	100.0

문27. (보기카드 제시) 다음 질문들에 대해 어르신께서 얼마나 찬성하시는지를 말씀해 주십시오.

<5> 내게 생긴 좋은 일은 대개 운 때문에 생긴 일이다.

		사례수	전혀 아니다.		대체로 아니다.		보통이다.		대체로 그렇다.		매우 그렇다.		계	
			(n)	%	(n)	%	(n)	%	(n)	%	(n)	%	(n)	%
전체		(2034)	(238)	11.7	(702)	34.5	(637)	31.3	(408)	20.1	(49)	2.4	(2034)	100.0
성별	남성	(833)	(137)	16.4	(311)	37.3	(215)	25.8	(150)	18.0	(20)	2.4	(833)	100.0
	여성	(1201)	(101)	8.4	(391)	32.6	(422)	35.1	(258)	21.5	(29)	2.4	(1201)	100.0
연령	만 65-69세	(573)	(92)	16.1	(215)	37.5	(150)	26.2	(107)	18.7	(9)	1.6	(573)	100.0
	70대	(1022)	(114)	11.2	(353)	34.5	(312)	30.5	(214)	20.9	(29)	2.8	(1022)	100.0
	80대 이상	(439)	(32)	7.3	(134)	30.5	(175)	39.9	(87)	19.8	(11)	2.5	(439)	100.0
거주지역	농촌지역	(657)	(83)	12.6	(281)	42.8	(176)	26.8	(108)	16.4	(9)	1.4	(657)	100.0
	도시지역	(1377)	(155)	11.3	(421)	30.6	(461)	33.5	(300)	21.8	(40)	2.9	(1377)	100.0
학력	무학	(524)	(34)	6.5	(165)	31.5	(206)	39.3	(109)	20.8	(10)	1.9	(524)	100.0
	1년~3년	(125)	(15)	12.0	(39)	31.2	(41)	32.8	(28)	22.4	(2)	1.6	(125)	100.0
	4년~6년	(657)	(50)	7.6	(231)	35.2	(216)	32.9	(140)	21.3	(20)	3.0	(657)	100.0
	7년~9년	(294)	(47)	16.0	(105)	35.7	(78)	26.5	(54)	18.4	(10)	6.4	(294)	100.0
	10년~12년	(297)	(60)	20.2	(113)	38.0	(63)	21.2	(59)	19.9	(2)	0.7	(297)	100.0
	13년 이상	(137)	(32)	23.4	(49)	35.8	(33)	24.1	(18)	13.1	(5)	3.6	(137)	100.0
건강상태	매우 건강	(141)	(34)	24.1	(41)	29.1	(41)	29.1	(20)	14.2	(5)	3.5	(141)	100.0
	건강	(460)	(78)	17.0	(148)	32.2	(128)	27.8	(90)	19.6	(16)	3.5	(460)	100.0
	보통	(495)	(44)	8.9	(184)	37.2	(160)	32.3	(98)	19.8	(9)	1.8	(495)	100.0
	건강하지 못함	(695)	(57)	8.2	(268)	38.6	(223)	32.1	(132)	19.0	(15)	2.2	(695)	100.0
	매우 건강하지 못함	(243)	(25)	10.3	(61)	25.1	(85)	35.0	(68)	28.0	(4)	1.6	(243)	100.0
월 평균 가구 소득	50만원 미만	(509)	(23)	4.5	(128)	25.1	(218)	42.8	(124)	24.4	(16)	3.1	(509)	100.0
	50만원~150만원 미만	(762)	(99)	13.0	(282)	37.0	(222)	29.1	(147)	19.3	(12)	1.6	(762)	100.0
	150만원~250만원 미만	(439)	(66)	15.0	(173)	39.4	(109)	24.8	(76)	17.3	(15)	3.4	(439)	100.0
	250만원 이상	(293)	(47)	16.0	(108)	36.9	(77)	26.3	(56)	19.1	(5)	1.7	(293)	100.0
	잘 모른다	(31)	(3)	9.7	(11)	35.5	(11)	35.5	(5)	16.1	(1)	3.2	(31)	100.0

문27. (보기카드 제시) 다음 질문들에 대해 어르신께서 얼마나 찬성하시는지를 말씀해 주십시오.

<6> 많은 계획을 세울 필요가 없다 - 어차피 좋은 일이라면 그렇게 되게 되어있다.

		사례수	전혀 아니다.		대체로 아니다		보통이다.		대체로 그렇다.		매우 그렇다.		계	
			(n)	%	(n)	%	(n)	%	(n)	%	(n)	%	(n)	%
전체		(2034)	(168)	8.3	(643)	31.6	(704)	34.6	(480)	23.6	(39)	1.9	(2034)	100.0
성별	남성	(833)	(95)	11.4	(284)	34.1	(246)	29.5	(194)	23.3	(14)	1.7	(833)	100.0
	여성	(1201)	(73)	6.1	(359)	29.9	(458)	38.1	(286)	23.8	(25)	2.1	(1201)	100.0
연령	만 65-69세	(573)	(71)	12.4	(200)	34.9	(176)	30.7	(116)	20.2	(10)	1.7	(573)	100.0
	70대	(1022)	(82)	8.0	(320)	31.3	(358)	35.0	(239)	23.4	(23)	2.3	(1022)	100.0
	80대 이상	(439)	(15)	3.4	(123)	28.0	(170)	38.7	(125)	28.5	(6)	1.4	(439)	100.0
거주지역	농촌지역	(657)	(42)	6.4	(275)	41.9	(190)	28.9	(142)	21.6	(8)	1.2	(657)	100.0
	도시지역	(1377)	(126)	9.2	(368)	26.7	(514)	37.3	(338)	24.5	(31)	2.3	(1377)	100.0
학력	무학	(524)	(20)	3.8	(136)	26.0	(229)	43.7	(130)	24.8	(9)	1.7	(524)	100.0
	1년~3년	(125)	(7)	5.6	(42)	33.6	(37)	29.8	(35)	28.0	(4)	3.2	(125)	100.0
	4년~6년	(657)	(49)	7.5	(209)	31.8	(229)	34.9	(157)	23.9	(13)	2.0	(657)	100.0
	7년~9년	(294)	(27)	9.2	(107)	36.4	(86)	29.3	(68)	23.1	(6)	2.0	(294)	100.0
	10년~12년	(297)	(43)	14.5	(105)	35.4	(84)	28.3	(63)	21.2	(2)	0.7	(297)	100.0
	13년 이상	(137)	(22)	16.1	(44)	32.1	(39)	28.5	(27)	19.7	(5)	3.6	(137)	100.0
건강상태	매우 건강	(141)	(27)	19.1	(35)	24.8	(48)	34.0	(28)	19.9	(3)	2.1	(141)	100.0
	건강	(460)	(49)	10.7	(138)	30.3	(151)	32.8	(113)	24.6	(9)	2.0	(460)	100.0
	보통	(495)	(29)	5.9	(176)	35.6	(178)	36.0	(109)	22.0	(3)	0.6	(495)	100.0
	건강하지 못함	(695)	(49)	7.1	(239)	34.4	(230)	33.1	(161)	23.2	(16)	2.3	(695)	100.0
	매우 건강하지 못함	(243)	(14)	5.8	(55)	22.6	(97)	39.9	(69)	28.4	(8)	3.3	(243)	100.0
월 평균 가구 소득	50만원 미만	(509)	(19)	3.7	(110)	21.6	(206)	40.5	(157)	30.8	(17)	3.3	(509)	100.0
	50만원~150만원 미만	(762)	(70)	9.2	(256)	33.9	(262)	34.4	(163)	21.4	(9)	1.2	(762)	100.0
	150만원~250만원 미만	(439)	(46)	10.5	(175)	39.9	(128)	29.2	(85)	19.4	(5)	1.1	(439)	100.0
	250만원 이상	(293)	(33)	11.3	(91)	31.1	(97)	33.1	(65)	22.2	(7)	2.4	(293)	100.0
	잘 모른다	(31)	(0)	0.0	(9)	29.0	(11)	35.5	(10)	32.3	(1)	3.2	(31)	100.0

문27. (보기카드 제시) 다음 질문들에 대해 어르신께서 얼마나 찬성하시는지를 말씀해 주십시오.

<7> 내게 생긴 문제의 대부분은 다른 사람의 방해 탓이다.

		사례수	전혀 아니다.		대체로 아니다		보통이다.		대체로 그렇다.		매우 그렇다.		계	
			(n)	%	(n)	%	(n)	%	(n)	%	(n)	%	(n)	%
전체		(2034)	(564)	27.7	(984)	48.4	(375)	18.4	(106)	5.2	(5)	0.2	(2034)	100.0
성별	남성	(833)	(295)	35.4	(363)	43.6	(129)	15.5	(44)	5.3	(2)	0.2	(833)	100.0
	여성	(1201)	(269)	22.4	(621)	51.7	(246)	20.5	(62)	5.2	(3)	0.2	(1201)	100.0
연령	만 65-69세	(573)	(198)	34.6	(261)	45.5	(80)	14.0	(34)	5.9	(0)	0.0	(573)	100.0
	70대	(1022)	(271)	26.5	(488)	47.7	(208)	20.4	(52)	5.1	(3)	0.3	(1022)	100.0
	80대 이상	(439)	(95)	21.6	(235)	53.5	(87)	19.8	(20)	4.6	(2)	0.5	(439)	100.0
거주지역	농촌지역	(657)	(158)	24.0	(340)	51.9	(109)	16.6	(50)	7.6	(0)	0.0	(657)	100.0
	도시지역	(1377)	(406)	29.5	(644)	48.8	(266)	19.3	(56)	4.1	(5)	0.4	(1377)	100.0
학력	무학	(524)	(87)	16.6	(260)	49.6	(151)	28.8	(25)	4.8	(1)	0.2	(524)	100.0
	1년~3년	(125)	(31)	24.8	(70)	58.0	(18)	14.4	(4)	3.2	(2)	1.6	(125)	100.0
	4년~6년	(657)	(159)	24.2	(341)	51.9	(111)	16.9	(45)	6.8	(1)	0.2	(657)	100.0
	7년~9년	(294)	(96)	32.7	(136)	46.3	(44)	15.0	(17)	5.8	(1)	0.3	(294)	100.0
	10년~12년	(297)	(126)	42.4	(125)	42.1	(36)	12.1	(10)	3.4	(0)	0.0	(297)	100.0
	13년 이상	(137)	(65)	47.4	(52)	38.0	(15)	10.9	(5)	3.6	(0)	0.0	(137)	100.0
건강상태	매우 건강	(141)	(64)	45.4	(59)	41.8	(16)	11.3	(1)	0.7	(1)	0.7	(141)	100.0
	건강	(460)	(167)	36.6	(200)	43.5	(67)	14.6	(24)	5.2	(2)	0.4	(460)	100.0
	보통	(495)	(123)	24.8	(273)	55.2	(81)	16.4	(17)	3.4	(1)	0.2	(495)	100.0
	건강하지 못함	(695)	(154)	22.2	(384)	50.1	(147)	21.2	(45)	6.5	(1)	0.1	(695)	100.0
	매우 건강하지 못함	(243)	(56)	23.0	(104)	42.8	(64)	26.3	(19)	7.8	(0)	0.0	(243)	100.0
월 평균 가구 소득	50만원 미만	(509)	(108)	21.2	(234)	46.0	(127)	25.0	(39)	7.7	(1)	0.2	(509)	100.0
	50만원~150만원 미만	(762)	(214)	28.1	(372)	48.8	(137)	18.0	(35)	4.6	(4)	0.5	(762)	100.0
	150만원~250만원 미만	(439)	(142)	32.3	(217)	49.4	(60)	13.7	(20)	4.6	(0)	0.0	(439)	100.0
	250만원 이상	(293)	(89)	30.4	(148)	49.8	(47)	16.0	(11)	3.8	(0)	0.0	(293)	100.0
	잘 모른다	(31)	(11)	35.5	(15)	48.4	(4)	12.9	(1)	3.2	(0)	0.0	(31)	100.0

문27. (보기카드 제시) 다음 질문들에 대해 어르신께서 얼마나 찬성하시는지를 말씀해 주십시오.

<8> 내게 생기는 나쁜 일들을 통제할 수가 없다.

		사례수	전혀 아니다.		거의 그렇지 않다		대체로 아니다.		대체로 그렇다.		매우 그렇다.		계	
			(n)	%	(n)	%	(n)	%	(n)	%	(n)	%	(n)	%
전체		(2034)	(440)	21.6	(792)	38.9	(474)	23.3	(275)	13.5	(53)	2.6	(2034)	100.0
성별	남성	(833)	(234)	28.1	(314)	37.7	(167)	37.7	(100)	12.0	(18)	2.2	(833)	100.0
	여성	(1201)	(206)	17.2	(478)	39.8	(307)	39.8	(175)	14.6	(35)	2.9	(1201)	100.0
연령	만 65-69세	(573)	(167)	29.1	(200)	34.9	(119)	34.9	(71)	12.4	(16)	2.8	(573)	100.0
	70대	(1022)	(206)	20.2	(394)	38.6	(247)	38.6	(151)	14.8	(24)	2.3	(1022)	100.0
	80대 이상	(439)	(67)	15.3	(198)	45.1	(108)	45.1	(53)	12.1	(13)	3.0	(439)	100.0
거주지역	농촌지역	(657)	(101)	15.4	(290)	44.1	(144)	44.1	(103)	15.7	(19)	2.9	(657)	100.0
	도시지역	(1377)	(339)	24.6	(502)	36.5	(330)	38.5	(172)	12.5	(34)	2.5	(1377)	100.0
학력	무학	(524)	(48)	9.2	(194)	37.0	(161)	37.0	(102)	19.5	(19)	3.6	(524)	100.0
	1년~3년	(125)	(21)	18.8	(52)	41.8	(24)	41.6	(22)	17.8	(6)	4.8	(125)	100.0
	4년~6년	(657)	(123)	18.7	(285)	43.4	(157)	43.4	(81)	12.3	(11)	1.7	(657)	100.0
	7년~9년	(294)	(74)	25.2	(125)	42.5	(51)	42.5	(34)	11.6	(10)	3.4	(294)	100.0
	10년~12년	(297)	(120)	40.4	(90)	30.3	(60)	30.3	(21)	7.1	(6)	2.0	(297)	100.0
	13년 이상	(137)	(54)	39.4	(46)	33.0	(21)	33.6	(15)	10.9	(1)	0.7	(137)	100.0
건강상태	매우 건강	(141)	(42)	29.8	(32)	22.7	(38)	22.7	(25)	17.7	(4)	2.8	(141)	100.0
	건강	(460)	(127)	27.8	(187)	40.7	(88)	40.7	(48)	10.4	(10)	2.2	(460)	100.0
	보통	(495)	(137)	27.7	(200)	40.4	(105)	40.4	(44)	8.9	(9)	1.8	(495)	100.0
	건강하지 못함	(695)	(108)	15.5	(290)	41.7	(169)	41.7	(112)	16.1	(16)	2.3	(695)	100.0
	매우 건강하지 못함	(243)	(26)	10.7	(83)	34.2	(74)	34.2	(46)	18.9	(14)	5.8	(243)	100.0
월 평균 가구 소득	50만원 미만	(509)	(62)	12.2	(191)	37.5	(142)	37.5	(85)	18.7	(19)	3.7	(509)	100.0
	50만원~150만원 미만	(762)	(173)	22.7	(306)	40.2	(169)	40.2	(85)	12.5	(19)	2.5	(762)	100.0
	150만원~250만원 미만	(439)	(129)	29.4	(168)	38.3	(79)	38.3	(51)	11.6	(12)	2.7	(439)	100.0
	250만원 이상	(293)	(70)	23.9	(115)	39.2	(73)	39.2	(32)	10.9	(3)	1.0	(293)	100.0
	잘 모른다	(31)	(6)	19.4	(12)	38.7	(11)	38.7	(2)	6.5	(0)	0.0	(31)	100.0

문28. (보기카드 제시) 평소 어르신의 모습을 가장 잘 나타내는 곳이나 어르신의 평소 생각과 일치하는 번호에 응답해 주십시오. 한 문항도 빠뜨리지 말고 응답 하시되, 최대한 솔직하게 응답해 주시기 바랍니다.

<1> 나는 불쾌한 기억을 떠올리더라도 괜찮다.

		사례수	전혀 그렇지 않다		거의 그렇지 않다		드물게 그렇다		때때로 그렇다.		빈번하게 그렇다		거의 언제나 그렇다.		항상 그렇다.		계	
			(n)	%	(n)	%	(n)	%	(n)	%	(n)	%	(n)	%	(n)	%	(n)	%
전체		(2034)	(114)	5.6	(292)	14.4	(317)	15.6	(459)	22.6	(307)	15.1	(364)	17.9	(181)	8.9	(2034)	100.0
성별	남성	(833)	(40)	4.8	(110)	13.2	(109)	13.1	(149)	17.9	(135)	16.2	(186)	22.3	(104)	12.5	(833)	100.0
	여성	(1201)	(74)	6.2	(182)	15.2	(208)	17.3	(310)	25.8	(172)	14.3	(178)	14.8	(77)	6.4	(1201)	100.0
연령	만 65-69세	(573)	(53)	9.2	(77)	13.4	(208)	14.3	(107)	18.7	(79)	13.8	(110)	19.2	(65)	11.3	(573)	100.0
	70대	(1022)	(45)	4.4	(145)	14.2	(82)	14.6	(237)	23.2	(168)	16.4	(191)	18.7	(78)	8.5	(1022)	100.0
	80대 이상	(439)	(16)	3.6	(70)	15.9	(149)	19.6	(15)	26.2	(60)	13.7	(63)	14.4	(29)	6.6	(439)	100.0
거주지역	농촌지역	(657)	(35)	5.3	(108)	16.4	(86)	14.9	(176)	26.6	(114)	17.4	(95)	14.5	(31)	4.7	(657)	100.0
	도시지역	(1377)	(79)	5.7	(184)	13.4	(98)	15.9	(283)	20.6	(193)	14.0	(269)	19.5	(150)	10.9	(1377)	100.0
학력	무학	(524)	(8)	1.5	(61)	11.6	(219)	19.5	(161)	30.7	(98)	18.7	(79)	15.1	(15)	2.9	(524)	100.0
	1년~3년	(125)	(2)	1.6	(25)	20.0	(102)	17.6	(39)	31.2	(15)	12.0	(17)	13.6	(5)	4.0	(125)	100.0
	4년~6년	(657)	(47)	7.2	(118)	18.0	(22)	15.1	(140)	21.3	(98)	14.9	(107)	16.3	(48)	7.3	(657)	100.0
	7년~9년	(294)	(25)	8.5	(46)	15.6	(99)	11.6	(52)	17.7	(38)	12.9	(57)	19.4	(42)	14.3	(294)	100.0
	10년~12년	(297)	(24)	8.1	(35)	11.8	(34)	16.2	(47)	15.8	(37)	12.5	(72)	24.2	(34)	11.4	(297)	100.0
	13년 이상	(137)	(8)	5.8	(7)	5.1	(48)	8.8	(20)	14.6	(21)	15.3	(32)	23.4	(37)	27.0	(137)	100.0
건강상태	매우 건강	(141)	(4)	2.8	(8)	5.7	(12)	9.2	(26)	18.4	(28)	19.9	(31)	22.0	(31)	22.0	(141)	100.0
	건강	(460)	(22)	4.8	(38)	8.3	(13)	12.4	(97)	21.1	(64)	13.9	(115)	25.0	(67)	14.6	(460)	100.0
	보통	(495)	(41)	8.3	(75)	15.2	(57)	14.5	(98)	19.8	(71)	14.3	(92)	18.6	(46)	9.3	(495)	100.0
	건강하지 못함	(695)	(42)	6.0	(130)	18.7	(72)	18.1	(168)	24.2	(107)	15.4	(93)	13.4	(29)	4.2	(695)	100.0
	매우 건강하지 못함	(243)	(5)	2.1	(41)	16.9	(126)	20.2	(70)	28.8	(37)	15.2	(33)	13.6	(8)	3.3	(243)	100.0
월 평균 가구 소득	50만원 미만	(509)	(12)	2.4	(67)	13.2	(49)	22.6	(137)	26.9	(86)	16.9	(74)	14.5	(18)	3.5	(509)	100.0
	50만원~150만원 미만	(762)	(41)	5.4	(113)	14.8	(115)	14.0	(157)	20.6	(123)	16.1	(152)	19.9	(69)	9.1	(762)	100.0
	150만원~250만원 미만	(439)	(49)	11.2	(75)	17.1	(107)	12.5	(87)	19.8	(51)	11.6	(75)	17.1	(47)	10.7	(439)	100.0
	250만원 이상	(293)	(12)	4.1	(35)	11.9	(55)	10.8	(66)	22.5	(47)	16.0	(57)	19.5	(45)	15.4	(293)	100.0
	잘 모른다	(31)	(0)	0.0	(2)	6.5	(319)	29.0	(12)	38.7	(0)	0.0	(6)	19.4	(2)	6.5	(31)	100.0

문28. (보기카드 제시) 평소 어르신의 모습을 가장 잘 나타내는 곳이나 어르신의 평소 생각과 일치하는 번호에 응답해 주십시오. 한 문항도 빠뜨리지 말고 응답 하시되, 최대한 솔직하게 응답해 주시기 바랍니다.

<2> 고통스러운 경험과 기억으로 인해 나는 내가 가치 있게 여기는 삶을 살기가 어렵다.

		사례수	전혀 그렇지않다		거의 그렇지 않다		드물게 그렇다		때때로 그렇다.		빈번하게 그렇다		거의 언제나 그렇다.		항상 그렇다.		계	
			(n)	%	(n)	%	(n)	%	(n)	%	(n)	%	(n)	%	(n)	%	(n)	%
전체		(2034)	(487)	23.9	(1004)	49.4	(244)	12.0	(205)	10.1	(61)	3.0	(26)	1.3	(7)	0.3	(2034)	100.0
성별	남성	(833)	(240)	28.8	(390)	46.8	(96)	11.5	(71V	8.5	(20)	2.4	(13)	1.6	(3)	0.4	(833)	100.0
	여성	(1201)	(247)	20.6	(614)	51.1	(148)	12.3	(134)	11.2	(41)	3.4	(13)	1.1	(4)	0.3	(1201)	100.0
연령	만 65-69세	(573)	(152)	26.5	(261)	45.5	(70)	12.2	(63)	11.0	(18)	3.1	(8)	1.4	(1)	0.2	(573)	100.0
	70대	(1022)	(250)	24.5	(508)	49.7	(129)	12.6	(95)	9.3	(25)	2.4	(10)	1.0	(5)	0.5	(1022)	100.0
	80대 이상	(439)	(85)	19.4	(235)	53.5	(45V	10.3	(47)	10.7	(18)	4.1	(8)	1.8	(1)	0.2	(439)	100.0
거주지역	농촌지역	(657)	(176)	26.8	(321)	48.9	(57)	8.7	(74)	11.3	(24)	3.7	(4)	0.6	(1)	0.2	(657)	100.0
	도시지역	(1377)	(311)	22.6	(683)	49.6	(187)	13.66	(131)	9.5	(37)	2.7	(22)	1.6	(7)	0.4	(1377)	100.0
학력	무학	(524)	(112)	21.4	(275)	52.5	(54)	1.03	(53)	10.1	(20)	3.8	(9)	1.7	(1)	0.2	(524)	100.0
	1년~3년	(125)	(25)	20.0	(62)	49.6	(19)	15.2	(13)	10.4	(4)	3.2	(1)	0.8	(1)	0.8	(125)	100.0
	4년~6년	(657)	(136)	20.7	(318)	48.4	(95)	14.5	(78)	11.9	(20)	3.0	(9)	1.4	(1)	0.2	(657)	100.0
	7년~9년	(294)	(79)	26.9	(145)	49.3	(28)	9.5	(27)	9.2	(11)	3.7	(2)	0.7	(2)	0.7	(294)	100.0
	10년~12년	(297)	(82)	27.6	(148)	49.8	(37)	12.5	(20)	6.7	(6)	2.0	(4)	1.3	(0)	0.0	(297)	100.0
	13년 이상	(137)	(53)	38.7	(56)	40.9	(11)	8.0	(14)	10.2	(0)	0.0	(1)	0.7	(2)	1.5	(137)	100.0
건강상태	매우 건강	(141)	(47)	33.3	(62)	44.0	(14)	9.9	(10)	7.1	(5)	3.5	(3)	2.1	(0)	0.0	(141)	100.0
	건강	(460)	(131)	28.5	(234)	50.9	(42)	9.1	(42)	9.1	(6)	1.3	(4V	0.9	(1)	0.2	(460)	100.0
	보통	(495)	(138)	27.9	(240)	48.5	(48)	9.7	(59)	11.9	(7)	1.4	(2)	0.4	(1)	0.2	(495)	100.0
	건강하지 못함	(695)	(142)	20.7	(358)	51.5	(90)	12.9	(68)	9.8	(27)	3.9	(9)	1.3	(1)	0.1	(695)	100.0
	매우 건강하지 못함	(243)	(29)	11.9	(110)	45.3	(50)	20.6	(26)	10.7	(16)	6.6	(8)	3.3	(4)	1.6	(243)	100.0
월 평균 가구 소득	50만원 미만	(509)	(80)	15.7	(241)	47.3	(75)	14.7	(74)	14.5	(24)	4.7	(10)	2.0	(5)	1.0	(509)	100.0
	50만원~150만원 미만	(762)	(195)	25.6	(382)	50.1	(94)	12.3	(59)	7.7	(21)	2.8	(10)	1.3	(1)	0.1	(762)	100.0
	150만원~250만원 미만	(439)	(129)	29.4	(219)	49.9	(38V	8.7	(41)	9.3	(9)	2.1	(3)	0.7	(0)	0.0	(439)	100.0
	250만원 이상	(293)	(75)	25.6	(149)	50.9	(35)	11.9	(23)	7.8	(7)	2.4	(3)	1.0	(1)	0.3	(293)	100.0
	잘 모른다	(31)	(8)	25.8	(13)	41.9	(2)	6.5	(8)	25.8	(0)	0.0	(0)	0.0	(0)	0.0	(31)	100.0

문28. (보기카드 제시) 평소 어르신의 모습을 가장 잘 나타내는 곳이나 어르신의 평소 생각과 일치하는 번호에 응답해 주십시오. 한 문항도 빠뜨리지 말고 응답 하시되, 최대한 솔직하게 응답해 주시기 바랍니다.

<3> 나는 내 감정을 느끼는 것이 두렵다.

		사례수	전혀 그렇지 않다		거의 그렇지 않다		드물게 그렇다		때때로 그렇다		빈번하게 그렇다		거의 언제나 그렇다		항상 그렇다		계	
			(n)	%	(n)	%	(n)	%	(n)	%	(n)	%	(n)	%	(n)	%	(n)	%
전체		(2034)	(456)	22.4	(974)	47.9	(384)	18.9	(174)	8.6	(25)	1.2	(18)	0.9	(3)	0.1	(2034)	100.0
성별	남성	(833)	(245)	29.4	(373)	44.8	(132)	15.8	(62)	7.4	(9)	1.1	(10)	1.2	(2)	0.2	(833)	100.0
	여성	(1201)	(211)	17.6	(601)	50.0	(252)	21.0	(112)	9.3	(16)	1.3	(8)	0.7	(1)	0.1	(1201)	100.0
연령	만 65-69세	(573)	(149)	26.0	(250)	43.6	(104)	18.2	(58)	10.1	(6)	1.0	(6)	1.0	(0)	0.0	(573)	100.0
	70대	(1022)	(228)	22.3	(491)	48.0	(193)	18.9	(82)	8.0	(16)	1.6	(10)	1.0	(2)	0.2	(1022)	100.0
	80대 이상	(439)	(79)	18.0	(233)	53.1	(87)	19.8	(34)	7.7	(3)	0.7	(2)	0.5	(1)	0.2	(439)	100.0
거주지역	농촌지역	(657)	(158)	24.0	(353)	53.7	(99)	15.1	(39)	5.9	(4)	0.6	(4)	0.6	(0)	0.0	(657)	100.0
	도시지역	(1377)	(298)	21.6	(621)	45.1	(285)	20.7	(135)	9.8	(21)	1.5	(14)	1.0	(3)	0.2	(1377)	100.0
학력	무학	(524)	(99)	18.9	(272)	51.9	(106)	20.6	(32)	6.1	(4)	0.8	(9)	1.7	(0)	0.0	(524)	100.0
	1년~3년	(125)	(23)	18.4	(61)	48.8	(22)	17.6	(12)	9.6	(5)	4.0	(1)	0.8	(1)	0.8	(125)	100.0
	4년~6년	(657)	(117)	17.8	(326)	49.6	(139)	21.2	(67)	10.2	(7)	1.1	(1)	0.2	(0)	0.0	(657)	100.0
	7년~9년	(294)	(70)	23.8	(133)	45.2	(47)	16.0	(34)	11.6	(6)	2.0	(2)	0.7	(2)	0.7	(294)	100.0
	10년~12년	(297)	(89)	30.0	(132)	44.4	(51)	17.2	(21)	7.1	(1)	0.3	(3)	1.0	(0)	0.0	(297)	100.0
	13년 이상	(137)	(58)	42.3	(50)	36.5	(17)	12.4	(8)	5.8	(2)	1.5	(2)	1.5	(0)	0.0	(137)	100.0
건강상태	매우 건강	(141)	(41)	29.1	(53)	37.6	(29)	20.6	(18)	12.8	(0)	0.0	(0)	0.0	(0)	0.0	(141)	100.0
	건강	(460)	(138)	30.0	(217)	47.2	(69)	15.0	(31)	6.7	(1)	0.2	(3)	0.7	(1)	0.2	(460)	100.0
	보통	(495)	(126)	25.5	(254)	51.3	(83)	16.8	(27)	5.5	(3)	0.6	(2)	0.4	(0)	0.0	(495)	100.0
	건강하지 못함	(695)	(126)	18.1	(351)	50.5	(131)	18.8	(69)	9.9	(10)	1.4	(7)	1.0	(1)	0.1	(695)	100.0
	매우 건강하지 못함	(243)	(25)	10.3	(99)	40.7	(72)	29.6	(29)	11.9	(11)	4.5	(6)	2.5	(1)	0.4	(243)	100.0
월 평균 가구 소득	50만원 미만	(509)	(87)	17.1	(222)	43.6	(119)	23.4	(55)	10.8	(13)	2.6	(11)	2.2	(2)	0.4	(509)	100.0
	50만원~150만원 미만	(762)	(178)	23.4	(380)	49.9	(133)	17.5	(60)	7.9	(4)	0.5	(6)	0.8	(1)	0.1	(762)	100.0
	150만원~250만원 미만	(439)	(112)	25.5	(214)	48.7	(76)	17.3	(36)	8.2	(1)	0.2	(0)	0.0	(0)	0.0	(439)	100.0
	250만원 이상	(293)	(73)	24.9	(144)	49.1	(48)	16.4	(21)	7.2	(6)	2.0	(1)	0.3	(0)	0.0	(293)	100.0
	잘 모른다	(31)	(6)	19.4	(14)	45.2	(8)	25.8	(2)	6.5	(1)	3.2	(0)	0.0	(0)	0.0	(31)	100.0

문28. (보기카드 제시) 평소 어르신의 모습을 가장 잘 나타내는 곳이나 어르신의 평소 생각과 일치하는 번호에 응답해 주십시오. 한 문항도 빠뜨리지 말고 응답 하시되, 최대한 솔직하게 응답해 주시기 바랍니다.

<4> 나는 내 걱정과 느낌(기분)을 통제하지 못하는 것에 대해 염려한다.

		사례수	전혀 그렇지 않다		거의 그렇지 않다		드물게 그렇다		때때로 그렇다.		빈번하게 그렇다		거의 언제나 그렇다.		항상 그렇다.		계	
			(n)	%	(n)	%	(n)	%	(n)	%	(n)	%	(n)	%	(n)	%	(n)	%
전체		(2034)	(423)	20.8	(981)	48.2	(385)	18.9	(204)	10.0	(25)	1.2	(15)	0.7	(1)	0.0	(2034)	100.0
성별	남성	(833)	(220)	26.4	(386)	46.3	(131)	15.7	(78)	9.4	(9)	1.1	(9)	1.1	(0)	0.0	(833)	100.0
	여성	(1201)	(203)	16.9	(595)	49.5	(254)	21.1	(126)	10.5	(16)	1.3	(6)	0.5	(1)	0.1	(1201)	100.0
연령	만 65-69세	(573)	(123)	21.5	(276)	48.2	(109)	19.0	(51)	8.9	(7)	1.2	(7)	1.2	(0)	0.0	(573)	100.0
	70대	(1022)	(222)	21.7	(470)	46.0	(190)	18.6	(116)	11.4	(16)	1.6	(7)	0.7	(1)	0.1	(1022)	100.0
	80대 이상	(439)	(78)	17.8	(235)	53.5	(86)	19.6	(37)	8.4	(2)	0.5	(1)	0.2	(0)	0.0	(439)	100.0
거주지역	농촌지역	(657)	(160)	24.4	(330)	50.2	(101)	15.4	(55)	8.4	(3)	0.5	(8)	1.2	(0)	0.1	(657)	100.0
	도시지역	(1377)	(263)	19.1	(651)	47.3	(284)	20.6	(149)	10.8	(22)	1.6	(7)	0.5	(1)	0.0	(1377)	100.0
학력	무학	(524)	(106)	20.2	(256)	48.9	(110)	21.0	(46)	8.8	(5)	1.0	(1)	0.2	(0)	0.0	(524)	100.0
	1년~3년	(125)	(17)	13.6	(62)	49.6	(27)	21.6	(16)	12.8	(3)	2.4	(0)	0.0	(0)	0.0	(125)	100.0
	4년~6년	(657)	(106)	16.1	(326)	49.6	(133)	20.2	(76)	11.6	(11)	1.7	(5)	0.8	(0)	0.3	(657)	100.0
	7년~9년	(294)	(60)	20.4	(138)	46.9	(56)	19.0	(33)	11.2	(2)	0.7	(4)	1.4	(1)	0.0	(294)	100.0
	10년~12년	(297)	(81)	27.3	(146)	49.2	(43)	14.5	(21)	7.1	(3)	1.0	(3)	1.0	(0)	0.0	(297)	100.0
	13년 이상	(137)	(53)	38.7	(53)	38.7	(16)	11.7	(12)	8.8	(1)	0.7	(2)	1.5	(0)	0.0	(137)	100.0
건강상태	매우 건강	(141)	(38)	27.0	(52)	36.9	(32)	22.7	(18)	12.8	(1)	0.7	(0)	0.0	(0)	0.0	(141)	100.0
	건강	(460)	(124)	27.0	(223)	48.5	(75)	16.3	(29)	6.3	(3)	0.7	(6)	1.3	(0)	0.2	(460)	100.0
	보통	(495)	(112)	22.6	(270)	54.5	(71)	14.3	(39)	7.9	(2)	0.4	(0)	0.0	(1)	0.0	(495)	100.0
	건강하지 못함	(695)	(115)	16.5	(245)	49.6	(145)	20.9	(75)	10.8	(12)	1.7	(3)	0.4	(0)	0.0	(695)	100.0
	매우 건강하지 못함	(243)	(34)	14.0	(91)	37.4	(62)	25.5	(43)	17.7	(7)	2.9	(6)	2.5	(0)	0.0	(243)	100.0
월 평균 가구 소득	50만원 미만	(509)	(71)	13.9	(212)	41.7	(125)	24.6	(83)	16.3	(13)	2.6	(5)	1.0	(0)	0.0	(509)	100.0
	50만원~150만원 미만	(762)	(176)	23.1	(380)	49.9	(134)	17.6	(55)	7.2	(8)	1.0	(8)	1.0	(1)	0.1	(762)	100.0
	150만원~250만원 미만	(439)	(99)	22.6	(228)	51.9	(73)	16.6	(37)	8.4	(1)	0.2	(1)	0.2	(0)	0.0	(439)	100.0
	250만원 이상	(293)	(73)	24.9	(146)	49.8	(46)	15.7	(25)	8.5	(2)	0.7	(1)	0.3	(0)	0.0	(293)	100.0
	잘 모른다	(31)	(4)	12.9	(15)	48.4	(7)	22.6	(4)	12.9	(1)	3.2	(0)	0.0	(0)	0.0	(31)	100.0

문28. (보기카드 제시) 평소 어르신의 모습을 가장 잘 나타내는 곳이나 어르신의 평소 생각과 일치하는 번호에 응답해 주십시오. 한 문항도 빠뜨리지 말고 응답 하시되, 최대한 솔직하게 응답해 주시기 바랍니다.

<5> 내 고통스러운 기억들은 내가 만족스러운 삶(인생)을 살지 못하게 한다.

		사례수	전혀 그렇지 않다		거의 그렇지 않다		드물게 그렇다		때때로 그렇다.		빈번하게 그렇다		거의 언제나 그렇다.		항상 그렇다.		계	
			(n)	%	(n)	%	(n)	%	(n)	%	(n)	%	(n)	%	(n)	%	(n)	%
전체		(2034)	(454)	22.3	(880)	43.3	(400)	19.7	(219)	10.8	(56)	2.8	(24)	1.2	(1)	0.0	(2034)	100.0
성별	남성	(833)	(219)	26.3	(362)	43.5	(144)	17.3	(79)	9.5	(18)	2.2	(11)	1.3	(0)	0.0	(833)	100.0
	여성	(1201)	(235)	19.6	(518)	43.1	(256)	21.3	(140)	11.7	(38)	3.2	(13)	1.1	(1)	0.1	(1201)	100.0
연령	만 65-69세	(573)	(126)	22.0	(242)	42.2	(109)	19.0	(78)	13.6	(12)	2.1	(6)	1.0	(0)	0.0	(573)	100.0
	70대	(1022)	(245)	24.0	(437)	42.8	(196)	19.2	(95)	9.3	(32)	3.1	(16)	1.6	(1)	0.1	(1022)	100.0
	80대 이상	(439)	(83)	18.9	(201)	45.8	(95)	21.6	(46)	10.5	(12)	2.7	(2)	0.5	(0)	0.0	(439)	100.0
거주지역	농촌지역	(657)	(169)	25.7	(324)	49.3	(104)	15.8	(37)	5.9	(16)	2.4	(5)	0.8	(0)	0.0	(657)	100.0
	도시지역	(1377)	(285)	20.7	(558)	40.4	(296)	21.5	(180)	13.1	(40)	2.9	(19)	1.4	(1)	0.1	(1377)	100.0
학력	무학	(524)	(115)	21.9	(235)	44.8	(104)	19.8	(43)	8.2	(17)	3.2	(10)	1.9	(0)	0.0	(524)	100.0
	1년~3년	(125)	(23)	18.4	(57)	45.6	(30)	24.0	(9V	7.2	(2)	1.6	(4)	3.2	(0)	0.0	(125)	100.0
	4년~6년	(657)	(123)	18.7	(292)	44.4	(132)	20.1	(84)	12.8	(21)	3.2	(5)	0.8	(0)	0.0	(657)	100.0
	7년~9년	(294)	(70)	23.8	(106)	36.1	(67)	22.8	(39)	13.3	(9)	3.1	(2)	0.7	(1)	0.0	(294)	100.0
	10년~12년	(297)	(72)	24.2	(140)	47.1	(51)	17.2	(28)	9.4	(4)	1.3	(2)	0.7	(0)	0.3	(297)	100.0
	13년 이상	(137)	(51)	97.2	(50)	36.5	(16)	11.7	(16)	11.7	(3)	2.2	(1)	0.7	(0)	0.0	(137)	100.0
건강상태	매우 건강	(141)	(29)	20.6	(48)	34.0	(26)	22.0	(31)	18.4	(6)	4.3	(1)	0.7	(0)	0.0	(141)	100.0
	건강	(460)	(139)	30.2	(210)	45.7	(65)	8.0	(37)	14.1	(7)	1.5	(2)	0.4	(0)	0.0	(460)	100.0
	보통	(495)	(124)	25.1	(238)	48.1	(87)	7.5	(37)	17.6	(4)	0.8	(4)	0.8	(1)	0.0	(495)	100.0
	건강하지 못함	(695)	(137)	19.7	(298)	42.9	(157)	10.9	(76)	22.6	(20)	2.8	(7)	1.0	(0)	0.2	(695)	100.0
	매우 건강하지 못함	(243)	(25)	10.3	(86)	35.4	(65)	15.6	(38)	26.7	(19)	7.9	(10)	4.1	(0)	0.0	(243)	100.0
월 평균 가구 소득	50만원 미만	(509)	(77)	15.1	(177)	34.8	(136)	15.7	(80)	26.7	(24)	4.7	(15)	2.9	(0)	0.0	(509)	100.0
	50만원~150만원 미만	(762)	(189)	24.8	(344)	45.1	(144)	8.0	(61)	18.9	(16)	2.1	(7)	0.9	(1)	0.0	(762)	100.0
	150만원~250만원 미만	(439)	(117)	26.7	(203)	46.2	(67)	9.3	(41)	15.3	(9)	2.1	(2)	0.5	(0)	0.1	(439)	100.0
	250만원 이상	(293)	(66)	22.5	(144)	49.1	(44)	9.9	(29)	16.4	(6)	2.0	(0)	0.0	(0)	0.0	(293)	100.0
	잘 모른다	(31)	(5)	16.1	(12)	38.7	(5)	25.8	(8)	16.1	(1)	3.2	(0)	0.0	(0)	0.0	(31)	100.0

문28. (보기카드 제시) 평소 어르신의 모습을 가장 잘 나타내는 곳이나 어르신의 평소 생각과 일치하는 번호에 응답해 주십시오. 한 문항도 빠뜨리지 말고 응답 하시되, 최대한 솔직하게 응답해 주시기 바랍니다.

<6> 나는 내 삶(인생)을 잘 관리하고 있다.

		사례수	전혀 그렇지 않다		거의 그렇지 않다		드물게 그렇다		때때로 그렇다.		빈번하게 그렇다		거의 언제나 그렇다.		항상 그렇다.		계	
			(n)	%	(n)	%	(n)	%	(n)	%	(n)	%	(n)	%	(n)	%	(n)	%
전체		(2034)	(61)	3.0	(184)	9.0	(499)	24.5	(626)	30.8	(259)	12.7	(304)	14.9	(101)	5.0	(2034)	100.0
성별	남성	(833)	(31)	3.7	(60)	7.2	(145)	17.4	(233)	28.0	(122)	14.6	(180)	21.6	(62)	7.4	(833)	100.0
	여성	(1201)	(30)	2.5	(124)	10.3	(354)	29.5	(393)	32.7	(137)	11.4	(124)	10.3	(39)	3.2	(1201)	100.0
연령	만 65-69세	(573)	(14)	2.4	(43)	7.5	(120)	20.9	(175)	30.5	(77)	13.4	(102)	17.8	(42)	7.3	(573)	100.0
	70대	(1022)	(29)	2.8	(89)	8.7	(238)	23.3	(309)	30.2	(151)	14.8	(156)	15.3	(50)	4.9	(1022)	100.0
	80대 이상	(439)	(18)	4.1	(52)	11.8	(141)	32.1	(142)	32.3	(31)	7.1	(48)	10.5	(9)	2.1	(439)	100.0
거주지역	농촌지역	(657)	(23)	3.5	(91)	13.9	(193)	29.4	(194)	29.5	(78)	11.9	(62)	9.4	(16)	2.4	(657)	100.0
	도시지역	(1377)	(38)	2.8	(93)	6.8	(306)	22.2	(432)	31.4	(181)	13.1	(242)	17.6	(85)	6.2	(1377)	100.0
학력	무학	(524)	(22)	4.2	(86)	16.4	(151)	28.8	(173)	33.0	(57)	10.9	(28)	5.3	(7)	1.3	(524)	100.0
	1년~3년	(125)	(9)	7.2	(13)	10.4	(41)	32.8	(35)	28.0	(13)	10.4	(12)	9.6	(2)	1.6	(125)	100.0
	4년~6년	(657)	(15)	2.3	(41)	6.5	(201)	30.6	(214)	32.6	(88)	13.4	(82)	12.5	(14)	2.1	(657)	100.0
	7년~9년	(294)	(10)	3.4	(15)	5.1	(56)	19.0	(100)	34.0	(39)	13.3	(54)	18.4	(20)	6.8	(294)	100.0
	10년~12년	(297)	(3)	1.0	(18)	6.1	(45)	15.2	(75)	25.3	(44)	14.8	(81)	27.3	(31)	10.4	(297)	100.0
	13년 이상	(137)	(2)	1.5	(9)	6.6	(5)	3.6	(29)	21.2	(18)	13.1	(47)	34.3	(27)	19.7	(137)	100.0
건강상태	매우 건강	(141)	(2)	1.4	(6)	4.3	(26)	18.4	(45)	31.9	(16)	11.3	(27)	19.1	(19)	13.5	(141)	100.0
	건강	(460)	(3)	0.7	(17)	3.7	(78)	17.0	(135)	29.3	(70)	15.2	(109)	23.7	(48)	10.4	(460)	100.0
	보통	(495)	(7)	1.4	(35)	7.1	(109)	22.0	(162)	32.7	(66)	13.3	(90)	18.2	(26)	5.3	(495)	100.0
	건강하지 못함	(695)	(23)	3.3	(78)	11.2	(222)	31.9	(219)	31.5	(82)	11.8	(66)	9.5	(5)	0.7	(695)	100.0
	매우 건강하지 못함	(243)	(26)	10.7	(48)	19.8	(64)	26.3	(65)	26.7	(25)	10.3	(12)	4.9	(3)	1.2	(243)	100.0
월 평균 가구 소득	50만원 미만	(509)	(35)	6.9	(84)	16.5	(143)	28.1	(154)	30.3	(53)	10.4	(37)	7.3	(3)	0.6	(509)	100.0
	50만원~150만원 미만	(762)	(14)	1.8	(52)	6.8	(197)	25.9	(234)	30.7	(111)	14.6	(120)	15.7	(34)	4.5	(762)	100.0
	150만원~250만원 미만	(439)	(8)	1.8	(25)	5.7	(102)	23.2	(141)	32.1	(50)	11.4	(78)	17.8	(35)	8.0	(439)	100.0
	250만원 이상	(293)	(4)	1.4	(21)	7.2	(49)	16.7	(83)	28.3	(40)	13.7	(68)	23.2	(28)	9.6	(293)	100.0
	잘 모른다	(31)	(0)	0.0	(2)	6.5	(8)	25.8	(14)	45.2	(5)	16.1	(1)	3.2	(1)	3.2	(31)	100.0

문28. (보기카드 제시) 평소 어르신의 모습을 가장 잘 나타내는 곳이나 어르신의 평소 생각과 일치하는 번호에 응답해 주십시오. 한 문항도 빠뜨리지 말고 응답 하시되, 최대한 솔직하게 응답해 주시기 바랍니다.

<7> 감정은 내 일상생활에서 문제를 일으킨다.

		사례수	전혀 그렇지 않다		거의 그렇지 않다		드물게 그렇다		때때로 그렇다.		빈번하게 그렇다		거의 언제나 그렇다.		항상 그렇다.		계	
			(n)	%	(n)	%	(n)	%	(n)	%	(n)	%	(n)	%	(n)	%	(n)	%
전체		(2034)	(263)	12.9	(765)	37.6	(629)	30.9	(283)	13.9	(70)	3.4	(20)	1.0	(4)	0.2	(2034)	100.0
성별	남성	(833)	(122)	14.6	(335)	40.2	(215)	25.8	(121)	14.5	(27)	3.2	(10)	1.2	(3)	0.4	(833)	100.0
	여성	(1201)	(141)	11.7	(430)	35.8	(414)	34.5	(162)	13.5	(43)	3.6	(10)	0.8	(1)	0.1	(1201)	100.0
연령	만 65~69세	(573)	(34)	10.6	(211)	36.8	(177)	30.9	(83)	14.5	(31)	5.4	(9)	1.4	(2)	0.3	(573)	100.0
	70대	(1022)	(144)	14.1	(383)	37.5	(305)	29.8	(148)	14.5	(29)	2.8	(11)	1.1	(2)	0.2	(1022)	100.0
	80대 이상	(439)	(58)	13.2	(171)	39.0	(147)	33.5	(52)	11.8	(10)	2.3	(1)	0.2	(0)	0.0	(439)	100.0
거주지역	농촌지역	(657)	(137)	20.9	(275)	41.9	(179)	27.2	(51)	7.8	(11)	1.7	(3)	0.5	(1)	0.2	(657)	100.0
	도시지역	(1377)	(126)	9.2	(490)	35.6	(450)	32.7	(232)	16.8	(59)	4.3	(17)	1.2	(3)	0.2	(1377)	100.0
학력	무학	(524)	(93)	17.7	(218)	41.6	(143)	27.3	(56)	10.7	(11)	2.1	(2)	0.4	(1)	0.2	(524)	100.0
	1년~3년	(125)	(12)	9.6	(49)	39.2	(48)	38.4	(11)	8.8	(5)	4.0	(0)	0.0	(0)	0.0	(125)	100.0
	4년~6년	(657)	(64)	9.7	(220)	33.5	(249)	37.9	(100)	15.2	(19)	2.9	(4)	0.6	(1)	0.2	(657)	100.0
	7년~9년	(294)	(31)	10.5	(96)	32.7	(87)	29.6	(59)	20.1	(16)	5.4	(5)	1.7	(0)	0.0	(294)	100.0
	10년~12년	(297)	(39)	13.1	(123)	41.4	(79)	26.6	(40)	13.5	(9)	3.0	(6)	2.0	(1)	0.3	(297)	100.0
	13년 이상	(137)	(24)	17.5	(59)	43.1	(23)	16.8	(17)	12.4	(10)	7.3	(3)	2.2	(1)	0.7	(137)	100.0
건강상태	매우 건강	(141)	(18)	12.8	(43)	30.5	(38)	27.0	(28)	19.9	(10)	7.1	(4)	2.8	(0)	0.0	(141)	100.0
	건강	(460)	(83)	18.0	(188)	40.9	(114)	24.8	(57)	12.4	(11)	2.4	(5)	1.1	(2)	0.4	(460)	100.0
	보통	(495)	(60)	12.1	(212)	42.8	(158)	31.9	(49)	9.9	(12)	2.4	(3)	0.6	(1)	0.2	(495)	100.0
	건강하지 못함	(695)	(89)	12.8	(248)	35.7	(229)	32.9	(105)	15.1	(21)	3.0	(3)	0.4	(0)	0.0	(695)	100.0
	매우 건강하지 못함	(243)	(13)	5.3	(74)	30.5	(90)	37.0	(44)	18.1	(16)	6.6	(5)	2.1	(1)	0.4	(243)	100.0
월 평균 가구 소득	50만원 미만	(509)	(51)	10.0	(177)	34.8	(172)	33.8	(80)	15.7	(21)	4.1	(6)	1.2	(2)	0.4	(509)	100.0
	50만원~150만원 미만	(762)	(114)	15.0	(312)	40.9	(208)	27.3	(96)	12.6	(27)	3.5	(3)	0.4	(2)	0.3	(762)	100.0
	150만원~250만원 미만	(439)	(58)	13.2	(152)	34.6	(154)	35.1	(58)	13.2	(9)	2.1	(8)	1.8	(0)	0.0	(439)	100.0
	250만원 이상	(293)	(38)	13.0	(115)	39.2	(81)	27.6	(45)	15.4	(11)	3.8	(3)	1.0	(0)	0.0	(293)	100.0
	잘 모른다	(31)	(2)	6.5	(9)	29.0	(14)	45.2	(4)	12.9	(2)	6.5	(0)	0.0	(0)	0.0	(31)	100.0

문28. (보기카드 제시) 평소 어르신의 모습을 가장 잘 나타내는 곳이나 어르신의 평소 생각과 일치하는 번호에 응답해 주십시오. 한 문항도 빠뜨리지 말고 응답 하시되, 최대한 솔직하게 응답해 주시기 바랍니다.

<8> 대부분의 사람들은 나에 비해 자신의 삶(인생)을 더 잘 꾸려 나가고 있는 것 같다.

		사례수	전혀 그렇지 않다		거의 그렇지 않다		드물게 그렇다		때때로 그렇다.		빈번하게 그렇다		거의 언제나 그렇다.		항상 그렇다.		계	
			(n)	%	(n)	%	(n)	%	(n)	%	(n)	%	(n)	%	(n)	%	(n)	%
전체		(2034)	(34)	1.7	(257)	12.6	(744)	36.6	(603)	29.6	(209)	10.3	(123)	6.0	(64)	3.1	(2034)	100.0
성별	남성	(833)	(27)	3.2	(126)	15.1	(294)	35.3	(222)	26.7	(73)	8.8	(61)	7.3	(30)	3.6	(833)	100.0
	여성	(1201)	(7)	0.6	(131)	10.9	(450)	37.5	(381)	31.7	(136)	11.3	(62)	5.2	(34)	2.8	(1201)	100.0
연령	만 65-69세	(573)	(10)	1.7	(78)	13.6	(211)	36.8	(153)	26.7	(54)	9.4	(40)	7.0	(27)	4.7	(573)	100.0
	70대	(1022)	(20)	2.0	(128)	12.5	(365)	35.7	(310)	30.3	(107)	10.5	(60)	5.9	(32)	3.1	(1022)	100.0
	80대 이상	(439)	(4)	0.9	(51)	11.6	(168)	38.3	(140)	31.9	(48)	10.9	(23)	5.2	(5)	1.1	(439)	100.0
거주지역	농촌지역	(657)	(8)	1.2	(90)	13.7	(279)	42.5	(209)	28.6	(42)	6.4	(22)	3.3	(7)	1.1	(657)	100.0
	도시지역	(1377)	(26)	1.9	(167)	12.1	(485)	33.8	(394)	37.8	(167)	12.1	(101)	7.3	(57)	4.1	(1377)	100.0
학력	무학	(524)	(3)	0.6	(48)	9.2	(171)	32.6	(198)	26.4	(62)	11.8	(28)	5.3	(14)	2.7	(524)	100.0
	1년~3년	(125)	(1)	0.8	(13)	10.4	(52)	41.6	(33)	29.7	(12)	9.8	(7)	5.6	(7)	5.6	(125)	100.0
	4년~6년	(657)	(3)	0.5	(76)	11.6	(208)	40.8	(195)	24.8	(68)	10.4	(29)	4.4	(18)	2.7	(657)	100.0
	7년~9년	(294)	(9)	3.1	(50)	17.0	(109)	37.1	(73)	25.3	(30)	10.2	(15)	5.1	(8)	2.7	(294)	100.0
	10년~12년	(297)	(11)	3.7	(47)	15.8	(105)	35.4	(75)	21.2	(21)	7.1	(24)	8.1	(14)	4.7	(297)	100.0
	13년 이상	(137)	(7)	5.1	(23)	16.8	(39)	28.5	(29)	29.1	(16)	11.7	(20)	14.6	(3)	2.2	(137)	100.0
건강상태	매우 건강	(141)	(1)	0.7	(16)	11.3	(45)	31.9	(41)	27.8	(11)	7.8	(17)	12.1	(10)	7.1	(141)	100.0
	건강	(460)	(14)	3.0	(76)	16.5	(161)	35.0	(128)	25.5	(41)	8.9	(24)	5.2	(16)	3.5	(460)	100.0
	보통	(495)	(5)	1.0	(77)	15.6	(197)	39.8	(126)	33.2	(48)	9.7	(28)	5.7	(14)	2.8	(495)	100.0
	건강하지 못함	(695)	(13)	1.9	(53)	7.6	(288)	41.4	(231)	31.7	(65)	9.4	(34)	4.9	(11)	1.6	(695)	100.0
	매우 건강하지 못함	(243)	(1)	0.4	(35)	14.4	(53)	21.8	(77)	31.2	(44)	18.1	(20)	8.2	(13)	5.3	(243)	100.0
월 평균 가구 소득	50만원 미만	(509)	(5)	1.0	(39)	7.7	(163)	32.0	(76)	32.0	(76)	14.9	(40)	7.9	(27)	5.3	(509)	100.0
	50만원~150만원 미만	(762)	(15)	2.0	(97)	12.7	(279)	36.6	(74)	36.6	(74)	9.7	(33)	4.3	(20)	2.6	(762)	100.0
	150만원~250만원 미만	(439)	(6)	1.4	(63)	14.4	(175)	39.9	(40)	39.9	(40)	9.1	(29)	6.6	(9)	2.1	(439)	100.0
	250만원 이상	(293)	(8)	2.7	(55)	18.8	(114)	38.9	(15)	38.9	(15)	5.1	(19)	6.5	(8)	2.7	(293)	100.0
	잘 모른다	(31)	(0)	0.0	(3)	9.7	(13)	41.9	(4)	41.9	(4)	12.9	(2)	6.5	(0)	0.0	(31)	100.0

문28. (보기카드 제시) 평소 어르신의 모습을 가장 잘 나타내는 곳이나 어르신의 평소 생각과 일치하는 번호에 응답해 주십시오. 한 문항도 빠뜨리지 말고 응답 하시되, 최대한 솔직하게 응답해 주시기 바랍니다.

<9> 걱정은 내가 성공하는 데 걸림돌이 된다.

		사례수	전혀 그렇지 않다		거의 그렇지 않다		드물게 그렇다		때때로 그렇다.		빈번하게 그렇다		거의 언제나 그렇다.		항상 그렇다.		계	
			(n)	%	(n)	%	(n)	%	(n)	%	(n)	%	(n)	%	(n)	%	(n)	%
전체		(2034)	(217)	10.7	(547)	26.9	(636)	31.3	(450)	22.1	(119)	5.9	(48)	2.4	(17)	0.8	(2034)	100.0
성별	남성	(833)	(123)	14.8	(225)	27.0	(246)	29.5	(157)	18.8	(47)	5.6	(27)	3.2	(8)	1.0	(833)	100.0
	여성	(1201)	(94)	7.8	(322)	26.8	(390)	32.5	(293)	24.4	(72)	6.0	(21)	1.7	(9)	0.7	(1201)	100.0
연령	만 65-69세	(573)	(53)	9.2	(157)	27.4	(163)	28.4	(143)	25.0	(32)	5.6	(19)	3.3	(6)	1.0	(573)	100.0
	70대	(1022)	(120)	11.7	(291)	28.5	(303)	29.6	(213)	20.8	(61)	6.0	(24)	2.3	(10)	1.0	(1022)	100.0
	80대 이상	(439)	(44)	10.0	(99)	22.6	(170)	38.7	(94)	21.4	(26)	5.9	(5)	1.1	(1)	0.2	(439)	100.0
거주지역	농촌지역	(657)	(126)	19.2	(211)	32.1	(165)	25.1	(118)	18.0	(26)	4.0	(6)	0.9	(5)	0.8	(657)	100.0
	도시지역	(1377)	(91)	6.6	(336)	24.4	(471)	34.2	(332)	24.1	(93)	6.8	(42)	3.1	(12)	0.9	(1377)	100.0
학력	무학	(524)	(77)	14.7	(161)	30.7	(161)	30.7	(93)	17.7	(22)	4.2	(9)	1.7	(1)	0.2	(524)	100.0
	1년~3년	(125)	(11)	8.8	(35)	28.0	(39)	31.2	(30)	24.0	(3)	2.4	(5)	4.0	(2)	1.6	(125)	100.0
	4년~6년	(657)	(46)	7.0	(162)	24.7	(228)	34.7	(164)	25.0	(44)	6.7	(8)	1.2	(5)	0.8	(657)	100.0
	7년~9년	(294)	(27)	9.2	(76)	25.9	(89)	30.3	(70)	23.8	(23)	7.8	(5)	1.7	(4)	1.4	(294)	100.0
	10년~12년	(297)	(31)	10.4	(83)	27.9	(89)	30.0	(58)	19.5	(21)	7.1	(10)	3.4	(5)	1.7	(297)	100.0
	13년 이상	(137)	(25)	18.2	(30)	21.9	(30)	21.9	(35)	25.5	(6)	4.4	(11)	8.0	(0)	0.0	(137)	100.0
건강상태	매우 건강	(141)	(14)	9.9	(42)	29.8	(35)	24.8	(35)	24.8	(7)	5.0	(5)	3.5	(3)	2.1	(141)	100.0
	건강	(460)	(71)	15.4	(141)	30.7	(125)	27.2	(77)	16.7	(33)	7.2	(9)	2.0	(4)	0.9	(460)	100.0
	보통	(495)	(50)	10.1	(132)	26.7	(152)	30.7	(124)	25.1	(20)	4.0	(15)	3.0	(2)	0.4	(495)	100.0
	건강하지 못함	(695)	(68)	9.8	(182)	26.2	(236)	34.0	(158)	22.7	(38)	5.5	(10)	1.4	(3)	0.4	(695)	100.0
	매우 건강하지 못함	(243)	(14)	5.8	(50)	20.6	(88)	36.2	(56)	23.0	(21)	8.6	(9)	3.7	(5)	2.1	(243)	100.0
월 평균 가구 소득	50만원 미만	(509)	(45)	8.8	(126)	24.8	(164)	32.2	(116)	22.8	(34)	6.7	(15)	2.9	(9)	1.8	(509)	100.0
	50만원~150만원 미만	(762)	(95)	12.5	(221)	29.0	(220)	28.9	(153)	20.1	(54)	7.1	(15)	2.0	(4)	0.5	(762)	100.0
	150만원~250만원 미만	(439)	(48)	10.9	(107)	24.4	(149)	33.9	(111)	25.3	(16)	3.6	(6)	1.4	(2)	0.5	(439)	100.0
	250만원 이상	(293)	(28)	9.6	(87)	29.7	(90)	30.7	(62)	21.2	(13)	4.4	(11)	3.8	(2)	0.7	(293)	100.0
	잘 모른다	(31)	(1)	3.2	(6)	19.4	(8)	41.9	(8)	25.8	(2)	6.5	(1)	3.2	(0)	0.0	(31)	100.0

문28. (보기카드 제시) 평소 어르신의 모습을 가장 잘 나타내는 곳이나 어르신의 평소 생각과 일치하는 번호에 응답해 주십시오. 한 문항도 빠뜨리지 말고 응답 하시되, 최대한 솔직하게 응답해 주시기 바랍니다.

<10> 내 생각과 감정은 내가 살고 싶은 방식대로 살아가는데 방해되지 않는다.

		사례수	전혀 그렇지 않다		거의 그렇지 않다		드물게 그렇다		때때로 그렇다.		빈번하게 그렇다		거의 언제나 그렇다.		항상 그렇다.		계	
			(n)	%	(n)	%	(n)	%	(n)	%	(n)	%	(n)	%	(n)	%	(n)	%
전체		(2034)	(56)	2.8	(325)	16.0	(721)	35.4	(558)	27.4	(191)	9.4	(153)	7.5	30	1.5	(2034)	100.0
성별	남성	(833)	(31)	3.7	(109)	13.1	(245)	29.4	(221)	26.5	(106)	12.7	(101)	12.1	20	2.4	(833)	100.0
	여성	(1201)	(25)	2.1	(216)	18.0	(476)	39.6	(337)	28.1	(85)	7.1	(52)	4.3	10	0.8	(1201)	100.0
연령	만 65-69세	(573)	(17)	3.0	(92)	16.1	(166)	29.3	(175)	30.5	(50)	8.7	(59)	10.3	12	2.1	(573)	100.0
	70대	(1022)	(29)	2.8	(145)	15.3	(358)	35.0	(282)	27.6	(110)	10.8	(72)	7.0	15	1.5	(1022)	100.0
	80대 이상	(439)	(10)	2.3	(77)	17.5	(195)	44.4	(101)	23.0	(31)	7.1	(22)	5.0	3	0.7	(439)	100.0
거주지역	농촌지역	(657)	(14)	2.1	(105)	16.0	(227)	34.6	(208)	31.7	(55)	8.4	(41)	6.2	7	1.1	(657)	100.0
	도시지역	(1377)	(42)	3.1	(220)	16.0	(494)	35.9	(350)	25.4	(136)	9.9	(112)	8.1	23	1.7	(1377)	100.0
학력	무학	(524)	(12)	2.3	(91)	17.7	(219)	41.8	(142)	27.1	(43)	8.2	(12)	2.3	3	0.6	(524)	100.0
	1년~3년	(125)	(4)	3.2	(17)	13.6	(50)	40.0	(43)	34.4	(2)	1.6	(9)	7.2	0	0.0	(125)	100.0
	4년~6년	(657)	(11)	1.7	(113)	17.2	(241)	36.7	(189)	28.8	(63)	9.6	(33)	5.0	7	1.1	(657)	100.0
	7년~9년	(294)	(12)	4.1	(46)	15.6	(98)	33.3	(76)	25.9	(29)	9.9	(30)	10.2	3	1.0	(294)	100.0
	10년~12년	(207)	(11)	3.7	(39)	13.1	(83)	27.9	(81)	27.3	(31)	10.4	(43)	14.5	9	3.0	(297)	100.0
	13년 이상	(137)	(6)	4.4	(17)	12.4	(30)	21.9	(27)	19.7	(23)	16.8	(26)	19.0	8	5.8	(137)	100.0
건강상태	매우 건강	(141)	(8)	5.7	(29)	20.6	(30)	21.3	(49)	34.8	(8)	5.7	(10)	7.1	7	5.0	(141)	100.0
	건강	(460)	(10)	2.2	(63)	13.7	(128)	27.8	(126)	27.4	(60)	13.0	(60)	13.0	13	2.8	(460)	100.0
	보통	(495)	(11)	2.2	(63)	12.7	(171)	34.5	(143)	28.9	(55)	11.1	(47)	9.5	5	1.0	(495)	100.0
	건강하지 못함	(695)	(15)	2.2	(128)	18.4	(294)	42.3	(176)	25.3	(50)	7.2	(27)	3.9	5	0.7	(695)	100.0
	매우 건강하지 못함	(243)	(12)	4.9	(42)	17.3	(98)	40.3	(64)	26.3	(18)	7.4	(9)	3.7	0	0.0	(243)	100.0
월 평균 가구 소득	50만원 미만	(509)	(21)	4.1	(86)	16.9	(203)	39.9	(141)	27.7	(33)	6.5	(21)	4.1	4	0.8	(509)	100.0
	50만원~150만원 미만	(762)	(16)	2.1	(117)	15.4	(117)	33.6	(215)	28.2	(81)	10.6	(65)	8.5	12	1.6	(762)	100.0
	150만원~250만원 미만	(439)	(10)	2.3	(69)	15.7	(69)	35.8	(117)	26.7	(36)	8.7	(40)	9.1	8	1.8	(439)	100.0
	250만원 이상	(293)	(9)	3.1	(46)	16.7	(49)	32.1	(73)	24.9	(37)	12.6	(25)	8.5	6	2.0	(293)	100.0
	잘 모른다	(31)	(0)	0.0	(4)	12.9	(4)	35.5	(12)	38.7	(2)	6.5	(2)	6.5	0	0.0	(31)	100.0

문29. (보기카드 제시) 다음은 어르신의 감정 변화에 대한 내용입니다. 지난 1주일 동안 어르신이 느끼고 행동한 것을 가장 잘 나타낸다고 생각되는 곳에 표시해주십시오.

<1> 무슨 일을 하던 정신을 집중하기가 어려웠다.

		사례수	극히 드물게 (1일 미만)		가끔 (1~2일)		자주 (3~4일)		거의 대부분 (5~7일)		계	
			(n)	%	(n)	%	(n)	%	(n)	%	(n)	%
전체		(2034)	(1498)	73.6	(422)	20.7	(86)	4.2	(28)	1.4	(2034)	100.0
성별	남성	(833)	(654)	78.5	(134)	16.1	(32)	3.8	(13)	1.6	(833)	100.0
	여성	(1201)	(844)	70.3	(288)	24.0	(54)	4.5	(15)	1.2	(1201)	100.0
연령	만 65-69세	(573)	(466)	81.3	(86)	15.0	(16)	2.8	(5)	0.9	(573)	100.0
	70대	(1022)	(762)	74.6	(198)	19.4	(43)	4.2	(19)	1.9	(1022)	100.0
	80대 이상	(439)	(270)	61.5	(138)	31.4	(27)	6.2	(4)	0.9	(439)	100.0
거주 지역	농촌지역	(657)	(471)	71.7	(161)	24.5	(20)	3.0	(5)	0.8	(657)	100.0
	도시지역	(1377)	(1027)	74.6	(261)	19.0	(66)	4.8	(23)	1.7	(1377)	100.0
학력	무학	(524)	(343)	65.5	(145)	27.7	(30)	4.2	(6)	1.1	(524)	100.0
	1년~3년	(125)	(71)	56.8	(45)	36.0	(9)	6.2	(0)	0.0	(125)	100.0
	4년~6년	(657)	(481)	73.2	(140)	21.3	(29)	4.4	(7)	1.1	(657)	100.0
	7년~9년	(294)	(233)	79.3	(46)	15.6	(8)	2.7	(7)	2.4	(294)	100.0
	10년~12년	(297)	(256)	86.2	(32)	10.8	(6)	2.0	(3)	1.0	(297)	100.0
	13년 이상	(137)	(114)	83.2	(14)	10.2	(4)	2.9	(5)	3.6	(137)	100.0
건강 상태	매우 건강	(141)	(124)	87.9	(14)	9.9	(3)	2.1	(0)	0.0	(141)	100.0
	건강	(460)	(390)	84.8	(60)	13.0	(6)	1.7	(2)	0.4	(460)	100.0
	보통	(495)	(408)	82.4	(73)	14.7	(8)	1.6	(6)	1.2	(495)	100.0
	건강하지 못함	(695)	(463)	66.6	(196)	28.2	(31)	4.5	(5)	0.7	(695)	100.0
	매우 건강하지 못함	(243)	(113)	46.5	(76)	32.5	(36)	114.8	(15)	6.2	(243)	100.0
월 평균 가구 소득	50만원 미만	(509)	(300)	58.9	(147)	28.9	(50)	9.8	(12)	2.5	(509)	100.0
	50만원~150만원 미만	(762)	(586)	76.9	(147)	19.3	(25)	3.3	(4)	0.5	(762)	100.0
	150만원~250만원 미만	(439)	(355)	80.9	(74)	16.9	(7)	1.6	(3)	0.7	(439)	100.0
	250만원 이상	(293)	(238)	81.5	(43)	14.7	(4)	1.4	(8)	2.7	(293)	100.0
	잘 모른다	(31)	(19)	61.3	(11)	35.5	(0)	0.0	(1)	3.2	(31)	100.0

문29. (보기카드 제시) 다음은 어르신의 감정 변화에 대한 내용입니다. 지난 1주일 동안 어르신이 느끼고 행동한 것을 가장 잘 나타낸다고 생각되는 곳에 표시해주십시오.

<2> 우울했다.

		사례수	극히 드물게 (1일 미만)		가끔 (1~2일)		자주 (3~4일)		거의 대부분 (5~7일)		계	
			(n)	%	(n)	%	(n)	%	(n)	%	(n)	%
전체		(2034)	(1417)	69.7	(440)	21.6	(146)	7.2	(31)	1.5	(2034)	100.0
성별	남성	(833)	(623)	74.8	(150)	18.0	(49)	5.9	(11)	1.3	(833)	100.0
	여성	(1201)	(794)	66.1	(290)	24.1	(97)	8.1	(20)	1.7	(1201)	100.0
연령	만 65-69세	(573)	(424)	74.0	(117)	20.4	(29)	5.2	(3)	0.5	(573)	100.0
	70대	(1022)	(702)	68.7	(214)	20.9	(83)	8.1	(23)	2.3	(1022)	100.0
	80대 이상	(439)	(291)	66.3	(109)	24.8	(34)	7.7	(5)	1.1	(439)	100.0
거주지역	농촌지역	(657)	(437)	66.5	(178)	27.1	(34)	5.2	(8)	1.2	(657)	100.0
	도시지역	(1377)	(980)	71.2	(262)	19.0	(112)	8.1	(23)	1.7	(1377)	100.0
학력	무학	(524)	(320)	61.1	(139)	26.5	(56)	10.7	(9)	1.7	(524)	100.0
	1년~3년	(125)	(72)	57.6	(31)	24.8	(21)	16.8	(1)	0.8	(125)	100.0
	4년~6년	(657)	(458)	69.7	(148)	22.5	(43)	6.5	(8)	1.2	(657)	100.0
	7년~9년	(294)	(213)	72.4	(59)	20.1	(13)	4.4	(9)	3.1	(294)	100.0
	10년~12년	(297)	(243)	81.8	(42)	14.1	(9)	3.0	(3)	1.0	(297)	100.0
	13년 이상	(137)	(111)	81.0	(21)	15.3	(4)	2.9	(1)	0.7	(137)	100.0
건강상태	매우 건강	(141)	(118)	83.7	(19)	13.5	(4)	2.8	(0)	0.0	(141)	100.0
	건강	(460)	(367)	79.8	(82)	17.8	(9)	2.0	(2)	0.4	(460)	100.0
	보통	(495)	(382)	77.2	(92)	18.6	(17)	3.4	(4)	0.8	(495)	100.0
	건강하지 못함	(695)	(434)	62.4	(184)	26.5	(65)	9.4	(12)	1.7	(695)	100.0
	매우 건강하지 못함	(243)	(116)	47.7	(63)	25.9	(51)	21.0	(13)	5.3	(243)	100.0
월 평균 가구 소득	50만원 미만	(509)	(282)	55.4	(127)	25.0	(82)	16.1	(18)	3.5	(509)	100.0
	50만원~150만원 미만	(762)	(536)	70.3	(182)	23.9	(38)	5.0	(6)	0.8	(762)	100.0
	150만원~250만원 미만	(439)	(340)	77.4	(81)	18.5	(13)	3.0	(5)	1.1	(439)	100.0
	250만원 이상	(293)	(238)	81.2	(42)	14.3	(11)	3.8	(2)	0.7	(293)	100.0
	잘 모른다	(31)	(21)	67.7	(8)	25.8	(2)	6.5	(0)	0.0	(31)	100.0

문29. (보기카드 제시) 다음은 어르신의 감정 변화에 대한 내용입니다. 지난 1주일 동안 어르신이 느끼고 행동한 것을 가장 잘 나타낸다고 생각되는 곳에 표시해주십시오.

<3> 하는 일 마다 힘들게 느껴졌다.

		사례수	극히 드물게 (1일 미만)		가끔 (1~2일)		자주 (3~4일)		거의 대부분 (5~7일)		계	
			(n)	%	(n)	%	(n)	%	(n)	%	(n)	%
전체		(2034)	(1444)	71.0	(407)	20.0	(138)	6.8	(45)	2.2	(2034)	100.0
성별	남성	(833)	(639)	76.7	(135)	16.2	(47)	5.6	(12)	1.4	(833)	100.0
	여성	(1201)	(805)	67.0	(272)	22.6	(91)	7.6	(33)	2.7	(1201)	100.0
연령	만 65-69세	(573)	(448)	78.2	(94)	16.4	(24)	4.2	(7)	1.2	(573)	100.0
	70대	(1022)	(717)	70.2	(199)	19.5	(80)	7.8	(26)	2.5	(1022)	100.0
	80대 이상	(439)	(279)	63.6	(114)	26.0	(34)	7.7	(12)	2.7	(439)	100.0
거주지역	농촌지역	(657)	(431)	65.6	(180)	27.4	(37)	5.6	(9)	1.4	(657)	100.0
	도시지역	(1377)	(1013)	73.6	(227)	16.5	(101)	7.3	(36)	2.6	(1377)	100.0
학력	무학	(524)	(354)	67.6	(112)	21.4	(46)	8.8	(12)	2.3	(524)	100.0
	1년~3년	(125)	(73)	58.4	(31)	24.8	(13)	10.4	(8)	6.4	(125)	100.0
	4년~6년	(657)	(433)	56.9	(165)	25.1	(46)	7.0	(13)	2.0	(657)	100.0
	7년~9년	(294)	(219)	74.5	(48)	16.3	(18)	6.1	(9)	3.1	(294)	100.0
	10년~12년	(297)	(247)	83.2	(41)	13.8	(7)	2.4	(2)	0.7	(297)	100.0
	13년 이상	(137)	(118)	86.1	(10)	7.3	(8)	5.8	(1)	0.7	(137)	100.0
건강상태	매우 건강	(141)	(128)	90.8	(10)	7.1	(3)	2.1	(0)	0.0	(141)	100.0
	건강	(460)	(410)	89.1	(38)	8.3	(7)	1.5	(5)	1.1	(460)	100.0
	보통	(495)	(398)	79.4	(80)	16.2	(17)	3.4	(5)	1.0	(495)	100.0
	건강하지 못함	(695)	(412)	59.3	(211)	30.4	(59)	8.5	(13)	1.9	(695)	100.0
	매우 건강하지 못함	(243)	(101)	41.6	(68)	28.0	(52)	21.4	(22)	9.1	(243)	100.0
월 평균 가구 소득	50만원 미만	(509)	(287)	56.4	(130)	25.5	(67)	13.2	(25)	4.9	(509)	100.0
	50만원~150만원 미만	(762)	(553)	72.6	(155)	20.3	(45)	5.9	(9)	1.2	(762)	100.0
	150만원~250만원 미만	(439)	(339)	77.2	(86)	19.6	(10)	2.3	(4)	0.9	(439)	100.0
	250만원 이상	(293)	(246)	84.0	(28)	9.6	(13)	4.4	(6)	2.0	(293)	100.0
	잘 모른다	(31)	(19)	61.3	(8)	25.8	(3)	9.7	(1)	3.2	(31)	100.0

문29. (보기카드 제시) 다음은 어르신의 감정 변화에 대한 내용입니다. 지난 1주일 동안 어르신이 느끼고 행동한 것을 가장 잘 나타낸다고 생각되는 곳에 표시해주십시오.

<4> 잠을 설쳤다; 잠을 잘 이루지 못했다.

		사례수	극히 드물게 (1일 미만)		가끔 (1~2일)		자주 (3~4일)		거의 대부분 (5~7일)		계	
			(n)	%	(n)	%	(n)	%	(n)	%	(n)	%
전체		(2034)	(1261)	62.0	(422)	20.7	(271)	13.3	(80)	3.9	(2034)	100.0
성별	남성	(833)	(591)	70.9	(145)	17.4	(79)	9.5	(18)	2.2	(833)	100.0
	여성	(1201)	(670)	55.8	(277)	23.1	(192)	16.0	(62)	5.2	(1201)	100.0
연령	만 65-69세	(573)	(385)	67.2	(115)	20.1	(61)	10.6	(12)	2.1	(573)	100.0
	70대	(1022)	(630)	61.6	(204)	20.0	(141)	13.8	(47)	4.6	(1022)	100.0
	80대 이상	(439)	(246)	56.0	(103)	23.5	(69)	15.7	(21)	4.8	(439)	100.0
거주지역	농촌지역	(657)	(375)	57.1	(152)	23.1	(107)	16.3	(23)	3.5	(657)	100.0
	도시지역	(1377)	(886)	64.3	(270)	19.6	(164)	11.9	(57)	4.1	(1377)	100.0
학력	무학	(524)	(275)	52.5	(139)	26.5	(87)	16.6	(23)	4.4	(524)	100.0
	1년~3년	(125)	(61)	48.8	(32)	25.6	(26)	20.8	(6)	4.8	(125)	100.0
	4년~6년	(657)	(401)	61.0	(136)	20.7	(90)	13.7	(30)	4.6	(657)	100.0
	7년~9년	(294)	(191)	65.0	(51)	17.3	(39)	13.3	(13)	4.4	(294)	100.0
	10년~12년	(297)	(231)	77.8	(42)	14.1	(17)	5.7	(7)	2.4	(297)	100.0
	13년 이상	(137)	(102)	74.5	(22)	16.1	(12)	8.8	(1)	0.7	(137)	100.0
건강상태	매우 건강	(141)	(102)	72.3	(25)	17.7	(12)	8.5	(2)	1.4	(141)	100.0
	건강	(460)	(342)	74.3	(88)	19.1	(24)	5.2	(6)	1.3	(460)	100.0
	보통	(495)	(349)	70.5	(93)	18.8	(45)	9.1	(8)	1.6	(495)	100.0
	건강하지 못함	(695)	(378)	54.1	(159)	22.9	(124)	17.8	(36)	5.2	(695)	100.0
	매우 건강하지 못함	(243)	(92)	37.9	(57)	23.5	(66)	27.2	(28)	11.5	(243)	100.0
월 평균 가구 소득	50만원 미만	(509)	(240)	47.2	(117)	23.0	(119)	23.4	(33)	6.5	(509)	100.0
	50만원~150만원 미만	(762)	(494)	64.8	(154)	20.2	(84)	11.0	(30)	3.9	(762)	100.0
	150만원~250만원 미만	(439)	(305)	69.5	(84)	19.1	(43)	9.8	(7)	1.6	(439)	100.0
	250만원 이상	(293)	(204)	69.6	(59)	20.1	(21)	7.2	(9)	3.1	(293)	100.0
	잘 모른다	(31)	(18)	58.1	(8)	25.8	(4)	12.9	(1)	3.2	(31)	100.0

문29. (보기카드 제시) 다음은 어르신의 감정 변화에 대한 내용입니다. 지난 1주일 동안 어르신이 느끼고 행동한 것을 가장 잘 나타낸다고 생각되는 곳에 표시해주십시오.

<5> 세상에 홀로 있는 듯한 외로움을 느꼈다.

		사례수	극히 드물게 (1일 미만)		가끔 (1~2일)		자주 (3~4일)		거의 대부분 (5~7일)		계	
			(n)	%	(n)	%	(n)	%	(n)	%	(n)	%
전체		(2034)	(1616)	79.4	(320)	15.7	(71)	3.5	(27)	1.3	(2034)	100.0
성별	남성	(833)	(704)	84.5	(90)	10.8	(27)	3.2	(12)	1.4	(833)	100.0
	여성	(1201)	(912)	75.9	(230)	19.2	(44)	3.7	(15)	1.2	(1201)	100.0
연령	만 65-69세	(573)	(489)	85.3	(61)	10.6	(15)	2.6	(8)	1.4	(573)	100.0
	70대	(1022)	(797)	78.0	(171)	16.7	(40)	3.9	(14)	1.4	(1022)	100.0
	80대 이상	(439)	(330)	75.2	(88)	20.0	(16)	3.6	(5)	1.1	(439)	100.0
거주 지역	농촌지역	(657)	(509)	77.5	(124)	18.9	(19)	2.9	(5)	0.8	(657)	100.0
	도시지역	(1377)	(1107)	80.4	(196)	14.2	(52)	3.8	(22)	1.6	(1377)	100.0
학력	무학	(524)	(374)	71.4	(121)	23.1	(25)	4.8	(4)	0.8	(524)	100.0
	1년~3년	(125)	(92)	73.6	(24)	19.2	(3)	2.4	(6)	4.8	(125)	100.0
	4년~6년	(657)	(519)	79.0	(107)	16.3	(25)	3.8	(6)	0.9	(657)	100.0
	7년~9년	(294)	(252)	85.7	(28)	9.5	(8)	2.7	(6)	2.0	(294)	100.0
	10년~12년	(297)	(260)	87.5	(30)	10.1	(5)	1.7	(2)	0.8	(297)	100.0
	13년 이상	(137)	(119)	86.9	(10)	7.3	(5)	3.6	(3)	2.2	(137)	100.0
건강 상태	매우 건강	(141)	(125)	88.7	(15)	10.6	(1)	0.7	(0)	0.0	(141)	100.0
	건강	(460)	(411)	89.3	(39)	8.5	(8)	1.7	(2)	0.4	(460)	100.0
	보통	(495)	(424)	85.7	(155)	11.1	(11)	2.2	(5)	1.0	(495)	100.0
	건강하지 못함	(695)	(515)	74.1	(147)	21.2	(26)	3.7	(7)	1.0	(695)	100.0
	매우 건강하지 못함	(243)	(141)	58.0	(64)	26.3	(25)	10.3	(13)	5.3	(243)	100.0
월 평균 가구 소득	50만원 미만	(509)	(314)	61.7	(140)	27.5	(39)	7.7	(16)	3.1	(509)	100.0
	50만원~150만원 미만	(762)	(636)	83.5	(100)	13.1	(21)	2.8	(5)	0.7	(762)	100.0
	150만원~250만원 미만	(439)	(382)	87.0	(47)	10.7	(8)	1.8	(2)	0.5	(439)	100.0
	250만원 이상	(293)	(260)	88.0	(28)	9.6	(2)	0.7	(3)	1.0	(293)	100.0
	잘 모른다	(31)	(24)	77.4	(5)	16.1	(1)	3.2	(1)	3.2	(31)	100.0

문29. (보기카드 제시) 다음은 어르신의 감정 변화에 대한 내용입니다. 지난 1주일 동안 어르신이 느끼고 행동한 것을 가장 잘 나타낸다고 생각되는 곳에 표시해주십시오.

<6> 사람들이 나에게 차갑게 대하는 것 같았다.

		사례수	극히 드물게 (1일 미만)		가끔 (1~2일)		자주 (3~4일)		거의 대부분 (5~7일)		계	
			(n)	%	(n)	%	(n)	%	(n)	%	(n)	%
전체		(2034)	(1849)	90.9	(153)	7.5	(25)	1.2	(7)	0.3	(2034)	100.0
성별	남성	(833)	(749)	89.9	(66)	7.9	(14)	1.7	(4)	0.5	(833)	100.0
	여성	(1201)	(1100)	91.6	(87)	7.2	(11)	0.9	(3)	0.2	(1201)	100.0
연령	만 65-69세	(573)	(526)	91.8	(36)	6.3	(8)	1.4	(3)	0.5	(573)	100.0
	70대	(1022)	(919)	89.9	(86)	8.4	(13)	1.3	(4)	0.4	(1022)	100.0
	80대 이상	(439)	(404)	92.0	(31)	7.1	(4)	0.9	(0)	0.0	(439)	100.0
거주지역	농촌지역	(657)	(601)	91.5	(50)	7.6	(6)	0.9	(0)	0.0	(657)	100.0
	도시지역	(1377)	(1248)	90.6	(103)	7.5	(19)	1.4	(7)	0.5	(1377)	100.0
학력	무학	(524)	(475)	90.6	(44)	8.4	(4)	0.8	(1)	0.2	(524)	100.0
	1년~3년	(125)	(110)	88.0	(13)	10.4	(2)	1.6	(0)	0.0	(125)	100.0
	4년~6년	(657)	(600)	91.3	(45)	6.8	(10)	1.5	(2)	0.3	(657)	100.0
	7년~9년	(294)	(261)	88.8	(24)	8.2	(6)	2.0	(3)	1.0	(294)	100.0
	10년~12년	(297)	(279)	93.9	(17)	5.7	(1)	0.3	(0)	0.0	(297)	100.0
	13년 이상	(137)	(124)	90.5	(10)	7.3	(2)	1.5	(1)	0.7	(137)	100.0
건강상태	매우 건강	(141)	(134)	95.0	(6)	4.3	(1)	0.7	(0)	0.0	(141)	100.0
	건강	(460)	(429)	93.3	(29)	6.3	(2)	0.4	(0)	0.0	(460)	100.0
	보통	(495)	(468)	94.5	(22)	4.4	(3)	0.6	(2)	0.4	(495)	100.0
	건강하지 못함	(695)	(630)	90.6	(60)	8.6	(4)	0.6	(1)	0.1	(695)	100.0
	매우 건강하지 못함	(243)	(188)	77.4	(36)	14.8	(15)	6.2	(4)	1.6	(243)	100.0
월평균가구소득	50만원 미만	(509)	(433)	85.1	(56)	11.0	(15)	2.9	(5)	1.0	(509)	100.0
	50만원~150만원 미만	(762)	(694)	91.1	(63)	8.3	(4)	0.5	(1)	0.1	(762)	100.0
	150만원~250만원 미만	(439)	(416)	94.8	(20)	4.6	(2)	0.5	(1)	0.2	(439)	100.0
	250만원 이상	(293)	(280)	95.8	(9)	3.1	(4)	1.4	(0)	0.0	(293)	100.0
	잘 모른다	(31)	(26)	83.9	(5)	16.1	(0)	0.0	(0)	0.0	(31)	100.0

문29. (보기카드 제시) 다음은 어르신의 감정 변화에 대한 내용입니다. 지난 1주일 동안 어르신이 느끼고 행동한 것을 가장 잘 나타낸다고 생각되는 곳에 표시해주십시오.

<7> 생활이 즐거웠다.

		사례수	극히 드물게 (1일 미만)		가끔 (1~2일)		자주 (3~4일)		거의 대부분 (5~7일)		계	
			(n)	%	(n)	%	(n)	%	(n)	%	(n)	%
전체		(2034)	(409)	20.1	(696)	34.2	(586)	28.8	(343)	16.9	(2034)	100.0
성별	남성	(833)	(148)	17.8	(262)	31.5	(262)	31.5	(161)	19.3	(833)	100.0
	여성	(1201)	(216)	21.7	(434)	36.1	(324)	27.0	(182)	15.2	(1201)	100.0
연령	만 65-69세	(573)	(105)	18.3	(174)	30.4	(175)	30.5	(119)	20.8	(573)	100.0
	70대	(1022)	(204)	20.0	(341)	33.4	(304)	29.7	(173)	16..9	(1022)	100.0
	80대 이상	(439)	(100)	22.8	(181)	41.2	(107)	24.4	(51)	11.6	(439)	100.0
거주지역	농촌지역	(657)	(139)	21.2	(256)	39.0	(210)	32.0	(52)	7.9	(657)	100.0
	도시지역	(1377)	(270)	19.6	(440)	32.0	(376)	27.3	(291)	21.1	(1377)	100.0
학력	무학	(524)	(114)	21.8	(221)	42.2	(149)	28.4	(40)	7.6	(524)	100.0
	1년~3년	(125)	(32)	25.6	(51)	40.8	(32)	25.6	(10)	8.0	(125)	100.0
	4년~6년	(657)	(146)	22.2	(236)	35.9	(173)	26.3	(102)	15.5	(657)	100.0
	7년~9년	(294)	(52)	17.7	(88)	29.9	(91)	31.0	(63)	21.4	(294)	100.0
	10년~12년	(297)	(53)	17.8	(72)	24.2	(96)	32.3	(76)	25.6	(297)	100.0
	13년 이상	(137)	(12)	8.8	(28)	20.4	(45)	32.8	(52)	38.0	(137)	100.0
건강상태	매우 건강	(141)	(13)	9.2	(29)	20.6	(45)	31.9	(54)	38.3	(141)	100.0
	건강	(460)	(38)	8.3	(119)	25.9	(171)	37.2	(132)	28.7	(460)	100.0
	보통	(495)	(91)	18.4	(167)	33.7	(157)	31.7	(80)	16.2	(495)	100.0
	건강하지 못함	(695)	(169)	24.3	(288)	41.4	(168)	24.2	(70)	10.1	(695)	100.0
	매우 건강하지 못함	(243)	(96)	40.3	(93)	38.3	(45)	18.5	(7)	2.9	(243)	100.0
월 평균 가구 소득	50만원 미만	(509)	(151)	29.7	(188)	36.9	(122)	24.0	(48)	9.4	(509)	100.0
	50만원~150만원 미만	(762)	(137)	18.0	(265)	34.8	(238)	31.2	(122)	16.0	(762)	100.0
	150만원~250만원 미만	(439)	(71)	16.2	(156)	35.5	(115)	26.2	(97)	22.1	(439)	100.0
	250만원 이상	(293)	(47)	16.0	(70)	23.9	(107)	36.5	(69)	23.5	(293)	100.0
	잘 모른다	(31)	(3)	9.7	(17)	54.8	(4)	12.9	(7)	22.6	(31)	100.0

문29. (보기카드 제시) 다음은 어르신의 감정 변화에 대한 내용입니다. 지난 1주일 동안 어르신이 느끼고 행동한 것을 가장 잘 나타낸다고 생각되는 곳에 표시해주십시오.

<8> 슬픔을 느꼈다.

		사례수	극히 드물게 (1일 미만)		가끔 (1~2일)		자주 (3~4일)		거의 대부분 (5~7일)		계	
			(n)	%	(n)	%	(n)	%	(n)	%	(n)	%
전체		(2034)	(1525)	75.0	(382)	18.8	(102)	5.0	(25)	1.2	(2034)	100.0
성별	남성	(833)	(666)	80.0	(127)	15.2	(30)	3.6	(10)	1.2	(833)	100.0
	여성	(1201)	(859)	71.5	(255)	21.2	(72)	6.0	(15)	1.2	(1201)	100.0
연령	만 65-69세	(573)	(469)	81.8	(75)	13.1	(24)	4.2	(5)	0.9	(573)	100.0
	70대	(1022)	(764)	74.8	(191)	18.7	(50)	4.99	(17)	1.7	(1022)	100.0
	80대 이상	(439)	(292)	66.5	(116)	26.4	(28)	6.4	(3)	0.7	(439)	100.0
거주 지역	농촌지역	(657)	(486)	74.3	(140)	21.3	(26)	4.0	(3)	0.5	(657)	100.0
	도시지역	(1377)	(1037)	75.3	(242)	17.6	(76)	5.5	(22)	1.6	(1377)	100.0
학력	무학	(524)	(354)	67.6	(124)	23.7	(39)	7.4	(7)	1.3	(524)	100.0
	1년~3년	(125)	(77)	61.6	(30)	24.0	(15)	12.0	(3)	2.4	(125)	100.0
	4년~6년	(657)	(489)	74.4	(136)	20.7	(29)	4.4	(3)	0.5	(657)	100.0
	7년~9년	(294)	(230)	78.2	(45)	15.3	(10)	3.4	(9)	3.1	(294)	100.0
	10년~12년	(297)	(260)	87.5	(29)	9.8	(6)	2.0	(2)	0.7	(297)	100.0
	13년 이상	(137)	(115)	83.9	(18)	13.1	(3)	2.2	(1)	0.7	(137)	100.0
건강 상태	매우 건강	(141)	(119)	84.4	(20)	14.2	(2)	1.4	(0)	0.0	(141)	100.0
	건강	(460)	(396)	86.1	(55)	12.0	(8)	1.7	(1)	0.2	(460)	100.0
	보통	(495)	(420)	84.8	(63)	12.7	(10)	2.0	(2)	0.4	(495)	100.0
	건강하지 못함	(695)	(478)	68.8	(158)	22.7	(52)	7.5	(7)	1.0	(695)	100.0
	매우 건강하지 못함	(243)	(112)	46.1	(86)	35.4	(30)	12.3	(15)	6.2	(243)	100.0
월 평균 가구 소득	50만원 미만	(509)	(300)	58.9	(142)	27.9	(50)	9.8	(17)	3.3	(509)	100.0
	50만원~150만원 미만	(762)	(581)	76.2	(145)	19.0	(30)	3.9	(6)	0.8	(762)	100.0
	150만원~250만원 미만	(439)	(375)	85.4	(50)	11.4	(13)	3.0	(1)	0.2	(439)	100.0
	250만원 이상	(293)	(248)	84.6	(38)	13.0	(6)	2.0	(1)	0.3	(293)	100.0
	잘 모른다	(31)	(21)	67.7	(7)	22.6	(3)	9.7	(0)	0.0	(31)	100.0

문29. (보기카드 제시) 다음은 어르신의 감정 변화에 대한 내용입니다. 지난 1주일 동안 어르신이 느끼고 행동한 것을 가장 잘 나타낸다고 생각되는 곳에 표시해주십시오.

<9> 사람들이 나를 싫어하는 것 같았다.

		사례수	극히 드물게 (1일 미만)		가끔 (1~2일)		자주 (3~4일)		거의 대부분 (5~7일)		계	
			(n)	%	(n)	%	(n)	%	(n)	%	(n)	%
전체		(2034)	(1872)	92.0	(132)	6.5	(15)	0.7	(15)	0.7	(2034)	100.0
성별	남성	(833)	(755)	90.6	(63)	7.6	(6)	0.7	(9)	1.1	(833)	100.0
	여성	(1201)	(1117)	93.0	(69)	5.7	(9)	0.7	(6)	0.5	(1201)	100.0
연령	만 65-69세	(573)	(531)	92.7	(32)	5.6	(6)	1.0	(4)	0.7	(573)	100.0
	70대	(1022)	(932)	91.2	(76)	7.4	(6)	0.6	(8)	0.8	(1022)	100.0
	80대 이상	(439)	(409)	93.2	(24)	5.5	(3)	0.7	(3)	0.7	(439)	100.0
거주 지역	농촌지역	(657)	(606)	92.2	(43)	6.5	(5)	0.8	(3)	0.5	(657)	100.0
	도시지역	(1377)	(1266)	91.9	(89)	6.5	(10)	0.7	(12)	0.9	(1377)	100.0
학력	무학	(524)	(475)	90.6	(42)	8.0	(4)	0.8	(3)	0.6	(524)	100.0
	1년~3년	(125)	(110)	88.0	(13)	10.4	(1)	0.8	(1)	0.8	(125)	100.0
	4년~6년	(657)	(610)	92.8	(36)	5.5	(10)	1.5	(1)	0.2	(657)	100.0
	7년~9년	(294)	(267)	90.8	(21)	7.1	(0)	0.	(6)	2.0	(294)	100.0
	10년~12년	(297)	(262)	94.9	(13)	4.4	(0)	0.0	(2)	0.7	(297)	100.0
	13년 이상	(137)	(128)	93.4	(7)	5.1	(0)	0.0	(2)	1.5	(137)	100.0
건강 상태	매우 건강	(141)	(136)	96.5	(5)	3.5	(0)	0.0	(0)	0.0	(141)	100.0
	건강	(460)	(436)	94.8	(21)	4.6	(2)	0.4	(1)	0.2	(460)	100.0
	보통	(495)	(469)	94.7	(21)	4.2	(3)	0.6	(2)	0.4	(495)	100.0
	건강하지 못함	(695)	(636)	91.5	(54)	7.8	(3)	0.4	(2)	0.3	(695)	100.0
	매우 건강하지 못함	(243)	(195)	80.2	(31)	12.8	(7)	2.9	(10)	4.1	(243)	100.0
월 평균 가구 소득	50만원 미만	(509)	(440)	86.4	(52)	10.2	(6)	1.2	(11)	2.2	(509)	100.0
	50만원~150만원 미만	(762)	(708)	92.9	(47)	6.2	(5)	0.7	(2)	0.3	(762)	100.0
	150만원~250만원 미만	(439)	(420)	95.7	(17)	3.9	(2)	0.5	(0)	0.0	(439)	100.0
	250만원 이상	(293)	(278)	94.9	(12)	4.1	(1)	0.3	(2)	0.7	(293)	100.0
	잘 모른다	(31)	(26)	83.9	(4)	12.9	(1)	3.2	(0)	0.0	(31)	100.0

문29. (보기카드 제시) 다음은 어르신의 감정 변화에 대한 내용입니다. 지난 1주일 동안 어르신이 느끼고 행동한 것을 가장 잘 나타낸다고 생각되는 곳에 표시해주십시오.

<10> 도무지 무엇을 시작할 기운이 나지 않았다.

		시례수	극히 드물게 (1일 미만)		가끔 (1~2일)		자주 (3~4일)		거의 대부분 (5~7일)		계	
			(n)	%	(n)	%	(n)	%	(n)	%	(n)	%
전체		(2034)	(1506)	74.0	(355)	17.5	(109)	5.4	(64)	3.1	(2034)	100.0
성별	남성	(833)	(655)	78.6	(112)	13.4	(38)	4.6	(28)	3.4	(833)	100.0
	여성	(1201)	(851)	70.9	(243)	20.2	(71)	5.9	(36)	3.0	(1201)	100.0
연령	만 65-69세	(573)	(471)	82.2	(69)	12.0	(14)	2.4	(19)	3.3	(573)	100.0
	70대	(1022)	(758)	74.2	(167)	16.3	(64)	6.3	(33)	3.2	(1022)	100.0
	80대 이상	(439)	(277)	63.1	(119)	27.1	(31)	7.1	(12)	2.7	(439)	100.0
거주지역	농촌지역	(657)	(484)	73.7	(133)	20.2	(24)	3.7	(16)	2.4	(657)	100.0
	도시지역	(1377)	(1022)	74.2	(222)	16.1	(85)	6.2	(46)	3.5	(1377)	100.0
학력	무학	(524)	(344)	65.6	(123)	23.5	(37)	7.1	(20)	3.8	(524)	100.0
	1년~3년	(125)	(77)	61.6	(27)	21.6	(15)	12.0	(6)	4.8	(125)	100.0
	4년~6년	(657)	(478)	72.8	(123)	18.7	(40)	6.1	(16)	2.4	(657)	100.0
	7년~9년	(294)	(231)	78.6	(40)	13.6	(10)	3.4	(13)	4.4	(294)	100.0
	10년~12년	(297)	(259)	87.2	(28)	9.4	(4)	1.3	(6)	2.0	(297)	100.0
	13년 이상	(137)	(117)	85.4	(14)	10.2	(3)	2.2	(3)	2.2	(137)	100.0
건강상태	매우 건강	(141)	(126)	89.4	(11)	7.8	(3)	2.1	(1)	0.7	(141)	100.0
	건강	(460)	(405)	88.0	(40)	8.7	(11)	2.4	(4)	0.9	(460)	100.0
	보통	(495)	(406)	82.0	(72)	14.5	(11)	2.2	(6)	1.2	(495)	100.0
	건강하지 못함	(695)	(461)	66.3	(169)	24.3	(47)	6.8	(18)	2.6	(695)	100.0
	매우 건강하지 못함	(243)	(108)	44.4	(63)	25.9	(37)	15.2	(35)	14.4	(243)	100.0
월 평균 가구 소득	50만원 미만	(509)	(288	56.6	(128)	25.1	(59)	11.6	(34)	6.7	(509)	100.0
	50만원~150만원 미만	(762)	(587)	77.0	(130)	17.1	(28)	3.7	(17)	2.2	(762)	100.0
	150만원~250만원 미만	(439)	(363)	82.7	(59)	13.4	(10)	2.3	(7)	1.6	(439)	100.0
	250만원 이상	(293)	(248)	84.6	(28)	9.6	(11)	3.8	(6)	2.0	(293)	100.0
	잘 모른다	(31)	(20)	64.5	(10)	32.3	(1)	3.2	(0)	0.0	(31)	100.0

문30. 자살을 하려고 생각해보거나 시도해본 적이 있습니까?

		사례수	전혀 없다		잠시 생각해본 적이 있다		자살하려는 계획을 세워본 적 있지만 실제로 시도는 하지 않았다		자살을 하려는 계획을 세워본 적이 있고 정말로 죽고 싶었다		자살을 시도해본 적이 있다. 하지만 죽고 싶었던 것은 아니다		자살을 시도해 본적이 있고, 정말로 죽고 싶었다		계	
			(n)	%	(n)	%	(n)	%	(n)	%	(n)	%	(n)	%	(n)	%
전체		(2034)	(1650)	81.1	(285)	14.0	(43)	2.1	(22)	1.1	(10)	0.5	(24)	1.2	(2034)	100.0
성별	남성	(833)	(677)	81.3	(117)	14.0	(22)	2.6	(6)	0.7	(3)	0.4	(8)	1.0	(833)	100.0
	여성	(1201)	(973)	81.0	(168)	14.0	(21)	1.7	(16)	1.3	(7)	0.6	(16)	1.3	(1201)	100.0
연령	만 65-69세	(573)	(458)	79.9	(86)	15.0	(13)	2.3	(4)	0.7	(2)	0.3	(10)	1.7	(573)	100.0
	70대	(1022)	(835)	81.7	(135)	13.2	(24)	2.3	(12)	1.2	(6)	0.6	(10)	1.0	(1022)	100.0
	80대 이상	(439)	(357)	81.3	(64)	14.6	(6)	1.4	(6)	1.4	(2)	0.5	(4)	0.9	(439)	100.0
거주지역	농촌지역	(657)	(551)	83.9	(72)	11.0	(15)	2.3	(11)	1.7	(3)	0.5	(5)	0.8	(657)	100.0
	도시지역	(1377)	(1099)	79.8	(213)	15.5	(28)	2.0	(11)	0.8	(7)	0.5	(19)	1.4	(1377)	100.0
학력	무학	(524)	(402)	76.7	(95)	18.1	(6)	1.1	(10)	1.9	(5)	1.	(6)	1.1	(524)	100.0
	1년~3년	(125)	(93)	74.4	(21)	16.8	(6)	4.8	(3)	2.4	(0)	0.0	(2)	1.6	(125)	100.0
	4년~6년	(657)	(549)	83.6	(81)	12.3	(13)	2.0	(6)	0.9	(2)	0.3	(6)	0.9	(657)	100.0
	7년~9년	(294)	(242)	82.3	(36)	12.2	(7)	2.4	(2)	0.7	(0)	0.0	(7)	2.4	(294)	100.0
	10년~12년	(297)	(253)	85.2	(32)	10.8	(7)	2.4	(1)	0.3	(3)	1.0	(1)	0.3	(297)	100.0
	13년 이상	(137)	(111)	81.0	(20)	14.6	(4)	2.9	(0)	0.0	(0)	0.0	(2)	1.5	(137)	100.0
건강상태	매우 건강	(141)	(117)	83.0	(20)	14.2	(1)	0.7	(2)	1.4	(0)	0.0	(1)	0.7	(141)	100.0
	건강	(460)	(415)	90.2	(37)	8.0	(3)	0.7	(3)	0.7	(0)	0.0	(2)	0.4	(460)	100.0
	보통	(495)	(425)	85.9	(54)	10.9	(9)	1.8	(1)	0.2	(1)	0.2	(5)	1.0	(495)	100.0
	건강하지 못함	(695)	(549)	79.0	(108)	15.5	(21)	3.0	(10)	1.4	(3)	0.4	(4)	0.6	(695)	100.0
	매우 건강하지 못함	(243)	(144)	59.3	(66)	27.2	(9)	3.7	(6)	2.5	(6)	2.5	(12)	4.9	(243)	100.0
월 평균 가구 소득	50만원 미만	(509)	(359)	70.5	(99)	19.4	(22)	4.3	(12)	2.4	(4)	0.8	(13)	2.6	(509)	100.0
	50만원~150만원 미만	(762)	(630)	82.7	(99)	13.0	(15)	2.0	(6)	0.8	(4)	0.5	(8)	1.0	(762)	100.0
	150만원~250만원 미만	(439)	(380)	86.6	(50)	11.4	(4)	0.9	(2)	0.5	(1)	0.2	(2)	0.5	(439)	100.0
	250만원 이상	(293)	(255)	87.0	(33)	11.3	(2)	0.7	(1)	0.3	(1)	0.3	(1)	0.3	(293)	100.0
	잘 모른다	(31)	(26)	83.9	(4)	12.9	(0)	0.0	(1)	3.2	(0)	0.0	(0)	0.0	(31)	100.0

문31. 지난 일 년 동안 얼마나 자주 자살을 하려고 생각해 보았습니까?

		사례수	생각해 본적이 전혀 없다.		드물지만 생각해본 적이 있다 (1번)		가끔 생각해 본 적이 있다 (2번)		자주 생각해 보았다 (3-4번)		매우 자주 생각해 보았다 (5번 이상)		계	
			(n)	%	(n)	%	(n)	%	(n)	%	(n)	%	(n)	%
전체		(2034)	(1755)	86.3	(202)	9.9	(38)	1.9	(17)	0.8	(22)	1.1	(2034)	100.0
성별	남성	(833)	(724)	86.9	(77)	9.2	(13)	1.6	(8)	1.0	(11)	1.3	(833)	100.0
	여성	(1201)	(1031)	85.8	(125)	10.4	(25)	2.1	(9)	0.7	(11)	0.9	(1201)	100.0
연령	만 65-69세	(573)	(502)	87.6	(48)	8.4	(7)	1.2	(8)	1.4	(8)	1.4	(573)	100.0
	70대	(1022)	(880)	88.1	(104)	10.2	(21)	2.1	(6)	0.6	(11)	1.1	(1022)	100.0
	80대 이상	(439)	(373)	85.0	(50)	11.4	(10)	2.3	(3)	0.7	(3)	0.7	(439)	100.0
거주지역	농촌지역	(657)	(581)	88.4	(50)	7.6	(15)	2.3	(5)	0.8	(6)	0.9	(657)	100.0
	도시지역	(1377)	(1174)	85.3	(152)	11.0	(23)	1.7	(12)	0.9	(16)	1.2	(1377)	100.0
학력	무학	(524)	(434)	82.8	(66)	12.6	(16)	3.1	(2)	0.4	(6)	1.1	(524)	100.0
	1년~3년	(125)	(98)	78.4	(15)	12.0	(6)	4.8	(3)	2.4	(3)	2.4	(125)	100.0
	4년~6년	(657)	(571)	86.9	(69)	10.5	(8)	1.2	(5)	1.0	(4)	0.6	(657)	100.0
	7년~9년	(294)	(259)	88.1	(22)	7.5	(3)	1.0	(3)	1.0	(7)	2.4	(294)	100.0
	10년~12년	(297)	(271)	92.2	(21)	7.1	(1)	0.3	(3)	0.7	(1)	0.3	(297)	100.0
	13년 이상	(137)	(122)	89.1	(9)	6.6	(4)	2.9	(1)	0.0	(1)	0.7	(137)	100.0
건강상태	매우 건강	(141)	(126)	88.4	(14)	9.9	(1)	0.7	(0)	0.2	(0)	0.	(141)	100.0
	건강	(460)	(431)	93.7	(25)	5.4	(0)	0.0	(1)	0.4	(3)	0.7	(460)	100.0
	보통	(495)	(452)	91.3	(33)	6.7	(5)	1.0	(2)	0.9	(3)	0.6	(495)	100.0
	건강하지 못함	(695)	(584)	84.0	(77)	11.1	(23)	3.3	(6)	3.3	(5)	0.7	(695)	100.0
	매우 건강하지 못함	(243)	(162)	66.7	(53)	21.8	(9)	3.7	(8)	1.2	(11)	4.5	(243)	100.0
월 평균 가구 소득	50만원 미만	(509)	(387)	76.0	(83)	16.3	(19)	3.7	(6)	0.8	(14)	2.8	(509)	100.0
	50만원~150만원 미만	(762)	(669)	87.8	(66)	8.9	(13)	1.7	(6)	0.5	(6)	0.8	(762)	100.0
	150만원~250만원 미만	(439)	(401)	91.3	(32)	7.3	(4)	0.9	(2)	1.0	(0)	0.0	(439)	100.0
	250만원 이상	(293)	(272)	92.8	(16)	5.5	(0)	0.0	(3)	0.0	(2)	0.7	(293)	100.0
	잘 모른다	(31)	(26)	83.9	(3)	9.7	(2)	6.5	(0)	0.0	(0)	0.0	(31)	100.0

문32. 자살을 하려고 했거나 할지도 모른다는 말을 다른 사람에게 한 적이 있습니까?

		사례수	아무에게도 말한 적이 없다.		한 번 있다 그러나 정말로 죽고 싶었던 것은 아니다.		한 번 있다. 그때는 정말로 죽고 싶었다.		한 번 넘게 있다. 그러나 정말로 죽고 싶었던 것은 아니다.		한번 넘게 있다. 그 때는 정말로 죽고 싶었다.		계	
			(n)	%	(n)	%	(n)	%	(n)	%	(n)	%	(n)	%
전체		(2034)	(1938)	95.3	(54)	2.7	(10)	0.5	(10)	0.5	(22)	1.1	(2034)	100.0
성별	남성	(833)	(800)	96.0	(18)	2.2	(3)	0.4	(3)	0.4	(9)	1.1	(833)	100.0
	여성	(1201)	(1138)	94.8	(36)	3.0	(7)	0.6	(7)	0.6	(13)	1.1	(1201)	100.0
연령	만 65-69세	(573)	(541)	94.4	(14)	2.4	(6)	1.0	(4)	1.0	(8)	1.4	(573)	100.0
	70대	(1022)	(972)	95.1	(32)	3.1	(2)	0.2	(5)	0.2.	(11)	1.1	(1022)	100.0
	80대 이상	(439)	(425)	96.8	(8)	1.8	(2)	0.5	(1)	0.5	(3)	0.7	(439)	100.0
거주지역	농촌지역	(657)	(632)	96.2	(13)	2.0	(5)	0.8	(3)	0.8	(4)	0.6	(657)	100.0
	도시지역	(1377)	(1306)	94.8	(41)	3.0	(5)	0.4	(7)	0.4	(18)	1.3	(1377)	100.0
학력	무학	(524)	(502)	95.8	(14)	2.7	(3)	0.6	(1)	0.6	(4)	0.8	(524)	100.0
	1년~3년	(125)	(116)	92.8	(6)	4.8	(1)	0.8	(1)	0.8	(1)	0.8	(125)	100.0
	4년~6년	(657)	(622)	94.7	(18)	2.7	(1)	0.2	(6)	0.2	(10)	1.5	(657)	100.0
	7년~9년	(294)	(282)	95.9	(3)	1.0	(4)	1.4	(1)	1.4	(4)	1.4	(294)	100.0
	10년~12년	(297)	(287)	96.6	(9)	3.0	(0)	0.0	(0)	0.0	(1)	0.3	(297)	100.0
	13년 이상	(137)	(129)	94.2	(4)	2.9	(1)	0.7	(1)	0.7	(2)	1.5	(137)	100.0
건강상태	매우 건강	(141)	(137)	97.2	(3)	2.1	(1)	0.7	(0)	0.7	(0)	0.0	(141)	100.0
	건강	(460)	(448)	97.4	(8)	1.7	(0)	0.0	(1)	0.0	(3)	0.7	(460)	100.0
	보통	(495)	(481)	97.2	(7)	1.4	(3)	0.6	(1)	0.6	(3)	0.6	(495)	100.0
	건강하지 못함	(695)	(645)	92.8	(32)	4.6	(5)	0.7	(4)	0.7	(9)	1.3	(695)	100.0
	매우 건강하지 못함	(243)	(227)	93.4	(4)	1.6	(1)	0.4	(4)	0.4	(7)	2.9	(243)	100.0
월 평균 가구 소득	50만원 미만	(509)	(475)	93.3	(16)	3.1	(3)	0.6	(5)	0.6	(10)	2.0	(509)	100.0
	50만원~150만원 미만	(762)	(725)	95.1	(19)	2.5	(3)	0.4	(5)	0.4	(10)	1.3	(762)	100.0
	150만원~250만원 미만	(439)	(426)	97.0	(12)	2.7	(1)	0.2	(0)	0.2	(0)	0.0	(439)	100.0
	250만원 이상	(293)	(284)	96.9	(5)	1.7	(2)	0.7	(0)	0.7	(2)	0.7	(293)	100.0
	잘 모른다	(31)	(28)	90.3	(2)	6.5	(1)	3.2	(0)	3.2	(0)	0.0	(31)	100.0

문33. (보기카드 제시) 미래에 자살을 시도할 가능성이 얼마나 있다고 생각합니까?

구분		사례수	전혀 없다.		거의 없을것 같다.		별로 없을것 같다.		없을것 같다.		있을것 같다		꽤있을것 같다.		아주 많이 있을것같다.		계	
			(n)	%	(n)	%	(n)	%	(n)	%	(n)	%	(n)	%	(n)	%	(n)	%
전체		(2034)	(1665)	81.9	(216)	10.6	(68)	3.3	(33)	1.6	(41)	2.0	(7)	0.3	(4)	0.2	(2034)	100.0
성별	남성	(833)	(642)	77.1	(115)	13.8	(36)	4.3	(15)	1.8	(18)	2.2	(6)	0.7	(3)	0.1	(833)	100.0
	여성	(1201)	(1023)	85.2	(101)	8.4	(32)	2.7	(18)	1.5	(23)	1.9	(1)	0.1	(1)	0.2	(1201)	100.0
연령	만 65-69세	(573)	(472)	82.4	(58)	10.1	(17)	3.0	(6)	1.0	(16)	2.8	(2)	0.3	(2)	0.3	(573)	100.0
	70대	(1022)	(828)	81.0	(110)	10.8	(38)	3.7	(24)	2.3	(17)	1.7	(4)	0.4	(1)	0.1	(1022)	100.0
	80대 이상	(439)	(365)	83.1	(48)	10.9	(13)	3.0	(3)	0.7	(8)	1.8	(1)	0.2	(1)	0.2	(439)	100.0
거주지역	농촌지역	(657)	(209)	77.5	(91)	13.9	(31)	4.7	(16)	2.4	(7)	1.1	(2)	0.3	(1)	0.2	(657)	100.0
	도시지역	(1377)	(1158)	84.0	(125)	9.1	(37)	2.7	(17)	1.2	(34)	2.5	(5)	0.4	(3)	0.2	(1377)	100.0
학력	무학	(524)	(409)	78.1	(63)	12.0	(25)	4.8	(13)	2.5	(12)	2.3	(1)	0.2	(1)	0.2	(524)	100.0
	1년~3년	(125)	(92)	73.6	(20)	16.0	(4)	3.2	(5)	4.0	(4)	3.2	(0)	0.0	(0)	0.	(125)	100.0
	4년~6년	(657)	(558)	84.9	(58)	8.8	(18)	2.7	(10)	1.5	(10)	1.5	(1)	0.2	(2)	0.3	(657)	100.0
	7년~9년	(294)	(240)	81.6	(30)	10.2	(12)	4.1	(4)	1.4	(4)	1.4	(4)	1.4	(0)	0.0	(294)	100.0
	10년~12년	(297)	(252)	84.8	(33)	11.1	(6)	2.0	(1)	0.3	(4)	1.3	(0)	0.0	(1)	0.3	(297)	100.0
	13년 이상	(137)	(114)	83.2	(12)	8.8	(3)	2.2	(0)	0.0	(7)	5.1	(1)	0.7	(0)	0.0	(137)	100.0
건강상태	매우 건강	(141)	(124)	87.9	(12)	8.5	(4)	2.8	(0)	0.0	(1)	0.7	(0)	0.0	(0)	0.0	(141)	100.0
	건강	(460)	(400)	87.0	(43)	9.3	(10)	2.2	(2)	4.4	(3)	0.7	(2)	0.4	(0)	0.0	(460)	100.0
	보통	(495)	(427)	86.3	(47)	9.5	(11)	2.2	(2)	4.4	(8)	1.6	(0)	0.0	(0)	0.0	(495)	100.0
	건강하지 못함	(695)	(563)	81.0	(74)	10.6	(28)	4.0	(14)	2.0	(13)	1.9	(2)	0.3	(1)	0.1	(695)	100.0
	매우 건강하지 못함	(243)	(151)	62.1	(40)	16.5	(15)	6.2	(15)	6.2	(16)	6.6	(3)	1.2	(3)	1.2	(243)	100.0
월 평균 가구 소득	50만원 미만	(509)	(376)	73.9	(61)	12.0	(27)	5.3	(20)	3.9	(20)	3.9	(2)	0.4	(3)	0.6	(509)	100.0
	50만원~150만원 미만	(762)	(614)	80.6	(95)	12.5	(27)	3.5	(8)	1.0	(14)	1.8	(3)	0.4	(1)	0.1	(762)	100.0
	150만원~250만원 미만	(439)	(387)	88.2	(33)	7.5	(8)	1.8	(4)	0.9	(5)	1.1	(2)	0.5	(0)	0.0	(439)	100.0
	250만원 이상	(293)	(260)	88.7	(25)	8.5	(6)	2.0	(1)	0.3	(1)	0.3	(0)	0.0	(0)	0.0	(293)	100.0
	잘 모른다	(31)	(28)	90.3	(2)	6.5	(0)	0.0	(0)	0.0	(1)	3.2	(0)	0.0	(0)	0.0	(31)	100.0

문34. [문30에서 5),6)에 응답한 분만] (평생) 자살 시도를 한 횟수는?

		사례수	1번		2번		3번 이상		계		계	
			(n)	%	(n)	%	(n)	%	(n)	%	(n)	%
전체		(34)	(26)	76.5	(2)	5.9	(6)	17.6	(34)	100.0	(2034)	100.0
성별	남성	(11)	(8)	72.7	(2)	18.2	(1)	9.1	(11)	100.0	(833)	100.0
	여성	(26)	(18)	78.3	(0)	0.0	(5)	21.7	(23)	100.0	(1201)	100.0
연령	만 65-69세	(12)	(19)	75.0	(1)	8.3	(2)	16.7	(12)	100.0	(573)	100.0
	70대	(16)	(11)	68.8	(1)	6.3	(4)	25.0	(16)	100.0	(1022)	100.0
	80대 이상	(6)	(6)	100.0	(0)	0.0	(0)	0.0	(6)	100.0	(439)	100.0
거주지역	농촌지역	(8)	(6)	75.0	(1)	12.5	(1)	12.5	(8)	100.0	(657)	100.0
	도시지역	(26)	(20)	76.9	(1)	3.8	(5)	19.2	(26)	100.0	(1377)	100.0
학력	무학	(11)	(9)	81.8	(0)	0.0	(2)	18.2	(11)	100.0	(524)	100.0
	1년~3년	(2)	(2)	100.0	(0)	0.0	(0)	0.0	(2)	100.0	(125)	100.0
	4년~6년	(8)	(6)	75.0	(0)	0.0	(2)	25.0	(8)	100.0	(657)	100.0
	7년~9년	(7)	(4)	57.1	(1)	14.3	(2)	28.6	(7)	100.0	(294)	100.0
	10년~12년	(4)	(3)	75.0	(1)	25.0	(0)	0.0	(4)	100.0	(297)	100.0
	13년 이상	(2)	(2)	100.0	(0)	0.0	(0)	0.0	(2)	100.0	(137)	100.0
건강상태	매우 건강	(1)	(1)	100.0	(0)	0.0	(0)	0.0	(1)	100.0	(141)	100.0
	건강	(2)	(2)	100.0	(0)	0.0	(0)	0.0	(2)	100.0	(460)	100.0
	보통	(6)	(6)	100.0	(0)	0.0	(0)	0.0	(6)	100.0	(495)	100.0
	건강하지 못함	(7)	(5)	71.4	(2)	28.6	(0)	0.0	(7)	100.0	(695)	100.0
	매우 건강하지 못함	(18)	(12)	66.7	(0)	0.0	(6)	33.3	(18)	100.0	(243)	100.0
월 평균 가구 소득	50만원 미만	(17)	(11)	64.7	(1)	5.9	(5)	29.4	(17)	100.0	(509)	100.0
	50만원~150만원 미만	(12)	(12)	100.0	(0)	0.0	(0)	0.0	(12)	100.0	(762)	100.0
	150만원~250만원 미만	(3)	(2)	66.7	(1)	33.3	(0)	0.0	(3)	100.0	(439)	100.0
	250만원 이상	(2)	(1)	50.0	(0)	0.0	(1)	50.0	(2)	100.0	(293)	100.0
	잘 모른다	(31)	(20)	64.5	(10)	32.3	(1)	3.2	(0)	0.0	(31)	100.0

문35. [문30에서 5),6)에 응답한 분만] 마지막으로 자살시도를 한 시기는 언제입니까?

		사례수	지난 일 년 이내		일 년 이상 이전		계	
			(n)	%	(n)	%	(n)	%
전체		(34)	(9)	26.5	(25)	73.5	(34)	100.0
성별	남성	(11)	(1)	9.1	(10)	90.9	(11)	100.0
	여성	(23)	(8)	34.8	(15)	65.2	(23)	100.0
연령	만 65-69세	(12)	(4)	33.3	(8)	66.7	(12)	100.0
	70대	(16)	(3)	18.8	(13)	81.2	(16)	100.0
	80대 이상	(6)	(2)	33.3	(4)	66.7	(6)	100.0
거주지역	농촌지역	(8)	(2)	25.0	(6)	75.0	(8)	100.0
	도시지역	(26)	(7)	26.9	(19)	73.1	(26)	100.0
학력	무학	(11)	(2)	18.2	(9)	81.8	(11)	100.0
	1년~3년	(2)	(0)	0.0	(2)	100.0	(2)	100.0
	4년~6년	(8)	(3)	37.5	(5)	62.5	(8)	100.0
	7년~9년	(7)	(2)	28.6	(5)	71.4	(7)	100.0
	10년~12년	(4)	(2)	50.0	(2)	50.0	(4)	100.0
	13년 이상	(2)	(0)	0.0	(2)	100.0	(2)	100.0
건강상태	매우 건강	(1)	(0)	0.0	(1)	100.0	(1)	100.0
	건강	(2)	(0)	0.0	(2)	100.0	(2)	100.0
	보통	(6)	(3)	50.0	(3)	50.0	(6)	100.0
	건강하지 못함	(7)	(1)	14.3	(6)	85.7	(7)	100.0
	매우 건강하지 못함	(18)	(5)	27.8	(13)	72.2	(18)	100.0
월 평균 가구 소득	50만원 미만	(17)	(3)	17.6	(14)	82.4	(17)	100.0
	50만원~150만원 미만	(12)	(4)	33.3	(8)	66.7	(12)	100.0
	150만원~250만원 미만	(3)	(0)	0.0	(3)	100.0	(3)	100.0
	250만원 이상	(2)	(2)	100.0	(0)	0.0	(2)	100.0
	잘 모른다	(31)	(3)	9.7	(17)	54.8	(4)	12.9

문36. 가족(부모, 형제, 배우자, 자녀)이나 친지 중 자살로 사망한 사람이 있습니까?

		사례수	예		아니오		계	
			(n)	%	(n)	%	(n)	%
전체		(2034)	(55)	2.7	(1979)	97.3	(2034)	100.0
성별	남성	(833)	(24)	2.9	(809)	97.1	(833)	100.0
	여성	(1201)	(31)	2.6	(1170)	97.4	(1201)	100.0
연령	만 65-69세	(573)	(24)	4.2	(549)	95.8	(573)	100.0
	70대	(1022)	(17)	1.7	(1005)	98.3	(1022)	100.0
	80대 이상	(439)	(14)	3.2	(425)	96.8	(439)	100.0
거주 지역	농촌지역	(657)	(19)	2.9	(638)	97.1	(657)	100.0
	도시지역	(1377)	(36)	2.6	(1341)	97.4	(1377)	100.0
학력	무학	(524)	(12)	2.3	(512)	97.7	(524)	100.0
	1년~3년	(125)	(4)	3.2	(121)	96.8	(125)	100.0
	4년~6년	(657)	(17)	2.6	(640)	97.4	(657)	100.0
	7년~9년	(294)	(6)	2.0	(288)	98.0	(294)	100.0
	10년~12년	(297)	(11)	3.7	(286)	96.3	(297)	100.0
	13년 이상	(137)	(5)	3.6	(132)	96.4	(137)	100.0
건강 상태	매우 건강	(141)	(2)	1.4	(139)	98.6	(141)	100.0
	건강	(460)	(17)	3.7	(443)	96.3	(460)	100.0
	보통	(495)	(10)	2.0	(485)	98.0	(495)	100.0
	건강하지 못함	(695)	(20)	2.9	(675)	97.1	(695)	100.0
	매우 건강하지 못함	(243)	(6)	2.5	(237)	97.5	(243)	100.0
월 평균 가구 소득	50만원 미만	(509)	(12v	2.4	(497)	97.6	(509)	100.0
	50만원~150만원 미만	(762)	(22)	2.9	(740)	97.1	(762)	100.0
	150만원~250만원 미만	(439)	(12)	2.7	(427)	97.3	(439)	100.0
	250만원 이상	(293)	(9)	3.1	(284)	96.9	(293)	100.0
	잘 모른다	(31)	(0)	0.0	(31)	100.0	(31)	100.0

문36-1. [문36에서 1)에 응답한 분만] 다음 중 해당하는 보기를 모두 골라 주십시오.

		사례수	부모		형제		자녀		배우자		친지	
			(n)	%	(n)	%	(n)	%	(n)	%	(n)	%
전체		(55)	(4)	7.3	(10)	18.2	(3)	5.5	(2)	3.6	(36)	65.5
성별	남성	(24)	(1)	4.2	(5)	20.8	(2)	8.3	(0)	0.0	(16)	66.7
	여성	(31)	(3)	9.7	(5)	16.1	(1)	3.2	(2)	6.5	(20)	64.5
연령	만 65-69세	(24)	(3)	12.5	(5)	20.8	(1)	4.2	(0)	0.0	(15)	62.5
	70대	(17)	(1)	5.9	(0)	0.0	(1)	5.9	(0)	0.0	(15)	88.2
	80대 이상	(14)	(0)	0.0	(5)	35.7	(1)	7.1	(2)	14.3	(6)	42.9
거주지역	농촌지역	(19)	(3)	15.8	(5)	26.3	(1)	5.3	(1)	5.3	(9)	47.4
	도시지역	(36)	(1)	2.8	(5)	13.9	(2)	5.6	(1)	2.8	(27)	75.0
학력	무학	(12)	(0)	0.0	(3)	25.0	(0)	0.0	(2)	16.7	(7)	58.3
	1년~3년	(4)	(0)	0.0	(1)	25.0	(1)	25.0	(0)	0.0	(2)	50.0
	4년~6년	(17)	(1)	5.9	(3)	17.6	(1)	5.9	(0)	0.0	(12)	70.6
	7년~9년	(6)	(2)	33.3	(0)	0.0	(0)	0.0	(0)	0.0	(4)	66.7
	10년~12년	(11)	(1)	9.1	(2)	18.2	(1)	9.1	(0)	0.0	(7)	63.6
	13년 이상	(5)	(0)	0.0	(1)	20.0	(0)	0.0	(0)	0.0	(4)	80.0
건강상태	매우 건강	(2)	(0)	0.0	(0)	0.0	(1)	50.0	(0)	0.0	(1)	50.0
	건강	(17)	(4)	23.5	(4)	23.5	(1)	5.9	(0)	0.0	(8)	47.1
	보통	(10)	(0)	0.0	(2)	20.0	(0)	0.0	(1)	10.0	(7)	70.0
	건강하지 못함	(20)	(0)	0.0	(4)	20.0	(0)	0.0	(1)	5.0	(15)	75.0
	매우 건강하지 못함	(6)	(0)	0.0	(0)	0.0	(1)	16.7	(0)	0.0	(5)	83.3
월 평균 가구 소득	50만원 미만	(12)	(0)	0.0	(3)	25.0	(1)	8.3	(0)	0.0	(8)	66.7
	50만원~150만원 미만	(22)	(3)	13.6	(2)	9.1	(0)	0.0	(2)	9.1	(15)	68.2
	150만원~250만원 미만	(12)	(0)	0.0	(4)	33.3	(2)	16.7	(0)	0.0	(6)	50.0
	250만원 이상	(9)	(1)	11.1	(1)	11.1	(0)	0.0	(0)	0.0	(7)	77.8
	잘 모른다	(31)	(28)	90.3	(3)	9.7	(0)	.0	(0)	.0	(31)	100.0

문37. 가족(부모, 형제, 배우자, 자녀)이나 친지를 제외한 가까운 지인(친구, 애인 등) 중 자살로 사망한 사람이 있습니까?

		사례수	예		아니오		계	
			(n)	%	(n)	%	(n)	%
전체		(2034)	(67)	3.3	(1967)	96.7	(2034)	100.0
성별	남성	(833)	(41)	4.9	(792)	95.1	(833)	100.0
	여성	(1201)	(26)	2.2	(1175)	97.8	(1201)	100.0
연령	만 65~69세	(573)	(24)	4.2	(549)	95.8	(573)	100.0
	70대	(1022)	(32)	3.1	(990)	96.9	(1022)	100.0
	80대 이상	(439)	(11)	2.5	(428)	97.5	(439)	100.0
거주지역	농촌지역	(657)	(12)	1.8	(645)	98.2	(657)	100.0
	도시지역	(1377)	(55)	4.0	(1322)	96.0	(1377)	100.0
학력	무학	(524)	(13)	2.5	(511)	97.5	(524)	100.0
	1년~3년	(125)	(4)	3.2	(121)	96.8	(125)	100.0
	4년~6년	(657)	(16)	2.4	(641)	97.6	(657)	100.0
	7년~9년	(294)	(7)	2.4	(287)	97.6	(294)	100.0
	10년~12년	(297)	(14)	4.7	(283)	95.3	(297)	100.0
	13년 이상	(137)	(13)	9.5	(124)	90.5	(137)	100.0
건강상태	매우 건강	(141)	(5)	3.5	(136)	96.5	(141)	100.0
	건강	(460)	(16)	3.5	(444)	96.5	(460)	100.0
	보통	(495)	(11)	2.2	(484)	97.8	(495)	100.0
	건강하지 못함	(695)	(19)	2.7	(676)	97.3	(695)	100.0
	매우 건강하지 못함	(243)	(16)	6.6	(227)	93.4	(243)	100.0
월 평균 가구 소득	50만원 미만	(509)	(18)	3.5	(491)	96.5	(509)	100.0
	50만원~150만원 미만	(762)	(22)	2.9	(740)	97.1	(762)	100.0
	150만원~250만원 미만	(439)	(12)	2.7	(427)	97.3	(439)	100.0
	250만원 이상	(293)	(15)	5.1	(278)	94.9	(293)	100.0
	잘 모른다	(31)	(0)	0.0	(31)	100.0	(31)	100.0

문38. (보기카드 제시) 어르신의 생각과 가장 비슷한 곳에 응답해주시기 바랍니다.

<1> 자살은 가족에게 너무 큰 상처를 줄 것이다, 나는 그들을 고통스럽게 하고 싶지 않다.

		사례수	전혀 그렇지 않다		그렇지 않다		그렇지 않은 편이다		그런 편이다		그렇다		매우 그렇다		계	
			(n)	%	(n)	%	(n)	%	(n)	%	(n)	%	(n)	%	(n)	%
전체		(2034)	(14)	0.7	(14)	0.7	(37)	1.8	(308)	15.1	(764)	37.6	(897)	44.1	(2034)	100.0
성별	남성	(833)	(9)	1.1	(9)	1.1	(16)	1.9	(125)	15.0	(295)	35.4	(379)	45.5	(833)	100.0
	여성	(1201)	(5)	0.4	(5)	0.4	(21)	1.7	(183)	15.2	(469)	39.1	(518)	43.1	(1201)	100.0
연령	만 65-69세	(573)	(9)	1.6	(7)	1.2	(8)	1.4	(74)	12.9	(194)	33.9	(281)	49.0	(573)	100.0
	70대	(1022)	(5)	0.5	(6)	0.6	(20)	2.0	(146)	14.3	(401)	39.2	(444)	43.4	(1022)	100.0
	80대 이상	(439)	(0)	0.0	(1)	0.2	(9)	2.1	(88)	20.0	(169)	38.5	(172)	39.2	(439)	100.0
거주지역	농촌지역	(657)	(1)	0.2	(1)	0.2	(6)	0.9	(83)	12.6	(282)	42.9	(284)	43.2	(657)	100.0
	도시지역	(1377)	(13)	0.9	(13)	0.9	(31)	2.3	(225)	16.3	(482)	35.0	(613)	44.5	(1377)	100.0
학력	무학	(524)	(1)	0.2	(4)	0.8	(15)	2.9	(104)	19.8	(227)	43.3	(173)	33.0	(524)	100.0
	1년~3년	(125)	(1)	0.8	(1)	0.8	(2)	1.6	(23)	18.4	(37)	29.6	(61)	48.8	(125)	100.0
	4년~6년	(657)	(4)	0.6	(4)	0.6	(7)	1.1	(96)	14.6	(258)	39.3	(200)	43.8	(657)	100.0
	7년~9년	(294)	(3)	1.0	(4)	1.4	(6)	2.0	(33)	11.2	(112)	28.1	(136)	46.3	(294)	100.0
	10년~12년	(297)	(2)	0.7	(1)	0.3	(5)	1.7	(35)	11.8	(96)	32.3	(158)	53.2	(297)	100.0
	13년 이상	(137)	(3)	2.2	(0)	0.0	(2)	1.5	(17)	12.4	(34)	24.8	(81)	59.1	(137)	100.0
건강상태	매우 건강	(141)	(2)	1.4	(0)	0.0	(1)	0.7	(20)	14.2	(48)	34.0	(70)	49.6	(141)	100.0
	건강	(460)	(3)	0.7	(0)	0.0	(5)	1.1	(53)	11.5	(151)	32.8	(248)	53.9	(460)	100.0
	보통	(495)	(1)	0.2	(3)	0.6	(2)	0.4	(57)	11.5	(184)	37.2	(248)	50.1	(495)	100.0
	건강하지 못함	(695)	(4)	0.6	(7)	1.0	(13)	1.9	(120)	17.3	(289)	41.6	(262)	37.7	(695)	100.0
	매우 건강하지 못함	(243)	(4)	1.6	(4)	1.6	(16)	6.6	(58)	23.9	(92)	37.9	(69)	28.4	(243)	100.0
월 평균 가구 소득	50만원 미만	(509)	(6)	1.2	(9)	1.8	(22)	4.3	(159)	31.2	(169)	33.2	(144)	28.3	(509)	100.0
	50만원~150만원 미만	(762)	(4)	0.5	(5)	0.7	(8)	1.0	(89)	11.7	(313)	41.1	(343)	45.0	(762)	100.0
	150만원~250만원 미만	(439)	(2)	0.5	(0)	0.0	(4)	0.9	(36)	8.2	(178)	40.5	(219)	49.9	(439)	100.0
	250만원 이상	(293)	(2)	0.7	(0)	0.0	(2)	0.7	(21)	7.2	(84)	28.7	(184)	62.8	(293)	100.0
	잘 모른다	(31)	(0)	0.0	(0)	0.0	(1)	3.2	(3)	9.7	(20)	64.5	(7)	22.6	(31)	100.0

문38. (보기카드 제시) 어르신의 생각과 가장 비슷한 곳에 응답해주시기 바랍니다.

<2> 나는 가족을 매우 사랑하고 그들과 즐거운 시간을 누린다. 그들을 떠날 수 없을 것이다.

		사례수	전혀 그렇지않다		그렇지 않다		그렇지 않은 편이다.		그런 편이다.		그렇다		매우 그렇다.		계	
			(n)	%	(n)	%	(n)	%	(n)	%	(n)	%	(n)	%	(n)	%
전체		(2034)	(22)	1.1	(47)	2.3	(117)	5.8	(544)	26.7	(798)	39.2	(506)	24.9	(2034)	100.0
성별	남성	(833)	(13)	1.6	(15)	1.8	(47)	5.6	(207)	24.8	(314)	37.7	(237)	28.5	(833)	100.0
	여성	(1201)	(9)	0.7	(32)	2.7	(70)	5.8	(337)	28.1	(484)	40.3	(269)	22.4	(1201)	100.0
연령	만 65-69세	(573)	(12)	2.1	(10)	1.2	(28)	4.9	(131)	22.9	(228)	39.8	(164)	28.6	(573)	100.0
	70대	(1022)	(9)	0.9	(22)	2.2	(51)	5.0	(260)	27.4	(397)	38.8	(263)	25.7	(1022)	100.0
	80대 이상	(439)	(1)	0.2	(15)	3.4	(38)	7.8	(133)	30.3	(173)	39.4	(79)	18.0	(439)	100.0
거주지역	농촌지역	(657)	(1)	0.2	(10)	1.5	(44)	6.7	(195)	29.7	(278)	42.3	(129)	19.6	(657)	100.0
	도시지역	(1377)	(21)	1.5	(37)	2.7	(73)	5.3	(349)	25.3	(520)	37.8	(377)	27.4	(1377)	100.0
학력	무학	(524)	(2)	0.4	(20)	3.8	(44)	8.4	(174)	33.2	(205)	39.1	(79)	15.1	(524)	100.0
	1년~3년	(125)	(1)	0.8	(2)	1.6	(12)	9.6	(29)	23.2	(55)	44.0	(26)	20.8	(125)	100.0
	4년~6년	(657)	(9)	1.4	(12)	1.6	(29)	4.4	(182)	27.7	(273)	41.6	(152)	23.1	(657)	100.0
	7년~9년	(294)	(3)	1.0	(7)	2.4	(15)	5.1	(67)	22.8	(123)	41.8	(79)	26.9	(294)	100.0
	10년~12년	(297)	(6)	2.0	(4)	1.3	(9)	3.0	(65)	21.9	(103)	34.7	(110)	37.0	(297)	100.0
	13년 이상	(137)	(1)	0.7	(2)	1.5	(9)	5.8	(27)	19.7	(39)	28.5	(60)	43.8	(137)	100.0
건강상태	매우 건강	(141)	(1)	0.7	(0)	0.0	(4)	2.8	(37)	26.2	(44)	31.2	(55)	39.0	(141)	100.0
	건강	(460)	(5)	1.1	(5)	1.1	(10)	2.2	(113)	24.6	(173)	37.6	(154)	33.5	(460)	100.0
	보통	(495)	(6)	1.2	(12)	1.2	(22)	4.4	(118)	23.8	(213)	43.0	(124)	25.1	(495)	100.0
	건강하지 못함	(695)	(6)	0.9	(12)	0.9	(54)	7.8	(199)	28.6	(291)	41.9	(130)	18.7	(695)	100.0
	매우 건강하지 못함	(243)	(4)	1.6	(15)	1.6	(27)	11.1	(77)	31.7	(77)	31.7	(43)	17.7	(243)	100.0
월 평균 가구 소득	50만원 미만	(509)	(12)	2.4	(23)	2.4	(58)	11.4	(171)	33.6	(84)	31.6	(84)	16.5	(509)	100.0
	50만원~150만원 미만	(762)	(6)	0.8	(12)	0.8	(37)	4.9	(208)	27.3	(204)	38.7	(204)	26.6	(762)	100.0
	150만원~250만원 미만	(439)	(3)	0.7	(7)	0.7	(7)	1.6	(96)	21.9	(116)	47.8	(116)	26.4	(439)	100.0
	250만원 이상	(293)	(1)	0.7	(4)	0.3	(14)	4.8	(83)	21.5	(98)	38.6	(98)	33.4	(293)	100.0
	잘 모른다	(31)	(0)	0.3	(1)	0.0	(1)	3.2	(6)	19.4	(4)	61.3	(4)	12.9	(31)	100.0

문38. (보기카드 제시) 어르신의 생각과 가장 비슷한 곳에 응답해주시기 바랍니다.

<3> 내겐 힘든 시기에 나를 지지해 주는 사랑스러운 가족이 있다.

		사례수	전혀 그렇지않다		그렇지 않다		그렇지 않은 편이다.		그런 편이다.		그렇다		매우 그렇다.		계	
			(n)	%	(n)	%	(n)	%	(n)	%	(n)	%	(n)	%	(n)	%
전체		(2034)	(19)	0.9	(40)	2.0	(103)	5.1	(612)	30.1	(757)	37.2	(503)	24.7	(2034)	100.0
성별	남성	(833)	(9)	1.1	(15)	1.8	(40)	4.8	(245)	29.4	(298)	35.8	(226)	27.1	(833)	100.0
	여성	(1201)	(10)	0.8	(25)	2.1	(63)	5.2	(367)	30.6	(459)	38.2	(277)	23.1	(1201)	100.0
연령	만 65-69세	(573)	(10)	1.7	(11)	1.9	(20)	3.5	(162)	28.3	(197)	34.4	(173)	30.2	(573)	100.0
	70대	(1022)	(8)	0.8	(23)	2.3	(48)	4.7	(304)	27.9	(396)	38.7	(243)	23.8	(1022)	100.0
	80대 이상	(439)	(1)	0.2	(6)	1.4	(35)	8.0	(146)	33.3	(164)	37.4	(87)	19.8	(439)	100.0
거주지역	농촌지역	(657)	(2)	0.3	(7)	1.1	(51)	7.8	(232)	35.3	(242)	36.8	(123)	18.7	(657)	100.0
	도시지역	(1377)	(17)	1.2	(33)	2.4	(52)	3.8	(380)	27.6	(515)	37.4	(380)	27.6	(1377)	100.0
학력	무학	(524)	(6)	1.1	(12)	2.3	(49)	9.4	(181)	34.5	(195)	37.2	(81)	15.5	(524)	100.0
	1년~3년	(125)	(1)	0.8	(4)	3.2	(9)	7.2	(45)	36.0	(45)	36.0	(28)	16.8	(125)	100.0
	4년~6년	(657)	(3)	0.5	(12)	1.0	(24)	3.7	(210)	32.0	(259)	39.4	(149)	22.7	(657)	100.0
	7년~9년	(294)	(3)	1.0	(8)	2.7	(9)	3.1	(78)	26.8	(116)	39.5	(80)	27.2	(294)	100.0
	10년~12년	(297)	(4)	1.3	(2)	0.7	(7)	2.4	(76)	25.6	(101)	34.0	(107)	36.0	(297)	100.0
	13년 이상	(137)	(2)	1.5	(2)	1.5	(5)	3.6	(22)	16.1	(41)	29.9	(65)	47.4	(137)	100.0
건강상태	매우 건강	(141)	(0)	0.0	(0)	0.0	(5)	3.5	(38)	27.0	(40)	28.4	(58)	41.1	(141)	100.0
	건강	(460)	(2)	0.4	(5)	1.1	(10)	2.2	(106)	23.0	(179)	38.9	(158)	34.3	(460)	100.0
	보통	(495)	(4)	0.8	(7)	1.4	(11)	2.2	(147)	29.7	(218)	44.0	(108)	21.8	(495)	100.0
	건강하지 못함	(695)	(5)	0.7	(22)	3.2	(51)	7.3	(239)	34.4	(232)	33.4	(146)	21.0	(695)	100.0
	매우 건강하지 못함	(243)	(9)	3.3	(6)	2.5	(26)	10.7	(82)	33.7	(88)	36.2	(33)	13.6	(243)	100.0
월 평균 가구 소득	50만원 미만	(509)	(14)	2.8	(28)	5.5	(55)	10.8	(184)	36.1	(147)	28.9	(81)	15.9	(509)	100.0
	50만원~150만원 미만	(762)	(3)	0.4	(11)	1.4	(30)	3.9	(227)	29.8	(298)	39.1	(193)	25.3	(762)	100.0
	150만원~250만원 미만	(439)	(2)	0.5	(0)	0.0	(10)	2.3	(126)	28.7	(194)	44.2	(107)	24.4	(439)	100.0
	250만원 이상	(293)	(0)	0.0	(1)	0.3	(6)	2.0	(70)	23.9	(102)	34.8	(114)	38.9	(293)	100.0
	잘 모른다	(31)	(0)	0.0	(0)	0.0	(2)	6.5	(5)	16.1	(16)	51.6	(8)	25.8	(31)	100.0

문38. (보기카드 제시) 어르신의 생각과 가장 비슷한 곳에 응답해주시기 바랍니다.

<4> 가족이 내게 의지하고 나를 필요로 한다.

		사례수	전혀 그렇지않다		그렇지 않다		그렇지 않은 편이다.		그런 편이다.		그렇다		매우 그렇다.		계	
			(n)	%	(n)	%	(n)	%	(n)	%	(n)	%	(n)	%	(n)	%
전체		(2034)	(36)	1.8	(68)	3.3	(202)	9.9	(681)	33.5	(605)	29.7	(442)	21.7	(2034)	100.0
성별	남성	(833)	(16)	1.9	(29)	3.5	(78)	9.4	(255)	30.6	(241)	28.9	(214)	25.7	(833)	100.0
	여성	(1201)	(20)	1.7	(39)	3.2	(124)	10.3	(426)	35.5	(228)	30.3	(228)	19.0	(1201)	100.0
연령	만 65-69세	(573)	(12)	2.1	(17)	3.0	(37)	6.5	(173)	30.2	(158)	30.7	(158)	27.6	(573)	100.0
	70대	(1022)	(20)	2.0	(31)	3.0	(98)	9.6	(341)	33.4	(220)	30.5	(220)	21.5	(1022)	100.0
	80대 이상	(439)	(4)	0.9	(20)	4.6	(67)	15.3	1677)	38.0	(64)	26.7	(64)	14.6	(439)	100.0
거주지역	농촌지역	(657)	(6)	0.9	(19)	2.9	(111)	16.9	(226)	34.4	(104)	29.1	(104)	15.8	(657)	100.0
	도시지역	(1377)	(30)	2.2	(49)	3.6	(91)	6.6	(455)	33.0	(338)	30.1	(338)	24.5	(1377)	100.0
학력	무학	(524)	(11)	2.1	(22)	4.2	(79)	15.1	(191)	36.5	(63)	30.2	(63)	12.0	(524)	100.0
	1년~3년	(125)	(4)	3.2	(5)	4.0	(19)	15.2	(52)	41.6	(17)	22.4	(17)	13.6	(125)	100.0
	4년~6년	(657)	(7)	1.1	(41)	3.2	(58)	8.8	(235)	35.8	(128)	31.7	(128)	19.5	(657)	100.0
	7년~9년	(294)	(8)	2.7	(12)	4.1	(23)	7.8	(93)	31.6	(74)	28.6	(74)	25.2	(294)	100.0
	10년~12년	(297)	(5)	1.7	(4)	1.3	(17)	5.7	(90)	30.3	(97)	28.3	(97)	32.7	(297)	100.0
	13년 이상	(137)	(1)	0.7	(4)	2.9	(6)	4.4	(20)	14.6	(63)	31.4	(63)	46.0	(137)	100.0
건강상태	매우 건강	(141)	(0)	0.0	(2)	1.4	(9v	6.4	(32)	22.7	(59)	27.7	(59)	41.8	(141)	100.0
	건강	(460)	(5)	1.1	(5)	1.1	(21)	4.6	(124)	27.0	(153)	33.0	(153)	33.3	(460)	100.0
	보통	(495)	(8)	1.6	(11)	2.2	(35v	7.1	(189)	38.2	(82)	34.3	(82)	16.6	(495)	100.0
	건강하지 못함	(695)	(12)	1.7	(29)	4.2	(103)	14.8	(250	36.0	(122)	25.8	(122)	17.6	(695)	100.0
	매우 건강하지 못함	(243)	(11)	4.5	(21)	8.6	(34)	14.0	(86)	35.4	(26)	26.7	(26)	10.7	(243)	100.0
월 평균 가구 소득	50만원 미만	(509)	(27)	5.3	(36)	7.1	(78)	15.3	(190)	37.3	(66)	22.0	(66)	13.0	(509)	100.0
	50만원~150만원 미만	(762)	(7)	0.9	(21)	2.8	(83)	10.9	(247)	32.4	(166)	31.2	(166)	21.8	(762)	100.0
	150만원~250만원 미만	(439)	(2)	0.5	(4)	0.9	(27)	6.2	(160)	36.4	(97)	33.9	(97)	22.1	(439)	100.0
	250만원 이상	(293)	(0)	0.0	(7)	2.4	(13)	4.4	(76)	25.9	(107)	30.7	(107)	36.5	(293)	100.0
	잘 모른다	(31)	(0)	0.0	(0)	0.0	(1)	3.2	(8)	25.8	(6)	51.6	(6)	19.4	(31)	100.0

문39. (보기카드 제시) 어르신에게 해당되는 내용이면 '예'를, 해당사항이 없는 내용이면 '아니오'를 선택하시오.

<1> 나는 죽는다는 것이 두렵다.

		사례수	예		아니오		계	
			(n)	%	(n)	%	(n)	%
전체		(2034)	(534)	26.3	(1500)	73.7	(2034)	100.0
성별	남성	(833)	(184)	22.1	(649)	77.9	(833)	100.0
	여성	(1201)	(350)	29.1	(851)	70.9	(1201)	100.0
연령	만 65-69세	(573)	(205)	35.8	(368)	64.2	(573)	100.0
	70대	(1022)	(257)	25.1	(765)	74.9	(1022)	100.0
	80대 이상	(439)	(72)	16.4	(367)	83.6	(439)	100.0
거주지역	농촌지역	(657)	(182)	27.7	(475)	72.3	(657)	100.0
	도시지역	(1377)	(352)	25.6	(1025)	74.4	(1377)	100.0
학력	무학	(524)	(126)	24.0	(398)	76.0	(524)	100.0
	1년~3년	(125)	(21)	16.8	(104)	83.2	(125)	100.0
	4년~6년	(657)	(200)	30.4	(457)	69.6	(657)	100.0
	7년~9년	(294)	(81)	27.6	(213)	72.4	(294)	100.0
	10년~12년	(297)	(70)	23.6	(227)	76.4	(297)	100.0
	13년 이상	(137)	(36)	26.3	(101)	73.7	(137)	100.0
건강상태	매우 건강	(141)	(52)	36.9	(89)	63.1	(141)	100.0
	건강	(460)	(114)	24.8	(346)	75.2	(460)	100.0
	보통	(495)	(128)	25.9	(367)	74.1	(495)	100.0
	건강하지 못함	(695)	(191)	27.5	(504)	72.5	(695)	100.0
	매우 건강하지 못함	(243)	(49)	20.2	(194)	79.8	(243)	100.0
월 평균 가구소득	50만원 미만	(509)	(108)	21.2	(401)	78.8	(509)	100.0
	50만원~150만원 미만	(762)	(227)	29.8	(535)	70.2	(762)	100.0
	150만원~250만원 미만	(439)	(108)	24.6	(331)	75.4	(439)	100.0
	250만원 이상	(293)	(84)	28.7	(209)	71.3	(293)	100.0
	잘 모른다	(31)	(7)	22.6	(24)	77.4	(31)	100.0

문39. (보기카드 제시) 어르신에게 해당되는 내용이면 '예'를, 해당사항이 없는 내용이면 '아니오'를 선택하시오.
<2> 나는 죽음에 대한 생각을 거의 하지 않는다.

		사례수	예		아니오		계	
			(n)	%	(n)	%	(n)	%
전체		(2034)	(1490)	73.3	(544)	26.7	(2034)	100.0
성별	남성	(833)	(611)	73.3	(222)	26.7	(833)	100.0
	여성	(1201)	(879)	73.2	(322)	26.8	(1201)	100.0
연령	만 65-69세	(573)	(412)	71.9	(161)	28.7	(573)	100.0
	70대	(1022)	(771)	75.4	(251)	24.6	(1022)	100.0
	80대 이상	(439)	(307)	69.9	(132)	30.1	(439)	100.0
거주지역	농촌지역	(657)	(478)	72.5	(181)	27.5	(657)	100.0
	도시지역	(1377)	(1014)	73.6	(363)	26.4	(1377)	100.0
학력	무학	(524)	(358)	68.3	(166)	31.7	(524)	100.0
	1년~3년	(125)	(94)	75.2	(31)	24.8	(125)	100.0
	4년~6년	(657)	(492)	74.9	(165)	25.1	(657)	100.0
	7년~9년	(294)	(220)	74.8	(74)	25.2	(294)	100.0
	10년~12년	(297)	(233)	78.5	(64)	21.5	(297)	100.0
	13년 이상	(137)	(93)	67.9	(44)	32.1	(137)	100.0
건강상태	매우 건강	(141)	(86)	61.0	(55)	39.0	(141)	100.0
	건강	(460)	(363)	78.9	(97)	21.1	(460)	100.0
	보통	(495)	(389)	78.6	(106)	21.4	(495)	100.0
	건강하지 못함	(695)	(517)	74.4	(178)	25.6	(695)	100.0
	매우 건강하지 못함	(243)	(135)	55.6	(108)	44.4	(243)	100.0
월 평균 가구소득	50만원 미만	(509)	(240)	66.8	(169)	33.2	(509)	100.0
	50만원~150만원 미만	(762)	(564)	74.0	(189)	26.0	(762)	100.0
	150만원~250만원 미만	(439)	(347)	79.0	(92)	21.0	(439)	100.0
	250만원 이상	(293)	(217)	74.1	(76)	25.9	(293)	100.0
	잘 모른다	(31)	(22)	71.0	(9)	29.0	(31)	100.0

문39. (보기카드 제시) 어르신에게 해당되는 내용이면 '예'를, 해당사항이 없는 내용이면 '아니오'를 선택하시오.

<3> 사람들이 죽음에 대해 말해도 별로 신경 쓰이지 않는다.

		사례수	예		아니오		계	
			(n)	%	(n)	%	(n)	%
전체		(2034)	(1615)	79.4	(419)	20.6	(2034)	100.0
성별	남성	(833)	(675)	81.0	(158)	19.0	(833)	100.0
	여성	(1201)	(940)	78.3	(261)	21.7	(1201)	100.0
연령	만 65-69세	(573)	(431)	75.2	(142)	24.8	(573)	100.0
	70대	(1022)	(830)	81.2	(192)	18.8	(1022)	100.0
	80대 이상	(439)	(354)	80.6	(85)	19.4	(439)	100.0
거주지역	농촌지역	(657)	(540)	82.2	(117)	17.8	(657)	100.0
	도시지역	(1377)	(1075)	78.1	(302)	21.9	(1377)	100.0
학력	무학	(524)	(415)	79.2	(109)	20.8	(524)	100.0
	1년~3년	(125)	(104)	83.2	(21)	16.8	(125)	100.0
	4년~6년	(657)	(521)	79.3	(136)	20.7	(657)	100.0
	7년~9년	(294)	(231)	78.6	(63)	21.4	(294)	100.0
	10년~12년	(297)	(238)	80.1	(59)	19.9	(297)	100.0
	13년 이상	(137)	(106)	77.4	(31)	22.6	(137)	100.0
건강상태	매우 건강	(141)	(94)	66.7	(47)	33.3	(141)	100.0
	건강	(460)	(380)	82.6	(80)	17.4	(460)	100.0
	보통	(495)	(421)	85.1	(74)	14.9	(495)	100.0
	건강하지 못함	(695)	(555)	79.9	(140)	20.1	(695)	100.0
	매우 건강하지 못함	(243)	(165)	67.9	(78)	32.1	(243)	100.0
월 평균 가구소득	50만원 미만	(509)	(389)	76.4	(120)	23.6	(509)	100.0
	50만원~150만원 미만	(762)	(608)	79.5	(156)	20.5	(762)	100.0
	150만원~250만원 미만	(439)	(358)	81.5	(81)	18.5	(439)	100.0
	250만원 이상	(293)	(234)	79.9	(59)	20.1	(293)	100.0
	잘 모른다	(31)	(28)	90.3	(3)	9.7	(31)	100.0

문39. (보기카드 제시) 어르신에게 해당되는 내용이면 '예'를, 해당사항이 없는 내용이면 '아니오'를 선택하시오.
<4> 만일 수술을 받아야한다면 굉장히 무서울 것 같다.

		사례수	예		아니오		계	
			(n)	%	(n)	%	(n)	%
전체		(2034)	(971)	47.7	(1063)	52.3	(2034)	100.0
성별	남성	(833)	(313)	37.8	(520)	62.4	(833)	100.0
	여성	(1201)	(658)	54.8	(543)	45.2	(1201)	100.0
연령	만 65-69세	(573)	(312)	54.5	(261)	45.5	(573)	100.0
	70대	(1022)	(476)	46.6	(546)	53.4	(1022)	100.0
	80대 이상	(439)	(183)	41.7	(256)	58.3	(439)	100.0
거주지역	농촌지역	(657)	(291)	44.3	(366)	55.7	(657)	100.0
	도시지역	(1377)	(680)	49.4	(697)	50.6	(1377)	100.0
학력	무학	(524)	(232)	44.3	(292)	55.7	(524)	100.0
	1년~3년	(125)	(57)	45.6	(68)	54.4	(125)	100.0
	4년~6년	(657)	(338)	51.4	(319)	48.6	(657)	100.0
	7년~9년	(294)	(143)	48.6	(151)	51.4	(294)	100.0
	10년~12년	(297)	(148)	49.8	(149)	50.2	(297)	100.0
	13년 이상	(137)	(53)	38.7	(84)	61.3	(137)	100.0
건강상태	매우 건강	(141)	(63)	44.7	(78)	55.3	(141)	100.0
	건강	(460)	(219)	47.6	(241)	52.4	(460)	100.0
	보통	(495)	(235)	47.5	(260)	52.5	(495)	100.0
	건강하지 못함	(695)	(348)	50.1	(347)	49.9	(695)	100.0
	매우 건강하지 못함	(243)	(106)	43.6	(137)	56.4	(243)	100.0
월 평균 가구소득	50만원 미만	(509)	(217)	42.6	(292)	57.4	(509)	100.0
	50만원~150만원 미만	(762)	(371)	48.7	(391)	51.3	(762)	100.0
	150만원~250만원 미만	(439)	(225)	51.3	(214)	48.7	(439)	100.0
	250만원 이상	(293)	(143)	48.8	(150)	51.2	(293)	100.0
	잘 모른다	(31)	(15)	48.4	(16)	51.6	(31)	100.0

문39. (보기카드 제시) 어르신에게 해당되는 내용이면 '예'를, 해당사항이 없는 내용이면 '아니오'를 선택하시오.
<5> 나는 죽는다는 것이 전혀 두렵지 않다.

		사례수	예		아니오		계	
			(n)	%	(n)	%	(n)	%
전체		(2034)	(1498)	73.6	(536)	26.4	(2034)	100.0
성별	남성	(833)	(649)	77.9	(184)	22.1	(833)	100.0
	여성	(1201)	(849)	70.7	(352)	29.3	(1201)	100.0
연령	만 65-69세	(573)	(367)	64.0	(206)	36.0	(573)	100.0
	70대	(1022)	(764)	74.8	(258)	25.2	(1022)	100.0
	80대 이상	(439)	(367)	83.6	(72)	16.4	(439)	100.0
거주지역	농촌지역	(657)	(475)	72.3	(182)	27.7	(657)	100.0
	도시지역	(1377)	(1023)	74.3	(354)	25.7	(1377)	100.0
학력	무학	(524)	(398)	76.0	(126)	24.0	(524)	100.0
	1년~3년	(125)	(105)	84.0	(20)	16.0	(125)	100.0
	4년~6년	(657)	(457)	69.6	(200)	30.4	(657)	100.0
	7년~9년	(294)	(210)	71.4	(84)	28.6	(294)	100.0
	10년~12년	(297)	(227)	76.4	(70)	23.6	(297)	100.0
	13년 이상	(137)	(101)	73.7	(36)	26.3	(137)	100.0
건강상태	매우 건강	(141)	(89)	63.1	(52)	36.9	(141)	100.0
	건강	(460)	(345)	75.0	(115)	25.0	(460)	100.0
	보통	(495)	(367)	74.1	(128)	25.9	(495)	100.0
	건강하지 못함	(695)	(504)	72.5	(191)	27.5	(695)	100.0
	매우 건강하지 못함	(243)	(193)	79.4	(50)	20.6	(243)	100.0
월 평균 가구소득	50만원 미만	(509)	(402)	79.0	(107)	21.0	(509)	100.0
	50만원~150만원 미만	(762)	(533)	69.9	(229)	30.1	(762)	100.0
	150만원~250만원 미만	(439)	(330)	75.2	(109)	24.8	(439)	100.0
	250만원 이상	(293)	(209)	71.3	(84)	28.7	(293)	100.0
	잘 모른다	(31)	(24)	77.4	(7)	22.6	(31)	100.0

문39. (보기카드 제시) 어르신에게 해당되는 내용이면 '예'를, 해당사항이 없는 내용이면 '아니오'를 선택하시오.
<6> 나는 암에 걸릴까봐 걱정하지 않는다.

		사례수	예		아니오		계	
			(n)	%	(n)	%	(n)	%
전체		(2034)	(1237)	60.8	(797)	39.2	(2034)	100.0
성별	남성	(833)	(532)	63.9	(301)	36.1	(833)	100.0
	여성	(1201)	(705)	58.7	(496)	41.3	(1201)	100.0
연령	만 65-69세	(573)	(329)	57.4	(244)	42.6	(573)	100.0
	70대	(1022)	(607)	59.4	(415)	40.6	(1022)	100.0
	80대 이상	(439)	(301)	68.6	(138)	31.4	(439)	100.0
거주지역	농촌지역	(657)	(392)	59.7	(265)	40.3	(657)	100.0
	도시지역	(1377)	(845)	61.4	(532)	38.6	(1377)	100.0
학력	무학	(524)	(329)	62.8	(195)	37.2	(524)	100.0
	1년~3년	(125)	(84)	67.2	(41)	32.8	(125)	100.0
	4년~6년	(657)	(377)	57.4	(280)	42.6	(657)	100.0
	7년~9년	(294)	(170)	57.8	(124)	42.2	(294)	100.0
	10년~12년	(297)	(186)	62.6	(111)	37.4	(297)	100.0
	13년 이상	(137)	(91)	66.4	(46)	33.6	(137)	100.0
건강상태	매우 건강	(141)	(83)	58.9	(58)	41.1	(141)	100.0
	건강	(460)	(300)	65.2	(160)	34.8	(460)	100.0
	보통	(495)	(289)	58.4	(206)	41.6	(495)	100.0
	건강하지 못함	(695)	(426)	61.3	(269)	38.7	(695)	100.0
	매우 건강하지 못함	(243)	(139)	57.2	(104)	42.8	(243)	100.0
월 평균 가구소득	50만원 미만	(509)	(320)	62.2	(189)	37.1	(509)	100.0
	50만원~150만원 미만	(762)	(438)	57.5	(324)	42.5	(762)	100.0
	150만원~250만원 미만	(439)	(273)	62.2	(166)	37.8	(439)	100.0
	250만원 이상	(293)	(184)	62.8	(109)	37.2	(293)	100.0
	잘 모른다	(31)	(22)	71.0	(9)	29.0	(31)	100.0

문39. (보기카드 제시) 어르신에게 해당되는 내용이면 '예'를, 해당사항이 없는 내용이면 '아니오'를 선택하시오.
<7> 죽음에 대한 생각 때문에 심란하지는 않다.

		사례수	예		아니오		계	
			(n)	%	(n)	%	(n)	%
전체		(2034)	(1656)	81.4	(378)	18.6	(2034)	100.0
성별	남성	(833)	(705)	84.6	(128)	15.4	(833)	100.0
	여성	(1201)	(951)	79.2	(250)	20.8	(1201)	100.0
연령	만 65-69세	(573)	(460)	80.3	(113)	19.7	(573)	100.0
	70대	(1022)	(841)	82.3	(181)	17.7	(1022)	100.0
	80대 이상	(439)	(355)	80.9	(84)	19.1	(439)	100.0
거주지역	농촌지역	(657)	(559)	85.1	(98)	14.9	(657)	100.0
	도시지역	(1377)	(1097)	79.7	(280)	20.3	(1377)	100.0
학력	무학	(524)	(425)	81.1	(99)	18.9	(524)	100.0
	1년~3년	(125)	(106)	84.8	(19)	15.2	(125)	100.0
	4년~6년	(657)	(534)	81.3	(123)	18.7	(657)	100.0
	7년~9년	(294)	(239)	81.3	(55)	18.7	(294)	100.0
	10년~12년	(297)	(237)	79.8	(60)	20.2	(297)	100.0
	13년 이상	(137)	(115)	83.9	(22)	16.1	(137)	100.0
건강상태	매우 건강	(141)	(102)	72.3	(39)	27.7	(141)	100.0
	건강	(460)	(398)	86.5	(62)	13.5	(460)	100.0
	보통	(495)	(414)	83.6	(81)	16.4	(495)	100.0
	건강하지 못함	(695)	(565)	81.3	(130)	18.7	(695)	100.0
	매우 건강하지 못함	(243)	(177)	72.8	(66)	27.2	(243)	100.0
월 평균 가구소득	50만원 미만	(509)	(416)	81.7	(93)	18.3	(509)	100.0
	50만원~150만원 미만	(762)	(610)	80.1	(152)	19.9	(762)	100.0
	150만원~250만원 미만	(439)	(355)	80.9	(84)	19.7	(439)	100.0
	250만원 이상	(293)	(246)	84.0	(47)	16.0	(293)	100.0
	잘 모른다	(31)	(29)	93.5	(2)	6.5	(31)	100.0

문39. (보기카드 제시) 어르신에게 해당되는 내용이면 '예'를, 해당사항이 없는 내용이면 '아니오'를 선택하시오.
<8> 시간이 너무 빨리 흘러간다는 사실에 심란할 때가 있다.

		사례수	예		아니오		계	
			(n)	%	(n)	%	(n)	%
전체		(2034)	(924)	45.4	(1110)	54.6	(2034)	100.0
성별	남성	(833)	(381)	45.7	(452)	54.3	(833)	100.0
	여성	(1201)	(543)	45.2	(658)	54.8	(1201)	100.0
연령	만 65-69세	(573)	(315)	55.0	(258)	45.0	(573)	100.0
	70대	(1022)	(451)	44.1	(571)	55.9	(1022)	100.0
	80대 이상	(439)	(158)	36.0	(281)	64.0	(439)	100.0
거주지역	농촌지역	(657)	(294)	44.7	(363)	55.3	(657)	100.0
	도시지역	(1377)	(630)	45.8	(747)	54.2	(1377)	100.0
학력	무학	(524)	(218)	41.6	(306)	58.4	(524)	100.0
	1년~3년	(125)	(49)	39.2	(76)	60.8	(125)	100.0
	4년~6년	(657)	(296)	45.1	(361)	54.9	(657)	100.0
	7년~9년	(294)	(133)	45.2	(161)	54.8	(294)	100.0
	10년~12년	(297)	(151)	50.8	(146)	49.2	(297)	100.0
	13년 이상	(137)	(77)	58.2	(60)	43.8	(137)	100.0
건강상태	매우 건강	(141)	(80)	56.7	(61)	43.3	(141)	100.0
	건강	(460)	(226)	49.1	(234)	50.9	(460)	100.0
	보통	(495)	(230)	46.5	(265)	53.5	(495)	100.0
	건강하지 못함	(695)	(295)	42.4	(400)	57.6	(695)	100.0
	매우 건강하지 못함	(243)	(93)	38.3	(150)	61.7	(243)	100.0
월 평균 가구소득	50만원 미만	(509)	(219)	43.0	(290)	57.0	(509)	100.0
	50만원~150만원 미만	(762)	(372)	48.8	(390)	51.2	(762)	100.0
	150만원~250만원 미만	(439)	(194)	44.2	(245)	55.8	(439)	100.0
	250만원 이상	(293)	(128)	43.7	(165)	56.3	(293)	100.0
	잘 모른다	(31)	(11)	35.5	(20)	64.5	(31)	100.0

문39. (보기카드 제시) 어르신에게 해당되는 내용이면 '예'를, 해당사항이 없는 내용이면 '아니오'를 선택하시오.

<9> 고통스럽게 죽을까봐 두렵다.

		사례수	예		아니오		계	
			(n)	%	(n)	%	(n)	%
전체		(2034)	(1276)	62.7	(756)	37.3	(2034)	100.0
성별	남성	(833)	(505)	60.6	(328)	39.4	(833)	100.0
	여성	(1201)	(771)	64.2	(430)	35.8	(1201)	100.0
연령	만 65-69세	(573)	(388)	67.7	(185)	32.3	(573)	100.0
	70대	(1022)	(660)	64.6	(362)	35.4	(1022)	100.0
	80대 이상	(439)	(228)	51.9	(211)	48.1	(439)	100.0
거주지역	농촌지역	(657)	(508)	77.3	(149)	22.7	(657)	100.0
	도시지역	(1377)	(768)	55.8	(609)	44.2	(1377)	100.0
학력	무학	(524)	(328)	62.6	(196)	37.7	(524)	100.0
	1년~3년	(125)	(82)	65.6	(43)	37.4	(125)	100.0
	4년~6년	(657)	(415)	63.2	(242)	36.8	(657)	100.0
	7년~9년	(294)	(186)	63.3	(108)	36.7	(294)	100.0
	10년~12년	(297)	(192)	64.6	(105)	35.4	(297)	100.0
	13년 이상	(137)	(73)	53.3	(64)	46.7	(137)	100.0
건강상태	매우 건강	(141)	(89)	63.1	(52)	36.9	(141)	100.0
	건강	(460)	(297)	64.6	(163)	35.4	(460)	100.0
	보통	(495)	(314)	63.4	(181)	36.6	(495)	100.0
	건강하지 못함	(695)	(430)	61.9	(265)	38.1	(695)	100.0
	매우 건강하지 못함	(243)	(146)	60.1	(91)	39.9	(243)	100.0
월 평균 가구소득	50만원 미만	(509)	(298)	58.5	(211)	41.5	(509)	100.0
	50만원~150만원 미만	(762)	(488)	64.0	(274)	36.0	(762)	100.0
	150만원~250만원 미만	(439)	(289)	65.8	(150)	34.2	(439)	100.0
	250만원 이상	(293)	(190)	64.8	(103)	35.2	(293)	100.0
	잘 모른다	(31)	(11)	35.5	(20)	64.5	(31)	100.0

문39. (보기카드 제시) 어르신에게 해당되는 내용이면 '예'를, 해당사항이 없는 내용이면 '아니오'를 선택하시오.
<10> 죽음 이후에 무슨 일이 있을지 사후에 대한 이야기가 나오면 마음이 불편하다.

		사례수	예		아니오		계	
			(n)	%	(n)	%	(n)	%
전체		(2034)	(376)	18.5	(1658)	81.5	(2034)	100.0
성별	남성	(833)	(157)	18.8	(676)	81.2	(833)	100.0
	여성	(1201)	(219)	18.2	(982)	81.8	(1201)	100.0
연령	만 65-69세	(573)	(134)	23.4	(439)	76.6	(573)	100.0
	70대	(1022)	(182)	17.8	(840)	82.2	(1022)	100.0
	80대 이상	(439)	(60)	13.7	(379)	86.3	(439)	100.0
거주지역	농촌지역	(657)	(84)	12.8	(573)	87.2	(657)	100.0
	도시지역	(1377)	(292)	21.2	(1085)	78.8	(1377)	100.0
학력	무학	(524)	(73)	13.9	(451)	86.1	(524)	100.0
	1년~3년	(125)	(19)	15.2	(106)	84.8	(125)	100.0
	4년~6년	(657)	(127)	19.3	(530)	80.7	(657)	100.0
	7년~9년	(294)	(62)	21.1	(232)	78.9	(294)	100.0
	10년~12년	(297)	(67)	22.6	(130)	77.4	(297)	100.0
	13년 이상	(137)	(28)	20.4	(109)	79.6	(137)	100.0
건강상태	매우 건강	(141)	(48)	34.0	(93)	66.0	(141)	100.0
	건강	(460)	(86)	18.7	(374)	81.3	(460)	100.0
	보통	(495)	(70)	14.1	(425)	85.9	(495)	100.0
	건강하지 못함	(695)	(122)	17.6	(573)	82.4	(695)	100.0
	매우 건강하지 못함	(243)	(50)	20.6	(198)	79.4	(243)	100.0
월 평균 가구소득	50만원 미만	(509)	(110)	21.6	(399)	78.4	(509)	100.0
	50만원~150만원 미만	(762)	(135)	17.7	(627)	82.3	(762)	100.0
	150만원~250만원 미만	(439)	(73)	16.6	(366)	83.4	(439)	100.0
	250만원 이상	(293)	(54)	18.4	(239)	81.6	(293)	100.0
	잘 모른다	(31)	(4)	12.9	(27)	87.1	(31)	100.0

문39. (보기카드 제시) 어르신에게 해당되는 내용이면 '예'를, 해당사항이 없는 내용이면 '아니오'를 선택하시오.

<11> 심장마비가 일어날까봐 겁이 난다.

		사례수	예		아니오		계	
			(n)	%	(n)	%	(n)	%
전체		(2034)	(663)	32.6	(1371)	67.4	(2034)	100.0
성별	남성	(833)	(256)	30.7	(577)	69.3	(833)	100.0
	여성	(1201)	(407)	33.9	(794)	66.1	(1201)	100.0
연령	만 65-69세	(573)	(205)	35.8	(368)	64.2	(573)	100.0
	70대	(1022)	(340)	33.3	(682)	66.7	(1022)	100.0
	80대 이상	(439)	(118)	26.9	(321)	73.1	(439)	100.0
거주지역	농촌지역	(657)	(177)	26.9	(480)	73.1	(657)	100.0
	도시지역	(1377)	(486)	35.3	(891)	64.7	(1377)	100.0
학력	무학	(524)	(149)	28.4	(375)	71.6	(524)	100.0
	1년~3년	(125)	(38)	30.4	(87)	69.6	(125)	100.0
	4년~6년	(657)	(216)	32.9	(441)	67.1	(657)	100.0
	7년~9년	(294)	(103)	35.0	(191)	65.0	(294)	100.0
	10년~12년	(297)	(111)	37.4	(186)	62.6	(297)	100.0
	13년 이상	(137)	(46)	33.6	(91)	66.4	(137)	100.0
건강상태	매우 건강	(141)	(59)	41.8	(82)	58.2	(141)	100.0
	건강	(460)	(135)	29.3	(325)	70.7	(460)	100.0
	보통	(495)	(159)	32.1	(336)	67.9	(495)	100.0
	건강하지 못함	(695)	(214)	30.8	(481)	69.2	(695)	100.0
	매우 건강하지 못함	(243)	(96)	39.5	(147)	60.5	(243)	100.0
월 평균 가구소득	50만원 미만	(509)	(177)	34.8	(332)	65.2	(509)	100.0
	50만원~150만원 미만	(762)	(245)	32.2	(517)	67.8	(762)	100.0
	150만원~250만원 미만	(439)	(132)	30.1	(307)	69.9	(439)	100.0
	250만원 이상	(293)	(101)	34.5	(192)	65.5	(293)	100.0
	잘 모른다	(31)	(31)	25.8	(23)	74.2	(31)	100.0

문39. (보기카드 제시) 어르신에게 해당되는 내용이면 '예'를, 해당사항이 없는 내용이면 '아니오'를 선택하시오.

<12> 인생이 정말 짧다는 생각이 자주 든다.

		사례수	예		아니오		계	
			(n)	%	(n)	%	(n)	%
전체		(2034)	(1124)	55.3	(910)	44.7	(2034)	100.0
성별	남성	(833)	(443)	53.2	(390)	46.8	(833)	100.0
	여성	(1201)	(681)	56.7	(520)	43.3	(1201)	100.0
연령	만 65-69세	(573)	(370)	64.6	(203)	35.4	(573)	100.0
	70대	(1022)	(573)	56.1	(449)	43.9	(1022)	100.0
	80대 이상	(439)	(181)	41.2	(256)	58.8	(439)	100.0
거주지역	농촌지역	(657)	(349)	53.1	(308)	46.9	(657)	100.0
	도시지역	(1377)	(775)	56.3	(602)	43.7	(1377)	100.0
학력	무학	(524)	(257)	49.0	(267)	51.0	(524)	100.0
	1년~3년	(125)	(64)	51.2	(61)	48.8	(125)	100.0
	4년~6년	(657)	(369)	56.2	(288)	43.8	(657)	100.0
	7년~9년	(294)	(162)	55.1	(132)	44.9	(294)	100.0
	10년~12년	(297)	(182)	61.3	(115)	38.7	(297)	100.0
	13년 이상	(137)	(90)	65.7	(47)	34.3	(137)	100.0
건강상태	매우 건강	(141)	(80)	56.7	(61)	43.3	(141)	100.0
	건강	(460)	(273)	59.3	(187)	40.7	(460)	100.0
	보통	(495)	(312)	63.0	(183)	37.0	(495)	100.0
	건강하지 못함	(695)	(358)	51.5	(337)	48.5	(695)	100.0
	매우 건강하지 못함	(243)	(101)	41.6	(142)	58.4	(243)	100.0
월 평균 가구소득	50만원 미만	(509)	(245)	48.1	(264)	51.9	(509)	100.0
	50만원~150만원 미만	(762)	(434)	57.0	(328)	43.0	(762)	100.0
	150만원~250만원 미만	(439)	(267)	60.8	(172)	39.2	(439)	100.0
	250만원 이상	(293)	(164)	58.0	(129)	44.0	(293)	100.0
	잘 모른다	(31)	(14)	45.2	(17)	54.8	(31)	100.0

문39. (보기카드 제시) 어르신에게 해당되는 내용이면 '예'를, 해당사항이 없는 내용이면 '아니오'를 선택하시오.
<13> 세계 3차 대전이 일어날 것에 대해 말하는 것만 들어도 겁이 난다.

		사례수	예		아니오		계	
			(n)	%	(n)	%	(n)	%
전체		(2034)	(437)	21.5	(1579)	78.5	(2034)	100.0
성별	남성	(833)	(158)	19.0	(675)	81.0	(833)	100.0
	여성	(1201)	(279)	23.2	(922)	76.8	(1201)	100.0
연령	만 65-69세	(573)	(128)	22.3	(445)	77.7	(573)	100.0
	70대	(1022)	(234)	22.9	(788)	77.1	(1022)	100.0
	80대 이상	(439)	(75)	17.1	(364)	82.9	(439)	100.0
거주지역	농촌지역	(657)	(165)	25.1	(492)	74.9	(657)	100.0
	도시지역	(1377)	(272)	19.8	(1105)	80.2	(1377)	100.0
학력	무학	(524)	(71)	13.5	(453)	86.5	(524)	100.0
	1년~3년	(125)	(38)	30.4	(87)	69.5	(125)	100.0
	4년~6년	(657)	(181)	27.5	(476)	72.5	(657)	100.0
	7년~9년	(294)	(65)	22.1	(229)	77.9	(294)	100.0
	10년~12년	(297)	(59)	19.9	(238)	80.1	(297)	100.0
	13년 이상	(137)	(23)	16.8	(114)	83.2	(137)	100.0
건강상태	매우 건강	(141)	(41)	29.1	(100)	70.9	(141)	100.0
	건강	(460)	(80)	17.4	(360)	82.6	(460)	100.0
	보통	(495)	(117)	23.6	(378)	76.4	(495)	100.0
	건강하지 못함	(695)	(151)	21.7	(544)	78.3	(695)	100.0
	매우 건강하지 못함	(243)	(48)	19.8	(195)	80.2	(243)	100.0
월 평균 가구소득	50만원 미만	(509)	(98)	19.3	(411)	80.7	(509)	100.0
	50만원~150만원 미만	(762)	(188)	24.7	(574)	75.3	(762)	100.0
	150만원~250만원 미만	(439)	(93)	21.2	(346)	78.8	(439)	100.0
	250만원 이상	(293)	(55)	18.8	(238)	81.2	(293)	100.0
	잘 모른다	(31)	(3)	9.7	(28)	90.3	(31)	100.0

문39. (보기카드 제시) 어르신에게 해당되는 내용이면 '예'를, 해당사항이 없는 내용이면 '아니오'를 선택하시오.
<14> 죽은 사람의 몸을 보면 소름이 끼친다.

		사례수	예		아니오		계	
			(n)	%	(n)	%	(n)	%
전체		(2034)	(456)	22.4	(1578)	77.6	(2034)	100.0
성별	남성	(833)	(139)	16.7	(694)	83.3	(833)	100.0
	여성	(1201)	(317)	26.4	(884)	73.6	(1201)	100.0
연령	만 65-69세	(573)	(143)	25.0	(430)	75.0	(573)	100.0
	70대	(1022)	(241)	23.6	(781)	76.4	(1022)	100.0
	80대 이상	(439)	(72)	16.4	(367)	83.6	(439)	100.0
거주지역	농촌지역	(657)	(153)	23.3	(504)	76.7	(657)	100.0
	도시지역	(1377)	(303)	22.0	(1074)	78.0	(1377)	100.0
학력	무학	(524)	(95)	18.1	(429)	81.9	(524)	100.0
	1년~3년	(125)	(36)	28.8	(89)	71.2	(125)	100.0
	4년~6년	(657)	(157)	23.9	(500)	76.1	(657)	100.0
	7년~9년	(294)	(73)	24.8	(221)	75.2	(294)	100.0
	10년~12년	(297)	(68)	22.9	(229)	77.1	(297)	100.0
	13년 이상	(137)	(27)	19.7	(110)	80.3	(137)	100.0
건강상태	매우 건강	(141)	(46)	32.6	(95)	67.4	(141)	100.0
	건강	(460)	(94)	20.4	(366)	79.8	(460)	100.0
	보통	(495)	(105)	21.2	(390)	78.8	(495)	100.0
	건강하지 못함	(695)	(170)	24.5	(525)	75.5	(695)	100.0
	매우 건강하지 못함	(243)	(41)	18.9	(202)	83.1	(243)	100.0
월 평균 가구소득	50만원 미만	(509)	(114)	22.4	(395)	77.8	(509)	100.0
	50만원~150만원 미만	(762)	(187)	24.5	(575)	75.5	(762)	100.0
	150만원~250만원 미만	(439)	(100)	22.8	(339)	77.2	(439)	100.0
	250만원 이상	(293)	(49)	16.7	(244)	83.3	(293)	100.0
	잘 모른다	(31)	(6)	19.4	(25)	80.3	(31)	100.0

문39. (보기카드 제시) 어르신에게 해당되는 내용이면 '예'를, 해당사항이 없는 내용이면 '아니오'를 선택하시오.
<15> 지금 죽는다고 해도 별 미련이 없다.

		사례수	예		아니오		계	
			(n)	%	(n)	%	(n)	%
전체		(2034)	(1318)	64.8	(716)	35.2	(2034)	100.0
성별	남성	(833)	(553)	66.4	(280)	33.6	(833)	100.0
	여성	(1201)	(786)	63.7	(436)	36.3	(1201)	100.0
연령	만 65-69세	(573)	(313)	54.6	(260)	45.4	(573)	100.0
	70대	(1022)	(668)	65.4	(354)	34.6	(1022)	100.0
	80대 이상	(439)	(337)	76.8	(102)	23.2	(439)	100.0
거주지역	농촌지역	(657)	(429)	65.3	(228)	34.7	(657)	100.0
	도시지역	(1377)	(889)	64.6	(488)	35.4	(1377)	100.0
학력	무학	(524)	(369)	70.4	(155)	29.6	(524)	100.0
	1년~3년	(125)	(87)	69.6	(38)	30.4	(125)	100.0
	4년~6년	(657)	(417)	63.5	(240)	36.5	(657)	100.0
	7년~9년	(294)	(180)	61.2	(114)	38.8	(294)	100.0
	10년~12년	(297)	(184)	62.0	(113)	38.0	(297)	100.0
	13년 이상	(137)	(81)	59.1	(56)	40.9	(137)	100.0
건강상태	매우 건강	(141)	(81)	57.4	(60)	42.6	(141)	100.0
	건강	(460)	(289)	62.8	(171)	37.2	(460)	100.0
	보통	(495)	(312)	63.0	(183)	37.0	(495)	100.0
	건강하지 못함	(695)	(457)	65.8	(238)	34.2	(695)	100.0
	매우 건강하지 못함	(243)	(179)	73.7	(64)	26.3	(243)	100.0
월 평균 가구소득	50만원 미만	(509)	(355)	69.7	(154)	30.3	(509)	100.0
	50만원~150만원 미만	(762)	(493)	64.7	(289)	35.3	(762)	100.0
	150만원~250만원 미만	(439)	(256)	58.3	(183)	41.7	(439)	100.0
	250만원 이상	(293)	(189)	64.5	(104)	35.5	(293)	100.0
	잘 모른다	(31)	(25)	80.6	(6)	19.4	(31)	100.0

문40. (보기카드 제시) 지난 한 달간 어르신의 경우에 비추어 보아 아래의 질문들에 어느 정도 해당하는지 표시 해주십시오. 만약, 최근에 특별한 일이 없었다면 평소 느껴왔던 어르신의 생각에 따라 답해 주십시오.

<1> 변화가 일어날 때 적응할 수 있다.

		사례수	전혀 그렇지않다		거의 그렇지않다		때때로 그렇다		흔히 그렇다		거의 언제나 그렇다		계	
			(n)	%	(n)	%	(n)	%	(n)	%	(n)	%	(n)	%
전체		(2034)	(71)	3.5	(307)	15.1	(771)	37.9	(623)	30.6	(262)	12.9	(2034)	100.0
성별	남성	(833)	(25)	3.0	(93)	11.2	(275)	33.0	(290)	34.8	(150)	18.0	(833)	100.0
	여성	(1201)	(46)	3.8	(214)	17.8	(496)	41.3	(333)	27.7	(112)	9.3	(1201)	100.0
연령	만 65-69세	(573)	(18)	3.1	(47)	8.2	(180)	31.4	(220)	38.4	(108)	18.8	(573)	100.0
	70대	(1022)	(26)	2.5	(147)	14.4	(396)	38.7	(332)	32.5	(121)	11.8	(1022)	100.0
	80대 이상	(439)	(27)	6.2	(113)	25.7	(195)	44.4	(71)	16.2	(33)	7.5	(439)	100.0
거주지역	농촌지역	(657)	(33)	5.0	(123)	18.7	(276)	42.0	(170)	25.9	(55)	8.4	(657)	100.0
	도시지역	(1377)	(38)	2.8	(184)	13.4	(495)	35.9	(453)	32.9	(207)	15.0	(1377)	100.0
학력	무학	(524)	(32)	6.1	(145)	27.7	(215)	41.0	(109)	20.8	(23)	4.4	(524)	100.0
	1년~3년	(125)	(6)	4.8	(28)	22.4	(57)	45.6	(25)	20.0	(9)	7.2	(125)	100.0
	4년~6년	(657)	(16)	2.4	(83)	12.6	(277)	42.2	(216)	32.9	(65)	9.9	(657)	100.0
	7년~9년	(294)	(10)	3.4	(21)	7.1	(102)	34.7	(106)	36.7	(53)	18.0	(294)	100.0
	10년~12년	(297)	(5)	1.7	(22)	7.4	(92)	31.0	(119)	40.1	(59)	19.9	(297)	100.0
	13년 이상	(137)	(2)	1.5	(8)	5.8	(28)	20.4	(46)	33.6	(53)	38.7	(137)	100.0
건강상태	매우 건강	(141)	(1)	0.7	(14)	9.9	(32)	22.7	(50)	35.5	(44)	31.2	(141)	100.0
	건강	(460)	(8)	1.7	(27)	5.9	(146)	31.7	(175)	38.0	(104)	22.6	(460)	100.0
	보통	(495)	(12)	2.4	(47)	9.5	(202)	40.8	(190)	38.4	(44)	8.9	(495)	100.0
	건강하지 못함	(695)	(18)	2.6	(145)	20.9	(319)	45.9	(157)	22.6	(56)	8.1	(695)	100.0
	매우 건강하지 못함	(243)	(32)	13.2	(74)	30.5	(72)	29.6	(51)	21.0	(14)	5.8	(243)	100.0
월 평균 가구소득	50만원 미만	(509)	(31)	6.1	(125)	24.6	(204)	40.1	(121)	23.8	(28)	5.5	(509)	100.0
	50만원~150만원 미만	(762)	(18)	2.4	(37)	12.7	(303)	39.8	(242)	31.8	(102)	13.4	(762)	100.0
	150만원~250만원 미만	(439)	(12)	2.7	(47)	10.7	(162)	36.9	(162)	36.9	(56)	12.8	(439)	100.0
	250만원 이상	(293)	(10)	3.4	(31)	10.6	(85)	29.0	(93)	31.7	(74)	25.3	(293)	100.0
	잘 모른다	(31)	(0)	0.0	(7)	22.6	(17)	54.8	(5)	16.1	(2)	6.5	(31)	100.0

문40. (보기카드 제시) 지난 한 달간 어르신의 경우에 비추어 보아 아래의 질문들에 어느 정도 해당하는지 표시해주십시오. 만약, 최근에 특별한 일이 없었다면 평소 느껴왔던 어르신의 생각에 따라 답해 주십시오.

<2> 스트레스를 받았을 때 날 도와줄 가깝고도 돈독한 사람이 적어도 하나 있다.

		사례수	전혀 그렇지않다		거의 그렇지않다		때때로 그렇다		흔히 그렇다		거의 언제나 그렇다		계	
			(n)	%	(n)	%	(n)	%	(n)	%	(n)	%	(n)	%
전체		(2034)	(17)	0.8	(84)	4.1	(672)	33.0	(884)	43.5	(377)	18.5	(2034)	100.0
성별	남성	(833)	(7)	0.8	(39)	4.7	(220)	26.4	(381)	45.7	(186)	22.3	(833)	100.0
	여성	(1201)	(10)	0.8	(45)	3.7	(452)	37.6	(503)	41.9	(191)	15.9	(1201)	100.0
연령	만 65-69세	(573)	(6)	1.0	(22)	3.8	(148)	25.8	(252)	44.0	(145)	25.3	(573)	100.0
	70대	(1022)	(8)	0.8	(38)	3.7	(337)	33.0	(461)	45.1	(178)	17.4	(1022)	100.0
	80대 이상	(439)	(3)	0.7	(24)	5.5	(187)	42.6	(171)	39.0	(54)	12.3	(439)	100.0
거주지역	농촌지역	(657)	(6)	0.9	(25)	3.87	(250)	38.1	(289)	44.0	(87)	13.2	(657)	100.0
	도시지역	(1377)	(11)	0.8	(59)	4.3	(422)	30.6	(595)	43.2	(290)	21.1	(1377)	100.0
학력	무학	(524)	(5)	1.0	(35)	6.7	(215)	41.0	(214)	40.8	(55)	10.5	(524)	100.0
	1년~3년	(125)	(1)	0.8	(8)	6.4	(58)	46.4	(44)	35.2	(14)	11.2	(125)	100.0
	4년~6년	(657)	(5)	0.8	(19)	2.9	(229)	34.9	(290)	44.1	(114)	17.4	(657)	100.0
	7년~9년	(294)	(3)	1.0	(7)	2.4	(83)	28.2	(140)	47.6	(61)	20.7	(294)	100.0
	10년~12년	(297)	(2)	0.7	(9)	3.0	(62)	20.9	(140)	47.1	(84)	28.3	(297)	100.0
	13년 이상	(137)	(1)	0.7	(6)	4.4	(25)	18.2	(56)	40.9	(49)	35.8	(137)	100.0
건강상태	매우 건강	(141)	(0)	0.0	(1)	0.7	(20)	14.2	(64)	45.4	(56)	39.7	(141)	100.0
	건강	(460)	(3)	0.7	(13)	2.8	(106)	23.0	(229)	49.8	(109)	23.7	(460)	100.0
	보통	(495)	(3)	0.6	(14)	2.8	(143)	28.9	(239)	48.3	(96)	19.4	(495)	100.0
	건강하지 못함	(695)	(2)	0.3	(38)	5.5	(313)	45.0	(254	36.5	(88)	12.7	(695)	100.0
	매우 건강하지 못함	(243)	(9)	3.7	(18)	7.4	(90)	37.0	(98)	40.3	(28)	11.5	(243)	100.0
월 평균 가구 소득	50만원 미만	(509)	(7)	1.4	(37)	7.3	(211)	41.5	(188)	36.9	(66)	13.0	(509)	100.0
	50만원~150만원 미만	(762)	(5)	0.7	(26)	3.4	(235)	30.8	(358)	47.0	(138)	18.1	(762)	100.0
	150만원~250만원 미만	(439)	(4)	0.9	(8)	1.8	(131)	29.8	(201)	45.8	(95)	21.6	(439)	100.0
	250만원 이상	(293)	(0)	0.0	(11)	3.8	(85)	29.0	(123)	42.0	(74)	25.3	(293)	100.0
	잘 모른다	(31)	(1)	3.2	(2)	6.5	(10)	32.3	(14)	45.2	(4)	12.9	(31)	100.0

문40. (보기카드 제시) 지난 한 달간 어르신의 경우에 비추어 보아 아래의 질문들에 어느 정도 해당하는지 표시 해주십시오. 만약, 최근에 특별한 일이 없었다면 평소 느껴왔던 어르신의 생각에 따라 답해 주십시오.

<3> 내가 가지고 있는 문제에 분명한 해결책이 없을 때에는 가끔 신이나 운명이 도와줄 수 있다.

		사례수	전혀 그렇지않다		거의 그렇지않다		때때로 그렇다		흔히 그렇다		거의 언제나 그렇다		계	
			(n)	%	(n)	%	(n)	%	(n)	%	(n)	%	(n)	%
전체		(2034)	(249)	12.2	(614)	30.2	(704)	34.6	(351)	17.3	(116)	5.7	(2034)	100.0
성별	남성	(833)	(124)	14.9	(239)	28.7	(266)	31.9	(161)	19.3	(43)	5.2	(833)	100.0
	여성	(1201)	(125)	10.4	(375)	31.2	(438)	36.5	(190)	15.8	(73)	6.1	(1201)	100.0
연령	만 65-69세	(573)	(77)	13.4	(158)	27.6	(179)	31.2	(125)	21.8	(34)	5.9	(573)	100.0
	70대	(1022)	(122)	11.9	(313)	30.6	(360)	35.2	(161)	15.8	(66)	6.5	(1022)	100.0
	80대 이상	(439)	(50)	11.4	(143)	32.6	(165)	37.6	(65)	14.8	(16)	3.6	(439)	100.0
거주지역	농촌지역	(657)	(91)	14.2	(261)	39.7	(201)	30.6	(89)	13.5	(13)	2.0	(657)	100.0
	도시지역	(1377)	(156)	11.3	(353)	25.6	(503)	36.5	(262)	19.0	(103)	7.5	(1377)	100.0
학력	무학	(524)	(69)	13.2	(180)	34.4	(201)	38.4	(60)	11.5	(14)	2.7	(524)	100.0
	1년~3년	(125)	(16)	12.8	(41)	32.8	(44)	35.2	(18)	14.4	(6)	4.8	(125)	100.0
	4년~6년	(657)	(70)	10.7	(209)	31.8	(212)	32.3	(128)	19.5	(38)	5.8	(657)	100.0
	7년~9년	(294)	(36)	12.2	(83)	28.8	(102)	34.7	(51)	17.3	(22)	7.5	(294)	100.0
	10년~12년	(297)	(43)	14.5	(70)	23.6	(103)	34.	(61)	20.5	(20)	6.7	(297)	100.0
	13년 이상	(137)	(15)	10.9	(31)	22.6	(42)	30.7	(33)	24.1	(16)	11.7	(137)	100.0
건강상태	매우 건강	(141)	(21)	14.9	(20)	14.2	(40)	28.4	(38)	27.0	(22)	15.6	(141)	100.0
	건강	(460)	(50)	10.9	(119)	25.9	(164)	35.7	(98)	21.3	(29)	6.3	(460)	100.0
	보통	(495)	(56)	11.3	(145)	29.3	(166)	33.5	(96)	19.4	(32)	5.6	(495)	100.0
	건강하지 못함	(695)	(98)	14.1	(255)	36.7	(232)	33.4	(89)	12.8	(21)	3.0	(695)	100.0
	매우 건강하지 못함	(243)	(24)	9.9	(75)	30.9	(102)	42.0	(30)	123.	(12)	4.9	(243)	100.0
월 평균 가구 소득	50만원 미만	(509)	(57)	11.2	(142)	27.9	(203)	39.9	(82)	16.1	(25)	4.9	(509)	100.0
	50만원~150만원 미만	(762)	(81)	10.6	(248)	32.5	(243)	31.9	(146)	19.2	(44)	5.8	(762)	100.0
	150만원~250만원 미만	(439)	(62)	14.1	(135)	30.8	(146)	33.3	(69)	15.7	(27)	6.2	(439)	100.0
	250만원 이상	(293)	(44)	15.0	(80)	27.3	(107)	36.5	(43)	14.7	(19)	6.5	(293)	100.0
	잘 모른다	(31)	(5)	16.1	(9)	29.0	(5)	16.1	(11)	35.5	(1)	3.2	(31)	100.0

문40. (보기카드 제시) 지난 한 달간 어르신의 경우에 비추어 보아 아래의 질문들에 어느 정도 해당하는지 표시해주십시오. 만약, 최근에 특별한 일이 없었다면 평소 느껴왔던 어르신의 생각에 따라 답해 주십시오.

<4> 나는 무슨 일이 일어나도 처리할 수 있다.

		사례수	전혀 그렇지않다		거의 그렇지않다		때때로 그렇다		흔히 그렇다		거의 언제나 그렇다		계	
			(n)	%	(n)	%	(n)	%	(n)	%	(n)	%	(n)	%
전체		(2034)	(113)	5.6	(473)	23.3	(804)	39.5	(565)	27.8	(79)	3.9	(2034)	100.0
성별	남성	(833)	(42)	5.0	(148)	17.8	(286)	34.3	(307)	36.9	(50)	6.0	(833)	100.0
	여성	(1201)	(71)	5.9	(325)	27.1	(518)	43.1	(258)	21.5	(29)	2.4	(1201)	100.0
연령	만 65-69세	(573)	(36)	6.3	(91)	15.9	(231)	40.3	(185)	32.3	(30)	5.2	(573)	100.0
	70대	(1022)	(40)	3.9	(231)	22.6	(400)	39.1	(312)	30.5	(39)	3.8	(1022)	100.0
	80대 이상	(439)	(37)	8.4	(151)	34.4	(173)	39.4	(68)	15.5	(10)	2.3	(439)	100.0
거주지역	농촌지역	(657)	(35)	5.3	(175)	26.6	(276)	42.0	(156)	23.7	(15)	2.3	(657)	100.0
	도시지역	(1377)	(78)	5.7	(298)	21.6	(528)	38.3	(409)	29.7	(64)	4.6	(1377)	100.0
학력	무학	(524)	(46)	8.8	(173)	33.0	(209)	39.9	(37)	17.4	(5)	1.0	(524)	100.0
	1년~3년	(125)	(7)	5.6	(40)	32.0	(52)	41.6	(25)	20.0	(1)	0.8	(125)	100.0
	4년~6년	(657)	(30)	4.6	(150)	22.8	(288)	43.8	(173)	26.3	(16)	2.4	(657)	100.0
	7년~9년	(294)	(19)	6.5	(48)	16.3	(116)	39.5	(96)	32.7	(15)	5.1	(294)	100.0
	10년~12년	(297)	(10)	3.4	(43)	14.5	(106)	35.7	(117)	39.4	(21)	7.1	(297)	100.0
	13년 이상	(137)	(1)	0.7	(19)	13.9	(33)	24.1	(63)	46.0	(21)	15.3	(137)	100.0
건강상태	매우 건강	(141)	(11)	7.8	(37)	26.6	(45)	31.9	(37)	26.2	(11)	7.8	(141)	100.0
	건강	(460)	(12)	2.6	(54)	11.7	(165)	35.9	(190)	41.3	(39)	8.5	(460)	100.0
	보통	(495)	(13)	2.6	(78)	15.8	(229)	46.3	(161)	32.5	(14)	2.8	(495)	100.0
	건강하지 못함	(695)	(41)	5.9	(203)	29.2	(285)	41.0	(155)	22.3	(11)	1.6	(695)	100.0
	매우 건강하지 못함	(243)	(36)	14.8	(101)	41.6	(80)	32.9	(22)	9.1	(4)	1.6	(243)	100.0
월 평균 가구 소득	50만원 미만	(509)	(43)	8.4	(184)	36.1	(194)	38.1	(83)	16.3	(5)	1.0	(509)	100.0
	50만원~150만원 미만	(762)	(34)	4.5	(142)	18.6	(319)	41.9	(238)	31.2	(29)	3.8	(762)	100.0
	150만원~250만원 미만	(439)	(27)	6.2	(72)	16.4	(181)	41.2	(143)	32.6	(16)	3.6	(439)	100.0
	250만원 이상	(293)	(8)	2.7	(67)	22.9	(96)	32.8	(95)	32.4	(27)	9.2	(293)	100.0
	잘 모른다	(31)	(1)	3.2	(8)	25.8	(14)	45.2	(6)	19.4	(2)	6.5	(31)	100.0

문40. (보기카드 제시) 지난 한 달간 어르신의 경우에 비추어 보아 아래의 질문들에 어느 정도 해당하는지 표시 해주십시오. 만약, 최근에 특별한 일이 없었다면 평소 느껴왔던 어르신의 생각에 따라 답해 주십시오.
<5> 과거의 성공들은 내가 새로운 도전과 역경을 다루는데 자신감을 준다.

		사례수	전혀 그렇지않다		거의 그렇지않다		때때로 그렇다		흔히 그렇다		거의 언제나 그렇다		계	
			(n)	%	(n)	%	(n)	%	(n)	%	(n)	%	(n)	%
전체		(2034)	(158)	7.7	(473)	23.3	(912)	44.8	(420)	20.6	(73)	3.6	(2034)	100.0
성별	남성	(833)	(55)	6.6	(155)	18.6	(323)	38.8	(251)	30.1	(49)	5.9	(833)	100.0
	여성	(1201)	(101)	8.4	(318)	26.5	(589)	49.0	(169)	14.1	(24)	2.0	(1201)	100.0
연령	만 65-69세	(573)	(36)	6.3	(111)	19.4	(258v	45.0	(133)	23.2	(35)	6.1	(573)	100.0
	70대	(1022)	(73)	7.1	(231)	22.6	(450)	44.0	(239)	23.4	(29)	2.8	(1022)	100.0
	80대 이상	(439)	(47)	10.7	(131)	29.8	(204)	46.5	(48)	10.9	(9)	2.1	(439)	100.0
거주지역	농촌지역	(657)	(74)	11.3	(190)	28.9	(274)	41.7	(101)	15.4	(18)	2.7	(657)	100.0
	도시지역	(1377)	(82)	6.0	(283)	20.6	(638)	46.3	(319)	23.2	(55)	4.0	(1377)	100.0
학력	무학	(524)	(75)	14.3	(174)	33.2	(230)	43.9	(39)	7.4	(6)	1.1	(524)	100.0
	1년~3년	(125)	(10)	8.0	(39)	31.2	(59)	47.2	(14)	11.2	(3)	2.4	(125)	100.0
	4년~6년	(657)	(37)	5.6	(143)	21.8	(324)	49.3	(137)	20.9	(16)	2.4	(657)	100.0
	7년~9년	(294)	(21)	7.1	(56)	19.0	(125)	42.5	(78)	28.5	(14)	4.8	(294)	100.0
	10년~12년	(297)	(11)	3.7	(46)	15.5	(130)	43.8	(95)	32.0	(15)	5.1	(297)	100.0
	13년 이상	(137)	(2)	1.5	(15)	10.9	(44)	32.1	(57)	41.6	(19)	13.9	(137)	100.0
건강상태	매우 건강	(141)	(8)	5.7	(36)	25.5	(54)	38.3	(35)	24.8	(8)	5.7	(141)	100.0
	건강	(460)	(23)	5.0	(66)	14.3	(190)	41.3	(145)	231.5	(36)	7.8	(460)	100.0
	보통	(495)	(25)	5.1	(84)	17.0	(247)	49.9	(124)	25.1	(15)	3.0	(495)	100.0
	건강하지 못함	(695)	(62)	8.9	(199)	28.8	(325)	48.8	(97)	14.0	(12)	1.7	(695)	100.0
	매우 건강하지 못함	(243)	(38)	15.6	(88)	36.2	(96)	39.5	(19)	7.8	(2)	0.8	(243)	100.0
월 평균 가구 소득	50만원 미만	(509)	(64)	12.6	(170)	33.4	(208)	40.5	(60)	11.8	(9)	1.6	(509)	100.0
	50만원~150만원 미만	(762)	(52)	6.8	(167)	21.9	(349)	45.8	(149)	21.9	(28)	3.5	(762)	100.0
	150만원~250만원 미만	(439)	(28)	5.9	(71)	16.2	(218)	49.7	(113)	25.7	(11)	2.5	(439)	100.0
	250만원 이상	(293)	(14)	4.8	(58)	19.8	(117)	39.9	(80)	27.3	(24)	8.2	(293)	100.0
	잘 모른다	(31)	(0)	0.0	(7)	22.6	(22)	71.0	(0)	0.0	(2)	6.5	(31)	100.0

문40. (보기카드 제시) 지난 한 달간 어르신의 경우에 비추어 보아 아래의 질문들에 어느 정도 해당하는지 표시 해주십시오. 만약, 최근에 특별한 일이 없었다면 평소 느껴왔던 어르신의 생각에 따라 답해 주십시오.

<6> 어려운 일이 생겼을 때, 나는 그 일의 재미있는 면을 찾아보려고 노력한다.

		사례수	전혀 그렇지않다		거의 그렇지않다		때때로 그렇다		흔히 그렇다		거의 언제나 그렇다		계	
			(n)	%	(n)	%	(n)	%	(n)	%	(n)	%	(n)	%
전체		(2034)	(120)	5.9	(402)	19.8	(861)	42.3	(550)	27.0	(101)	5.0	(2034)	100.0
성별	남성	(833)	(39)	4.7	(141)	16.9	(326)	39.1	(273)	32.8	(54)	6.5	(833)	100.0
	여성	(1201)	(81)	6.7	(261)	21.7	(535)	44.5	(277)	23.1	(47)	3.9	(1201)	100.0
연령	만 65-69세	(573)	(19)	3.3	(98)	17.1	(235)	41.0	(186)	32.5	(35)	6.1	(573)	100.0
	70대	(1022)	(56)	5.5	(211)	20.6	(426)	41.7	(272)	26.6	(57)	5.6	(1022)	100.0
	80대 이상	(439)	(45)	10.3	(93)	21.2	(200)	45.6	(92)	21.0	(9)	2.1	(439)	100.0
거주지역	농촌지역	(657)	(94)	14.3	(178)	27.1	(252)	38.4	(123)	18.7	(10)	1.5	(657)	100.0
	도시지역	(1377)	(26)	1.9	(224)	16.3	(609)	44.2	(427)	31.0	(91)	6.6	(1377)	100.0
학력	무학	(524)	(77)	14.7	(127)	24.2	(215)	41.0	(97)	18.5	(8)	1.5	(524)	100.0
	1년~3년	(125)	(9)	7.2	(40)	32.0	(57)	45.6	(17)	13.6	(2)	1.6	(125)	100.0
	4년~6년	(657)	(24)	3.7	(127)	19.3	(299)	45.5	(174)	26.5	(33)	5.0	(657)	100.0
	7년~9년	(294)	(5)	1.7	(55)	18.7	(126)	42.9	(90)	30.6	(18)	6.1	(294)	100.0
	10년~12년	(297)	(5)	1.7	(39)	13.1	(126)	42.4	(105)	35.4	(22)	7.4	(297)	100.0
	13년 이상	(137)	(0)	0.0	(14)	10.2	(38)	27.7	(67)	48.9	(18)	13.1	(137)	100.0
건강상태	매우 건강	(141)	(6)	4.3	(27)	19.1	(40)	28.4	(56)	39.7	(12)	8.5	(141)	100.0
	건강	(460)	(13)	2.8	(68)	14.8	(173)	37.6	(168)	38.5	(38)	8.3	(460)	100.0
	보통	(495)	(21)	4.2	(75)	15.2	(235)	47.5	(142)	28.7	(22)	4.4	(495)	100.0
	건강하지 못함	(695)	(60)	8.6	(166)	23.9	(304)	43.7	(145)	20.9	(20)	2.9	(695)	100.0
	매우 건강하지 못함	(243)	(20)	8.2	(66)	27.2	(109)	44.9	(39)	16.0	(9)	3.7	(243)	100.0
월 평균 가구 소득	50만원 미만	(509)	(54)	10.6	(118)	23.2	(218)	42.8	(105)	20.6	(14)	2.8	(509)	100.0
	50만원~150만원 미만	(762)	(38)	5.0	(154)	20.2	(304)	39.9	(231)	30.3	(35)	4.6	(762)	100.0
	150만원~250만원 미만	(439)	(18)	4.1	(77)	17.5	(209)	47.6	(112)	25.5	(23)	5.2	(439)	100.0
	250만원 이상	(293)	(10)	3.4	(45)	14.4	(114)	38.9	(98)	33.4	(26)	8.9	(293)	100.0
	잘 모른다	(31)	(0)	0.0	(8)	25.8	(16)	51.6	(4)	12.9	(3)	9.7	(31)	100.0

문40. (보기카드 제시) 지난 한 달간 어르신의 경우에 비추어 보아 아래의 질문들에 어느 정도 해당하는지 표시해주십시오. 만약, 최근에 특별한 일이 없었다면 평소 느껴왔던 어르신의 생각에 따라 답해 주십시오.

<7> 스트레스 극복을 통해서 내가 더 강해질 수 있다.

		사례수	전혀 그렇지않다		거의 그렇지않다		때때로 그렇다		흔히 그렇다		거의 언제나 그렇다		계	
			(n)	%	(n)	%	(n)	%	(n)	%	(n)	%	(n)	%
전체		(2034)	(213)	10.5	(533)	26.2	(820)	40.3	(406)	20.0	(62)	3.0	(2034)	100.0
성별	남성	(833)	(75)	9.0	(168)	20.2	(341)	40.9	(208)	25.0	(41)	4.9	(833)	100.0
	여성	(1201)	(138)	11.5	(365)	30.4	(479)	39.9	(198)	16.5	(21)	1.7	(1201)	100.0
연령	만 65-69세	(573)	(54)	9.4	(111)	19.4	(260)	45.4	(121)	21.1	(27)	4.7	(573)	100.0
	70대	(1022)	(98)	9.6	(269)	26.3	(407)	39.8	(218)	21.3	(30)	2.9	(1022)	100.0
	80대 이상	(439)	(61)	13.9	(153)	34.9	(153)	34.9	(67)	15.3	(5)	1.1	(439)	100.0
거주지역	농촌지역	(657)	(109)	16.6	(218)	33.2	(238)	36.2	(82)	12.5	(10)	1.5	(657)	100.0
	도시지역	(1377)	(104)	7.6	(315)	22.9	(582)	42.3	(324)	23.5	(52)	3.8	(1377)	100.0
학력	무학	(524)	(99)	18.9	(185)	35.3	(182)	34.7	(52)	10.3	(4)	0.8	(524)	100.0
	1년~3년	(125)	(15)	12.0	(49)	39.2	(44)	35.7	(12)	11.2	(3)	2.4	(125)	100.0
	4년~6년	(657)	(43)	6.5	(180)	27.4	(288)	43.8	(131)	19.9	(15)	2.3	(657)	100.0
	7년~9년	(294)	(27)	9.2	(52)	17.7	(130)	44.2	(77)	26.2	(8)	2.7	(294)	100.0
	10년~12년	(297)	(27)	9.1	(50)	16.8	(126)	42.4	(76)	25.6	(18)	6.1	(297)	100.0
	13년 이상	(137)	(2)	1.5	(17)	12.4	(50)	36.5	(54)	39.4	(14)	10.2	(137)	100.0
건강상태	매우 건강	(141)	(9)	13.5	(29)	20.6	(55)	39.0	(31)	22.0	(7)	5.0	(141)	100.0
	건강	(460)	(24)	5.2	(80)	17.4	(192)	41.7	(141)	30.7	(23)	5.0	(460)	100.0
	보통	(495)	(33)	6.7	(110)	22.2	(227)	45.9	(108)	21.8	(17)	3.4	(495)	100.0
	건강하지 못함	(695)	(86)	12.4	(223)	32.1	(275)	39.6	(99)	14.2	(12)	107	(695)	100.0
	매우 건강하지 못함	(243)	(51)	21.0	(91)	37.4	(71)	29.2	(27)	11.1	(3)	1.2	(243)	100.0
월 평균 가구 소득	50만원 미만	(509)	(83)	16.3	(167)	32.9	(156)	30.6	(90)	17.7	(13)	2.6	(509)	100.0
	50만원~150만원 미만	(762)	(66)	8.7	(198)	26.0	(333)	43.7	(150)	19.7	(15)	2.0	(762)	100.0
	150만원~250만원 미만	(439)	(42)	9.6	(93)	21.2	(202)	46.0	(91)	20.7	(11)	2.5	(439)	100.0
	250만원 이상	(293)	(20)	6.8	(65)	22.2	(116)	39.6	(71)	24.2	(21)	7.2	(293)	100.0
	잘 모른다	(31)	(2)	6.5	(10)	32.3	(13)	41.9	(4)	12.9	(2)	6.5	(31)	100.0

문40. (보기카드 제시) 지난 한 달간 어르신의 경우에 비추어 보아 아래의 질문들에 어느 정도 해당하는지 표시 해주십시오. 만약, 최근에 특별한 일이 없었다면 평소 느껴왔던 어르신의 생각에 따라 답해 주십시오.

<8> 나는 병이나, 부상, 또는 다른 역경을 겪은 후에도 곧 회복하는 편이다.

		사례수	전혀 그렇지않다		거의 그렇지않다		때때로 그렇다		흔히 그렇다		거의 언제나 그렇다		계	
			(n)	%	(n)	%	(n)	%	(n)	%	(n)	%	(n)	%
전체		(2034)	(254)	12.5	(474)	23.3	(742)	36.5	(491)	24.1	(73)	3.6	(2034)	100.0
성별	남성	(833)	(101)	12.1	(139)	16.7	(292)	35.1	(251)	30.1	(50)	6.0	(833)	100.0
	여성	(1201)	(153)	12.7	(335)	27.9	(450)	37.5	(240)	20.0	(23)	1.9	(1201)	100.0
연령	만 65-69세	(573)	(83)	14.5	(84)	14.7	(202)	35.3	(168)	29.3	(36)	6.3	(573)	100.0
	70대	(1022)	(119)	11.6	(223)	21.8	(385)	37.7	(265)	25.9	(30)	2.9	(1022)	100.0
	80대 이상	(439)	(52)	11.8	(167)	38.0	(155)	35.3	(58)	13.2	(7)	1.6	(439)	100.0
거주지역	농촌지역	(657)	(74)	11.3	(161)	24.5	(257)	39.1	(145)	22.1	(20)	3.0	(657)	100.0
	도시지역	(1377)	(180)	13.1	(313)	22.7	(485)	35.2	(346)	25.1	(53)	3.8	(1377)	100.0
학력	무학	(524)	(72)	13.7	(179)	34.2	(203)	38.7	(64)	12.2	(6)	1.1	(524)	100.0
	1년~3년	(125)	(19)	15.2	(35)	28.0	(47)	37.6	(23)	18.4	(1)	0.8	(125)	100.0
	4년~6년	(657)	(78)	11.9	(163)	24.8	(246)	37.4	(159)	24.2	(11)	1.7	(657)	100.0
	7년~9년	(294)	(43)	14.6	(42)	14.3	(107)	36.4	(83)	28.2	(19)	6.5	(294)	100.0
	10년~12년	(297)	(37)	12.5	(39)	13.1	(103)	34.7	(102)	34.3	(16)	5.4	(297)	100.0
	13년 이상	(137)	(5)	3.6	(16)	11.1	(36)	26.3	(60)	43.8	(20)	14.6	(137)	100.0
건강상태	매우 건강	(141)	(33)	23.4	(23)	16.3	(42)	29.8	(29)	20.6	(14)	9.9	(141)	100.0
	건강	(460)	(35)	7.6	(43)	9.3	(161)	35.0	(190)	41.3	(31)	6.7	(460)	100.0
	보통	(495)	(29)	5.9	(82)	16.6	(234)	47.3	(137)	27.7	(13)	2.6	(495)	100.0
	건강하지 못함	(695)	(89)	12.8	(235)	33.8	(244)	35.1	(112)	16.1	(15)	2.2	(695)	100.0
	매우 건강하지 못함	(243)	(68)	28.0	(91)	37.4	(61)	25.1	(23)	9.5	(0)	0.0	(243)	100.0
월평균가구소득	50만원 미만	(509)	(98)	19.3	(178)	35.0	(154)	30.3	(68)	13.4	(11)	2.2	(509)	100.0
	50만원~150만원 미만	(762)	(83)	10.9	(162)	21.3	(298)	39.1	(200)	26.2	(19)	2.5	(762)	100.0
	150만원~250만원 미만	(439)	(44)	10.0	(70)	15.9	(182)	41.5	(126)	28.7	(17)	3.9	(439)	100.0
	250만원 이상	(293)	(27)	9.2	(55)	18.8	(101)	34.5	(86)	29.4	(24)	8.2	(293)	100.0
	잘 모른다	(31)	(2)	6.5	(9)	29.0	(7)	22.6	(11)	35.5	(2)	6.5	(31)	100.0

문40. (보기카드 제시) 지난 한 달간 어르신의 경우에 비추어 보아 아래의 질문들에 어느 정도 해당하는지 표시해주십시오. 만약, 최근에 특별한 일이 없었다면 평소 느껴왔던 어르신의 생각에 따라 답해 주십시오.

<9> 좋은 일이건, 나쁜 일이건 대부분의 일들은 그럴만한 이유가 있어 일어나는 것이라 믿는다.

		사례수	전혀 그렇지않다		거의 그렇지않다		때때로 그렇다		흔히 그렇다		거의 언제나 그렇다		계	
			(n)	%	(n)	%	(n)	%	(n)	%	(n)	%	(n)	%
전체		(2034)	(48)	2.4	(254)	12.5	(981)	48.2	(634)	31.2	(117)	5.8	(2034)	100.0
성별	남성	(833)	(25)	3.0	(89)	10.7	(358)	43.0	(300)	36.0	(61)	7.3	(833)	100.0
	여성	(1201)	(23)	1.9	(165)	13.7	(623)	51.9	(334)	27.8	(56)	4.7	(1201)	100.0
연령	만 65~69세	(573)	(21)	3.7	(57)	9.9	(243)	42.4	(207)	36.1	(45)	7.9	(573)	100.0
	70대	(1022)	(17)	1.7	(135)	13.2	(494)	48.3	(319)	31.2	(57)	5.6	(1022)	100.0
	80대 이상	(439)	(10)	2.3	(62)	14.1	(244)	55.6	(108)	24.6	(15)	3.4	(439)	100.0
거주지역	농촌지역	(657)	(12)	1.8	(97)	14.8	(349)	53.1	(190)	28.9	(9)	1.4	(657)	100.0
	도시지역	(1377)	(36)	2.6	(157)	11.4	(632)	45.9	(444)	32.2	(108)	7.8	(1377)	100.0
학력	무학	(524)	(12)	2.3	(100)	19.1	(316)	60.3	(85)	16.2	(11)	2.1	(524)	100.0
	1년~3년	(125)	(2)	1.6	(19)	15.2	(70)	56.0	(32)	25.6	(2)	1.6	(125)	100.0
	4년~6년	(657)	(14)	2.1	(72)	11.0	(310)	47.2	(219)	33.3	(42)	6.4	(657)	100.0
	7년~9년	(294)	(9)	3.1	(28)	9.5	(132)	44.9	(111)	37.8	(14)	4.8	(294)	100.0
	10년~12년	(297)	(8)	2.7	(23)	7.7	(108)	36.4	(135)	45.5	(23)	7.7	(297)	100.0
	13년 이상	(137)	(3)	2.2	(12)	8.8	(45)	32.8	(52)	38.0	(25)	18.2	(137)	100.0
건강상태	매우 건강	(141)	(4)	2.8	(27)	19.1	(44)	31.2	(39)	27.7	(27)	19.1	(141)	100.0
	건강	(460)	(11)	2.4	(34)	7.4	(194)	42.2	(186)	40.4	(35)	7.6	(460)	100.0
	보통	(495)	(8)	1.6	(51)	10.3	(246)	49.7	(175)	35.4	(15)	3.0	(495)	100.0
	건강하지 못함	(695)	(11)	1.6	(96)	13.8	(370)	53.2	(190)	27.3	(28)	4.0	(695)	100.0
	매우 건강하지 못함	(243)	(14)	5.8	(46)	18.9	(127)	52.3	(44)	18.1	(12)	4.9	(243)	100.0
월 평균 가구 소득	50만원 미만	(509)	(25)	4.9	(86)	16.9	(244)	47.9	(134)	26.3	(20)	3.9	(509)	100.0
	50만원~150만원 미만	(762)	(13)	1.7	(108)	14.2	(376)	49.3	(232)	30.4	(33)	4.3	(762)	100.0
	150만원~250만원 미만	(439)	(5)	1.1	(37)	7.4	(212)	48.3	(155)	35.3	(30)	6.8	(439)	100.0
	250만원 이상	(293)	(5)	1.7	(18)	6.1	(133)	45.4	(106)	36.2	(31)	10.6	(293)	100.0
	잘 모른다	(31)	(0)	0.0	(5)	16.1	(16)	51.6	(7)	22.6	(3)	9.7	(31)	100.0

문40. (보기카드 제시) 지난 한 달간 어르신의 경우에 비추어 보아 아래의 질문들에 어느 정도 해당하는지 표시 해주십시오. 만약, 최근에 특별한 일이 없었다면 평소 느껴왔던 어르신의 생각에 따라 답해 주십시오.

<10> 나는 결과에 상관없이 최선의 노력을 기울인다.

		사례수	전혀 그렇지않다		거의 그렇지않다		때때로 그렇다		흔히 그렇다		거의 언제나 그렇다		계	
			(n)	%	(n)	%	(n)	%	(n)	%	(n)	%	(n)	%
전체		(2034)	(63)	3.1	(372)	18.3	(840)	41.3	(620)	30.5	(139)	6.8	(2034)	100.0
성별	남성	(833)	(22)	2.6	(123)	14.8	(295)	35.4	(311)	37.3	(82)	9.8	(833)	100.0
	여성	(1201)	(41)	3.4	(249)	20.7	(545)	45.4	(309)	25.7	(57)	4.7	(1201)	100.0
연령	만 65-69세	(573)	(13)	2.3	(68)	11.9	(226)	39.4	(212)	37.0	(54)	9.4	(573)	100.0
	70대	(1022)	(26)	2.7	(176)	17.2	(425)	41.6	(320)	31.3	(73)	7.1	(1022)	100.0
	80대 이상	(439)	(22)	5.0	(128)	29.2	(189)	43.1	(88)	20.0	(12)	2.7	(439)	100.0
거주지역	농촌지역	(657)	(36)	5.5	(182)	27.7	(271)	41.2	(152)	23.1	(16)	2.4	(657)	100.0
	도시지역	(1377)	(27)	2.0	(190)	13.8	(589)	41.3	(468)	34.0	(123)	8.9	(1377)	100.0
학력	무학	(524)	(39)	7.4	(149)	28.4	(214)	4.08	(111)	21.2	(11)	2.1	(524)	100.0
	1년~3년	(125)	(3)	2.4	(35)	28.0	(57)	45.6	(26)	20.8	(4)	3.2	(125)	100.0
	4년~6년	(657)	(6)	0.9	(101)	15.4	(319)	48.6	(196)	29.8	(35)	5.3	(657)	100.0
	7년~9년	(294)	(9)	3.1	(45)	15.3	(118)	40.1	(101)	34.4	(21)	7.1	(294)	100.0
	10년~12년	(297)	(6)	2.0	(29)	9.8	(106)	35.7	(121)	40.7	(35)	11.8	(297)	100.0
	13년 이상	(137)	(0)	0.0	(13)	9.5	(26)	19.0	(65)	47.4	(33)	24.1	(137)	100.0
건강상태	매우 건강	(141)	(4)	2.8	(23)	16.3	(46)	32.6	(50)	35.5	(18)	12.8	(141)	100.0
	건강	(460)	(3)	0.7	(40)	8.7	(181)	39.3	(183)	39.8	(53)	11.5	(460)	100.0
	보통	(495)	(10)	2.0	(69)	13.9	(209)	42.2	(168)	33.9	(39)	7.9	(495)	100.0
	건강하지 못함	(695)	(31)	4.5	(168)	24.2	(304)	43.7	(169)	24.3	(23)	3.3	(695)	100.0
	매우 건강하지 못함	(243)	(15)	6.2	(72)	29.6	(100)	41.2	(50)	20.6	(6)	2.5	(243)	100.0
월 평균 가구 소득	50만원 미만	(509)	(24)	4.7	(144)	28.3	(227)	44.6	(99)	19.4	(15)	2.9	(509)	100.0
	50만원~150만원 미만	(762)	(19)	2.5	(120)	15.7	(311)	40.8	(264)	34.6	(48)	6.3	(762)	100.0
	150만원~250만원 미만	(439)	(15)	3.4	(61)	13.9	(183)	41.7	(147)	33.5	(33)	7.5	(439)	100.0
	250만원 이상	(293)	(5)	1.7	(45)	15.4	(99)	33.8	(104)	33.5	(40)	13.7	(293)	100.0
	잘 모른다	(31)	(0)	0.0	(2)	6.5	(20)	64.	(6)	19.4	(3)	9.7	(31)	100.0

문40. (보기카드 제시) 지난 한 달간 어르신의 경우에 비추어 보아 아래의 질문들에 어느 정도 해당하는지 표시 해주십시오. 만약, 최근에 특별한 일이 없었다면 평소 느껴왔던 어르신의 생각에 따라 답해 주십시오.

<11> 비록 장애물이 있더라도 나는 내 목표를 성취할 수 있다고 믿는다.

		사례수	전혀 그렇지않다		거의 그렇지않다		때때로 그렇다		흔히 그렇다		거의 언제나 그렇다		계	
			(n)	%	(n)	%	(n)	%	(n)	%	(n)	%	(n)	%
전체		(2034)	(119)	5.9	(475)	23.4	(859)	42.2	(500)	24.6	(81)	4.0	(2034)	100.0
성별	남성	(833)	(44)	5.3	(142)	17.0	(327)	39.3	(267)	32.1	(53)	6.4	(833)	100.0
	여성	(1201)	(75)	6.2	(333)	27.7	(532)	44.3	(233)	19.4	(28)	2.3	(1201)	100.0
연령	만 65-69세	(573)	(28)	4.9	(86)	15.0	(269)	46.9	(158)	27.6	(32)	5.6	(573)	100.0
	70대	(1022)	(54)	5.3	(237)	23.2	(412)	40.3	(279)	27.3	(40)	3.9	(1022)	100.0
	80대 이상	(439)	(37)	8.4	(152)	34.6	(178)	40.5	(63)	14.4	(9)	2.1	(439)	100.0
거주지역	농촌지역	(657)	(64)	9.7	(207)	31.5	(248)	37.7	(182)	19.5	(10)	1.5	(657)	100.0
	도시지역	(1377)	(55)	4.0	(268)	19.5	(611)	44.4	(372)	27.0	(71)	5.2	(1377)	100.0
학력	무학	(524)	(54)	10.3	(164)	31.3	(212)	40.5	(92)	17.6	(2)	0.4	(524)	100.0
	1년~3년	(125)	(5)	4.0	(50)	40.0	(53)	42.4	(12)	9.6	(5)	4.0	(125)	100.0
	4년~6년	(657)	(29)	4.4	(150)	22.8	(296)	45.1	(160)	24.4	(22)	3.3	(657)	100.0
	7년~9년	(294)	(15)	5.1	(55)	18.7	(127)	43.2	(84)	28.6	(13)	4.4	(294)	100.0
	10년~12년	(297)	(13)	4.4	(46)	15.5	(129)	43.4	(91)	30.6	(18)	6.1	(297)	100.0
	13년 이상	(137)	(3)	2.2	(10)	7.3	(42)	30.7	(61)	44.5	(21)	15.3	(137)	100.0
건강상태	매우 건강	(141)	(1)	0.7	(25)	17.7	(59)	41.8	(43)	30.5	(13)	9.2	(141)	100.0
	건강	(460)	(12)	2.8	(49)	10.7	(201)	43.7	(163)	35.4	(35)	7.6	(460)	100.0
	보통	(495)	(15)	3.0	(92)	18.6	(237)	47.9	(133)	26.9	(18)	3.6	(495)	100.0
	건강하지 못함	(695)	(52)	7.5	(234)	33.7	(272)	39.1	(125)	18.0	(12)	1.7	(695)	100.0
	매우 건강하지 못함	(243)	(39)	16.0	(75)	30.9	(90)	37.0	(36)	14.8	(3)	1.2	(243)	100.0
월 평균 가구 소득	50만원 미만	(509)	(57)	11.2	(154)	30.3	(209)	40.7	(86)	16.3	(8)	1.6	(509)	100.0
	50만원~150만원 미만	(762)	(36)	4.7	(170)	22.3	(320)	42.0	(210)	27.6	(26)	3.4	(762)	100.0
	150만원~250만원 미만	(439)	(19)	2.3	(79)	18.0	(208)	47.4	(115)	26.2	(18)	4.1	(439)	100.0
	250만원 이상	(293)	(7)	2.4	(64)	21.0	(108)	36.9	(88)	30.0	(26)	8.9	(293)	100.0
	잘 모른다	(31)	(0)	0.0	(8)	25.8	(16)	51.6	(4)	12.9	(3)	9.7	(31)	100.0

문40. (보기카드 제시) 지난 한 달간 어르신의 경우에 비추어 보아 아래의 질문들에 어느 정도 해당하는지 표시 해주십시오. 만약, 최근에 특별한 일이 없었다면 평소 느껴왔던 어르신의 생각에 따라 답해 주십시오.

<12> 희망이 없어 보이는 경우에도, 나는 포기하지 않는다.

		사례수	전혀 그렇지않다		거의 그렇지않다		때때로 그렇다		흔히 그렇다		거의 언제나 그렇다		계	
			(n)	%	(n)	%	(n)	%	(n)	%	(n)	%	(n)	%
전체		(2034)	(22)	1.1	(140)	6.9	(794)	39.0	(846)	41.6	(232)	11.4	(2034)	100.0
성별	남성	(833)	(12)	1.4	(51)	6.1	(268)	32.2	(389)	46.2	(117)	14.0	(833)	100.0
	여성	(1201)	(10)	0.8	(89)	7.4	(526)	43.8	(461)	38.4	(115)	9.6	(1201)	100.0
연령	만 65-69세	(573)	(9)	1.6	(39)	6.8	(171)	29.8	(256)	44.7	(98)	17.1	(573)	100.0
	70대	(1022)	(10)	1.0	(66)	6.5	(401)	39.2	(438)	42.9	(107)	10.5	(1022)	100.0
	80대 이상	(439)	(3)	0.8	(35)	8.0	(222)	50.6	(152)	34.6	(27)	6.2	(439)	100.0
거주지역	농촌지역	(657)	(3)	0.5	(35)	5.3	(275)	41.9	(279)	42.5	(65)	9.9	(657)	100.0
	도시지역	(1377)	(19)	1.4	(105)	7.6	(519)	37.7	(567)	41.2	(167)	12.1	(1377)	100.0
학력	무학	(524)	(5)	1.0	(47)	9.0	(257)	49.0	(188)	35.9	(27)	5.2	(524)	100.0
	1년~3년	(125)	(1)	0.8	(11)	8.8	(63)	50.4	(43)	34.4	(7)	5.6	(125)	100.0
	4년~6년	(657)	(5)	0.8	(42)	6.4	(240)	36.5	(293)	44.6	(77)	11.7	(657)	100.0
	7년~9년	(294)	(6)	2.0	(16)	5.4	(101)	34.4	(129)	43.9	(42)	14.3	(294)	100.0
	10년~12년	(297)	(3)	1.0	(21)	7.1	(95)	32.0	(130)	43.8	(48)	16.2	(297)	100.0
	13년 이상	(137)	(2)	1.5	(3)	2.2	(38)	27.7	(63)	46.0	(31)	22.6	(137)	100.0
건강상태	매우 건강	(141)	(2)	1.4	(10)	7.1	(43)	30.5	(58)	41.1	(28)	19.9	(141)	100.0
	건강	(460)	(4)	0.9	(18)	3.9	(132)	28.7	(230)	50.0	(76)	16.5	(460)	100.0
	보통	(495)	(6)	1.2	(28)	5.7	(172)	34.7	(231)	46.7	(58)	11.7	(495)	100.0
	건강하지 못함	(695)	(5)	0.7	(56)	8.1	(332)	47.8	(245)	35.3	(57)	8.2	(695)	100.0
	매우 건강하지 못함	(243)	(5)	2.1	(28)	11.5	(115)	47.3	(82)	33.7	(13)	5.3	(243)	100.0
월평균 가구소득	50만원 미만	(509)	(6)	1.2	(58)	11.4	(245)	48.1	(163)	32.0	(37)	7.3	(509)	100.0
	50만원~150만원 미만	(762)	(6)	0.8	(48)	6.3	(274)	36.0	(351)	46.1	(83)	10.9	(762)	100.0
	150만원~250만원 미만	(439)	(6)	1.4	(20)	4.6	(163)	34.9	(205)	46.7	(55)	12.5	(439)	100.0
	250만원 이상	(293)	(2)	0.7	(12)	4.1	(104)	35.5	(120)	41.0	(55)	18.8	(293)	100.0
	잘 모른다	(31)	(2)	6.5	(2)	6.5	(18)	58.1	(7)	22.6	(2)	6.5	(31)	100.0

문40. (보기카드 제시) 지난 한 달간 어르신의 경우에 비추어 보아 아래의 질문들에 어느 정도 해당하는지 표시해주십시오. 만약, 최근에 특별한 일이 없었다면 평소 느껴왔던 어르신의 생각에 따라 답해 주십시오.

<13> 스트레스/위기 상황에서, 누구에게 도움을 청해야 할 지 안다.

		사례수	전혀 그렇지않다		거의 그렇지않다		때때로 그렇다		흔히 그렇다		거의 언제나 그렇다		계	
			(n)	%	(n)	%	(n)	%	(n)	%	(n)	%	(n)	%
전체		(2034)	(22)	1.1	(140)	6.9	(794)	39.0	(846)	41.6	(232)	11.4	(2034)	100.0
성별	남성	(833)	(12)	1.4	(51)	6.1	(268)	32.2	(389)	46.2	(117)	14.0	(833)	100.0
	여성	(1201)	(10)	0.8	(89)	7.4	(526)	43.8	(461)	38.4	(115)	9.6	(1201)	100.0
연령	만 65-69세	(573)	(9)	1.6	(39)	6.8	(171)	29.8	(256)	44.7	(98)	17.1	(573)	100.0
	70대	(1022)	(10)	1.0	(66)	6.5	(401)	39.2	(438)	42.9	(107)	10.5	(1022)	100.0
	80대 이상	(439)	(3)	0.8	(35)	8.0	(222)	50.6	(152)	34.6	(27)	6.2	(439)	100.0
거주지역	농촌지역	(657)	(3)	0.5	(35)	5.3	(275)	41.9	(279)	42.5	(65)	9.9	(657)	100.0
	도시지역	(1377)	(19)	1.4	(105)	7.6	(519)	37.7	(567)	41.2	(167)	12.1	(1377)	100.0
학력	무학	(524)	(5)	1.0	(47)	9.0	(257)	49.0	(188)	35.9	(27)	5.2	(524)	100.0
	1년~3년	(125)	(1)	0.8	(11)	8.8	(63)	50.4	(43)	34.4	(7)	5.6	(125)	100.0
	4년~6년	(657)	(5)	0.8	(42)	6.4	(240)	36.5	(293)	44.6	(77)	11.7	(657)	100.0
	7년~9년	(294)	(6)	2.0	(16)	5.4	(101)	34.4	(129)	43.9	(42)	14.3	(294)	100.0
	10년~12년	(297)	(3)	1.0	(21)	7.1	(95)	32.0	(130)	43.8	(48)	16.2	(297)	100.0
	13년 이상	(137)	(2)	1.5	(3)	2.2	(38)	27.7	(63)	46.0	(31)	22.6	(137)	100.0
건강상태	매우 건강	(141)	(2)	1.4	(10)	7.1	(43)	30.5	(58)	41.1	(28)	19.9	(141)	100.0
	건강	(460)	(4)	0.9	(18)	3.9	(132)	28.7	(230)	50.0	(76)	16.5	(460)	100.0
	보통	(495)	(6)	1.2	(28)	5.7	(172)	34.7	(231)	46.7	(58)	11.7	(495)	100.0
	건강하지 못함	(695)	(5)	0.7	(56)	8.1	(332)	47.8	(245)	35.3	(57)	8.2	(695)	100.0
	매우 건강하지 못함	(243)	(5)	2.1	(28)	11.5	(115)	47.3	(82)	33.7	(13)	5.3	(243)	100.0
월 평균 가구 소득	50만원 미만	(509)	(6)	1.2	(58)	11.4	(245)	48.1	(163)	32.0	(37)	7.3	(509)	100.0
	50만원~150만원 미만	(762)	(6)	0.8	(48)	6.3	(274)	36.0	(351)	46.1	(83)	10.9	(762)	100.0
	150만원~250만원 미만	(439)	(6)	1.4	(20)	4.6	(163)	34.9	(205)	46.7	(55)	12.5	(439)	100.0
	250만원 이상	(293)	(2)	0.7	(12)	4.1	(104)	35.5	(120)	41.0	(55)	18.8	(293)	100.0
	잘 모른다	(31)	(2)	6.5	(2)	6.5	(18)	58.1	(7)	22.6	(2)	6.5	(31)	100.0

문40. (보기카드 제시) 지난 한 달간 어르신의 경우에 비추어 보아 아래의 질문들에 어느 정도 해당하는지 표시해주십시오. 만약, 최근에 특별한 일이 없었다면 평소 느껴왔던 어르신의 생각에 따라 답해 주십시오.

<14> 스트레스를 받을 때에도, 나는 집중력과 사고력을 잘 유지한다.

		사례수	전혀 그렇지않다		거의 그렇지않다		때때로 그렇다		흔히 그렇다		거의 언제나 그렇다		계	
			(n)	%	(n)	%	(n)	%	(n)	%	(n)	%	(n)	%
전체		(2034)	(112)	5.5	(452)	22.2	(900)	44.2	(517)	25.4	(53)	2.6	(2034)	100.0
성별	남성	(833)	(36)	4.3	(118)	14.2	(365)	43.8	(278)	33.4	(36)	4.3	(833)	100.0
	여성	(1201)	(76)	6.3	(334)	27.8	(535)	44.5	(239)	19.9	(17)	1.4	(1201)	100.0
연령	만 65-69세	(573)	(31)	5.4	(101)	17.6	(249)	43.5	(161)	28.1	(31)	5.4	(573)	100.0
	70대	(1022)	(44)	4.3	(215)	21.0	(457)	44.7	(266)	28.0	(20)	2.0	(1022)	100.0
	80대 이상	(439)	(37)	8.4	(136)	31.0	(194)	44.2	(70)	15.9	(2)	0.5	(439)	100.0
거주지역	농촌지역	(657)	(62)	9.4	(184)	28.0	(279)	42.5	(126)	19.2	(6)	0.9	(657)	100.0
	도시지역	(1377)	(50)	3.6	(268)	19.5	(621)	45.1	(391)	18.4	(47)	3.4	(1377)	100.0
학력	무학	(524)	(62)	11.6	(154)	29.4	(238)	45.4	(68)	13.0	(2)	0.4	(524)	100.0
	1년~3년	(125)	(3)	2.4	(46)	36.8	(55)	44.0	(21)	16.8	(0)	0.0	(125)	100.0
	4년~6년	(657)	(20)	3.0	(161)	24.5	(311)	47.3	(159)	24.2	(6)	0.9	(657)	100.0
	7년~9년	(294)	(14)	4.8	(51)	17.3	(129)	43.9	(91)	31.0	(9)	3.1	(294)	100.0
	10년~12년	(297)	(11)	3.7	(27)	9.1	(124)	41.8	(117)	39.4	(18)	6.1	(297)	100.0
	13년 이상	(137)	(2)	1.5	(13)	9.5	(43)	31.4	(61)	44.5	(18)	13.1	(137)	100.0
건강상태	매우 건강	(141)	(7)	5.0	(32)	22.7	(58)	41.1	(35)	24.8	(9)	6.4	(141)	100.0
	건강	(460)	(17)	3.7	(54)	11.7	(201)	43.7	(159)	34.8	(29)	6.3	(460)	100.0
	보통	(495)	(11)	2.2	(80)	16.2	(255)	51.5	(140)	29.3	(9)	1.8	(495)	100.0
	건강하지 못함	(695)	(50)	7.2	(214)	30.8	(279)	40.1	(146)	21.0	(6)	0.9	(695)	100.0
	매우 건강하지 못함	(243)	(27)	11.1	(72)	29.6	(107)	44.0	(37)	15.2	(0)	0.0	(243)	100.0
월평균 가구소득	50만원 미만	(509)	(49)	9.6	(147)	28.9	(202)	39.7	(108)	21.2	(3)	0.6	(509)	100.0
	50만원~150만원 미만	(762)	(30)	3.9	(157)	20.6	(359)	47.1	(205)	26.9	(11)	1.4	(762)	100.0
	150만원~250만원 미만	(439)	(21)	4.8	(86)	19.6	(210)	47.8	(108)	24.6	(14)	3.2	(439)	100.0
	250만원 이상	(293)	(10)	3.4	(55)	18.8	(113)	38.6	(91)	31.1	(24)	8.2	(293)	100.0
	잘 모른다	(31)	(2)	6.5	(7)	22.6	(16)	51.6	(5)	16.	(1)	3.2	(31)	100.0

문40. (보기카드 제시) 지난 한 달간 어르신의 경우에 비추어 보아 아래의 질문들에 어느 정도 해당하는지 표시해주십시오. 만약, 최근에 특별한 일이 없었다면 평소 느껴왔던 어르신의 생각에 따라 답해 주십시오.

<15> 타인이 모든 결정을 하게 하기보다는 내가 문제 해결을 주도하는 것을 더 좋아한다.

		사례수	전혀 그렇지않다		거의 그렇지않다		때때로 그렇다		흔히 그렇다		거의 언제나 그렇다		계	
			(n)	%	(n)	%	(n)	%	(n)	%	(n)	%	(n)	%
전체		(2034)	(170)	8.4	(466)	22.9	(801)	39.4	(452)	22.2	(145)	7.1	(2034)	100.0
성별	남성	(833)	(51)	6.1	(155)	18.6	(291)	34.9	(247)	29.7	(89)	10.7	(833)	100.0
	여성	(1201)	(119)	9.9	(311)	25.9	(510)	42.5	(205)	17.1	(56)	4.7	(1201)	100.0
연령	만 65-69세	(573)	(32)	5.6	(99)	17.3	(230)	40.1	(159)	27.7	(53)	9.2	(573)	100.0
	70대	(1022)	(77)	7.5	(237)	23.2	(398)	38.9	(236)	23.1	(74)	7.2	(1022)	100.0
	80대 이상	(439)	(61)	13.9	(130)	29.6	(173)	39.4	(57)	13.0	(18)	4.1	(439)	100.0
거주지역	농촌지역	(657)	(101)	15.4	(176)	26.8	(256)	39.0	(107)	16.3	(17)	2.6	(657)	100.0
	도시지역	(1377)	(89)	5.0	(290)	21.1	(454)	39.6	(345)	25.1	(128)	9.3	(1377)	100.0
학력	무학	(524)	(104)	19.8	(154)	29.4	(203)	38.7	(50)	9.5	(13)	2.5	(524)	100.0
	1년~3년	(125)	(9)	7.2	(50)	40.0	(43)	34.4	(20)	16.0	(3)	2.4	(125)	100.0
	4년~6년	(657)	(33)	5.0	(151)	23.0	(290)	44.1	(148)	22.5	(35)	5.3	(657)	100.0
	7년~9년	(294)	(11)	3.7	(60)	20.4	(115)	39.1	(81)	27.6	(27)	9.2	(294)	100.0
	10년~12년	(297)	(11)	3.7	(40)	13.5	(112)	37.7	(96)	32.3	(38)	12.8	(297)	100.0
	13년 이상	(137)	(2)	1.5	(11)	8.0	(38)	27.7	(57)	41.6	(29)	21.2	(137)	100.0
건강상태	매우 건강	(141)	(9)	6.4	(23)	16.3	(39)	27.7	(40)	28.4	(30)	21.3	(141)	100.0
	건강	(460)	(27)	5.9	(56)	12.2	(171)	37.2	(152)	33.0	(54)	11.7	(460)	100.0
	보통	(495)	(26)	5.3	(104)	21.0	(229)	46.3	(109)	22.0	(27)	5.5	(495)	100.0
	건강하지 못함	(695)	(76)	10.9	(193)	27.8	(282)	40.6	(119)	17.1	(25)	3.6	(695)	100.0
	매우 건강하지 못함	(243)	(32)	13.2	(90)	37.0	(80)	32.9	(32)	13.2	(9)	3.7	(243)	100.0
월 평균 가구 소득	50만원 미만	(509)	(69)	13.6	(161)	31.6	(177)	34.8	(83)	16.3	(19)	3.7	(509)	100.0
	50만원~150만원 미만	(762)	(53)	7.0	(172)	22.6	(310)	40.7	(173)	22.7	(54)	7.1	(762)	100.0
	150만원~250만원 미만	(439)	(27)	6.2	(75)	17.1	(195)	44.4	(107)	24.4	(35)	8.0	(439)	100.0
	250만원 이상	(293)	(21)	7.2	(50)	17.1	(103)	35.2	(85)	19.0	(34)	11.6	(293)	100.0
	잘 모른다	(31)	(0)	0.0	(8)	25.8	(16)	51.6	(4)	12.9	(3)	9.7	(31)	100.0

문40. (보기카드 제시) 지난 한 달간 어르신의 경우에 비추어 보아 아래의 질문들에 어느 정도 해당하는지 표시 해주십시오. 만약, 최근에 특별한 일이 없었다면 평소 느껴왔던 어르신의 생각에 따라 답해 주십시오.

<16> 나는 실패 때문에 쉽게 용기를 잃지는 않는다.

		사례수	전혀 그렇지않다		거의 그렇지않다		때때로 그렇다		흔히 그렇다		거의 언제나 그렇다		계	
			(n)	%	(n)	%	(n)	%	(n)	%	(n)	%	(n)	%
전체		(2034)	(124)	6.1	(428)	21.0	(962)	47.3	(445)	21.9	(75)	3.7	(2034)	100.0
성별	남성	(833)	(44)	5.3	(146)	17.5	(362)	43.5	(236)	28.3	(45)	5.4	(833)	100.0
	여성	(1201)	(80)	6.7	(282)	23.5	(600)	50.0	(209)	17.4	(30)	2.5	(1201)	100.0
연령	만 65-69세	(573)	(32)	5.6	(99)	17.3	(257)	44.9	(144)	25.1	(41)	7.2	(573)	100.0
	70대	(1022)	(49)	4.8	(206)	20.4	(496)	48.5	(239)	23.4	(30)	2.9	(1022)	100.0
	80대 이상	(439)	(43)	9.8	(121)	27.6	(209)	47.6	(62)	14.1	(4)	0.9	(439)	100.0
거주 지역	농촌지역	(657)	(89)	10.5	(174)	26.5	(312)	47.5	(89)	13.5	(13)	2.0	(657)	100.0
	도시지역	(1377)	(55)	4.0	(254)	18.4	(650)	47.2	(356)	25.9	(62)	4.5	(1377)	100.0
학력	무학	(524)	(84)	12.2	(141)	26.9	(251)	47.9	(66)	12.6	(2)	0.4	(524)	100.0
	1년~3년	(125)	(9)	7.2	(40)	32.0	(59)	47.2	(15)	12.0	(2)	1.6	(125)	100.0
	4년~6년	(657)	(21)	3.2	(139)	21.2	(339)	51.6	(138)	21.0	(20)	3.0	(657)	100.0
	7년~9년	(294)	(11)	3.7	(50)	17.0	(148)	50.3	(72)	24.5	(13)	4.4	(294)	100.0
	10년~12년	(297)	(14)	4.7	(45)	15.2	(129)	43.4	(88)	29.6	(21)	7.1	(297)	100.0
	13년 이상	(137)	(5)	3.6	(13)	9.5	(36)	26.3	(66)	48.2	(17)	12.4	(137)	100.0
건강 상태	매우 건강	(141)	(11)	7.8	(27)	19.1	(51)	36.2	(37)	26.2	(15)	10.6	(141)	100.0
	건강	(460)	(13)	2.8	(60)	13.0	(202)	43.9	(151)	32.8	(34)	7.4	(460)	100.0
	보통	(495)	(22)	4.4	(79)	16.0	(259)	52.3	(122)	24.6	(13)	2.6	(495)	100.0
	건강하지 못함	(695)	(51)	7.3	(186)	26.8	(341)	49.1	(105)	15.1	(12)	1.7	(695)	100.0
	매우 건강하지 못함	(243)	(27)	11.1	(76)	31.3	(109)	44.9	(30)	12.3	(1)	0.4	(243)	100.0
월 평균 가구소득	50만원 미만	(509)	(49)	9.6	(143)	28.1	(237)	46.6	(70)	13.8	(10)	2.0	(509)	100.0
	50만원~150만원 미만	(762)	(34)	4.5	(160)	21.0	(353)	46.3	(196)	25.7	(19)	2.5	(762)	100.0
	150만원~250만원 미만	(439)	(22)	5.0	(72)	16.4	(232)	52.8	(90)	20.5	(23)	5.2	(439)	100.0
	250만원 이상	(293)	(17)	5.8	(47)	16.0	(124)	42.3	(83)	29.3	(22)	7.5	(293)	100.0
	잘 모른다	(31)	(2)	6.5	(6)	19.4	(16)	51.6	(6)	19.4	(1)	3.2	(31)	100.0

문40. (보기카드 제시) 지난 한 달간 어르신의 경우에 비추어 보아 아래의 질문들에 어느 정도 해당하는지 표시해주십시오. 만약, 최근에 특별한 일이 없었다면 평소 느껴왔던 어르신의 생각에 따라 답해 주십시오.

<17> 나는 삶의 도전이나 역경에 잘 대처하는 강한 사람이라고 생각한다.

		사례수	전혀 그렇지않다		거의 그렇지않다		때때로 그렇다		흔히 그렇다		거의 언제나 그렇다		계	
			(n)	%	(n)	%	(n)	%	(n)	%	(n)	%	(n)	%
전체		(2034)	(170)	8.4	(401)	19.7	(819)	40.3	(556)	27.3	(88)	4.3	(2034)	100.0
성별	남성	(833)	(48)	5.8	(131)	15.7	(304)	36.5	(292)	35.1	(58)	7.0	(833)	100.0
	여성	(1201)	(122)	10.2	(270)	22.5	(515)	42.9	(264)	22.0	(30)	2.5	(1201)	100.0
연령	만 65-69세	(573)	(43)	7.5	(95)	16.6	(216)	37.7	(187)	30.9	(42)	7.3	(573)	100.0
	70대	(1022)	(79)	7.7	(174)	18.0	(412)	40.3	(310)	30.3	(37)	3.6	(1022)	100.0
	80대 이상	(439)	(48)	10.9	(122)	27.8	(191)	13.5	(69)	15.7	(9)	2.1	(439)	100.0
거주지역	농촌지역	(657)	(71)	10.8	(155)	23.6	(256)	39.0	(163)	24.8	(12)	1.8	(657)	100.0
	도시지역	(1377)	(99	7.2	(246)	17.9	(583)	40.9	(393)	28.5	(76)	5.5	(1377)	100.0
학력	무학	(524)	(73)	13.9	(142)	27.1	(215)	41.0	(90)	17.2	(4)	0.8	(524)	100.0
	1년~3년	(125)	(13)	10.4	(27)	21.6	(59)	47.2	(23)	18.4	(3)	2.4	(125)	100.0
	4년~6년	(657)	(47)	7.2	(129)	19.6	(275)	41.9	(189)	28.8	(17)	2.6	(657)	100.0
	7년~9년	(294)	(21)	7.1	(51)	17.3	(122)	41.5	(85)	28.9	(15)	5.1	(294)	100.0
	10년~12년	(297)	(14)	4.7	(34)	11.4	(114)	38.4	(11)	37.4	(24)	8.1	(297)	100.0
	13년 이상	(137)	(2)	1.5	(18)	13.1	(34)	24.8	(58)	42.3	(25)	19.2	(137)	100.0
건강상태	매우 건강	(141)	(12)	8.5	(32)	22.7	(41)	29.1	(46)	32.6	(10)	7.1	(141)	100.0
	건강	(460)	(20)	4.3	(49)	10.7	(177)	38.5	(169)	36.7	(45)	9.8	(460)	100.0
	보통	(495)	(21)	4.2	(70)	14.1	(228)	46.1	(157)	31.7	(19)	3.8	(495)	100.0
	건강하지 못함	(695)	(75)	10.8	(175)	25.2	(282)	40.6	(151)	21.7	(12)	1.8	(695)	100.0
	매우 건강하지 못함	(243)	(42)	17.3	(75)	30.9	(91)	37.4	(33)	13.6	(2)	0.8	(243)	100.0
월 평균 가구 소득	50만원 미만	(509)	(66)	13.0	(143)	28.1	(204)	40.1	(87)	17.1	(9)	1.8	(509)	100.0
	50만원~150만원 미만	(762)	(58)	7.6	(130)	17.1	(323)	42.4	(221)	29.0	(30)	3.9	(762)	100.0
	150만원~250만원 미만	(439)	(25)	5.7	(70)	15.9	(187)	42.6	(138)	31.4	(19)	4.3	(439)	100.0
	250만원 이상	(293)	(17)	5.8	(52)	17.7	(93)	31.7	(103)	35.2	(28)	9.6	(293)	100.0
	잘 모른다	(31)	(4)	12.9	(6)	19.4	(12)	38.7	(7)	22.6	(2)	6.5	(31)	100.0

문40. (보기카드 제시) 지난 한 달간 어르신의 경우에 비추어 보아 아래의 질문들에 어느 정도 해당하는지 표시 해주십시오. 만약, 최근에 특별한 일이 없었다면 평소 느껴왔던 어르신의 생각에 따라 답해 주십시오.

<18> 나는 남들이 탐탁치 않게 생각하는 어려운 결정도 필요하다면 할 수 있다.

		사례수	전혀 그렇지않다		거의 그렇지않다		때때로 그렇다		흔히 그렇다		거의 언제나 그렇다		계	
			(n)	%	(n)	%	(n)	%	(n)	%	(n)	%	(n)	%
전체		(2034)	(97)	4.8	(477)	23.5	(990)	48.7	(402)	19.8	(68)	3.3	(2034)	100.0
성별	남성	(833)	(37)	4.4	(131)	15.7	(381)	45.7	(232)	27.9	(52)	6.2	(833)	100.0
	여성	(1201)	(60)	5.0	(346)	28.8	(609)	50.7	(170)	14.2	(16)	1.3	(1201)	100.0
연령	만 65-69세	(573)	(37)	6.5	(84)	14.7	(277)	48.3	(146)	25.5	(29)	5.1	(573)	100.0
	70대	(1022)	(35)	3.4	(230)	22.5	(519)	50.8	(205)	20.1	(33)	3.2	(1022)	100.0
	80대 이상	(439)	(25)	5.7	(163)	37.1	(194)	44.2	(51)	11.6	(6)	1.4	(439)	100.0
거주지역	농촌지역	(657)	(29)	4.4	(172)	26.2	(338)	51.4	(108)	16.4	(10)	1.5	(657)	100.0
	도시지역	(1377)	(68)	4.9	(305)	22.1	(652)	47.3	(294)	21.4	(58)	4.2	(1377)	100.0
학력	무학	(524)	(36)	6.9	(190)	36.3	(251)	47.9	(45)	8.6	(2)	0.4	(524)	100.0
	1년~3년	(125)	(4)	3.2	(41)	32.8	(64)	51.2	(13)	10.4	(3)	2.4	(125)	100.0
	4년~6년	(657)	(27)	4.1	(148)	22.5	(335)	51.0	(136)	20.7	(11)	1.7	(657)	100.0
	7년~9년	(294)	(17)	5.8	(47)	16.0	(146)	49.7	(68)	21.1	(16)	5.4	(294)	100.0
	10년~12년	(297)	(10)	3.4	(41)	13.8	(144)	48.5	(84)	28.3	(18)	6.1	(297)	100.0
	13년 이상	(137)	(3)	2.2	(10)	7.3	(50)	36.5	(56)	40.9	(18)	13.1	(137)	100.0
건강상태	매우 건강	(141)	(12)	8.5	(32)	22.7	(51)	36.2	(38)	27.0	(8)	5.7	(141)	100.0
	건강	(460)	(12)	2.6	(60)	13.0	(222)	48.3	(132)	28.7	(34)	7.4	(460)	100.0
	보통	(495)	(12)	2.4	(79)	16.0	(274)	55.8	(115)	23.2	(13)	2.6	(495)	100.0
	건강하지 못함	(695)	(30)	4.3	(215)	30.9	(358)	51.5	(83)	11.9	(9)	1.3	(695)	100.0
	매우 건강하지 못함	(243)	(31)	12.8	(91)	37.4	(83)	34.2	(34)	14.0	(4)	1.6	(243)	100.0
월 평균 가구 소득	50만원 미만	(509)	(39)	7.7	(161)	31.6	(239)	47.0	(63)	12.6	(6)	1.2	(509)	100.0
	50만원~150만원 미만	(762)	(29)	3.8	(171)	22.4	(389)	51.0	(149)	19.6	(24)	3.1	(762)	100.0
	150만원~250만원 미만	(439)	(15)	3.4	(77)	17.5	(233)	53.1	(101)	23.0	(13)	3.0	(439)	100.0
	250만원 이상	(293)	(14)	4.8	(59)	20.1	(133)	38.6	(83)	28.3	(24)	8.2	(293)	100.0
	잘 모른다	(31)	(0)	0.0	(9)	29.0	(16)	51.6	(5)	16.1	(1)	3.2	(31)	100.0

문40. (보기카드 제시) 지난 한 달간 어르신의 경우에 비추어 보아 아래의 질문들에 어느 정도 해당하는지 표시 해주십시오. 만약, 최근에 특별한 일이 없었다면 평소 느껴왔던 어르신의 생각에 따라 답해 주십시오.
<19> 슬픔, 공포 그리고 분노와 같은 불쾌하거나 고통스러운 감정들을 잘 처리할 수 있다.

		사례수	전혀 그렇지않다		거의 그렇지않다		때때로 그렇다		흔히 그렇다		거의 언제나 그렇다		계	
			(n)	%	(n)	%	(n)	%	(n)	%	(n)	%	(n)	%
전체		(2034)	(101)	5.0	(483)	23.7	(899)	44.2	(504)	24.8	(47)	2.3	(2034)	100.0
성별	남성	(833)	(35)	4.2	(157)	18.8	(326)	39.1	(218)	33.7	(34)	4.1	(833)	100.0
	여성	(1201)	(66)	5.5	(328)	27.1	(573)	47.7	(223)	18.6	(13)	1.1	(1201)	100.0
연령	만 65-69세	(573)	(34)	5.9	(123)	21.5	(236)	41.2	(153)	26.7	(27)	4.7	(573)	100.0
	70대	(1022)	(35)	3.4	(225)	22.0	(460)	45.0	(282)	27.6	(20)	2.0	(1022)	100.0
	80대 이상	(439)	(32)	7.3	(135)	30.8	(203)	46.2	(69)	15.7	(0)	0.0	(439)	100.0
거주지역	농촌지역	(657)	(40)	6.1	(177)	26.9	(300)	45.7	(130)	19.8	(10)	1.5	(657)	100.0
	도시지역	(1377)	(61)	4.4	(306)	22.2	(599)	43.5	(374)	27.2	(37)	2.7	(1377)	100.0
학력	무학	(524)	(47)	9.0	(152)	29.0	(269)	51.3	(55)	10.5	(1)	0.2	(524)	100.0
	1년~3년	(125)	(3)	2.4	(45)	36.0	(53)	42.4	(24)	19.2	(0)	0.0	(125)	100.0
	4년~6년	(657)	(25)	3.8	(156)	23.7	(294)	44.7	(173)	26.3	(9)	1.4	(657)	100.0
	7년~9년	(294)	(15)	5.1	(54)	18.4	(127)	43.2	(89)	30.3	(9)	3.1	(294)	100.0
	10년~12년	(297)	(7)	2.4	(59)	19.9	(117)	39.4	(99)	33.3	(15)	5.1	(297)	100.0
	13년 이상	(137)	(4)	2.9	(17)	12.4	(39)	28.5	(84)	46.7	(13)	9.5	(137)	100.0
건강상태	매우 건강	(141)	(13)	9.2	(28)	19.9	(51)	36.2	(41)	29.1	(8)	5.7	(141)	100.0
	건강	(460)	(11)	2.4	(60)	13.0	(194)	42.2	(175)	38.0	(20)	4.3	(460)	100.0
	보통	(495)	(14)	2.8	(91)	18.4	(214)	48.7	(139)	28.1	(10)	2.0	(495)	100.0
	건강하지 못함	(695)	(34)	4.9	(227)	32.7	(304)	43.7	(125)	18.0	(5)	0.7	(695)	100.0
	매우 건강하지 못함	(243)	(29)	11.9	(77)	31.7	(109)	44.9	(24)	9.9	(3)	1.6	(243)	100.0
월 평균 가구 소득	50만원 미만	(509)	(35)	6.9	(164)	32.2	(231)	45.4	(79)	15.5	(0)	0.0	(509)	100.0
	50만원~150만원 미만	(762)	(33)	4.3	(162)	21.3	(345)	45.3	(203)	26.6	(19)	2.5	(762)	100.0
	150만원~250만원 미만	(439)	(18)	4.1	(93)	21.2	(189)	43.1	(131)	29.8	(18)	1.8	(439)	100.0
	250만원 이상	(293)	(15)	5.1	(55)	18.8	(119)	40.6	(85)	29.0	(19)	6.5	(293)	100.0
	잘 모른다	(31)	(0)	0.0	(9)	29.0	(15)	48.4	(6)	19.4	(1)	3.2	(31)	100.0

문40. (보기카드 제시) 지난 한 달간 어르신의 경우에 비추어 보아 아래의 질문들에 어느 정도 해당하는지 표시 해주십시오. 만약, 최근에 특별한 일이 없었다면 평소 느껴왔던 어르신의 생각에 따라 답해 주십시오.

<20> 인생의 문제를 처리할 때, 간혹 이유 없이 직감에 따라 행동해야만 할 때가 있다.

		사례수	전혀 그렇지않다		거의 그렇지않다		때때로 그렇다		흔히 그렇다		거의 언제나 그렇다		계	
			(n)	%	(n)	%	(n)	%	(n)	%	(n)	%	(n)	%
전체		(2034)	(75)	3.7	(505)	24.8	(1090)	53.6	(338)	16.6	(26)	1.3	(2034)	100.0
성별	남성	(833)	(25)	3.0	(165)	19.8	(450)	54.0	(175)	21.0	(18)	2.2	(833)	100.0
	여성	(1201)	(50)	4.2	(340)	28.3	(640)	53.3	(163)	13.6	(8)	0.7	(1201)	100.0
연령	만 65-69세	(573)	(21)	3.7	(142)	24.8	(291)	50.8	(105)	18.3	(14)	2.4	(573)	100.0
	70대	(1022)	(30)	2.9	(223)	21.8	(578)	56.6	(182)	17.8	(9)	0.9	(1022)	100.0
	80대 이상	(439)	(24)	5.5	(140)	31.9	(221)	50.3	(51)	11.6	(3)	0.7	(439)	100.0
거주지역	농촌지역	(657)	(20)	3.0	(183)	27.9	(359)	54.6	(92)	14.0	(3)	0.5	(657)	100.0
	도시지역	(1377)	(55)	4.0	(322)	23.4	(731)	53.1	(246)	17.9	(23)	1.7	(1377)	100.0
학력	무학	(524)	(28)	5.3	(132)	25.6	(317)	60.5	(43)	8.2	(2)	0.4	(524)	100.0
	1년~3년	(125)	(5)	4.0	(37)	29.6	(69)	55.2	(13)	10.4	(1)	0.8	(125)	100.0
	4년~6년	(657)	(19)	2.9	(187)	28.5	(331)	50.4	(115)	17.5	(5)	0.8	(657)	100.0
	7년~9년	(294)	(13)	4.4	(72)	24.5	(150)	51.0	(56)	19.0	(3)	1.0	(294)	100.0
	10년~12년	(297)	(6)	2.0	(54)	18.2	(155)	52.2	(72)	24.2	(10)	3.4	(297)	100.0
	13년 이상	(137)	(4)	2.9	(21)	15.2	(68)	49.6	(39)	28.5	(5)	3.6	(137)	100.0
건강상태	매우 건강	(141)	(8)	5.7	(22)	15.6	(70)	49.6	(36)	15.5	(5)	3.5	(141)	100.0
	건강	(460)	(9)	2.0	(72)	15.7	(261)	56.7	(107)	23.33	(11)	2.4	(460)	100.0
	보통	(495)	(15)	3.0	(140)	28.3	(260)	52.5	(76)	15.4	(4)	0.8	(495)	100.0
	건강하지 못함	(695)	(25)	3.6	(215)	30.9	(357)	51.4	(95)	13.7	(3)	0.4	(695)	100.0
	매우 건강하지 못함	(243)	(18)	7.4	(56)	23.0	(142)	58.4	(24)	9.9	(3)	1.2	(243)	100.0
월 평균 가구 소득	50만원 미만	(509)	(24)	4.7	(114)	22.4	(305)	59.9	(62)	12.2	(4)	0.8	(509)	100.0
	50만원~150만원 미만	(762)	(33)	4.3	(197)	25.9	(388)	50.9	(140)	18.4	(4)	0.5	(762)	100.0
	150만원~250만원 미만	(439)	(12)	2.7	(123)	28.0	(218)	49.7	(78)	17.8	(8)	1.8	(439)	100.0
	250만원 이상	(293)	(5)	1.7	(64)	21.8	(162)	53.3	(52)	17.7	(10)	3.4	(293)	100.0
	잘 모른다	(31)	(1)	3.2	(7)	22.6	(17)	54.8	(6)	19.4	(0)	0.0	(31)	100.0

문40. (보기카드 제시) 지난 한 달간 어르신의 경우에 비추어 보아 아래의 질문들에 어느 정도 해당하는지 표시 해주십시오. 만약, 최근에 특별한 일이 없었다면 평소 느껴왔던 어르신의 생각에 따라 답해 주십시오.

<21> 삶에 대한 강한 목표의식이 있다.

		사례수	전혀 그렇지않다		거의 그렇지않다		때때로 그렇다		흔히 그렇다		거의 언제나 그렇다		계	
			(n)	%	(n)	%	(n)	%	(n)	%	(n)	%	(n)	%
전체		(2034)	(143)	7.0	(583)	28.7	(737)	36.2	(473)	23.3	(98)	4.8	(2034)	100.0
성별	남성	(833)	(47)	5.6	(197)	23.6	(259)	31.1	(263)	31.6	(67)	8.0	(833)	100.0
	여성	(1201)	(96)	8.0	(386)	32.1	(478)	39.8	(210)	17.5	(31)	2.6	(1201)	100.0
연령	만 65-69세	(573)	(40)	7.0	(119)	20.8	(202)	35.3	(172)	30.0	(40)	7.0	(573)	100.0
	70대	(1022)	(57)	5.6	(286)	28.0	(377)	36.9	(252)	24.7	(50)	4.9	(1022)	100.0
	80대 이상	(439)	(46)	10.5	(178)	40.5	(158)	36.0	(49)	11.2	(8)	1.8	(439)	100.0
거주지역	농촌지역	(657)	(50)	7.6	(206)	31.4	(248)	37.7	(125)	19.0	(28)	4.3	(657)	100.0
	도시지역	(1377)	(93)	6.8	(377)	27.4	(489)	35.5	(347)	25.3	(70)	5.1	(1377)	100.0
학력	무학	(524)	(59)	11.3	(191)	36.5	(211)	40.3	(60)	11.5	(3)	0.6	(524)	100.0
	1년~3년	(125)	(12)	9.6	(53)	42.4	(40)	32.0	(17)	13.6	(3)	2.1	(125)	100.0
	4년~6년	(657)	(42)	6.4	(187)	28.5	(252)	38.4	(151)	23.0	(25)	3.8	(657)	100.0
	7년~9년	(294)	(15)	5.1	(72)	24.5	(105)	35.7	(86)	28.9	(17)	5.8	(294)	100.0
	10년~12년	(297)	(13)	4.4	(64)	21.5	(93)	31.3	(101)	34.0	(26)	8.8	(297)	100.0
	13년 이상	(137)	(2)	1.5	(16)	11.7	(36)	26.3	(59)	43.1	(24)	17.5	(137)	100.0
건강상태	매우 건강	(141)	(9)	6.4	(35)	24.8	(45)	31.9	(40)	28.4	(12)	8.5	(141)	100.0
	건강	(460)	(16)	3.5	(84)	18.3	(159)	34.6	(162)	35.2	(39)	8.5	(460)	100.0
	보통	(495)	(21)	4.2	(115)	23.2	(200)	40.4	(137)	27.7	(22)	4.4	(495)	100.0
	건강하지 못함	(695)	(55)	7.9	(252)	36.3	(260)	37.4	(106)	15.3	(22)	3.2	(695)	100.0
	매우 건강하지 못함	(243)	(42)	17.3	(97)	39.9	(73)	30.0	(28)	11.5	(3)	1.2	(243)	100.0
월 평균 가구 소득	50만원 미만	(509)	(66)	13.0	(210)	41.3	(155)	30.5	(67)	13.2	(11)	2.2	(509)	100.0
	50만원~150만원 미만	(762)	(40)	5.2	(203)	26.6	(299)	39.2	(190)	24.9	(30)	3.9	(762)	100.0
	150만원~250만원 미만	(439)	(23)	5.2	(95)	21.6	(176)	40.1	(120)	27.3	(25)	5.7	(439)	100.0
	250만원 이상	(293)	(13)	4.4	(67)	22.9	(88)	30.3	(95)	32.4	(30)	10.2	(293)	100.0
	잘 모른다	(31)	(1)	3.2	(8)	25.8	(19)	61.3	(1)	3.2	(2)	6.5	(31)	100.0

문40. (보기카드 제시) 지난 한 달간 어르신의 경우에 비추어 보아 아래의 질문들에 어느 정도 해당하는지 표시 해주십시오. 만약, 최근에 특별한 일이 없었다면 평소 느껴왔던 어르신의 생각에 따라 답해 주십시오.

<22> 나는 내 인생을 스스로 잘 조절하고 있다.

		사례수	전혀 그렇지않다		거의 그렇지않다		때때로 그렇다		흔히 그렇다		거의 언제나 그렇다		계	
			(n)	%	(n)	%	(n)	%	(n)	%	(n)	%	(n)	%
전체		(2034)	(106)	5.2	(298)	14.7	(651)	41.2	(651)	32.0	(140)	6.9	(2034)	100.0
성별	남성	(833)	(47)	5.6	(104)	12.5	(326)	31.5	(326)	39.1	(94)	11.3	(833)	100.0
	여성	(1201)	(59)	4.9	(194)	16.2	(325)	48.0	(325)	27.1	(46)	3.8	(1201)	100.0
연령	만 65-69세	(573)	(32)	5.6	(60)	10.6	(229)	34.6	(229)	40.0	(54)	9.4	(573)	100.0
	70대	(1022)	(48)	4.7	(154)	15.1	(333)	40.4	(333)	32.6	(75)	7.2	(1022)	100.0
	80대 이상	(439)	(26)	5.9	(84)	19.1	(89)	51.9	(89)	20.3	(12)	2.7	(439)	100.0
거주지역	농촌지역	(657)	(40)	6.1	(128)	19.5	(174)	42.6	(174)	26.5	(35)	5.3	(657)	100.0
	도시지역	(1377)	(66)	4.8	(170)	12.3	(477)	40.6	(477)	34.6	(105)	7.6	(1377)	100.0
학력	무학	(524)	(39)	7.4	(127)	24.2	(98)	49.0	(98)	18.7	(3)	0.6	(524)	100.0
	1년~3년	(125)	(9)	7.2	(25)	20.0	(22)	52.8	(22)	17.6	(3)	2.4	(125)	100.0
	4년~6년	(657)	(26)	4.0	(83)	12.6	(214)	45.1	(214)	32.6	(38)	5.8	(657)	100.0
	7년~9년	(294)	(17)	5.8	(29)	9.9	(123)	33.7	(123)	41.8	(26)	8.8	(294)	100.0
	10년~12년	(297)	(13)	4.4	(22)	7.4	(131)	30.0	(131)	44.1	(42)	14.1	(297)	100.0
	13년 이상	(137)	(2)	1.5	(12)	8.8	(63)	23.4	(63)	46.0	(28)	20.4	(137)	100.0
건강상태	매우 건강	(141)	(2)	1.4	(19)	13.5	(60)	28.4	(60)	42.6	(20)	14.2	(141)	100.0
	건강	(460)	(15)	3.3	(28)	6.1	(206)	34.1	(206)	44.8	(54)	11.7	(460)	100.0
	보통	(495)	(15)	3.0	(54)	10.9	(170)	44.1	(170)	34.3	(34)	6.9	(495)	100.0
	건강하지 못함	(695)	(33)	4.7	(133)	19.1	(174)	46.9	(174)	25.0	(29)	4.2	(695)	100.0
	매우 건강하지 못함	(243)	(41)	16.9	(64)	26.3	(41)	38.7	(41)	16.9	(3)	1.2	(243)	100.0
월 평균 가구 소득	50만원 미만	(509)	(46)	9.0	(125)	24.6	(109)	42.0	(109)	21.4	(15)	2.9	(509)	100.0
	50만원~150만원 미만	(762)	(34)	4.5	(87)	11.4	(259)	43.8	(259)	34.0	(48)	6.3	(762)	100.0
	150만원~250만원 미만	(439)	(17)	3.9	(44)	10.0	(175)	38.7	(175)	39.9	(33)	7.5	(439)	100.0
	250만원 이상	(293)	(8)	2.7	(34)	11.6	(105)	35.5	(105)	35.8	(42)	14.3	(293)	100.0
	잘 모른다	(31)	(1)	3.2	(8)	25.8	(3)	54.8	(3)	9.7	(2)	6.5	(31)	100.0

문40. (보기카드 제시) 지난 한 달간 어르신의 경우에 비추어 보아 아래의 질문들에 어느 정도 해당하는지 표시해주십시오. 만약, 최근에 특별한 일이 없었다면 평소 느껴왔던 어르신의 생각에 따라 답해 주십시오.

<23> 나는 도전을 좋아한다.

		사례수	전혀 그렇지않다		거의 그렇지않다		때때로 그렇다		흔히 렇다		거의 언제나 그렇다		계	
			(n)	%	(n)	%	(n)	%	(n)	%	(n)	%	(n)	%
전체		(2034)	(414)	20.4	(837)	41.2	(518)	25.5	(210)	10.3	(55)	2.7	(2034)	100.0
성별	남성	(833)	(126)	15.1	(290)	34.8	(253)	30.4	(129)	15.5	(35)	4.2	(833)	100.0
	여성	(1201)	(288)	24.0	(547)	45.5	(265)	22.1	(81)	6.7	(20)	1.7	(1201)	100.0
연령	만 65-69세	(573)	(86)	15.0	(196)	34.2	(198)	34.6	(73)	12.7	(20)	3.5	(573)	100.0
	70대	(1022)	(192)	18.8	(433)	42.4	(250)	24.5	(114)	11.2	(33)	3.2	(1022)	100.0
	80대 이상	(439)	(136)	31.0	(208)	47.4	(72)	15.9	(23)	5.2	(2)	0.5	(439)	100.0
거주지역	농촌지역	(657)	(177)	26.9	(301)	45.8	(133)	20.2	(42)	6.4	(4)	0.6	(657)	100.0
	도시지역	(1377)	(237)	17.2	(536)	38.9	(385)	28.0	(168)	12.2	(51)	3.7	(1377)	100.0
학력	무학	(524)	(198)	37.8	(224)	42.7	(82)	15.6	(18)	3.4	(2)	0.4	(524)	100.0
	1년~3년	(125)	(28)	22.4	(66)	52.8	(23)	18.4	(5)	4.0	(3)	2.4	(125)	100.0
	4년~6년	(657)	(102)	15.5	(317)	48.2	(166)	25.3	(62)	9.4	(10)	1.5	(657)	100.0
	7년~9년	(294)	(48)	16.3	(104)	35.4	(108)	36.7	(25)	8.52	(9)	3.1	(294)	100.0
	10년~12년	(297)	(31)	10.4	(101)	34.0	(93)	31.3	(56)	18.9	(16)	5.4	(297)	100.0
	13년 이상	(137)	(7)	5.1	(25)	18.2	(46)	33.6	(44)	32.1	(15)	10.9	(137)	100.0
건강상태	매우 건강	(141)	(25)	17.7	(38)	27.0	(46)	32.6	(24)	17.0	(8)	5.7	(141)	100.0
	건강	(460)	(54)	11.7	(145)	31.5	(160)	34.8	(78)	17.1	(23)	5.0	(460)	100.0
	보통	(495)	(55)	11.1	(219)	44.2	(152)	30.7	(58)	11.7	(11)	2.2	(495)	100.0
	건강하지 못함	(695)	(171)	24.6	(346)	49.8	(127)	18.3	(40)	5.8	(11)	1.6	(695)	100.0
	매우 건강하지 못함	(243)	(109)	44.9	(89)	36.6	(33)	13.6	(10)	4.1	(2)	0.8	(243)	100.0
월 평균 가구 소득	50만원 미만	(509)	(182)	35.8	(211)	41.5	(81)	15.9	(28)	5.5	(7)	1.4	(509)	100.0
	50만원~150만원 미만	(762)	(125)	16.4	(337)	44.2	(209)	27.4	(73)	9.6	(18)	2.4	(762)	100.0
	150만원~250만원 미만	(439)	(55)	12.5	(174)	39.6	(144)	32.8	(56)	12.8	(10)	2.3	(439)	100.0
	250만원 이상	(293)	(44)	16.4	(97)	33.1	(78)	26.6	(51)	17.4	(19)	6.5	(293)	100.0
	잘 모른다	(31)	(4)	12.9	(18)	58.1	(6)	19.4	(2)	6.5	(1)	3.2	(31)	100.0

문40. (보기카드 제시) 지난 한 달간 어르신의 경우에 비추어 보아 아래의 질문들에 어느 정도 해당하는지 표시해주십시오. 만약, 최근에 특별한 일이 없었다면 평소 느껴왔던 어르신의 생각에 따라 답해 주십시오.

<24> 어떤 장애를 만나게 되더라도 내 목표를 달성하기 위해 나아간다.

		사례수	전혀 그렇지않다		거의 그렇지않다		때때로 그렇다		흔히 그렇다		거의 언제나 그렇다		계	
			(n)	%	(n)	%	(n)	%	(n)	%	(n)	%	(n)	%
전체		(2034)	(156)	7.7	(606)	29.8	(814)	40.0	(404)	19.9	(54)	2.7	(2034)	100.0
성별	남성	(833)	(54)	6.5	(193)	23.2	(317)	38.1	(226)	27.1	(43)	5.2	(833)	100.0
	여성	(1201)	(102)	8.5	(413)	34.4	(497)	41.4	(178)	14.8	(11)	0.9	(1201)	100.0
연령	만 65-69세	(573)	(36)	6.3	(127)	22.2	(253)	44.2	(136)	23.7	(21)	3.7	(573)	100.0
	70대	(1022)	(63)	6.2	(301)	29.5	(413)	40.4	(215)	21.0	(30)	2.9	(1022)	100.0
	80대 이상	(439)	(57)	13.0	(178)	40.5	(148)	33.7	(53)	12.1	(3)	0.7	(439)	100.0
거주지역	농촌지역	(657)	(70)	10.7	(233)	35.5	(248)	37.7	(91)	14.8	(9)	1.4	(657)	100.0
	도시지역	(1377)	(86)	6.2	(373)	27.1	(566)	41.1	(307)	22.3	(45)	3.3	(1377)	100.0
학력	무학	(524)	(69)	13.2	(199)	38.0	(207)	39.5	(48)	9.2	(1)	0.2	(524)	100.0
	1년~3년	(125)	(9)	7.2	(57)	45.6	(43)	34.4	(14)	11.2	(2)	1.6	(125)	100.0
	4년~6년	(657)	(43)	6.5	(203)	30.9	(280)	42.6	(117)	17.8	(14)	2.1	(657)	100.0
	7년~9년	(294)	(18)	6.1	(68)	23.1	(125)	42.5	(78)	26.5	(5)	1.7	(294)	100.0
	10년~12년	(297)	(12)	4.0	(63)	21.2	(123)	41.4	(86)	29.0	(13)	4.4	(297)	100.0
	13년 이상	(137)	(5)	3.6	(16)	11.7	(36)	26.3	(61)	44.5	(19)	13.9	(137)	100.0
건강상태	매우 건강	(141)	(5)	3.5	(32)	22.7	(61)	43.3	(34)	24.1	(9)	6.4	(141)	100.0
	건강	(460)	(23)	5.0	(85)	18.5	(181)	39.3	(148)	32.2	(23)	5.0	(460)	100.0
	보통	(495)	(22)	4.4	(118)	23.8	(248)	50.1	(99)	20.0	(8)	1.6	(495)	100.0
	건강하지 못함	(695)	(56	8.1	(276)	39.7	(254)	36.5	(98)	14.1	(11)	1.6	(695)	100.0
	매우 건강하지 못함	(243)	(50)	20.6	(95)	39.1	(70)	28.8	(25)	10.3	(3)	1.2	(243)	100.0
월 평균 가구 소득	50만원 미만	(509)	(70)	13.8	(194)	38.1	(186)	36.5	(57)	11.2	(2)	0.4	(509)	100.0
	50만원~150만원 미만	(762)	(45)	5.9	(228)	29.9	(321)	40.9	(156)	20.5	(21)	2.8	(762)	100.0
	150만원~250만원 미만	(439)	(28)	6.4	(106)	24.1	(199)	45.3	(96)	21.9	(10)	2.3	(439)	100.0
	250만원 이상	(293)	(12)	4.1	(67)	22.9	(100)	34.1	(95)	32.4	(19)	6.5	(293)	100.0
	잘 모른다	(31)	(1)	3.2	(11)	35.5	(17)	54.8	(0)	0.0	(2)	6.5	(31)	100.0

문40. (보기카드 제시) 지난 한 달간 어르신의 경우에 비추어 보아 아래의 질문들에 어느 정도 해당하는지 표시 해주십시오. 만약, 최근에 특별한 일이 없었다면 평소 느껴왔던 어르신의 생각에 따라 답해 주십시오.

<25> 나는 내가 이룬 성취에 자부심을 느낀다.

		사례수	전혀없음		한번 혹은 두번		대략 1주일에 한번		대략 1주의 2~3번		거의매일		매일		계	
			(n)	%	(n)	%	(n)	%	(n)	%	(n)	%	(n)	%	(n)	%
전체		(2034)	(66)	3.2	(460)	22.6	(577)	28.4	(522)	25.7	(306)	15.0	(103)	5.1	(2034)	100.0
성별	남성	(833)	(27)	3.2	(164)	19.7	(232)	27.9	(232)	27.9	(138)	16.6	(40)	4.8	(833)	100.0
	여성	(1201)	(39)	3.2	(296)	24.6	(345)	28.7	(345)	24.1	(168)	14.0	(63)	5.2	(1201)	100.0
연령	만 65~69세	(573)	(19)	3.3	(114)	19.9	(164)	28.6	(164)	25.8	(37)	16.9	(31)	5.4	(573)	100.0
	70대	(1022)	(31)	3.0	(225)	22.0	(277)	27.1	(277)	27.1	(161)	15.8	(51)	5.0	(1022)	100.0
	80대 이상	(439)	(16)	3.6	(121)	27.6	(136)	31.0	(136)	22.1	(48)	10.9	(21)	4.8	(439)	100.0
거주지역	농촌지역	(657)	(20)	3.0	(140)	21.3	(225)	34.2	(225)	29.1	(70)	10.7	(11)	1.7	(657)	100.0
	도시지역	(1377)	(46)	3.3	(320)	23.2	(352)	25.6	(352)	24.0	(236)	17.1	(92)	6.7	(1377)	100.0
학력	무학	(524)	(27)	5.2	(147)	28.1	(139)	26.5	(139)	26.9	(52)	9.9	(18)	3.4	(524)	100.0
	1년~3년	(125)	(2)	1.6	(44)	35.2	(40)	32.0	(40)	24.8	(8)	6.4	(0)	0.0	(125)	100.0
	4년~6년	(657)	(18)	2.7	(154)	23.4	(205)	31.2	(205)	24.2	(91)	13.9	(30)	4.6	(657)	100.0
	7년~9년	(294)	(10)	3.4	(49)	16.7	(83)	28.2	(83)	24.5	(55)	18.7	(25)	8.5	(294)	100.0
	10년~12년	(297)	(7)	2.4	(44)	14.8	(79)	26.6	(79)	29.6	(62)	20.9	(17)	5.7	(297)	100.0
	13년 이상	(137)	(2)	1.5	(22)	16.1	(31)	22.6	(31)	22.6	(38)	27.7	(13)	9.5	(137)	100.0
건강상태	매우 건강	(141)	(2)	1.4	(14)	9.9	(30)	21.3	(30)	30.5	(34)	24.1	(18)	12.8	(141)	100.0
	건강	(460)	(5)	1.1	(76)	16.5	(92)	20.3	(92)	28.7	(117)	25.4	(38)	8.3	(460)	100.0
	보통	(495)	(7)	1.4	(90)	18.2	(178)	36.0	(178)	28.5	(65)	13.1	(14)	2.8	(495)	100.0
	건강하지 못함	(695)	(23)	3.3	(195)	28.1	(223)	32.1	(223)	21.7	(75)	10.8	(28)	4.0	(695)	100.0
	매우 건강하지 못함	(243)	(29)	11.9	(85)	35.0	(54)	22.2	(54)	22.6	(15)	60.2	(5)	2.1	(243)	100.0
월 평균 가구 소득	50만원 미만	(509)	(45)	8.8	(167)	32.8	(123)	24.2	(123)	22.2	(46)	9.0	(15)	2.9	(509)	100.0
	50만원~150만원 미만	(762)	(8)	1.0	(161)	21.1	(233)	30.6	(233)	26.8	(123)	16.1	(33)	4.3	(762)	100.0
	150만원~250만원 미만	(439)	(9)	2.1	(69)	15.7	(146)	33.3	(146)	28.7	(65)	14.8	(24)	5.5	(439)	100.0
	250만원 이상	(293)	(3)	1.0	(52)	17.7	(65)	22.2	(65)	25.6	(70)	23.9	(28)	9.6	(293)	100.0
	잘 모른다	(31)	(1)	3.2	(11)	35.5	(10)	32.3	(10)	12.9	(2)	6.5	(3)	9.7	(31)	100.0

문41. (보기카드 제시) 다음 질문은 지난 한 달 동안 어르신께서 얼마나 그렇게 느꼈는지에 관한 것입니다. 각 문항을 주의 깊게 읽고, 문항에 대해서 어르신께서 얼마나 자주 경험하거나 느꼈는지 자유롭게 솔직하게 응답해주시기 바랍니다.

<1> 행복감을 느꼈다.

		사례수	전혀없음		한번 혹은 두번		대략 1주일에 한번		대략 1주의 2~3번		거의매일		매일		계	
			(n)	%	(n)	%	(n)	%	(n)	%	(n)	%	(n)	%	(n)	%
전체		(2034)	(66)	3.2	(460)	22.6	(577)	28.4	(306)	25.7	(306)	15.0	(103)	5.1	(2034)	100.0
성별	남성	(833)	(27)	3.2	(164)	19.7	(232)	27.9	(138)	27.9	(138)	16.6	(40)	4.8	(833)	100.0
	여성	(1201)	(39)	3.2	(296)	24.6	(345)	28.7	(168)	24.1	(168)	14.0	(63)	5.2	(1201)	100.0
연령	만 65-69세	(573)	(19)	3.3	(114)	19.9	(277)	28.6	(97)	25.8	(97)	16.9	(31)	5.4	(573)	100.0
	70대	(1022)	(31)	3.0	(225)	22.0	(164)	27.1	(161)	27.1	(161)	15.8	(51)	5.0	(1022)	100.0
	80대 이상	(439)	(16)	3.6	(121)	27.6	(136)	31.0	(48)	22.1	(48)	10.9	(21)	4.8	(439)	100.0
거주지역	농촌지역	(657)	(20)	3.0	(140)	21.3	(225)	34.2	(70)	29.1	(70)	10.7	(11)	1.7	(657)	100.0
	도시지역	(1377)	(46)	3.3	(320)	23.2	(352)	25.6	(236)	24.0	(236)	17.1	(92)	6.7	(1377)	100.0
학력	무학	(524)	(27)	5.2	(147)	28.1	(139)	26.5	(52)	26.9	(52)	9.9	(18)	3.4	(524)	100.0
	1년~3년	(125)	(2)	1.6	(44)	35.2	(40)	32.0	(8)	24.8	(8)	6.1	(0)	0.0	(125)	100.0
	4년~6년	(657)	(18)	2.7	(154)	23.4	(205)	31.2	(91)	24.2	(91)	13.9	(30)	4.6	(657)	100.0
	7년~9년	(294)	(10)	3.4	(49)	16.7	(83)	28.2	(55)	24.5	(55)	18.7	(25)	8.5	(294)	100.0
	10년~12년	(297)	(7)	2.4	(44)	14.8	(79)	26.6	(62)	29.6	(62)	20.9	(17)	5.7	(297)	100.0
	13년 이상	(137)	(2)	1.5	(22)	16.1	(31)	22.6	(38)	22.6	(38)	27.7	(13)	9.5	(137)	100.0
건강상태	매우 건강	(141)	(2)	1.4	(14)	9.9	(30)	21.3	(34)	30.5	(34)	24.1	(18)	12.8	(141)	100.0
	건강	(460)	(5)	1.1	(746)	16.5	(92)	20.0	(117)	28.7	(117)	25.4	(38)	8.3	(460)	100.0
	보통	(495)	(7)	1.4	(90)	18.2	(178)	36.0	(65)	28.5	(65)	13.1	(14)	2.8	(495)	100.0
	건강하지 못함	(695)	(23)	3.3	(195)	28.1	(223)	32.1	(75)	21.7	(75)	10.8	(28)	4.0	(695)	100.0
	매우 건강하지 못함	(243)	(29)	11.9	(85)	35.0	(54)	22.2	(15)	22.6	(15)	6.2	(5)	2.1	(243)	100.0
월 평균 가구 소득	50만원 미만	(509)	(45)	8.8	(167)	32.8	(123)	24.2	(46)	22.2	(46)	9.0	(15)	2.9	(509)	100.0
	50만원~150만원 미만	(762)	(8)	1.0	(161)	21.1	(233)	30.6	(123)	26.8	(123)	16.1	(33)	4.3	(762)	100.0
	150만원~250만원 미만	(439)	(9)	2.1	(69)	15.7	(146)	33.3	(65)	28.7	(65)	14.8	(24)	5.5	(439)	100.0
	250만원 이상	(293)	(3)	1.0	(52)	17.7	(85)	22.2	(70)	25.6	(70)	23.9	(28)	9.6	(293)	100.0
	잘 모른다	(31)	(1)	3.2	(11)	35.5	(10)	32.3	(2)	12.9	(2)	6.5	(3)	9.7	(31)	100.0

문41. (보기카드 제시) 다음 질문은 지난 한 달 동안 어르신께서 얼마나 그렇게 느꼈는지에 관한 것입니다. 각 문항을 주의 깊게 읽고, 문항에 대해서 어르신께서 얼마나 자주 경험하거나 느꼈는지 자유롭게 솔직하게 응답해주시기 바랍니다.

<2> 삶에 흥미를 느꼈다.

		사례수	전혀없음		한번 혹은 두번		대략 1주일에 한번		대략 1주의 2~3번		거의매일		매일		계	
			(n)	%	(n)	%	(n)	%	(n)	%	(n)	%	(n)	%	(n)	%
전체		(2034)	(115)	5.7	(492)	24.2	(568)	27.9	(485)	23.8	(273)	13.4	(101)	5.0	(2034)	100.0
성별	남성	(833)	(37)	4.4	(171)	20.5	(237)	28.5	(223)	26.8	(127)	15.2	(38)	4.6	(833)	100.0
	여성	(1201)	(78)	6.5	(321)	26.7	(331)	27.6	(262)	21.8	(146)	12.2	(63)	5.2	(1201)	100.0
연령	만 65-69세	(573)	(31)	5.4	(114)	19.9	(157)	27.4	(153)	26.7	(82)	14.3	(36)	6.3	(573)	100.0
	70대	(1022)	(52)	5.1	(241)	23.6	(288)	28.2	(245)	24.0	(151)	14.8	(45)	4.4	(1022)	100.0
	80대 이상	(439)	(32)	7.3	(137)	31.2	(123)	28.0	(87)	19.8	(40)	9.1	(20)	4.6	(439)	100.0
거주지역	농촌지역	(657)	(39)	5.9	(172)	26.2	(223)	33.9	(154)	23.4	(57)	8.7	(12)	1.8	(657)	100.0
	도시지역	(1377)	(76)	5.5	(320)	23.2	(345)	25.1	(331)	24.0	(216)	15.7	(89)	6.5	(1377)	100.0
학력	무학	(524)	(45)	8.6	(160	30.5	(137)	26.1	(114)	21.8	(53)	10.1	(15)	2.9	(524)	100.0
	1년~3년	(125)	(7)	5.6	(49)	39.2	(36)	28.8	(30)	24.0	(2)	1.6	(1)	0.8	(125)	100.0
	4년~6년	(657)	(38)	5.8	(156)	23.7	(209)	31.8	(150)	22.8	(73)	11.1	(31)	4.7	(657)	100.0
	7년~9년	(294)	(11)	3.7	(56)	19.0	(78)	26.5	(74)	25.2	(51)	17.3	(24)	8.2	(294)	100.0
	10년~12년	(297)	(11)	3.7	(45)	15.2	(79)	26.6	(85)	28.6	(60)	20.2	(17)	5.7	(297)	100.0
	13년 이상	(137)	(3)	2.2	(26)	19.0	(29)	21.2	(32)	23.4	(34)	24.8	(13)	9.5	(137)	100.0
건강상태	매우 건강	(141)	(5)	3.5	(17)	12.1	(26)	18.4	(37)	26.2	(40)	28.4	(16)	11.3	(141)	100.0
	건강	(460)	(10)	2.2	(75)	16.5	(110)	23.9	(132)	28.7	(91)	19.8	(41)	8.9	(460)	100.0
	보통	(495)	(15)	3.0	(108)	21.8	(171)	34.5	(132)	26.7	(57)	11.5	(12)	2.4	(495)	100.0
	건강하지 못함	(695)	(47)	6.8	(209)	30.1	(212)	30.5	(133)	19.1	(68)	9.8	(26)	3.7	(695)	100.0
	매우 건강하지 못함	(243)	(38)	15.6	(82)	33.7	(49)	20.2	(51)	21.0	(17)	7.0	(6)	2.5	(243)	100.0
월 평균 가구 소득	50만원 미만	(509)	(63)	12.4	(167)	32.8	(128)	25.1	(94)	18.5	(41)	8.1	(16)	3.1	(509)	100.0
	50만원~150만원 미만	(762)	(28)	3.7	(181)	23.8	(220)	28.9	(193)	25.3	(112)	14.7	(28)	3.7	(762)	100.0
	150만원~250만원 미만	(439)	(11)	2.5	(77)	17.5	(153)	34.9	(112)	25.5	(62)	14.1	(24)	5.5	(439)	100.0
	250만원 이상	(293)	(10)	3.4	(55)	18.8	(60)	20.5	(81)	27.6	(57)	19.5	(30)	10.2	(293)	100.0
	잘 모른다	(31)	(3)	9.7	(12)	38.7	(7)	22.6	(5)	16.1	(1)	3.2	(3)	9.7	(31)	100.0

문41. (보기카드 제시) 다음 질문은 지난 한 달 동안 어르신께서 얼마나 그렇게 느꼈는지에 관한 것입니다. 각 문항을 주의 깊게 읽고, 문항에 대해서 어르신께서 얼마나 자주 경험하거나 느꼈는지 자유롭게 솔직하게 응답해주시기 바랍니다.

<3> 만족감을 느꼈다.

		사례수	전혀없음		한번 혹은 두번		대략 1주일에 한번		대략 1주의 2~3번		거의매일		매일		계	
			(n)	%	(n)	%	(n)	%	(n)	%	(n)	%	(n)	%	(n)	%
전체		(2034)	(138)	6.8	(484)	23.8	(528)	26.0	(486)	23.9	(281)	13.8	(117)	5.8	(2034)	100.0
성별	남성	(833)	(42)	5.0	(171)	20.5	(221)	26.5	(215)	25.8	(138)	16.6	(46)	5.5	(833)	100.0
	여성	(1201)	(96)	8.0	(313)	26.1	(307)	25.6	(271)	22.6	(143)	11.9	(71)	5.9	(1201)	100.0
연령	만 65-69세	(573)	(34)	5.9	(126)	22.0	(148)	25.8	(147)	25.7	(82)	14.3	(36)	6.3	(573)	100.0
	70대	(1022)	(71)	6.9	(223)	21.8	(262)	25.6	(258)	25.2	(149)	14.6	(59)	5.8	(1022)	100.0
	80대 이상	(439)	(33)	7.5	(135)	3.08	(118)	26.9	(81)	18.5	(50)	11.4	(22)	5.0	(439)	100.0
거주지역	농촌지역	(657)	(30)	4.6	(163)	24.8	(224)	34.1	(153)	23.3	(77)	11.7	(10)	1.5	(657)	100.0
	도시지역	(1377)	(108)	7.8	(321)	23.3	(304)	22.1	(333)	24.2	(204)	14.8	(107)	7.8	(1377)	100.0
학력	무학	(524)	(47)	9.0	(149)	28.4	(140)	26.7	(114)	21.8	(54)	10.3	(20)	3.8	(524)	100.0
	1년~3년	(125)	(9)	7.2	(45)	36.0	(35)	28.0	(28)	22.4	(7)	5.6	(1)	0.8	(125)	100.0
	4년~6년	(657)	(50)	7.6	(157)	23.9	(174)	26.5	(163)	24.8	(79)	12.0	(34)	5.2	(657)	100.0
	7년~9년	(294)	(14)	4.8	(59)	20.1	(79)	26.9	(70)	23.8	(47)	16.0	(25)	8.5	(294)	100.0
	10년~12년	(297)	(13)	4.4	(48)	16.2	(78)	26.3	(78)	26.3	(60)	20.2	(20)	6.7	(297)	100.0
	13년 이상	(137)	(5)	3.6	(26)	19.0	(22)	16.1	(33)	24.1	(34)	24.8	(17)	12.4	(137)	100.0
건강상태	매우 건강	(141)	(6)	4.3	(14)	9.9	(28)	19.9	(43)	30.5	(28)	19.9	(22)	15.6	(141)	100.0
	건강	(460)	(20)	4.3	(71)	15.4	(99)	21.5	(128)	27.8	(95)	20.7	(47)	10.2	(460)	100.0
	보통	(495)	(23)	4.6	(117)	23.6	(145)	29.3	(135)	27.3	(63)	12.7	(12)	2.4	(495)	100.0
	건강하지 못함	(695)	(55)	7.9	(195)	28.1	(206)	29.6	(134)	19.3	(75)	10.8	(30)	4.3	(695)	100.0
	매우 건강하지 못함	(243)	(34)	14.0	(87)	35.8	(50)	20.6	(46)	18.9	(20)	8.2	(6)	2.5	(243)	100.0
월 평균 가구 소득	50만원 미만	(509)	(74)	14.5	(149)	29.3	(122)	24.0	(102)	20.0	(44)	8.6	(18)	3.5	(509)	100.0
	50만원~150만원 미만	(762)	(34)	4.5	(187)	24.5	(198)	26.0	(199)	26.1	(107)	14.0	(37)	4.9	(762)	100.0
	150만원~250만원 미만	(439)	(19)	4.3	(78)	17.8	(142)	32.3	(110)	25.1	(63)	14.4	(27)	6.2	(439)	100.0
	250만원 이상	(293)	(6)	2.0	(59)	20.1	(61)	20.8	(70)	23.9	(66)	22.5	(31)	10.6	(293)	100.0
	잘 모른다	(31)	(5)	16.1	(11)	35.5	(5)	16.1	(5)	16.1	(1)	3.2	(4)	12.9	(31)	100.0

문41. (보기카드 제시) 다음 질문은 지난 한 달 동안 어르신께서 얼마나 그렇게 느꼈는지에 관한 것입니다. 각 문항을 주의 깊게 읽고, 문항에 대해서 어르신께서 얼마나 자주 경험하거나 느꼈는지 자유롭게 솔직하게 응답해주시기 바랍니다.

<4> 나는 사회에 공헌할 만한 능력을 지니고 있다고 느꼈다.

		사례수	전혀없음		한번 혹은 두번		대략 1주일에 한번		대략 1주의 2~3번		거의매일		매일		계	
			(n)	%	(n)	%	(n)	%	(n)	%	(n)	%	(n)	%	(n)	%
전체		(2034)	(451)	22.2	(697)	34.3	(400)	19.7	(263)	12.9	(169)	8.3	(54)	2.7	(2034)	100.0
성별	남성	(833)	(134)	16.1	(265)	31.8	(189)	22.7	(134)	16.1	(86)	10.3	(25)	3.0	(833)	100.0
	여성	(1201)	(317)	26.4	(432)	36.0	(211)	17.6	(129)	10.7	(83)	6.9	(29)	2.4	(1201)	100.0
연령	만 65-69세	(573)	(85)	14.8	(188)	32.8	(128)	22.3	(91)	15.9	(64)	11.2	(17)	3.0	(573)	100.0
	70대	(1022)	(205)	20.1	(374)	36.6	(207)	20.3	(127)	12.4	(81)	7.9	(28)	2.7	(1022)	100.0
	80대 이상	(439)	(161)	36.7	(135)	30.8	(65)	14.8	(45)	10.3	(24)	5.5	(9)	2.1	(439)	100.0
거주지역	농촌지역	(657)	(174)	26.5	(267)	40.6	(132)	20.1	(56)	8.2	(24)	3.7	(6)	0.9	(657)	100.0
	도시지역	(1377)	(277)	20.1	(430)	31.2	(268)	19.5	(209)	15.2	(145)	10.5	(48)	3.5	(1377)	100.0
학력	무학	(524)	(189)	36.1	(203)	38.7	(73)	13.9	(37)	7.1	(16)	3.1	(6)	1.1	(524)	100.0
	1년~3년	(125)	(35)	28.0	(47)	37.6	(24)	19.2	(13)	10.4	(4)	3.2	(2)	1.6	(125)	100.0
	4년~6년	(657)	(132)	20.1	(256)	39.0	(138)	21.0	(77)	11.7	(41)	6.2	(13)	2.0	(657)	100.0
	7년~9년	(294)	(43)	14.6	(87)	29.6	(76)	25.9	(42)	14.3	(39)	13.3	(7)	2.4	(294)	100.0
	10년~12년	(297)	(42)	14.1	(76)	25.6	(65)	21.9	(62)	20.9	(39)	13.1	(13)	4.4	(297)	100.0
	13년 이상	(137)	(10)	7.3	(28)	20.4	(24)	17.5	(32)	23.4	(30)	21.9	(13)	9.5	(137)	100.0
건강상태	매우 건강	(141)	(14)	9.9	(34)	24.1	(32)	22.7	(30)	21.3	(24)	17.0	(7)	5.0	(141)	100.0
	건강	(460)	(49)	10.7	(143)	31.1	(96)	20.9	(83)	18.0	(65)	14.1	(24)	5.2	(460)	100.0
	보통	(495)	(82)	16.6	(172)	34.7	(115)	23.2	(73)	14.7	(41)	8.3	(12)	2.4	(495)	100.0
	건강하지 못함	(695)	(195)	28.1	(274)	39.4	(120)	17.3	(58)	8.3	(38)	5.5	(10)	1.4	(695)	100.0
	매우 건강하지 못함	(243)	(111)	45.7	(74)	30.5	(37)	15.2	(19)	7.8	(1)	0.4	(1)	0.4	(243)	100.0
월 평균 가구 소득	50만원 미만	(509)	(170)	33.4	(179)	35.2	(73)	14.3	(62)	12.2	(18)	3.5	(7)	1.4	(509)	100.0
	50만원~150만원 미만	(762)	(151)	19.8	(292)	38.3	(138)	18.1	(95)	12.5	(70)	9.2	(16)	2.1	(762)	100.0
	150만원~250만원 미만	(439)	(62)	14.1	(136)	31.0	(124)	28.2	(61)	13.9	(44)	10.0	(12)	2.7	(439)	100.0
	250만원 이상	(293)	(55)	18.8	(79)	27.0	(162)	21.2	(44)	15.0	(35)	11.9	(18)	6.1	(293)	100.0
	잘 모른다	(31)	(13)	41.9	(11)	35.5	(3)	9.7	(1)	3.2	(2)	6.5	(1)	3.2	(31)	100.0

문41. (보기카드 제시) 다음 질문은 지난 한 달 동안 어르신께서 얼마나 그렇게 느꼈는지에 관한 것입니다. 각 문항을 주의 깊게 읽고, 문항에 대해서 어르신께서 얼마나 자주 경험하거나 느꼈는지 자유롭게 솔직하게 응답해주시기 바랍니다.

<5> 공동체(사회 집단이나 이웃 같은)에 소속되어 있다고 느꼈다.

		사례수	전혀없음		한번 혹은 두번		대략 1주일에 한번		대략 1주의 2~3번		거의매일		매일		계	
			(n)	%	(n)	%	(n)	%	(n)	%	(n)	%	(n)	%	(n)	%
전체		(2034)	(225)	11.1	(503)	24.7	(536)	26.4	(359)	17.6	(310)	15.2	(101)	5.0	(2034)	100.0
성별	남성	(833)	(78)	9.4	(203)	24.4	(212)	25.5	(168)	20.2	(125)	15.0	(41)	5.6	(833)	100.0
	여성	(1201)	(147)	12.2	(300)	25.0	(324)	27.0	(191)	15.9	(185)	15.4	(54)	4.5	(1201)	100.0
연령	만 65-69세	(573)	(61)	10.6	(145)	25.3	(137)	23.9	(113)	19.7	(92)	16.1	(25)	4.4	(573)	100.0
	70대	(1022)	(112)	11.0	(237)	23.2	(275)	26.9	(183)	17.9	(152)	14.9	(63)	6.5	(1022)	100.0
	80대 이상	(439)	(52)	11.8	(121)	27.6	(134)	28.2	(63)	14.4	(66)	15.0	(13)	3.0	(439)	100.0
거주지역	농촌지역	(657)	(68)	10.4	(172)	26.2	(218)	33.2	(123)	18.7	(62)	9.9	(11)	1.7	(657)	100.0
	도시지역	(1377)	(157)	11.4	(331)	24.0	(318)	23.1	(236)	17.1	(245)	17.8	(90)	6.5	(1377)	100.0
학력	무학	(524)	(56)	10.7	(136)	26.0	(177)	33.8	(85)	16.2	(62)	11.8	(8)	1.5	(524)	100.0
	1년~3년	(125)	(18)	14.4	(35)	28.0	(28)	22.4	(26)	20.8	(13)	10.4	(5)	4.0	(125)	100.0
	4년~6년	(657)	(86)	13.1	(174)	26.5	(175)	26.6	(113)	17.2	(81)	12.3	(28)	4.3	(657)	100.0
	7년~9년	(294)	(26)	8.8	(74)	25.2	(74)	25.2	(44)	15.0	(61)	20.7	(15)	5.1	(294)	100.0
	10년~12년	(297)	(34)	11.4	(62)	20.9	(59)	19.9	(60)	20.2	(59)	19.9	(23)	7.7	(297)	100.0
	13년 이상	(137)	(5)	3.6	(22)	16.1	(23)	16.8	(31)	22.6	(34)	14.8	(22)	16.1	(137)	100.0
건강상태	매우 건강	(141)	(13)	9.2	(27)	19.1	(25)	17.7	(32)	22.7	(30)	12.3	(14)	9.9	(141)	100.0
	건강	(460)	(32)	7.0	(82)	17.8	(100)	21.7	(112)	24.3	(97)	12.1	(37)	8.0	(460)	100.0
	보통	(495)	(37)	7.5	(116)	23.4	(140)	28.3	(90)	18.2	(83)	16.8	(29)	5.9	(495)	100.0
	건강하지 못함	(695)	(90)	12.9	(195)	28.1	(212)	30.5	(104)	15.0	(77)	11.1	(17)	2.4	(695)	100.0
	매우 건강하지 못함	(243)	(53)	21.8	(83)	34.2	(59)	24.3	(21)	8.6	(23)	9.5	(4)	1.6	(243)	100.0
월 평균 가구 소득	50만원 미만	(509)	(79)	15.5	(154)	30.3	(140)	27.5	(63)	12.4	(59)	11.6	(14)	2.8	(509)	100.0
	50만원~150만원 미만	(762)	(82)	10.8	(199)	26.1	(178)	23.4	(138)	18.1	(130)	17.1	(35)	4.6	(762)	100.0
	150만원~250만원 미만	(439)	(32)	7.3	(93)	21.2	(139)	31.7	(88)	20.0	(64)	14.6	(23)	5.2	(439)	100.0
	250만원 이상	(293)	(27)	9.2	(47)	16.0	(70)	23.9	(67)	22.9	(53)	18.1	(29)	9.9	(293)	100.0
	잘 모른다	(31)	(5)	16.1	(10)	32.3	(9)	29.0	(3)	9.7	(4)	12.9	(0)	0.0	(31)	100.0

문41. (보기카드 제시) 다음 질문은 지난 한 달 동안 어르신께서 얼마나 그렇게 느꼈는지에 관한 것입니다. 각 문항을 주의 깊게 읽고, 문항에 대해서 어르신께서 얼마나 자주 경험하거나 느꼈는지 자유롭게 솔직하게 응답해주시기 바랍니다.

<6> 우리 사회가 나와 같은 사람들에게 더 살기 좋은 곳이 되어가고 있다고 느꼈다.

		사례수	전혀없음		한번 혹은 두번		대략 1주일에 한번		대략 1주의 2~3번		거의매일		매일		계	
			(n)	%	(n)	%	(n)	%	(n)	%	(n)	%	(n)	%	(n)	%
전체		(2034)	(74)	3.6	(522)	25.7	(589)	29.0	(406)	20.0	(314)	15.4	(129)	6.3	(2034)	100.0
성별	남성	(833)	(29)	3.5	(196)	23.5	(237)	38.5	(180)	21.6	(141)	16.9	(50)	6.0	(833)	100.0
	여성	(1201)	(45)	3.7	(216)	27.1	(352)	29.3	(226)	18.8	(173)	14.4	(79)	6.6	(1201)	100.0
연령	만 65-69세	(573)	(21)	3.7	(135)	23.6	(158)	27.6	(121)	21.1	(95)	16.6	(43)	7.5	(573)	100.0
	70대	(1022)	(35)	3.4	(250)	24.5	(299)	29.3	(216)	21.1	(163)	15.9	(59)	5.8	(1022)	100.0
	80대 이상	(439)	(18)	4.1	(137)	31.2	(132)	30.1	(69)	15.7	(56)	12.8	(27)	6.2	(439)	100.0
거주지역	농촌지역	(657)	(22)	3.3	(181)	27.5	(262)	39.9	(124)	18.9	(57)	8.7	(11)	1.7	(657)	100.0
	도시지역	(1377)	(52)	3.8	(341)	24.8	(327)	23.7	(282)	20.5	(257)	18.7	(118)	8.6	(1377)	100.0
학력	무학	(524)	(21)	4.0	(155)	29.6	(189)	36.1	(87)	16.6	(51)	9.7	(21)	4.0	(524)	100.0
	1년~3년	(125)	(3)	2.4	(39)	31.2	(41)	32.8	(21)	16.8	(17)	13.6	(4)	3.2	(125)	100.0
	4년~6년	(657)	(26)	4.0	(176)	26.8	(191)	29.1	(138)	21.0	(89)	13.5	(37)	5.6	(657)	100.0
	7년~9년	(294)	(11)	3.7	(67)	22.8	(81)	27.6	(66)	22.4	(50)	17.0	(19)	6.5	(294)	100.0
	10년~12년	(297)	(10)	3.4	(66)	22.2	(70)	23.6	(60)	20.2	(64)	21.5	(27)	9.1	(297)	100.0
	13년 이상	(137)	(3)	2.2	(19)	13.9	(17)	12.4	(34)	24.8	(43)	31.4	(21)	15.3	(137)	100.0
건강상태	매우 건강	(141)	(2)	1.4	(25)	17.7	(23)	16.3	(33)	23.4	(30)	21.3	(28)	19.9	(141)	100.0
	건강	(460)	(8)	1.7	(81)	17.6	(109)	23.7	(114)	24.8	(110)	23.9	(38)	8.3	(460)	100.0
	보통	(495)	(13)	2.6	(118)	23.8	(154)	31.1	(99)	20.0	(83)	16.8	(28)	5.7	(495)	100.0
	건강하지 못함	(695)	(31)	4.5	(193)	27.8	(244)	35.1	(128)	18.4	(71)	10.2	(28)	4.0	(695)	100.0
	매우 건강하지 못함	(243)	(20)	8.2	(105)	43.2	(59)	24.3	(32)	13.2	(20)	8.2	(7)	2.9	(243)	100.0
월 평균 가구 소득	50만원 미만	(509)	(27)	5.3	(174)	34.2	(138)	27.1	(81)	15.9	(60)	11.8	(29)	5.7	(509)	100.0
	50만원~150만원 미만	(762)	(26)	3.4	(179)	23.5	(230)	30.	(165)	21.7	(120)	15.7	(42)	5.5	(762)	100.0
	150만원~250만원 미만	(439)	(11)	2.5	(97)	22.1	(142)	32.3	(95)	21.6	(70)	15.9	(24)	5.5	(439)	100.0
	250만원 이상	(293)	(8)	2.7	(58)	19.8	(75)	25.6	(61)	20.8	(61)	20.8	(30)	10.2	(293)	100.0
	잘 모른다	(31)	(2)	6.5	(14)	45.2	(4)	12.9	(4)	12.9	(3)	9.7	(4)	12.9	(31)	100.0

문41. (보기카드 제시) 다음 질문은 지난 한 달 동안 어르신께서 얼마나 그렇게 느꼈는지에 관한 것입니다. 각 문항을 주의 깊게 읽고, 문항에 대해서 어르신께서 얼마나 자주 경험하거나 느꼈는지 자유롭게 솔직하게 응답해주시기 바랍니다.

<7> 사람들은 기본적으로 선하다고 느꼈다.

		사례수	전혀없음		한번 혹은 두번		대략 1주일에 한번		대략 1주의 2~3번		거의매일		매일		계	
			(n)	%	(n)	%	(n)	%	(n)	%	(n)	%	(n)	%	(n)	%
전체		(2034)	(82)	4.0	(323)	15.9	(521)	25.6	(503)	24.7	(486)	23.9	(119)	5.9	(2034)	100.0
성별	남성	(833)	(41)	4.9	(138)	16.6	(196)	23.5	(214)	25.7	(208)	25.0	(36)	4.3	(833)	100.0
	여성	(1201)	(41)	3.4	(185)	15.4	(325)	27.1	(289)	24.1	(278)	23.1	(83)	6.9	(1201)	100.0
연령	만 65-69세	(573)	(28)	4.9	(88)	15.4	(144)	25.1	(134)	23.4	(137)	23.9	(42)	7.3	(573)	100.0
	70대	(1022)	(41)	4.0	(149)	14.6	(265)	25.9	(264)	25.8	(256)	25.0	(47)	4.6	(1022)	100.0
	80대 이상	(439)	(13)	3.0	(86)	19.6	(112)	25.5	(105)	23.9	(93)	21.2	(30)	6.8	(439)	100.0
거주 지역	농촌지역	(657)	(34)	5.2	(131)	19.9	(249)	37.9	(137)	20.9	(94)	14.3	(12)	1.8	(657)	100.0
	도시지역	(1377)	(48)	3.5	(192)	139.	(272)	19.8	(366)	26.6	(392)	28.5	(107)	7.8	(1377)	100.0
학력	무학	(524)	(18)	3.4	(99)	18.9	(150)	28.6	(131)	25.0	(105)	20.2	(21)	4.0	(524)	100.0
	1년~3년	(125)	(7)	5.6	(16)	12.8	(49)	39.2	(31)	24.8	(18)	14.4	(4)	3.2	(125)	100.0
	4년~6년	(657)	(34)	5.2	(111)	16.9	(175)	26.6	(163)	24.8	(142)	21.6	(32)	4.9	(657)	100.0
	7년~9년	(294)	(9)	3.1	(45)	15.3	(71)	24.1	(67)	22.8	(85)	28.9	(17)	5.8	(294)	100.0
	10년~12년	(297)	(12)	4.0	(40)	13.5	(57)	10.2	(71)	23.9	(88)	29.6	(29)	9.8	(297)	100.0
	13년 이상	(137)	(2)	1.5	(12)	8.8	(19)	13.9	(40)	29.2	(48)	35.0	(16)	11.7	(137)	100.0
건강 상태	매우 건강	(141)	(10)	7.1	(13)	9.2	(23)	16.3	(33)	23.4	(43)	30.5	(19)	13.5	(141)	100.0
	건강	(460)	(12)	2.6	(51)	11.1	(102)	22.2	(115)	25.0	(145)	31.5	(35)	7.6	(460)	100.0
	보통	(495)	(19)	3.8	(80)	16.2	(118)	23.8	(134)	27.1	(116)	23.4	(28)	5.7	(495)	100.0
	건강하지 못함	(695)	(21)	3.0	(127)	18.3	(226)	32.5	(158)	22.7	(135)	19.4	(28)	4.0	(695)	100.0
	매우 건강하지 못함	(243)	(20)	8.2	(52)	21.4	(52)	21.4	(61)	25.9	(47)	19.3	(9)	3.7	(243)	100.0
월 평균 가구 소득	50만원 미만	(509)	(34)	6.7	(101)	19.8	(124)	24.4	(130)	25.5	(98)	19.3	(22)	4.3	(509)	100.0
	50만원~150만원 미만	(762)	(32)	4.2	(109)	14.3	(199)	26.1	(179)	23.5	(199)	26.1	(44)	5.8	(762)	100.0
	150만원~250만원 미만	(439)	(6)	1.4	(62)	14.1	(133)	30.3	(119)	27.1	(96)	21.9	(23)	5.2	(439)	100.0
	250만원 이상	(293)	(10)	3.4	(46)	15.7	(59)	20.1	(67)	22.9	(84)	28.7	(27)	9.2	(293)	100.0
	잘 모른다	(31)	(0)	0.0	(5)	16.1	(6)	19.4	(8)	25.8	(9)	29.0	(3)	9.7	(31)	100.0

문41. (보기카드 제시) 다음 질문은 지난 한 달 동안 어르신께서 얼마나 그렇게 느꼈는지에 관한 것입니다. 각 문항을 주의 깊게 읽고, 문항에 대해서 어르신께서 얼마나 자주 경험하거나 느꼈는지 자유롭게 솔직하게 응답해주시기 바랍니다.

<8> 우리 사회가 돌아가는 방식이 이해할 만하다고 느꼈다.

		사례수	전혀없음		한번 혹은 두번		대략 1주일에 한번		대략 1주의 2~3번		거의매일		매일		계	
			(n)	%	(n)	%	(n)	%	(n)	%	(n)	%	(n)	%	(n)	%
전체		(2034)	(119)	5.9	(551)	27.1	(622)	30.6	(439)	21.6	(241)	11.8	(62)	3.0	(2034)	100.0
성별	남성	(833)	(53v	6.4	(193)	23.2	(259)	31.1	(189)	22.7	(116)	13.9	(23)	2.8	(833)	100.0
	여성	(1201)	(66)	5.5	(358)	29.8	(363)	30.2	(250)	20.8	(125)	10.4	(39)	3.2	(1201)	100.0
연령	만 65-69세	(573)	(33)	5.8	(140)	24.4	(173	30.2	(131)	22.9	(73)	12.7	(23)	4.0	(573)	100.0
	70대	(1022)	(54)	5.3	(265)	25.9	(320)	31.3	(234)	22.9	(122)	11.9	(27)	2.6	(1022)	100.0
	80대 이상	(439)	(32)	7.3	(146)	33.3	(129)	29.4	(74)	16.9	(46)	10.5	(12)	2.7	(439)	100.0
거주지역	농촌지역	(657)	(54)	8.2	(207)	31.5	(248)	37.7	(107)	16.3	(32)	4.9	(9)	1.4	(657)	100.0
	도시지역	(1377)	(65)	4.7	(344)	25.0	(374)	27.2	(332)	24.1	(209)	15.2	(53)	3.8	(1377)	100.0
학력	무학	(524)	(35)	6.7	(169)	32.3	(178)	34.0	(99)	18.9	(36)	6.9	(7)	1.3	(524)	100.0
	1년~3년	(125)	(11)	8.8	(44)	35.2	(38)	30.4	(24)	19.2	(6)	4.8	(2)	1.6	(125)	100.0
	4년~6년	(657)	(45)	6.8	(189)	28.8	(198)	30.1	(144)	21.9	(59)	9.0	(22)	3.3	(657)	100.0
	7년~9년	(294)	(12)	4.1	(72)	24.5	(92)	31.3	(67)	22.8	(43)	14.6	(8)	2.7	(294)	100.0
	10년~12년	(297)	(11)	3.7	(63)	21.2	(84)	28.3	(65)	21.9	(62)	20.9	(12)	4.0	(297)	100.0
	13년 이상	(137)	(5)	3.6	(14)	10.2	(32)	23.4	(40)	29.2	(35)	25.5	(11)	8.0	(137)	100.0
건강상태	매우 건강	(141)	(10)	7.1	(15)	10.6	(28)	19.9	(45)	31.9	(29)	20.6	(14)	9.9	(141)	100.0
	건강	(460)	(21)	4.6	(80)	17.4	(125)	27.2	(127)	27.6	(87)	18.9	(20)	4.3	(460)	100.0
	보통	(495)	(25)	5.1	(135)	27.3	(165)	33.3	(101)	20.4	(56)	11.3	(13)	2.6	(495)	100.0
	건강하지 못함	(695)	(33)	4.7	(229)	32.9	(236)	34.0	(133)	19.1	(51)	7.3	(13)	1.9	(695)	100.0
	매우 건강하지 못함	(243)	(30)	12.3	(92)	37.9	(68)	28.0	(33)	13.6	(18)	7.4	(2)	0.8	(243)	100.0
월평균가구소득	50만원 미만	(509)	(50)	9.8	(163)	32.0	(136)	26.7	(112)	22.0	(43)	8.4	(5)	1.0	(509)	100.0
	50만원~150만원 미만	(762)	(37)	4.9	(198)	26.0	(251)	32.9	(156)	20.5	(92)	12.1	(28)	3.7	(762)	100.0
	150만원~250만원 미만	(439)	(14)	3.2	(111)	25.3	(145)	33.0	(103)	23.5	(53)	12.1	(13)	3.0	(439)	100.0
	250만원 이상	(293)	(17)	5.8	(63)	23.5	(82)	28.0	(61)	20.8	(51)	17.4	(13)	4.4	(293)	100.0
	잘 모른다	(31)	(1)	3.2	(10)	32.3	(8)	25.8	(7)	22.6	(2)	6.5	(3)	9.7	(31)	100.0

문41. (보기카드 제시) 다음 질문은 지난 한 달 동안 어르신께서 얼마나 그렇게 느꼈는지에 관한 것입니다. 각 문항을 주의 깊게 읽고, 문항에 대해서 어르신께서 얼마나 자주 경험하거나 느꼈는지 자유롭게 솔직하게 응답해주시기 바랍니다.

<9> 나는 내 성격의 대부분을 좋아하고 있다고 느꼈다.

		사례수	전혀없음		한번 혹은 두번		대략 1주일에 한번		대략 1주의 2~3번		거의매일		매일		계	
			(n)	%	(n)	%	(n)	%	(n)	%	(n)	%	(n)	%	(n)	%
전체		(2034)	(49)	2.4	(313)	15.4	(587)	28.9	(648)	31.9	(363)	17.8	(74)	3.6	(2034)	100.0
성별	남성	(833)	(28)	3.4	(110)	13.2	(232)	27.9	(252)	30.3	(174)	20.9	(37)	4.4	(833)	100.0
	여성	(1201)	(21)	1.7	(203)	16.9	(355)	29.6	(396)	33.3	(189)	15.7	(37)	3.1	(1201)	100.0
연령	만 65-69세	(573)	(10)	1.7	(83)	14.5	(168)	29.3	(188)	32.8	(96)	16.8	(28)	4.9	(573)	100.0
	70대	(1022)	(20)	2.0	(155)	15.2	(300)	29.4	(307)	30.0	(202)	19.8	(38)	3.7	(1022)	100.0
	80대 이상	(439)	(19)	4.3	(75)	17.1	(119)	27.1	(153)	34.9	(65)	14.8	(8)	1.8	(439)	100.0
거주지역	농촌지역	(657)	(36)	5.5	(140)	21.3	(201)	30.6	(175)	26.6	(84)	12.8	(21)	3.2	(657)	100.0
	도시지역	(1377)	(13)	0.9	(173)	12.6	(389)	28.0	(473)	34.4	(279)	20.3	(53)	3.8	(1377)	100.0
학력	무학	(524)	(27)	5.2	(105)	20.0	(162)	30.9	(163)	31.1	(60)	11.5	(7)	1.3	(524)	100.0
	1년~3년	(125)	(3)	2.4	(23)	18.4	(44)	35.2	(38)	30.4	(14)	11.2	(3)	2.4	(125)	100.0
	4년~6년	(657)	(10)	1.5	(97)	14.8	(200)	30.4	(211)	32.1	(112)	17.0	(27)	4.1	(657)	100.0
	7년~9년	(294)	(4)	1.4	(39)	13.3	(80)	27.2	(96)	32.7	(60)	20.4	(15)	5.1	(294)	100.0
	10년~12년	(297)	(2)	0.7	(37)	12.5	(75)	25.3	(99)	33.3	(75)	25.3	(9)	3.0	(297)	100.0
	13년 이상	(137)	(3)	2.2	(12)	8.8	(26)	19.0	(41)	29.9	(42)	30.7	(13)	9.5	(137)	100.0
건강상태	매우 건강	(141)	(1)	0.7	(11)	7.8	(36)	25.5	(42)	29.8	(34)	24.1	(17)	12.1	(141)	100.0
	건강	(460)	(6)	1.3	(48)	10.0	(115)	25.0	(155)	33.7	(113)	24.6	(25)	5.4	(460)	100.0
	보통	(495)	(10)	2.0	(67)	13.5	(139)	28.1	(176)	35.6	(87)	17.6	(16)	3.2	(495)	100.0
	건강하지 못함	(695)	(20)	2.9	(138)	19.9	(218)	31.4	(208)	29.9	(98)	14.1	(13)	1.9	(695)	100.0
	매우 건강하지 못함	(243)	(12)	4.9	(51)	21.0	(79)	32.5	(67)	27.6	(31)	12.8	(3)	1.2	(243)	100.0
월 평균 가구 소득	50만원 미만	(509)	(24)	4.7	(90)	17.7	(170)	33.4	(152)	29.9	(63)	12.4	(10)	2.0	(509)	100.0
	50만원~150만원 미만	(762)	(13)	1.7	(124)	16.3	(205)	26.9	(242)	31.8	(157)	20.6	(21)	2.8	(762)	100.0
	150만원~250만원 미만	(439)	(7)	1.6	(60)	13.7	(127)	28.9	(157)	35.8	(65)	14.8	(23)	5.2	(439)	100.0
	250만원 이상	(293)	(5)	1.7	(36)	12.3	(74)	25.3	(85)	29.0	(75)	25.6	(18)	6.1	(293)	100.0
	잘 모른다	(31)	(0)	0.0	(3)	9.7	(11)	35.5	(12)	38.7	(3)	9.7	(2)	6.5	(31)	100.0

문41. (보기카드 제시) 다음 질문은 지난 한 달 동안 어르신께서 얼마나 그렇게 느꼈는지에 관한 것입니다. 각 문항을 주의 깊게 읽고, 문항에 대해서 어르신께서 얼마나 자주 경험하거나 느꼈는지 자유롭게 솔직하게 응답해주시기 바랍니다.

<10> 매일의 생활에서 내가 해야 할 책임들을 잘 해내고 있다고 느꼈다.

		사례수	전혀없음		한번 혹은 두번		대략 1주일에 한번		대략 1주의 2~3번		거의매일		매일		계	
			(n)	%	(n)	%	(n)	%	(n)	%	(n)	%	(n)	%	(n)	%
전체		(2034)	(34)	1.7	(336)	16.5	(546)	26.8	(591)	29.1	(408)	20.1	(119)	5.9	(2034)	100.0
성별	남성	(833)	(17)	2.0	(116)	13.9	(197)	23.6	(236)	28.3	(202)	24.2	(65)	7.8	(833)	100.0
	여성	(1201)	(17)	1.4	(220)	18.3	(349)	29.1	(355)	29.6	(206)	17.2	(54)	4.5	(1201)	100.0
연령	만 65-69세	(573)	(8)	1.4	(77)	13.4	(134)	23.4	(195)	34.0	(115)	20.1	(44)	7.7	(573)	100.0
	70대	(1022)	(16)	1.6	(156)	15.3	(285)	27.9	(281)	27.5	(223)	21.8	(61)	6.0	(1022)	100.0
	80대 이상	(439)	(10)	2.3	(103)	23.5	(127)	28.9	(115)	26.2	(70)	15.9	(14)	3.2	(439)	100.0
거주지역	농촌지역	(657)	(17)	2.6	(117)	17.8	(216)	32.9	(188)	28.6	(109)	16.6	(10)	1.5	(657)	100.0
	도시지역	(1377)	(17)	1.2	(219)	15.9	(330)	24.0	(403)	29.3	(299)	21.7	(109)	7.9	(1377)	100.0
학력	무학	(524)	(13)	2.5	(120)	22.9	(167)	31.9	(135)	25.8	(77)	14.7	(12)	2.3	(524)	100.0
	1년~3년	(125)	(4)	3.2	(27)	21.6	(44)	35.2	(30)	24.0	(19)	15.2	(1)	0.8	(125)	100.0
	4년~6년	(657)	(8)	1.2	(108)	16.4	(184)	28.0	(202)	30.7	(125)	19.0	(30)	4.6	(657)	100.0
	7년~9년	(294)	(6)	2.0	(34)	11.6	(70)	23.8	(87)	29.6	(80)	27.2	(17)	5.8	(294)	100.0
	10년~12년	(297)	(3)	1.0	(37)	12.5	(58)	19.5	(102)	34.3	(65)	21.9	(32)	10.8	(297)	100.0
	13년 이상	(137)	(0)	0.0	(10)	7.3	(23)	16.8	(35)	25.5	(42)	30.7	(27)	19.7	(137)	100.0
건강상태	매우 건강	(141)	(2)	1.4	(15)	10.6	(28)	19.9	(48)	34.0	(30)	21.3	(18)	12.8	(141)	100.0
	건강	(460)	(1)	0.2	(41)	8.9	(97)	21.1	(151)	32.8	(121)	26.3	(49)	10.7	(460)	100.0
	보통	(495)	(9)	1.8	(72)	14.5	(113)	22.8	(159)	32.1	(115)	23.2	(27)	5.5	(495)	100.0
	건강하지 못함	(695)	(9)	1.3	(140)	20.1	(237)	34.1	(170)	24.5	(116)	16.7	(23)	3.3	(695)	100.0
	매우 건강하지 못함	(243)	(13)	5.3	(68)	28.0	(71)	29.2	(63)	25.9	(26)	10.7	(2)	0.8	(243)	100.0
월 평균 가구 소득	50만원 미만	(509)	(17)	3.3	(129)	25.3	(154)	30.3	(130)	25.5	(70)	13.8	(9)	1.8	(509)	100.0
	50만원~150만원 미만	(762)	(9)	1.2	(106)	13.9	(217)	28.5	(224)	29.4	(170)	22.3	(36)	4.7	(762)	100.0
	150만원~250만원 미만	(439)	(4)	0.9	(54)	12.3	(108)	24.6	(158)	36.0	(92)	21.0	(23)	5.2	(439)	100.0
	250만원 이상	(293)	(4)	1.4	(37)	12.6	(56)	19.1	(76)	25.9	(71)	24.2	(49)	16.7	(293)	100.0
	잘 모른다	(31)	(0)	0.0	(10)	32.3	(11)	35.3	(3)	9.7	(5)	16.1	(2)	6.5	(31)	100.0

문41. (보기카드 제시) 다음 질문은 지난 한 달 동안 어르신께서 얼마나 그렇게 느꼈는지에 관한 것입니다. 각 문항을 주의 깊게 읽고, 문항에 대해서 어르신께서 얼마나 자주 경험하거나 느꼈는지 자유롭게 솔직하게 응답해주시기 바랍니다.

<11> 다른 사람들과 따뜻하고 신뢰로운 관계를 맺고 있다고 느꼈다.

		사례수	전혀없음		한번 혹은 두번		대략 1주일에 한번		대략 1주의 2~3번		거의매일		매일		계	
			(n)	%	(n)	%	(n)	%	(n)	%	(n)	%	(n)	%	(n)	%
전체		(2034)	(23)	1.1	(248)	12.2	(567)	27.9	(604)	29.7	(457)	22.5	(135)	6.6	(2034)	100.0
성별	남성	(833)	(13)	1.6	(106)	12.7	(194)	23.3	(254)	30.5	(202)	24.2	(64)	7.7	(833)	100.0
	여성	(1201)	(10)	0.8	(142)	11.8	(373)	31.1	(350)	29.1	(255)	21.2	(71)	5.9	(1201)	100.0
연령	만 65-69세	(573)	(6)	1.0	(80)	14.0	(138)	24.1	(183)	31.9	(118)	20.6	(48)	8.4	(573)	100.0
	70대	(1022)	(9)	0.9	(117)	11.4	(284)	27.8	(297)	29.1	(247)	24.2	(68)	6.7	(1022)	100.0
	80대 이상	(439)	(8)	1.8	(51)	11.6	(145)	33.0	(124)	28.8	(92)	21.0	(19)	4.3	(439)	100.0
거주지역	농촌지역	(657)	(9)	1.4	(91)	13.9	(241)	36.7	(208)	31.7	(92)	14.0	(16)	2.4	(657)	100.0
	도시지역	(1377)	(14)	1.0	(157)	11.4	(326)	23.7	(396)	28.8	(365)	26.5	(119)	8.6	(1377)	100.0
학력	무학	(524)	(11)	2.1	(69)	13.2	(215)	41.0	(137)	26.1	(76)	14.5	(16)	3.1	(524)	100.0
	1년~3년	(125)	(1)	0.8	(15)	12.0	(39)	31.2	(43)	34.4	(25)	20.0	(2)	1.6	(125)	100.0
	4년~6년	(657)	(4)	0.8	(84)	12.8	(164)	25.0	(223)	33.9	(145)	22.1	(37)	5.6	(657)	100.0
	7년~9년	(294)	(3)	1.0	(35)	11.9	(77)	26.2	(76)	25.9	(77)	26.2	(26)	8.8	(294)	100.0
	10년~12년	(297)	(3)	1.0	(35)	11.8	(50)	16.8	(91)	30.6	(92)	31.0	(26)	8.8	(297)	100.0
	13년 이상	(137)	(1)	0.7	(10)	7.3	(22)	16.1	(34)	24.8	(42)	30.7	(28)	20.4	(137)	100.0
건강상태	매우 건강	(141)	(1)	0.7	(11)	7.8	(21)	14.9	(45)	31.9	(40)	28.4	(23)	16.3	(141)	100.0
	건강	(460)	(0)	0.0	(36)	7.8	(78)	17.0	(164)	35.7	(129)	28.0	(53)	11.5	(460)	100.0
	보통	(495)	(9)	0.6	(48)	9.7	(137)	27.7	(152)	30.7	(133)	26.9	(22)	4.4	(495)	100.0
	건강하지 못함	(695)	(10)	1.3	(108)	15.5	(240)	34.5	(189)	27.2	(120)	17.3	(29)	4.2	(695)	100.0
	매우 건강하지 못함	(243)	(11)	4.1	(45)	18.5	(91)	37.4	(54)	22.2	(35)	14.4	(8)	3.3	(243)	100.0
월 평균 가구 소득	50만원 미만	(509)	(11)	2.2	(89)	17.5	(165)	32.4	(133)	26.1	(91)	17.9	(20)	3.9	(509)	100.0
	50만원~150만원 미만	(762)	(1)	1.4	(82)	10.8	(227)	29.8	(209)	27.4	(192)	25.2	(41)	5.4	(762)	100.0
	150만원~250만원 미만	(439)	(0)	0.2	(49)	11.2	(108)	24.6	(158)	36.0	(91)	20.7	(32)	7.3	(439)	100.0
	250만원 이상	(293)	(0)	0.0	(23)	7.8	(56)	18.4	(98)	33.4	(79)	27.0	(39)	13.3	(293)	100.0
	잘 모른다	(31)	(0)	0.0	(5)	16.1	(13)	41.9	(6)	19.4	(4)	12.9	(3)	9.7	(31)	100.0

문41. (보기카드 제시) 다음 질문은 지난 한 달 동안 어르신께서 얼마나 그렇게 느꼈는지에 관한 것입니다. 각 문항을 주의 깊게 읽고, 문항에 대해서 어르신께서 얼마나 자주 경험하거나 느꼈는지 자유롭게 솔직하게 응답해주시기 바랍니다.

<12> 나를 성장시키고 더 나은 사람이 되도록 자극을 주는 경험들을 했다고 느꼈다.

		사례수	전혀없음		한번 혹은 두번		대략 1주일에 한번		대략 1주의 23번		거의매일		매일		계	
			(n)	%	(n)	%	(n)	%	(n)	%	(n)	%	(n)	%	(n)	%
전체		(2034)	(134)	6.6	(573)	28.2	(638)	31.4	(404)	19.9	(245)	12.0	(40)	2.0	(2034)	100.0
성별	남성	(833)	(49)	5.9	(198)	23.8	(253)	30.4	(188)	22.6	(125)	15.0	(20)	2.4	(833)	100.0
	여성	(1201)	(85)	7.1	(375)	31.2	(385)	32.1	(216)	18.0	(120)	10.0	(20)	1.7	(1201)	100.0
연령	만 65-69세	(573)	(21)	3.7	(153)	26.7	(193)	33.7	(118)	20.6	(76)	13.3	(12)	2.1	(573)	100.0
	70대	(1022)	(56)	5.5	(283)	27.7	(327)	32.0	(211)	20.6	(124)	12.1	(21)	2.1	(1022)	100.0
	80대 이상	(439)	(57)	13.0	(137)	31.2	(118)	26.9	(75)	17.1	(45)	10.3	(7)	1.6	(439)	100.0
거주지역	농촌지역	(657)	(54)	8.2	(243)	37.0	(227)	34.6	(88)	13.4	(39)	5.9	(6)	0.9	(657)	100.0
	도시지역	(1377)	(80)	5.8	(330)	24.0	(411)	29.8	(316)	22.9	(206)	15.0	(34)	2.5	(1377)	100.0
학력	무학	(524)	(60)	11.5	(173)	33.0	(177)	33.8	(80)	15.3	(27)	5.2	(7)	1.3	(524)	100.0
	1년~3년	(125)	(13)	10.4	(41)	32.8	(42)	33.6	(18)	14.4	(10)	8.0	(1)	0.8	(125)	100.0
	4년~6년	(657)	(34)	5.2	(194)	29.5	(223)	33.9	(130)	19.8	(68)	10.4	(8)	1.2	(657)	100.0
	7년~9년	(294)	(10)	3.4	(86)	29.3	(86)	29.3	(64)	21.8	(39)	13.3	(9)	3.1	(294)	100.0
	10년~12년	(297)	(16)	5.4	(60)	20.2	(79)	26.6	(71)	23.9	(63)	21.2	(8)	2.7	(297)	100.0
	13년 이상	(137)	(1)	0.7	(19)	13.9	(31)	22.6	(41)	29.9	(38)	27.7	(7)	5.1	(137)	100.0
건강상태	매우 건강	(141)	(1)	0.7	(23)	16.3	(38)	27.0	(44)	31.2	(30)	21.3	(5)	3.5	(141)	100.0
	건강	(460)	(11)	2.4	(78)	17.0	(155)	33.7	(115)	25.0	(89)	19.3	(12)	2.6	(460)	100.0
	보통	(495)	(28)	5.9	(141)	28.5	(169)	34.1	(91)	18.4	(55)	11.1	(10)	2.0	(495)	100.0
	건강하지 못함	(695)	(55)	7.9	(254)	36.5	(202)	29.1	(116)	16.7	(58)	8.3	(10)	1.4	(695)	100.0
	매우 건강하지 못함	(243)	(38)	15.6	(77)	31.7	(74)	30.5	(38)	15.6	(13)	5.3	(3)	1.2	(243)	100.0
월 평균 가구 소득	50만원 미만	(509)	(57)	11.2	(144)	28.3	(162)	31.8	(89)	17.5	(52)	10.2	(5)	1.0	(509)	100.0
	50만원~150만원 미만	(762)	(47)	6.2	(237)	31.1	(231)	30.3	(150)	19.7	(83)	10.9	(14)	1.8	(762)	100.0
	150만원~250만원 미만	(439)	(13)	3.0	(111)	25.3	(155)	35.3	(95)	21.6	(57)	13.0	(8)	1.8	(439)	100.0
	250만원 이상	(293)	(17)	5.8	(74)	25.3	(75)	25.6	(65)	22.6	(50)	17.1	(12)	4.1	(293)	100.0
	잘 모른다	(31)	(0)	0.0	(7)	22.6	(15)	48.4	(5)	16.1	(3))	9.7	(1)	3.2	(31)	100.0

문41. (보기카드 제시) 다음 질문은 지난 한 달 동안 어르신께서 얼마나 그렇게 느꼈는지에 관한 것입니다. 각 문항을 주의 깊게 읽고, 문항에 대해서 어르신께서 얼마나 자주 경험하거나 느꼈는지 자유롭게 솔직하게 응답해주시기 바랍니다.

<13> 나만의 아이디어와 의견을 생각하거나 표현하는 데 자신이 있다고 느꼈다.

		사례수	전혀없음		한번 혹은 두번		대략 1주일에 한번		대략 1주의 2~3번		거의매일		매일		계	
			(n)	%	(n)	%	(n)	%	(n)	%	(n)	%	(n)	%	(n)	%
전체		(2034)	(228)	11.2	(660)	32.4	(486)	23.9	(370)	18.2	(256)	12.6	(34)	1.7	(2034)	100.0
성별	남성	(833)	(69)	8.3	(243)	29.2	(213)	25.6	(150)	18.0	(138)	16.6	(20)	2.4	(833)	100.0
	여성	(1201)	(159)	13.2	(417)	34.7	(273)	22.7	(220)	18.3	(118)	9.8	(14)	1.2	(1201)	100.0
연령	만 65-69세	(573)	(47)	8.2	(184)	32.1	(151)	26.4	(106)	18.5	(71)	12.4	(14)	2.4	(573)	100.0
	70대	(1022)	(101)	9.9	(324)	31.7	(249)	24.4	(186)	18.2	(148)	14.5	(14)	1.4	(1022)	100.0
	80대 이상	(439)	(80)	18.2	(152)	34.6	(86)	19.6	(78)	17.8	(37)	8.4	(6)	1.4	(439)	100.0
거주지역	농촌지역	(657)	(101)	15.4	(260)	39.6	(139)	21.2	(91)	73.9	(63)	9.6	(3)	0.5	(657)	100.0
	도시지역	(1377)	(127)	9.2	(400)	29.0	(348)	25.2	(279)	20.3	(193)	14.0	(31)	2.3	(1377)	100.0
학력	무학	(524)	(81)	15.5	(180)	34.4	(115)	21.9	(89)	18.0	(54)	10.3	(5)	1.0	(524)	100.0
	1년~3년	(125)	(19)	15.2	(53)	42.4	(32)	25.6	(17)	13.6	(3)	2.4	(1)	0.8	(125)	100.0
	4년~6년	(657)	(86)	13.1	(227)	34.6	(155)	23.6	(116)	17.7	(70)	10.7	(3)	0.5	(657)	100.0
	7년~9년	(294)	(21)	7.1	(103)	35.0	(78)	26.6	(48)	16.3	(39)	13.3	(5)	1.7	(294)	100.0
	10년~12년	(297)	(19)	6.4	(77)	25.9	(74)	24.9	(69)	23.2	(48)	15.8	(11)	3.7	(297)	100.0
	13년 이상	(137)	(2)	1.5	(20)	14.6	(32)	23.4	(31)	22.6	(43)	31.4	(9)	6.6	(137)	100.0
건강상태	매우 건강	(141)	(11)	7.8	(25)	17.7	(44)	31.2	(35)	24.8	(19)	13.5	(7)	5.0	(141)	100.0
	건강	(460)	(20)	4.3	(104)	22.6	(139)	30.2	(102)	22.2	(83)	17.8	(13)	2.8	(460)	100.0
	보통	(495)	(48)	9.7	(172)	34.7	(106)	21.4	(93)	18.8	(73)	14.5	(4)	0.8	(495)	100.0
	건강하지 못함	(695)	(98)	14.1	(278)	40.0	(136)	19.6	(107)	15.4	(67)	9.6	(9)	1.3	(695)	100.0
	매우 건강하지 못함	(243)	(51)	21.0	(81)	33.3	(61)	25.1	(33)	13.6	(16)	6.6	(1)	0.4	(243)	100.0
월 평균 가구 소득	50만원 미만	(509)	(87)	17.1	(163)	32.0	(129)	25.3	(90)	17.7	(36)	7.1	(4)	0.8	(509)	100.0
	50만원~150만원 미만	(762)	(82)	10.8	(249)	32.7	(168)	22.0	(136)	17.8	(121)	15.9	(6)	0.8	(762)	100.0
	150만원~250만원 미만	(439)	(29)	6.6	(144)	32.8	(124)	28.2	(86)	19.6	(47)	10.7	(9)	2.1	(439)	100.0
	250만원 이상	(293)	(30)	10.2	(91)	31.1	(60)	20.5	(49)	16.7	(48)	16.4	(15)	5.1	(293)	100.0
	잘 모른다	(31)	(0)	0.0	(13)	41.9	(5)	16.1	(9)	29.0	(4)	12.9	(0)	0.0	(31)	100.0

문41. (보기카드 제시) 다음 질문은 지난 한 달 동안 어르신께서 얼마나 그렇게 느꼈는지에 관한 것입니다. 각 문항을 주의 깊게 읽고, 문항에 대해서 어르신께서 얼마나 자주 경험하거나 느꼈는지 자유롭게 솔직하게 응답해주시기 바랍니다.

<14> 내 삶이 방향감이나 의미를 갖고 있다고 느꼈다.

		사례수	전혀없음		한번 혹은 두번		대략 1주일에 한번		대략 1주의 2~3번		거의매일		매일		계	
			(n)	%	(n)	%	(n)	%	(n)	%	(n)	%	(n)	%	(n)	%
전체		(2034)	(85)	4.2	(436)	21.4	(589)	29.0	(527)	25.9	(312)	15.3	(85)	4.2	(2034)	100.0
성별	남성	(833)	(29)	3.5	(147)	17.6	(204)	24.5	(230)	27.6	(174)	20.9	(49)	5.9	(833)	100.0
	여성	(1201)	(56)	4.7	(289)	24.1	(385)	3201	(297)	24.7	(138)	11.5	(36)	3.0	(1201)	100.0
연령	만 65-69세	(573)	(24)	4.2	(102)	17.8	(159)	27.7	(149)	26.0	(106)	18.5	(33)	5.8	(573)	100.0
	70대	(1022)	(41)	4.0	(213)	20.8	(292)	28.6	(270)	26.4	(163)	15.9	(43)	4.2	(1022)	100.0
	80대 이상	(439)	(20)	4.6	(121)	27.6	(138)	31.4	(108)	24.6	(43)	9.8	(9)	2.1	(439)	100.0
거주지역	농촌지역	(657)	(29)	4.4	(134)	20.4	(225)	34.2	(161)	24.5	(92)	14.0	(16)	2.4	(657)	100.0
	도시지역	(1377)	(56)	4.1	(302)	21.9	(364)	26.4	(366)	26.6	(220	16.0	(69)	5.0	(1377)	100.0
학력	무학	(524)	(30)	5.7	(133)	25.4	(172)	32.8	(144)	27.5	(35)	6.7	(10)	1.9	(524)	100.0
	1년~3년	(125)	(4)	3.2	(41)	32.8	(42)	33.6	(23)	18.4	(13)	10.4	(2)	1.6	(125)	100.0
	4년~6년	(657)	(30)	4.6	(149)	22.7	(191)	29.1	(174)	26.5	(98)	14.9	(15)	2.3	(657)	100.0
	7년~9년	(294)	(11)	3.7	(50)	17.0	(89)	30.3	(69)	23.5	(61)	20.7	(14)	4.8	(294)	100.0
	10년~12년	(297)	(9)	3.0	(49)	16.5	(75)	25.3	(76)	25.6	(64)	21.5	(24)	8.1	(297)	100.0
	13년 이상	(137)	(1)	0.7	(14)	10.2	(20)	14.6	(41)	29.9	(41)	29.9	(20)	14.6	(137)	100.0
건강상태	매우 건강	(141)	(2)	1.4	(26)	18.4	(35)	24.8	(43)	30.5	(23)	16.3	(12)	8.5	(141)	100.0
	건강	(460)	(12)	2.6	(59)	12.8	(105)	22.8	(145)	31.5	(100)	21.7	(39)	8.5	(460)	100.0
	보통	(495)	(18)	3.6	(91)	18.1	(144)	29.1	(128)	25.9	(94)	19.0	(20)	4.0	(495)	100.0
	건강하지 못함	(695)	(27)	3.9	(187)	26.9	(230)	33.1	(162)	23.3	(78)	11.2	(11)	1.6	(695)	100.0
	매우 건강하지 못함	(243)	(26)	10.7	(73)	30.3	(75)	30.9	(49)	20.2	(17)	7.0	(3)	1.2	(243)	100.0
월 평균 가구 소득	50만원 미만	(509)	(39)	7.7	(158)	31.0	(165)	32.4	(100)	19.6	(43)	8.4	(4)	0.8	(509)	100.0
	50만원~150만원 미만	(762)	(27)	3.5	(154)	20.2	(225)	29.5	(225)	25.5	(137)	18.0	(25)	3.3	(762)	100.0
	150만원~250만원 미만	(439)	(8)	1.8	(73)	16.6	(125)	28.5	(125)	31.7	(70)	15.9	(24)	5.5	(439)	100.0
	250만원 이상	(293)	(11)	3.8	(42)	14.3	(62)	21.2	(62)	29.7	(60)	20.5	(31)	10.6	(293)	100.0
	잘 모른다	(31)	(0)	0.0	(9)	29.0	(12)	38.7	(12)	22.6	(2)	6.5	(1)	3.2	(31)	100.0

문42. (보기카드 제시) 다음 질문은 현재 어르신께서 얼마나 그렇게 느꼈는지에 관한 것입니다. 각 문항을 주의 깊게 읽고 해당하는 번호에 응답해 주십시오.

<1> (고인)이 너무 많이 생각나서 내가 평소 하던 일을 하는 것이 힘들다.

		사례수	전혀 그렇지 않다		드물게 그렇다		가끔 그렇다		종종 그렇다		항상 그렇다		계	
			(n)	%	(n)	%	(n)	%	(n)	%	(n)	%	(n)	%
전체		(859)	(651)	75.8	(142)	16.5	(49)	5.7	(11)	1.3	(6)	0.7	(859)	100.0
성별	남성	(106)	(65)	61.3	(32)	30.2	(9)	8.5	(0)	0.0	(0)	0.0	(106)	100.0
	여성	(753)	(596)	77.8	(110)	14.6	(40)	5.3	(11)	1.5	(6)	0.8	(753)	100.0
연령	만 65-69세	(126)	(97)	77.0	(16)	12.7	(9)	7.1	(2)	1.6	(2)	1.6	(126)	100.0
	70대	(441)	(319)	72.3	(82)	18.6	(32)	7.3	(6)	1.4	(2)	0.5	(441)	100.0
	80대 이상	(292)	(235)	80.5	(44)	15.1	(8)	2.7	(3)	1.0	(2)	0.7	(292)	100.0
거주지역	농촌지역	(273)	(212)	77.7	(44)	16.1	(13)	4.8	(2)	0.7	(2)	0.7	(273)	100.0
	도시지역	(586)	(439)	74.9	(98)	16.7	(36)	6.1	(9)	1.5	(4)	0.0	(586)	100.0
학력	무학	(344)	(280)	81.4	(50)	14.5	(11)	3.2	(3)	0.9	(0)	1.4	(344)	100.0
	1년~3년	(71)	(54)	76.1	(11)	15.5	(4)	5.6	(1)	1.4	(1)	1.0	(71)	100.0
	4년~6년	(288)	(210)	72.9	(51)	17.7	(20)	6.9	(4)	1.4	(3)	2.2	(288)	100.0
	7년~9년	(91)	(66)	72.5	(12)	13.2	(10)	11.0	(1)	1.1	(2)	0.0	(91)	100.0
	10년~12년	(56)	(37)	66.1	(13)	23.2	(4)	7.1	(2)	3.6	(0)	0.0	(56)	100.0
	13년 이상	(9)	(4)	44.4	(5)	55.6	(0)	0.0	(0)	0.0	(0)	2.1	(9)	100.0
건강상태	매우 건강	(42)	(31)	73.8	(8)	19.0	(1)	2.4	(1)	2.4	(1)	0.0	(42)	100.0
	건강	(116)	(82)	70.7	(25)	21.6	(6)	5.2	(3)	2.6	(0)	0.5	(116)	100.0
	보통	(185)	(147)	79.5	(24)	13.0	(9)	4.9	(4)	2.2	(1)	0.6	(185)	100.0
	건강하지 못함	(360)	(275)	76.4	(61)	16.9	(22)	6.1	(0)	0.0	(2)	1.3	(360)	100.0
	매우 건강하지 못함	(156)	(116)	74.4	(24)	15.4	(11)	7.1	(3)	1.9	(2)	0.3	(156)	100.0
월 평균 가구 소득	50만원 미만	(336)	(251)	74.7	(64)	19.0	(20)	6.0	(0)	0.0	(1)	0.3	(336)	100.0
	50만원~150만원 미만	(290)	(217)	74.8	(43)	14.8	(21)	7.2	(7)	2.4	(2)	0.7	(290)	100.0
	150만원~250만원 미만	(119)	(91)	76.5	(21)	17.6	(4)	3.4	(0)	0.0	(3)	2.5	(119)	100.0
	250만원 이상	(92)	(75)	81.5	(10)	10.9	(4)	4.3	(3)	3.3	(0)	0.0	(92)	100.0
	잘 모른다	(22)	(17)	77.3	(4)	18.2	(0)	0.0	(1)	4.5	(0)	0.0	(22)	100.0

문42. (보기카드 제시) 다음 질문은 현재 어르신께서 얼마나 그렇게 느꼈는지에 관한 것입니다. 각 문항을 주의 깊게 읽고 해당하는 번호에 응답해 주십시오.

<2> (고인)에 관한 기억은 나를 속상하게 한다.

		사례수	전혀 그렇지 않다		드물게 그렇다		가끔 그렇다		종종 그렇다		항상 그렇다		계	
			(n)	%	(n)	%	(n)	%	(n)	%	(n)	%	(n)	%
전체		(859)	(539)	62.7	(197)	22.9	(94)	10.9	(26)	3.0	(3)	0.3	(859)	100.0
성별	남성	(106)	(44)	41.5	(39)	36.8	(17)	16.0	(6)	5.7	(0)	0.0	(106)	100.0
	여성	(753)	(495)	65.7	(158)	21.0	(77)	10.2	(20)	2.7	(3)	0.4	(753)	100.0
연령	만 65-69세	(126)	(61)	48.4	(29)	23.0	(25)	19.8	(9)	7.1	(2)	1.6	(126)	100.0
	70대	(441)	(265)	60.1	(109)	24.7	(52)	11.8	(14)	3.2	(1)	0.2	(441)	100.0
	80대 이상	(292)	(213)	72.9	(59)	20.2	(17)	5.8	(3)	1.0	(0)	0.0	(292)	100.0
거주지역	농촌지역	(273)	(155)	56.8	(82)	30.0	(28)	10.3	(7)	2.6	(1)	0.4	(273)	100.0
	도시지역	(586)	(384)	65.6	(115)	19.6	(66)	11.3	(19)	3.2	(2)	0.3	(586)	100.0
학력	무학	(344)	(257)	74.7	(61)	17.7	(23)	6.7	(3)	0.9	(0)	0.0	(344)	100.0
	1년~3년	(71)	(41)	57.7	(22)	31.0	(6)	8.5	(2)	2.8	(0)	0.0	(71)	100.0
	4년~6년	(288)	(165)	57.3	(74)	25.7	(37)	12.8	(10v	3.5	(2)	0.7	(288)	100.0
	7년~9년	(91)	(41)	45.1	(26)	28.6	(16)	17.6	(7)	7.7	(1)	1.1	(91)	100.0
	10년~12년	(56)	(31)	55.4	(12)	21.4	(9)	16.1	(4)	7.1	(0)	0.0	(56)	100.0
	13년 이상	(9)	(4)	44.4	(2)	22.2	(3)	33.3	(0)	0.0	(0)	0.0	(9)	100.0
건강상태	매우 건강	(42)	(17)	40.5	(12)	28.6	(10)	23.8	(3)	7.1	(0)	0.0	(42)	100.0
	건강	(116)	(68)	58.6	(32)	27.6	(13)	11.2	(3)	2.6	(0)	0.0	(116)	100.0
	보통	(185)	(130)	70.3	(30)	16.2	(18)	9.7	(5)	2.7	(2)	1.1	(185)	100.0
	건강하지 못함	(360)	(225)	62.5	(93)	25.8	(33)	9.2	(9)	2.5	(0)	0.0	(360)	100.0
	매우 건강하지 못함	(156)	(99)	63.5	(30)	19.2	(20)	12.8	(6)	3.8	(1)	0.6	(156)	100.0
월 평균 가구 소득	50만원 미만	(336)	(232)	69.0	(68)	20.2	(32)	9.5	(4)	1.2	(0)	0.0	(336)	100.0
	50만원~150만원 미만	(290)	(156)	53.8	(79)	27.2	(38)	13.1	(15)	5.2	(2)	0.7	(290)	100.0
	150만원~250만원 미만	(119)	(73)	61.3	(31)	26.1	(11)	9.2	(3)	2.5	(1)	0.8	(119)	100.0
	250만원 이상	(92)	(61)	66.3	(15)	16.3	(13)	14.1	(3)	3.3	(0)	0.0	(92)	100.0
	잘 모른다	(22)	(17)	77.3	(4)	18.2	(0)	0.0	(1)	4.5	(0)	0.0	(22)	100.0

문42. (보기카드 제시) 다음 질문은 현재 어르신께서 얼마나 그렇게 느꼈는지에 관한 것입니다. 각 문항을 주의 깊게 읽고 해당하는 번호에 응답해 주십시오.

<3> (고인)의 죽음을 받아들일 수 없다고 느낀다.

		사례수	전혀 그렇지 않다		드물게 그렇다		가끔 그렇다		종종 그렇다		항상 그렇다		계	
			(n)	%	(n)	%	(n)	%	(n)	%	(n)	%	(n)	%
전체		(859)	(765)	89.1	(65)	7.6	(22)	2.6	(5)	0.6	(2)	0.2	(859)	100.0
성별	남성	(106)	(91)	85.8	(11)	10.4	(3)	2.8	(1)	0.9	(0)	0.0	(106)	100.0
	여성	(753)	(6784)	89.5	(54)	7.2	(19)	2.5	(4)	0.5	(2)	0.3	(753)	100.0
연령	만 65-69세	(126)	(111)	88.1	(9)	7.1	(3)	2.4	(2)	1.6	(1)	0.8	(126)	100.0
	70대	(441)	(379)	85.9	(43)	9.8	(16)	3.6	(3)	0.7	(0)	0.0	(441)	100.0
	80대 이상	(292)	(275)	94.2	(13)	4.5	(3)	1.0	(0)	0.0	(1)	0.3	(292)	100.0
거주지역	농촌지역	(273)	(242)	88.6	(21)	7.7	(8)	2.9	(2)	0.7	(0)	0.0	(273)	100.0
	도시지역	(586)	(523)	89.2	(44)	7.5	(14)	2.4	(3)	0.5	(2)	0.3	(586)	100.0
학력	무학	(344)	(316)	91.9	(20)	5.8	(7)	2.0	(0)	0.0	(1)	0.3	(344)	100.0
	1년~3년	(71)	(63)	88.7	(7)	9.9	(1)	1.4	(0)	0.0	(0)	0.0	(71)	100.0
	4년~6년	(288)	(259)	89.9	(20)	6.9	(7)	2.4	(2)	0.7	(0)	0.0	(200)	100.0
	7년~9년	(91)	(70)	76.9	(13)	14.3	(6)	6.6	(1)	1.1	(1)	1.1	(91)	100.0
	10년~12년	(56)	(49)	87.5	(4)	7.1	(1)	1.8	(2)	3.6	(0)	0.0	(56)	100.0
	13년 이상	(9)	(8)	88.9	(1)	11.1	(0)	0.0	(0)	0.0	(0)	0.0	(9)	100.0
건강상태	매우 건강	(42)	(38)	90.5	(2)	4.8	(2)	4.8	(0)	0.0	(0)	0.0	(42)	100.0
	건강	(116)	(103)	88.8	(12)	10.3	(1)	0.9	(0)	0.0	(0v	0.0	(116)	100.0
	보통	(185)	(167)	9.03	(11)	5.9	(4)	2.2	(1)	0.5	(2)	1.1	(185)	100.0
	건강하지 못함	(360)	(325)	90.3	(24)	6.7	(9)	2.5	(2)	0.6	(0)	0.0	(360)	100.0
	매우 건강하지 못함	(156)	(132)	84.6	(16)	10.3	(6)	3.8	(2)	1.3	(0)	0.0	(156)	100.0
월 평균 가구 소득	50만원 미만	(336)	(301)	89.6	(25)	7.4	(10)	3.0	(0)	0.0	(0)	0.0	(336)	100.0
	50만원~150만원 미만	(290)	(252)	86.9	(24)	8.3	(7)	2.4	(5)	1.7	(2)	0.7	(290)	100.0
	150만원~250만원 미만	(119)	(105)	88.2	(11)	9.2	(3)	2.5	(0)	0.0	(0)	0.0	(119)	100.0
	250만원 이상	(92)	(86)	93.5	(4)	4.3	(2)	2.2	(0)	0.0	(0)	0.0	(92)	100.0
	잘 모른다	(22)	(21)	95.5	(1)	4.5	(0)	0.0	(0)	0.0	(0)	0.0	(22)	100.0

문42. (보기카드 제시) 다음 질문은 현재 어르신께서 얼마나 그렇게 느꼈는지에 관한 것입니다. 각 문항을 주의 깊게 읽고 해당하는 번호에 응답해 주십시오.

<4> (고인)이 몹시 그립다고 느낀다.

		사례수	전혀 그렇지 않다		드물게 그렇다		가끔 그렇다		종종 그렇다		항상 그렇다		계	
			(n)	%	(n)	%	(n)	%	(n)	%	(n)	%	(n)	%
전체		(859)	(461)	53.7	(217)	25.3	(97)	11.3	(60)	7.0	(24)	2.8	(859)	100.0
성별	남성	(106)	(42)	39.6	(39)	36.8	(15)	14.2	(7)	6.6	(3)	2.8	(106)	100.0
	여성	(753)	(419)	55.6	(178)	23.6	(82)	10.9	(53)	7.0	(21)	2.8	(753)	100.0
연령	만 65-69세	(126)	(58)	46.0	(33)	26.2	(12)	9.5	(13)	10.3	(10)	7.9	(126)	100.0
	70대	(441)	(224)	50.8	(121)	27.4	(55)	12.5	(31)	7.0	(10)	2.3	(441)	100.0
	80대 이상	(292)	(179)	61.3	(63)	21.6	(30)	10.3	(16)	5.5	(4	1.4	(292)	100.0
거주지역	농촌지역	(273)	(131)	48.0	(105)	38.5	(23)	8.4	(10)	3.7	(4)	1.5	(273)	100.0
	도시지역	(586)	(330)	56.3	(112)	19.1	(74)	12.6	(50)	8.5	(20)	3.4	(586)	100.0
학력	무학	(344)	(197)	57.3	(91)	26.5	(35)	10.2	(20)	5.8	(1)	0.3	(344)	100.0
	1년~3년	(71)	(36)	50.7	(25)	35.2	(7)	9.9	(2)	2.8	(1)	1.4	(71)	100.0
	4년~6년	(288)	(158)	54.9	(65)	22.5	(32)	11.1	(20)	6.9	(13)	4.5	(288)	100.0
	7년~9년	(91)	(42)	46.2	(17)	18.7	(15)	16.5	(12)	13.2	(5)	5.5	(91)	100.0
	10년~12년	(56)	(25)	44.6	(18)	32.1	(6)	10.7	(6)	10.7	(1)	1.8	(56)	100.0
	13년 이상	(9)	(3)	33.3	(1)	11.1	(2)	22.2	(0)	0.0	(3)	33.3	(9)	100.0
건강상태	매우 건강	(42)	(7)	16.7	(12)	28.6	(6)	14.3	(7)	16.7	(10)	23.8	(42)	100.0
	건강	(116)	(55)	47.4	(35)	30.2	(15)	12.9	(6)	5.2	(5)	4.3	(116)	100.0
	보통	(185)	(116)	62.7	(39)	21.1	(19)	10.3	(9)	4.9	(2)	1.1	(185)	100.0
	건강하지 못함	(360)	(200)	55.6	(96)	26.7	(39)	10.8	(22)	6.7	(3)	0.8	(360)	100.0
	매우 건강하지 못함	(156)	(83)	53.2	(35)	22.4	(18)	11.5	(16)	10.3	(4)	2.6	(156)	100.0
월 평균 가구 소득	50만원 미만	(336)	(176)	52.4	(94)	28.0	(41)	12.2	(24)	7.1	(1)	0.3	(336)	100.0
	50만원~150만원 미만	(290)	(152)	52.4	(77)	26.6	(32)	11.0	(17)	5.9	(12)	4.1	(290)	100.0
	150만원~250만원 미만	(119)	(68)	57.1	(20)	16.8	(14)	11.8	(13)	10.9	(4)	3.4	(119)	100.0
	250만원 이상	(92)	(52)	56.5	(22)	23.9	(6)	6.5	(6)	6.5	(6)	6.5	(92)	100.0
	잘 모른다	(22)	(13)	59.1	(4)	18.2	(4)	18.2	(0)	0.0	(1)	4.5	(22)	100.0

문42. (보기카드 제시) 다음 질문은 현재 어르신께서 얼마나 그렇게 느꼈는지에 관한 것입니다. 각 문항을 주의 깊게 읽고 해당하는 번호에 응답해 주십시오.

<5> (고인)과 관련된 물건이나 장소에 마음이 쓰인다.

		사례수	전혀 그렇지 않다		드물게 그렇다		가끔 그렇다		종종 그렇다		항상 그렇다		계	
			(n)	%	(n)	%	(n)	%	(n)	%	(n)	%	(n)	%
전체		(859)	(619)	72.1	(111)	12.9	(51)	5.9	(49)	5.7	(29)	3.4	(859)	100.0
성별	남성	(106)	(66)	62.3	(18)	17.0	(10)	9.4	(7)	6.6	(5)	4.7	(106)	100.0
	여성	(753)	(553)	73.4	(93)	12.4	(41)	5.4	(42)	5.6	(24)	3.2	(753)	100.0
연령	만 65-69세	(126)	(81)	64.3	(11)	8.7	(12)	9.5	(11)	8.7	(11)	8.7	(126)	100.0
	70대	(441)	(310)	70.3	(68)	15.4	(27)	6.1	(24)	5.4	(12)	2.7	(441)	100.0
	80대 이상	(292)	(228)	78.1	(32)	11.0	(12)	4.1	(14)	4.8	(6)	2.1	(292)	100.0
거주지역	농촌지역	(273)	(224)	82.1	(28)	10.3	(9)	3.3	(9)	3.3	(3)	1.1	(273)	100.0
	도시지역	(586)	(395)	67.4	(83)	14.2	(42)	7.2	(40)	6.8	(26)	4.4	(586)	100.0
학력	무학	(344)	(276)	80.2	(37)	10.8	(13)	3.8	(15)	4.4	(3)	0.9	(344)	100.0
	1년~3년	(71)	(57)	80.3	(9)	12.7	(3)	4.2	(12)	2.8	(0)	0.0	(71)	100.0
	4년~6년	(288)	(194)	67.4	(42)	14.6	(22)	7.6	(15)	5.2	(15)	5.2	(288)	100.0
	7년~9년	(91)	(54)	59.3	(13)	14.3	(8)	8.8	(10)	11.0	(6)	6.6	(91)	100.0
	10년~12년	(56)	(35)	62.5	(8)	14.3	(3)	5.4	(7)	12.5	(3)	5.4	(56)	100.0
	13년 이상	(9)	(3)	33.3	(2)	22.2	(2)	22.2	(0)	0.0	(2)	22.2	(9)	100.0
건강상태	매우 건강	(42)	(15)	35.7	(5)	11.9	(5)	11.9	(7)	16.7	(10)	23.8	(42)	100.0
	건강	(116)	(81)	69.8	(15)	12.9	(7)	6.0	(8)	6.9	(5)	4.3	(116)	100.0
	보통	(185)	(146)	78.9	(20)	10.8	(9)	4.9	(8)	4.3	(2)	1.1	(185)	100.0
	건강하지 못함	(360)	(273)	75.8	(44)	12.2	(21)	5.8	(15)	4.2	(7)	1.9	(360)	100.0
	매우 건강하지 못함	(156)	(104)	66.7	(27)	17.3	(9)	5.8	(11)	7.1	(5)	3.2	(156)	100.0
월 평균 가구 소득	50만원 미만	(336)	(242)	72.0	(54)	16.1	(18)	5.4	(19)	5.7	(3)	0.9	(336)	100.0
	50만원~150만원 미만	(290)	(209)	72.1	(30)	10.3	(26)	9.0	(12)	4.1	(13)	4.5	(290)	100.0
	150만원~250만원 미만	(119)	(83)	69.7	(15)	12.6	(5)	4.2	(10)	8.4	(6)	5.0	(119)	100.0
	250만원 이상	(92)	(68)	73.9	(10)	10.9	(1)	1.1	(6)	6.5	(7)	7.6	(92)	100.0
	잘 모른다	(22)	(17)	77.3	(2)	9.1	(1)	4.5	(2)	9.1	(0)	0.0	(22)	100.0

문42. (보기카드 제시) 다음 질문은 현재 어르신께서 얼마나 그렇게 느꼈는지에 관한 것입니다. 각 문항을 주의 깊게 읽고 해당하는 번호에 응답해 주십시오.

<6> (고인)의 죽음에 대해 화가 나는 것을 참을 수 없다.

		사례수	전혀 그렇지 않다		드물게 그렇다		가끔 그렇다		종종 그렇다		항상 그렇다		계	
			(n)	%	(n)	%	(n)	%	(n)	%	(n)	%	(n)	%
전체		(859)	(787)	91.6	(45)	5.2	(17)	2.0	(8)	0.9	(2)	0.2	(859)	100.0
성별	남성	(106)	(91)	85.8	(8)	7.5	(5)	4.7	(2)	1.9	(0)	0.0	(106)	100.0
	여성	(753)	(696)	92.4	(37)	4.9	(12)	1.6	(6)	0.8	(2)	0.3	(753)	100.0
연령	만 65-69세	(126)	(111)	88.1	(8)	6.3	(4)	3.2	(2)	1.6	(1)	0.8	(126)	100.0
	70대	(441)	(396)	89.8	(30)	6.8	(10)	2.3	(4)	0.9	(1)	0.2	(441)	100.0
	80대 이상	(292)	(280)	95.9	(7)	2.4	(3)	1.0	(2)	0.7	(0)	0.0	(292)	100.0
거주 지역	농촌지역	(273)	(251)	91.9	(15)	5.5	(4)	1.5	(3)	1.1	(0)	0.0	(273)	100.0
	도시지역	(586)	(536)	91.5	(30)	5.1	(13)	2.2	(5)	0.9	(2)	0.3	(586)	100.0
학력	무학	(344)	(325)	94.5	(12)	3.5	(6)	1.7	(1)	0.3	(0)	0.0	(344)	100.0
	1년~3년	(71)	(63)	88.7	(8)	11.3	(0)	0.0	(0)	0.0	(0)	0.0	(71)	100.0
	4년~6년	(288)	(267)	92.7	(12)	4.2	(7)	2.4	(2)	0.7	(0)	0.0	(288)	100.0
	7년~9년	(91)	(75)	82.4	(8)	8.8	(3)	3.3	(4)	4.4	(1)	1.1	(91)	100.0
	10년~12년	(56)	(50)	89.3	(4)	7.1	(1)	1.8	(0)	0.0	(1)	1.8	(56)	100.0
	13년 이상	(9)	(7)	77.8	(1)	11.1	(0)	0.0	(1)	11.1	(0)	0.0	(9)	100.0
건강 상태	매우 건강	(42)	(40)	95.2	(2)	4.8	(0)	0.0	(0)	0.0	(0)	0.0	(42)	100.0
	건강	(116)	(106)	91.4	(5)	4.3	(4)	3.4	(1)	0.9	(0)	0.0	(116)	100.0
	보통	(185)	(174)	94.1	(6)	3.2	(1)	0.5	(2)	1.1	(2)	1.1	(185)	100.0
	건강하지 못함	(360)	(334)	92.8	(20)	5.6	(4)	1.1	(2)	0.6	(0)	0.0	(360)	100.0
	매우 건강하지 못함	(156)	(133)	85.3	(12)	7.7	(8)	5.1	(3)	1.9	(0)	0.0	(156)	100.0
월 평균 가구 소득	50만원 미만	(336)	(306)	91.1	(22)	6.5	(7)	2.1	(1)	0.3	(0)	0.0	(336)	100.0
	50만원~150만원 미만	(290)	(264)	91.0	(17)	5.9	(3)	1.0	(4)	1.4	(2)	0.7	(290)	100.0
	150만원~250만원 미만	(119)	(109)	91.6	(5)	4.2	(4)	3.4	(1)	0.8	(0)	0.0	(119)	100.0
	250만원 이상	(92)	(86)	93.5	(1)	1.1	(3)	3.3	(2)	2.2	(0)	0.0	(92)	100.0
	잘 모른다	(22)	(22)	100.0	(0)	0.0	(0)	0.0	(0)	0.0	(0)	0.0	(22)	100.0

문42. (보기카드 제시) 다음 질문은 현재 어르신께서 얼마나 그렇게 느꼈는지에 관한 것입니다. 각 문항을 주의 깊게 읽고 해당하는 번호에 응답해 주십시오.

<7> (고인)의 죽음을 믿지 못하겠다고 느낀다.

		사례수	전혀 그렇지 않다		드물게 그렇다		가끔 그렇다		종종 그렇다		항상 그렇다		계	
			(n)	%	(n)	%	(n)	%	(n)	%	(n)	%	(n)	%
전체		(859)	(780)	90.8	(54)	6.3	(19)	2.2	(5)	0.6	(1)	0.1	(859)	100.0
성별	남성	(106)	(91)	85.8	(10)	9.4	(4)	3.8	(1)	0.9	(0)	0.0	(106)	100.0
	여성	(753)	(689)	91.5	(44)	5.8	(15)	2.0	(4)	0.5	(1)	0.1	(753)	100.0
연령	만 65-69세	(126)	(112)	88.9	(7)	5.6	(4)	3.2	(2)	1.6	(1)	0.8	(126)	100.0
	70대	(441)	(392)	88.9	(39)	8.8	(9)	2.0	(1)	0.2	(0)	0.0	(441)	100.0
	80대 이상	(292)	(276)	94.5	(8)	2.7	(6)	2.1	(2)	0.7	(0)	0.0	(292)	100.0
거주지역	농촌지역	(273)	(247)	90.5	(23)	8.4	(2)	0.7	(1)	0.4	(0)	0.0	(273)	100.0
	도시지역	(586)	(533)	91.0	(31)	5.3	(17)	2.9	(4)	0.7	(1)	0.2	(586)	100.0
학력	무학	(344)	(315)	91.6	(21)	6.1	(6)	1.7	(2)	0.6	(0)	0.0	(344)	100.0
	1년~3년	(71)	(66)	93.0	(4)	5.6	(1)	1.4	(0)	0.0	(0)	0.0	(71)	100.0
	4년~6년	(288)	(262)	91.3	(19)	6.6	(6)	2.1	(1)	0.3	(0)	0.0	(288)	100.0
	7년~9년	(91)	(80)	87.9	(6)	6.6	(4)	4.4	(0)	0.0	(1)	1.1	(91)	100.0
	10년~12년	(56)	(50)	89.3	(3)	5.4	(1)	1.8	(2)	3.6	(0)	0.0	(56)	100.0
	13년 이상	(9)	(7)	77.8	(1)	11.1	(1)	11.1	(0)	0.0	(0)	0.0	(9)	100.0
건강상태	매우 건강	(42)	(40)	95.2	(1)	2.4	(1)	2.4	(0)	0.0	(0)	0.0	(42)	100.0
	건강	(116)	(101)	87.1	(14)	12.1	(1)	0.9	(0)	0.0	(0)	0.0	(116)	100.0
	보통	(185)	(170)	91.9	(10)	5.4	(2)	1.1	(2)	1.1	(1)	0.5	(185)	100.0
	건강하지 못함	(360)	(331)	91.9	(19)	5.3	(8)	2.2	(2)	0.6	(0)	0.0	(360)	100.0
	매우 건강하지 못함	(156)	(138)	88.5	(10)	6.4	(7)	4.5	(1)	0.6	(0)	0.0	(156)	100.0
월 평균 가구 소득	50만원 미만	(336)	(301)	89.6	(23)	6.8	(12)	3.6	(0)	0.0	(0)	0.0	(336)	100.0
	50만원~150만원 미만	(290)	(262)	90.3	(21)	7.2	(2)	0.7	(4)	1.4	(1)	0.3	(290)	100.0
	150만원~250만원 미만	(119)	(112)	94.1	(3)	2.5	(3)	2.5	(1)	0.8	(0)	0.0	(119)	100.0
	250만원 이상	(92)	(84)	91.3	(6)	6.5	(2)	2.2	(0)	0.0	(0)	0.0	(92)	100.0
	잘 모른다	(22)	(21)	95.5	(1)	4.5	(0)	0.0	(0)	0.0	(0)	0.0	(22)	100.0

문42. (보기카드 제시) 다음 질문은 현재 어르신께서 얼마나 그렇게 느꼈는지에 관한 것입니다. 각 문항을 주의 깊게 읽고 해당하는 번호에 응답해 주십시오.

<8> (고인)의 죽음 때문에 멍하고 망연자실한 느낌이 든다.

		사례수	전혀 그렇지 않다		드물게 그렇다		가끔 그렇다		종종 그렇다		항상 그렇다		계	
			(n)	%	(n)	%	(n)	%	(n)	%	(n)	%	(n)	%
전체		(859)	(738)	85.9	(90)	10.5	(25)	2.9	(5)	0.6	(1)	0.1	(859)	100.0
성별	남성	(106)	(81)	76.4	(19)	17.9	(5)	4.7	(1)	0.9	(0)	0.0	(106)	100.0
	여성	(753)	(657)	87.3	(71)	9.4	(20)	2.7	(4)	0.5	(1)	0.1	(753)	100.0
연령	만 65-69세	(126)	(108)	85.7	(9)	7.1	(5)	4.0	(3)	2.4	(1)	0.8	(126)	100.0
	70대	(441)	(370)	83.9	(54)	12.2	(16)	3.6	(1)	0.2	(0)	0.0	(441)	100.0
	80대 이상	(292)	(260)	89.0	(27)	9.2	(4)	1.4	(1)	0.3	(0)	0.0	(292)	100.0
거주 지역	농촌지역	(273)	(213)	78.0	(49)	17.9	(8)	2.9	(3)	1.1	(0)	0.0	(273)	100.0
	도시지역	(586)	(525)	89.6	(41)	7.0	(17)	2.9	(2)	0.3	(1)	0.2	(586)	100.0
학력	무학	(344)	(296)	86.0	(38)	11.0	(9)	2.6	(1)	0.3	(0)	0.0	(344)	100.0
	1년~3년	(71)	(59)	83.1	(10)	14.1	(2)	2.8	(0)	0.0	(0)	0.0	(71)	100.0
	4년~6년	(288)	(252)	87.5	(26)	9.0	(8)	2.8	(2)	0.8	(0)	0.0	(288)	100.0
	7년~9년	(91)	(75)	82.4	(11)	12.1	(3)	3.3	(1)	1.1	(1)	1.1	(91)	100.0
	10년~12년	(56)	(49)	87.5	(4)	7.1	(2)	3.6	(1)	1.8	(0)	0.0	(56)	100.0
	13년 이상	(9)	(7)	77.8	(1)	11.1	(1)	11.1	(0)	0.0	(0)	0.0	(9)	100.0
건강 상태	매우 건강	(42)	(38)	90.5	(2)	4.8	(2)	4.8	(0)	0.0	(0)	0.0	(42)	100.0
	건강	(116)	(96)	82.8	(15)	12.9	(5)	4.3	(0)	0.0	(0)	0.0	(116)	100.0
	보통	(185)	(166)	89.7	(11)	5.9	(5)	2.7	(2)	1.1	(1)	0.5	(185)	100.0
	건강하지 못함	(360)	(306)	85.0	(44)	12.2	(10)	2.8	(0)	0.0	(0)	0.0	(360)	100.0
	매우 건강하지 못함	(156)	(132)	84.6	(18)	11.5	(3)	1.9	(3)	1.9	(0)	0.0	(156)	100.0
월 평균 가구 소득	50만원 미만	(336)	(285)	84.8	(38)	11.3	(12)	3.6	(1)	0.3	(0)	0.0	(336)	100.0
	50만원~150만원 미만	(290)	(248)	85.5	(32)	11.0	(7)	2.4	(2)	0.7	(1)	0.3	(290)	100.0
	150만원~250만원 미만	(119)	(104)	87.4	(11)	9.2	(4)	3.4	(0)	0.0	(0)	0.0	(119)	100.0
	250만원 이상	(92)	(80)	87.0	(8)	8.7	(2)	2.2	(2)	2.2	(0)	0.0	(92)	100.0
	잘 모른다	(22)	(21)	95.5	(1)	4.5	(0)	0.0	(0)	0.0	(0_	0.0	(22)	100.0

문42. (보기카드 제시) 다음 질문은 현재 어르신께서 얼마나 그렇게 느꼈는지에 관한 것입니다. 각 문항을 주의 깊게 읽고 해당하는 번호에 응답해 주십시오.

<9> (고인)의 죽음 이후에 사람들을 믿기 힘들다.

		사례수	전혀 그렇지 않다		드물게 그렇다		가끔 그렇다		종종 그렇다		계		계	
			(n)	%	(n)	%	(n)	%	(n)	%	(n)	%	(n)	%
전체		(859)	(800)	93.1	(38)	4.4	(18)	2.1	(3)	0.3	(859)	100.0	(859)	100.0
성별	남성	(106)	(98)	92.5	(3)	2.8	(4)	3.8	(1)	0.9	(106)	100.0	(106)	100.0
	여성	(753)	(702)	93.2	(35)	4.6	(14)	1.9	(2)	0.3	(753)	100.0	(753)	100.0
연령	만 65-69세	(126)	(116)	92.1	(6)	4.8	(3)	2.4	(1)	0.8	(126)	100.0	(126)	100.0
	70대	(441)	(406)	92.1	(22)	5.0	(12)	2.7	(1)	0.2	(441)	100.0	(441)	100.0
	80대 이상	(292)	(278)	95.2	(10)	3.4	(3)	1.0	(1)	0.3	(292)	100.0	(292)	100.0
거주지역	농촌지역	(273)	(253)	92.7	(13)	4.8	(6)	2.2	(1)	0.4	(273)	100.0	(273)	100.0
	도시지역	(586)	(547)	93.3	(25)	4.3	(12)	2.0	(2)	0.3	(586)	100.0	(586)	100.0
학력	무학	(344)	(328)	95.3	(11)	3.2	(5)	1.5	(0)	0.0	(344)	100.0	(344)	100.0
	1년~3년	(71)	(63)	88.7	(8)	11.3	(0)	0.0	(0)	0.0	(71)	100.0	(71)	100.0
	4년~6년	(288)	(268)	93.1	(14)	4.9	(5)	1.7	(1)	0.3	(288)	100.0	(288)	100.0
	7년~9년	(91)	(82)	90.1	(4)	4.4	(4)	4.4	(1)	1.1	(91)	100.0	(91)	100.0
	10년~12년	(56)	(52)	92.9	(1)	1.8	(3)	5.4	(0)	0.0	(56)	100.0	(56)	100.0
	13년 이상	(9)	(7)	77.8	(0)	0.0	(1)	11.1	(1)	11.1	(9)	100.0	(9)	100.0
건강상태	매우 건강	(42)	(42)	100.0	(0)	0.0	(0)	0.0	(0)	0.0	(42)	100.0	(42)	100.0
	건강	(116)	(109)	94.0	(6)	5.2	(1)	0.9	(0)	0.0	(116)	100.0	(116)	100.0
	보통	(185)	(176)	95.1	(5)	2.7	(3)	1.6	(1)	0.5	(185)	100.0	(185)	100.0
	건강하지 못함	(360)	(335)	93.1	(19)	5.3	(5)	1.4	(1)	0.3	(360)	100.0	(360)	100.0
	매우 건강하지 못함	(156)	(138)	88.5	(8)	2.1	(9)	5.8	(1)	0.6	(156)	100.0	(156)	100.0
월 평균 가구 소득	50만원 미만	(336)	(311)	92.6	(17)	2.1	(8)	2.4	(0)	0.0	(336)	100.0	(336)	100.0
	50만원~150만원 미만	(290)	(269)	92.8	(13)	4.5	(7)	2.4	(1)	0.3	(290)	100.0	(290)	100.0
	150만원~250만원 미만	(119)	(113)	95.0	(5)	4.2	(0)	0.0	(1)	0.8	(119)	100.0	(119)	100.0
	250만원 이상	(92)	(85)	92.4	(3)	3.3	(3)	3.3	(1)	1.1	(92)	100.0	(92)	100.0
	잘 모른다	(22)	(22)	100	(0)	0.0	(0)	0.0	(0)	0.0	(22)	100.0	(22)	100.0

문42. (보기카드 제시) 다음 질문은 현재 어르신께서 얼마나 그렇게 느꼈는지에 관한 것입니다. 각 문항을 주의 깊게 읽고 해당하는 번호에 응답해 주십시오.

<10> (고인)의 죽음 이후에 나는 다른 사람들을 신경 쓸 수가 없거나, 내가 신경쓰는 사람들에 대해 거리감을 느낀다.

		시례수	전혀 그렇지 않다		드물게 그렇다		가끔 그렇다		종종 그렇다		계		계	
			(n)	%	(n)	%	(n)	%	(n)	%	(n)	%	(n)	%
전체		(859)	(774)	90.1	(65)	7.6	(16)	1.9	(4)	0.5	(859)	100.0	(859)	100.0
성별	남성	(106)	(93)	87.7	(8)	7.5	(5)	4.7	(0)	0.0	(106)	100.0	(106)	100.0
	여성	(753)	(681)	90.4	(57)	7.6	(11)	1.5	(4)	0.5	(753)	100.0	(753)	100.0
연령	만 65-69세	(126)	(114)	90.5	(5)	4.0	(7)	5.6	(0)	0.0	(126)	100.0	(126)	100.0
	70대	(441)	(393)	89.1	(37)	8.4	(7)	1.6	(4)	0.9	(441)	100.0	(441)	100.0
	80대 이상	(292)	(267)	91.4	(23)	7.8	(2)	0.7	(0)	0.0	(292)	100.0	(292)	100.0
거주지역	농촌지역	(273)	(242)	88.6	(25)	9.2	(5)	1.8	(1)	0.4	(273)	100.0	(273)	100.0
	도시지역	(586)	(532)	90.8	(40)	6.8	(11)	1.9	(3)	0.5	(586)	100.0	(586)	100.0
학력	무학	(344)	(315)	91.6	(26)	7.6	(2)	0.6	(1)	0.3	(344)	100.0	(344)	100.0
	1년~3년	(71)	(63)	88.7	(7)	9.9	(1)	1.4	(0)	0.0	(71)	100.0	(71)	100.0
	4년~6년	(288)	(259)	89.9	(21)	7.3	(6)	2.1	(2)	0.7	(288)	100.0	(288)	100.0
	7년~9년	(91)	(79)	86.8	(7)	7.7	(4)	4.4	(1)	1.1	(91)	100.0	(91)	100.0
	10년~12년	(56)	(51)	91.1	(3)	5.4	(2)	3.6	(0)	0.0	(56)	100.0	(56)	100.0
	13년 이상	(9)	(7)	77.8	(1)	11.1	(1)	11.1	(0)	0.0	(9)	100.0	(9)	100.0
건강상태	매우 건강	(42)	(41)	97.6	(1)	2.4	(0)	0.0	(0)	0.0	(42)	100.0	(42)	100.0
	건강	(116)	(106)	91.4	(9)	7.8	(1)	0.9	(0)	0.0	(116)	100.0	(116)	100.0
	보통	(185)	(175)	94.6	(6)	3.2	(3)	1.6	(1)	0.5	(185)	100.0	(185)	100.0
	건강하지 못함	(360)	(320)	88.9	(31)	8.6	(8)	2.2	(1)	0.3	(360)	100.0	(360)	100.0
	매우 건강하지 못함	(156)	(132)	84.6	(18)	11.5	(4)	2.6	(2)	1.3	(156)	100.0	(156)	100.0
월 평균 가구 소득	50만원 미만	(336)	(296)	88.1	(30)	8.9	(8)	2.4	(2)	0.6	(336)	100.0	(336)	100.0
	50만원~150만원 미만	(290)	(259)	89.3	(26)	9.0	(5)	1.7	(0)	0.0	(290)	100.0	(290)	100.0
	150만원~250만원 미만	(119)	(113)	95.0	(5)	4.2	(1)	0.8	(0)	0.0	(119)	100.0	(119)	100.0
	250만원 이상	(92)	(85)	92.4	(3)	3.3	(2)	2.2	(2)	2.2	(92)	100.0	(92)	100.0
	잘 모른다	(22)	(21)	95.5	(1)	4.5	(0)	0.0	(0)	0.0	(22)	100.0	(22)	100.0

문42. (보기카드 제시) 다음 질문은 현재 어르신께서 얼마나 그렇게 느꼈는지에 관한 것입니다. 각 문항을 주의 깊게 읽고 해당하는 번호에 응답해 주십시오.

<11> (고인)께서 아프셨던 부위에 가지고 계셨던 통증을 나도 가지고 있다.

		사례수	전혀 그렇지 않다		드물게 그렇다		가끔 그렇다		종종 그렇다		항상 그렇다		계	
			(n)	%	(n)	%	(n)	%	(n)	%	(n)	%	(n)	%
전체		(859)	(716)	83.4	(95)	11.1	(39)	4.5	(8)	0.1	(1)	0.1	(859)	100.0
성별	남성	(106)	(93)	87.7	(9)	8.5	(3)	2.8	(0)	0.9	(1)	0.9	(106)	100.0
	여성	(753)	(623)	82.7	(86)	11.4	(36)	4.8	(8)	0.0	(0)	0.0	(753)	100.0
연령	만 65-69세	(126)	(109)	86.5	(9)	7.1	(6)	4.8	(2)	0.0	(0)	0.0	(126)	100.0
	70대	(441)	(369)	83.7	(53)	12.0	(16)	3.6	(3)	0.0	(0)	0.0	(441)	100.0
	80대 이상	(292)	(238)	81.5	(33)	11.3	(17)	5.8	(3)	0.3	(1)	0.3	(292)	100.0
거주지역	농촌지역	(273)	(238)	87.2	(23)	8.4	(10)	3.7	(2)	0.0	(0)	0.0	(273)	100.0
	도시지역	(586)	(478)	81.6	(72)	12.3	(29)	4.9	(6)	0.2	(1)	0.2	(586)	100.0
학력	무학	(344)	(286)	83.1	(36)	10.5	(19)	5.5	(3)	0.0	(0)	0.0	(344)	100.0
	1년~3년	(71)	(58)	81.7	(8)	11.3	(5)	7.0	(0)	0.0	(0)	0.0	(71)	100.0
	4년~6년	(288)	(242)	84.0	(33)	11.5	(11)	3.8	(2)	0.0	(0)	0.0	(288)	100.0
	7년~9년	(91)	(74)	81.3	(13)	14.3	(1)	1.1	(3)	0.0	(0)	0.0	(91)	100.0
	10년~12년	(56)	(48)	85.7	(5)	8.9	(3)	5.4	(0)	0.0	(0)	0.0	(56)	100.0
	13년 이상	(9)	(8)	88.9	(0)	0.0	(0)	0.0	(0)	11.1	(1)	11.1	(9)	100.0
건강상태	매우 건강	(42)	(37)	88.1	(3)	7.1	(2)	4.8	(0)	0.0	(0)	0.0	(42)	100.0
	건강	(116)	(94)	81.0	(16)	13.8	(5)	4.3	(1)	0.0	(0)	0.0	(116)	100.0
	보통	(185)	(160)	86.5	(18)	9.7	(6)	3.2	(1)	0.0	(0)	0.0	(185)	100.0
	건강하지 못함	(360)	(302)	83.9	(38)	10.6	(17	4.7	(2)	0.3	(1)	0.3	(360)	100.0
	매우 건강하지 못함	(156)	(123)	78.8	(20)	12.8	(9)	5.8	(4)	0.0	(0)	0.0	(156)	100.0
월 평균 가구 소득	50만원 미만	(336)	(263)	78.3	(48)	14.3	(22)	6.5	(3)	0.0	(0)	0.0	(336)	100.0
	50만원~150만원 미만	(290)	(247)	85.2	(28)	9.7	(14)	4.8	(1)	0.0	(0)	0.0	(290)	100.0
	150만원~250만원 미만	(119)	(102)	85.7	(12)	10.1	(3)	2.5	(1)	0.8	(1)	0.8	(119)	100.0
	250만원 이상	(92)	(86)	93.5	(4)	4.3	(0)	0.0	(2)	0.0	(0)	0.0	(92)	100.0
	잘 모른다	(22)	(18)	81.8	(3)	13.6	(0)	0.0	(1)	0.0	(0)	0.0	(22)	100.0

문42. (보기카드 제시) 다음 질문은 현재 어르신께서 얼마나 그렇게 느꼈는지에 관한 것입니다. 각 문항을 주의 깊게 읽고 해당하는 번호에 응답해 주십시오.

<12> (고인)이 생각나는 것을 피하기 위해 노력한다.

		사례수	전혀 그렇지 않다		드물게 그렇다		가끔 그렇다		종종 그렇다		항상 그렇다		계	
			(n)	%	(n)	%	(n)	%	(n)	%	(n)	%	(n)	%
전체		(859)	(687)	80.0	(106)	12.3	(52)	6.1	(13)	1.5	(1)	0.1	(859)	100.0
성별	남성	(106)	(75)	70.8	(24)	22.6	(4)	3.8	(3)	2.8	(0)	0.0	(106)	100.0
	여성	(753)	(612)	81.3	(82)	10.9	(48)	6.4	(10)	1.3	(1)	0.1	(753)	100.0
연령	만 65-69세	(126)	(97)	77.0	(14)	11.1	(12)	9.5	(2)	1.6	(1)	0.8	(126)	100.0
	70대	(441)	(339)	76.9	(63)	14.3	(30)	6.8	(9)	2.0	(0)	0.0	(441)	100.0
	80대 이상	(292)	(251)	86.0	(29)	9.9	(10)	3.4	(2)	0.7	(0)	0.0	(292)	100.0
거주지역	농촌지역	(273)	(218)	79.9	(40)	14.7	(12)	4.4	(3)	1.1	(0)	0.0	(273)	100.0
	도시지역	(586)	(469)	80.0	(66)	11.3	(40)	6.8	(10)	1.7	(1)	0.2	(586)	100.0
학력	무학	(344)	(300)	87.2	(29)	8.1	(13)	3.8	(3)	0.9	(0)	0.0	(344)	100.0
	1년~3년	(71)	(52)	73.2	(14)	19.7	(5)	7.0	(0)	0.0	(0)	0.0	(71)	100.0
	4년~6년	(288)	(225)	78.1	(35)	12.2	(21)	7.3	(7)	2.4	(0)	0.0	(288)	100.0
	7년~9년	(91)	(65)	71.1	(15)	16.5	(7)	7.7	(3)	3.3	(1	1.1	(91)	100.0
	10년~12년	(56)	(38)	71.4	(13)	23.2	(5)	8.9	(0)	0.0	(0)	0.0	(56)	100.0
	13년 이상	(9)	(7)	67.9	(1)	11.1	(1)	11.1	(0)	0.0	(0)	0.0	(9)	100.0
건강상태	매우 건강	(42)	(32)	77.8	(7)	16.7	(1)	2.4	(2)	4.8	(0)	0.0	(42)	100.0
	건강	(116)	(93)	76.2	(17)	14.7	(6)	5.2	(0)	0.0	(0)	0.0	(116)	100.0
	보통	(185)	(145)	80.2	(26)	14.1	(11)	5.9	(2)	1.1	(1)	0.5	(185)	100.0
	건강하지 못함	(360)	(293)	78.4	(41)	11.4	(21)	5.8	(5)	1.4	(0)	0.0	(360)	100.0
	매우 건강하지 못함	(156)	(124)	81.4	(15)	9.6	(13)	8.3	(4)	2.6	(0)	0.0	(156)	100.0
월 평균 가구 소득	50만원 미만	(336)	(267)	79.5	(44)	13.1	(22)	6.5	(3)	0.9	(0)	0.0	(336)	100.0
	50만원~150만원 미만	(290)	(232)	80.0	(30)	10.3	(21)	7.2	(6)	2.1	(1)	0.3	(290)	100.0
	150만원~250만원 미만	(119)	(97)	81.5	(17)	14.3	(5)	4.2	(0)	0.0	(0)	0.0	(119)	100.0
	250만원 이상	(92)	(75)	81.5	(12)	13.0	(2)	2.2	(3)	3.3	(0)	0.0	(92)	100.0
	잘 모른다	(22)	(16)	72.7	(3)	13.6	(2)	9.1	(1)	4.5	(0)	0.0	(22)	100.0

문42. (보기카드 제시) 다음 질문은 현재 어르신께서 얼마나 그렇게 느꼈는지에 관한 것입니다. 각 문항을 주의 깊게 읽고 해당하는 번호에 응답해 주십시오.

<13> (고인)이 없는 내 삶이 공허하게 느껴진다.

		사례수	전혀 그렇지 않다		드물게 그렇다		가끔 그렇다		종종 그렇다		항상 그렇다		계	
			(n)	%	(n)	%	(n)	%	(n)	%	(n)	%	(n)	%
전체		(859)	(614)	71.5	(163)	19.0	(62)	7.2	(17)	2.0	(3)	0.3	(859)	100.0
성별	남성	(106)	(64)	60.4	(23)	21.7	(15)	14.2	(4)	3.8	(0)	0.0	(106)	100.0
	여성	(753)	(550)	73.0	(140)	18.6	(47)	6.2	(13)	1.7	(3)	0.4	(753)	100.0
연령	만 65-69세	(126)	(89)	70.0	(20)	15.9	(13)	10.3	(3)	2.4	(1)	0.8	(126)	100.0
	70대	(441)	(301)	68.3	(86)	19.5	(42)	9.5	(11)	2.5	(1)	0.2	(441)	100.0
	80대 이상	(292)	(224)	76.7	(57)	19.5	(7)	2.4	(3)	1.0	(1)	0.3	(292)	100.0
거주지역	농촌지역	(273)	(139)	49.8	(95)	34.8	(37)	13.6	(5)	1.8	(0)	0.	(273)	100.0
	도시지역	(586)	(478)	81.6	(68)	11.6	(25)	4.3	(12)	2.0	(3)	0.5	(586)	100.0
학력	무학	(344)	(239)	69.5	(83)	24.1	(18)	5.2	(4)	1.2	(0)	0.0	(344)	100.0
	1년~3년	(71)	(50)	70.4	(14)	19.7	(6)	8.5	(1)	1.4	(0)	0.0	(71)	100.0
	4년~6년	(288)	(217)	75.3	(42)	14.6	(21)	7.3	(6)	2.1	(2)	0.7	(288)	100.0
	7년~9년	(91)	(65)	71.4	(10)	11.0	(10)	11.0	(5)	5.5	(1)	1.1	(91)	100.0
	10년~12년	(56)	(36)	64.3	(14)	25.0	(6)	10.7	(0)	0.0	(0)	0.0	(56)	100.0
	13년 이상	(9)	(7)	77.8	(0)	0.0	(1)	11.1	(1)	11.1	(0)	0.0	(9)	100.0
건강상태	매우 건강	(42)	(28)	66.7	(8)	19.0	(6)	14.3	(0)	0.0	(0)	0.0	(42)	100.0
	건강	(116)	(79)	68.1	(26)	22.4	(10)	8.6	(1)	0.9	(0)	0.0	(116)	100.0
	보통	(185)	(142)	76.8	(31)	16.8	(8)	4.3	(3)	1.6	(1)	0.5	(185)	100.0
	건강하지 못함	(360)	(249)	69.2	(75)	20.8	(29)	8.1	(6)	1.7	(1)	0.3	(360)	100.0
	매우 건강하지 못함	(156)	(116)	74.4	(23)	14.7	(9)	5.8	(7)	4.5	(1)	0.6	(156)	100.0
월 평균 가구 소득	50만원 미만	(336)	(232)	69.0	(75)	22.3	(23)	6.8	(6)	1.8	(0)	0.0	(336)	100.0
	50만원~150만원 미만	(290)	(209)	72.1	(51)	17.6	(22)	7.6	(6)	2.1	(2)	0.7	(290)	100.0
	150만원~250만원 미만	(119)	(86)	72.3	(18)	15.1	(13)	10.9	(1)	0.8	(1)	0.8	(119)	100.0
	250만원 이상	(92)	(70)	76.1	(16)	17.4	(2)	2.2	(4)	4.3	(0)	0.0	(92)	100.0
	잘 모른다	(22)	(17)	77.3	(3)	13.6	(2)	9.1	(0)	0.0	(0)	0.0	(22)	100.0

문42. (보기카드 제시) 다음 질문은 현재 어르신께서 얼마나 그렇게 느꼈는지에 관한 것입니다. 각 문항을 주의 깊게 읽고 해당하는 번호에 응답해 주십시오.

<14> (고인)의 목소리가 들린다.

		사례수	전혀 그렇지 않다		드물게 그렇다		가끔 그렇다		종종 그렇다		계		계	
			(n)	%	(n)	%	(n)	%	(n)	%	(n)	%	(n)	%
전체		(859)	(814)	94.8	(33)	3.8	(10)	1.2	(2)	0.2	(859)	100.0	(859)	100.0
성별	남성	(106)	(96)	90.6	(6)	5.7	(6)	3.8	(0)	0.0	(106)	100.0	(106)	100.0
	여성	(753)	(718)	95.4	(27)	3.6	(4)	0.8	(2)	0.3	(753)	100.0	(753)	100.0
연령	만 65-69세	(126)	(115)	91.3	(7)	5.6	(4)	3.2	(0)	0.0	(126)	100.0	(126)	100.0
	70대	(441)	(415)	94.1	(19)	4.3	(5)	1.1	(2)	0.5	(441)	100.0	(441)	100.0
	80대 이상	(292)	(284)	97.3	(7)	2.4	(1)	0.3	(0)	0.0	(292)	100.0	(292)	100.0
거주 지역	농촌지역	(273)	(264)	96.7	(6)	2.2	(2)	0.7	(1)	0.4	(273)	100.0	(273)	100.0
	도시지역	(586)	(550)	93.9	(27)	4.6	(8)	1.4	(1)	0.2	(586)	100.0	(586)	100.0
학력	무학	(344)	(336)	97.7	(6)	1.7	(2)	0.6	(0)	0.0	(344)	100.0	(344)	100.0
	1년~3년	(71)	(69)	97.2	(1)	1.4	(0)	0.0	(1)	1.4	(71)	100.0	(71)	100.0
	4년~6년	(288)	(272)	94.4	(13)	4.5	(3)	1.0	(0)	0.0	(288)	100.0	(288)	100.0
	7년~9년	(91)	(79)	86.8	(8)	8.8	(3)	3.3	(1)	1.1	(91)	100.0	(91)	100.0
	10년~12년	(56)	(50)	89.3	(4)	7.1	(2)	3.6	(0)	0.0	(56)	100.0	(56)	100.0
	13년 이상	(9)	(8)	88.9	(1)	11.1	(0)	0.0	(0)	0.0	(9)	100.0	(9)	100.0
건강 상태	매우 건강	(42)	(38)	90.5	(2)	4.8	(1)	2.4	(1)	2.4	(42)	100.0	(42)	100.0
	건강	(116)	(109)	94.0	(6)	5.2	(1)	0.9	(0)	0.0	(116)	100.0	(116)	100.0
	보통	(185)	(175)	94.6	(6)	3.2	(3)	1.6	(1)	0.5	(185)	100.0	(185)	100.0
	건강하지 못함	(360)	(346)	96.1	(10)	2.8	(4)	1.1	(0)	0.0	(360)	100.0	(360)	100.0
	매우 건강하지 못함	(156)	(146)	93.6	(9)	5.8	(1)	0.6	(0)	0.0	(156)	100.0	(156)	100.0
월 평균 가구 소득	50만원 미만	(336)	(319)	94.9	(13)	3.9	(4)	1.2	(0)	0.0	(336)	100.0	(336)	100.0
	50만원~150만원 미만	(290)	(271)	93.4	(13)	4.5	(6)	2.1	(0)	0.0	(290)	100.0	(290)	100.0
	150만원~250만원 미만	(119)	(116)	97.5	(2)	1.7	(0)	0.0	(1)	0.8	(119)	100.0	(119)	100.0
	250만원 이상	(92)	(87)	94.6	(4)	4.3	(0)	0.0	(1)	1.1	(92)	100.0	(92)	100.0
	잘 모른다	(22)	(21)	95.5	(1)	4.5	(0)	0.0	(0)	0.0	(22)	100.0	(22)	100.0

문42. (보기카드 제시) 다음 질문은 현재 어르신께서 얼마나 그렇게 느꼈는지에 관한 것입니다. 각 문항을 주의 깊게 읽고 해당하는 번호에 응답해 주십시오.

<15> (고인)이 내 앞에 서있는 것을 본다.

		사례수	전혀 그렇지 않다		드물게 그렇다		가끔 그렇다		종종 그렇다		항상 그렇다		계	
			(n)	%	(n)	%	(n)	%	(n)	%	(n)	%	(n)	%
전체		(859)	(810)	94.3	(31)	3.6	(11)	1.3	(6)	0.7	(1)	0.1	(859)	100.0
성별	남성	(106)	(98)	92.5	(6)	5.7	(2)	1.9	(0)	0.0	(0)	0.0	(106)	100.0
	여성	(753)	(712)	94.6	(25)	3.3	(9)	1.2	(6)	0.8	(1)	0.1	(753)	100.0
연령	만 65-69세	(126)	(119)	94.4	(4)	3.2	(2)	1.6	(1)	0.8	(0)	0.0	(126)	100.0
	70대	(441)	(411)	93.2	(19)	4.3	(6)	1.4	(4)	0.9	(1)	0.2	(441)	100.0
	80대 이상	(292)	(280)	95.9	(8)	2.7	(3)	1.0	(1)	0.3	(0)	0.0	(292)	100.0
거주지역	농촌지역	(273)	(260)	95.2	(9)	3.3	(1)	0.4	(2)	0.7	(1)	0.4	(273)	100.0
	도시지역	(586)	(550)	93.9	(22)	3.8	(10)	1.7	(4)	0.7	(0)	0.0	(586)	100.0
학력	무학	(344)	(333)	96.8	(8)	2.3	(2)	0.6	(1)	0.3	(0)	0.0	(344)	100.0
	1년~3년	(71)	(66)	93.0	(3)	4.2	(1)	1.4	(1)	1.4	(0)	0.0	(71)	100.0
	4년~6년	(288)	(269)	93.4	(11)	3.8	(5)	1.7	(2)	0.7	(1)	0.3	(288)	100.0
	7년~9년	(91)	(84)	92.3	(6)	6.6	(0)	0.0	(1)	1.1	(0)	0.0	(91)	100.0
	10년~12년	(56)	(51)	91.1	(1)	1.8	(3)	5.4	(1)	1.8	(0)	0.0	(56)	100.0
	13년 이상	(9)	(7)	77.8	(2)	22.2	(0)	0.0	(0)	0.0	(0)	0.0	(9)	100.0
건강상태	매우 건강	(42)	(39)	92.9	(2)	4.8	(0)	0.0	(1)	2.4	(0)	0.0	(42)	100.0
	건강	(116)	(112)	96.6	(3)	2.6	(1)	0.9	(0)	0.0	(0)	0.0	(116)	100.0
	보통	(185)	(177)	95.7	(4)	2.2	(1)	0.5	(2)	1.1	(1)	0.5	(185)	100.0
	건강하지 못함	(360)	(338)	93.9	(16)	4.4	(5)	1.4	(1)	0.3	(0)	0.0	(360)	100.0
	매우 건강하지 못함	(156)	(144)	92.3	(6)	3.8	(4)	2.6	(2)	1.3	(0)	0.0	(156)	100.0
월 평균 가구 소득	50만원 미만	(336)	(315)	93.8	(12)	3.6	(7)	2.1	(2)	0.6	(0)	0.0	(336)	100.0
	50만원~150만원 미만	(290)	(275)	94.8	(9)	3.1	(4)	1.4	(1)	0.3	(1)	0.3	(290)	100.0
	150만원~250만원 미만	(119)	(115)	96.6	(3)	2.5	(0)	0.0	(1)	0.8	(0)	0.0	(119)	100.0
	250만원 이상	(92)	(85)	92.4	(5)	5.4	(0)	0.0	(2)	2.2	(0)	0.0	(92)	100.0
	잘 모른다	(22)	(20)	90.9	(2)	9.1	(0)	0.0	(0)	0.0	(0)	0.0	(22)	100.0

문42. (보기카드 제시) 다음 질문은 현재 어르신께서 얼마나 그렇게 느꼈는지에 관한 것입니다. 각 문항을 주의 깊게 읽고 해당하는 번호에 응답해 주십시오.

<16> (고인)께서 돌아가셨는데 내가 살아있다는 사실이 불공평하다고 느낀다.

		사례수	전혀 그렇지 않다		드물게 그렇다		가끔 그렇다		종종 그렇다		항상 그렇다		계	
			(n)	%	(n)	%	(n)	%	(n)	%	(n)	%	(n)	%
전체		(859)	(774)	90.1	(64)	7.5	(14)	1.6	(6)	0.7	(1)	0.1	(859)	100.0
성별	남성	(106)	(84)	79.2	(18)	17.0	(2)	1.9	(2)	1.9	(0)	0.0	(106)	100.0
	여성	(753)	(690)	91.6	(46)	6.1	(12)	1.6	(4)	0.5	(1)	0.1	(753)	100.0
연령	만 65-69세	(126)	(107)	84.9	(12)	9.5	(4)	3.2	(3)	2.4	(0)	0.0	(126)	100.0
	70대	(441)	(391)	88.7	(40)	9.1	(7)	1.6	(2)	0.5	(1)	0.2	(441)	100.0
	80대 이상	(292)	(276)	94.5	(12)	4.1	(3)	1.0	(1)	0.3	(0)	0.0	(292)	100.0
거주지역	농촌지역	(273)	(239)	87.5	(28)	10.3	(5)	1.8	(1)	0.4	(0	0.0	(273)	100.0
	도시지역	(586)	(535)	91.3	(36)	6.1	(9)	1.5	(5)	0.9	(1)	0.2	(586)	100.0
학력	무학	(344)	(316)	91.9	(21)	6.1	(6)	1.7	(1)	0.3	(0)	0.0	(344)	100.0
	1년~3년	(71)	(65)	91.5	(6)	8.5	(0)	0.0	(0)	0.0	(0)	0.0	(71)	100.0
	4년~6년	(288)	(266)	92.4	(17)	5.9	(3)	1.0	(2)	0.7	(0)	0.0	(288)	100.0
	7년~9년	(91)	(74)	81.3	(12)	13.2	(2)	2.2	(2)	2.2	(0)	1.1	(91)	100.0
	10년~12년	(56)	(46)	82.1	(7)	12.5	(3)	5.4	(0)	0.0	(0)	0.0	(56)	100.0
	13년 이상	(9)	(7)	77.8	(1)	11.1	(0)	0.0	(1)	11.1	(1)	0.0	(9)	100.0
건강상태	매우 건강	(42)	(41)	97.6	(1)	2.4	(0)	0.0	(0)	0.0	(0)	0.0	(42)	100.0
	건강	(116)	(102)	87.9	(11)	9.5	(1)	0.9	(2)	1.7	(0)	0.0	(116)	100.0
	보통	(185)	(168)	90.8	(10)	5.4	(5)	2.7	(1)	0.5	(1)	0.5	(185)	100.0
	건강하지 못함	(360)	(334)	92.8	(23)	6.4	(1)	0.3	(2)	0.6	(0)	0.0	(360)	100.0
	매우 건강하지 못함	(156)	(129)	82.7	(19)	12.2	(7)	4.5	(1)	0.6	(0)	0.0	(156)	100.0
월 평균 가구소득	50만원 미만	(336)	(297)	88.4	(33)	9.8	(5)	1.5	(1)	0.3	(0)	0.0	(336)	100.0
	50만원~150만원 미만	(290)	(263)	90.7	(18)	6.2	(5)	1.7	(4)	1.4	(0)	0.0	(290)	100.0
	150만원~250만원 미만	(119)	(107)	89.9	(10)	8.4	(1)	0.8	(1)	0.8	(0)	0.0	(119)	100.0
	250만원 이상	(92)	(85)	92.4	(3)	3.3	(3)	3.3	(0)	0.0	(1)	1.1	(92)	100.0
	잘 모른다	(22)	(22)	100.0	(0)	0.0	(0)	0.0	(0)	0.0	(0)	0.0	(22)	100.0

문42. (보기카드 제시) 다음 질문은 현재 어르신께서 얼마나 그렇게 느꼈는지에 관한 것입니다. 각 문항을 주의 깊게 읽고 해당하는 번호에 응답해 주십시오.

<17> (고인)의 죽음이 너무나 고통스럽다고 느낀다.

		사례수	전혀 그렇지 않다		드물게 그렇다		가끔 그렇다		종종 그렇다		계		계	
			(n)	%	(n)	%	(n)	%	(n)	%	(n)	%	(n)	%
전체		(859)	(717)	83.5	(108)	12.6	(24)	2.8	(10)	1.2	(859)	100.0	(859)	100.0
성별	남성	(106)	(79)	74.5	(23)	21.7	(2)	1.9	(2)	1.9	(106)	100.0	(106)	100.0
	여성	(753)	(683)	84.7	(85)	11.3	(22)	2.9	(8)	1.1	(753)	100.0	(753)	100.0
연령	만 65-69세	(126)	(101)	80.2	(20)	15.9	(2)	1.6	(3)	2.4	(126)	100.0	(126)	100.0
	70대	(441)	(357)	81.0	(63)	14.3	(16)	3.6	(5)	1.1	(441)	100.0	(441)	100.0
	80대 이상	(292)	(259)	88.7	(25)	8.6	(6)	2.1	(2)	0.7	(292)	100.0	(292)	100.0
거주지역	농촌지역	(273)	(208)	76.2	(53)	19.4	(7)	2.6	(5)	1.8	(273)	100.0	(273)	100.0
	도시지역	(586)	(509)	86.9	(55)	9.4	(17)	2.9	(5)	0.9	(586)	100.0	(586)	100.0
학력	무학	(344)	(293)	85.2	(44)	12.8	(5)	1.5	(2)	0.6	(344)	100.0	(344)	100.0
	1년~3년	(71)	(57)	80.3	(10)	14.1	(3)	4.2	(1)	1.4	(71)	100.0	(71)	100.0
	4년~6년	(288)	(245)	85.1	(29)	10.1	(11)	3.8	(3)	1.0	(288)	100.0	(288)	100.0
	7년~9년	(91)	(70)	76.9	(16)	17.6	(3)	3.3	(2)	2.2	(91)	100.0	(91)	100.0
	10년~12년	(56)	(45)	80.4	(8)	14.3	(2)	3.6	(1)	1.8	(56)	100.0	(56)	100.0
	13년 이상	(9)	(7)	77.8	(1)	11.1	(0)	0.0	(1)	11.1	(9)	100.0	(9)	100.0
건강상태	매우 건강	(42)	(37)	88.1	(4)	9.5	(1)	2.4	(0)	0.0	(42)	100.0	(42)	100.0
	건강	(116)	(95)	81.9	(17)	14.7	(2)	1.7	(2)	1.7	(116)	100.0	(116)	100.0
	보통	(185)	(159)	85.9	(21)	11.4	(3)	1.6	(2)	1.1	(185)	100.0	(185)	100.0
	건강하지 못함	(360)	(301)	83.6	(46)	12.8	(9)	2.5	(4)	1.1	(360)	100.0	(360)	100.0
	매우 건강하지 못함	(156)	(125)	80.1	(20)	12.8	(9)	5.8	(2)	1.3	(156)	100.0	(156)	100.0
월 평균 가구 소득	50만원 미만	(336)	(275)	81.8	(50)	14.9	(9)	2.7	(2)	0.6	(336)	100.0	(336)	100.0
	50만원~150만원 미만	(290)	(239)	82.4	(38)	13.1	(10)	3.4	(3)	1.0	(290)	100.0	(290)	100.0
	150만원~250만원 미만	(119)	(103)	86.6	(10)	8.4	(4)	3.4	(2)	1.7	(119)	100.0	(119)	100.0
	250만원 이상	(92)	(81)	88.0	(7)	7.6	(1)	1.1	(3)	3.3	(92)	100.0	(92)	100.0
	잘 모른다	(22)	(19)	86.4	(3)	13.6	(0)	0.0	(0)	0.0	(22)	100.0	(22)	100.0

문42. (보기카드 제시) 다음 질문은 현재 어르신께서 얼마나 그렇게 느꼈는지에 관한 것입니다. 각 문항을 주의 깊게 읽고 해당하는 번호에 응답해 주십시오.

<18> 가까운 사람을 잃지 않은 사람들이 부럽다고 느낀다.

		사례수	전혀 그렇지 않다		드물게 그렇다		가끔 그렇다		종종 그렇다		항상 그렇다		계	
			(n)	%	(n)	%	(n)	%	(n)	%	(n)	%	(n)	%
전체		(859)	(285)	33.3	(214)	24.9	(207)	24.1	(105)	12.2	(48)	5.6	(859)	100.0
성별	남성	(106)	(30)	28.3	(20)	18.9	(33)	31.1	(17)	16.0	(6)	5.7	(106)	100.0
	여성	(753)	(225)	33.9	(194)	25.8	(174)	13.1	(88)	11.7	(42)	5.6	(753)	100.0
연령	만 65-69세	(126)	(28)	22.2	(34)	27.0	(29)	23.0	(17)	13.5	(18)	14.3	(126)	100.0
	70대	(441)	(137)	31.1	(117)	26.5	(109)	24.7	(57)	12.9	(21)	4.8	(441)	100.0
	80대 이상	(292)	(120)	41.1	(63)	21.6	(69)	23.6	(31)	10.6	(9)	3.1	(292)	100.0
거주 지역	농촌지역	(273)	(95)	34.8	(83)	30.4	(50)	18.3	(33)	12.1	(12)	4.4	(273)	100.0
	도시지역	(586)	(190)	32.4	(131)	22.4	(157)	26.8	(72)	12.3	(36)	6.1	(586)	100.0
학력	무학	(344)	(115)	33.4	(94)	27.3	(88)	25.6	(40)	11.6	(7)	2.0	(344)	100.0
	1년~3년	(71)	(23)	32.4	(20)	28.2	(13)	18.3	(12)	16.9	(3)	4.2	(71))	100.0
	4년~6년	(288)	(102)	35.4	(63)	21.9	(72)	25.0	(29)	10.1	(22)	7.6	(288)	100.0
	7년~9년	(91)	(29)	31.9	(20)	22.0	(15)	16.5	(15)	16.5	(12)	13.2	(91)	100.0
	10년~12년	(56)	(15)	26.8	(14)	25.0	(16)	28.6	(8)	14.3	(3)	5.4	(56)	100.0
	13년 이상	(9)	(1)	11.1	(3)	33.3	(3)	33.3	(1)	11.1	(1)	11.1	(9)	100.0
건강 상태	매우 건강	(42)	(7)	16.7	(8)	19.0	(11)	26.2	(7)	16.7	(9)	21.4	(42)	100.0
	건강	(116)	(35)	30.2	(31)	26.7	(22)	19.0	(19)	16.4	(9)	7.8	(116)	100.0
	보통	(185)	(70)	37.8	(48)	25.9	(46)	24.9	(17)	9.2	(4)	2.2	(185)	100.0
	건강하지 못함	(360)	(116)	32.2	(95)	26.4	(87)	24.2	(46)	12.8	(16)	4.4	(360)	100.0
	매우 건강하지 못함	(156)	(57)	36.5	(32)	20.5	(41)	26.3	(16)	10.3	(10)	6.4	(156)	100.0
월 평균 가구 소득	50만원 미만	(336)	(114)	33.9	(77)	22.9	(85)	25.3	(49)	14.6	(11)	3.3	(336)	100.0
	50만원~150만원 미만	(290)	(105)	36.2	(75)	25.9	(62)	21.4	(30)	10.3	(18)	6.2	(290)	100.0
	150만원~250만원 미만	(119)	(29)	24.4	(34)	28.6	(32)	26.9	(16)	13.4	(8)	6.7	(119)	100.0
	250만원 이상	(92)	(31)	33.7	(23)	25.0	(20)	21.7	(8)	8.7	(10)	10.9	(92)	100.0
	잘 모른다	(22)	(6)	27.3	(5)	22.7	(8)	36.4	(2)	9.1	(1)	4.5	(22)	100.0

문42. (보기카드 제시) 다음 질문은 현재 어르신께서 얼마나 그렇게 느꼈는지에 관한 것입니다. 각 문항을 주의 깊게 읽고 해당하는 번호에 응답해 주십시오.

<19> (고인)의 죽음 이후 많은 시간 외로움을 느낀다.

		사례수	전혀 그렇지 않다		드물게 그렇다		가끔 그렇다		종종 그렇다		항상 그렇다		계	
			(n)	%	(n)	%	(n)	%	(n)	%	(n)	%	(n)	%
전체		(859)	(384)	44.7	(240)	27.9	(123)	14.3	(70)	8.1	(42)	4.9	(859)	100.0
성별	남성	(106)	(29)	27.4	(26)	24.5	(32)	30.2	(13)	12.3	(6)	5.7	(106)	100.0
	여성	(753)	(355)	47.1	(214)	28.4	(91)	12.1	(57)	7.6	(36)	4.8	(753)	100.0
연령	만 65-69세	(126)	(34)	27.0	(32)	25.4	(30)	23.8	(15)	11.9	(15)	11.9	(126)	100.0
	70대	(441)	(194)	44.0	(125)	28.3	(67)	15.2	(37)	8.4	(18)	4.1	(441)	100.0
	80대 이상	(292)	(156)	53.4	(83)	28.4	(26)	8.9	(18)	6.2	(9)	3.1	(292)	100.0
거주지역	농촌지역	(273)	(96)	35.2	(111)	40.7	(43)	15.8	(15)	5.5	(8)	2.9	(273)	100.0
	도시지역	(586)	(288)	49.1	(129)	22.0	(80)	13.7	(55)	9.4	(34)	5.8	(586)	100.0
학력	무학	(344)	(185)	53.8	(98)	28.5	(33)	9.6	(22)	6.4	(6)	1.7	(344)	100.0
	1년~3년	(71)	(29)	40.8	(27)	38	(7)	9.9	(6)	8.5	(2)	2.8	(71)	100.0
	4년~6년	(288)	(120)	41.7	(82)	28.5	(47)	16.3	(21)	7.3	(18)	6.3	(238)	100.0
	7년~9년	(91)	(28)	30.8	(23)	25.3	(18)	19.8	(11)	12.1	(11)	12.1	(91)	100.0
	10년~12년	(56)	(21)	37.5	(9)	16.1	(15)	26.8	(9)	16.1	(2)	3.6	(56)	100.0
	13년 이상	(9)	(1)	11.1	(1)	11.1	(3)	33.3	(1)	11.1	(3)	33.3	(9)	100.0
건강상태	매우 건강	(42)	(5)	11.9	(12)	28.6	(9)	21.4	(7)	16.7	(9)	21.4	(42)	100.0
	건강	(116)	(47)	40.5	(33)	28.4	(18)	15.5	(11)	9.5	(7)	6.0	(116)	100.0
	보통	(185)	(94)	50.8	(52)	28.1	(24)	13.0	(13)	7.0	(2)	1.1	(185)	100.0
	건강하지 못함	(360)	(162)	45.0	(113)	31.4	(44)	12.2	(28)	7.8	(13)	3.6	(360)	100.0
	매우 건강하지 못함	(156)	(76)	48.7	(30)	19.2	(28)	17.9	(11)	7.1	(11)	7.1	(156)	100.0
월 평균 가구 소득	50만원 미만	(336)	(159)	47.3	(88)	26.2	(49)	14.6	(31)	9.2	(9)	2.7	(336)	100.0
	50만원~150만원 미만	(290)	(121)	41.7	(91)	31>	(44)	15.2	(18)	6.2	(16)	5.5	(290)	100.0
	150만원~250만원 미만	(119)	(43)	36.1	(36)	30.3	(18)	15.1	(13)	10.9	(9)	7.6	(119)	100.0
	250만원 이상	(92)	(48)	52.2	(21)	22.8	(9)	9.8	(6)	6.5	(8)	8.7	(92)	100.0
	잘 모른다	(22)	(13)	59.1	(4)	18.2	(3)	13.6	(2)	9.1	(0)	0.0	(22)	100.0

노인 자살 연구

춘천 노인 생활실태조사를 중심으로

초판 1쇄 인쇄 | 2015년 5월 26일
초판 1쇄 발행 | 2015년 5월 29일

편저자 | 한림대학교 고령사회연구소
발행인 | 노건일
발행처 | 한림대학교 출판부
(200-702) 강원도 춘천시 한림대학길 1(옥천동 1)
출판등록 제48호(1983. 3. 10)
전화번호 033) 248-2875~6 팩스 033) 248-2879
전자우편 press@hallym.ac.kr
홈페이지 press.hallym.ac.kr
인쇄처 | 고려출판사

값 18,000원

ISBN 978-89-6402-054-8 93330